LITIGÂNCIA CLIMÁTICA E OS NOVOS DESAFIOS AMBIENTAIS

O GEN | Grupo Editorial Nacional – maior plataforma editorial brasileira no segmento científico, técnico e profissional – publica conteúdos nas áreas de concursos, ciências jurídicas, humanas, exatas, da saúde e sociais aplicadas, além de prover serviços direcionados à educação continuada.

As editoras que integram o GEN, das mais respeitadas no mercado editorial, construíram catálogos inigualáveis, com obras decisivas para a formação acadêmica e o aperfeiçoamento de várias gerações de profissionais e estudantes, tendo se tornado sinônimo de qualidade e seriedade.

A missão do GEN e dos núcleos de conteúdo que o compõem é prover a melhor informação científica e distribuí-la de maneira flexível e conveniente, a preços justos, gerando benefícios e servindo a autores, docentes, livreiros, funcionários, colaboradores e acionistas.

Nosso comportamento ético incondicional e nossa responsabilidade social e ambiental são reforçados pela natureza educacional de nossa atividade e dão sustentabilidade ao crescimento contínuo e à rentabilidade do grupo.

GUNNAR TRENNEPOHL
NATASCHA TRENNEPOHL
TERENCE TRENNEPOHL
(ORGANIZADORES)

LITIGÂNCIA CLIMÁTICA E OS NOVOS DESAFIOS AMBIENTAIS

Estudos em homenagem a Curt Trennepohl

2025

- Os autores deste livro e a editora empenharam seus melhores esforços para assegurar que as informações e os procedimentos apresentados no texto estejam em acordo com os padrões aceitos à época da publicação, *e todos os dados foram atualizados até a data de fechamento do livro.* Entretanto, tendo em conta a evolução das ciências, as atualizações legislativas, as mudanças regulamentares governamentais e o constante fluxo de novas informações sobre os temas que constam do livro, recomendamos enfaticamente que os leitores consultem sempre outras fontes fidedignas, de modo a se certificarem de que as informações contidas no texto estão corretas e de que não houve alterações nas recomendações ou na legislação regulamentadora.

- Data do fechamento do livro: 25/03/2025

- Os autores e a editora se empenharam para citar adequadamente e dar o devido crédito a todos os detentores de direitos autorais de qualquer material utilizado neste livro, dispondo-se a possíveis acertos posteriores caso, inadvertida e involuntariamente, a identificação de algum deles tenha sido omitida.

- Direitos exclusivos para a língua portuguesa
  Copyright ©2025 by
  Saraiva Jur, um selo da SRV Editora Ltda.
  Uma editora integrante do GEN | Grupo Editorial Nacional
  Travessa do Ouvidor, 11
  Rio de Janeiro – RJ – 20040-040

- Atendimento ao cliente: https://www.editoradodireito.com.br/contato

- Reservados todos os direitos. É proibida a duplicação ou reprodução deste volume, no todo ou em parte, em quaisquer formas ou por quaisquer meios (eletrônico, mecânico, gravação, fotocópia, distribuição pela Internet ou outros), sem permissão, por escrito, da **SRV Editora Ltda.**

- Capa: Tiago Dela Rosa
  Diagramação: Fernanda Matajs

- **DADOS INTERNACIONAIS DE CATALOGAÇÃO NA PUBLICAÇÃO (CIP)**
  VAGNER RODOLFO DA SILVA – CRB-8/9410

T794l   Trennepohl, Terence
Litigância Climática e os Novos Desafios Ambientais: Estudos em Homenagem a Curt Trennepohl / Terence Trennepohl. – 1. ed. – Rio de Janeiro: Saraiva Jur, 2025.
656 p.

ISBN: 978-85-5362-545-1 (impresso)

1. Direito. 2. Direito Ambiental. 3. Mudança climática. 4. Protocolo de Kyoto. 5. Acordo de Paris. 6. Desenvolvimento sustentável. 7. Mercado global de carbono. 8. Política Nacional do Meio Ambiente. I. Título.

	CDD 341.347
2025-968	CDU 34:502.7

Índices para catálogo sistemático:
1. Direito Ambiental   341.347
2. Direito Ambiental   34:502.7

SUMÁRIO

Apresentação IX

PARTE I: LITIGÂNCIA CLIMÁTICA

O cerco ao fenômeno das mudanças climáticas 3
Édis Milaré e Lucas Tamer Milaré

Direito Constitucional Climático: dos deveres estatais de proteção climática e descarbonização da economia e matriz energética brasileira ao direito fundamental ao clima à luz da Constituição Federal de 1988 35
Ingo Wolfgang Sarlet e Tiago Fensterseifer

Tempo, clima, direito e litígio 73
Paulo de Bessa Antunes

Princípios gerais do direito internacional das mudanças climáticas 91
Gabriel Wedy e Alexandre Burmann

Tendências do Direito para um meio ambiente em mudanças 107
Walter José Senise

Mecanismos brasileiros de combate aos danos climáticos e *greenwashing* no contexto da biodiversidade e da justiça social.. 119
Marcelo Buzaglo Dantas, Luciana Bauer e Luna Rocha Dantas

Litigância de massa em casos de pós-desastre ambiental: tutela coletiva e casos repetitivos 137
Délton Winter de Carvalho e Hermes Zaneti Jr.

A litigância climática e o Comentário Geral n. 26/2023 da ONU sobre os direitos da criança e o meio ambiente 167
Anna Karina O. V. Trennepohl

Governança climática e *accountability* democrática no Brasil: como traduzir políticas em ações? 181
Humberto Eustáquio César Mota Filho

Excluídos pelo clima: um debate sobre justiça 195
Ricardo Cavalcante Barroso e Diego Pereira

Desafios da litigância climática no Brasil: judicialização e legitimidade processual 213
Eduardo de Campos Ferreira e Laura Rodrigues Gonçales

Gestão do território e planejamento na gestão de risco em face dos desastres climáticos e não climáticos 227
Marcelo Kokke

Emergência climática no Rio Grande do Sul: as lições de Brumadinho e Mariana 247
Edilson Vitorelli e Lyssandro Norton Siqueira

A mudança do clima dragada pelas relações comerciais e pelos desvios de conduta 261
Werner Grau Neto e Natália Azevedo de Carvalho

Litigância climática e a judicialização global 273
Rodrigo Jorge Moraes

PARTE II: NOVOS DESAFIOS AMBIENTAIS

Mudanças climáticas e investimentos sustentáveis 291
Terence Trennepohl, Natascha Trennepohl e Gunnar Trennepohl

Mercados de carbono como norma mobilizadora: contornos únicos dos mercados de carbono no Brasil 299
Natália Renteria

Novas fronteiras com o mercado regulado de carbono 313
Eduardo Bastos e Giuliano Ramos Alves

REDD+ e o mercado voluntário de carbono: um panorama jurídico contemporâneo em tempos de crise ecológica 321
Natascha Trennepohl e João Daniel de Carvalho

Oportunidades na era da descarbonização: um enfoque no Brasil 331
Marcelo Donnini Freire

Créditos de biodiversidade: desafios e oportunidades de um novo viés do desenvolvimento sustentável 339
Roberta Danelon Leonhardt e Alexandra Bernardini Cantarelli

Créditos de biodiversidade e políticas de pagamento por serviços ambientais no Brasil: sinergias e desafios para a conservação sustentável 359
Alexandre Oheb Sion

Pagamento por serviços ambientais 381
Flávio Jaime de Moraes Jardim e Elias Cândido da Nóbrega Neto

Sistema agrossilvipastoril e sua contribuição para a redução de gases de efeito estufa 393
Denise da Silva Amado Felicio e Vanessa Ribeiro Lopes

Panorama do ESG no setor de seguros: desafios e oportunidades 405
Juliana Oliveira Nascimento

Da composição de interesses em ações socioambientais: o exemplo do caso Braskem em Maceió-AL 417
Frederico Wildson da Silva Dantas e Juliana de Oliveira Jota Dantas

ADPF 760: STF ordena medidas estruturais para combater o desmatamento na Amazônia, mas não reconhece o ECI ambiental 435
Andreas J. Krell

Evolução da preservação ambiental em propriedades rurais no Brasil e nos Estados Unidos 451
Leonardo Munhoz

Regularização fundiária urbana: proposições para uma (re)adequação conceitual-normativa 461
Anderson Henrique Vieira e Talden Farias

O conceito de povos tribais para fins da Convenção OIT n. 169 e a sua diferenciação das comunidades tradicionais 479
Eduardo Fortunato Bim e Thiago Carrion

Notas sobre o imposto seletivo e as externalidades ambientais 495
André Elali e Manoel Cipriano Bisneto

O sistema estadual do meio ambiente e as possíveis soluções para o processo administrativo de auto de infração de multa ambiental no Estado da Bahia 515
Eduardo Mendonça Sodré Martins, Regina Lúcia Avelar Uchôa Silva e Maurício Carneiro Paim

Governança sustentável e verificador independente: propostas de redimensionamento funcional 527
Filipe Lôbo Gomes e Marcos Antônio Rios da Nóbrega

A possibilidade de regularização do desmatamento quando realizado sem autorização, em área passível de conversão (uso alternativo do solo), e a possibilidade da construção do conceito de "dano ambiental não indenizável" na responsabilidade civil ambiental 563
Tatiana Monteiro Costa e Silva e Marcel Alexandre Lopes

Fusões, incorporações e a responsabilidade da pessoa jurídica por crimes ambientais 579
Marcelo Navarro Ribeiro Dantas e Thiago de Lucena Motta

Ação civil pública na Reserva Extrativista do Batoque e a presença de imóveis particulares anteriores à criação da RESEX 595
Paulo Machado Cordeiro

A exigência de reparação do dano ambiental na esfera administrativa: admissibilidade de compensação ambiental indireta como alternativa à reparação/recuperação *in situ* 611
Pedro de Menezes Niebuhr, Pedro Duarte Rodrigues Guimarães e Raquel Iung Santos

Rentabilização de ativos ambientais e benefícios climáticos correlatos 623
Ricardo Carneiro

APRESENTAÇÃO

Ut sementem feceris, ita metes
Cícero, em seu discurso
Do Orador, escrito em 46 a.C.

"Precisamos reduzir o desmatamento na Amazônia!"

Assim teve início a passagem do homenageado desta obra pela Presidência do IBAMA, em 2011, quando os índices oficiais passaram a apontar o menor desmatamento da região desde o ano de 1988.

Sob o influxo da Conferência de Estocolmo e da nascente Lei da Política Nacional do Meio Ambiente (LPNMA), a proteção do ambiente no Brasil avançou muito desde a década de 1980, e, atualmente, testemunhamos uma verdadeira onda de novos assuntos e roupagens em institutos, como o pagamento por serviços ambientais, a litigância climática, o mercado de carbono, a própria responsabilidade ambiental e outros tantos temas importantes para aqueles que se debruçam sobre seu estudo.

O gentil convite formulado pelos amigos e advogados Terence e Natascha Trennepohl para fazer a apresentação desta obra coletiva em homenagem ao seu pai, Curt Trennepohl, um dos meus amigos pioneiros do Direito Ambiental brasileiro, é motivo de grande honra.

Homenagem é retribuição, não é favor.

Homenagem em forma de livro, juntando nomes tão qualificados, como estes aqui reunidos, nessa merecida iniciativa, não é somente retribuição, mas vem como uma enorme contribuição ao direito ambiental brasileiro. E não poderia vir em melhor hora.

Conhecedor de biomas, conhecedor de gente, Curt foi Presidente da maior agência ambiental brasileira e tinha o respeito e a admiração dos seus pares. Advogado, com uma longa carreira no serviço público federal, nasceu em Panambi e ingressou na Faculdade de Direito de Santo Ângelo, onde conheceu Doris, sua colega de curso e companheira de vida há mais de 50 anos. Ambos vinham de cidades do interior do Rio Grande do Sul e tinham sonhos grandes, como a juventude os permite tê-los. Ainda na Faculdade se casaram e depois vieram os três filhos, Terence, Gunnar e Natascha, todos seguidores da carreira jurídica.

Na ditadura militar, a política para ocupação da Amazônia era considerada estratégica para os interesses nacionais, recebendo destaque do governo federal, que incentivou fortemente a migração para o Norte do país. Logo que se formou, Curt se mudou para o Território Federal de Rondônia, e lá trabalhou como advogado da Procuradoria Federal. Depois de Porto Velho, foi para Boa Vista, no Território Federal de Roraima.

Em 1985, foi trabalhar em Belém, no Museu Paraense Emílio Goeldi (MPEG) e, dois anos depois, mudou-se para o Rio de Janeiro, para deixar sua marca no Jardim Botânico, na época, administrado pelo Instituto Brasileiro de Desenvolvimento Florestal (IBDF).

Quando o IBAMA foi criado, em 22 de fevereiro de 1989, Curt ingressou no seu quadro de servidores, como Procurador Federal e, dois anos depois, foi convidado a assumir a direção do Parque Nacional da Serra dos Órgãos, em Teresópolis. Em 1992, foi nomeado Superintendente do IBAMA no Rio de Janeiro e, em 1994, foi trabalhar em Maceió. Em 2002, retornou ao Sul do Brasil, assumindo a Procuradoria Federal de Florianópolis por dois anos, quando, novamente, seguiu para a ensolarada Maceió.

Em 2006, publicou seu livro *Infrações contra o meio ambiente – comentários ao Decreto n. 3.179/1999*, que reúne uma gama de reflexões sobre a legislação ambiental brasileira e, em 2007, publicou o trabalho *Licenciamento Ambiental*, que está em 9.ª edição. Em 2024, trouxe ao público o livro *Legislação Ambiental Comentada*, tratando de diversos diplomas legais nacionais.

Em sua longa carreira pública, assumiu diferentes funções de gestão e acumulou diversas atividades de campo, junto aos fiscais e técnicos do IBAMA. Participou ativamente das operações de combate ao desmatamento e do desenvolvimento da doutrina jurídica em matéria ambiental.

Em 2010, mudou-se para Brasília para assumir o cargo de Corregedor-Geral Federal e, em 2011, na véspera de sua aposentadoria do serviço público, foi convidado para assumir a Presidência do IBAMA. Tendo prontamente aceitado, Curt adiou a sua retirada da administração pública para encarar esse novo desafio em sua vida profissional e deixar, seguindo os preceitos da própria Constituição Federal de 1988, a sua marca para as *presentes e futuras gerações*.

Assumiu a Presidência do IBAMA comprometido com uma melhoria na gestão, propondo ações para desburocratizar o rito do licenciamento ambiental, dar mais celeridade aos processos administrativos e fortalecer o corpo técnico da autarquia.

Durante sua gestão, a mídia acompanhava de perto as discussões sobre o novo Código Florestal, um marco legislativo na consolidação das leis ambientais no Brasil. As notícias também se repartiam na cobertura dos preparativos para a Conferência dos 20 anos da ECO-92, conferência esta que em 1992 ele ajudou a organizar, enquanto estava na Superintendência do IBAMA do Rio de Janeiro.

Há tantos lustros trabalhando em prol do meio ambiente, seja na sua extensa carreira pública ou, como agora, na advocacia privada, este apaixonado pelo meio ambiente conseguiu transferir a todos ao seu derredor essa missão, seguindo a esteira do Decálogo de Couture, de poder *"conceber a advocacia de tal maneira que no dia em que teu filho te pedir conselhos sobre seu destino ou futuro, consideres uma honra propor-lhe que se faça advogado"*.

Executor da Política Nacional de Meio Ambiente por mais de quatro décadas, assim como os primeiros integrantes do Ministério Público, que desbravaram as primeiras ações ambientais no país – de onde trago a minha origem profissional – e de tantas pessoas nas dezenas de agências ambientais espalhadas pelos Estados brasileiros, alguns personagens, como disse Bertold Brecht, foram bons e lutaram mais de um dia, um ano, ou muitos anos; porém, alguns outros lutaram toda uma vida e, estes sim, foram os imprescindíveis.

Este livro coroa uma trajetória muito bonita, que agora se espraia para a iniciativa privada, em outros moldes, com seus filhos.

Advogados, juízes, professores, amigos, enfim, todos participam e contribuem para que tenhamos as novas gerações de pessoas e de novos temas chegando, e sendo bem recebidos.

Pois bem. Iniciei esta breve apresentação dizendo, tomando de empréstimo as palavras de Cícero, que colhemos o que plantamos. É justa e merecida esta homenagem em forma de obra jurídica.

Que a mensagem final de Ricardo Reis sirva de reflexão para aqueles que enobrecem – e abraçam como propósito de vida – a proteção do meio ambiente e dos ecossistemas no planeta Terra.

Sejam sempre bem-vindos.

"Segue o teu destino,
rega as tuas plantas,
ama as tuas rosas.
O resto é a sombra de árvores alheias".

São Paulo, novembro de 2024.

Édis Milaré

PARTE I
LITIGÂNCIA CLIMÁTICA

O CERCO AO FENÔMENO DAS MUDANÇAS CLIMÁTICAS

"Ignorar a crise climática será mais caro que agir"
(Paul Polman. *Valor*, 3.4.2024, p. A2)

Édis Milaré[1]
Lucas Tamer Milaré[2]

1. UM INSÓLITO ALERTA

Comparados aos bilhões de anos da existência do planeta Terra, os pouco mais de 200 anos da civilização industrial são um decurso de tempo insignificante. Todavia, durante esse tempo tão curto, as ações do homem sobre o *seu* meio ambiente têm sido intensas, crescentes e avassaladoras. Vale dizer: em dois séculos o globo terrestre passou por interferências e mudanças exponenciais que confrontaram com o tempo incalculável da sua formação geológica. Será o poder da destruição maior que o da criação?!

Na conjuntura atual do nosso planeta há um contexto maior em que se insere a grave problemática das mudanças climáticas: são os conhecidos "riscos ambientais globais", cujo simples elenco sobressalta qualquer cidadão consciente e, mais, qualquer governo que tenha responsabilidade nos destinos de um país ou da sua biosfera. Esses "riscos globais" são: *(i)* o incremento sem limites da população; *(ii)* o perigo nuclear; *(iii)* a perda crescente da biodiversidade com a extinção constante de espécies animais e vegetais; *(iv)* o descontrole da tecnologia; *(v)* a ideologia consumista; e *(vi)* as mudanças climáticas causadas pelos gases de efeito estufa[3]. Não há, ao que parece, nenhuma causa meramente natural: são

---

1 Procurador de Justiça aposentado, foi o criador e primeiro Coordenador das Promotorias de Justiça do Meio Ambiente e Secretário do Meio Ambiente do Estado de São Paulo. Mestre e Doutor em Direitos Difusos e Coletivos, concentração em Direito Ambiental, pela PUC/SP. Advogado fundador de *Milaré Advogados*. Professor de Direito do Ambiente e Consultor Jurídico. [milare@milare.adv.br].

2 Advogado Sócio de *Milaré Advogados*. Professor de Direito do Ambiente e Consultor Jurídico. Especialista em Direito Ambiental pela PUC/SP. Mestre e Doutor em Direitos Difusos e Coletivos, concentração em Direito Ambiental, pela PUC/SP. [lucas@milare.adv.br].

3 O efeito estufa refere-se à presença de gases que têm longuíssima permanência nas camadas superiores da atmosfera terrestre, que impedem a dispersão do calor e, assim, formam uma espécie de efeito estufa sobre o planeta. *Gases de efeito estufa (GEE)*: constituintes gasosos, naturais ou antrópicos, que, na atmosfera, absorvem e reemitem radiação infravermelha, incluindo dióxido de carbono (CO_2), metano (CH_4), óxido nitroso (N_2O), hexafluoreto de enxofre (SF_6), hidrofluorcarbonos (HFCs) e perfluorcarbonetos (PFCs), sem prejuízo de outros que venham a ser incluídos nessa categoria pela Convenção-

todas de origem antrópica[4]. É a responsabilidade exclusiva, pura e simples, que pesa sobre os nossos ombros.

Com efeito, é cediço que as mudanças climáticas resultam de *causas naturais* (vulcanismo, variações da órbita e do eixo terrestre, ciclo solar etc.) e de *ações antrópicas*, como a alta concentração de gases com efeito de estufa emitidos sobretudo por conta da atividade humana, intensificada nas duas últimas centúrias. A respeito destas, tais mudanças davam-se em pequena escala, marcando a fisionomia das paisagens e dos ecossistemas em que eram provocadas. É o caso, por exemplo, dos desbosqueamentos ou desflorestamentos, que, por um efeito cumulativo, alteravam o microclima, assim como nascentes e cursos de água. É o que poderíamos chamar de "alterações microclimáticas", proporcionais à ocupação do território pela espécie humana.

O fenômeno das mudanças climáticas constitui um marco divisório na história da humanidade, das milhares de gerações que antecederam e das novas gerações que povoam o planeta Terra a partir da segunda metade do século XX. Tais alterações apareceram para colocar em xeque a civilização que vem se consolidando após a Revolução Industrial e à qual estamos entranhadamente ligados. Somos, pois, alvo direto do seu desafio, que envolve a biosfera, a esfera da vida, e da qual não podemos nos desvencilhar.

O conhecido e respeitado pensador contemporâneo Anthony Giddens, da Universidade de Londres, ao apresentar o seu livro *A política da mudança climática*, assim se expressa: "Este é um livro sobre pesadelos, catástrofes... e sonhos. É também sobre as rotinas cotidianas que dão continuidade e substância à nossa vida. É sobre os SUVs – os veículos utilitários esportivos, ou 4x4. É uma longa investigação a respeito de uma única pergunta: por que é que alguém, qualquer pessoa, nem que seja por apenas mais um dia, continua a dirigir um SUV? É impossível que esses motoristas não saibam que estão contribuindo para uma crise de proporções épicas no que tange ao clima mundial. À primeira vista, o que seria mais inquietante do que a possibilidade de eles estarem contribuindo para minar a própria base da civilização humana? Caso não esteja óbvio, apresso-me a acrescentar que os SUVs são uma metáfora. Somos todos motoristas de SUVs, por assim dizer, já que pouquíssimos de nós estamos preparados para a gravidade das ameaças que temos pela frente. Para a maioria, há um abismo entre as preocupações conhecidas da vida cotidiana e um futuro abstrato, embora apocalíptico, de caos climático. Quase todas as pessoas do mundo devem

---

-Quadro das Nações Unidas sobre Mudança do Clima, promulgada pelo Decreto n. 2.652/1998 (PL n. 182/2024, Senado Federal, art. 2.º, XIV).

4 Sobre a matéria, ver o livro do cientista e ambientalista florentino TIEZZI, Enzo. *Tempos históricos, tempos biológicos. A Terra ou a morte: os problemas da nova ecologia*. São Paulo: Nobel, 1988.

ter ouvido a expressão "mudança climática" e sabem ao menos um pouco sobre o que ela significa. No entanto, a vasta maioria tem feito muito pouco ou nada para alterar seus hábitos diários, embora esses hábitos sejam a fonte dos perigos que a mudança climática nos reserva"[5].

Esse fenômeno global contemporâneo não é ficção científica para despertar curiosidades inconsequentes. É um alerta, de certo modo aterrador, que não poupará aspecto algum das ações humanas em todo o globo terrestre, das maiores na escala de valor e importância às menores na escala ínfima do cotidiano.

Quem nega isso, aduz José Goldemberg, Professor Emérito da USP e ex-Ministro do Meio Ambiente, "são leigos que inventam teorias conspiratórias, setores ligados a interesses contrariados de produtores de carvão e petróleo ou simplesmente desinformados. Existem outras causas para o aquecimento (e até o resfriamento) da Terra – além das emissões de carbono –, como já aconteceu no passado, como a variação da atividade solar, a inclinação do eixo da Terra, erupções vulcânicas etc. Mas elas foram todas analisadas pelos cientistas: a ação do homem soma-se a esses eventos naturais e está ocorrendo numa velocidade sem precedentes na história geológica da Terra. Questionar a realidade do problema é uma posição obscurantista, como foi a da Igreja Católica no fim da Idade Média ao negar que a Terra gira em torno do Sol"[6].

Possivelmente, "trata-se da primeira vez na história, salvo risco de guerra nuclear, que a humanidade pode simplesmente inviabilizar a sua permanência na Terra, por obra e desgraça, em larga escala, do seu estilo devorante. O alerta está acionado"[7].

2. O ESTADO DA QUESTÃO

As mudanças climáticas, dentre os riscos ambientais globais, são, talvez, o mais iminente e, por isso, o mais temido. Melhor dizendo, os males das mudanças climáticas (que são relacionadas ao efeito estufa) deixaram, desde muito, de ser risco para se converter em prejuízos concretos, presentes em todo o globo terrestre sob formas as mais diversas. E sua tendência óbvia é o aumento em extensão e intensidade.

Naturalmente, vivemos numa situação de alerta ou, ao menos, de redobrada atenção. A bem dizer, pelas dimensões do perigo, poderíamos considerar esse estado das coisas uma situação alarmante, porque o fator tempo acelera sempre

---

[5] GIDDENS, Anthony. *A política da mudança climática*. Apresentação à edição brasileira: VIANNA, Sérgio Besserman. Rio de Janeiro: Zahar, 2010, p. 19.
[6] GOLDEMBERG, José. Aquecimento global e desinformação. *O Estado de S. Paulo*, 21.1.2019, p. A2.
[7] FREITAS, Juarez. *Sustentabilidade*: direito ao futuro. Belo Horizonte: Fórum, 2011, p. 26.

mais o fenômeno que tememos. Por isso, alguns "avisos" têm tido grande repercussão por causa da reconhecida autoridade de quem os fez: o ex-vice-presidente dos Estados Unidos, Al Gore, os cientistas ingleses James Lovelock e Nicholas Stern e o filósofo francês Bruno Latour.

O primeiro, mundialmente conhecido por suas nítidas posições pró-ambiente, vem pregando com insistência *Uma verdade inconveniente*, tanto em seu livro quanto no seu filme, ambos com o mesmo nome. Bem lastreado com dados científicos, ele reforça o alerta e tenta levantar algumas propostas para neutralizar ou, pelo menos, retardar o desastre.

Quanto a Lovelock, ex-consultor da Nasa e criador da "Hipótese Gaia" (hoje Teoria Gaia), que defende a natureza da Terra como um organismo vivo, lançou o livro intitulado *A vingança de Gaia*. Suas advertências são incisivas sobre o ponto de não retorno do aquecimento global: "Já passamos desse ponto há muito tempo. Os efeitos visíveis da mudança climática, no entanto, só agora estão aparecendo para a maioria das pessoas. Pelas minhas estimativas a situação se tornará insuportável antes mesmo da metade do século, lá pelo ano 2040"[8].

Já Nicholas Stern, ex-economista-chefe do Banco Mundial, foi incumbido de preparar, em caráter de urgência, um estudo-relatório das perdas econômicas decorrentes do aquecimento global. Esse trabalho, batizado de "Estudo Stern", apresenta dados frios e aterradores para a economia mundial nas próximas décadas: "Se deixarmos as coisas tal como estão hoje, o planeta vai perder entre 5% e 20% do PIB mundial. Estamos falando, portanto, de perdas que podem chegar a cerca de 7 trilhões de dólares. O percentual muda bastante, de 5% a 20%, porque depende das variáveis inseridas no cálculo. No nosso estudo, falamos em 20%, porque fazemos uma abordagem mais ampla, incluindo estimativas sobre o impacto que o aquecimento global terá sobre a vida dos mais pobres, sobre os gastos com saúde pública etc. Claro que não são números precisos, porque é impossível prever com segurança hoje impactos que serão efetivamente sentidos dentro de algumas décadas."[9]

À sua vez, Bruno Latour, um dos filósofos franceses mais influentes da atualidade, em seu recente livro *Down to Earth. Politics in the new climatic regime* (*Com os pés no chão. Política do novo regime climático*), faz um diagnóstico sobre um mundo onde tudo é perturbado pela mudança climática, concluindo que o sentimento de perder o mundo, agora, é coletivo, não apenas de poetas e artistas[10].

---

8 Entrevista de Diogo Schelp com James Lovelock (A vingança de Gaia). *Revista Veja*, São Paulo, 25.10.2006. p. 17-21.
9 Entrevista de Diego Escosteguy com Nicholas Stern (O alerta global). *Revista Veja*, 8.11.2006. p. 11-15.
10 Disponível em: https://brasil.elpais.com/brasil/2019/03/29/internacional/1553888812_652680.html. Acesso em: 13 ago. 2024.

Não pode haver dúvida de que o planeta está gravemente enfermo e com suas veias abertas. Se a doença se chama degradação ambiental, é preciso concluir que ela não é apenas superficial: os males são profundos e atingem as entranhas mesmas da Terra. Essa doença é, ao mesmo tempo, epidêmica, na medida em que se alastra por toda parte, e é endêmica, porquanto está como que enraizada no modelo de civilização em voga, na sociedade de consumo e na enorme demanda que exercemos sobre os sistemas vivos, ameaçados de exaustão.

O panorama mundial no momento é esse, sem dúvida e sem exageros, conforme bem apontam cientistas, administradores, sociólogos, economistas, cosmólogos, políticos e líderes religiosos. Não é emoção, nem invenção do homem da rua. O que se impõe agora é um exame de consciência coletivo, uma prestação de contas à racionalidade.

3. A REAÇÃO GLOBAL À MUDANÇA DO CLIMA E AS ESTRATÉGIAS PARA UMA SAÍDA SALVADORA

A mudança climática, como assinalado, vem sendo percebida como a maior ameaça global, segundo o *Pew Research Center – PRC*, localizado em Whashington DC, que informa sobre questões, atitudes e tendências que estão moldando os EUA e o mundo. Em estudo realizado em 2018, indicou um fortalecimento dessa percepção: em 2013, 56% viam o aquecimento global como uma grande ameaça; em 2017, eram 63%; em 2018, o percentual foi de 67%. No Brasil, 72% apontaram a mudança climática como uma relevante ameaça global.

Confirma-se, assim, que o mundo está cada vez mais preocupado com a sustentabilidade do planeta, o que tem muitas consequências sociais, políticas e econômicas, de sorte que os governos que se mostrarem alheios ou contrários a essa preocupação estarão na contramão dos sentimentos de sua própria população e da história. Outro tanto, com populações cada vez mais atentas a questões ambientais, ampliar o acesso a novos mercados exige o compromisso de melhorar as práticas ambientais, sob pena de inexorável isolamento na esfera internacional[11].

Para mais: as perdas decorrentes do fenômeno são inúmeras e, até certo ponto, inquantificáveis – vale dizer, são um prejuízo absurdo em valores econômicos e financeiros, sem falar nos danos sociais e ecológicos inerentes. Os ecossistemas rapidamente se esgotam, recusando-nos seus serviços e recursos, acarretando perdas também para as atividades econômicas, ou seja, não haverá condição sequer para a produção sustentável. No saque aos recursos naturais, o consumo insustentável da sociedade humana torna-se um aliado perigoso das calamidades ecológicas e

---

11 Pragmatismo para crescer. *O Estado de S. Paulo*, 17.2.2019, p. A3.

dos desastres ambientais, insuflando também as alterações do clima. Agrava a tal maleficência o fato de esse consumo ser irracional e insensível em face da falência da Terra e dos riscos que a humanidade, em seu conjunto, corre continuadamente. Daí a mobilização que se assiste em muitos países para estudar e esconjurar o novo mal que, ainda por cima, traz efeitos pouco conhecidos na vida das nações.

Nessa convergência de esforços, desde meados do século XX, muito por conta do protagonismo da ONU, têm aparecido acordos internacionais, protocolos, painéis de discussões científicas, legislações em âmbito nacional, regional e até local. Surgiram igualmente diretrizes de natureza econômica e social, normas técnicas e ações educativas. É a consciência de que estamos diante de uma problemática muito grave, a exigir respostas efetivas e urgentes. Deveras, a consciência sobre a gravidade do problema e sobre a necessidade urgente de solucioná-lo está definitivamente formada nas sociedades e nos países. No entanto, o que tem ainda impedido de verdade a implementação de medidas céleres para resolvê-lo é a discussão de quem deve arcar com os custos de mitigação e de adaptação em face das mudanças climáticas. O custo é alto e nenhum país deseja assumir responsabilidades...

3.1. O protagonismo da ONU no repto à superação da fraqueza das reações às mudanças climáticas

Apesar do preocupante quadro acerca da débil reação política internacional, releva mencionar, como um laivo de esperança, o protagonismo da ONU para que a humanidade não frustre a expectativa de uma adequada arrumação da nossa Casa Comum e de toda a vida que nela existe. Isso, sem descurar que as decisões "do tipo Nações Unidas" têm se reduzido a simples "exortações", visto que elas não especificam quem deve fazer o quê, situação que tem levado a se pensar em uma autoridade ambiental que trace caminhos capazes de conduzir as políticas direcionadas à sobrevivência do planeta Terra acima de interesses meramente fronteiriços na geopolítica atual, pois esses interesses, batizados de nacionais, paradoxalmente se chocam com interesses universais.

Como quer que seja, vale apontar, entre suas iniciativas mais eminentes:

3.1.1. A Convenção-Quadro sobre Mudança do Clima[12]

Em 1988, a Assembleia Geral da ONU, ante a já aguda preocupação da humanidade com as mudanças climáticas, criou o Painel Intergovernamental sobre

---
[12] Conhecida pela sigla UNFCCC (do inglês: *United Nations Framework Convention on Climate Change*).

Mudança do Clima – IPCC[13] e conclamou as nações para o enfrentamento do problema, em âmbito global, por meio de ações concretas e necessárias. Fruto desse alerta, despontou, então, em maio de 1992, a Convenção-Quadro das Nações Unidas sobre Mudança do Clima, apresentada e assinada, em seguida, durante a RIO 92, entrando em vigor em 1994. Conhecida como "Convenção do Clima", tem como órgão supremo a Conferência das Partes – COP[14], que se reúne anualmente, sob os holofotes da atenção global, para promover o processo de implementação e negociar a resposta global às alterações climáticas, como preconizado no Objetivo 13 da Agenda 2030 para o Desenvolvimento Sustentável[15].

As cúpulas mundiais sobre o meio ambiente – no dizer do Papa Francisco – "não corresponderam às expectativas, porque não alcançaram, por falta de decisão política, acordos ambientais globais realmente significativos e eficazes"[16].

3.1.1.1. O Protocolo de Kyoto (COP 3/1997)

Como quer que seja, na realidade, os efeitos práticos da Convenção-Quadro passaram a ser conhecidos apenas depois da Conferência das Partes em que foi firmado o Protocolo de Kyoto (COP 3), em fins de 1997.

Esse Protocolo, adotado pelo Brasil, foi o compromisso mais abrangente e concreto na condução da problemática ímpar da mudança do clima global, com vigência estendida até o final de 2020. É dele que resultou a busca efetiva de "Mecanismos de Desenvolvimento Limpo" – assim chamados por tentarem reduzir as emissões de dióxido de carbono e metano, surgindo, então, o mercado de créditos de carbono, conhecido mundialmente.

É oportuno lembrar que a posição brasileira na Conferência das Partes por ocasião do Protocolo de Kyoto era que a contribuição de cada país levasse em

---

13 Sigla em inglês de *International Panel on Climate Change – IPCC*. Foi criado pelo Programa das Nações Unidas para o Meio Ambiente e pela Organização Meteorológica Mundial, em 1988, com o objetivo de fornecer, aos formuladores de políticas, avaliações científicas regulares sobre as mudanças do clima, suas implicações e possíveis riscos futuros, bem como para propor opções de adaptação e de mitigação.

14 O termo COP tem sido utilizado com frequência em todos os estudos relativos às mudanças de clima para designar "Conferência das Partes". As *partes*, no caso, são os países ou estados-nação que se alinharam oficialmente com a causa da *redução progressiva* da emissão de gases de efeito estufa, formadores de uma espécie de cúpula ou calota em que predomina o dióxido de carbono (CO_2); esse gás não se dissipa no espaço e, assim, se transforma num tampão que cobre o globo terrestre como um manto e provoca o aquecimento progressivo de todo o planeta. Tal aquecimento produz efeitos nocivos e até deletérios, entre os quais estão as mudanças de clima que, por sua vez, reduzem significativamente a biodiversidade e derretem as calotas polares com todos os efeitos desastrosos que o fenômeno pode acarretar.

15 Objetivo 13 da Agenda 2030 para o Desenvolvimento Sustentável: "Tomar medidas urgentes para combater a mudança do clima e os seus impactos".

16 *Carta Encíclica Laudato Sì do Santo Padre Francisco sobre o cuidado da Casa Comum*. Vaticano: Libreria Editrice Vaticana, 2015, p. 100.

conta as suas emissões históricas e as emissões atuais, verificando-se a porcentagem dos gases poluentes acumulados na atmosfera (onde permanecem séculos) para, enfim, aferir a parte que cabe a cada um para reduzir em seu território. Aceita, em princípio deveria passar por análises e cálculos mais aprofundados – o que, infelizmente, não ocorreu. Ao invés disso, surgem propostas tímidas de vários países que partem de prazos aleatórios (de origem e término), difíceis de conferir e avaliar. No entanto, ainda que tardiamente, a proposta pode ser o único caminho justo que leve todos os países a um acordo, porque cada um responderá pelo que fez e faz, proporcionalmente ao todo.

Não há se negar, o custo é alto e nenhum país deseja assumir responsabilidades. As lógicas financeiras que influenciam países e empresas continuam a comandar o processo. De fato, desde 2009 havia a promessa de que os países desenvolvidos desembolsariam US$ 100 bilhões por ano para os mais pobres adotarem tecnologia e soluções rumo à economia de baixo carbono. Mas isso até hoje não ocorreu.

3.1.1.2. O Acordo de Paris (COP 21/2015)

O cerco ao fenômeno das mudanças climáticas tem encontrado resistências perigosas que afetam o bem-estar do ecossistema planetário, quase exclusivamente no interesse humano de cunho econômico. Essa resistência já se havia manifestado na Conferência da ONU em Estocolmo (Suécia), em 1972, como também por ocasião da COP 15, de Copenhague, em 2009.

Nada obstante tais resistências, passo de grande significado foi encetado com a COP 21, reunida em Paris, em 2015, que finalizou com a assinatura do primeiro marco jurídico universal na luta contra o aquecimento global, subscrito por 195 países. Esse acordo histórico representa uma reação inédita, de renovada esperança, para enfrentamento desse desafio comum, já que para se chegar ao consenso entre os signatários o Pacto tem como núcleo central o compromisso de limitar o aumento médio da temperatura da Terra a 1,5 °C até 2100[17]. Vale dizer, a partir de agora, cada país terá de organizar suas estratégias de redução das emissões de carbono para se chegar ao objetivo comum de limitar o aumento de temperatura.

Ademais, enfatiza o Acordo a urgente necessidade de inversão da curva de emissões, com vistas a se obter um balanço entre emissões e remoções dos gases

---

17 Temos um espaço limitado na atmosfera para gases-estufa. Se o mundo quiser cumprir essa fronteira do Acordo de Paris – limitar o aquecimento em 1,5 °C – pode lançar, no máximo, 241 gigatoneladas de CO_2 do total de 10.600 gigatoneladas que ainda não saíram do chão (CHIARETTI, Daniela. Os impasses para limitar o petróleo na COP 28. *Valor*, 21.11.2023, p. A2).

de efeito estufa na segunda metade do século. Na prática, trata-se de garantir emissões líquidas zero, isto é, o que continuar sendo emitido deverá ser retirado da atmosfera, seja com florestas, seja com mecanismos de captura de carbono. A inclusão desse detalhamento no texto final do tratado foi enxergada como um bom sinal em relação a versões anteriores, criticadas por estarem vagas ou inconsistentes com a meta. Dessarte, a cláusula torna mais claro o caminho para limitar o aumento de temperatura a 1,5 °C.

São dois os escopos gerais que o informam, a saber: *(i)* frear as emissões de gases de efeito estufa e *(ii)* controlar os impactos das mudanças climáticas. Alguns tópicos podem ser lembrados sumariamente, embora tenham resultado de discussões e aprofundamentos de muitos cientistas e técnicos convidados. Uns poucos exemplos:

a) Limitar o aquecimento máximo do planeta a uma temperatura média bem abaixo de 2 °C acima dos níveis pré-Revolução Industrial, envidando esforços para limitar o aumento de temperatura a 1,5 °C;

b) Substituir combustíveis fósseis por fontes de energia renováveis (solar, eólica, hidráulica, biocombustíveis), em ordem a sinalizar para os mercados econômicos de que não há mais volta da transição para uma economia de zero carbono;

c) Mudar processos industriais e agrícolas, e reduzir drasticamente os desmatamentos[18];

d) Incorporação, pelos países aderentes, dos compromissos da COP 21 em suas legislações;

e) Assunção, pelas nações ricas, do encargo de ajudar as mais pobres, bancando anualmente US$ 100 bilhões para *ações* nos países em desenvolvimento, entre 2020 e 2025, destinados tanto ao corte de emissões (= mitigação) quanto a proteger os países das mudanças climáticas (= adaptação).

A bem ver, o Acordo não fere a soberania dos países[19] e não impõe obrigações quanto às contribuições nem sanções. Cada país decide as medidas que deverão ser tomadas nos setores da energia, da indústria, da agropecuária e das florestas para que sua meta seja alcançada.

Haveria muitas informações a transmitir; infelizmente, superam o espaço e o intuito deste escrito. A não ser remarcar que o Acordo de Paris, por si, não salva o planeta; todavia, abre um caminho promissor para prevenir um desastre

---

18 Essa medida atingiria em cheio a Amazônia Brasileira já muito comprometida, cuja influência ecológica vai muito além do território nacional.

19 Cabe ressaltar que a iniciativa relativa à implementação de um corredor ecológico, conhecida pelo nome *Triplo A*, não faz nem nunca fez parte do Acordo de Paris: não há no seu texto qualquer referência explícita ou implícita a essa iniciativa e não está sendo defendida por nenhum país (MIRAILLET, Michel; WITSCHEL, Georg. O Brasil e o Acordo de Paris. *O Estado de S. Paulo*, 26.12.2018, p. B5).

seguido de males sem tamanho. Pela primeira vez, os países aceitaram definir um limite máximo de aquecimento da temperatura e concordaram em não permitir que esse limite seja superado. Ademais, houve adesão praticamente universal ao Acordo, conseguindo chegar a um consenso entre China, EUA[20], Europa, Japão, Canadá e demais países desenvolvidos e em desenvolvimento, cada qual com seus compromissos de redução de emissão.

Certamente haverá uma luta contra o tempo, no sentido de frear a vingança de Gaia, da qual fala Lovelock, precursor e pioneiro da causa[21]. No entanto, cabe aos países implementar esse mesmo Acordo por "ratificação, aceitação, aprovação ou acessão", o que significa que algumas partes dele devem ser transformadas em leis, podendo outras serem aplicadas por decretos ou atos normativos. Assim, o Acordo passou a significar um sopro de esperança na defesa do clima planetário.

3.1.1.3. Os avanços do pós-Paris/2015

Após a COP de Paris já foram realizadas a COP 22, em 2016, em Marrakesh, no Marrocos; a COP 23, em 2017, em Bonn, na Alemanha; a COP 24, em 2018, em Katowice, na Polônia; a COP 25, em 2019, em Madrid, na Espanha; a COP 26, em 2021, em Glasgow, na Escócia; a COP 27, em 2022, em Sharm El Sheikh, no Egito; e a COP 28, em 2023, em Dubai, nos Emirados Árabes[22]. Basicamente, nessas conferências buscou-se garantir a implementação do Acordo de Paris, que entrou em vigor em novembro de 2016. Alguns realces das mais importantes:

a) O Pacto de Glasgow (COP 26/2021)

A 26.ª Conferência das Partes sobre Mudança do Clima, realizada em Glasgow, na Escócia, em 2021, deu forma ao Acordo de Paris, passando a orientar as negociações no mundo real que se reconstrói no pós-covid-19.

O encontro mostrou que é possível avançar na agenda sustentável e aderir a compromissos e metas ousadas assumidos por cerca de 200 países presentes. Assim:

---

20 Os EUA – segundo emissor mundial, depois da China – não pretendiam permanecer no Acordo de Paris, segundo alardeado pelo então presidente Donald Trump. Nada obstante esse lamentável retrocesso, importa registrar que, na prática, as grandes indústrias americanas e muitos estados importantes, como a Califórnia, já se programaram para as reduções, que serão efetivadas em razão do avanço inexorável da tecnologia e da adoção de energias renováveis (solar, eólica e outras).
21 LOVELOCK, James. *A vingança de Gaia*. Rio de Janeiro: Intrínseca, 2006.
22 A COP 29 aconteceu em novembro de 2024, em Baku, no Azerbaijão e a COP 30 será realizada em Belém/PA, no Brasil, em 2025.

i) estabeleceu formalmente a meta de neutralidade de emissões até 2050, antecipando em 10 anos o anunciado no Acordo de Paris, em linha com o preconizado pela ciência, especialmente pelo IPCC, para limitar em 1,5 ºC acima dos níveis pré-industriais o aumento da temperatura na Terra[23];

ii) firmou a Declaração das Florestas e Uso do Território, assinada por mais de 100 países, para reverter o desmatamento e a degradação de terras;

iii) aprovou, também com a assinatura de mais de 100 países, o Acordo sobre o Metano, para redução de 30%, até 2030, da emissão global desse gás – que produz um efeito estufa cerca de 50 vezes superior ao gás carbônico[24-25];

iv) finalizou o chamado "Livro de Regras", apresentado na COP 24/2018 em Katowice, concernente à regulamentação do art. 6.º do Acordo de Paris sobre abordagens cooperativas em mitigação, inclusive mercados de carbono, conferindo, no que tange a estes, a necessária segurança jurídica para empresas de países avançados comprarem créditos em outros rincões aquinhoados com margens em reflorestamento e fontes renováveis, como é o caso do Brasil, tendo em vista que, para elas, essa transação será sempre menos onerosa do que conversões em seus sistemas produtivos.

Numa palavra, a Cúpula do Clima (COP 26) chegou ao fim com acordo que busca limitar o aquecimento global a 1,5 ºC. Pela primeira vez, o texto menciona *combustíveis fósseis* como problema e que o subsídio e o uso dessas fontes devem diminuir de forma gradativa, em vez de abandonadas, como constava em versão inicial. Uma das principais frustrações ficou para os que defendiam mais verbas para iniciativas em países em desenvolvimento, o Brasil entre eles, ponto que não avançou.

b) A COP 28/2023 – Dubai

Após a sóbria Conferência do Egito (COP 27/2022), sem qualquer compromisso palpável com ações concretas quanto ao corte de emissões, iniciou, porém, a discussão sobre a criação de um Fundo de Perdas e Danos – reivindicação

---

23 A neutralidade das emissões de carbono até 2050 é considerada crucial para atingir o objetivo do Acordo do Clima de Paris de manter a temperatura global idealmente até 1,5 ºC acima dos níveis pré--industriais. O número de países comprometidos com essa meta cresce a cada ano. Mas as emissões de gases de efeito estufa também. Reduzir a lacuna entre retórica e ação exigirá esforços massivos e ampla coordenação entre os governos, o setor energético e os consumidores.

24 Porém, com ciclo de vida de cerca de 12 anos, irrisório em relação aos demais gases que podem ser considerados como permanentes na atmosfera (CAMARGO NETO, Pedro de. Clima, metano e o boi. *O Estado de S. Paulo*, Espaço Aberto, 29.12.2021, p. A6).

25 No Brasil, o Ministério do Meio Ambiente, por meio da Portaria n. 71, de 21 de março de 2022, instituiu o Programa Nacional de Redução de Emissões de Metano – Metano Zero, visando contribuir com os compromissos assumidos pelo país no âmbito da Convenção-Quadro das Nações Unidas sobre Mudança do Clima, no Pacto de Glasgow e no Acordo Global de Metano.

histórica de pequenas ilhas do Pacífico e do Caribe, que perdem seus territórios diante do avanço do mar, consequência do aquecimento –, a COP 28/2023, em Dubai, logo no seu primeiro dia, sacramentou a ideia de as nações em desenvolvimento serem compensadas pelos prejuízos decorrentes de catástrofes climáticas. O Fundo, que será gerido pelo Banco Mundial – BIRD, dá sua largada com US$ 260 milhões, prometidos pelos Emirados Árabes Unidos (100 milhões), Alemanha (100 milhões), Reino Unido (50 milhões) e Japão (10 milhões).

Entre outros avanços inequívocos, releva mencionar:

i) explicitou que é inevitável a transição do mundo para fontes de energias não poluentes, inserindo em seu *comunicado final* a necessidade de uma transição energética tendente a reduzir gradualmente a produção de combustíveis fósseis – responsáveis por 80% das emissões. A menção tornou-se um feito histórico, não só porque há apenas um par de anos isso sequer constava dos documentos oficiais – o que não deixa de ser notável em eventos que anualmente reúnem o melhor da ciência e milhares de ativistas ambientais –, mas diante das dificuldades inerentes à escolha do país para sediar a Conferência, os Emirados Árabes Unidos, um dos maiores produtores de óleo do mundo;

ii) aprovou a meta de triplicar a capacidade de produção de energias renováveis e duplicar a eficiência energética até 2030. São passos essenciais, que exigirão investimentos de US$ 5,2 trilhões até lá para elevar a capacidade de 3,4 mil GW para 11 mil GW, o que representa quadruplicar os investimentos, hoje de US$ 1,3 trilhão[26].

Destarte, o simples consenso em torno do reconhecimento da transição energética dá à COP 28 importância semelhante à da COP 3, de 1997, que estabeleceu o Protocolo de Kyoto, o primeiro a prever limitação para as emissões de gases causadores do efeito estufa, e à da COP 21, que firmou, em 2015, o Acordo de Paris, com metas específicas para tentar limitar a 1,5 °C o aumento médio de temperatura mundial.

Como disse o analista de assuntos internacionais Lourival Sant'Anna, a escolha dos Emirados Árabes Unidos como sede da Conferência de 2023 foi recebida com perplexidade e pessimismo. Parecia um paradoxo, e sinal de captura da agenda ambiental pelas potências de combustíveis fósseis. Entretanto, a COP 28 entregou mais do que as conferências passadas[27].

---

26 COP 28 enquadra energia fóssil, mas avanço tem de ser maior. *Valor*, 14.12.2023, p. A18.
27 Um marco ambiental histórico. *O Estado de S. Paulo*, 17.12.2023, p. A18.

3.1.2. A Agenda 2030 para o Desenvolvimento Sustentável

Em setembro de 2015, pouco antes da COP 21/2015 (Paris), 193 Estados-membros da ONU, entre os quais está o Brasil, reuniram-se na sede da instituição em Nova Iorque e acordaram tomar medidas transformadoras para colocar o mundo em um caminho sustentável. Adotaram uma nova agenda global comprometida com as pessoas, o planeta, a promoção da paz, da prosperidade e de parcerias: a *Agenda 2030 para o Desenvolvimento Sustentável*.

A Agenda 2030 engloba 17 Objetivos de Desenvolvimento Sustentável, os chamados ODS, os quais, por sua vez, listam 169 metas, todas orientadas a traçar uma visão universal, integrada e transformadora para um mundo melhor. Os ODS foram construídos, de forma participativa, tendo como base a bem-sucedida experiência dos *Objetivos de Desenvolvimento do Milênio – ODM*, responsável por grandes avanços na promoção do desenvolvimento humano entre 2000 e 2015.

Os Objetivos do Desenvolvimento Sustentável encerram, portanto, uma nova reação da comunidade internacional, visando a melhor equacionar a convivência entre as necessidades atuais e futuras de todos e as potencialidades do planeta.

Ressai do rol de objetivos, para o que é de interesse do presente trabalho, o Objetivo 13 ("Tomar medidas urgentes para combater a mudança do clima e os seus impactos"), que, ao reconhecer a Convenção-Quadro das Nações Unidas sobre Mudança do Clima – UNFCCC como fórum internacional primário para negociar a resposta global ao fenômeno, enfatiza redobrada atenção sobre as seguintes metas:

13.1 Reforçar a resiliência (= capacidade de defesa e recuperação perante fatores ou condições adversas) e a capacidade de adaptação a riscos relacionados ao clima e às catástrofes naturais em todos os países;

13.2 Integrar medidas da mudança do clima nas políticas, estratégias e planejamentos nacionais;

13.3 Melhorar a educação, aumentar a conscientização e a capacidade humana e institucional sobre mitigação, adaptação, redução de impacto e alerta precoce da mudança do clima;

13.a Implementar o compromisso assumido pelos países desenvolvidos partes da Convenção-Quadro das Nações Unidas sobre Mudança do Clima – UNFCCC para a meta de mobilizar conjuntamente US$ 100 bilhões por ano a partir de 2020, de todas as fontes, para atender às necessidades dos países em desenvolvimento, no contexto das ações de mitigação significativas e transparência na implementação; e operacionalizar plenamente o Fundo Verde para o Clima por meio de sua capitalização o mais cedo possível;

13.b Promover mecanismos para a criação de capacidades para o planejamento relacionado à mudança do clima e à gestão eficaz, nos países menos desenvolvidos, inclusive com foco em mulheres, jovens, comunidades locais e marginalizadas.

Coerente com tais propósitos, a Agenda expressamente faz a chamada de esforços por um mundo em que a humanidade viva em harmonia com a natureza, pontuando que *"o esgotamento dos recursos naturais e os impactos negativos da degradação ambiental, incluindo a desertificação, as secas, a degradação dos solos, a escassez de água doce e a perda de biodiversidade, acrescentam e exacerbam a lista de desafios que a humanidade enfrenta. A mudança climática é um dos maiores desafios do nosso tempo, e seus efeitos negativos minam a capacidade de todos os países de alcançar o desenvolvimento sustentável. Os aumentos na temperatura global, o aumento do nível do mar, a acidificação dos oceanos e outros impactos das mudanças climáticas estão afetando seriamente as zonas costeiras e os países costeiros de baixa altitude, incluindo muitos países menos desenvolvidos e os pequenos Estados insulares em desenvolvimento. A sobrevivência de muitas sociedades, bem como dos sistemas biológicos do planeta, está em risco."*

A propósito, como ponderado pelo professor Ricardo H. Sayeg, o simples fato de o documento das Nações Unidas ser conhecido por "Agenda 2030", em vez de "declaração" ou coisa do gênero, demonstra que se trata realmente de, embora ambicioso, um concreto planejamento realista e pragmático a ser implementado por todos os povos civilizados do planeta, em razão do compromisso assumido pelos chefes de Estado e de governo e altos representantes[28].

É dizer: nada acontecerá e a Agenda 2030 será mais uma peça de retórica se não houver um esforço global em torno da necessidade vital da realização de cada um dos ODSs, entre os quais o *Objetivo 13* – respeitante ao combate às mudanças do clima e seus impactos –, que desafia urgente implementação.

3.2. Transição rumo a uma matriz energética descarbonizada

Já é cediço afirmar que o efeito estufa decorre preponderantemente do fator energético, com suas energias sujas, em cujo âmbito os combustíveis de origem fóssil (vegetais e animais) são vilões, por conta do abuso que a sociedade humana faz deles.

Ao longo de milhões de anos formaram-se essas jazidas, riquíssimas em carbono, elemento que tem presença intensa na biosfera porque é um dos combustíveis da vida. No enorme volume dos seres outrora vivos e hoje fossilizados, a presença do carbono é igualmente intensa. Esse poderoso elemento, presente no

---

28 SAYEG, Ricardo Hasson. Objetivo de desenvolvimento sustentável 17 – ODS 17 – parcerias pelas metas. *Revista de doutrina da 4.ª Região*, Porto Alegre, n. 81, dez. 2017. Disponível em: http://revistadoutrina.trf4.jus.br/artigos/edicao081/Ricardo_Hasson_Sayeg.html. Acesso em: 13 ago. 2024.

petróleo e no gás natural, mediante combinação com oxigênio (CO_2), acumula-se nas altas camadas da atmosfera e retém o calor proveniente da radiação solar, impedindo assim a sua dissipação. Forma-se, então, espessa camada ao redor de todo o globo terrestre, camada essa que assume a conformação de uma estufa quente em torno do planeta, aquecendo-o progressivamente e sem dissipar-se.

De fato, o uso intensivo do carbono, em suas várias modalidades, tem sido a marca registrada da civilização industrial. Esse tipo de uso tornou-se nefasto e perverso: *nefasto*, porque induz muitos males para toda a biosfera; *perverso*, porque condiciona praticamente toda a economia da família humana ao seu jugo. Pode-se dizer que vivemos numa *economia de carbono*, ao mesmo tempo causa e efeito da insustentabilidade: *causa*, porque fator desencadeante de todo esse processo; *efeito*, porque essa mesma economia padece as consequências da insustentabilidade, agravando assim os desacertos da economia global vigente.

Daí que a busca pelo carbono zero (= *netzero*) é prioridade para governos, empresas e para a população de uma maneira geral. O termo, para quem ainda não está familiarizado, faz referência ao equilíbrio entre a quantidade de dióxido de carbono (CO_2) emitida na atmosfera e a quantidade removida por meio de diferentes métodos, como reflorestamento, técnicas de captura de carbono, além das formas mais sustentáveis de produção energética. Vale dizer, para alcançar carbono zero, é preciso neutralizar as emissões de CO_2.

Estamos, portanto, diante de uma situação difícil: revolucionar o sistema de energia tornou-se uma necessidade, diante do reconhecimento de que o futuro tem que ser de baixo carbono. A meta da descarbonização profunda significa a migração a partir de combustíveis fósseis (carvão, petróleo e gás natural) para fontes com emissão zero de gases de efeito estufa (solar, eólica, hídrica, geotérmica, biomassa, nuclear etc.). Entretanto, "para termos uma chance de *netzero* em 2050 o que acontece nos próximos anos até 2030 faz muita diferença. Precisamos reconhecer os compromissos *netzero* pela sua importância, mas se os países não agirem serão promessas vazias e há cidadãos processando seus governos por isso"[29].

3.2.1. A corrida por energias renováveis

O decréscimo do uso de fontes fósseis e o aumento das fontes renováveis é uma realidade da qual nenhum país pode escapar. Não há dúvida de que o uso de fontes fósseis – petróleo, carvão e gás natural – é a principal causa do aquecimento global, o que lhes confere a condição de alvo central da agenda internacional

---

[29] Entrevista da jornalista Daniela Chiaretti com Achim Steiner, chefe do Programa das Nações Unidas para o Desenvolvimento – PNUD. *Valor*, 13, 14, 15 e 16 de novembro de 2021, p. A20.

de redução das emissões de gases do efeito estufa. Também é inegável que a indústria do petróleo continuará indispensável e que, possivelmente, terá papel relevante no financiamento da transição energética.

Nas matrizes energéticas do futuro, por certo, não haverá lugar para o petróleo, mas no presente ele ainda é o maior combustível do crescimento econômico. Os combustíveis fósseis respondem por 80% da energia global, e a dura verdade é que as fontes renováveis só podem substituir uma pequena fração disto, e a custos elevados. Uma redução severa das fontes fósseis seria possível e eficaz, mas ao custo da pauperização massiva da humanidade e consequentes colapsos sociais e convulsões políticas.

Neste ponto, é importante ressaltar que o padrão de emissões brasileiro é muito diferente do cenário global, em que, como dito, 80% das emissões vêm do setor de energia. Como o Brasil possui uma matriz energética bastante limpa, o setor é responsável por apenas 19% das emissões. Por isso, o enfrentamento a que se assiste entre as chamadas energias de origem fóssil com as energias renováveis, segundo os *experts* no assunto, carece de uma pacificação, caso realmente se queira evitar novas crises de triste memória e impedir que a energia seja uma barreira à retomada do crescimento econômico.

Segundo Adriano Pires, diretor do Centro Brasileiro de Infraestrutura – CBIE, temos de entender, em primeiro lugar, que cada tipo de energia tem um atributo específico. Não existe energia ruim; o ruim é não ter energia mesmo pagando caro. Basta ver o que hoje está ocorrendo na Europa. O preço da energia atingiu níveis nunca imagináveis e, mesmo assim, há um grande risco de racionamento. Depois, precisamos compreender que existem fontes de energia que trazem a marca da confiabilidade (por exemplo, o gás natural e a energia nuclear) e outras que têm como característica a intermitência (como é o caso da eólica e da solar). Uma traz confiabilidade e outra intermitência, esta, porém, com um maior cuidado com o meio ambiente. Ou seja, essas energias não são excludentes. Ao contrário, são totalmente complementares[30].

O que chama a atenção é presenciarmos, num país que tem uma enorme diversidade de fontes de energia, discussões que defendam abrir mão dessa diversidade. O Brasil, é claro, não pode abrir mão dessa vantagem cooperativa.

Assim, são imensas as oportunidades competitivas de nosso país no impulsionamento do mercado de energia limpa e renovável, o que o coloca como um dos principais atores no enfrentamento do aquecimento global.

---

30 PIRES, Adriano. Pacificação entre fósseis e renováveis. *O Estado de S. Paulo*, 1.º.10.2022, p. B2.

3.2.2. O mercado global de carbono

O mercado de crédito de carbono foi ideia desenhada no Protocolo de Kyoto, em 1997, no âmbito da COP 3, como decorrência de engenhosa proposta brasileira. Tratava-se de um incentivo à "produção mais limpa" e ao reflorestamento, com vistas à maior eficiência na redução de gases de efeito estufa. Segundo as normas, parte da redução de gases por quem poluía menos poderia ser convertida em créditos negociáveis. Quem sujava, pagava; quem não sujava, poderia ganhar dinheiro.

O mecanismo é pré-ordenado a permitir que empresas, organizações e indivíduos compensem as suas emissões de gases de efeito estufa – GEE a partir da aquisição de créditos gerados por projetos de redução de emissões e/ou de captura de carbono. A ideia por trás dele é transferir o custo social das emissões para os agentes emissores, ajudando a conter o aquecimento global e as mudanças climáticas.

Em 2021, em Glasgow, durante a COP 26, como visto, foi regulamentado o art. 6.º do Acordo de Paris, criando formalmente o mercado global de carbono para transações de ativos ambientais e negociações de acordos bilaterais sobre troca de emissões, considerado o mais importante legado da referida Conferência. Busca-se, com isso, criar as bases para que os países cumpram suas obrigações da Convenção Climática – as chamadas Contribuições Nacionalmente Determinadas (NDC, na sigla em inglês) –, por meio de negociações com os créditos. O sistema deve ter um alcance maior do que o Mecanismo do Desenvolvimento Limpo – MDL, criado pelo Protocolo de Kyoto, que negociou créditos entre países desenvolvidos e projetos de países em desenvolvimento, mas que foi afetado e praticamente extinto a partir da crise econômica de 2008, com a significativa queda dos preços dos créditos[31].

A implementação de fato desse novo mercado que ainda pode levar anos para estar devidamente em operação terá enorme potencial de incentivar vários projetos no mundo para a troca de créditos, especialmente no Brasil.

4. A RESPOSTA BRASILEIRA

À Política Nacional do Meio Ambiente (Lei n. 6.938/1981) não passou despercebido o fenômeno das alterações climáticas. Por isso, entre seus instrumentos encontram-se os "padrões de qualidade" – particularmente da qualidade do ar – e o inventário das fontes de emissão. A seu turno, o Sistema Nacional de

---

31 *Revista Química e Derivados*, ano LVI, n. 629, nov. 2021.

Unidades de Conservação da Natureza – SNUC (Lei n. 9.985/2000) trouxe no seu bojo preocupação análoga; com efeito, florestas, solo, água e clima são essencialmente ligados e não podem ser tratados e geridos sem considerações recíprocas, numa visão sistêmica.

O fato de o Brasil ser signatário da Convenção-Quadro sobre Mudanças do Clima desencadeou entre nós grande movimentação nos arraiais técnicos e científicos, nas esferas de gestão ambiental e nos bastidores políticos. Não se pode dizer que o país esteja insensível ou inconsciente perante o fenômeno das graves alterações climáticas globais com seu cortejo de problemas ecológicos, sociais e econômicos. A sociedade brasileira tem se mobilizado para aprofundar o conhecimento sobre causas, efeitos e está na busca de soluções. Em linhas gerais, oportuno assinalar seus esforços para:

4.1. A estruturação de um microssistema legislativo sobre mudanças climáticas

Observa-se, nos dias que correm, a persistente edição de diplomas legais sobre a questão das mudanças climáticas, abaixo examinados de modo muito genérico, a formar como que um microssistema jurídico especializado sobre a matéria. O novo *status* político do Ministério do Meio Ambiente – que agora passa a *Ministério do Meio Ambiente e Mudança do Clima*[32] – é o retrato acabado dessa evolução a que se assiste.

4.1.1. Lei n. 12.187/2009 (Política Nacional sobre Mudança do Clima - PNMC)

Ante a evidente necessidade de se proceder ao ordenamento jurídico das causas e efeitos das mudanças climáticas no âmbito do país, no apagar das luzes de 2009, mais precisamente no dia 29 de dezembro, foi sancionada a Lei n. 12.187, instituindo a Política Nacional sobre Mudança do Clima – PNMC.

A *Política Nacional sobre Mudança do Clima* é um passo avançado, embora não suficiente[33], no ordenamento jurídico brasileiro, para o enfrentamento da

---

32 Lei n. 14.600/2023 – Organização Básica dos Órgãos da Presidência da República e dos Ministérios (art. 17, XVIII, e art. 36, I e II).
33 Tanto assim que a Secretaria Nacional de Mudança do Clima, vinculada ao Ministério do Meio Ambiente e Mudança do Clima, instituiu, por meio da Portaria SMC/MMA n. 843, de 16 de novembro de 2023, o Grupo Técnico de Natureza Temporária com o objetivo de elaborar proposta de atualização da Política Nacional sobre Mudança do Clima (GTT/PNMC), composto por membros indicados pelos ministérios e participantes da Advocacia-Geral da União.

candente questão. A mobilização do país em prol de um objetivo comum de alcance planetário, com o envolvimento do Poder Público e da coletividade mediante segmentos representativos e atuantes – e fazendo eco às preocupações da comunidade internacional –, por si só, é um feito histórico, não só jurídico, mas também social e político.

A implementação da Política Nacional sobre Mudança do Clima – PNMC – assim como de qualquer outra política congênere, estadual ou municipal – não é anódina nem unidirecional. Ela impõe escolhas difíceis, renúncia a preferências imediatistas e, por fim, obriga o gestor ambiental (inclusive governos) a atacar o mal em várias frentes. Uma política para reversão das mudanças do clima é, por sua própria natureza, sistêmica e interdisciplinar. Quanto à sua urgência e eficácia, é questão de vida ou morte, literalmente. *Videant Consules!* O Poder Público que se empenhe nisso. Mas, ao contrário da passividade das multidões romanas, em nossos dias a coletividade está atuante, com vigilância e propostas ativas, nos moldes da democracia participativa que, entre nós, ainda é muito débil, infelizmente. Sob esse prisma, a PNMC tem sido uma contribuição para o ordenamento jurídico internacional no que concerne ao meio ambiente, além de determinante na efetivação dos compromissos assumidos pelo país, desde 1992, em relação às mudanças climáticas globais.

O que importa, neste ensejo, é deixar bem registrado que, diante dos longos tempos decorridos na história do planeta Terra, tanto a formação do efeito estufa quanto os prazos necessários para neutralizá-lo ou minimizá-lo são inexpressivos. Nada obstante, a situação da Terra é grave e o que se pretende alcançar, desde logo, é a sobrevivência do ecossistema planetário com a espécie humana em seu devido lugar. Nesse sentido, a revisão de todos os ordenamentos que estão implicados nesse processo crítico deve ser marcada pela urgência de solidariedade nas ações humanas e pela perspectiva de uma mudança de civilização.

O papel do *ordenamento jurídico* é fundamental para equacionar problemas e questões, estabelecer parâmetros com base nas Ciências Exatas, Biológicas e Humanas, com o reforço da Ética e o aproveitamento dos valores culturais que podem contribuir na administração do risco. O Direito sozinho não daria conta desses "trabalhos de Hércules", tão certo como os demais agentes do processo nada conseguiriam sem o concurso do Direito. Aqui está um caso magnífico de *empreitada interdisciplinar* e *interinstitucional*, como se aprende nas ciências e na gestão do meio ambiente. Contudo, há uma diferença específica: nesse caso, a *escala é planetária* – não é empresarial, local, regional, nem mesmo nacional. Daí a urgência, a importância e a transcendência da empreitada, porque é a totalidade que está em jogo, não as partes isoladas, apenas.

Felizmente, observa-se que, como aqui, em diversas partes do mundo começam a repercutir atos significativos que transformam elementos científicos e técnicos em doutrina jurídica, assim como políticas são transformadas em leis.

O que se espera, em face da grave conjuntura ambiental que se verifica tanto dentro quanto fora de nossas fronteiras, é não cairmos na tentação, já manifestada alhures, de assumir que "mudança climática é algo que ocorre na casa de vocês, não na nossa"[34]. Ora, quando a casa do vizinho arde, não nos é lícito ignorar o incêndio e, de braços cruzados, esperar por uma chuva salvadora. A probabilidade de o vento soprar o fogo em nossa direção e chamuscar toda a vizinhança é algo que não pode mais ser desconsiderado.

4.1.2. Lei n. 12.305/2010 (Política Nacional de Resíduos Sólidos – PNRS)

A Lei n. 12.305/2010, ao instituir a Política Nacional de Resíduos Sólidos – PNRS, estabeleceu, entre seus objetivos, a "proteção da saúde pública e da qualidade ambiental" (art. 7.º, I) e a "não geração, redução, reutilização, reciclagem e tratamento dos resíduos sólidos, bem como *disposição final ambientalmente adequada dos rejeitos*" (art. 7.º, II). Essa preocupação está umbilicalmente ligada à questão das alterações climáticas, certo que a disposição inadequada de resíduos sólidos, nos lixões a céu aberto, é assunto a ser endereçado segundo uma visão sistêmica. Como informa o comentarista de economia Celso Ming, em 2022, o setor de resíduos emitiu aproximadamente 91,3 milhões de toneladas de dióxido de carbono equivalente (CO_2e). Foi responsável por 4% das emissões totais de gases de efeito estufa do território brasileiro, segundo dados do Sistema de Estimativas de Emissões de Gases de Efeito Estufa. Cerca de 65% dessas emissões provieram dos resíduos em aterros e lixões[35].

Os *limites temporais para a disposição final ambientalmente adequada dos rejeitos* – neste ponto, vale lembrar que um dos aspectos mais relevantes da Política Nacional de Resíduos Sólidos – PNRS (Lei n. 12.305/2010) está no seu comando para o fim dos lixões a céu aberto, substituindo-os por aterros sanitários e outras formas de tratamento e disposição final ambientalmente corretas, visando não apenas a preservação do meio ambiente – pelos indefectíveis reflexos na contaminação da

---

34 LATOUR, Bruno, sobre a posição dos EUA de não permanecer no Acordo de Paris. Disponível em: https://brasil.elpais.com/brasil/2019/03/29/internacional/1553888812_652680.html. Acesso em: 13 ago. 2024.

35 MING, Celso. A chaga dos lixões. *O Estado de S. Paulo*, 26.7.2024, p. B2.

água, do solo e do ar (65% das emissões de GEEs do setor de resíduos[36]) – mas também a saúde pública, por serem locais propícios para a disseminação de doenças.

A Associação Brasileira de Resíduos e Meio Ambiente – ABREMA estima que, mesmo com o fechamento de aproximadamente 800 lixões, em 2022, o Brasil ainda mantém cerca de 3 mil deles abertos, o que significa dizer que mais da metade dos municípios brasileiros ainda descarta seu lixo urbano de forma irregular, em lixões ou aterros "controlados" (que não seguem os padrões dos aterros "sanitários"). Sem contar, conforme registrado pelo Censo/2022 do Instituto Brasileiro de Geografia e Estatística – IBGE, que 15,9 milhões de brasileiros queimam o lixo em suas propriedades e mais de 500 mil o enterra no entorno das moradias[37].

À vista dessa nefasta prática de ainda se dispor de todo e qualquer resíduo, aproveitável ou não, em lixões, o art. 54 da Lei n. 12.305/2010 já preconizava o seu banimento até 2014, impondo a disposição adequada de rejeitos em aterros licenciados e controlados por agência integrante do Sistema Nacional do Meio Ambiente – SISNAMA. No entanto, não custa lembrar, a maioria dos municípios brasileiros não cumpriu a obrigação legal, o que confirma a velha história da falta de prioridade para obras que não aparecem e não rendem votos. Só isso é capaz de explicar o desinteresse de administradores públicos – prefeitos, notadamente – em dar fim a uma indignidade que há longas décadas mantém uma porção do país aprisionada ao atraso. Com a nova redação conferida ao aludido art. 54 da LPNRS, por determinação do art. 11 da Lei n. 14.026/2020, novos prazos foram estabelecidos, em função do tamanho e das distintas realidades do município, cujo limite – 2 de agosto de 2024 – acaba de se exaurir. Por certo, novos prazos, verdadeira carta branca, virão em socorro dos renitentes descumpridores da lei, em nítida afronta ao mandamento insculpido no art. 54, § 2.º, V, da Lei n. 9.605/1998, conhecida como Lei dos Crimes Ambientais.

Destarte, a promessa de erradicação dos lixões e aterros controlados em 2024, prevista tanto na LPNRS quanto no Decreto n. 11.043/2022, que veiculou o Plano Nacional de Resíduos Sólidos – PLANARES, não passou de mais uma peça da aborrecida retórica ecológica.

Não estaria passando da hora de o Ministério Público, as agências ambientais, as ONGs e outros segmentos da sociedade assumirem com mais determinação suas responsabilidades na proteção do meio ambiente e na promoção de práticas sustentáveis de gestão, em ordem a esconjurar a chaga dos lixões e minimizar as emissões de gases de efeito estufa que deles emanam?

---

36 MING, Celso. A chaga dos lixões. *O Estado de S. Paulo*, 26.7.2024, p. B2.
37 *O Estado de S. Paulo*, 24.2.2024, p. A20.

4.1.3. Lei n. 14.850/2024 (Política Nacional de Qualidade do Ar)

A recente Lei n. 14.850/2024, que institui a Política Nacional de Qualidade do Ar, apregoa também a necessária visão sistêmica ao estabelecer como um de seus objetivos o seu alinhamento às políticas de combate à mudança do clima (art. 4.º, VI).

Trata-se de diploma legal que busca dar melhor concretude a um dos instrumentos da LPNMA, previsto no art. 9.º, I, atinente ao estabelecimento de padrões de qualidade ambiental, até então disciplinados por Resoluções do CONAMA, e que está a desafiar percuciente tratamento por parte da doutrina especializada.

4.1.4. Lei n. 14.948/2024 (Política Nacional do Hidrogênio de Baixa Emissão de Carbono)

No dia 2 de agosto de 2024, foi publicada a Lei 14.948, que institui o marco legal do hidrogênio de baixa emissão de carbono e dispõe sobre uma Política Nacional a respeito do assunto, no âmbito da Política Energética Nacional de que trata a Lei n. 9.478/1997.

Com o declarado intento de "promover as aplicações energéticas do hidrogênio de baixa emissão de carbono e seus derivados e valorizar seu papel como vetor da transição energética em diversos setores da economia nacional", elencou, entre outros objetivos, os de:

a) promover, em bases econômicas, sociais e ambientais, a participação do hidrogênio de baixa emissão de carbono e seus derivados na matriz energética nacional (art. 3.º, XII);

b) fomentar a transição energética com vistas ao cumprimento das metas do Acordo de Paris sob a Convenção-Quadro das Nações Unidas sobre mudança do clima e demais tratados internacionais congêneres (art. 3.º, XVI);

c) promover a cooperação nacional e internacional para implementação de ações com vistas ao cumprimento dos compromissos e das metas de mitigação das mudanças climáticas globais (art. 3.º, XVII).

O marco legal cria o Sistema Brasileiro de Certificação de Hidrogênio – SBCH2, que estabelece a estrutura, a governança e as competências para tratar sobre o tema e que também ficará encarregado da certificação voluntária, por intensidade de emissões, com base em análise do ciclo de vida dos hidrogênios produzidos no Brasil.

Introduz uma série de estímulos para fortalecer o desenvolvimento industrial no território nacional. Destaca-se o Regime Especial de Incentivos para a Produção de Hidrogênio de Baixa Emissão de Carbono – REHIDRO, que prevê a isenção do PIS/Pasep por um período de cinco anos, iniciando-se em 1.º de janeiro de 2025, abrangendo compras de matérias-primas, produtos intermediários, embalagens, estoques e materiais de construção feitos por produtores de hidrogênio de baixa emissão habilitados.

Além disso, a norma visa promover o avanço em pesquisa, desenvolvimento e inovação (PD&I) no setor produtivo, apoiando diversas metodologias produtivas a fim de assegurar a neutralidade tecnológica. Incentiva, igualmente, a expansão da cadeia nacional de suprimentos de insumos e de equipamentos e o desenvolvimento nacional de fertilizantes nitrogenados, contribuindo para a diminuição da dependência externa e reforçando a segurança alimentar no Brasil.

4.1.5. O Projeto de Lei n. 182/2024 (Senado Federal), sobre o Sistema Brasileiro de Comércio de Emissões de Gases de Efeito Estufa – SBCE

O Projeto de Lei n. 182/2024 é resultado de outros projetos já discutidos no Congresso Nacional, desde 1995, e se propõe a regular o Sistema Brasileiro do Comércio de Emissões – SBCE e define as bases para a criação do chamado mercado regulado de carbono – em que o governo decide as metas de emissões –, como mecanismo oficial de gestão ambiental em prol da mitigação das mudanças climáticas.

Em assunto de tamanha importância, como a do combate às mudanças climáticas, é lamentável que decisões essencialmente técnico-científicas sejam obstruídas por meros – e questionáveis – objetivos políticos.

Quando o Brasil assinou o Acordo de Paris, durante a COP 21, em 2015, comprometeu-se a reduzir as emissões de gases de efeito estufa em 37%, até 2025; depois ampliou a redução para 50%, até 2030, e comprometeu-se com a neutralidade até 2050. É aí que a venda de créditos de carbono excedentes contribui para o cumprimento das metas de redução de poluentes, aqui e no mundo. Todavia, sem uma legislação própria até hoje, as empresas brasileiras participam apenas do mercado voluntário, no qual as metas são definidas entre empresas. Somente a incompetência – para não dizer a falta de civismo – poderá impedir o Brasil de se tornar referência global para soluções sustentáveis[38].

---
38 Na trincheira do atraso. *O Estado de S. Paulo*, 26.7.2024, p. B5.

4.2. Um compromisso para o fim do desmatamento ilegal e a promoção de políticas públicas destinadas à restauração de áreas perdidas ou degradadas

Num mundo pressionado pela mudança climática, ter florestas é uma grande responsabilidade – mas é também uma dádiva, uma oportunidade na economia verde que se desenha para o futuro.

Um dos assuntos mais discutidos da COP 27, no Egito, em 2022, foi a criação da "OPEP das Florestas", resultado de tratativas entre Brasil, Congo e Indonésia, que abrigam 52% das matas tropicais do planeta. Assim como os exportadores de petróleo, os três países começaram um intercâmbio – no caso, para preservar aquilo que vem sendo chamado de "tesouro verde"[39].

É consenso entre especialistas que a contenção do desmatamento, sobretudo do ilegal, é a principal contribuição que países emergentes – que ainda mantêm grandes porções de florestas preservadas – podem oferecer para reduzir significativamente as emissões de carbono e, assim, frear o processo de mudança no clima do planeta. Em que pese a enorme parcela de responsabilidade dos países desenvolvidos nesse esforço global – afinal, foram os primeiros a desmatar suas áreas verdes em nome do progresso econômico –, o fato é que, hoje, são países como o Brasil que desempenham papel crucial para limitar o aquecimento global a 1,5 °C até 2050[40].

O Brasil, que tem grande peso na contribuição para o efeito estufa, por conta do desmatamento ilegal, sobretudo na parte da Amazônia sob seu controle, passa a ter peso igualmente grande nas decisões conjuntas em âmbito internacional. Não se pode olvidar que a Amazônia é integrada por nove países que compõem a Organização do Tratado de Cooperação da Amazônia – OTCA, com sede em Brasília, com plenas condições, portanto, de virar uma plataforma para o combate sincronizado do desmatamento[41].

Somente nesse bioma – diz Carlos Nobre, pesquisador do Instituto de Estudos Avançados da USP – "ao menos um quarto da área desmatada fica abandonada. É possível avançar, justamente aí, para a restauração e o reflorestamento [...]. Em outros biomas também é possível caminhar no ritmo do Plano de Agricultura de Baixo Carbono, em que o manejo integrado de lavoura-pecuária ou lavoura-pecuária-floresta tem um papel a desempenhar [...]. A essas iniciativas cabe o olhar da oportunidade pelas empresas privadas, que tanto buscam a

---

39 LIMA, João Gabriel de. O bônus de ter uma floresta. *O Estado de S. Paulo*, 5.8.2023, p. A10.
40 O tesouro verde do Brasil. *O Estado de S. Paulo*, 24.7.2023, p. A3.
41 *Valor*, 6, 7 e 8 de agosto de 2022, p. A6.

autossustentabilidade em suas respectivas áreas de atuação: a produção agropecuária pode aumentar com significativa redução da área utilizada, permitindo enorme restauração, diminuindo o risco de savanização da floresta amazônica e removendo grande quantidade de gás carbônico da atmosfera."[42]

Com base nesse contexto, e respaldado por uma das melhores leis florestais do mundo, o país tem buscado sair do centro da crise para a posição de maestro reitor dessa política, em linha com o compromisso assumido, em Glasgow, de zerar o desmatamento ilegal até 2028, alterando de 43% para 50% sua meta de redução de emissões até 2030. Ou seja, parece ter entendido que para esse desiderato basta cumprir a lei e deixar de fazer mau uso da floresta[43], tendo-se em vista as grandes extensões de terras agricultáveis já disponíveis para tanto em nosso território.

O Brasil tem 98 milhões de hectares de pastagens degradadas – uma área equivalente à soma dos territórios de Portugal, Espanha e Alemanha – que podem ser recuperados para aumentar a produtividade da agropecuária ou então ser convertidos em arranjos de Integração Lavoura-Pecuária-Floresta (ILPF), fomentadores do uso de diferentes sistemas produtivos dentro de uma mesma área, de maneira consorciada, em sucessão ou rotação de forma a que todas as atividades sejam beneficiadas.

Atento a isso, em 5 de dezembro de 2023, o Governo editou o Decreto n. 11.815, instituindo o Programa Nacional de Conversão de Pastagens Degradadas em Sistemas de Produção Agropecuários Sustentáveis – PNCPD, com a finalidade de promover e coordenar políticas destinadas a este fim, com vistas ao fomento de boas práticas agropecuárias[44] que levem à captura de carbono em nível superior ao da pastagem degradada.

O desflorestamento – além de perdas na biodiversidade e de perturbações no ciclo hidrológico – é altamente responsável pela emissão de gases de efeito estufa – GEEs, aumentando os prognósticos de um desastre climático. Não se trata, portanto, de apenas lamentar a beleza das florestas destruídas, mas parar de cortar, cuidar bem daquelas que restaram e repor as que foram perdidas. Em outro dizer, o desmatamento opera como fonte de emissão de GEEs; o reflorestamento constitui processo de sumidouro.

Bem por isso, e como já dito, uma política pública de reflorestamento é preconizada como um grande instrumento para se promover a redução dos gases de

---

42 NOBRE, Carlos. Empresas contra emergência climática. *Valor*, 18.5.2021, p. A17.
43 MATIAS, Eduardo. A estrada do clima e o interesse nacional. *Valor*, 29.4.2021, p. A16.
44 *Boas práticas agropecuárias sustentáveis*: uso de bioinsumos, plantio direto, sistema sempre verde, rastreabilidade agropecuária, certificações trabalhistas no campo, certificações produtivas, agricultura digital e avaliação da descarbonização (art. 2.º, III).

efeito estufa e alcançar o controle parcial, porém muito valioso, das mudanças de clima globais – sem falar nos efeitos benéficos que pode ter sobre os microclimas.

Esse o caminho a seguir para, em 2025, na COP 30, que acontecerá em Belém/PA, possamos rever, com um nível de ambição maior, nossas metas de emissão e reforçar o compromisso de neutralidade até 2050.

4.3. A regulamentação do mercado nacional de carbono

Para a Lei n. 12.727/2012, crédito de carbono vem a ser um título de direito sobre bem intangível e incorpóreo transacionável (art. 3.º, XVII), ou, em conceito mais abrangente, *de lege ferenda*, o "ativo transacionável, autônomo, representativo de efetiva redução de emissões ou remoção de 1 tCO$_2$e (uma tonelada de dióxido de carbono equivalente[45]), com natureza jurídica de fruto civil, obtido a partir de projetos ou programas de redução de emissões ou remoção de gases de efeito estufa desenvolvidos com base em um bem, com abordagem de mercado, submetidos a metodologias nacionais ou internacionais que adotem critérios e regras para mensuração, relato e verificação de emissões, externos ao SBCE, incluídos entre eles a manutenção e a preservação florestal, a retenção de carbono no solo ou na vegetação, o reflorestamento, o manejo florestal sustentável, a restauração de áreas degradadas, a reciclagem, a compostagem, a valorização energética e a destinação ambientalmente adequada de resíduos entre outros"[46].

De acordo com a consultoria McKinsey, "o Brasil detém, sozinho, 15% do potencial global de captura de carbono por meios naturais, ou seja, por suas florestas preservadas. Trata-se da forma mais simples e econômica de gerar créditos de carbono, que podem ser vendidos para empresas que poluem o meio ambiente como forma de compensação para atingimento de metas. Contudo, o País ainda claudica neste mercado ainda promissor. Segundo a McKinsey, o Brasil explora menos de 1% de sua capacidade anual de geração de crédito de carbono – e segue limitado a projetos de conservação e geração de energia a partir de resíduos, não de ações de reflorestamento. Como se vê, há no território nacional esse gigantesco tesouro verde, literalmente, à espera de melhor aproveitamento. O bom manejo das florestas em pé pode levar o Brasil a contribuir decisivamente para o esforço global de combate as mudanças climáticas e prevenção

---

45 "*Tonelada de dióxido de carbono equivalente* (tCO$_2$e): medida de conversão métrica de emissões ou remoções de todos os GEE em termos de equivalência de potencial de aquecimento global, expressos em dióxido de carbono e medidos conforme os relatórios do Painel Intergovernamental sobre Mudanças Climáticas *(Intergovernmental Panel on Climate Change – IPCC)*" (Projeto de Lei n. 182/2024, art. 2.º, XXXV).
46 Ver art. 2.º, VIII, do Projeto de Lei n. 182/2024 (Senado Federal).

de desastres naturais, cada vez mais intensos e frequentes, e ainda gerar recursos financeiros que poderão ser empregados para melhorar a qualidade de vida de milhões de cidadãos."[47]

A compra e a venda de créditos de carbono podem, grosso modo, seguir dois caminhos, a saber: *(i)* o do mercado voluntário, que tem o preço negociado em contrato por projeto; e *(ii)* o do *regulado*, que tem o preço definido pelo órgão regulador.

4.3.1. O mercado voluntário

O mercado voluntário, em redação pretendida pelo Projeto de Lei n. 182/2024, do Senado Federal, encerra o "ambiente caracterizado por transações de créditos de carbono ou de ativos integrantes do SBCE, voluntariamente estabelecidos entre as partes, para fins de compensação voluntária de emissões de GEE, e que não geram ajustes correspondentes na contabilidade nacional de emissões"[48].

A afirmação de que o mercado de carbono não possui regulamentação específica em território brasileiro pode carregar consigo a falsa ideia de que os temas a ele correlatos igualmente não possuiriam normas regulamentadoras e que ao ingressar nessa senda se estaria em uma "terra sem leis". Não é bem assim.

Para o devido apontamento, a título exemplificativo, importa ver que a ABNT editou a norma NBR 15948:2011 com requisitos e orientações para comercialização de títulos no mercado voluntário. Em âmbito local, para o estado de São Paulo há a Decisão de Diretoria da CETESB n. 254/2012 e no Rio de Janeiro, as Resoluções INEA n. 64 e n. 65/2012, as quais dispõem sobre critérios para a elaboração do inventário de emissões de GEE e plano de mitigação para fins de licenciamento. Na esfera Federal não se olvida a Lei n. 13.576/2017, que institui o RenovaBio, com expresso objetivo de reduzir a emissão de gases causadores do efeito estufa e contribuir para atingir aos compromissos do país no Acordo de Paris (art. 1.º, I e II); ou, ainda, a Política Nacional de Resíduos Sólidos (Lei n. 12.305/2010) exigindo a meta de aproveitamento energético dos gases gerados em unidades de disposição final de resíduos sólidos e a eliminação de lixões – grandes emissores de GEE (arts. 15, IV e V e 17, IV e V).

Todas elas acabam por compartilhar, direta ou indiretamente, um objetivo comum: reduzir a emissão de gases causadores do efeito estufa.

---

47 O tesouro verde do Brasil. *O Estado de S. Paulo*, 24.7.2023, p. A3.
48 Art. 2.º, XX, do Projeto de Lei n. 182/2024 (Senado Federal).

4.3.2. O mercado regulado

O cenário futuro para o mercado de carbono no país, como dito, está na dependência do exame do Projeto de Lei n. 182/2024 (Senado Federal), que visa instituir o Sistema Brasileiro de Comércio de Emissões de Gases de Efeito Estufa – SBCE, "ambiente regulado submetido ao regime de limitação das emissões de GEE e de comercialização de ativos representativos de emissão, redução de emissão ou remoção de GEE no País"[49], com a finalidade de "dar cumprimento à PNMC e aos compromissos assumidos sob a Convenção-Quadro das Nações Unidas sobre Mudança do Clima, mediante definição de compromissos ambientais e disciplina financeira de negociação de ativos"[50].

O que se espera é que a verdadeira queda de braço entre Câmara dos Deputados e Senado Federal sobre a candente questão não impeça de, em novembro de 2025, na COP 30, em Belém, o país apresentar ao mundo os avanços na proteção de suas florestas e na transição energética, em cujo contexto está inserido o mercado de carbono regulado.

5. REAÇÕES SOCIAIS DIFUSAS COM FOCO NA LITIGÂNCIA CLIMÁTICA

Nada obstante os inegáveis passos verificados com o Acordo de Paris para o enfrentamento do preocupante aquecimento climático, a sensação que parece emergir do corpo social é de uma indisfarçável indiferença perante as anunciadas tragédias que estão acontecendo agora mesmo em diferentes partes do mundo.

Essa aparente letargia, decorrente em boa medida das deficiências das organizações políticas, vem, por outro lado, propiciando uma reação apoiada na consciência e no dinamismo da própria sociedade.

Embora na contramão da desjudicialização – marca de novos tempos das políticas judiciárias –, inclusive em nosso país, cresce o número de ativistas, principalmente adolescentes e jovens, a reivindicar direitos fundamentais como o atinente ao clima estável e seguro. Assim, o Poder Judiciário, na maioria dos países do mundo, assume um papel de protagonismo na declaração e concretização desses direitos, em virtude da emergência climática e da omissão de governos e empresas.

De fato, surpreendem-nos ações de caráter individual, como a da jovem sueca Greta Thunberg, quando, aos seus 16 anos, iniciou o movimento "Fridays for

---
49 Art. 3.º, *caput*, do Projeto de Lei n. 182/2024 (Senado Federal).
50 Art. 3.º, parágrafo único, do Projeto de Lei n. 182/2024 (Senado Federal).

Future", para pugnar pelo direito fundamental a um clima estável e seguro, "bem comum, um bem de todos e para todos"[51], e pedir ações dos governantes contra as mudanças climáticas[52].

Nessa mesma senda, importa registrar que vem se consolidando, ultimamente, um importante movimento mundial por justiça climática, assentado no incentivo à chamada *litigância climática* – compreensiva de medidas administrativas e judiciais que, direta ou indiretamente, digam respeito a mudanças climáticas – como meio de pressão em prol de ações efetivas ou estratégicas para o fortalecimento da *governança* sobre a matéria.

Dados compilados pelo Projeto JUMA, da Pontifícia Universidade Católica do Rio de Janeiro – PUC/RJ, mostram que, com 85 ações em andamento – relacionadas, basicamente, às mudanças no uso da terra, sobretudo ao desmatamento para dar espaço para a agropecuária –, o país é a jurisdição do Sul Global com mais casos reportados e, também, o quarto país do mundo com maior número de ações climáticas, atrás apenas de EUA, Austrália e Reino Unido[53].

No mundo, pode-se dizer que os casos de litigância climática até hoje noticiados trazem para a apreciação das Cortes e de órgãos de gestão e investigação questões relacionadas à redução das emissões de GEE – gases de efeito estufa (= mitigação), à redução da vulnerabilidade aos efeitos das mudanças climáticas (= adaptação), à reparação de danos sofridos em razão das mudanças climáticas (= perdas e danos), e à avaliação e gestão dos riscos climáticos (= riscos)[54]. No momento, estão registrados, pela *Sabin Center for Climate Change Law*, 2.341 ações de litigância climática em 51 países[55], sendo que os EUA lideram a lista com 1.590 casos.

Entre eles, um dos mais emblemáticos foi julgado pelo Tribunal Distrital de Haia, na Holanda, inspirado no Acordo de Paris de 2015. Na ação movida pela organização ambiental holandesa *Milieudefensie (Friends of the Earth Netherlands)*, a Corte determinou que a petroleira *Royal Dutch Shell (RDS)* reduzisse suas emissões de carbono em 45%, até 2030, em comparação com os níveis de 2019. A decisão tem um capítulo específico que trata das alterações climáticas e faz uma revisão histórica do uso do CO_2 e dos riscos aos quais o planeta está sujeito, como resultado do agravamento do aquecimento global. A sentença teve como base

---

51 Encíclica *Laudato Sì*, cap. I, p. 21.
52 THUNBERG, Greta. Entenda por que milhares de estudantes fazem greve por ação contra mudanças climáticas. *O Estado de S. Paulo*, 15.3.2019. Trechos da entrevista concedida por e-mail.
53 Disponível em: https://litigancia.biobd.inf.puc-rio.br/. Acesso em: 13 ago. 2024.
54 SETZER, Joana *et al.* (coord.). *Litigância climática*: novas fronteiras para o direito ambiental no Brasil. São Paulo: Thomson Reuters Brasil, 2019, p. 26.
55 Disponível em: *(i)* https://climatecasechart.com/. Acesso em: 13 ago. 2024; e *(ii)* https://www.lse.ac.uk/granthaminstitute/wpcontent/uploads/2023/06/Global_trends_in_climate_change_litigation_2023_snapshot.pdf. Acesso em: 13 ago. 2024.

principal a violação de direitos humanos e do "duty of care" (dever de cuidar) por parte da RDS, entendendo que é esperado que empresas identifiquem e avaliem os impactos que podem causar às pessoas, seja por meio de sua atividade própria ou por relacionamentos comerciais, tais como os riscos decorrentes de emissões de carbono[56].

Ao observador menos atento, poderia passar a impressão de que o recurso à *litigância* – que jamais convém para a tranquilidade social, e, portanto, somente utilizável como última saída – estaria a se sobrepor aos mecanismos extrajudiciais de ação e negociação. Não! O cunho inovador do movimento se revela exatamente por mostrar que o apelo à litigância só faz sentido ante a pobreza franciscana do quadro normativo reitor da matéria e como estratégia para o fortalecimento da governança climática; não por promover a beligerância como um fim em si mesmo, pois o seu intuito não é arrecadar dinheiro, mas pressionar o degradador a se comprometer com a higidez do clima.

É bem verdade que, na maioria dos casos submetidos às cortes jurisdicionais e aos órgãos de gestão e controle, o tema *mudanças climáticas* exsurge ora como "periférico"[57], ora como "estratégico"[58], a ensejar emissão de juízos relacionados às causas e consequências do fenômeno, que acabam, a final, por acolitar legisladores, formuladores de políticas públicas e atores do mercado a desenvolver e implementar ações efetivas para o enfrentamento dos desafios postos[59].

Numa palavra, os litígios climáticos, com o seu potencial de atrair a atenção e a pressão públicas, acabam por constituir uma plataforma para a articulação e o envolvimento da sociedade no debate sobre o enfrentamento do fenômeno climático. Sim, porque a força da mobilização da sociedade civil em torno da questão pode mudar as expectativas de muitos atores, principalmente os do comércio e os investidores, em relação aos riscos políticos e legais da inação[60].

---

56 SANTOS, Gilmara. Defesa do clima chega aos tribunais. *Valor*, 18.5.2022, p. H1.
57 Por exemplo, no âmbito de processos de licenciamento de atividades ou empreendimentos que causam emissões de GEE.
58 Como se dá, por exemplo, em casos como o de governos que são chamados, por meio de ações judiciais, a fortalecer ou enfraquecer regulações e medidas de mitigação e adaptação. Também naqueles em que grandes emissores são chamados a se responsabilizar por danos já sofridos por comunidades em decorrência de impactos das mudanças climáticas, bem como o de instituições financeiras chamadas a desinvestir em combustíveis fósseis.
59 É claro, a todas as luzes, que não se pode descartar um outro lado dos litígios climáticos, que também pode ser utilizado para a manutenção de normas ou políticas públicas já existentes ou interpretações destas de forma menos condizente com esforços de mitigação ou adaptação. É a situação daquilo que, na literatura internacional, vem sendo cunhada de litigância climática do tipo *anti-regulatory impact* (SETZER, Joana *et al. Litigância climática*: novas fronteiras... cit., p. 30).
60 SETZER, Joana *et al. Litigância climática*: novas fronteiras... cit., p. 29 e 427.

6. CONCLUSÃO: UM CAMINHO SEM RETORNO

Estamos entrando numa nova era na história do planeta Terra: o Antropoceno. Trata-se de uma era em que os seres humanos, em lugar das forças naturais, são os principais causadores da mudança planetária.

Não se discute mais que o fenômeno maléfico das mudanças climáticas integra o rol dos "riscos ambientais globais", isto é, aqueles riscos que ameaçam o planeta como um todo. Eles não estão rigorosamente localizados no mapa, porém, acham-se difusos à volta da Terra.

O que importa, neste momento, é ressaltar a constatação óbvia de que todo o transtorno planetário ameaçador é causado pela ação do homem, não um homem genérico e abstrato, mas a ação humana concreta que age sobretudo nos espaços da economia e da política, sem que se possa desconsiderar também os espaços passíveis de desvio da cultura, da ética e da própria ciência. Sem dúvida, já faz algum tempo que a nossa *Oikos* tem sido menos hospitaleira e pródiga, podendo até tornar-se cobradora, avarenta e "vingativa". A Terra nada tem a temer, porque pode muito bem prosseguir sem a nossa espécie. Com efeito, "devemos ter sempre em mente que é arrogância achar que sabemos como salvar a Terra: nosso Planeta cuida de si próprio. Tudo que podemos fazer é tentar nos salvar"[61]. A família humana precisa se precaver!

As perdas decorrentes das mudanças de clima, não faz mal insistir, são inúmeras e, até certo ponto, inquantificáveis – vale dizer, são um prejuízo absurdo em valores econômicos e financeiros, sem falar nos danos sociais e ecológicos. Os ecossistemas rapidamente se esgotam, recusando-nos seus serviços e recursos. Não haverá insumos para a atividade econômica, ou seja, não haverá matéria para a produção sequer sustentável. No saque aos recursos naturais, o consumo insustentável da sociedade humana torna-se um aliado perigoso das calamidades ecológicas e dos desastres ambientais, insuflando também as alterações do clima. Agrava a tal maleficência o fato de esse consumo ser irracional e insensível em face da falência da Terra e dos riscos que a humanidade, em seu conjunto, corre continuadamente. Esse tipo de gastança produz ninhadas de produtores compulsivos, egoístas, cegos e, no fim da linha, irresponsáveis perante o próprio destino e o destino da coletividade. É preciso observar, ainda, que a categoria de produtores e consumidores compulsivos não se constitui apenas de indivíduos: ela compreende em seu conjunto grupos, comunidades, associações e até Estados e nações consumistas e manipuladores.

---

[61] LOVELOCK, James. *Gaia*: alerta final. Trad. Vera de Paula Assis e Jesus de Paula Assis. Rio de Janeiro: Intrínseca, 2010, p. 26.

Por essas e outras razões, as mudanças de clima apontam para a imperiosa necessidade de promover a produção e o consumo sustentáveis, como previsto, aliás, no *Objetivo 12* da Agenda 2030. Esses temas são de tal maneira entrelaçados que acabam por ser aspectos distintos da mesma vicissitude por que passa nosso planeta. Tanto a Economia Ecológica quanto a Economia Ambiental levam em conta esses abusos e desequilíbrios. Oxalá essas considerações possam fazer parte da nossa economia cotidiana. É a cidadania do produtor e do consumidor conscientes.

Diante do quadro atual, em face da complexidade do fenômeno, impõe-se uma verdadeira revolução ética-jurídica-científica-política pela sustentabilidade do planeta Terra – nossa casa comum. Ela não se fará com franco-atiradores. É tarefa ingente da sociedade como um todo, que precisa desenvolver-se harmoniosamente num espaço comum (a biosfera), em que as redes da vida são partilhadas. Por isso, a manutenção do ambiente saudável é fator integrante do processo de desenvolvimento sustentável. Mas esse processo, que tem na sociedade um grande contingente de atores e de agentes ambientais, depende do dinamismo das próprias comunidades para desencadear-se e prosseguir. Desenvolvimento sustentável e sociedade sustentável fundem-se, na prática cotidiana, como efeito e causa que se entrelaçam: não haverá um desses fatores sem o outro.

Bill Gates, em escrito de 2021 sobre os efeitos das mudanças climáticas[62], disse que há dois números que precisamos ter em mente sobre mudanças climáticas. Um é *51 bilhões*, equivalente às toneladas de gases de efeito estufa que o mundo lança à atmosfera todos os anos; o outro é *zero*, este inegociável, onde temos que chegar para impedir o aquecimento global e evitar o pior. "Parece difícil, e será. O mundo nunca fez nada tão ambicioso assim. Todos os países terão de mudar seus hábitos."[63]

Este é o sentido maior da formação de cabeças pensantes. A presente obra coletiva em homenagem a Curt Trennepohl, para a qual se destina este texto, é, sem dúvida, estímulo à elaboração de uma doutrina sólida e cientificamente embasada, apta a frutificar num ordenamento jurídico, social, econômico e de mobilização (de pessoas e instituições) em função da sobrevivência comum. Não poderá haver qualquer outro tipo de sustentabilidade se a Terra mesma for insustentável.

Com erros e acertos a humanidade chegou até aqui, e nós, como parte dela, chegamos a um ponto de não retorno. É forçoso seguir adiante na busca de soluções para as mudanças climáticas provocadas pela ação antrópica. Muitos focos luminosos se formam e se ajuntam ao longo da estrada: por sorte, não caminharemos mais às cegas.

---

62 GATES, Bill. *Como evitar um desastre climático*: as soluções que temos e as inovações necessárias. Trad. Cássio Arantes Leite. São Paulo: Companhia das Letras, 2021, p. 9.
63 *Idem*, p. 9 e 10.

DIREITO CONSTITUCIONAL CLIMÁTICO: DOS DEVERES ESTATAIS DE PROTEÇÃO CLIMÁTICA E DESCARBONIZAÇÃO DA ECONOMIA E MATRIZ ENERGÉTICA BRASILEIRA AO DIREITO FUNDAMENTAL AO CLIMA À LUZ DA CONSTITUIÇÃO FEDERAL DE 1988[1-2]

Ingo Wolfgang Sarlet[3]
Tiago Fensterseifer[4]

---

1. O gentil convite formulado pelos amigos e destacados juristas e advogados Terence e Natascha Trennepohl (seus filhos) para colaborar em obra coletiva comemorativa a um dos grandes nomes e pioneiros do Direito Ambiental brasileiro, como é o caso de Curt Trennepohl, é motivo de grande celebração e honra para nós. O desenvolvimento progressivo do Direito Ambiental brasileiro desde o início da década de 1980, a contar de Lei n. 6.938/1981, até o seu "estado da arte" que testemunhamos hoje, às vésperas de sediarmos no Brasil a COP 30 da Convenção-Quadro sobre Mudança do Clima, é obra daqueles que, como Curt, laboraram tanto na formação legislativa e doutrinária do Direito Ambiental quanto na criação e no aperfeiçoamento das instituições e dos órgãos públicos encarregados de executar e implementar a legislação ambiental, como ilustra a sua passagem pela Presidência do IBAMA. É, como referido antes, uma grande honra participar desta justa homenagem e prestigiar a sua importância para o Direito Ambiental brasileiro, tendo ele inspirado e contribuído substancialmente para a formação de inúmeras gerações de profissionais ao longo das últimas décadas na seara ambiental. O tema do Direito Constitucional Climático sobre o qual versaremos no presente texto é uma forma de render nossa homenagem à brilhante trajetória de Curt, gaúcho (como nós) que no início da sua carreira, em meados da década de 1970, juntamente com sua esposa Doris, saiu do Rio Grande do Sul para desbravar a Amazônia, precisamente no (à época) Território Federal de Rondônia, para trabalhar como advogado da Procuradoria Federal, sempre comprometido com os desafios existenciais do nosso tempo (Antropoceno), especialmente daqueles que impactam a salvaguarda da vida, da dignidade e dos direitos fundamentais das presentes e das futuras gerações.
2. O presente texto representa versão atualizada e revisada de artigo publicado previamente pelos coautores na *Revista de Direito Ambiental* (SARLET, Ingo W.; FENSTURSEIFER, Tiago. Direitos fundamentais e deveres de proteção climática na Constituição Brasileira de 1988. *Revista de Direito Ambiental (RDA)*, v. 108, p. 77-108, out./dez. 2022), bem como de passagens dos capítulos que ambos subscrevem conjuntamente na obra *Curso de direito climático* (1. ed. São Paulo: RT/Thomson Reuters, 2023), editada em coautoria com Gabriel Wedy.
3. Doutor e Pós-doutor em Direito pela Universidade de Munique. Professor titular e coordenador do Mestrado e Doutorado em Direito – PPGD, da Escola de Direito da PUCRS. Desembargador aposentado do TJRS. Advogado e parecerista.
4. Doutor em Direito Público pela PUC/RS. Estudos em nível de pós-doutorado junto ao Instituto Max-Planck de Direito Social e Política Social de Munique, na Alemanha (2018-2019) e à UFSC (2023-2024). Professor-visitante (2021-2022) do Mestrado e Doutorado do PPGD da Universidade de

1. INTRODUÇÃO

> O ar com certo padrão de pureza é, pois, indispensável à vida humana. Há um limite de tolerância à contaminação atmosférica, além do qual as concentrações de poluentes podem afetar a saúde, a segurança e o bem-estar da população e causar dano à flora e à fauna, ao meio ambiente em geral. (*José Afonso da Silva*)[5]

> A questão climática é a questão de nosso tempo. É a pergunta interrogante que nos lança o destino e as respostas que nós pudermos formular decidirão qual futuro terá a humanidade – ou se haverá algum futuro. Não há outra pauta, não há outro problema, não há outra questão. A emergência climática é a antessala de todas as outras. (*Ministro Luiz Edson Fachin*, ADPF 708/DF – Caso Fundo Clima)[6]

> (...) atualmente, as mudanças climáticas representam um fenômeno incontestável: suas consequências estão por toda parte e a ninguém poupam. Atingem diretamente e arruínam milhões de pessoas, sobretudo as mais pobres; ameaçam centenas de milhões de outras tantas; incitam o espírito de investigação de pesquisadores; desafiam a antevisão de políticos e legisladores; e, cada vez mais, se fazem presentes no cotidiano dos Tribunais. Ou seja, já não pairam incerteza sobre a realidade, causas antrópicas e efeitos avassaladores das mudanças climáticas na comunidade da vida planetária e no cotidiano da humanidade. Embora ainda exista muito a descobrir e estudar, nem mesmo quem acredita em Papai Noel consegue negar os dados acumulados nas últimas décadas. Diante de tamanho consenso científico, os juízes precisam ficar vigilantes para não serem usados como caixa de ressonância de ideias irracionais – negacionistas dos fatos e do saber –, posições que, frequentemente, não passam de biombo para ocultar poderosos e insustentáveis interesses econômicos esposados por adversários dos valores capitais do Estado de Direito Ambiental. (*Ministro Antonio Herman Benjamin*)[7]

> (...) é forçoso concluir pela existência de um estado de coisas ainda inconstitucional na proteção e preservação da Floresta Amazônica, em trânsito para a constitucionalidade, acoplando-se a essa declaração medidas remediais que permitam superar esse cenário e efetivar os *direitos e os deveres fundamentais* ambientais, ecológicos e *climáticos*. (*Ministro Luiz Fux*)[8]

A atual crise climática – ou melhor, *estado de emergência climática* – decorrente do aquecimento global e das mudanças climáticas que vivenciamos hoje no Antropoceno representa um grande desafio, não só, mas aqui em especial, para a teoria e

---

Fortaleza (UNIFOR). Defensor Público Estadual (SP). Autor, entre outras, das obras em coautoria com Ingo W. Sarlet: *Direito constitucional ecológico*. 7. ed. São Paulo: RT/Thomson Reuters, 2021; e *Curso de direito ambiental*. 4. ed. Rio de Janeiro: GEN/Forense, 2023.

5 SILVA, José Afonso da. *Direito constitucional ambiental*. 4. ed. São Paulo: Malheiros, 2002, p. 109.
6 Passagem do voto-vogal do Ministro Luiz Edson Fachin no julgamento da ADPF n. 708/DF pelo STF: Tribunal Pleno, Rel. Min. Barroso, j. 1.º.7.2022.
7 STJ, AgInt no Ag em REsp 2.188.380/SE, 2.ª Turma, Rel. Min. Herman Benjamin, j. 6.3.2023.
8 Passagem do voto do Ministro Luiz Fux na ADPF n. 760/DF (Caso PPCDAM): STF, ADPF n. 760/DF, Tribunal Pleno, Rel. Min. Cármen Lúcia, Red. Acórdão Min. André Mendonça, j. 14.3.2024.

a práxis do Direito Constitucional e dos Direitos Fundamentais, inclusive a ponto de se falar de um novo (sub)ramo disciplinar, o assim designado Direito Constitucional Climático. A gravidade da questão climática e de suas consequências, como notório, é de tal magnitude que alguns países têm decretado um "estado de emergência climática", como, por exemplo, se deu na União Europeia, por meio do Parlamento Europeu, em 2019[9]. O reconhecimento (no Brasil também há pleito nesse sentido, inclusive em demandas submetidas ao Supremo Tribunal Federal – STF) de um estado de emergência climático tem encontrado amplo respaldo por parte da comunidade científica, conforme dão conta, por exemplo, os relatórios do Painel Intergovernamental sobre Mudança do Clima da ONU (IPCC), designadamente, o 6.º Relatório (AR6) divulgado entre 2021 (Grupo 1) e 2022 (Grupos 2 e 3), constatando, entre outros pontos dignos de nota, maior intensidade e frequência dos eventos climáticos extremos já em curso.

Esse cenário real de danos já causados e de graves riscos à vida humana e ao meio ambiente biótico e abiótico, assim como à dignidade humana e aos direitos humanos e fundamentais, tem suscitado importante discussão doutrinária[10] em torno do reconhecimento de um direito fundamental ao clima limpo, saudável e seguro, como derivado do regime constitucional de proteção ecológica e, em particular, do direito fundamental ao meio ambiente ecologicamente equilibrado, tal como preconizado no art. 225 da CF/1988[11].

O pleito em questão, aliás, também tem ganhado cada vez maior expressão em nível internacional, posto que também nesse contexto já se materializam apelos pelo reconhecimento de um direito humano a um clima limpo, saudável e seguro, conforme se verá com um pouco mais de detalhamento logo adiante. Nessa perspectiva, o atual Estado de Direito Ecológico (*Ecological Rule of Law*[12]) – também um Estado Democrático e Social, tomando-se aqui como paradigma a

---

9 A Lei de Bases do Clima (Lei n. 98/2021) da República Portuguesa reconheceu expressamente a "situação de emergência climática" (art. 2.º).
10 Na doutrina brasileira, v., entre outros, SARLET, Ingo W.; FENSTERSEIFER, Tiago. *Direito constitucional ecológico*. 7. ed. São Paulo: RT/Thomson Reuters, 2021; e WEDY, Gabriel. *Desenvolvimento sustentável na era das mudanças climáticas*: um direito fundamental. São Paulo: Saraiva, 2018 (Série IDP).
11 Tramitam no Congresso Nacional duas propostas de emenda constitucional (**PEC 233/2019 e PEC 37/2021**) que têm por escopo integrar a agenda climática expressamente no texto da CF/1988. No caso da PEC 37/2021, a sua redação atual prevê a seguinte incorporação de conteúdo ao texto constitucional: "Art. 5.º Todos são iguais perante a lei, sem distinção de qualquer natureza, garantindo-se aos brasileiros e aos estrangeiros residentes no País a inviolabilidade do direito à vida, à liberdade, à igualdade, à segurança, à propriedade, ao meio ambiente ecologicamente equilibrado e à segurança climática, nos termos seguintes (...)"; "Art. 170 (...) X – Manutenção da segurança climática, com garantia de ações de mitigação e adaptação às mudanças climáticas"; e "Art. 225 (...) § 1.º(...) VIII – adotar ações de mitigação às mudanças climáticas, e adaptação aos seus efeitos adversos".
12 Na doutrina, v. VOIGT, Christina (ed.). *Rule of law for nature*: new dimensions and ideas in environmental law. Cambridge: Cambridge University Press, 2013.

ordem constitucional brasileira[13] – passa a incorporar necessariamente também uma *dimensão climática* de proteção e promoção, inclusive em vista da salvaguarda dos direitos fundamentais numa perspectiva transgeracional e intertemporal, contemplando os interesses e os direitos das futuras gerações tal como expressamente consagrado no *caput* do art. 225 da CF/1988.

Nesse contexto ainda preliminar, calha salientar que, no concernente à dimensão objetiva dos direitos fundamentais, para além dos deveres estatais de proteção ecológica já expressamente consagrados no art. 225 da CF/1988, o entendimento acima esboçado, tem também conduzido ao reconhecimento de deveres estatais de proteção climática, como, aliás, resultou expressamente consagrado em recente decisão do STF no julgamento da Arguição de Descumprimento de Preceito Fundamental – ADPF – 708/DF (Caso Fundo Clima), inclusive – outra novidade a ser destacada – no sentido de se ter reforçado a vinculação e o compromisso do Estado brasileiro para com os tratados internacionais ambientais e climáticos – como, por exemplo, a Convenção-Quadro sobre Mudanças Climáticas (1992) e o Acordo de Paris (2015). No voto do Ministro Luís Roberto Barroso, relator da ação, os tratados internacionais em matéria ambiental foram reconhecidos expressamente como "espécie" do "gênero" tratados internacionais de direitos humanos e, portanto, tiveram seu *status* normativo supralegal chancelado pela Corte[14].

Outro aspecto a ser adiantado é que a despeito do enfoque prevalentemente constitucional – voltado ao direito constitucional positivo brasileiro – a temática versada se insere num contexto necessariamente marcado por um intenso diálogo entre ordens jurídicas (com crescente relevância daquilo que se tem chamado de um diálogo jurisprudencial e entre tribunais), ademais da perspectiva multinível, que caracteriza a interação entre o direito internacional (em nível universal e regional) e o direito interno dos Estados. Quiçá, como sugerido por Vasco Pereira da Silva no campo do Direito Constitucional, é possível falar de um Direito Climático "Sem Fronteiras"[15].

Cuida-se, portanto, de uma abordagem constitucional de múltiplos níveis, o que, no tocante ao problema da proteção e da promoção de um meio ambiente equilibrado e saudável e, em particular, de condições climáticas íntegras, saudáveis e seguras, assume especial relevância, dado o fato de que tal problema apresenta dimensão global e, independentemente do nível de participação individual

---

13 Aqui se considera o programa normativo constitucional e as recentes tendências na seara doutrinária e jurisprudencial, posto que a deficitária eficácia social da proteção ambiental, inclusive no concernente ao clima, não pode ser simplesmente negligenciada. A título de exemplo, v. STJ, AgIntAgREsp 1.926.267/ES, 2.ª Turma, Rel. Min. Herman Benjamin, j. 8.8.2022.
14 STF, ADPF n. 708, Tribunal Pleno, Rel. Min. Barroso, j. 1.º.7.2022.
15 SILVA, Vasco Pereira da. *Direito constitucional e administrativo sem fronteiras*. Coimbra: Almedina, 2019, p. 31-32.

de cada Estado (menor ou maior) em termos de emissões de gases de efeito estufa, cada um deve contribuir para a superação da crise climática planetária.

Ressalta-se, nesse sentido, que o Estado concebido pela CF/1988, tal como facilmente se percebe mediante simples leitura do art. 4.º, que dispõe sobre os princípios que regem as relações internacionais brasileiras, é – ou pelo menos foi assim concebido pelo Constituinte – um Estado constitucional aberto e cooperativo[16], o que assume particular relevo quando se trata dos compromissos internacionais assumidos pelo Estado brasileiro no que diz respeito à salvaguarda de um sistema climático limpo, saudável e seguro, para o que, por exemplo, o combate ao desmatamento e a proteção da Floresta Amazônica é *conditio sine qua non*.

À vista do exposto, o propósito do presente artigo daqui para frente é, com ênfase na ordem constitucional brasileira – mas sempre com o olhar voltado para além das fronteiras nacionais – (item 2) apresentar em que medida o clima (ou sistema climático) é alçado à condição de bem jurídico de estatura constitucional, para, na sequência (item 3) explorar o tema de sua jusfundamentalidade, inclusive no que diz respeito ao reconhecimento de um direito fundamental ao clima limpo, saudável e seguro, com destaque para a assim chamada dimensão objetiva dos direitos fundamentais e os deveres estatais de proteção climática (por exemplo, mitigação, adaptação e reparação de danos), seguindo-se (item 4) algumas notas sobre o papel da jurisdição constitucional brasileira na sua efetivação à luz da análise de alguns casos concretos (por exemplo, ADPF 708), incluindo o papel e o *status* normativo supralegal dos tratados internacionais em matéria climática e correlato o poder-dever do controle de convencionalidade atribuído aos juízes e tribunais brasileiros. Por derradeiro (item 5), seguem algumas conclusões.

Antes de avançar, contudo, impõe-se o registro de que o presente texto é ofertado para integrar coletânea que rende homenagem merecida a um dos expoentes do direito ambiental brasileiro, designadamente, o Professor Doutor Curt Trennepohl.

2. O CLIMA COMO BEM JURÍDICO DE *STATUS* CONSTITUCIONAL

> O *clima* é um *bem comum*, um bem de todos e para todos. A nível global, é um sistema complexo, que tem a ver com muitas condições essenciais para a vida humana. Há um consenso científico muito consistente, indicando que estamos perante um preocupante aquecimento do sistema climático. (Papa Francisco, Encíclica *Laudato Si* de 2015)

---

16 Sobre o Estado cooperativo v., em especial, HÄBERLE, Peter. *Estado constitucional cooperativo*. Rio de Janeiro: Renovar, 2008.

Antes de adentrar a esfera da discussão em torno da existência de um direito fundamental a um clima limpo, saudável e seguro, há que sublinhar o fato de que, a exemplo do que se tem gradualmente e com cada vez maior intensidade sustentado no Brasil, o clima – ou sistema climático – deve ser reconhecido como um bem jurídico de *status* constitucional, dotado de especial proteção jurídica pela CF/1988. O bem jurídico clima refere-se, em primeira linha, à "atmosfera global ou planetária"[17], muito embora – independentemente da ausência de fronteiras territoriais –, tenha também uma dimensão regional, nacional e local, não apenas consideradas as peculiaridades de natureza fática, mas também no que diz respeito ao Direito, porquanto segue existindo e sendo absolutamente relevante a regulação jurídica em todas essas esferas.

A Corte Internacional de Justiça, na *Opinião Consultiva sobre a Legalidade da Ameaça ou Uso de Armas Nucleares* (1996), reconheceu, em documento histórico, que a proteção do meio ambiente integra o *corpus* do direito internacional, por meio da obrigação geral dos Estados de garantir que as atividades dentro de sua jurisdição e controle respeitem o meio ambiente de outros Estados ou de áreas fora do controle nacional. Igualmente, a Corte reconheceu que "o meio ambiente não é uma abstração, mas representa o espaço de vida, a qualidade de vida e a própria saúde dos seres humanos, incluindo as gerações por nascer"[18]. Assim como o meio ambiente não se trata de uma "abstração", também o clima ou sistema climático é algo concreto e está diretamente relacionado à salvaguarda dos interesses e direitos mais básicos do ser humano (gerações presentes e futuras), como a vida, a saúde, a integridade física e psíquica, entre outros.

A atribuição da condição de bem jurídico constitucional (mas também convencional e infraconstitucional) encontra forte amparo já no próprio regime de proteção ecológica estabelecido pelo art. 225 da CF/1988, em particular, no tocante ao dever de proteção e salvaguarda dos "processos ecológicos essenciais", tal como expressamente consignado no inciso I, visto que o sistema climático é indiscutivelmente um "processo ecológico essencial" e mesmo nuclear da proteção e promoção de um meio ambiente ecologicamente saudável e equilibrado.

Soma-se a isso a inclusão, por meio da Emenda Constitucional n. 123/2022, de um novo inciso VIII no § 1.º do art. 225 da CF/1988, que justamente contempla textualmente os deveres estatais de proteção climática do Estado brasileiro,

---

17 Trata-se, portanto, de algo distinto do assim chamado "espaço sideral" (*outer space*), que, aliás, também é objeto de tratados internacionais e regulamentação jurídica específica. A título de exemplo, v. Tratado do espaço sideral (*Outer space treaty*), de 1967, Convenção sobre Responsabilidade Espacial, de 1972, e Tratado da Lua (*Moon treaty*), de 1979.

18 CORTE INTERNACIONAL DE JUSTIÇA. *Opinião consultiva sobre a legalidade da ameaça ou uso de armas nucleares (1996)*, p. 241-242, § 29. Disponível em: https://www.icj-cij.org/public/files/case-related/95/095-19960708-ADV-01-00-EN.pdf.

no sentido de promover a descarbonização da economia e a neutralização climática, relativamente às emissões de gases do efeito estufa decorrentes da queima de combustíveis fósseis, ao "manter regime fiscal favorecido para os biocombustíveis destinados ao consumo final, na forma de lei complementar, a fim de assegurar-lhes tributação inferior à incidente sobre os combustíveis fósseis, capaz de garantir diferencial competitivo em relação a estes (...)".

Além disso, é possível cerrar fileiras com o entendimento de que – em certo sentido – o sistema climático assume a condição de um bem jurídico constitucional autônomo, da mesma forma como se deu com o meio ambiente ecologicamente equilibrado (art. 225 da CF/1988).

Importa sublinhar, todavia, que quando aqui se fala em autonomia, se está a tratar de uma necessária (embora parcial) especialização, a despeito da onipresença e transversalidade da questão climática. Note-se que o mesmo – pelo menos no Brasil – ocorreu com a proteção ambiental em termos gerais, posto que, se no passado – até a década de 1970, a proteção jurídica da natureza e dos recursos naturais se dava em função de outros bens jurídicos (saúde, propriedade, interesses econômicos etc.), a Lei da Política Nacional do Meio Ambiente (Lei n. 6.938/1981) rompeu com esse entendimento, consagrando o meio ambiente como bem jurídico autônomo no plano infraconstitucional, entendimento que acabou também sendo adotado em 1988 pela CF/1988.

Igual situação ocorre com o sistema climático hoje, nas três dimensões: convencional, constitucional e infraconstitucional. Ao diferenciar, em termos conceituais e jurídicos, "clima" de "meio ambiente", com o seu reconhecimento como bem jurídico dotado de autonomia (relativa) e especialização jurídica própria, tem-se como consequência a afirmação de um *status* jurídico qualificado e uma maior visibilidade da questão climática e de sua proteção na esfera do Direito.

O bem jurídico climático equipara-se, em certos aspectos, à categoria dos bens comuns globais, como, por exemplo, os mares e oceanos (em particular, o alto-mar), a Antártida, aquíferos (por exemplo, no contexto sul-americano, o Aquífero Guarani) entre outros[19]. A Floresta Amazônica, como a maior floresta tropical do mundo e dada a sua abrangência transfronteiriça, abarcando o território de nove países da América do Sul[20], mas, sobretudo, pela sua importância fundamental para a integridade do sistema ecológico e climático em escala planetária, poderia também ser considerada um bem comum global, não obstante a discussão em torno da soberania dos países envolvidos, como é o caso do Brasil, que detém aproximadamente 60% do seu território.

---

19 A referência à expressão "sistema climático global" consta de decisão recente do Superior Tribunal de Justiça: STJ, MS 28.123/DF, 1.ª Seção, Rel. Min. Gurgel de Faria, j. 23.3.2022.
20 Brasil, Peru, Bolívia, Equador, Colômbia, Venezuela, Guiana Francesa, Guiana Inglesa e Suriname.

A integridade do sistema climático identifica-se, nesse sentido, como "interesse comum da humanidade", expressão, aliás, referida expressamente no Acordo de Paris (2015), ao prever, no seu Preâmbulo, que "Reconhecendo que as alterações climáticas são uma preocupação comum da humanidade (*common concern of humankind*), as Partes devem, ao tomar medidas para fazer face às alterações climáticas, respeitar, promover e considerar as suas respectivas obrigações em matéria de direitos humanos (...)".

No direito estrangeiro, destaca-se a previsão da Lei de Bases do Clima (Lei n. 98/2021) da República Portuguesa, ao prever no art. 3.º, *b*, como objetivo da política climática, "garantir justiça climática, assegurando a proteção das comunidades mais vulneráveis à crise climática, o respeito pelos direitos humanos, a igualdade e os direitos coletivos sobre os *bens comuns*"[21].

Na legislação infraconstitucional brasileira, a Lei n. 6.938/1981 reforça tal compreensão, ao abarcar expressamente a "atmosfera" no conceito de recursos ambientais consagrado no inciso V do art. 3.º[22]. O conceito de "meio ambiente" estabelecido no inciso I do mesmo dispositivo legal também se afina com tal entendimento, sobretudo por ditar uma compreensão funcional, holística ou sistêmica para o bem jurídico ecológico, ou seja, como "o conjunto de condições, leis, influências e interações de ordem física, química e biológica, que permite, abriga e rege a vida em todas as suas formas".

O sistema climático, nesse sentido, é um dos melhores exemplos para ilustrar o conjunto de relações interdependentes e complexas que se estabelecem na natureza em escala planetária. O conceito de meio ambiente – e compreensão idêntica vale para o clima – não se configura como algo estático, mas sim dinâmico. Para além dos elementos da natureza compreendidos isoladamente, é justamente nas relações e processos ecológicos que está o que há de mais importante a ser protegido juridicamente, salvaguardando a integridade e a funcionalidade[23] dos – e os serviços ecológicos prestados pelos – bens jurídicos ecológicos (por exemplo, sistema climático planetário).

---

21 O Código Civil e Comercial da Argentina (2015) também estabeleceu importante avanço na compreensão do regime jurídico dos bem comuns, ao prever, no seu art. 14, *b*, os denominados "direitos de incidência coletiva", bem como o instituto do "abuso de direito ecológico": "la ley no ampara el ejercicio abusivo de los derechos individuales cuando pueda afectar al ambiente y a los derechos de incidencia colectiva en general". A mesma discussão pode ser aproveitada para o compreensão do bem jurídico climático, inclusive mediante a caracterização do "abuso de direito climático". Na doutrina, v. SOZZO, Gonzalo. *Derecho privado ambiental*: el giro ecológico del derecho privado. Buenos Aires: Rubinzal-Culzoni Editores, 2019, p. 532-533.

22 "Art. 3.º (...) V – recursos ambientais: a atmosfera, as águas interiores, superficiais e subterrâneas, os estuários, o mar territorial, o solo, o subsolo, os elementos da biosfera, a fauna e a flora".

23 A Lei n. 14.119/2021, ao conceituar "ecossistema", enfatiza justamente a concepção de "unidade funcional", caracterizada por meio da interação dos elementos bióticos e abióticos: "Art. 2.º (...)

O recorte de um bem jurídico climático dotado de autonomia é verificado igualmente na consagração expressa da proteção da integridade do sistema climático, tanto no Código Florestal (Lei n. 12.651/2012), art. 1.º-A, parágrafo único, quanto na Lei da Política Nacional sobre Mudança do Clima (Lei n. 12.187/2009), precisamente nos arts. 3.º, I, e 4.º, I. Outro referencial normativo importante está na Lei da Política Nacional de Pagamento por Serviços Ambientais (Lei n. 14.119/2021)[24], notadamente na caracterização de "serviços climáticos". Ao designar os serviços ecossistêmicos de regulação (art. 2.º, II, *c*), o diploma estabelece como aqueles "que concorrem para a manutenção da estabilidade dos processos ecossistêmicos, tais como o sequestro de carbono, a purificação do ar, a moderação de eventos climáticos extremos, a manutenção do equilíbrio do ciclo hidrológico, a minimização de enchentes e secas e o controle dos processos críticos de erosão e de deslizamento de encostas".

Assim, à vista do exposto e em especial na perspectiva da ordem jurídica brasileira, a salvaguarda do sistema climático está diretamente associada aos serviços ecológicos e climáticos prestados por ele. A poluição atmosférica, o aquecimento global e as mudanças climáticas, por outro lado, representam a antítese dos serviços climáticos, representando graves riscos existenciais à vida, à dignidade e aos direitos fundamentais, inclusive na sua dimensão protetiva intertemporal (em face das gerações jovens, crianças e adolescentes, e das gerações futuras).

3. O RECONHECIMENTO DO DIREITO FUNDAMENTAL AO CLIMA LIMPO, SAUDÁVEL E SEGURO E O SEU REGIME JURÍDICO-CONSTITUCIONAL

> Reconhecendo que as mudanças climáticas são uma preocupação comum da humanidade, as Partes devem, ao tomar medidas para enfrentar as mudanças climáticas, respeitar, promover e considerar suas respectivas obrigações em relação aos direitos humanos, o direito à saúde, os direitos dos povos indígenas, comunidades locais, migrantes, crianças, pessoas com deficiência e pessoas em situações de vulnerabilidade e o direito ao desenvolvimento, assim como a igualdade de gênero, o empoderamento das mulheres e a equidade intergeracional. (Preâmbulo do Acordo de Paris de 2015)

A passagem transcrita acima do Preâmbulo do Acordo de Paris (2015) é ilustrativa para reconhecer a relação entre mudanças climáticas e direitos fundamentais (e direitos humanos, pela ótica internacional), notadamente pela

---

I – ecossistema: complexo dinâmico de comunidades vegetais, animais e de microrganismos e o seu meio inorgânico que interagem como uma unidade funcional".

24 Antes da Lei n. 14.119/2021, também o Código Florestal de 2012 (Lei n. 12.651/2012) consagrou expressamente os "serviços ecológicos climáticos" no seu art. 41.

interdependência e pela indivisibilidade que caracterizam, cada vez mais, o regime jurídico dos direitos fundamentais[25]. A crise climática representa um dos maiores desafios em termos civilizatórios, tanto em escala global quanto nacional (regional e local), para a proteção e a promoção dos direitos fundamentais. Não por outra razão, os sistemas internacionais (global e regionais) de proteção dos direitos humanos têm se encarregado cada vez mais de abordar a atual crise climática e a violação a direitos humanos dela decorrente, como, por exemplo, na questão dos refugiados e deslocados climáticos, fenômeno, aliás, que se verifica tanto no contexto internacional quanto nacional como consequência de episódios climáticos extremos cada vez mais frequentes e intensos (por exemplo, secas, inundações, deslizamentos de terras, incêndios florestais etc.). A vida e a dignidade humanas – e todo o espectro de direitos fundamentais (arts. 5.º, 6.º e 225 da CF/1988) – dependem da salubridade, da segurança e da integridade do sistema climático para a sua salvaguarda adequada em termos constitucionais.

Para além de uma dimensão ecológica, já consagrada em termos doutrinários[26] e jurisprudenciais[27], o princípio da dignidade humana também passa a contemplar uma dimensão climática, como medida inescapável para o seu resguardo diante da crise ecológica contemporânea vivenciada no Antropoceno. Igualmente, a crise climática impõe ao regime jurídico constitucional o reconhecimento de uma dimensão intertemporal de proteção da vida e da dignidade humanas, uma vez que o maior risco existencial colocado pelas mudanças climáticas se encontra no futuro, muito embora também já produza seus efeitos nefastos no presente. É sobretudo a vida, a dignidade e os direitos fundamentais das gerações mais jovens – por exemplo, crianças e adolescentes, tão bem simbolizados pelos estudantes do Movimento *Fridays for Future*, como a estudante sueca Greta Thunberg – e das gerações futuras que se encontram (mais) ameaçados

---

[25] Sustentando um regime jurídico unificado (ainda que não completamente homogêneo) dos direitos fundamentais v., em especial, ALEXY, Robert. *Teoria dos direitos fundamentais*. São Paulo: Malheiros, 2008, p. 443, inclusive com a caracterização do direito ao meio ambiente como um "direito fundamental completo ou como um todo" (*Grunrecht als Ganzes*), SARLET, Ingo W. *A eficácia dos direitos fundamentais*: uma teoria geral dos direitos fundamentais na perspectiva constitucional. 12. ed. Porto Alegre: Livraria do Advogado, 2015, e, com particular destaque, NOVAIS, Jorge Reis. *Direitos fundamentais*: trunfos contra a maioria. Coimbra: Coimbra Editora, 2006.

[26] SARLET; FENSTERSEIFER, *Direito constitucional ecológico...*, p. 118-125.

[27] A Ministra Cármen Lúcia, no seu voto-relator lançado na ADPF 760 (Caso PPCDAm), em 6 de abril de 2022, durante o julgamento (ainda não concluído) da denominada "pauta verde" pelo STF – que inclui também as ADO 54, ADPFs 735 e 651 e ADIs 6.148 e 6.808 – reconheceu expressamente o "princípio da dignidade ambiental", ao consignar que: "como é função do Estado brasileiro guardar e resguardar a Floresta Amazônica, os direitos dos povos indígenas e de todos os brasileiros e gentes do tempo presente e do futuro, titulares do direito à dignidade ambiental que é inerente à existência digna". Disponível em: https://portal.stf.jus.br/noticias/verNoticiaDetalhe.asp?idConteudo=484966&tip=UN.

pelas mudanças climáticas, por exemplo, se ultrapassarmos o aumento de 1,5 ºC na temperatura global (a contar do período pré-industrial), conforme apontam os relatórios do IPCC.

Mais recentemente, para ilustrar a importância desse debate sobre a justiça climática entre diferentes gerações humanas em âmbito constitucional, merece registro o Caso Neubauer e Outros v. Alemanha julgado pelo Tribunal Constitucional Federal da Alemanha (BVerfG) no primeiro semestre do ano de 2021. As reclamações constitucionais que provocaram a decisão da Corte foram ajuizadas por um grupo de nove pessoas, na sua maioria jovens – entre os quais a ativista alemã Luisa Neubauer do movimento estudantil *Fridays for Future* –, os quais foram apoiados por diversas entidades ambientalistas. Entre os autores, há inclusive alguns residentes em outros países, como Nepal e Bangladesh, este último um dos países mais vulneráveis ao aumento do nível do mar derivado das mudanças climáticas. Entre diversos argumentos suscitados na petição dos autores, destacam-se as supostas violações ao direito fundamental a um futuro em conformidade com a dignidade humana (*menschenwürdige Zukunft*) e ao direito fundamental ao mínimo existencial ecológico (ökologisches *Existenzminimum*).

Na ocasião, o Tribunal reconheceu a violação dos deveres estatais de proteção ambiental e climática no âmbito da Lei Federal sobre Proteção Climática (*Klimaschutzgesetz – KSG*) de 2019, a qual, segundo a Corte, teria distribuído de modo desproporcional – entre as gerações presentes e as gerações mais jovens e futuras – o ônus derivado das restrições a direitos fundamentais – em especial do direito à liberdade – decorrentes da regulamentação das emissões de gases do efeito estufa, ao prever metas de redução tão somente até o ano de 2030. Ao fazer isso, o legislador alemão teria se omitido em relação ao período subsequente, ou seja, relativamente às metas de redução até 2050, ano em que o diploma climático objetiva atingir a neutralidade climática. Na fundamentação da decisão, o Tribunal reconheceu que o direito fundamental à liberdade possui uma dimensão inter ou transgeracional, a qual deve ser protegida pelo Estado e se expressa por meio de garantias intertemporais de liberdade (*intertemporale Freiheitssicherung*).

Ao reconhecer a inconstitucionalidade de dispositivos da legislação climática alemã, o Tribunal consignou que o legislador violou seu dever, decorrente do princípio da proporcionalidade, de assegurar que a redução das emissões de CO_2 ao ponto da neutralidade climática – que é constitucionalmente necessária nos termos do art. 20a da Lei Fundamental alemã – "seja distribuída ao longo do tempo de uma forma prospectiva que respeite os direitos fundamentais (...)". Ainda de acordo com o Tribunal, "(...) respeitar a liberdade futura exige que a transição para a neutralidade climática seja iniciada em tempo hábil. Em todas as áreas da vida – produção, serviços, infraestrutura, administração, cultura, consumo, basicamente todas as atividades que atualmente ainda são relevantes para o CO2 – os desenvolvimentos precisam ser iniciados para garantir que, no futuro, ainda se possa fazer uso significativo da liberdade protegida pelos direitos fundamentais."

Tanto o art. 20a da Lei Fundamental de Bonn (1949) quanto o art. 225 da CF/1988 consagraram expressamente a proteção e a salvaguarda dos interesses e dos direitos das futuras gerações, reforçando, assim, o regime jurídico de proteção ecológica e a caracterização de deveres estatais climáticos. É o direito ao futuro[28] – e, em particular, o exercício dos direitos fundamentais no futuro – que está em jogo, como resultou consignado na decisão referida do Tribunal Constitucional Federal alemão. Pode-se até mesmo suscitar certa sub-representação político-democrática dos interesses e dos direitos das gerações mais jovens no Estado Constitucional contemporâneo, dado que não elegem diretamente os líderes políticos encarregados de tomar as decisões voltadas à proteção climática no presente. Igual situação de sub-representação política de interesses também se aplica às futuras gerações que ainda estão por nascer, mormente protegidas expressamente pelo *caput* do art. 225 da CF/1988.

A Assembleia Geral da ONU, por meio da recente Resolução A/76/L.75 (2022), ao reconhecer de modo histórico o direito humano ao meio ambiente limpo, saudável e sustentável ("the human right to a clean, healthy and sustainable environment"), consignou justamente a ameaça que a crise ecológica – e climática, em particular – representa para o gozo futuro dos direitos humanos pelas gerações vindouras, ao assinalar que: "reconhecendo ainda que a degradação ambiental, as mudanças climáticas, a perda da biodiversidade, a desertificação e o desenvolvimento insustentável constituem algumas das mais urgentes e sérias ameaças à possibilidade de as gerações presentes e futuras usufruírem efetivamente de todos os direitos humanos".

De tal sorte, o reconhecimento de um direito fundamental ao clima limpo, saudável e seguro caracteriza-se como corolário lógico dos últimos desenvolvimentos – doutrinários, legislativos e jurisprudenciais – verificados na matéria, tanto no campo do Direito Constitucional – e da Teoria dos Direitos Fundamentais[29] – quanto do Direito Internacional dos Direitos Humanos. Ainda que o direito ao ar limpo possa ser presumido como conteúdo abrangido pelo direito ao meio ambiente limpo, a gravidade da crise climática em particular – e, por óbvio, todo o desenvolvimento e especialização verificado nas últimas décadas no campo do Direito Climático ou Direito das Mudanças Climáticas – reforçam

---

28 V., aqui, por todos, FREITAS, Juarez. *Sustentabilidade*: o direito ao futuro. Belo Horizonte: Fórum, 2011.
29 O entendimento em questão é por nós sustentado nas últimas edições das obras que seguem: SARLET; FENSTERSEIFER, *Direito constitucional ecológico...*, p. 74-77; e SARLET, Ingo W.; FENSTERSEIFER, Tiago. *Curso de direito ambiental*. 3. ed. Rio de Janeiro: GEN/Forense, 2022, p. 318-320.

a necessidade de assegurar maior autonomia e visibilidade jurídica ao direito (humano e fundamental) a viver em um clima limpo, saudável e seguro.

A caracterização de um "direito humano ao ar limpo" e as obrigações estatais climáticas correlatas foram expressamente abordadas no "Informe sobre a Questão das Obrigações de Direitos Humanos Relacionadas com o Gozo de um Meio Ambiente Seguro, Limpo, Saudável e Sustentável" (A/HRC/40/55), elaborado pelo Relator Especial sobre Direitos Humanos e Meio Ambiente do Alto Comissariado de Direitos Humanos da ONU, David R. Boyd, divulgado no início de 2019[30]. Segundo aponta o documento, "A má qualidade do ar tem implicações para uma ampla gama de direitos humanos, incluindo os direitos à vida, à saúde, à água, à alimentação, à moradia e a um padrão de vida adequado. A poluição do ar também viola claramente o direito a um meio ambiente saudável e sustentável. Embora a Assembleia Geral tenha adotado numerosas resoluções sobre o direito à água limpa, ela nunca adotou uma resolução sobre o direito ao ar limpo. Claramente, se há um direito humano à água limpa, deve haver um direito humano ao ar limpo. Ambos são essenciais para a vida, saúde, dignidade e bem-estar."[31]

A Resolução A/HRC/48/L.23/Rev.1 do Conselho de Direitos Humanos da ONU, adotada pouco antes da COP 26 de Glasgow em 2021, em entendimento idêntico ao adotado para a Assembleia Geral da ONU antes referido, reconheceu o direito ao meio ambiente seguro, limpo, saudável e sustentável como um direito humano autônomo. O texto da Resolução estabeleceu a seguinte previsão: "1. Reconhece o direito a um meio ambiente seguro, limpo, saudável e sustentável como um direito humano importante para o desfrute dos direitos humanos (…)". Na mesma ocasião, por meio da Resolução A/HRC/48/L.27, o Conselho de Direitos Humanos estabeleceu a criação de uma Relatoria Especial sobre Direitos Humanos e Mudanças Climáticas, reforçando, igualmente, a natureza de direito humano inerente ao direito a desfrutar de um clima limpo, saudável e seguro.

No Sistema Regional Interamericano de Proteção dos Direitos Humanos[32], a Opinião Consultiva n. 23/2017 sobre "Meio Ambiente e Direitos Humanos" da

---

30 Os demais informes e documentos elaborados pela Relatoria Especial sobre Direitos Humanos e Meio Ambiente do Alto Comissariado de Direitos Humanos da ONU encontram-se disponíveis em: https://www.ohchr.org/en/Issues/environment/SRenvironment/Pages/SRenvironmentIndex.aspx.
31 RELATOR ESPECIAL SOBRE DIREITOS HUMANOS E MEIO AMBIENTE DO ALTO COMISSARIADO DE DIREITOS HUMANOS DA ONU. *Informe sobre a questão das obrigações de direitos humanos relacionadas com o gozo de um meio ambiente seguro, limpo, saudável e sustentável (A/HRC/40/55)*, 2019, § 44, p. 9. Disponível em: https://documents-dds-ny.un.org/doc/UNDOC/GEN/G19/002/57/PDF/G1900257.pdf?OpenElement.
32 A Assembleia Geral da Organização dos Estados Americanos (OEA) adotou, na sua quarta sessão plenária, realizada em 3 de junho de 2008, a Resolução "Direitos Humanos e Mudança Climática nas Américas" (AG/RES. 2429 XXXVIIIO/08).

Corte Interamericana de Direitos Humanos (Corte IDH) igualmente assinalou a vinculação entre a proteção dos direitos humanos e as mudanças climáticas: "Esta Corte ha reconocido la existencia de una relación innegable entre la protección del medio ambiente y la realización de otros derechos humanos, en tanto la degradación ambiental y los efectos adversos del cambio climático afectan el goce efectivo de los pueblos indígenas con la protección del medio ambiente. (par. 47) (...) Por su parte, la Comisión Interamericana ha resaltado que varios derechos de rango fundamental requieren, como una precondición necesaria para su ejercicio, una calidad medioambiental mínima, y se ven afectados en forma profunda por la degradación de los recursos naturales. En el mismo sentido, la Asamblea General de la OEA ha reconocido la estrecha relación entre la protección al medio ambiente y los derechos humanos (supra pár. 22) y destacado que el cambio climático produce efectos adversos en el disfrute de los derechos humanos (par. 49)."[33]

No direito estrangeiro, destaca-se a consagração expressa do "direito ao equilíbrio climático" na Lei de Bases do Clima (Lei n. 98/2021) da República Portuguesa. Ainda que não consagrado expressamente no plano constitucional, a adoção pelo legislador infraconstitucional português da fórmula de "direito" e "dever" para o regime jurídico de proteção climática significa importante avanço na disciplina do Direito Climático. A previsão do art. 5.º estabelece o contorno normativo e o âmbito de proteção do direito ao equilíbrio climático, o qual se caracteriza por meio de uma dimensão material, ou seja, como direito de defesa contra os impactos negativos das alterações climáticas provenientes ações ou omissões de entidades públicas e privadas, bem como no poder de exigir de tais entidades o cumprimento de deveres e obrigações a que se encontram vinculadas em matéria climática, inclusive sob a forma de direito à prestação. Igualmente, o diploma climático português consagrou uma dimensão procedimental inerente ao direito ao equilíbrio climático, por meio do reconhecimento, no seu art. 6.º (com a complementação dos arts. 8.º e 9.º), dos direitos climáticos de participação: acesso à informação, participação pública na tomada de decisão e acesso à justiça em matéria climática. Por fim, a legislação climática portuguesa reconhece, no seu art. 7.º, os deveres (dos particulares) em matéria climática e

---

33 "Esta Corte reconheceu a existência de uma relação inegável entre a proteção ambiental e a realização de outros direitos humanos, uma vez que a degradação ambiental e os efeitos adversos das mudanças climáticas afetam o gozo efetivo da proteção ambiental pelos povos indígenas. (par. 47) (...) Por sua vez, a Comissão Interamericana destacou que vários direitos fundamentais exigem, como condição necessária para seu exercício, uma qualidade ambiental mínima e são profundamente afetados pela degradação dos recursos naturais. No mesmo sentido, a Assembleia Geral da OEA reconheceu a estreita relação entre a proteção ambiental e os direitos humanos (supra par. 22) e destacou que as mudanças climáticas produzem efeitos adversos no gozo dos direitos humanos (par. 49)." (tradução livre.)

a concepção de cidadania climática, de modo a reforçar um regime (jurídico e político) de feição democrático-participativo para a salvaguarda da integridade do sistema climático.

O desenvolvimento progressivo de um regime jurídico, tanto no campo constitucional quanto no internacional, em torno da proteção climática é indiscutível. Os exemplos citados dão conta disso. Mas, a nosso ver, o aspecto mais inovador verificado recentemente diz respeito ao entrelaçamento entre a proteção climática e a proteção dos direitos humanos (e dos direitos fundamentais, pela ótica constitucional). Igualmente como se verifica no contexto internacional – Global ONU e Regional Interamericano –, o regime constitucional de proteção ecológica no Brasil tem avançado significativamente no reconhecimento de uma dimensão climática, com franco desenvolvimento doutrinário, legislativo e jurisprudencial acerca, por exemplo, da caracterização de um direito fundamental ao clima limpo, saudável e seguro e dos correlatos deveres estatais de proteção climática.

3.1. As perspectivas subjetiva e objetiva do direito fundamental ao clima limpo, saudável e seguro

Os direitos fundamentais, conforme a lição clássica de Konrad Hesse, apresentam um caráter duplo, ou seja, atuam simultaneamente como "direitos subjetivos" e como "elementos fundamentais da ordem objetiva da coletividade"[34]. As dimensões individual e coletivo-comunitária estabelecem uma tensão dialética permanente no âmbito político-jurídico, especialmente quando está em jogo o exercício de direitos fundamentais. A tutela da pessoa e a afirmação dos seus direitos fundamentais projetam-se no quadro armado pelo contexto social, de modo a interagirem com a esfera pública e comunitária. A mesma tensão aparece no horizonte normativo traçado entre as perspectivas (ou dimensões) subjetiva e objetiva dos direitos fundamentais, tendo em conta que tais direitos tomam simultaneamente a forma de um direito subjetivo particularizável conferido ao indivíduo e de um valor de toda a comunidade.

Acerca dessa "dupla função", Perez Luño assinala que "los derechos fundamentales, lo mismo las libertades que los derechos sociales, poseen junto a su dimensión institucional, en la que aparecen como un conjunto de valores objetivos de la comunidad constitucionalmente sancionados, una significación subjetiva, en cuanto son las garantías básicas de las situaciones jurídicas individuales y del

---

[34] HESSE, Konrad. *Elementos de direito constitucional da República Federal da Alemanha*. Tradução da 20. ed. alemã. Porto Alegre: Fabris, 1998, p. 228-244.

pleno desarrollo de la persona"[35]. Canotilho, por sua vez, caracteriza a perspectiva subjetiva "quando se refere ao significado ou relevância da norma consagradora de um direito fundamental para o indivíduo, para os seus interesses, para a sua situação de vida, para a sua liberdade"[36]. Com relação à perspectiva objetiva da norma definidora de direito fundamental, o constitucionalista português leciona que tal sentido se dá "quando se tem em vista o seu significado para toda a coletividade, para o interesse público, para a vida comunitária"[37].

O direito fundamental ao meio ambiente, conforme dispõe de forma expressa o *caput* do art. 225 da CF/1988, além de representar um valor de toda a comunidade estatal (perspectiva objetiva), também tem a sua dimensão subjetiva consagrada, já que "todos têm direito ao meio ambiente ecologicamente equilibrado, bem de uso comum do povo e essencial à sadia qualidade de vida". Nesse sentido, é importante destacar a influência marcante da Constituição portuguesa (1976) na fórmula constitucional dispensada à proteção ecológica pela CF/1988[38]. Observando tal orientação constitucional, a Carta de 1988 conferiu tratamento de "direito subjetivo" à proteção ecológica, para além, é claro, do seu reconhecimento como tarefa ou objetivo estatal, como se terá oportunidade de ver na sequência.

Igual entendimento pode ser empregado no caso do regime jurídico-constitucional de proteção climática, de modo a reconhecer tanto a caracterização de um direito subjetivo de titularidade – individual e coletiva ou difusa – de todos a desfrutar de um clima limpo, saudável e seguro, quanto de deveres estatais de proteção climática, de modo a vincular todos os atores estatais à sua consecução. A título de exemplo, a faceta subjetiva do direito fundamental ao clima revela-se, na prática, por meio do fenômeno recente (em especial, no Brasil) da litigância climática[39], inclusive com o crescente acionamento do Poder Judiciário diante da omissão ou da atuação insuficiente dos entes públicos.

A perspectiva subjetiva do direito fundamental ao clima, assim como se verifica no caso do direito fundamental ao meio ambiente, assegura ao seu titular (indivíduo e sociedade) a possibilidade de reivindicar judicialmente a sua proteção na hipótese de violação ao seu âmbito de proteção, tanto da hipótese de ações quanto

---

35 PÉREZ LUÑO, Antonio Enrique. *Los derechos fundamentales*. 8. ed. Madrid: Tecnos, 2005, p. 210.
36 CANOTILHO, José Joaquim Gomes. *Direito constitucional e teoria da Constituição*. 5. ed. Coimbra: Almedina, 2002, p. 1.242.
37 *Idem, ibidem*.
38 Não se desconhece aqui a controvérsia em torno da possibilidade do reconhecimento de um direito subjetivo à proteção do meio ambiente, discussão que também se verifica em Portugal. Nesse sentido, questionando o regime de direito subjetivo, v., em especial, GOMES, Carla Amado. *Risco e modificação do acto autorizativo concretizador de deveres de proteção do ambiente*. Coimbra: Coimbra Editora, 2007, p. 146 e ss.
39 Na doutrina, v. FABBRI, Amália Botter; SETZER, Joana; CUNHA, Kamyla. *Litigância climática*: novas fronteiras para o direito ambiental no Brasil. São Paulo: RT, 2019; e WEDY, Gabriel. *Litígios climáticos*: de acordo com o direito brasileiro, norte-americano e alemão. São Paulo: JusPodivm, 2019.

de omissões perpetradas por agentes públicos e privados. No caso brasileiro, há amplo leque de instrumentos processuais aptos a promover a tutela climática em tais situações, como, por exemplo, a ação civil pública (Lei n. 7.347/1985), a ação popular (Lei n. 4.717/1965 e art. 5.º, LXXIII, da CF/1988[40]), as ações constitucionais, o *amicus curiae*, entre outros, inclusive possibilitando ao cidadão e às organizações não governamentais de proteção climática o ajuizamento direto de ações climáticas (como no caso da ação civil pública e da ação popular).

No espectro da perspectiva objetiva, por outro lado, destacam-se, para além dos deveres de proteção climática, conforme será abordado no tópico subsequente, também a perspectiva organizacional e procedimental do direito fundamental ao clima. De acordo com Ferreira Mendes, a doutrina tem utilizado o conceito de direito à organização e ao procedimento (*Recht auf Organization und auf Verfahren*) para designar todos aqueles direitos fundamentais que dependem, para a sua realização, tanto de providências estatais, visando à criação e conformação de órgãos, setores ou repartições (direito à organização), como de outras, normalmente de índole normativa, destinadas a ordenar a fruição de determinados direitos ou garantias, como é o caso das garantias processuais-constitucionais (direitos de acesso à Justiça, direitos de proteção judiciária, direitos de defesa)[41]. O direito à organização e o direito ao procedimento delineiam técnicas a serem levadas a cabo pelo Estado para a efetivação dos direitos fundamentais. Tais perspectivas apresentam uma função instrumental para a realização dos direitos fundamentais, mas não de menor importância, uma vez que é por meio de tais mecanismos organizacionais e procedimentais que os direitos fundamentais transcendem do texto para a vida.

É importante ressaltar o fortalecimento do regime jurídico dos denominados "direitos ambientais de participação" (acesso à informação, participação pública na tomada de decisão e acesso à justiça), como se pode observar, na esteira do Princípio 10 da Declaração do Rio (1992), por meio do Acordo Regional de Escazú para América Latina e Caribe sobre Acesso à Informação, Participação Pública na Tomada de Decisão e Acesso à Justiça em Matéria Ambiental (2018). Os direitos climáticos de participação – como inscritos no art. 7.º, item 5, e no art. 12 do Acordo de Paris (2015)– reforçam a defesa e a promoção do direito fundamental ao clima, na medida em que estabelecem um regime jurídico mais

---

40 "Art. 5.º (...) LXXIII – qualquer cidadão é parte legítima para propor ação popular que vise a anular ato lesivo ao patrimônio público ou de entidade de que o Estado participe, à moralidade administrativa, ao meio ambiente e ao patrimônio histórico e cultural, ficando o autor, salvo comprovada má-fé, isento de custas judiciais e do ônus da sucumbência".

41 MENDES, Gilmar Ferreira. *Direitos fundamentais e controle de constitucionalidade*. 3. ed. São Paulo: Saraiva, 2004, p. 8.

robusto e de maior autonomia ao titular (indivíduo e sociedade), em termos organizacionais e procedimentais, para a sua salvaguarda e reivindicação – extrajudicial e judicial – de proteção perante o Sistema de Justiça na hipótese de violação, tanto por ação ou omissão do Estado quanto de particulares.

O Ministério Público e a Defensoria Pública, como instituições públicas autônomas que integram o Sistema de Justiça e possuem atribuição para a tutela ecológica e climática (no caso da Defensoria Pública, notadamente nos casos em que os efeitos negativos das mudanças climáticas impactarem indivíduos e grupos vulneráveis), igualmente devem atuar no sentido da defesa e da promoção do direito fundamental ao clima limpo, saudável e seguro. Isso, por exemplo, tem refletido diretamente no fenômeno da litigância climática em todas as esferas judiciais no Brasil.

No Brasil, a litigância climática tomou assento definitivo no STF no ano de 2020, com o ajuizamento de (pelo menos) três ações que pautaram a proteção do regime climático de forma direta, sendo que duas delas foram objeto de audiências públicas de grande repercussão realizadas pela Corte. Além da ADPF 708 (Caso Fundo Clima) e da ADO 59 (Caso Fundo Amazônia), que tiveram audiências realizadas, respectivamente, nos meses de setembro e outubro de 2020, destaca-se também a última e mais abrangente das ações ajuizadas (ADPF 760 – Caso do Plano de Ação para Prevenção e Controle do Desmatamento na Amazônia Legal – PPCDAm), em que diversos partidos políticos, conjuntamente com a atuação a título de *amicus curiae* de entidades ambientalistas, apontam "graves e irreparáveis" lesões a preceitos fundamentais, decorrentes de atos comissivos e omissivos da União e dos órgãos públicos federais que impedem a execução de medidas voltadas à redução significativa da fiscalização e do controle do desmatamento na Amazônia, com suas consequências nefastas ao regime climático.

3.2. Deveres estatais de proteção climática e vinculação dos órgãos públicos

> Dever constitucional, supralegal e legal da União e dos representantes eleitos, de proteger o meio ambiente e de combater as mudanças climáticas. A questão, portanto, tem natureza jurídica vinculante, não se tratando de livre escolha política. Determinação de que se abstenham de omissões na operacionalização do Fundo Clima e na destinação dos seus recursos. Inteligência dos arts. 225 e 5.º, § 2.º, da Constituição Federal. (Ministro Luís Roberto Barroso)[42]

---

[42] Passagem do voto-relator do Ministro Barroso na ADPF 708 (Caso Fundo Clima): STF, ADPF 708, Tribunal Pleno, Rel. Min. Barroso, j. 1.º.7.2022.

Os deveres de proteção ecológica do Estado estão alicerçados no compromisso político e jurídico-constitucional, assumido pelos entes estatais e pela sociedade por meio do pacto constitucional firmado em 1988. O Estado brasileiro tem, portanto, o dever de tutelar e garantir nada menos do que uma vida digna, saudável e segura aos indivíduos e à sociedade como um todo, o que passa pela tarefa de promover a realização dos seus direitos fundamentais, retirando possíveis óbices colocados à sua efetivação. De acordo com tal premissa, a implantação das liberdades e garantias fundamentais (direito à vida, livre desenvolvimento da personalidade etc.) pressupõe uma ação positiva (e não apenas negativa) dos poderes públicos, no sentido de remover os "obstáculos" de ordem econômica, social e cultural – e, mais recentemente, também ecológicos e climáticos – que impeçam o pleno desenvolvimento da pessoa humana[43]. Uma vez alçada ao *status* constitucional de direito fundamental, além de tarefa e dever do Estado e da sociedade, a proteção ecológica e climática passa a ser identificada como elemento indispensável à salvaguarda do bem-estar, qualquer "óbice" que interfira na concretização e no exercício do direito em questão deve ser afastado pelo Estado, seja tal conduta ou omissão obra de particulares, seja ela oriunda do próprio poder público.

Na configuração do Estado de Direito contemporâneo, a questão da segurança ambiental (e climática) toma um papel central, assumindo os entes estatais a função de resguardar os cidadãos contra novas formas de violação da sua dignidade e dos seus direitos fundamentais por força do impacto ambiental e climático produzido pela *sociedade de risco* (Ulrich Beck)[44] contemporânea e, mais recentemente, inclusive na sua escalada cada vez maior em nível planetário como uma "sociedade de risco global ou mundial" (*Weltrisikogesellschaft*)[45], dado o transbordamento das fronteiras nacionais da degradação ecológica, como bem exemplificam a poluição dos oceanos e o aquecimento global. Há, nesse sentido, evidente incapacidade do Estado (Democrático) de Direito, na sua configuração atual, de enfrentar os riscos ambientais e climáticos gerados, de modo especial pelo fato de que a esfera pública tem sido incapaz de se articular adequadamente contra a escalada de riscos e incertezas com que é confrontada, ao mesmo tempo em que o projeto do Estado-Providência esgotou as suas energias utópicas[46].

O Estado de Direito contemporâneo, a fim de promover a tutela da dignidade humana em face dos novos riscos ambientais e da insegurança gerados pela

---

43 LUÑO, Antonio E. Perez. *Los derechos fundamentales*. 8. ed. Madrid: Editorial Tecnos, 2005, p. 214.
44 Sobre a sociedade de risco, v. a teorização paradigmática de BECK, Ulrich. *La sociedad del riesgo*: hacia una nueva modernidad. Barcelona: Paidós, 2001.
45 BECK, Ulrich. *Weltrisikogesellschaft*. Frankfurt am Main: Suhrkamp, 2008.
46 GOLDBLAT, David. *Teoria social e ambiente*. Lisboa: Instituto Piaget, 1996, p. 237.

sociedade tecnológica contemporânea, deve ser capaz de conjugar os valores fundamentais que emergem das relações sociais e, por intermédio das suas instituições democráticas, garantir aos cidadãos a segurança necessária à manutenção e proteção da vida com qualidade ambiental, vislumbrando, inclusive, as consequências futuras resultantes da adoção de determinadas tecnologias e intervenção na natureza (por exemplo, queima de combustíveis fósseis e emissão de gases do efeito estufa). A concepção de um modelo de Estado de Direito da Prevenção e Precaução dos Riscos (*Der Rechtstaat der Risikovorsorge*[47]) alinha-se com o reconhecimento de um direito do cidadão de exigir dos entes públicos a sua proteção contra tais riscos existenciais decorrentes do desenvolvimento e, sobretudo, da manipulação feita pelo ser humano da técnica.

A dimensão objetiva dos direitos fundamentais, como visto anteriormente, eleva a proteção ecológica para o plano de um novo valor jurídico do Estado de Direito e da comunidade político-estatal consolidados pela CF/1988 (art. 225). À luz da experiência constitucional portuguesa, que em muito se assemelha à brasileira, Pereira da Silva acentua que a dimensão objetiva do direito fundamental ao meio ambiente implica, de imediato, que os princípios e valores ambientais sejam tomados como bens jurídicos fundamentais, projetando-se na atuação quotidiana de aplicação e de concretização do direito, para além de imporem objetivos e finalidades que não podem ser afastados pelos poderes públicos, como tarefa ou objetivo estatal[48].

De modo a atender aos seus deveres de proteção e de acordo com as lições de Alexy, para além da sua função de proteção perante terceiros, incumbe ao Estado, por exemplo, tutelar os direitos fundamentais por meio de normas de direito penal, de normas de responsabilidade civil, de normas de processo civil, além de atos administrativos e ações fáticas[49]. Incumbe-se ao Estado, portanto, a cogente adoção de políticas públicas para a tutela e a promoção de direitos fundamentais. Como expressão dos deveres de proteção do Estado, além da elaboração de legislação versando sobre a tutela ambiental, pode-se citar a adoção de medidas de controle e fiscalização de ações poluidoras (ou seja, o exercício do poder de polícia

---

47 MARQUES, Antonio Silveira. *Der Rechtstaat der Risikovorsorge* (Schriften zum Öffentlichen Recht, v. 1.381). Berlin: Duncker & Humblot, 2018, especialmente p. 114-120.

48 SILVA, Vasco Pereira da. *Verde cor de direito*: lições de direito do ambiente. Coimbra: Almedina, 2002, p. 63-64.

49 ALEXY, *Teoria dos direitos fundamentais...*, p. 450. No tocante à legislação ambiental brasileira, vale registrar que ela é apontada por vários especialistas nacionais e estrangeiros como uma das mais avançadas do mundo, em que pese a sua efetividade deixar – e muito – a desejar, observando-se, nesse cenário, um déficit estrutural, organizacional e procedimental no que diz respeito aos órgãos incumbidos da proteção ambiental e aos meios disponíveis para bem exercerem suas atribuições.

ambiental)[50], a criação de unidades de conservação, a criação e estruturação de órgãos públicos especializados destinados à tutela ecológica e até mesmo campanhas públicas de educação e conscientização ambiental, além de outras medidas com o propósito de assegurar a efetividade do direito fundamental em questão.

O Estado, por imposição constitucional decorrente dos seus deveres de proteção ecológica e climática, assume a função de uma governança ecológica, colocando-se na posição de gestor ou administrador (*Stewardship*[51]) dos recursos naturais e, mais do que isso, do equilíbrio e da integridade da natureza na sua totalidade. Ao lado do direito ao meio ambiente, como afirma Canotilho, situa-se um "direito à proteção do meio ambiente", o qual toma forma por meio dos deveres atribuídos aos entes estatais de: (a) combater os perigos (concretos) incidentes sobre o ambiente, a fim de garantir e proteger outros direitos fundamentais imbricados com o ambiente (direito à vida, à integridade física, à saúde etc.); (b) proteger os cidadãos (particulares) de agressões ao ambiente e à qualidade de vida perpetradas por outros cidadãos (particulares)[52].

Ferreira Mendes pontua o dever de proteção do Estado de evitar riscos (*Risikopflicht*), autorizando os entes estatais a atuarem em defesa do cidadão mediante a adoção de medidas de proteção ou de prevenção, especialmente em relação ao desenvolvimento técnico ou tecnológico[53], o que, vale ressaltar, é de fundamental importância na tutela ambiental e climática, já que algumas das maiores ameaças ecológicas provêm do uso de determinadas técnicas com elevado poder destrutivo ou de contaminação do meio ambiente em escala tanto local, regional e nacional quanto global (como no caso da energia nuclear, do aquecimento global e da contaminação química).

Por força dos princípios da prevenção e da precaução, o Estado deve atuar para se antecipar à ocorrência do dano ambiental propriamente, tanto diante do

---

50 A respeito do tema, a Lei n. 9.605/1998 (Lei dos Crimes e Infrações Administrativas Ambientais), no seu art. 70, § 1.º, estabelece que "são autoridades competentes para lavrar auto de infração ambiental e instaurar processo administrativo os funcionários de órgãos ambientais integrantes do Sistema Nacional de Meio Ambiente – SISNAMA, designados para as atividades de fiscalização (...)", bem como, no § 3.º do mesmo dispositivo, que "A autoridade ambiental que tiver conhecimento de infração ambiental é obrigada a promover a sua apuração imediata, mediante processo administrativo próprio, sob pena de corresponsabilidade".

51 A expressão *Stewardship*, como sinônimo de gestão, governança ou administração, tem sido utilizada no âmbito científico – mais precisamente, por autores no âmbito das ciências naturais – para ilustrar a necessidade de uma governança em escala planetária para conter as mudanças (por exemplo, no regime climático e na perda da biodiversidade) resultantes da intervenção humana no sistema do planeta Terra (STEFFEN, Will *et al*. The Anthropocene: from global change to planetary stewardship. *Ambio (Royal Swedish Academy of Sciences)*, v. 40, n. 7, p. 739-761, 2011 nov.).

52 CANOTILHO, José Joaquim Gomes. O direito ao ambiente como direito subjetivo. In: CANOTILHO, José Joaquim Gomes. *Estudos sobre direitos fundamentais*. Coimbra: Coimbra Editora, 2004, p. 188.

53 MENDES, Gilmar Ferreira. *Direitos fundamentais e controle de constitucionalidade*. 3. ed. São Paulo: Saraiva, 2004, p. 12.

perigo em face de causas em relação às quais já há domínio e conhecimento científico atestando o seu prejuízo ecológico, quanto em face do risco de ocorrência em temas ainda controversos em termos científicos. Cançado Trindade aponta para a obrigação estatal de evitar perigos e riscos ambientais sérios à vida, inclusive com a adoção de "sistemas de monitoramento e alerta imediato" para detectar tais situações de forma antecipada e "sistemas de ação urgente" para lidar com tais ameaças[54]. Esse entendimento é adequado, por exemplo, à tutela ecológica atrelada ao combate à crise climática, pois tais "sistemas estatais de prevenção do dano ambiental" permitiriam uma atuação mais efetiva em casos de eventos climáticos extremos (enchentes, desabamentos de terra etc.), de modo a prever os desastres naturais, e, mesmo em caráter preventivo (ou, pelo menos, buscando minimizar os impactos), tutelar de forma mais efetiva os direitos fundamentais das pessoas expostas a tais situações, com especial proteção de grupos sociais vulneráveis[55].

O dever constitucional do Estado-Legislador de adotar medidas legislativas e do Estado-Administrador de executar tais medidas de forma adequada e suficiente à efetivação da tutela ecológica e do direito fundamental em questão tem por escopo resguardar também os interesses das futuras gerações, ou seja, a atuação estatal deve levar em conta as consequências e os efeitos de longo prazo das decisões tomadas. E, quando tal não ocorrer, por omissão ou atuação insuficiente, o Estado-Juiz poderá ser acionado para coibir ou corrigir eventuais violações aos parâmetros constitucionalmente exigidos em termos de proteção e promoção da qualidade e da segurança ambiental e climática.

Outro aspecto importante atrelado aos deveres de proteção ambiental do Estado diz respeito à limitação da discricionariedade dos atores estatais deles decorrente. A consagração constitucional da proteção ambiental como objetivo ou tarefa estatal, de acordo com o entendimento de Garcia, traduz a imposição de deveres de proteção ao Estado que lhe retiram a sua "capacidade de decidir sobre a oportunidade do agir", obrigando-o também a uma adequação permanente das medidas às situações que carecem de proteção, bem como a uma especial responsabilidade de coerência na autorregulação social[56].

---

54 TRINDADE, Antônio Augusto Cançado. *Direitos humanos e meio ambiente*: paralelo dos sistemas de proteção internacional. Porto Alegre: Fabris, 1993, p. 75.

55 No ordenamento jurídico brasileiro, destaca-se a Lei da Política Nacional de Proteção e Defesa Civil (Lei n. 12.608, de 10 de abril de 2012). O tema da defesa civil tem ganhado cada vez mais relevância sob a ótica da proteção ambiental, especialmente em razão das mudanças climáticas e, em especial, dos episódios climáticos extremos delas decorrentes e da configuração dos chamados "necessitados" e "refugiados ou deslocados" ambientais e climáticos.

56 GARCIA, Maria da Glória F. P. D. *O lugar do direito na proteção do ambiente*. Coimbra: Almedina, 2007, p. 481.

No caso do Poder Executivo, há uma clara limitação ao seu poder-dever[57] de discricionariedade, de modo a restringir a sua margem de liberdade na escolha das medidas protetivas do ambiente, sempre no intuito de garantir a maior eficácia possível e efetividade ao direito fundamental em questão. Na mesma linha, Benjamin identifica a redução da discricionariedade da Administração Pública como benefício da "constitucionalização" da tutela ambiental, pois as normas constitucionais impõem e, portanto, vinculam a atuação administrativa no sentido de um permanente dever de levar em conta o meio ambiente e de, direta e positivamente, protegê-lo, bem como exigir o seu respeito pelos demais membros da comunidade estatal[58].

Na análise do tratamento constitucional conferido aos deveres de proteção ambiental do Estado pela CF/1988, cumpre registrar que os inúmeros incisos do § 1.º do art. 225 trazem, de forma expressa, uma série de medidas protetivas a serem patrocinadas pelos entes públicos, consubstanciando projeções normativas de um dever geral de proteção ambiental do Estado[59].

O Estado, nesse contexto, está "obrigado" (poder-dever) a normatizar condutas e atividades lesivas ao meio ambiente com a tipificação de crimes ou de infrações administrativas ambientais (e climáticas), bem como por meio da regulamentação da responsabilidade civil do poluidor – entre os quais, o poluidor atmosférico, o emissor de gases do efeito estufa, o desmatador florestal, o madeireiro ilegal etc. – pelos danos causados ao meio ambiente e ao sistema climático[60]. Como exemplo de medida tomada pelo Estado brasileiro no sentido de concretizar o seu dever de proteção ambiental, destaca-se a edição da Lei dos Crimes e Infrações Administrativas Ambientais (Lei n. 9.605/1998), a qual tratou de prever sanções penais e administrativas derivadas de condutas e atividades

---

57 A concepção de *dever discricionário* como "eixo metodológico" do Direito Público é desenvolvida por Bandeira de Mello: "é o dever que comanda toda a lógica do Direito Público. Assim, o dever assinalado pela lei, a finalidade nela estampada, propõe-se, para qualquer agente público, como um ímã, como uma força atrativa inexorável do ponto de vista jurídico" (BANDEIRA DE MELLO, Celso Antônio. *Discricionariedade e controle jurisdicional*. 2. ed. São Paulo: Malheiros, 2007, p. 15).

58 BENJAMIN, Antonio Herman. Constitucionalização do ambiente e ecologização da Constituição brasileira. In: CANOTILHO, José Joaquim Gomes; MORATO LEITE, José Rubens (org.). *Direito constitucional ambiental brasileiro*. São Paulo: Saraiva, 2007, p. 75.

59 Édis Milaré também destaca a ideia em torno de um "dever estatal geral de defesa e preservação do meio ambiente", o qual seria fragmentado nos deveres específicos elencados no art. 225, § 1.º, da CF/1988 (MILARÉ, Edis. *Direito do ambiente*. 4. ed. São Paulo: RT, 2005, p. 189 e ss.).

60 Sobre a caracterização da responsabilidade civil – inclusive de natureza objetiva, ou seja, independentemente da caracterização de culpa – do poluidor ambiental na legislação ambiental brasileira, remete-se o leitor ao art. 14, § 1.º, da Lei n. 6.938/1981. No âmbito da literatura brasileira, v., por todos, MORATO LEITE, José Rubens; AYALA, Patryck de Araújo. *Dano ambiental: do individual ao coletivo extrapatrimonial (teoria e prática)*. 3. ed. São Paulo: RT, 2010; e STEIGLEDER, Annelise Monteiro. *Responsabilidade civil ambiental: as dimensões do dano ambiental no direito brasileiro*. 2. ed. Porto Alegre: Livraria do Advogado, 2012.

lesivas ao meio ambiente, inclusive com a caracterização da responsabilidade penal da pessoa jurídica (art. 3.º), de modo a regulamentar dispositivo constitucional (art. 225, § 3.º). Tal medida legislativa, acompanhada de todo o conjunto de leis ambientais brasileiras, que não cabe aqui relacionar, dão cumprimento e transpõem para o plano infraconstitucional os deveres de proteção ecológica e climática atribuídos ao Estado pela CF/1988, devendo, portanto, guardar correspondência com o regime protetivo ditado pela norma constitucional.

A Lei n. 9.605/1998 contemplou tipos penais climáticos. A título de exemplo, o tipo penal do crime de poluição, previsto no art. 54 do diploma, contempla expressamente a conduta de "causar poluição atmosférica" (§ 2.º, II), e de, no mesmo contexto, "deixar de adotar, quando assim o exigir a autoridade competente, medidas de precaução em caso de risco de dano ambiental grave ou irreversível" (§ 3.º). Outro tipo penal relevante para a proteção climática diz respeito à previsão do art. 50-A, na Seção dos Crimes contra a Flora, consistente em "desmatar, explorar economicamente ou degradar floresta, plantada ou nativa, em terras de domínio público ou devolutas, sem autorização do órgão competente", o qual terá a sua pena aumentada se do fato resulta "a modificação do regime climático" (art. 53, I).

No caso das infrações administrativas climáticas, de modo complementar à Lei n. 9.605/1998, destaca-se o Decreto n. 6.514/2008, ao dispor sobre as infrações e sanções administrativas ao meio ambiente e estabelecer o processo administrativo federal para sua apuração. Ao reproduzir os tipos penais climáticos referidos anteriormente, como no caso do crime de poluição atmosférica, o Decreto n. 6.514/2008 tipifica como infração administrativa as mesmas condutas nos arts. 61 e 62. Outro tipo administrativo importante para a proteção climática diz respeito à conduta descrita no art. 65 do diploma, consistente em "deixar, o fabricante de veículos ou motores, de cumprir os requisitos de garantia ao atendimento dos limites vigentes de emissão de poluentes atmosféricos e de ruído, durante os prazos e quilometragens previstos na legislação". Por fim, destaca-se a previsão do art. 140 do diploma, ao prever que "são considerados serviços de preservação, melhoria e recuperação da qualidade do meio ambiente, as ações, as atividades e as obras incluídas em projetos com, no mínimo, um dos seguintes objetivos: (...) IV – mitigação ou adaptação às mudanças do clima (redação dada pelo Decreto n. 9.179/2017).

O rol dos deveres de proteção ambiental do Estado traçado pelo § 1.º e demais dispositivos do art. 225, cabe frisar, é apenas exemplificativo[61], estando aberto

---

61 Também no sentido de conferir ao dispositivo do art. 225, § 1.º, natureza meramente exemplificativa, e não *numerus clausus*, v. BARROSO, Luís Roberto. Proteção do meio ambiente na Constituição brasileira. *Revista Trimestral de Direito Público*, São Paulo: Malheiros, n. 2, p. 68, 1993.

a outros deveres necessários a uma tutela abrangente e integral do ambiente, especialmente em razão do surgimento permanente de novos riscos e ameaças à natureza provocados pelo avanço da técnica e pela intervenção humana no meio natural, como é o caso hoje, por exemplo, do aquecimento global, impondo ao Estado novos deveres de proteção climática (*Klimaschutzpflichten*[62]).

Como conteúdo dos deveres de proteção climática resultantes do regime constitucional de tutela ecológica estabelecido pelo art. 20a da Lei Fundamental alemã, Thomas Groß, destaca, além da vedação de proteção insuficiente (*Untermaßverbot*), como objetivo estatal (*Staatsziel*) correlato, a "vedação ou proibição de piora ou deterioração" (*Verschlechterungsverbot*) das condições climáticas, inclusive em vista de um dever de adoção de medidas, por parte dos Poderes Executivo e Judiciário, que contemplem a resolução de conflitos lastreados por uma espécie de "princípio" (o autor não chega a utilizar tal nomenclatura) "*in dubio pro natura et clima*" e, portanto, com práticas resolutivas "amigas do clima" (*klimafreundliche Lösungen*). Tal entendimento também conduz ao reconhecimento de deveres estatais específicos de proteção do sistema climático, derivados diretamente da previsão do inciso I no § 1.º do art. 225 da CF/1988, que dispõe sobre a proteção dos "processos ecológicos essenciais".

O Brasil, nesse contexto, é um dos cinco maiores países emissores globais de gases do efeito estufa justamente em razão do desmatamento florestal e da liberação de gases do efeito estufa derivada diretamente de tal prática, notadamente na região amazônica. Igual entendimento se pode extrair da competência legislativa concorrente em matéria ambiental, que se expressa como "dever de legislar em matéria ambiental e climática", conforme previsão do art. 24, VI, nos seguintes temas: "florestas, caça, pesca, fauna, conservação da natureza, defesa do solo e dos recursos naturais, proteção do meio ambiente e controle da poluição". Por repetir as matérias, como o controle da poluição (atmosférica) e a proteção das florestas, os mesmos argumentos lançados anteriormente também se aplicam no campo da competência legislativa (e dever de legislar) em matéria climática.

Mais recentemente, o novo inciso VIII inserido no § 1.º do art. 225 da CF/1988 pela Emenda Constitucional n. 123/2022 encarregou-se de contemplar os deveres de proteção climática do Estado, promovendo a descarbonização da matriz energética e economia e neutralização climática, relativamente às emissões de gases do efeito estufa decorrentes da queima de combustíveis fósseis,

---

[62] GROß, Thomas. Welche Klimaschutzpflichten ergeben sich aus Art. 20a GG. *ZUR*, Heft 7-8, 2009, p. 367 (p. 364-368). Ainda sobre o tema dos deveres estatais de proteção climática, v. a Declaração de Oslo sobre os Princípios de Oslo sobre as Obrigações relativas às Mudanças Climáticas Globais de 2015 (*Oslo Principles on Global Climate Change Obligations*). Disponível em: https://law.yale.edu/system/files/area/center/schell/oslo_principles.pdf.

ao "manter regime fiscal favorecido para os biocombustíveis destinados ao consumo final, na forma de lei complementar, a fim de assegurar-lhes tributação inferior à incidente sobre os combustíveis fósseis, capaz de garantir diferencial competitivo em relação a estes (...)". A medida em questão expressa os deveres estatais de mitigação, no sentido da redução da emissão de gases do efeito estufa derivada da queima de combustíveis fosseis, inclusive estimulando mudanças e inovações tecnológicas na matriz energética brasileira rumo ao uso progressivo de energias limpas e à neutralidade climática. Há, por certo, a conjunção de esforços públicos e privados na consecução dos objetivos constitucionais voltados à proteção climática.

No âmbito dos deveres estatais de proteção climática, para além das tradicionais medidas necessárias à mitigação da emissão de gases do efeito estufa e à adaptação às mudanças climáticas, igualmente deve ser reservado especial destaque, inclusive pelas instituições do Sistema de Justiça (Poder Judiciário, Ministério Público, Defensoria Pública etc.), para a reparação de danos sofridos pelas vítimas climáticas (por exemplo, danos decorrentes de episódios climáticos extremos), notadamente em relação a indivíduos e grupos sociais vulneráveis. A salvaguarda jurídica de indivíduos e grupos sociais vulneráveis em face de riscos climáticos abrange a proteção da garantia constitucional do mínimo existencial que, para além das suas vertentes social e ambiental, igualmente passa a incorporar uma dimensão climática (*mínimo existencial climático*), de modo a proteger tais pessoas, por exemplo, em situações decorrentes de episódios climáticos extremos (como enchentes, chuvas torrenciais, deslizamentos de terras, secas extremas etc.) que ameacem as suas vidas, dignidade e direitos fundamentais.

A falta ou manifesta insuficiência de tais medidas de proteção por parte do Estado – nas esferas municipal, estadual, distrital e federal –, no sentido de assegurar a eficácia e a efetividade do direito fundamental ao clima limpo, saudável e seguro, resulta em prática inconstitucional passível, portanto, de controle judicial, tanto sob a via abstrata ou concentrada quanto concreta ou difusa. Em outras palavras, "as autoridades estatais não somente estão obrigadas a manter o *status quo*, senão também a melhorá-lo sempre que seja possível", estando, portanto, o Poder Legislativo, o Poder Executivo e o Poder Judiciário, além dos demais entes estatais, ainda que não de forma absoluta, vinculados ao que se poderia designar como uma proibição de "recuo" ou de "dar passos para trás" (*Rückschrittsverbot*) em matéria ambiental[63]. Há, pelo prisma constitucional, verdadeira imposição normativa no sentido de que, a partir de conjunção de esforços dos diferentes

---

63 SCHMIDT, Reiner; KAHL, Wolfgang; GÄRDITZ, Klaus Ferdinand. *Umweltrecht*. 10. ed. Munique: C. H. Beck, 2017, p. 61.

atores estatais, estabeleça-se o (dever de) aprimoramento e melhoria progressiva do regime jurídico de proteção ecológica e climática, reforçado, ainda, pelo princípio da proibição de retrocesso ecológico e climático.

A insuficiência manifesta de proteção estatal – por exemplo, ausência ou insuficiência da legislação em dada matéria, conforme já se pronunciou o STF[64] – caracteriza violação ao dever ou imperativo de tutela imputado ao Estado pela Constituição, e, consequentemente, a inconstitucionalidade da medida, tenha ela natureza omissiva ou comissiva. Isso, por certo, torna possível o controle judicial de tal déficit de agir do ente estatal, por força, inclusive, da própria vinculação do Poder Judiciário (no sentido de um poder-dever) aos deveres de proteção, de modo que se lhe impõe o dever de rechaço da legislação e dos atos administrativos inconstitucionais, ou, a depender das circunstâncias, o dever de correção de tais atos mediante uma interpretação conforme a Constituição e de acordo com as exigências dos deveres de proteção e da proporcionalidade[65].

O Plenário do STF, nesse sentido, reconheceu a inconstitucionalidade de legislação estadual que teria conferido proteção deficitária às áreas de proteção permanente (APPs) em comparação ao regramento nacional estabelecido pelo Código Florestal (Lei n. 12.651/2012), extrapolando o ente federativo estadual, ao assim agir, os limites da sua competência suplementar decorrentes da competência concorrente estabelecida no art. 24, *caput*, VI, § 2.º, da CF/1988. O STF, na referida decisão, reconheceu expressamente a violação à proporcionalidade (e à razoabilidade) na atuação do legislador estadual ao expor bens jurídicos de máxima importância (no caso, a proteção ecológica), violando, em outras palavras, o princípio da proibição de proteção insuficiente ou deficiente[66].

Ainda sobre o entendimento do STF sobre a articulação entre o dever estatal de proteção ecológica, o princípio da proporcionalidade e a vedação de proteção insuficiente ou deficiente, registra-se passagem do voto do Ministro Celso de Mello no julgamento da ADI 4.901/DF, que versava sobre a constitucionalidade do Código Florestal de 2012: "Com efeito, emerge do próprio art. 225 de nossa Lei Fundamental o dever constitucional de proteção ao meio ambiente, que incide não apenas sobre a própria coletividade, mas, notadamente, sobre o Poder Público, a quem se impõe o gravíssimo encargo de impedir, de um lado, a degradação ambiental e, de outro, de não transgredir o postulado que veda a proteção deficiente ou insuficiente, sob pena de intervenção do Poder Judiciário, para fazer prevalecer o mandamento constitucional que assegura a incolumidade do

---

64 V. STF, RE 778.889/PE, Tribunal Pleno, Rel. Min. Barroso, j. 10.3.2016.
65 SARLET, *A eficácia dos direitos fundamentais...*, p. 389 e ss.
66 STF, ADI 4.988/TO, Tribunal Pleno, Rel. Min. Alexandre de Moraes, j. 19.9.2018, *Informativo* n. 918, de 17 a 21 de setembro de 2018.

meio ambiente e para neutralizar todas as ações ou omissões governamentais de que possa resultar a fragilização desse bem de uso comum do povo.

Essencial, portanto, que o Estado, seja no exercício de suas funções legislativas, seja na realização de suas atividades administrativas, respeite o princípio da proporcionalidade, em cuja estrutura normativa compreende-se, além da proibição do excesso, o postulado que veda, em sua outra dimensão, a insuficiência da proteção estatal"[67]. A vinculação do Poder Judiciário aos direitos fundamentais[68], e, portanto, aos deveres de proteção, guarda importância singular não só para a análise da categoria da proibição de proteção insuficiente, mas também para garantia da proibição de retrocesso, posto que, também no que diz respeito a atos do poder público que tenham por escopo a supressão ou redução dos níveis de proteção ecológica e climática (cujo controle igualmente implica consideração dos critérios da proporcionalidade na sua dupla perspectiva), caberá aos órgãos jurisdicionais a tarefa de identificar a ocorrência de prática inconstitucional e, quando for o caso, afastá-la ou corrigi-la, como o fez o STF na decisão referida anteriormente no âmbito da ADI 4.988/TO.

4. *STATUS* SUPRALEGAL DOS TRATADOS INTERNACIONAIS EM MATÉRIA CLIMÁTICA E O DEVER *EX OFFICIO* DE CONTROLE DE CONVENCIONALIDADE A CARGO ATRIBUÍDO AOS JUÍZES E TRIBUNAIS NACIONAIS

> (...) tratados sobre direito ambiental constituem *espécie do gênero tratados de direitos humanos* e desfrutam, por essa razão, de status *supranacional*. (Ministro Luís Roberto Barroso)[69]

> Os juízes nacionais devem agir como juízes interamericanos e estabelecer o diálogo entre o direito interno e o direito internacional dos direitos humanos (...). (Ministro Reynaldo Soares da Fonseca)[70]

A recepção, no âmbito doméstico, da legislação internacional em matéria ambiental – e, em particular, climática – é outro tema relevante pelo prisma das fontes do Direito Ambiental e Climático e à luz de um sistema normativo multinível, conforme referido anteriormente. A Lei da Política Nacional sobre Mudança do

---

67 STF, ADI 4.901/DF, Tribunal Pleno, Rel. Min. Luiz Fux, j. 28.2.2018.
68 Sobre o papel do Poder Judiciário na implementação da legislação ambiental e climática, v. STJ, REsp 650.728/SC, 2.ª Turma, Rel. Min. Herman Benjamin, j. 23.10.2007.
69 Passagem do voto-relator do Ministro Barroso na ADPF 708 (Caso Fundo Clima): STF, ADPF 708, Tribunal Pleno, Rel. Min. Barroso, j. 1.º.7.2022.
70 STJ, AgRg no Recurso em HC 136.961/RJ, 5.ª Turma, Rel. Min. Reynaldo Soares da Fonseca, j. 15.6.2021.

Clima (Lei n. 12.187/2009), por sua vez, reconhece como diretriz "os compromissos assumidos pelo Brasil na Convenção-Quadro das Nações Unidas sobre Mudança do Clima, no Protocolo de Quioto e nos demais documentos sobre mudança do clima dos quais vier a ser signatário" (art. 5.º, I), podendo-se, por razões óbvias, incluir também o Acordo de Paris (2015) na referida relação de diplomas climáticos internacionais.

A incorporação ao direito interno de normas internacionais, com destaque aqui para os tratados internacionais como ato típico de direito internacional público que estabelece direitos e obrigações recíprocas entre os Estados-partes, não é um privilégio reservado aos tratados em matéria de direitos humanos, já que todo e qualquer tratado internacional, uma vez celebrado pelo Poder Executivo e referendado pelo Congresso Nacional (que vem utilizando o instrumento formal do Decreto Legislativo para tanto), passa a viger como norma jurídica vinculante e com força de lei ordinária na esfera jurídica interna brasileira, quando não for o caso de um tratado de direitos humanos, pois a estes foi assegurada uma hierarquia mais qualificada[71].

Por força do disposto no art. 5.º, §§ 2.º e 3.º, da CF/1988, os tratados internacionais em matéria de direitos humanos (o que se evidencia também no caso da proteção ambiental, a teor do que sinaliza o art. 11 do Protocolo de San Salvador Adicional à Convenção Americana de Direitos Humanos em Matéria de Direitos Econômicos, Sociais e Culturais de 1988[72]) passaram a fruir de um *status* jurídico-constitucional privilegiado, agregando-se ao conjunto dos direitos e garantias fundamentais estabelecidos pelo Constituinte de 1988, no âmbito do que se convencionou designar de cláusula de abertura em matéria de direitos fundamentais. Na compreensão dos autores, cuidando-se de tratados de direitos humanos, os tratados internacionais em matéria ambiental e climática, por veicular a proteção de direitos humanos, deveriam ter reconhecido o seu *status* constitucional.

Desde logo, importa frisar que existe divergência inclusive a respeito do procedimento de incorporação dos tratados internacionais sobre direitos humanos. Especialmente desde a inserção, mediante a EC n. 45/2004 (Reforma do Judiciário), do citado § 3.º do art. 5.º da CF/1988, a matéria voltou a ser objeto de atenção pela doutrina e pela jurisprudência, pois tal dispositivo prevê que os tratados aprovados pelo Congresso Nacional mediante o procedimento ali regulado

---

71 V., por todos, MAZZUOLI, Valério de Oliveira. *Curso de direito internacional público*. São Paulo: RT, 2013, p. 353 e ss.

72 "Art. 11.1. Toda pessoa tem direito a viver em um meio ambiente sadio e a contar com os serviços públicos básicos. Art. 11.2. Os Estados-Partes promoverão a proteção e melhoramento do meio ambiente". O Protocolo de San Salvador entrou em vigor no plano internacional em novembro de 1999, quando foi depositado o 11.º instrumento de ratificação (art. 21). O Brasil ratificou o Protocolo de San Salvador no ano de 1999, tendo o mesmo sido promulgado internamente pelo Decreto n. 3.321/1999.

(maioria de três quintos, nas duas casas do Congresso e em dois turnos de votação) passam a ter valor equivalente ao das emendas constitucionais, ainda que não venham a alterar o texto da Constituição. Isso, contudo, não significa que os tratados aprovados antes da vigência do § 3.º do art. 5.º da CF/1988 não possam ter reconhecida sua hierarquia constitucional já por força do próprio § 2.º do mesmo artigo, como, aliás, vinha sustentando importante doutrina[73], mas é certo que, mediante o novo procedimento, os tratados assim aprovados terão sempre hierarquia normativa constitucional.

Todavia, independentemente do posicionamento dos autores favorável à hierarquia constitucional de todos os tratados de direitos humanos[74], inclusive dos tratados internacionais ambientais e climáticos, o STF, desde o julgamento do RE 466.343/SP, ocorrido em 3 de dezembro de 2008, muito embora alguns ministros tenham adotado posição em prol da hierarquia constitucional, acabou chancelando a tese da "supralegalidade" dos tratados internacionais de direitos humanos, ressalvados os tratados aprovados pelo rito previsto no § 3.º do art. 5.º da CF/1988. Assim, o STF entende que os tratados internacionais em matéria de direitos humanos aprovados anteriormente ou – pelo menos é o que sinaliza a orientação adotada – os que vierem a ser aprovados por maioria simples em um turno de votação ocupam posição normativo-hierárquica superior à legislação infraconstitucional de maneira geral, cedendo apenas em face da Constituição.

Dito de outro modo, tais tratados situam-se apenas abaixo da Constituição, de tal sorte que segue cabendo o controle de sua constitucionalidade. Tal entendimento, convém lembrar, resultou cristalizado na hipótese da prisão civil do depositário infiel, que foi considerada incompatível com a Convenção Interamericana de Direitos Humanos (ou Pacto de San José da Costa Rica), que estabelece apenas a possibilidade de prisão civil do devedor de alimentos[75], de tal sorte que a tendência leva à ampliação dos casos levados ao STF no sentido de ver reconhecida a prevalência dos tratados sobre a legislação interna, no âmbito do que se convencionou chamar de controle de convencionalidade, que será objeto de atenção logo a seguir.

Com base nesse raciocínio, é lógico o entendimento de que também os tratados internacionais em matéria ambiental e climática, tanto no tocante ao seu conteúdo material quanto procedimental, passariam a ter ao menos (salvo se aprovados pelo rito do art. 5.º, § 3.º, da CF/1988) natureza hierárquico-normativa

---

73 PIOVESAN, Flávia. *Direitos humanos e o direito constitucional internacional*. 8. ed. São Paulo: Saraiva, 2007, p. 71 e ss.
74 SARLET, Ingo Wolfgang. *A eficácia dos direitos fundamentais*..., p. 127 e ss.
75 Destacam-se, ainda, outros julgamentos do STF confirmando o mesmo entendimento HC 94.523, HC 87.585 e HC 92.566.

"supralegal", prevalecendo em face da legislação infraconstitucional[76]. E esse foi o entendimento adotado pelo STF no julgamento da ADPF 708/DF (Caso Fundo Clima), ocorrido em 2022. De acordo com o Ministro Barroso, inclusive pela perspectiva da interdependência dos direitos humanos, os "tratados sobre direito ambiental constituem espécie do gênero tratados de direitos humanos e desfrutam, por essa razão, de *status* supranacional"[77].

O STF, conforme referido anteriormente, já possuía precedente nesse sentido desde 2017. A Ministra Rosa Weber, no julgamento da ADI 4.066, em decisão sobre a constitucionalidade de legislação que proibiu o uso de amianto, atribuiu o *status* de supralegalidade à Convenção da Basileia sobre o Controle de Movimentos Transfronteiriços de Resíduos Perigosos e seu Depósito (1989), equiparando-a aos tratados internacionais de direitos humanos. Do ponto de vista da hierarquia normativa, o reconhecimento do *"status* supralegal" dos tratados internacionais em matéria ambiental e climática ratificados pelo Brasil, como, por exemplo, a Convenção-Quadro sobre Mudança Climática (1992), a Convenção-Quadro sobre Biodiversidade (1992) e o Acordo de Paris (2015), situa tais tratados internacionais acima de toda a legislação infraconstitucional brasileira – como, por exemplo, o Código Civil. Apenas a norma constitucional estaria hierarquicamente acima deles.

Outro aspecto importante a ser considerado é que o bloco normativo de convencionalidade a ser utilizado como parâmetro para o controle de convencionalidade não se restringe apenas aos tratados internacionais de direitos humanos em si, mas também inclui a jurisprudência – tanto consultiva quanto contenciosa – dos Tribunais Internacionais de Direitos Humanos. A título de exemplo, a Opinião Consultiva 23/2017 sobre "Meio Ambiente e Direitos Humanos" da Corte IDH deve necessariamente integrar o bloco normativo de convencionalidade ambiental no âmbito do Sistema Interamericano de Direitos Humanos, servindo, assim, de parâmetro normativo para o controle de convencionalidade da legislação ambiental interna dos Estados-membros da Convenção Americana sobre Direitos Humanos (CADH).

O controle de convencionalidade, é importante consignar, só valeria para aquele conteúdo mais protetivo existente no âmbito do marco normativo internacional ambiental e climático. Do contrário, se a legislação internacional fosse mais permissiva, prevaleceria a legislação infraconstitucional, considerando a incidência do princípio *pro homine*[78], ou seja, dito de modo mais preciso, fazendo prevalecer a

---

76 Na doutrina brasileira, sustentando o mesmo entendimento, v. CAPPELLI, Sílvia; MARCHESAN, Ana Maria Moreira; STEIGLEDER, Annelise Monteiro. *Direito ambiental*. 7. ed. Porto Alegre: Verbo Jurídico, 2013, p. 40.
77 STF, ADPF 708, Tribunal Pleno, Rel. Min. Barroso, j. 1.º.7.2022.
78 V. MAZZUOLI, Valério de Oliveira. *Curso de direito internacional público...*, p. 869.

norma mais favorável à proteção da pessoa (no tocante aos seus direitos humanos e fundamentais e dignidade). No âmbito do Direito Ambiental, o princípio *pro homine* assume uma nomenclatura própria e adaptada à matéria, ou seja, como princípio *pro natura* ou princípio *in dubio pro natura*. No campo do Direito Climático, pode-se inclusive cogitar a ideia em torno de um princípio *in dubio pro clima*. É importante ressaltar, nesse sentido, a natureza progressiva que deve caracterizar o diálogo de fontes normativas, no sentido de assegurar um marco jurídico cada vez mais avançado e aprimorado para a proteção dos direitos e bens fundamentais do sistema jurídico. O contrário, ou seja, a utilização do diálogo de fontes para flexibilizar ou fragilizar o marco normativo de proteção dos direitos fundamentais e humanos implicaria subversão das suas premissas básicas e de sua razão de ser.

Um dos aspectos mais importantes do controle de convencionalidade diz respeito ao dever *ex officio* de juízes e tribunais internos de atentarem para o conteúdo dos diplomas internacionais sobre direitos humanos, entre os quais o direito ao meio ambiente. Como dito pelo Ministro Reynaldo Soares da Fonseca, no julgamento do AgRg no Recurso em HC 136.961/RJ pelo STJ, "os juízes nacionais devem agir como juízes interamericanos e estabelecer o diálogo entre o direito interno e o direito internacional dos direitos humanos, até mesmo para diminuir violações e abreviar as demandas internacionais"[79].

A Corte IDH, na Opinião Consultiva n. 23/2017, assinalou que, na linha da jurisprudência consolidada pelo Tribunal e nos termos do direito internacional, quando um Estado é parte de um tratado internacional, como a Convenção Americana de Direitos Humanos, esse tratado vincula todos os seus órgãos, incluindo os Poderes Legislativo e Judiciário, de modo que a violação da normativa internacional por um desses órgãos implica a responsabilidade internacional do Estado-parte. Por essa razão, a Corte IDH manifestou seu entendimento no sentido da necessidade de que os vários órgãos do Estado efetuem o correspondente controle da convencionalidade, também com base no exercício da sua competência consultiva, aplicando, portanto, as normas estabelecidas na Opinião Consultiva n. 23/2017 como parâmetro para tal controle[80].

Com efeito, em homenagem ao necessário Diálogo das Fontes Normativas[81] e também ao Diálogo de Cortes[82], cabe aos aplicadores do Direito, com destaque

---

79 STJ, AgRg no Recurso em HC 136.961/RJ, 5.ª Turma, Rel. Min. Reynaldo Soares da Fonseca, j. 15.6.2021.
80 CORTE INTERAMERICANA DE DIREITOS HUMANOS. Opinião Consultiva n. 23/2017, p. 15-16.
81 MARQUES, Claudia Lima (coord.). *Diálogo das fontes*: do conflito à coordenação de normas do direito brasileiro. São Paulo: RT/Thomson Reuters, 2012.
82 RAMOS, André de Carvalho. O diálogo das cortes: o Supremo Tribunal Federal e a Corte Interamericana de Direitos Humanos. In: AMARAL JUNIOR, Alberto do; JUBILUT, Liliana Lyra (org.). *O STF e o direito internacional dos direitos humanos*. São Paulo: Quartier Latin, 2009. v. 1, p. 805-850.

especial para juízes e tribunais, interpretar a legislação nacional infraconstitucional não apenas pelo prisma do regime constitucional de proteção dos direitos fundamentais, mas também em vista do regime internacional global e regional de proteção dos direitos humanos, com o propósito de assegurar efetividade ao direito humano de viver em um meio ambiente sadio, equilibrado e seguro e igualmente ao direito humano de viver em um clima limpo, saudável e seguro.

O entendimento adotado pelo STF, por ocasião da decisão referida no tópico anterior, no sentido de reconhecer o *status* supralegal dos tratados internacionais sobre direitos humanos, implica a possibilidade do controle de "convencionalidade" da legislação infraconstitucional[83]. Conforme assinala Mazzuoli, o controle de convencionalidade das leis "nada mais é que o processo de compatibilização vertical (sobretudo material) das normas domésticas com os comandos encontrados nas convenções internacionais de direitos humanos. À medida que os tratados de direitos humanos ou são materialmente constitucionais (art. 5.º, § 2.º) ou material e formalmente constitucionais (art. 5.º, § 3.º), é lícito entender que o clássico 'controle de constitucionalidade' deve agora dividir espaço com esse novo tipo de controle (de 'convencionalidade') da produção e aplicação da normatividade interna"[84].

Na medida em que os tratados internacionais em matéria ambiental e climática, por serem "espécie" do "gênero" e deterem a mesma natureza dos tratados internacionais de direitos humanos, possuem *status* supralegal, na linha do entendimento do STF referido no tópico anterior e consagrado expressamente na ADI 4.066/DF e na ADPF 708/DF, o seu conteúdo prevalece em face da legislação infraconstitucional. No entanto, cumpre reiterar, a prevalência ocorre apenas no tocante ao conteúdo que estabelecer um padrão normativo mais protetivo e rígido. Do contrário, prevalece a legislação infraconstitucional nacional, haja vista os princípios que norteiam o Direito Internacional dos Direitos Humanos, bem como o critério hermenêutico de prevalência da norma mais protetiva, aplicando-se aqui os conhecidos postulados do *in dubio pro natura* e do *in dubio pro clima*[85].

Por fim, importa enfatizar, um dos aspectos mais importantes do controle de convencionalidade diz respeito ao dever *ex officio* de juízes e tribunais nacionais ou internos atentarem para o conteúdo dos diplomas internacionais sobre direitos humanos e, consequentemente, também os que versam sobre matéria

---

83 Sobre o tema, v. por todos MARINONI, Luiz Guilherme; MAZZUOLI, Valério de Oliveira (coord.). *Controle de convencionalidade*: um panorama latino-americano. Brasília: Gazeta Jurídica, 2013, com destaque para as contribuições dos organizadores, dos Ministros Luís Roberto Barroso e Gilmar Mendes, de Flávia Piovesan e do primeiro autor (Sarlet).
84 MAZZUOLI, Valério de Oliveira. *Curso de direito internacional público*..., p. 404.
85 STJ, REsp 1.198.727/MG, 2.ª Turma, Rel. Min. Herman Benjamin, j. 14.8.2012.

ambiental e climática. Com efeito, em homenagem ao necessário diálogo das fontes normativas, cabe aos aplicadores do Direito interpretar a legislação nacional infraconstitucional não apenas pelo prisma do regime constitucional de proteção dos direitos fundamentais, mas também em vista do regime internacional de proteção dos direitos humanos, entre eles o direito humano de viver em um meio ambiente sadio, equilibrado e seguro[86].

5. CONCLUSÕES ARTICULADAS

1. A atual crise e o estado de emergência climática decorrentes do aquecimento global e das mudanças climáticas, conforme apontado no mais recente relatório (AR6) do IPCC, representa um desafio sem precedentes em termos civilizatórios, bem como para a teoria e a práxis do Direito Constitucional e dos Direitos Fundamentais, inclusive a ponto de se falar de um novo (sub)ramo disciplinar, o assim designado Direito Constitucional Climático.

2. O reconhecimento do clima – sistema climático, atmosfera terrestre etc. – como bem jurídico constitucional distinto do meio ambiente encontra forte amparo no próprio regime de proteção ecológica estabelecido pelo art. 225 da CF/1988, em particular, no tocante ao dever de proteção e salvaguarda dos "processos ecológicos essenciais" (inciso I), bem como em razão da especialização da matéria verificada em termos legislativos, doutrinários e jurisprudencial. Assim como o meio ambiente não se trata de uma "abstração", também o clima é algo concreto e está diretamente relacionado à salvaguarda dos interesses e direitos mais básicos do ser humano (das gerações presentes e futuras), como a dignidade, a vida, a saúde, a liberdade, a integridade física e psíquica, entre outros.

3. O reconhecimento de um direito fundamental ao clima limpo, saudável e seguro no conteúdo da norma constitucional inscrita no art. 225 da CF/1988 caracteriza-se como corolário lógico dos últimos desenvolvimentos – legislativos, doutrinários e jurisprudenciais – verificados na matéria, tanto no campo do Direito Constitucional – e da Teoria dos Direitos Fundamentais – quanto do Direito Internacional dos Direitos Humanos. A gravidade da situação climática planetária – e, por óbvio, todo o desenvolvimento e especialização verificado nas últimas décadas no campo do Direito Climático ou Direito das Mudanças Climáticas – reforçam a necessidade de assegurar maior autonomia e visibilidade

---

86 O tema do controle de convencionalidade (e o dever dos Juízes e Tribunais internos de exercê-lo) resultou consignado, de forma pioneira e paradigmática, em decisão da Corte IDH, por ocasião do julgamento do ***Caso Almonacid Arellano e outros vs. Chile,*** em 26 de setembro de 2006.

jurídica ao direito (humano e fundamental) de viver em um clima limpo, saudável e seguro.

4. O regime jurídico-constitucional estabelecido na CF/1988 (art. 225) permite reconhecer a caracterização não apenas de deveres de proteção ecológica do Estado, mas igualmente de deveres estatais específicos de proteção climática, como inclusive reconhecido recentemente de forma expressa pelo STF (ADPF 708/DF). Os deveres de proteção climática vinculam o Estado (Legislador, Executivo e Judiciário), de modo a limitar a sua discricionariedade, inclusive autorizando o controle judicial na hipótese de o Estado, por sua ação ou omissão, incidir na violação ao princípio da proporcionalidade, como, por exemplo, decorrente da proteção climática insuficiente ou deficiente (à luz do princípio da proibição de proteção insuficiente). No âmbito dos deveres estatais de proteção climática, incumbe ao Estado em geral – nos diferentes planos federativos – a adoção de medidas positivas e negativas necessárias à mitigação da emissão de gases do efeito estufa, à adaptação às mudanças climáticas e à reparação de danos sofridos pelas vítimas climáticas (por exemplo, danos decorrentes de episódios climáticos extremos).

5. Os tratados internacionais climáticos (por exemplo, Convenção-Quadro sobre Mudanças Climáticas e Acordo de Paris) devem ser reconhecidos como espécie do gênero tratados internacionais de direitos humanos, sendo, portanto, dotados de hierarquia e *status* supralegal no âmbito do Direito Nacional, conforme entendimento jurisprudencial do STF (ADPF 708/DF). Ademais, o reconhecimento do *status* de supralegalidade autoriza o controle de convencionalidade, inclusive como dever *ex officio* de juízes e tribunais nacionais, de toda a legislação infraconstitucional, tomando-se como parâmetro normativo a legislação internacional climática.

REFERÊNCIAS

ALEXY, Robert. *Teoria dos direitos fundamentais*. Trad. Virgílio Afonso da Silva. São Paulo: Malheiros, 2008.

BANDEIRA DE MELLO, Celso Antônio. *Discricionariedade e controle jurisdicional*. 2. ed. São Paulo: Malheiros, 2007.

BARROSO, Luís Roberto. Proteção do meio ambiente na Constituição brasileira. *Revista Trimestral de Direito Público*, São Paulo: Malheiros, n. 2, 1993, p. 58-79.

BECK, Ulrich. *La sociedad del riesgo*: hacia una nueva modernidad. Trad. Jorge Navarro, Daniel Jiménez e Maria Rosa Borras. Barcelona: Paidós, 2001.

BECK, Ulrich. *Weltrisikogesellschaft*. Frankfurt am Main: Suhrkamp, 2008.

BENJAMIN, Antonio Herman. Constitucionalização do ambiente e ecologização da Constituição brasileira. In: CANOTILHO, José Joaquim Gomes; MORATO LEITE, José Rubens (org.). *Direito constitucional ambiental brasileiro*. São Paulo: Saraiva, 2007, p. 57-130.

CANOTILHO, José Joaquim Gomes. *Direito constitucional e teoria da Constituição*. 5. ed. Coimbra: Almedina, 2002.

CANOTILHO, José Joaquim Gomes. O direito ao ambiente como direito subjetivo. In: CANOTILHO, José Joaquim Gomes. *Estudos sobre direitos fundamentais*. Coimbra: Coimbra Editora, 2004, p. 177-189.

CAPPELLI, Sílvia; MARCHESAN, Ana Maria Moreira; STEIGLEDER, Annelise Monteiro. *Direito ambiental*. 7. ed. Porto Alegre: Verbo Jurídico, 2013.

FABBRI, Amália Botter; SETZER, Joana; CUNHA, Kamyla. *Litigância climática*: novas fronteiras para o direito ambiental no Brasil. São Paulo: RT, 2019.

FREITAS, Juarez. *Sustentabilidade*: o direito ao futuro. Belo Horizonte: Fórum, 2011.

GARCIA, Maria da Glória F. P. D. *O lugar do direito na proteção do ambiente*. Coimbra: Almedina, 2007.

GOLDBLAT, David. *Teoria social e ambiente*. Trad. Ana Maria André. Lisboa: Instituto Piaget, 1996.

GOMES, Carla Amado. *Risco e modificação do acto autorizativo concretizador de deveres de protecção do ambiente*. Coimbra: Coimbra Editora, 2007.

GROß, Thomas. Welche Klimaschutzpflichten ergeben sich aus Art. 20a GG. *ZUR*, Heft 7-8, 2009, p. 364-368.

HÄBERLE, Peter. *Estado constitucional cooperativo*. Rio de Janeiro: Renovar, 2008.

HESSE, Konrad. *Elementos de direito constitucional da República Federal da Alemanha*. Tradução da 20. ed. alemã. Trad. Luís Afonso Heck. Porto Alegre: Fabris, 1998.

LUÑO, Antonio Enrique Pérez. *Los derechos fundamentales*. 8. ed. Madrid: Tecnos, 2005.

MARINONI, Luiz Guilherme; MAZZUOLI, Valério de Oliveira (coord.). *Controle de convencionalidade*: um panorama latino-americano. Brasília: Gazeta Jurídica, 2013.

MARQUES, Antonio Silveira. *Der Rechtstaat der Risikovorsorge* (*Schriften zum Öffentlichen Recht*, v. 1.381). Berlin: Duncker & Humblot, 2018.

MARQUES, Claudia Lima (coord.). *Diálogo das fontes*: do conflito à coordenação de normas do direito brasileiro. São Paulo: RT/Thomson Reuters, 2012.

MAZZUOLI, Valério de Oliveira. *Curso de direito internacional público*. São Paulo: RT, 2013.

MENDES, Gilmar Ferreira. *Direitos fundamentais e controle de constitucionalidade*. 3. ed. São Paulo: Saraiva, 2004.

MILARÉ, Edis. *Direito do ambiente*. 4. ed. São Paulo: RT, 2005.

MORATO LEITE, José Rubens; AYALA, Patryck de Araújo. *Dano ambiental: do individual ao coletivo extrapatrimonial (teoria e prática)*. 3. ed. São Paulo: RT, 2010.

NOVAIS, Jorge Reis. *Direitos fundamentais*: trunfos contra a maioria. Coimbra: Coimbra Editora, 2006.

PIOVESAN, Flávia. *Direitos humanos e o direito constitucional internacional*. 8. ed. São Paulo: Saraiva, 2007.

RAMOS, André de Carvalho. O diálogo das cortes: o Supremo Tribunal Federal e a Corte Interamericana de Direitos Humanos. In: AMARAL JUNIOR, Alberto do; JUBILUT, Liliana Lyra (org.). *O STF e o direito internacional dos direitos humanos*. São Paulo: Quartier Latin, 2009. v. 1, p. 805-850.

SARLET, Ingo W. *A eficácia dos direitos fundamentais*: uma teoria geral dos direitos fundamentais na perspectiva constitucional. 12. ed. Porto Alegre: Livraria do Advogado, 2015.

SARLET, Ingo W.; FENSTERSEIFER, Tiago. *Direito constitucional ecológico*. 7. ed. São Paulo: RT/Thomson Reuters, 2021.

SARLET, Ingo W.; FENSTERSEIFER, Tiago. *Curso de direito ambiental*. 4. ed. Rio de Janeiro: GEN/Forense, 2023.

SARLET, Ingo W.; WEDY, Gabriel; FENSTERSEIFER, Tiago. *Curso de direito climático*. 1. ed. São Paulo: RT/Thomson Reuters, 2023.

SCHMIDT, Reiner; KAHL, Wolfgang; GÄRDITZ, Klaus Ferdinand. *Umweltrecht*. 10. ed. Munique: C. H. Beck, 2017.

SILVA, Vasco Pereira da. *Direito constitucional e administrativo sem fronteiras*. Coimbra: Almedina: 2019.

SILVA, Vasco Pereira da. *Verde cor de direito*: lições de direito do ambiente. Coimbra: Almedina, 2002.

SOZZO, Gonzalo. *Derecho privado ambiental*: el giro ecológico del derecho privado. Buenos Aires: Rubinzal-Culzoni Editores, 2019.

STEIGLEDER, Annelise Monteiro. *Responsabilidade civil ambiental: as dimensões do dano ambiental no direito brasileiro*. 2. ed. Porto Alegre: Livraria do Advogado, 2012.

STEFFEN, Will *et al*. The Anthropocene: from Global Change to Planetary Stewardship. *Ambio (Royal Swedish Academy of Sciences)*, v. 40, n. 7, p. 739-761, 2011 nov.

TRINDADE, Antônio Augusto Cançado. *Direitos humanos e meio ambiente*: paralelo dos sistemas de proteção internacional. Porto Alegre: Fabris, 1993.

VOIGT, Christina (ed.). *Rule of law for nature*: new dimensions and ideas in environmental law. Cambridge: Cambridge University Press, 2013.

WEDY, Gabriel. *Desenvolvimento sustentável na era das mudanças climáticas*: um direito fundamental. São Paulo: Saraiva, 2018 (Série IDP).

WEDY, Gabriel. *Litígios climáticos*: de acordo com o direito brasileiro, norte-americano e alemão. São Paulo: JusPodivm, 2019.

TEMPO, CLIMA, DIREITO E LITÍGIO

Paulo de Bessa Antunes[1]

1. INTRODUÇÃO

Este artigo tem por objetivo demonstrar que, ao longo dos séculos, a atividade humana foi condicionada pelo clima e, de certa forma, também o condicionou. As culturas humanas e os mitos fundadores de diferentes civilizações são marcados por fenômenos climáticos, em especial por grandes dilúvios. Entretanto, antes da era industrial a capacidade de intervenção humana no clima era limitada e, geralmente, localizada. Foi a partir da Revolução Industrial, devido à utilização de energia derivada de combustíveis fósseis, que o panorama se modificou.

Incialmente, o artigo estabelece a distinção entre clima, tempo e sistema climático, de forma que o leitor possa perceber claramente o que está em questão atualmente.

Na Antiguidade já se tinha noção da importância do clima como influência capital nas sociedades, o que é demonstrado pelos seus mitos fundadores, em especial pela constante referência aos dilúvios.

A ação humana sobre o ambiente e suas consequências no clima têm início em escala significativa com a Revolução Agrícola e se aprofunda com a Revolução Industrial e a utilização em massa de combustíveis fósseis, sendo de se registrar que os efeitos deletérios sobre a saúde humana e sobre a atmosfera já se faziam notar nos primórdios da industrialização. Entretanto, é necessário ter em mente que os combustíveis fósseis se tornaram dominantes no padrão energético dado que eram mais eficientes do que os tipos de combustíveis anteriormente predominantes. A substituição dos combustíveis fósseis, portanto, demanda novas formas de energia que sejam capazes de combinar, no mínimo, preço com eficiência, dada a importância fundamental que a energia tem para o desenvolvimento de todas as atividades humanas, inclusive a econômica.

Por fim, este artigo demonstra que as tensões entre atividades econômicas e os efeitos deletérios das emissões de gases de efeito estufa (GEE) têm dado margem

---

[1] Professor Titular da Universidade Federal do Estado do Rio de Janeiro (UNIRIO). 2022 Elisabeth Haub Award for Environmental Law and Diplomacy. Presidente da Comissão de Direito Ambiental do Instituto dos Advogados Brasileiros – IAB. Ex-presidente da União Brasileira da Advocacia Ambiental – UBAA. Doutor em Direito (UERJ). Mestre em Direito (PUC/RJ). Procurador Regional da República (aposentado). Advogado.

à elaboração de todo um conjunto normativo, internacional e doméstico que, no entanto, padece de um baixíssimo grau de eficácia. Isto tem acarretado ações judiciais que buscam, seja a implementação e a efetivação das normas de proteção do sistema climático, seja a contestação de tais normas.

2. OS IMPACTOS DO CLIMA NA FORMAÇÃO DAS CULTURAS E SOCIEDADES

Inicialmente, para que se entenda o impacto do clima nas formações das sociedades, é conveniente apresentar a distinção entre clima, tempo e sistema climático e, em sequência, observar a importância do clima para a cultura humana.

2.1. Clima, tempo e sistema climático

Clima, tempo e sistema climático são conceitos interligados que, no entanto, não se confundem. O Instituto Nacional de Meteorologia define clima como "o comportamento dos fenômenos atmosféricos em períodos de médio e de longo prazos. Para se definir o clima de uma região são calculadas as médias de precipitação, temperatura, umidade, vento etc."[2] Tempo é "o comportamento, de curto prazo, dos fenômenos atmosféricos (precipitação, temperatura, umidade, vento etc." O tempo é a condição meteorológica identificada quando da observação: Hoje o tempo está chuvoso. O clima é a condição média do tempo que é avaliada por meio de análises estatísticas das condições do tempo em uma determinada região. É o resultado da acumulação de dados históricos (ANTUNES, 2023).

O sistema climático corresponde ao conjunto de elementos presentes na superfície terrestre, compõe-se por atmosfera, hidrosfera, criosfera, litosfera e biosfera, incluindo as interações entre esses elementos todos. Ele evolui ao longo do tempo, em função de condições internas e externas, naturais ou artificiais. Evidentemente que o interesse jurídico em relação às emissões de GEE se restringe àquelas cuja origem é a atividade humana.

2.2. Os dilúvios como mitos fundadores das sociedades

A humanidade depende do clima, pois as suas variações impactam diretamente a sobrevivência humana. A influência do clima sobre a vida humana pode ser sintetizada no fato de que muitas culturas e civilizações têm como parte de seus mitos fundadores fenômenos naturais tais como enchentes, dilúvios e outros cataclismas.

---

[2] Disponível em: https://portal.inmet.gov.br/glossario/glossario#C. Acesso em: 1.º maio 2024.

A Mesopotâmia nos legou uma das mais antigas narrativas sobre dilúvios míticos que destruíram a vida sobre a face da Terra, com exceção de casais de animais e dos justos. Tais lendas remontam há 2.000 anos antes de Cristo. Um grande dilúvio (real ou mítico) consta da Epopeia de Gilgamesh (BRANDÃO, 2017). Gilgamesh, quinto rei de Uruk, depois do dilúvio, viveu experiências que o fizeram compreender os limites da natureza humana (BRANDÃO, 2017). O dilúvio babilônico consta de outros poemas épicos como o *Atrahasis*.

É interessante a observação de John Perlin (1992) de que os autores da Epopeia do Gilgamesh sabiam que, tão logo a civilização tivesse acesso às florestas, as árvores ficariam desprotegidas. Era também sabido que a aridez se seguiria ao desflorestamento. Ainda segundo John Perlin, "desse modo, o épico transcende o tempo, prenunciando acontecimentos futuros" (1992, p. 39).

O grande dilúvio relatado na Bíblia é uma catástrofe que, em última instância, tem origem antrópica, pois Deus se arrependera de sua criação. "E viu Deus a terra, e eis que estava corrompida; porque toda a carne havia corrompido o seu caminho sobre a terra."[3] Em alguma medida, a intervenção humana sempre tem repercussões sobre o clima. Já na Mesopotâmia a ação humana transformou a paisagem e gerou impactos no sistema climático.

Entre os gregos antigos também foi reconhecido que o desflorestamento causava sérios problemas ambientais, pois sem a cobertura vegetal, o solo se tornou mais "vulnerável à força erosiva da natureza" (PERLIN, 1992, p. 64). Platão, em seu célebre diálogo com Crítias, demonstra a degradação ambiental na Grécia antiga e faz referência aos dilúvios que teriam acontecido nove mil anos antes de sua época. "Graças a muitos e grandes dilúvios que ocorreram nestes nove mil anos" (PLATÃO, 2011, p. 226)

O Rio Ganges, depois que desceu dos céus, correu pela terra até o oceano, daí fluiu para o submundo; no seu curso inundou o terreno sacrificial de Jahnu (BHAGAVAD GITA, 2007). Na China também a mitologia diluviana se encontra presente em suas tradições, pois as suas primeiras civilizações cresceram às margens do rio na planície central. "Não é de surpreender, então, que os primeiros mitos chineses sobre as origens do Estado convirjam com as histórias sobre o controle da água, contos que se concentram no rei mítico Grande Yu, "o domador do dilúvio" (WOOD, 2022, p. 32).

O Popol Vuh, livro sagrado dos maias, também menciona em seu livro primeiro, um dilúvio mítico (SPENCER, 1908). Entre os Kaigang também se encontra um mito do dilúvio. Marialice Moura Pessoa (S/D) demonstra que o dilúvio é um mito amplamente disseminado entre os povos originários nas Américas.

---

3   Disponível em: https://www.bibliaonline.com.br/acf/gn/6/12. Acesso em: 16 abr. 2024.

3. AÇÃO HUMANA E MUDANÇA DO CLIMA

Jean Dorst (1973) nos lembra que o impacto do homem sobre o equilíbrio da Terra data de sua aparição no planeta, pois "tal como os outros animais, o Homem exerceu uma ação sobre o planeta, seja como predador, seja como competidor". O Homem também foi capaz de adaptar-se ao meio, conseguindo viver nos mais diferentes quadrantes do planeta.

A Revolução Agrícola talvez tenha sido a primeira grande intervenção humana sobre o clima, pois ela dependia de alterações profundas na configuração do solo em função da necessidade de desmatamento para a produção de alimentos. Marcel Mazoyer e Laurence Roudart afirmam que os métodos de cultivo de derrubada-queimada foram os mais extensos e duráveis que já existiram e que após a penetração nas florestas e nos meios arbóreos cultiváveis, esses sistemas se perpetuaram por séculos, até que o crescimento da população e a repetição muito frequente dos cultivos tivessem implicado "a destruição do florestamento". Isso acarretou "a maior transformação ecológica da história" (MAZOYER; ROUDART, 2010, p. 156).

É a partir das grandes navegações dos séculos XV e XVI, com a expansão europeia por todo o globo terrestre, que as intervenções humanas sobre o ambiente atingem uma nova etapa qualitativa. As transformações do meio natural passam a ter significado mundial e deixam de ser meramente locais. A partir da Revolução Industrial, tem início a construção de uma "nova atmosfera" (MCKIBBEN, 1990). Conforme Bill McKibben afirma, o mundo como o conhecemos na atualidade é produto da Revolução Industrial.

Friederich Engels (2010), em obra voltada para a análise das condições de vida da classe trabalhadora inglesa no século XIX, nos traz importante informação sobre as condições atmosféricas de grandes cidades britânicas. Em Londres, onde os mercados "são a própria rua" e as sujeiras em todo lugar "enchem o ar de mau cheiro" (p. 71). Bradford é coberta por "uma nuvem cinzenta de fumaça de carvão" (p. 83). O mesmo Engels constata que tal situação é recente, "pois tudo o que nos horroriza e indigna é de origem recente e data da época industrial" (p. 96). Na primeira metade do século XX, George Orwell também escreveu sobre a situação dos trabalhadores no Reino Unido, sobretudo sobre dos mineiros de carvão, tendo afirmado que a "nossa situação é baseada no carvão, mais completamente do que imaginamos, até pararmos para pensar sobre isto"[4] (ORWELL, 2002). Especificamente em relação às condições atmosféricas de Wigan, George Orwell descreve o seguinte: "o dia todo você vê pessoas vagando de um lado para outro, com sacos

---

[4] Tradução do autor do artigo.

e cestos através da fumaça sulfurosa (muitos sacos de escória estão em chamas sob a superfície), sobre aquelas montanhas com estranhos tons de cinza, extraindo pepitas de carvão enterradas no chão" (ORWELL, 2022)

A Revolução Industrial deu início ao "fim da natureza" (MCKIBBEN, 1990), no sentido de que a ideia comum sobre o mundo, e o nosso lugar nele, é modificada pela realidade que "os cientistas podem medir e enumerar" (p. 19). Rachel Carson, em sua obra *Primavera Silenciosa*, já em 1962, havia denunciado a poluição atmosférica por produtos cancerígenos, "[d]everiam ser feitos esforços mais enérgicos para eliminar esses cancerígenos que agora contaminam nossos alimentos, nossas reservas de água e nossa atmosfera" (CARSON, 2010, p. 207-207).

A preocupação com a qualidade do ar e da atmosfera é um subproduto da Revolução Industrial. Em 1852, o químico britânico Robert Angus Smith cunhou o termo chuva ácida, explicando os elevados níveis de acidez da chuva resultante da presença de ácido sulfúrico emitido pela queima de carvão pelas indústrias britânicas. Isto, no entanto, não se desdobrou em nenhuma política pública sobre a questão (HANNIGAN, 2000). Foi somente no século XX que a questão ganhou dimensões legais e políticas. Em 1963, um grupo de cientistas liderados por Gene e Herbert Bormann realizou estudos em uma floresta no estado de New Hampshire (Estados Unidos da América), havendo constatado que, mesmo distante de fontes de emissão de materiais poluentes, foi observado alto nível de acidez na chuva que caía sobre a floresta.

As chuvas ácidas foram uma causa relevante para a convocação da Conferência das Nações Unidas sobre Meio Ambiente Humano realizada em 1972 na Suécia[5].

3.1. Combustíveis fósseis e eficiência energética

A vida depende de energia. A história humana, em certa medida é a história da busca por formas mais eficientes de energia. Vaclav Smil afirma que, partindo-se de uma perspectiva biofísica, "tanto a evolução humana pré-histórica como o curso da história podem ser vistos como a busca do domínio sobre maiores reservas e fluxos e formas de energia mais concentradas e mais versáteis, e a sua conversão, por meios mais acessíveis, com custos menores e maior eficiência" (SMIL, 2021, p. 13-14). Ainda segundo Vaclav Smil, todas as formas de energia "são cruciais" (2021, p. 16) para a nossa existência, não sendo válida hierarquização pelo nível de importância.

---

5 Disponível em: https://dialogue.earth/en/climate/stockholm-1972-first-global-environment-conference-shape-of-things-to-come/. Acesso em: 19 maio 2024.

A utilização em massa dos combustíveis fósseis, a partir da Revolução Industrial, a queima de combustíveis fósseis e a geração de eletricidade deram início a uma nova forma de "civilização de energia intensiva" (SMIL, 2021, p. 21). A geração, transmissão e utilização de energia é um negócio e, como tal, está submetida às regras aplicáveis as quais, segundo Robert Bryce (S/D), estão submetidas a quatro imperativos, a saber: (1) densidade de potência, (2) densidade de energia, (3) custo e (4) escala. É a resultante do somatório desses quatro imperativos que determinará o ritmo da transição energética e a redução ou abandono da utilização das fontes fósseis, com a sua substituição por formas de energia que atendam às quatro condições mencionadas.

A utilização de combustíveis fósseis em larga escala ocorreu na medida em que eles atendiam aos quatro imperativos. Isto, no entanto, não aconteceu sem gravíssimas externalidades, tais como efeitos extremamente nocivos sobre a saúde dos trabalhadores (minas de carvão), poluição atmosférica, poluição de águas etc. É possível afirmar que há uma busca constante por combustíveis e produtos que sejam, ao mesmo tempo, mais baratos, menores, mais densos e mais leves (BRYCE, 2022). A conveniência, entretanto, veio acompanhada de um preço.

A matriz energética mundial, ainda, é excessivamente dependente dos combustíveis fósseis, como se pode ver do gráfico abaixo:

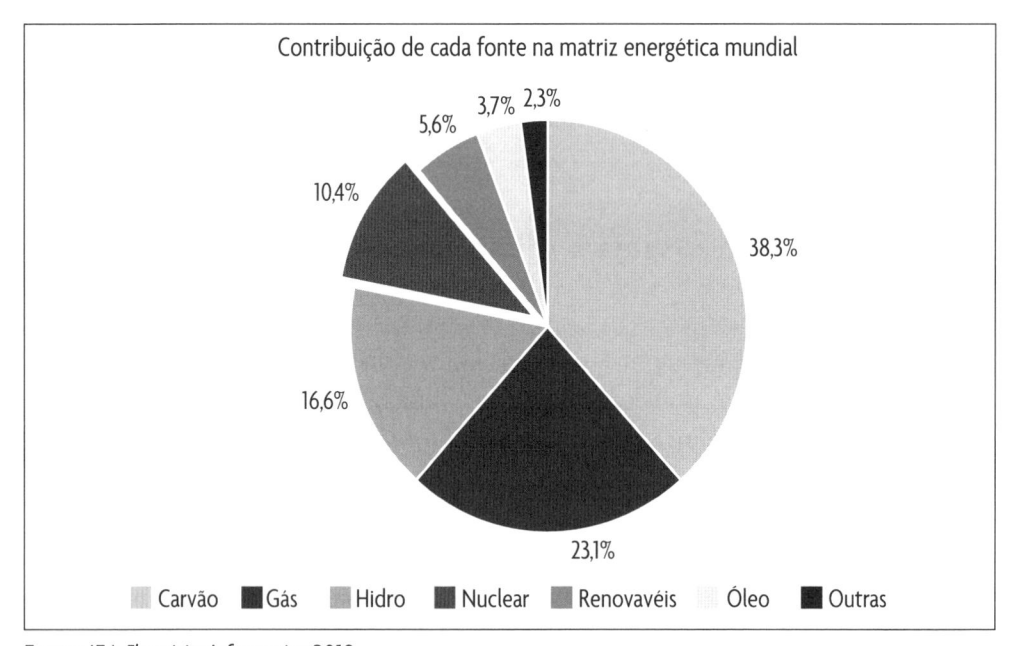

Contribuição de cada fonte na matriz energética mundial

- 38,3%
- 23,1%
- 16,6%
- 10,4%
- 5,6%
- 3,7%
- 2,3%

Carvão ■ Gás ■ Hidro ■ Nuclear ■ Renováveis ■ Óleo ■ Outras

Fonte: IEA *Electricity Information* 2018.

De acordo com o relatório *Electricity Information*, publicado pela International Energy Agency (IEA), em 2018, os reatores nucleares foram responsáveis por

10,4% da produção de energia elétrica no mundo. As usinas térmicas convencionais (carvão, combustíveis líquidos e gás natural) contribuíram com 65,1% da geração total; as usinas hidrelétricas, 16,6%; e a geração de energia por fontes renováveis totalizaram 5,6%[6].

Os combustíveis fósseis foram responsáveis por grande progresso econômico e tecnológico, muito embora os custos associados a tais progressos não tenham sido contabilizados, pois transferidos para a sociedade em termos de poluição e doenças. Entretanto, há uma tendência ao declínio de sua utilização, conforme reconhecido por estudos realizados por grandes companhias de petróleo, e a sua substituição por fontes mais limpas, conforme demonstram as tabelas abaixo:

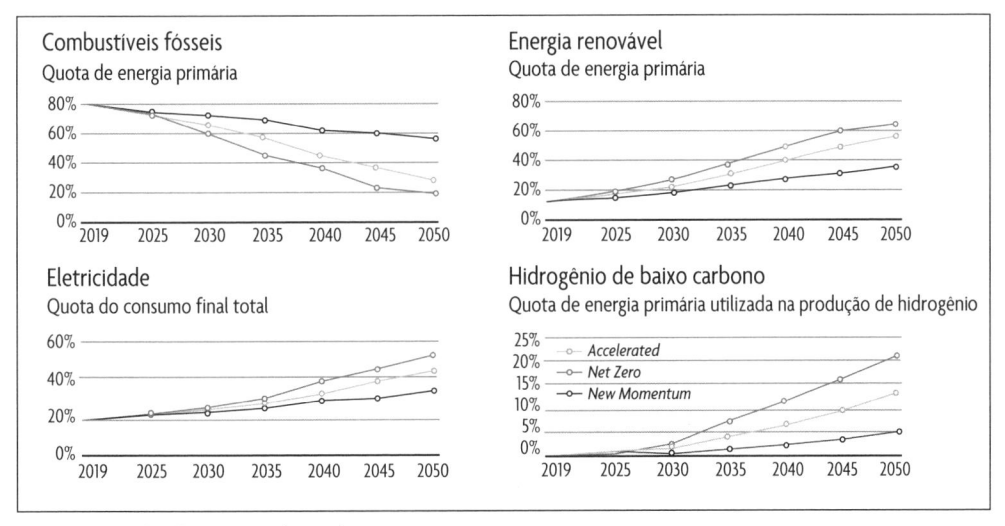

Fonte: BP outlook 2023, tradução livre.

É importante observar que a transição energética só é viável se as novas formas se mostrarem eficientes e com custos compatíveis, para tal o preço das demais fontes de energia deve refletir os custos que impõem à sociedade e ao ambiente. As duas fontes energéticas que têm sido consideradas como as mais viáveis para uma substituição mais rápida do carvão, do petróleo e da queima de biomassa são (1) a nuclear e (2) o gás natural. A energia nuclear, no entanto, está fora de cogitação na Europa e nos Estados Unidos, expandindo-se, basicamente, na Ásia.

---

6 Disponível em: https://www.eletronuclear.gov.br/Sociedade-e-Meio-Ambiente/Espaco-do-Conhecimento/Paginas/Energia-nuclear-no-mundo.aspx. Acesso em: 2 maio 2024.

4. CLIMA E DIREITO

O direito tem dedicado cada vez mais atenção às questões climáticas, havendo um crescente número de leis e normas jurídicas voltadas ao tema, seja no âmbito internacional, seja no âmbito nacional dos diversos países[7]. Estima-se em cerca de cinco mil normas jurídicas de diferentes graus relacionadas às mudanças climáticas de origem antrópica. Este número demonstra a preocupação por um lado, por outro indica uma produção legislativa fragmentária e, em geral, com baixos níveis de eficiência. Certamente, não será a quantidade de leis que resolverá o problema.

A título de exemplo, vale lembrar que a 1.ª Conferência das Partes (COP) da Convenção-Quadro das Nações Unidas sobre Mudança do Clima (UNFCCC, da sigla em inglês) foi realizada em Berlim, em 1995, ano no qual o volume total de emissão de GEE pelo setor energético, de 1990 até 2021, variou de pouco mais de 20 $GtCO_2$, até um volume projetado de 31 $GtCO_2$[8]. Ou seja, os acordos globais em relação às necessidades de mudança da matriz energética falharam, pois as emissões praticamente dobraram no período. Ressalte-se que, em 2020, as emissões foram reduzidas em cerca de 5,8% em razão da pandemia da covid-19 e da consequente diminuição das atividades industriais. Segundo a Agência Internacional de Energia, essa foi a maior redução de emissões desde a crise financeira de 2008. Apesar disso, o volume de GEE na atmosfera é o dobro do existente no início da Revolução Industrial.

Muito embora a ineficiência do quadro normativo seja palpável e notória, a existência de normas jurídicas de natureza vinculante e obrigatória tem dado origem ao aparecimento das mais diferentes ações judiciais e administrativas com o objetivo de fazer cumprir a legislação existente. Há, também, um número crescente de ações judiciais propostas com o objetivo de impugnar as normas de proteção do sistema climático, sob os mais diversos argumentos.

4.1. Principais acordos multilaterais relativos à proteção da atmosfera e do clima

O Brasil é parte dos principais acordos ambientais multilaterais (AAM) objetivando a proteção da atmosfera e do clima. A primeira das grandes convenções voltadas para o tema deste artigo é a Convenção de Viena para a Proteção da Camada de Ozônio (Decreto n. 99.280/1990). A convenção deu origem ao

---

7   Disponível em: https://climate-laws.org/. Acesso em: 20 abr. 2024.
8   Disponível em: https://www.iea.org/reports/global-energy-review-2021/co2-emissions. Acesso em: 2 maio 2024.

Protocolo de Montreal sobre substâncias que destroem a camada de ozônio (Decreto n. 2.679/1998), que foi adotado em 1987, sendo o acordo internacional relativo à proteção da atmosfera mais bem sucedido. Vale registrar que, em 2023, o Brasil incorporou a emenda de Kigali ao Protocolo de Montreal ao seu direito interno (Decreto n. 11.666/2023).

A UNFCCC (Decreto n. 2.652/1998) é o principal AAM dedicado ao tema da mudança do clima causada pela intervenção humana; contudo, dada a sua condição de convenção-quadro, ela demanda outros atos internacionais para que, efetivamente, possa ser aplicada. As convenções-quadro são como "guarda-chuvas" de caráter geral. Elas são reguladas por outros acordos multilaterais mais específicos, tais como os protocolos que, efetivamente, criam as obrigações para as partes (VARELLA, 2019). A UNFCCC deu origem a dois outros importantes AAM, a saber (1) o Protocolo de Quioto (Decreto n. 5.445/2005) e (2) o Acordo de Paris (Decreto n. 9.073/2017).

O Protocolo de Quioto é um AAM firmado no Japão em 1997 durante a 3.ª Conferência das Partes (COP) da UNFCCC, estabelecendo normas para o controle das emissões de GEE[9]. O Protocolo fixou metas para a redução das emissões (5,2% em relação às emissões de 1990) durante o período entre 2008 e 2012. As partes, no entanto, tinham que cumprir metas diferenciadas. O Protocolo não produziu resultados em relação à redução das emissões. Podemos afirmar que fracassou.

O Acordo de Paris é um AAM que decorre da UNFCCC e tem por objetivo superar as dificuldades políticas, econômicas e técnicas que levaram o Protocolo de Quioto ao fracasso. A principal característica que o diferencia do documento firmado no Japão é que as metas estabelecidas para a redução de GEE são oferecidas pelas próprias partes signatárias do documento. Por isso, não há "imposição" de metas por organismos internacionais ou entidades supranacionais. Logo, as partes indicam as suas contribuições nacionalmente determinadas (NDC, da sigla em inglês) de redução de GEE. O Acordo de Paris foi adotado na COP 21, realizada em Paris (2015), sendo firmado por 196 partes, e entrou em vigor em 4 de novembro de 2016[10], trata-se de um AAM vinculante e cogente.

O Acordo de Paris foi incorporado ao direito brasileiro pelo Decreto n. 9.073/2017. O Acordo tem por finalidade reforçar a implementação da UNFCCC, incluindo seu objetivo, fortalecendo a resposta global à ameaça da mudança do

---

9   Os gases de efeito estufa que são considerados no Protocolo são o dióxido de carbono (CO_2), o metano (CH_4), o óxido nitroso (N_2O), o hexafluoreto de enxofre (SF_6) e as famílias dos perfluorcarbonos (compostos completamente fluorados, em especial perfluormetano, CF_4, e perfluoretano, C_2F_6) e hidrofluorcarbonos (HFCs).

10 Disponível em: https://unfccc.int/process-and-meetings/the-paris-agreement. Acesso em: 27 abr. 2024.

clima, no contexto do desenvolvimento sustentável e dos esforços de erradicação da pobreza, incluindo: (a) manter o aumento da temperatura média global bem abaixo de 2 ºC em relação aos níveis pré-industriais, e envidar esforços para limitar esse aumento da temperatura a 1,5 ºC em relação aos níveis pré-industriais, reconhecendo que isso reduziria significativamente os riscos e os impactos da mudança do clima; (b) aumentar a capacidade de adaptação aos impactos negativos da mudança do clima e promover a resiliência à mudança do clima e um desenvolvimento de baixa emissão de gases de efeito estufa, de uma maneira que não ameace a produção de alimentos; e (c) tornar os fluxos financeiros compatíveis com uma trajetória rumo a um desenvolvimento de baixa emissão de GEE e resiliente à mudança do clima. A implementação do Acordo deve ser de modo a refletir equidade e o princípio das responsabilidades comuns, porém diferenciadas e respectivas capacidades, à luz das diferentes circunstâncias nacionais.

4.2. Direito brasileiro

O Brasil tem buscado cumprir os seus compromissos internacionais relativamente às questões ligadas às mudanças climáticas globais causadas por atividades antrópicas. Nesse sentido foi editada a Lei Federal n. 12.187/2009, que instituiu a Política Nacional sobre Mudança do Clima – PNMC. Em levantamento feito pelo Congresso Nacional (COMISSÃO MISTA PERMANENTE SOBRE MUDANÇAS CLIMÁTICAS – CMMC, 2013)[11] foram identificadas muitas leis estaduais e municipais voltadas para as mudanças climáticas. Tais normas têm por base constitucional os arts. 23, VI e 24, VI, da CF.

É importante considerar que a Lei Federal n. 12.187/2009, em seu art. 12, estabeleceu que o Brasil, para alcançar os objetivos da PNMC, deveria adotar como compromisso nacional voluntário, ações de mitigação das emissões de gases de efeito estufa, com vistas à redução entre 36,1% (trinta e seis inteiros e um décimo por cento) e 38,9% (trinta e oito inteiros e nove décimos por cento) de suas emissões projetadas até 2020.

Conforme informações do Instituto de Energia e Meio Ambiente[12], as emissões brasileiras de GEE cresceram 40% desde 2010, quando foi regulamentada a PNMC pelo Decreto Federal n. 7.390 do mesmo ano. Em 2010, as emissões brutas de GEE eram de aproximadamente 1,7 bilhão de toneladas. Em 2021, ano

---

11 Informação mais recente disponível em: https://59de6b5d-88bf-463a-bc1c-d07bfd5afa7e.filesusr.com/ugd/d19c5c_1b1a5c5565e54dd2b421d815fca253b5.pdf. Acesso em: 19 maio 2024.
12 Disponível em: https://energiaeambiente.org.br/brasil-teve-decada-perdida-no-combate-a-emissoes-20230324. Acesso em: 22 abr. 2024.

da última estimativa do SEEG (Sistema de Estimativas de Emissões e Remoções de Gases de Efeito Estufa), eram 2,4 bilhões.

> O que se verificou, porém, foi algo muito diferente. Entre a regulamentação da PNMC, em dezembro de 2010 (pelo Decreto 7.390/2010, substituído em 2018 pelo Decreto 9.578) e o suposto primeiro ano de implementação da NDC, em 2021, o Brasil viu uma alta de 40% nas emissões brutas (de 1,7 $GtCO_2$ e para 2,4 $GtCO_2$ e) e de quase 55% nas emissões líquidas (de 1,3 $GtCO_2$ e para 1,7 $GtCO_2$ e). Desde a primeira edição do SEEG, em 2012, até a atual, em 2021, o aumento verificado nas emissões brutas foi de 30% e, nas líquidas, de 40%. Esses números indicam que, embora a PNMC tenha produzido inovações importantes no ordenamento legal brasileiro e criado instrumentos para mensuração de emissões e combate à mudança do clima, do ponto de vista da atmosfera a década de 2010 foi perdida para o Brasil. (OBSERVATÓRIO DO CLIMA, 2023, p. 39)

Assim, como se vê, a PNMC é norma dotada de pouca eficácia, não sendo capaz – até o momento – de cumprir com os seus objetivos. O principal obstáculo para que o Brasil cumpra, efetivamente, os seus compromissos é o desmatamento e, em especial, as queimadas. Em 2023, foi queimada uma área total de 17,3 milhões de hectares, tamanho maior que o território de alguns estados, como Acre ou Ceará. Houve aumento de 6% em relação a 2022, quando 16,3 milhões de hectares foram atingidos pelo fogo, conforme informação da plataforma Monitor do Fogo, do MapBiomas[13].

5. CLIMA E LITÍGIOS JUDICIAIS E ADMINISTRATIVOS

O amplo quadro normativo internacional relacionado às mudanças climáticas de origem antrópica tem dado margem ao surgimento de uma nova modalidade de contencioso judicial e administrativo (nacional e internacional) denominada como litigância climática. Não há um padrão definido do tipo de demanda que pode ser classificada como "climática". Joana Setzer, Kamyla Cunha e Amália Botter Fabbri afirmam que a litigância climática é termo que engloba questões relacionadas à redução das emissões de GEE, à redução da vulnerabilidade aos efeitos das mudanças climáticas, assim como à reparação dos danos sofridos em decorrência das mudanças climáticas e à gestão dos riscos climáticos (2019). Cuida-se, portanto, de um conceito muito amplo que abarca situações diversas que, no entanto, têm como vínculo as mudanças climáticas causadas pelas atividades antrópicas.

---

[13] Disponível em: https://agenciabrasil.ebc.com.br/geral/noticia/2024-01/mais-de-173-milhoes-de-hectares-foram-queimados-em-2023-no-pais. Acesso em: 22 abr. 2024.

As autoras identificam algumas situações que têm levado ao ajuizamento de "ações climáticas", a saber: (1) a mitigação dos efeitos negativos das mudanças climáticas; (2) a adaptação às mudanças climáticas e (3) as ações indenizatórias e de responsabilidade pelos efeitos negativos das mudanças climáticas. Não se pode, contudo, estabelecer uma barreira muito rígida entre os três tipos de ações, bem como não se pode traçar uma linha divisória absoluta em relação às medidas judiciais cujo objetivo é a proteção ambiental em sentido lato.

No Brasil, há uma interessante inciativa sediada na Pontifícia Universidade Católica do Rio de Janeiro denominada JUMA – Direito, ambiente e justiça no Antropoceno[14], que tem como um de seus objetivos estabelecer um banco de dados das ações judiciais brasileiras relacionadas às questões climáticas. A base de dados indica 80 casos judiciais listados e em tramitação no Brasil[15].

Algumas ações climáticas se tornaram pontos de referência nas discussões sobre o clima e o papel desempenhado pelo Judiciário na questão.

5.1. Litigância climática no Brasil (algumas ações judiciais)

No Brasil, foram ajuizadas algumas medidas judiciais – envelopadas sob diferentes formas – que, direta ou indiretamente, guardam relação com questões climáticas. Não se pretende, neste tópico, apresentar uma relação completa e minuciosa das demandas judiciais envolvendo matéria climática. O texto se limitará a algumas ações que tramitam/tramitaram perante o Supremo tribunal Federal (STF).

5.1.1. Supremo Tribunal Federal

A ação que mais diretamente está relacionada à questão da proteção climática é a ADPF 708, cujo Relator foi o Ministro Roberto Barroso. O julgamento foi precedido por uma audiência pública que foi considerada "um marco na história da litigância climática no Brasil" (BORGES; VASQUES, 2021, p. 9). A ADPF 708 resultou da conversão da ADO 60, que fora recebida como ADPF. É interessante observar que, além das considerações relativas aos direitos fundamentais relacionados à fruição do meio ambiente ecologicamente equilibrado, a ementa da decisão aponta para uma relevante questão econômica e de imagem, *in verbis*:

---

14 Disponível em: https://www.juma.nima.puc-rio.br/. Acesso em: 20abr. 2024.
15 Disponível em: https://www.litiganciaclimatica.juma.nima.puc-rio.br/listagem/visualizar. Acesso em: 20 abr. 2024.

5. São graves as consequências econômicas e sociais advindas de políticas ambientais que descumprem compromissos internacionais assumidos pelo Brasil. A União Europeia e diversos países que importam produtos ligados ao agronegócio brasileiro ameaçam denunciar acordos e deixar de adquirir produtos nacionais. Há uma percepção mundial negativa do país nessa matéria.

A ADPF foi manejada em função da paralisação das atividades do Fundo Clima e de expressivo aumento do desmatamento, sobretudo na Amazônia. A ADPF foi julgada procedente, tendo sido fixada a seguinte tese:

> O Poder Executivo tem o dever constitucional de fazer funcionar e alocar anualmente os recursos do Fundo Clima, para fins de mitigação das mudanças climáticas, estando vedado seu contingenciamento, em razão do dever constitucional de tutela ao meio ambiente (CF, art. 225), de direitos e compromissos internacionais assumidos pelo Brasil (CF, art. 5.º, § 2.º), bem como do princípio constitucional da separação dos poderes (CF, art. 2.º c/c o art. 9.º, § 2.º, da LRF).

É importante observar que na fundamentação da decisão foi estabelecido que "a questão pertinente às mudanças climáticas constitui matéria constitucional" e, portanto, não está inserida "em juízo político, de conveniência e oportunidade, do Chefe do Executivo". Especificamente em relação ao FNMC, a decisão ressaltou que ele é o "principal instrumento federal voltado ao custeio do combate às mudanças climáticas e ao cumprimento das metas de redução de emissão de gases de efeito estufa" e que, apesar de tal circunstância, "o Fundo Clima realmente permaneceu inoperante durante todo o ano de 2019 e parte do ano de 2020".

A decisão é de grande importância, pois estabelece que as políticas ambientais e, no caso, as voltadas à mitigação e adaptação às mudanças climáticas, devem observar um fluxo contínuo, com utilização dos recursos disponíveis, vedado o contingenciamento.

Ainda no campo do controle concentrado de constitucionalidade pode ser incluída a ADO 59, Relatora Ministra Rosa Weber, que tratou da paralisação do Fundo Amazônia durante a administração Bolsonaro. Conforme se sabe, as queimadas e o desflorestamento são importantes fontes de emissão de GEE e, portanto, impactam diretamente nas mudanças climáticas de origem antrópica. Assim, a ADO 59 pode ser incluída no abrangente conceito de litigância climática. No particular, vale ressaltar que a decisão explicitamente faz referência às normas de proteção climática internacionais e nacionais adotadas pelo Brasil. Também é enfatizada a situação da Amazônia, "o retrato contemporâneo da Amazônia Legal não responde aos deveres de tutela assumidos pelo Estado constitucional brasileiro". Asim, a Corte reconhece uma "inconstitucionalidade fática" decorrente do não cumprimento contumaz das normas aplicáveis. A Ministra Weber acrescenta que a situação

> [t]ampouco responde à normativa internacional, devidamente ratificada e promulgada pelo Estado brasileiro, a demonstrar seu comprometimento político e jurídico com a centralidade e importância da tutela do meio ambiente, em particular a proteção contra o desmatamento e as mudanças climáticas, a saber a Convenção-Quadro sobre Mudanças Climáticas de 1992 (Decreto n. 2.652 de 1.º de julho de 1998); o Protocolo de Kyoto, de 2005 (Decreto n. 5.445 de 12 de maio de 2015); e o Acordo de Paris, aprovado no final de 2015 e em vigor desde 2016 (Decreto n. 9.073, de 5 de junho de 2017).

O Fundo Amazônia teve as suas ações paralisadas pela desestruturação de seus instrumentos, com o consequente bloqueio de valores correspondentes a R$ 3.000.000.000,00 (três bilhões de reais). A subtração desses valores dos projetos financiados e dos a financiar pelo Fundo Amazônia, certamente, gerou impactos negativos sobre a proteção da Amazônia. Aliás, o STF, no caso concreto, reconheceu "importância e a centralidade do Fundo Amazônia, como principal política pública financeira em vigor de apoio às ações de prevenção, controle e combate ao desmatamento".

Em função da situação acima descrita o STF julgou, parcialmente, procedente a ADO 59 para determinar que a União Federal, no prazo de 60 dias, tomasse as providências administrativas necessárias para a reativação do Fundo Amazônia, dentro e nos limites das suas competências, com o formato de governança estabelecido no Decreto n. 6.527/2008.

Em relação ao Fundo Amazônia, há também a ADPF 651[16], Relatora Ministra Cármen Lúcia, que foi ajuizada tendo em vista o art. 5.º do Decreto Federal n. 10.224/2020 com posterior aditamento à inicial para impugnar o Decreto Federal n. 10.239/2020, que afastou a participação de governadores no Conselho Nacional da Amazônia Legal, e o Decreto n. 10.223/2020, que extinguiu o Comitê Orientador do Fundo Amazônia. O tema é a organização administrativa e a participação nas estruturas do Fundo. A matéria climática é reflexa. O STF julgou procedente a ADPF, tendo por base que

> [a] organização administrativa em matéria ambiental está protegida pelo princípio de proibição do retrocesso ambiental, o que restringe a atuação do administrador público, de forma a autorizar apenas o aperfeiçoamento das instituições e órgãos de proteção ao meio ambiente.

A abrangência das questões relativas aos impactos na atmosfera e, por consequência, nas chamadas mudanças climáticas de origem antrópica é de tal monta que praticamente todos os assuntos ambientais poderiam ser englobados sob a rubrica "mudanças climáticas".

O STF, ao decidir o Recurso Extraordinário 586.224/SP, julgou inconstitucional a Lei Municipal n. 1.952/1995 do município de Paulínia/SP que, dentre

---

16 STF, ADPF 651/DF, Tribunal Pleno, Rel. Cármen Lúcia, j. 28.4.2022, *DJe*-171 29.8.2022.

outras coisas, proibia, sob qualquer forma, o emprego de fogo para fins de limpeza e preparo do solo no município de Paulínia, inclusive para o preparo do plantio e para a colheita de cana-de-açúcar e de outras culturas. A norma municipal foi impugnada perante o Tribunal de Justiça do Estado de São Paulo, que julgou procedente a demanda.

5.2. Litigância climática e desregulamentação

A "litigância climática" tem sido usada para contestar políticas públicas "climáticas" relacionadas à mitigação da emissão de GEE ou mesmo de mecanismos de compensação pelas emissões realizadas. Um bom exemplo é fornecido pelas ações ajuizadas perante o STF com vistas a obter a declaração de inconstitucionalidade de dispositivos da Lei Federal n. 13.576/2017, que dispõe sobre a Política Nacional de Biocombustíveis – RenovaBio, regulamentada pelo Decreto Federal n. 9.888/2019. Além do controle concentrado e direto de constitucionalidade, há um expressivo número de ações judiciais tramitando perante o Poder Judiciário Federal.

A lei criou as *metas compulsórias anuais* de redução de emissões de GEE, para as distribuidoras de combustíveis, a serem definidas em regulamento, considerada a melhoria da intensidade de carbono da matriz brasileira de combustíveis ao longo do tempo, para um período mínimo de dez anos, observados (1) a proteção dos interesses do consumidor quanto a preço, qualidade e oferta de combustíveis; (2) a disponibilidade de oferta de biocombustíveis por produtores e por importadores detentores do Certificado da Produção Eficiente de Biocombustíveis; (3) a valorização dos recursos energéticos; (4) a evolução do consumo nacional de combustíveis e das importações; (5) os compromissos internacionais de redução de emissões de gases causadores do efeito estufa assumidos pelo Brasil e ações setoriais no âmbito desses compromissos; e (6) o impacto de preços de combustíveis em índices de inflação.

A meta compulsória anual se desdobra, para cada ano corrente, em metas individuais, aplicadas a todos os distribuidores de combustíveis, proporcionais à respectiva participação de mercado na comercialização de combustíveis fósseis no ano anterior. O não atendimento da meta compulsória implica a imposição de sanções administrativas ao distribuidor de combustíveis.

As ADI 7.596 e 7.617 questionam as próprias bases do RenovaBio[17]. O PRD (Partido Renovação Democrática) sustenta que a obrigação, imposta às

---

17 Dispositivos legais questionados: arts. 4.º, I; 6.º; 7.º; 9.º e 10 da Lei n. 13.576/2017; arts. 1.º a 8.º e 12, IV a VII, do Decreto n. 9.888/2019; Resolução ANP n. 791/2019; arts. 6.º, II a IV; 8.º, II; 11, § 3.º; e 13 da Portaria Normativa n. 56/GM/MME, de 21 de dezembro de 2022.

distribuidoras de combustíveis fósseis, de comprovação da redução das emissões de GEE mediante o cumprimento de metas previstas no RenovaBio é discriminatória e fere os princípios da razoabilidade e da isonomia entre os diversos agentes da cadeia de combustíveis. Acresce ainda que a discriminação fica evidente, pois as distribuidoras de combustíveis fósseis são as únicas empresas da cadeia produtiva a serem obrigadas a adquirir os CBIOs para compensar a emissão de GEE. Por fim, afirma que o programa acarreta aumento dos preços dos combustíveis, causando grave prejuízo para as distribuidoras e para os consumidores. A ADI 7.617 é, basicamente, estruturada sobre os mesmos argumentos da ADI 7.596.

6. CONCLUSÃO

O artigo demonstrou que, desde a Antiguidade, existe uma clara percepção do papel que o clima desempenha em relação às atividades humanas. Em certa medida, as sociedades sempre exerceram influência sobre o clima, ainda que de forma mais limitada e localizada. O grande ponto de virada foi a Revolução Industrial e a utilização em larga escala de combustíveis fósseis.

O problema das mudanças climáticas globais de origem antrópica é um problema político, social, econômico e jurídico. Juridicamente há um conjunto normativo que, infelizmente, está longe de ser observado. A chamada litigância climática é uma forma de buscar fazer cumprir a legislação existente, dando-lhe eficiência.

REFERÊNCIAS

ANTUNES, Paulo de Bessa. *Direito ambiental.* 23. ed. Barueri: Atlas, 2023.

ANTUNES, Paulo de Bessa. Uma convenção-quadro, um protocolo, um acordo e 26 COPs. Disponível em: https://www.conjur.com.br/2021-nov-10/antunes-convencao-quadro-protocolo-acordo-26-cops/. Acesso em: 2 maio 2024.

BHAGAVAD GITA. *The original Sanskrit and English translation Lars Martin Fosse.* Woodstock: Yogavidia, 2007.

BORGES, Caio; VASQUES, Pedro Henrique. A ADPF n. 708: o papel fundamental da sociedade civil organizada na garantia de direitos em face da crise climática. In: BORGES, Caio; VASQUES, Pedro Henrique. *STF e as mudanças climáticas*: contribuições para o debate sobre o Fundo do Clima (ADPF 708). Rio de Janeiro: Telha, 2021, pp. 9-15.

BP Energy Outlook 2023 edition. Disponível em: https://www.bp.com/content/dam/bp/business-sites/en/global/corporate/pdfs/energy-economics/energy-outlook/bp-energy-outlook-2023.pdf. Acesso em: 2 maio 2024.

BRANDÃO, Jacyntho Lins (tradução do Acádio, introdução e comentários). Ele que o abismo viu: epopeia de Gilgamesh. Belo Horizonte: Acadêmica Editora, 2017. Disponível em: https://edisciplinas.usp.br/pluginfile.php/7947980/mod_folder/content/0/Epopeia%20de%20Gilgamesh%20%28trad.%20Jacyntho%20Lins%20Brand%C3%A3o%29.pdf. Acesso em: 16 abr. 2024.

BRASIL. COMISSÃO MISTA PERMANENTE SOBRE MUDANÇAS CLIMÁTICAS – CMMC. *Legislação brasileira sobre mudanças climáticas*. Brasília, 2013.

BRYCE, Robert. *Power hungry*: the myths of "green" energy and the real fuels of the future. PublicAffairs. Edição do Kindle.

BRYCE, Robert. *Smaller faster lighter denser cheaper*: how innovation keeps proving the catastrophists wrong. PublicAffairs. Edição do Kindle, 2022.

CARSON, Rachel. *Primavera silenciosa*. São Paulo: Gaia, 2010.

DORST, Jean. *Antes que a natureza morra*. São Paulo: Edgar Blücher, 1973.

ENGELS, Friedrich. *A situação da classe trabalhadora na Inglaterra*. São Paulo: Boitempo, 2010.

HANNIGAN, John A. *Sociologia ambiental* – a formação de uma perspectiva social. Lisboa: Instituto Piaget, 2000.

MARK, Joshua. A epopeia de Atrahasis: o grande dilúvio e o significado do sofrimento. *World History Encyclopedia*. Disponível em: https://www.worldhistory.org/trans/pt/2-227/a-epopeia-de-atrahasis-o-grande-diluvio-e-o-signif/. Acesso em: 16 abr. 2024.

MAZOYER, Marcel; ROUDART, Laurence. *História das agriculturas no mundo* – do neolítico à crise contemporânea. São Paulo: Editora UNESP; Brasília: NEAD, 2010.

MCKIBBEN, Bill. *O fim da natureza*. Rio de Janeiro: Nova Fronteira, 1990.

OBSERVATÓRIO DO CLIMA. *10 anos SEEC* – análise das emissões e de suas implicações para as metas climáticas do Brasil 1970-2021, 2023.

ORWELL, George. *The road to Wigan pier*. 2002. Disponível em: https://gutenberg.net.au/ebooks02/0200391.txt. Acesso em: 2 maio 2024.

PERLIN, John. *História das florestas* – a importância da madeira no desenvolvimento da civilização. Rio de Janeiro: Imago, 1992.

PESSOA, Marialice Moura. O mito do dilúvio nas Américas. *Revista do Museu Paulista N.S.* v. IV, S/D. Disponível em: http://etnolinguistica.wdfiles.com/local--files/biblio%3Apessoa-1950-mito/Pessoa_1950_OMitoDoDiluvioNasAmericas.pdf. Acesso em: 1.º maio 2024.

PLATÃO. *Timeu-Crítias*. 1. ed. Coimbra: Centro de Estudos Clássicos e Humanísticos, 2011. Disponível em: https://edisciplinas.usp.br/pluginfile.php/363788/mod_resource/content/0/Plat%C3%A3o_Timeu-%20Completo.pdf. Acesso em: 18 abr. 2024.

SETZER, Joana; CUNHA, Kamyla; FABBRI, Amália Botter. *Litigância climática* – novas fronteiras para o direito ambiental no Brasil. São Paulo: Thomson Reuters/RT, 2019.

SMIL, Vaclav. *Energia e civilização* – uma história. Silveira: Bookbuilders, 2021.

SPENCER, Lewis. *The Popol Vuh. The mythic and heroic sagas of the Kichés of Central America*. London: Published by David Nutt, at the Sign of the Phoenix, Long Acre, 1908. Disponível em: https://www.gutenberg.org/cache/epub/56550/pg56550.txt. Acesso em: 18 abr. 2024.

VARELLA, Marcelo D. *Direito internacional público*. 8. ed. São Paulo: Saraiva, 2019.

WOOD, Michael. *História da China*: o retrato de uma civilização e de seu povo. São Paulo: Planeta do Brasil. Edição do Kindle, 2022.

PRINCÍPIOS GERAIS DO DIREITO INTERNACIONAL DAS MUDANÇAS CLIMÁTICAS

Gabriel Wedy[1]
Alexandre Burmann[2]

1. INTRODUÇÃO

Os problemas do meio ambiente somente poderão se resolver mediante discussões e acordos internacionais, e o caminho que leva a isso são os pactos entre as nações[3]. No direito internacional das mudanças climáticas, positivado e costumeiro, existe uma plêiade de princípios. Dentro dessa plêiade, podem ser elencados quatro deles como principais, que servem de referência para a aplicação e a interpretação do sistema de valores, regras e normas internacionais. São estes: o princípio da precaução, o princípio do desenvolvimento sustentável, o princípio das responsabilidades comuns, mas diferenciadas, e o princípio da equidade ou solidariedade intergeracional.

Em relação a um enfoque formal, como aponta Sadeleer, no momento em que um princípio é enunciado por um tratado ou uma convenção internacional, deve adquirir o valor normativo que é fixado por seus instrumentos. De acordo com um enfoque material, por outro lado, convém verificar, caso a caso, se os termos empregados para descrever o princípio são suficientemente cogentes para decidir se são passíveis de serem aplicados diretamente no que diz respeito aos Estados, sem o intermédio de eventuais normas de execução[4].

---

1 Juiz federal. Professor do PPG em Direito da Universidade do Vale do Rio dos Sinos. Pós-doutor, Doutor e Mestre em Direito. *Visiting scholar* pela Columbia Law School e pela Universität Heidelberg. Membro da IUCN World Comission on Environmental Law (WCEL). Integrante do European Law Institute (ELI). Vice-presidente do Instituto O Direito Por um Planeta Verde (IDPV) e ex-presidente da Associação dos Juízes Federais do Brasil (AJUFE).
2 Advogado e Professor. Doutor em Direito Ambiental. Mestre em Avaliação de Impactos Ambientais. Presidente da União Brasileira da Advocacia Ambiental (UBAA).
3 BECK, Ulrich. *La sociedad del riesgo*: hacia una nueva modernidad. Barcelona: Surcos, 2006, p. 67.
4 SADELEER, Nicolas de. O estatuto do princípio da precaução no direito internacional. In: PLATIAU, Ana Flávia Barros; VARELLA, Marcelo Dias (org.). *Princípio da precaução*. Belo Horizonte: Del Rey, 2004, p. 47-74.

Por seu turno, Silva acentua que textos, a exemplo do texto produzido na Rio 92[5], constituem "a chamada *soft law ou soft norm* (declarações de código de conduta etc.) que representam um instrumento precursor da adoção de regras jurídicas obrigatórias" e, desse modo, "estabelecem princípios diretores da ordem jurídica internacional que adquirem com o tempo a força de costume internacional, ou ainda propugnam pela adoção de princípios diretores, no ordenamento jurídico dos estados"[6].

Isso posto, este artigo visa explanar brevemente os referidos princípios e, especialmente, homenagear o Professor Curt Trennepohl, jurista que sempre esteve alinhado na defesa e na proteção ao meio ambiente ecologicamente equilibrado, antecipando discussões sobre os efeitos das mudanças climáticas junto aos operadores de direito e na gestão pública ambiental brasileira.

2. DO PRINCÍPIO DA PRECAUÇÃO

No plano internacional, o princípio da precaução encontra a sua justificação inicial em um conjunto de diplomas legais, que, embora não o definam exatamente, enfocam um conceito de precaução. A Declaração Universal dos Direitos do Homem da Organização das Nações Unidas[7], de 1948, dispõe, em seu art. 3.º, que "todo homem tem direito à vida, à liberdade e à segurança pessoal".

O direito à vida e à segurança pessoal está relacionado com um dever do Estado de proteger a vida dos seres humanos e a sua incolumidade física. O Estado, neste caso, é o destinatário da norma que tutela um direito fundamental de primeira geração. Os indivíduos, todavia, também estão obrigados a respeitar a vida e a segurança pessoal dos seus semelhantes e, tal qual o Estado, têm o dever de precaução e de não violação desses direitos fundamentais.

O Pacto Internacional dos Direitos Econômicos, Sociais e Culturais da ONU, datado de 1966, já se preocupava com a vida humana e a sua preservação pela sociedade e pelo Estado[8]. O respeito, no plano internacional, à vida do ser

---

5 ORGANIZAÇÃO DAS NAÇÕES UNIDAS. *Rio Declaration*, United Nations Conference on Environment and Development, Rio de Janeiro, Brasil, 3-14 de junho de 1992. Disponível em: https://cetesb.sp.gov.br/proclima/wp-content/uploads/sites/36/2013/12/declaracao_rio_ma.pdf.
6 SILVA, Solange Teles da. Princípio da precaução: uma nova postura em face dos riscos e incertezas científicas. In: PLATIAU, Ana Flávia Barros; VARELLA, Marcelo Dias (org.). *Princípio da precaução*. Belo Horizonte: Del Rey, 2004, p. 75-92.
7 NAÇÕES UNIDAS. *Declaração Universal dos Direitos do Homem*. 1948. Tradução Oficial da ONU. Disponível em: https://www.oas.org/dil/port/1948%20Declara%C3%A7%C3%A3o%20Universal%20dos%20Direitos%20Humanos.pdf.
8 "Art. 6.º O direito à vida é inerente à pessoa humana. Este direito deverá ser protegido. Ninguém poderá ser arbitrariamente privado de sua vida. [...] Art. 23. A família é o elemento natural e fundamental

humano e à integridade da família, a ser observado por toda a sociedade e pelo Estado, deve estar presente no momento em que a iniciativa privada realiza, e o Estado autoriza, empreendimentos potencialmente lesivos.

O respeito a esse direito de proteção à vida humana e à família deve ser observado, em especial nas economias planificadas, quando o Estado assume diretamente atividades empreendedoras, seja de forma direta, por ele próprio e por suas autarquias, seja de modo indireto, pelas empresas públicas ou privadas concessionárias e permissionárias.

Também é importante diploma legal no plano internacional a Declaração de Estocolmo, de 1972, sobre o Meio Ambiente Humano e Desenvolvimento[9].

No ano de 1982, o princípio da precaução restou expresso na Comunidade Europeia pela Carta Mundial da Natureza, no sentido de que "as atividades que podem trazer um risco significativo à natureza não deveriam continuar quando os efeitos adversos e potenciais não são completamente compreendidos"[10]. A Convenção de Viena, de 1985, e o Protocolo de Montreal, de 1987, apontam que "devem ser adotadas medidas de precaução quando da emissão de poluentes que possam afetar a camada de ozônio"[11].

---

da sociedade e terá o direito a ser protegida pela sociedade e pelo Estado" (BRASIL. *Constituição*. Brasília: Senado Federal, 1988).

9 "Art. 2.º A proteção e o melhoramento do meio ambiente humano é uma questão fundamental que afeta o bem-estar do homem e o desenvolvimento econômico do mundo inteiro, um desejo urgente dos povos de todo o mundo e de todos os governos. Princípio 1 – O homem tem o direito fundamental à liberdade, à igualdade e ao desfrute de coisas da vida adequadas em um meio ambiente de qualidade tal que lhe permita levar uma vida saudável e gozar de bem-estar, tendo a solene obrigação de proteger e melhorar o meio ambiente para as gerações presentes e futuras. A este respeito, as políticas que promovem ou perpetuam o *apartheid*, a desagregação social, a discriminação, a opressão colonial e outras formas de opressão e de dominação estrangeira são condenadas e devem ser eliminadas. [...] Princípio 6 – Deve-se pôr fim à descarga de substâncias tóxicas ou de outros materiais que gerem calor, em quantidades ou concentrações tais que o meio ambiente não possa neutralizá-los, de forma que não causem danos graves e irreparáveis aos ecossistemas. Deve-se apoiar a justa luta dos povos de todos os países contra a poluição. Princípio 7 – Os Estados deverão tomar todas as medidas possíveis para impedir a poluição do mar por substâncias que possam pôr em perigo a saúde do homem, os recursos vivos e a vida marinha sem menosprezar as possibilidades de derramamento ou impedir outras utilizações ilegítimas do mar" (UNITED NATIONS. *Stockholm Declaration*. Disponível em: https://www.un.org/en/conferences/environment/stockholm1972. Acesso em: 20 fev. 2022).

10 ORGANIZAÇÃO DAS NAÇÕES UNIDAS. *Resolução n. 37/7*, de 28 de outubro de 1986. Segundo Sunstein, "In the 1982, the United Nations World Charter for Nature apparently gave the first international recognition to the principle, suggesting that when potential adverse effects are not fully understood, the activities should not proceed" (SUNSTEIN, Cass. *Laws of fear*: beyond the precautionary principle. New York: Cambridge Press, 2005, p. 17).

11 SADELEER, Nicolas de. O estatuto do princípio da precaução no direito internacional. In: PLATIAU, Ana Flávia Barros; VARELLA, Marcelo Dias (org.). *Princípio da precaução*. Belo Horizonte: Del Rey, 2004, p. 53.

Em 1987, a Comissão Brundtland divulgou relatório denominado "Nosso Futuro Comum" e conceituou a base do desenvolvimento sustentável como "[...] a capacidade de satisfazer as necessidades do presente, sem comprometer os estoques ambientais para as futuras gerações"[12]. Posteriormente, registrou-se a Declaração Ministerial da Segunda Conferência do Mar do Norte (*London Declaration*, 1987). No art. 7.º da referida Conferência, consta que, de modo a proteger o Mar do Norte de efeitos possivelmente danosos das substâncias mais perigosas, é necessária uma abordagem precautória, "o que pode requerer o controle da entrada de tais substâncias mesmo antes de uma relação causal ter sido estabelecida por evidências científicas absolutamente claras"[13].

O princípio da precaução, tal como é entendido hoje, tem como marco no direito ambiental a Conferência sobre o Meio Ambiente e o Desenvolvimento, a chamada Rio 92. O princípio 15 desta conferência ficou estabelecido de maneira a afastar aquela máxima utilizada pelos grandes grupos empresariais de que os fatos e as atividades que não forem cabalmente demonstrados como nocivos ao meio ambiente devem ser permitidos.

Está previsto no princípio 15:

> Com o fim de proteger o meio ambiente, o princípio da precaução deve ser amplamente observado pelos Estados, de acordo com suas capacidades. Quando houver ameaça de danos graves ou irreversíveis, a ausência de certeza científica absoluta não será utilizada como razão para o adiamento de medidas economicamente viáveis para prevenir a degradação ambiental[14].

No ano de 1992, ainda ocorreu a Convenção-Quadro das Nações Unidas sobre a Mudança do Clima, em Nova Iorque, em que foi acordado, no art. 3.º, que os países signatários deveriam adotar "medidas de precaução para prever, evitar ou minimizar as causas de mudanças climáticas quando surgirem ameaças de danos sérios ou irreversíveis" e "a falta de plena certeza científica não deve ser usada como razão para postergar essas medidas", levando em conta que as políticas e medidas adotadas para enfrentar a mudança do clima devem

---

12 COMISSÃO MUNDIAL SOBRE O MEIO AMBIENTE E DESENVOLVIMENTO. *Nosso futuro comum*. 2. ed. Rio de Janeiro: Ed. Fundação Getúlio Vargas, 1991. Disponível em: https://edisciplinas.usp.br/pluginfile.php/4245128/mod_resource/content/3/Nosso%20Futuro%20Comum.pdf. Acesso em: 20 maio 2024.

13 LONDON DECLARATION, 1987. Disponível em: http://www.dep.no/md/nsc/declaration/022001-990245/index-dok000-b-na.html. Acesso em: 7 nov. 2022. Disponível também em: http://www.dep.no/md/nsc/declaration/022001-990245/index-dok000-b-na.html. Acesso em: 7 nov. 2022.

14 ORGANIZAÇÃO DAS NAÇÕES UNIDAS. *Rio Declaration*, United Nations Conference on Environment and Development, Rio de Janeiro, Brasil, 3-14 de junho de 1992. Disponível em: https://cetesb.sp.gov.br/proclima/wp-content/uploads/sites/36/2013/12/declaracao_rio_ma.pdf.

ser eficazes em função dos custos, de modo a assegurar benefícios mundiais ao menor custo possível[15].

O Tratado de Maastricht emendou o art. 130 r (2) do Tratado da Comunidade Europeia, de modo que a ação da Comunidade, no meio ambiente, fosse baseada no princípio da precaução, e o Tratado de Amsterdã, de 1997, posteriormente, emendou o Tratado da Comunidade Europeia para aplicar o princípio à política da Comunidade no meio ambiente. A Comissão Europeia publicou um comunicado sobre o princípio da precaução que resume o enfoque da Comissão a respeito do uso do princípio, estabelece normas de procedimento para sua aplicação e tem como propósito desenvolver a compreensão sobre levantamentos, avaliação e manejo de risco quando não há certeza científica[16].

No mesmo sentido, a Declaração de Wingspread, de 1998, nos Estados Unidos da América, consagrou o princípio da precaução[17], definindo-o[18] nos seguintes termos:

> Portanto, faz-se necessário implantar o Princípio da Precaução quando uma atividade representa ameaças de danos à saúde humana ou ao meio ambiente, medidas de precaução devem ser tomadas, mesmo se as relações de causa e efeito não forem plenamente estabelecidas cientificamente [...]. Neste contexto, ao proponente de uma atividade, e não ao público, deve caber o ônus da prova [...]. O processo de aplicação do Princípio da Precaução deve ser aberto, informado e democrático, com a participação das partes potencialmente afetadas. Deve também promover um exame de todo o espectro de alternativas, inclusive a da não ação[19].

---

15 NAÇÕES UNIDAS. *Convenção-Quadro Sobre Mudança do Clima*. Disponível em: http://www.mct.gov.br/clima/convenção/texto3.htm. Acesso em: 5 jun. 2022.
16 SANDS, Philippe. O princípio da precaução. In: PLATIAU, Ana Flávia Barros; VARELLA, Marcelo Dias (org.). *Princípio da precaução*. Belo Horizonte: Del Rey, 2004, p. 35.
17 "When an activity raises threats of harm to human health or the environment, precautionary measures should be taken even if some cause-and-effect relationships are not fully established scientifically" (SCIENCE AND ENVIRONMENTAL HEALTH NETWORK. *Wingspread Declaration*. Disponível em: https://www.sehn.org/precautionary-principle-understanding-science-in-regulation#:~:text=The%20Science%20and%20Environmental%20Health%20Network%20is%20working,the%201998%20Wingspread%20Statement%20on%20the%20Precautionary%20Principle%3A. Acesso em: 20 fev. 2022).
18 Segundo Cezar e Abrantes, a Declaração de Wingspread comporta quatro elementos: "I – ameaça de dano; II – inversão do ônus da prova; III – incerteza científica e IV – medidas de precaução" (CEZAR, Frederico Gonçalves; ABRANTES, Paulo César Coelho. Princípio da precaução: considerações epistemológicas sobre o princípio e sua relação com o processo de análise de risco. *Cadernos de Ciência e Tecnologia*, v. 20, n. 2, p. 225-262, maio/ago. 2003).
19 SCIENCE AND ENVIRONMENTAL HEALTH NETWORK. *Wingspread Declaration*. Disponível em: https://www.sehn.org/precautionary-principle-understanding-science-in-regulation#:~:text=The%20Science%20and%20Environmental%20Health%20Network%20is%20working,the%201998%20Wingspread%20Statement%20on%20the%20Precautionary%20Principle%3A. Acesso em: 20 fev. 2022.

Esse texto traz uma importante característica do princípio da precaução ao determinar que ao proponente da atividade potencialmente lesiva é que cabe o ônus de provar que sua atividade não causará danos ao meio ambiente. Traz, ainda, a necessidade de participação democrática e informada no processo de aplicação do princípio da precaução.

Com efeito, o ônus da prova deve caber sempre a quem propõe a atividade de risco que, na maioria das vezes, é quem obtém benefícios pecuniários decorrentes da implementação dessa atividade em detrimento da coletividade. A informação da coletividade acerca da atividade de risco e a possibilidade de sua participação na gestão dos riscos é fundamental para que danos possam ser evitados e a atividade proposta seja executada com maior grau de segurança[20].

Observa-se que, nessas declarações, tratados e convenções, restou bem delimitado que a incerteza científica é motivo para a aplicação do princípio da precaução, sempre que a atividade a ser exercida puder gerar riscos de danos à saúde pública e ao meio ambiente. Infere-se, portanto, que o princípio está voltado para a sua aplicação, no plano internacional, na seara do direito ambiental e do direito climático.

A importância de se antecipar ao dano, evitando as suas consequências muitas vezes irreversíveis, foi bem percebida pela comunidade internacional e traduzida nos referidos documentos que consagram o princípio da precaução. Neste sentido, de precaver-se contra o risco de dano ao meio ambiente e à saúde pública, em virtude de eventos climáticos extremos, mediante a adoção do princípio da precaução, é que está posicionada firmemente a comunidade internacional.

O princípio da precaução é um dos princípios que regem o direito climático no âmbito internacional, pode ser aplicado pelas Cortes Internacionais e deve ser observado pelos governos em suas relações internacionais, com o objetivo de atingir as metas previstas no Acordo de Paris e, para além de evitar desastres com causas antrópicas, minorar as suas consequências, estando presente o binômio: incerteza científica e risco de dano.

3. O PRINCÍPIO DO DESENVOLVIMENTO SUSTENTÁVEL

Indiscutivelmente, o princípio do desenvolvimento sustentável é um dos princípios norteadores do direito internacional das mudanças climáticas, e isso não

---

20 A respeito da relação da quantidade de informação suficiente para a aplicação segura do princípio da precaução (DURNIL, Gordon K. How much information do we need before exercising precaution? RAFFENSPERGER, Carolyn; TICKNER, Joel (org.). *Protecting public health and the environment*: implementing the precautionary principle. Washington: Island Press, 1999, p. 266-76).

vem de hoje. A deterioração ambiental foi o principal foco do chamado *Clube de Roma*, na década de 1970. O grupo, liderado por Dennis Meadows, elaborou um documento de impacto na comunidade internacional intitulado *Os limites do crescimento*. Em síntese, a conclusão do documento foi de que a taxa de crescimento demográfico, os padrões de consumo e a atividade industrial eram incompatíveis com os recursos naturais. A solução para esse impasse seria a estabilização econômica, populacional e ecológica. O texto gerou grande polêmica e foi atacado pelos setores defensores do desenvolvimento econômico tradicional. Todavia, foi defendido por ambientalistas no sentido da busca de um desenvolvimento ecologicamente sustentável e compatível com a proteção do meio ambiente[21].

Os sociólogos Dunlap e Liere, por sua vez, realizaram importante estudo em que fizeram constar uma visão global emergente, à qual eles chamaram de novo paradigma ambiental (*New Environmental Paradigm* – NEP). Os elementos mais importantes desse novo paradigma ambiental foram o reconhecimento dos limites do crescimento, a preservação do equilíbrio da natureza e a rejeição da noção antropocêntrica de que a natureza existe apenas para o uso humano[22]. A esses elementos, acrescentaram-se em posterior estudo mais dois: a rejeição do excepcionalismo (no sentido de que os homens não são sujeitos a restrições naturais) e o potencial para mudanças ambientais catastróficas ou ecocrises[23].

A Declaração da Assembleia Geral da ONU (1986) deixou claro que todos os indivíduos têm o direito a desenvolverem-se (direito ao desenvolvimento humano) e à justa distribuição dos benefícios do desenvolvimento. Estão presentes na referida Declaração as perspectivas subjetiva e objetiva do direito ao desenvolvimento. O homem fica no epicentro do direito ao desenvolvimento enquanto seu maior beneficiário.

O conceito de direito ao desenvolvimento sustentável restou moldado conjuntamente, entretanto, pela Declaração de Estocolmo (1972), pela Estratégia Mundial de Conservação (1980), pela Carta Mundial da Natureza (1982)

---

21 SOUZA, Mônica Teresa Costa. *Direito e desenvolvimento*. Curitiba: Juruá, 2011, p. 142; GIDDENS, Anthony. *Sociology*. Cambridge: Polity Press, 2006, p. 614.
22 DUNLAP, Riley; VAN LIERE, Kent. The new environmental paradigm: a proposed measuring instrument and preliminary results. *Journal of Environmental Education*, Madison, v. 9, n. 4, p. 10-19, 1978.
23 DUNLAP, Riley *et al*. Measuring endorsement of the new ecological paradigm: a revised NEP scale. *Journal of Social Issues*, Washington, v. 56, n. 3, p. 225-442, 2000.

e, finalmente, pelo Relatório Brundtland[24] (1987), em torno do conceito de sustentabilidade[25].

Conforme já assinalado, a Comissão Brundtland divulgou o relatório denominado *Nosso futuro comum*[26] e conceituou a base do desenvolvimento sustentável como sendo "[...] a capacidade de satisfazer as necessidades do presente, sem comprometer os estoques ambientais para as futuras gerações"[27]. Daí se extraem dois elementos éticos que são essenciais para a ideia de desenvolvimento sustentável: preocupação com as necessidades das gerações atuais (justiça ou equidade intrageracional) e preocupação com as necessidades das gerações futuras (justiça ou equidade intergeracional)[28].

Bosselmann defende um terceiro elemento ético a ser agregado aos dois primeiros, que seria a preocupação com o mundo natural não humano, isto é, justiça ou igualdade entre as espécies[29]. Observa-se, aí, uma perspectiva para além do antropocentrismo e semelhante ao ecocentrismo[30]. Tal visão aproxima a justiça ecológica do mundo não humano. A Nova Zelândia, por exemplo, apresenta

---

24 A Assembleia Geral das Nações Unidas, por meio da A/RES/38/61, no ano de 1983, constituiu uma Comissão para elaborar um relatório sobre questões atinentes ao meio ambiente (Comissão Mundial sobre Desenvolvimento e Meio Ambiente), incluindo o desenvolvimento sem o comprometimento dos recursos naturais. Essa foi a origem do Relatório Brundtland (UNITED NATIONS. *A/RES/38/61*. Disponível em: https://undocs.org/Home/Mobile?FinalSymbol=A%2FRES%2F38%2F61&Language=E&DeviceType=Desktop&LangRequested=False. Acesso em: 30 jan. 2023).
25 BOSSELMANN, Klaus. *The principle of sustainability*: transforming law and governance. Farnham: Ashgate, 2008, p. 40.
26 Comentando o Relatório Brundtland, Garcia afirma que "o desenvolvimento sustentável se apresenta como a solução capaz de conciliar as dinâmicas econômicas, sociais, ecológicas e como problema, em virtude da complexidade de obter essa conciliação. Dele se diz um princípio normativo sem norma" (GARCIA, Maria da Glória F. P. D. *O lugar do direito na protecção do ambiente*. Coimbra: Almedina, 2007, p. 448).
27 WORLD COMMISSION ON ENVIRONMENT AND DEVELOPMENT. *Our common future*: Brundtland report. Oxford; New York: Oxford University Press, 1987, p. 13.
28 BOSSELMANN, Klaus. *The principle of sustainability*: transforming law and governance. Farnham: Ashgate, 2008, p. 97.
29 BOSSELMANN, Klaus. *The principle of sustainability*: transforming law and governance. Farnham: Ashgate, 2008, p. 99.
30 Quando se refere ao ecocentrismo, é impensável olvidar as lições de Thoreau que antecederam em mais de cem anos o Dia da Terra. Em Walden, ele celebra "a doce e benéfica sociedade na natureza" (THOREAU, Henry David. *Walden, or life in the woods and on the duty of civil disobedience*. New York: New American Library, 1962, p. 92 e 97.) E em *Walking*, ele argumenta, em tom polêmico para a época, a noção de homem "como parte e parcela da natureza ao invés de membro da sociedade" (THOREAU, Henry David. *Walking*. Red Wing: Cricket House Books, 2010, p. 657-660). Aldo Leopold faz uma reformulação nas intuições ecológicas do pensamento de Thoreau com forte apelo ético. Sua ideia de comunidade biótica incorporou o valor de viver em harmonia com a natureza, contrariamente ao caminho da conquista, do controle e da dominação do meio ambiente. Para Leopold, a conservação é um estado de harmonia entre o homem e a Terra (LEOPOLD, Aldo. *A sand county almanac*: with essays on conservation form round river. New York: Ballantine Books, 1966, p. 240-243). Para Rachel Carson, discípula de Leopold, "o controle da natureza é uma frase concebida na arrogância, nascida na era da

uma das legislações ambientais mais avançadas do mundo em matéria de desenvolvimento sustentável, com uma abordagem ecocêntrica, fornecendo definições holísticas de meio ambiente[31].

E, ainda, novos códigos ambientais gerais informados e vinculados ao desenvolvimento sustentável podem ser observados na Holanda, na Escandinávia, na Alemanha e na Austrália. Novas molduras para a sustentabilidade foram criadas por países europeus na forma de Planos Verdes (Holanda, Suécia e França) e como Estratégias Nacionais (Reino Unido, Alemanha, entre outros). Estratégias similares foram adotadas no Canadá, nos Estados Unidos e na Austrália[32].

O princípio do desenvolvimento sustentável, é importante destacar, foi citado pela Corte Internacional de Justiça, no ano de 1997, como fundamento para resolver o célebre caso Gabcikovo-Nagymaros (Hungria x Eslováquia). O caso envolveu a construção de uma barragem sobre o Rio Danúbio, acordada mediante um Tratado de 1977. A obra visava, entre outros objetivos, à produção de energia hidrelétrica e à melhoria da navegação na região.

Segundo a Hungria, que interrompeu parte da obra na localidade de Nagymaros, a construção causou grandes e irreversíveis impactos ambientais e danos materiais aos moradores da região[33]. A Corte, nas palavras do Juiz Weeramantry, entendeu que o princípio do desenvolvimento sustentável "tinha valor normativo"[34] e "a correta formulação do direito ao desenvolvimento não é um direito que existe em sentido absoluto, mas é relacionado sempre ao respeito

---

biologia e da filosofia de Neanderthal, quando supostamente a natureza existia para a conveniência do homem" (CARSON, Rachel. *Silent spring*. Boston: Hougton Mifflin, 1962, p. 189).

31 Na Nova Zelândia, o Environment Act (1986) e o Conservation Act (1987) abordam de modo ecocêntrico e holístico o meio ambiente, e o Resource Management Act (RMA), mais recentemente, adotou uma abordagem ética de administração sustentável dos recursos naturais. Ver: GRUNDY, Kerry James. Sustainable management: a sustainable ethic. *Sustainable Development*, New Jersey, v. 5, n. 3, p. 119-229, Dec. 1997.

32 BOSSELMANN, Klaus. *The principle of sustainability*: transforming law and governance. Farnham: Ashgate, 2008, p. 107.

33 Segue trecho da decisão da Corte Internacional de Justiça: "Ao longo dos séculos, a humanidade tem, por motivos econômicos e outros, interferido na natureza. No passado, essas intervenções eram feitas sem consideração dos efeitos sobre o meio ambiente. Devido aos avanços científicos e de uma crescente conscientização dos riscos, para a humanidade e para as atuais e futuras gerações, da busca de tais intervenções sem limites, novas normas e padrões têm sido desenvolvidos e estabelecidos em um grande número de instrumentos durante as últimas duas décadas. Essas regulações precisam ser levadas em consideração e tais regras novas precisam ser valoradas com bom peso, não só quando os Estados contemplam novas atividades, mas também quando continuam com as atividades iniciadas no passado. Essa necessidade de conciliar o desenvolvimento econômico com a proteção do meio ambiente está expressa no conceito de desenvolvimento sustentável" (INTERNATIONAL COURT OF JUSTICE. *Projeto Gabcikovo-Nagymaros* (Hungria x Eslováquia). Hague, 1997. Disponível em: http://www.icj-cij.org/docket/files/92/7375.pdf. Acesso em: 22 set. 2022).

34 INTERNATIONAL COURT OF JUSTICE. *Case Concerning the Gabcikovo-Nagmaros*. Project (Hungry/Slovakia), 1997 ICJ, 37 ILM 162. Hague, 1998.

ao meio ambiente"³⁵. O órgão julgador reconheceu que a Hungria não poderia ter interrompido unilateralmente o cumprimento do Tratado firmado; por outro lado, porém, entendeu que ambas as partes deveriam negociar de boa-fé o seu cumprimento de acordo com os princípios do *Direito Internacional do Meio Ambiente* e do *Direito dos Cursos das Águas Internacionais*. Esteve presente, nessa decisão, o princípio do desenvolvimento sustentável no sentido da busca do equilíbrio da proteção do meio ambiente com interesses econômicos e sociais.

O Acordo de Paris, ao seu turno, propõe uma ação urgente para lidar com as mudanças climáticas, aliás, prevista igualmente pelo Objetivo do Desenvolvimento Sustentável 13, inserido na Agenda 2030 da ONU. O princípio do desenvolvimento sustentável é um dos retores do direito internacional das mudanças climáticas – calcado nos pilares da inclusão social, da tutela ambiental, do desenvolvimento econômico e da boa governança³⁶ – na medida que está inserido nas perspectivas intrageracional e intergeracional. É direcionado para a tutela da vida não apenas das presentes gerações, mas também das futuras, cuja esperança é de viverem em comunidade, com saúde e qualidade de vida e, especialmente, seguras de eventos climáticos extremos causados por fatores antrópicos.

4. O PRINCÍPIO DAS RESPONSABILIDADES COMUNS, MAS DIFERENCIADAS

O princípio das responsabilidades comuns, mas diferenciadas, norteia o direito internacional das mudanças climáticas e consiste em atribuir responsabilidades de corte de emissões menos pesadas para as nações que ainda não alcançaram o seu desenvolvimento econômico e, igualmente, consagra as responsabilidades de as nações desenvolvidas transferirem tecnologia e recursos para as nações em desenvolvimento realizarem corte de emissões e implantarem medidas de adaptação e de resiliência. O princípio das responsabilidades comuns, mas diferenciadas, foi estabelecido pela Rio/92, nos seguintes termos:

> Princípio 7. Os Estados irão cooperar em um espírito de parceria global, para a conservação, proteção e restauração da saúde e da integridade do ecossistema terrestre. Considerando as distintas contribuições para a degradação ambiental global, os Estados têm responsabilidades comuns, porém diferenciadas. Os países desenvolvidos reconhecem a responsabilidade que têm na busca internacional do desenvolvimento

---

35 INTERNATIONAL COURT OF JUSTICE. Case *Concerning the Gabcikovo-Nagmaros*. Project (Hungry/Slovakia), 1997 ICJ, 37 ILM 162. Hague, 1998.
36 Sobre os quatro pilares do desenvolvimento sustentável, consultar: SACHS, Jeffrey. *The age of sustainable development*. New York: Columbia University Press, 2015, p. 13.

sustentável, em vista das pressões exercidas por suas sociedades sobre o meio ambiente global, e das tecnologias e recursos financeiros que controlam.

Tal princípio tem a sua fonte na máxima aristotélica de justiça, segundo a qual os diferentes devem ser tratados de modo desigual, na medida das suas desigualdades. Todavia, apresenta o problema, se aplicado na sua versão forte, de postergar exageradamente medidas de tutela ambiental, como ocorreu no Protocolo de Quioto, em que os Estados Unidos se negaram em implementar o acordo sob a alegação de prejuízos econômicos em face da perda de competitividade de sua economia no cenário internacional, uma vez que países como a China não estariam vinculados a estas obrigações. Posner e Weisbach, à época, afirmavam que "as nações ricas estavam atentas às emissões de gases de efeito estufa e expressavam a disposição de reduzi-las". Em sentido oposto, assinalaram que "países em desenvolvimento avaliavam a redução das emissões como uma prioridade relativamente baixa"[37].

No Acordo de Paris, superou-se em parte o obstáculo imposto pelo *princípio das responsabilidades comuns, mas diferenciadas*[38], uma vez que as nações desenvolvidas e em desenvolvimento passaram a comprometer-se em promover a redução das emissões em igual proporção. Como referido, durante muito tempo, países em desenvolvimento defenderam um maior prazo e uma maior cota para a emissão de gases de efeito estufa, a fim de que pudessem atingir níveis de desenvolvimento similares aos de países desenvolvidos, responsáveis por um passado de emissões intensas, causadoras de poluição atmosférica.

Todas as nações, ricas e pobres, comprometeram-se com o corte das emissões com iguais objetivos e com o mesmo prazo final, a saber, 2100. De fato, todos os países devem diminuir as suas emissões, pois elas aumentam as temperaturas globalmente e causam catástrofes e danos ambientais transfronteiriços. De outro lado, é evidente, como reconhecido na COP 21, que os países ricos devem contribuir com a grande maioria dos recursos financeiros e tecnológicos necessários para a diminuição das emissões e a adoção de medidas de adaptação e resiliência pelas nações em desenvolvimento.

O *princípio das responsabilidades comuns, mas diferenciadas* foi adotado, portanto, em uma versão *soft* pela COP 21. Ao tempo em que pontua que os Estados Unidos e a União Europeia devem prover com recursos fundos verdes para o financiamento de medidas de resiliência e adaptação a serem adotadas pelos países em

---

37 POSNER, Eric A.; WEISBACH, David. *Climate change justice*. Princeton: Princeton University Press, 2010, p. 189.
38 Para uma visão mais aprofundada sobre o princípio das responsabilidades comuns, mas diferenciadas, consultar: SEGGER, Marie-Claire Cordonier; KHALFAN, Ashfaq. *Sustainable development law*: principles, practices and prospects. New York: Oxford University Press, 2004.

desenvolvimento, por outro lado prevê que todas as nações, ricas e pobres, devem buscar alcançar igualmente a redução das emissões e a decorrente diminuição das temperaturas. O documento não torna o compromisso de corte nas emissões obrigatório e verificável, tampouco traça metas percentuais de transição e periódicas de corte nas emissões até que se atinja o aumento de temperatura final almejado no ano de 2100.

Mais recentemente, no ano de 2016, durante a 22.ª Conferência das Partes da Convenção-Quadro das Nações Unidas sobre Mudança do Clima (COP 22), em Marrocos, foi reconhecido que o clima está aquecendo a uma taxa alarmante e sem precedentes, sendo dever da humanidade responder com urgência. Foram reafirmados os princípios do Acordo de Paris, com suas metas ambiciosas, sua natureza inclusiva e sua reflexão baseada na equidade e nas responsabilidades comuns, mas diferenciadas[39].

5. PRINCÍPIO DA EQUIDADE INTERGERACIONAL

O princípio da equidade intergeracional norteia o direito internacional das mudanças climáticas. Os limites de resiliência do planeta, dentro dos quais a humanidade pode se desenvolver e prosperar para as gerações presentes e futuras, estão, um a um, sendo ultrapassados. Os limites relacionados à integridade da *biosfera*, ao fluxo biogeoquímico, à alteração do funcionamento do solo e às mudanças climáticas já foram superados ou estão seriamente ameaçados[40].

---

[39] UNITED NATIONS. *UN Climate Change Conference*. Marrakech COP 22. Marrakech Action Proclamation for our climate and sustainable development, nov. 2016. Disponível em: http://cop22.ma/wp-content/uploads.2016/11/marrakech_action_proclamation.pdf. Acesso em: 2 jan. 2022.

[40] Esses limites planetários (*planetary boundaries*) são estudados pelo Centro de Resiliência de Estocolmo (STOCKHOLM RESILIENCE CENTER. *Sustainability science for biosphere stewardship. Planetary boundaries research*. Disponível em: http://www.stockholmresilience.org/research/planetary-boundaries.html. Acesso em: 13 dez. 2022). Para Sachs, os limites planetários, que poderão ser superados pela humanidade, se não forem adotadas estratégias para se alcançar o desenvolvimento sustentável, envolvem nove grandes áreas: mudanças climáticas, acidificação do oceano, redução da camada de ozônio, contaminação causada por fluxos excessivos de nitrogênio e fósforo, em especial pelo uso intensivo de fertilizantes químicos, superexploração da água doce, mudanças no uso do solo, perda da biodiversidade, carga de aerossol atmosférica e contaminação química (SACHS, Jeffrey. *The age of sustainable development*. New York: Columbia University Press, 2015, p. 66 e 224-234). Sobre o direito das mudanças climáticas, vide: WEDY, Gabriel. *Climate legislation and litigation in Brazil*. New York: Columbia University, 2017. Disponível em: http://columbiaclimatelaw.com/files.2017/10/Wedy-2017-10-Climate-Legislation-and-Litigation-in-Brazil.pdf. Acesso em: 20 jan. 2022; WEDY, Gabriel. *Sustainable development and the Brazilian judge*. New York: Columbia University, 2015. Disponível em: https://web.law.columbia.edu/sites/default/files/microsites/climate-change/wedy_-_sustainable_development_and_brazilian_judges. pdf. Acesso em: 20 jan. 2022; e WEDY, Gabriel. *Climate change and sustainable development in Brazilian law*. New York: Columbia University, 2016. Disponível em: https://web.law.columbia.edu/

A percepção da progressiva escassez dos recursos naturais e das limitações do planeta em absorver os impactos da atividade humana lança luz sobre o problema da capacidade da biosfera de suportar a vida presente e futura, diante das agressões empreendidas pela humanidade. O princípio da equidade ou solidariedade intergeracional apresenta evidente correlação com o princípio do desenvolvimento sustentável, o qual evoluiu, desde uma análise de *necessidades materiais* das gerações presentes e futuras, avançando para a consideração do *padrão de vida* e, com Sen, das *liberdades e capacidades substantivas das pessoas*. Independentemente da formulação que se adote, como lembra Veiga, "nenhuma delas pode deixar de contemplar seu âmago: a novíssima ideia de que as futuras gerações merecem tanta atenção quanto as atuais"[41].

Consoante Milaré, há dois tipos de solidariedade: a sincrônica e a diacrônica. A *sincrônica* "fomenta as relações de cooperação com as gerações presentes, nossas contemporâneas". Já a *diacrônica* "é aquela que se refere às gerações do após, ou seja, as que virão depois de nós, na sucessão do tempo". Prefere-se dizer, porém, a "solidariedade intergeracional, porque traduz os vínculos solidários *entre* as gerações presentes *com* as futuras"[42].

A justiça intergeracional, assim, reconhece que todas as gerações humanas – do passado, do presente e do futuro – têm igual posição normativa em relação ao sistema natural, e as gerações presentes têm o dever de proteger o ambiente para os ainda não nascidos[43]. O aquecimento global de causas antrópicas e as suas externalidades negativas colocam em risco não apenas a qualidade de vida dos seres humanos, mas a própria condição de sobrevivência na Terra das gerações vindouras.

6. CONCLUSÃO

Em sede de conclusão, após pesquisa na legislação, na jurisprudência e na doutrina de direito internacional e comunitário, percebe-se que os princípios do direito internacional das mudanças climáticas que podem ser considerados como aceitos e manejados pelos(as) operadores(as) do direito com maior segurança são o princípio da precaução, o princípio do desenvolvimento sustentável, o princípio

---

sites/default/files/microsites/climate-change/files/Publications/Collaborations-Visiting-Scholars/wedy_-_cc_sustainable_development_in_ brazilian_law.pdf. Acesso em: 20 jan. 2022.
41 VEIGA, José Eli da. *Para entender o desenvolvimento sustentável*. São Paulo: Editora 34, 2015.
42 MILARÉ, Édis. *Direito do ambiente*. São Paulo: RT, 2022, p. 259.
43 WEISS, Edith Brown. O direito da biodiversidade no interesse das gerações presentes e futuras. *Revista CEJ*, Brasília, v. 3, n. 8, maio/ago. 1999. Disponível em: http://www.jf.jus.br/ojs2/index.php/revcej/article/view/194/356. Acesso em: 21 jun. 2022.

das responsabilidades comuns, mas diferenciadas, e o princípio da equidade ou solidariedade intergeracional.

Por certo, isso não significa que outros princípios que estão presentes em Constituições, doutrinas e legislações domésticas não possam ser invocados e desenvolvidos no âmbito do direito climático internacional em tempos de refugiados ambientais e climáticos. Aliás, recentemente, o Tribunal Europeu de Direitos Humanos declarou, no caso *Verein KlimaSeniorinnen Schweiz e outros v. Suíça*, que o governo da demandada violou os direitos humanos dos seus cidadãos ao não fazer o suficiente para conter as mudanças climáticas.

Portanto, os princípios de direito climático são normas a serem observadas nas Cortes Internacionais não apenas para fins de interpretação ou exercício hermenêutico nos *hard cases*, mas como normas a serem aplicadas, visando dar concretude ao direito internacional das mudanças climáticas e aos próprios direitos humanos.

REFERÊNCIAS

BOSSELMANN, Klaus. *The principle of sustainability*: transforming law and governance. Farnham: Ashgate, 2008.

CARSON, Rachel. *Silent spring*. Boston: Hougton Mifflin, 1962.

CEZAR, Frederico Gonçalves; ABRANTES, Paulo César Coelho. Princípio da precaução: considerações epistemológicas sobre o princípio e sua relação com o processo de análise de risco. *Cadernos de Ciência e Tecnologia*, v. 20, n. 2, p. 225-262, maio/ago. 2003.

DUNLAP, Riley *et al*. Measuring endorsement of the new ecological paradigm: a revised NEP scale. *Journal of Social Issues*, Washington, v. 56, n. 3, p. 225-442, 2000.

DUNLAP, Riley; VAN LIERE, Kent. The new environmental paradigm: a proposed measuring instrument and preliminary results. *Journal of Environmental Education*, Madison, v. 9, n. 4, p. 10-19, 1978.

GARCIA, Maria da Glória F. P. D. *O lugar do direito na protecção do ambiente*. Coimbra: Almedina, 2007.

DURNIL, Gordon K. How much information do we need before exercising precaution? In: RAFFENSPERGER, Carolyn; TICKNER, Joel (org.). *Protecting public health and the environment*: implementing the precautionary principle. Washington: Island Press, 1999, p. 266-76.GIDDENS, Anthony. *Sociology*. Cambridge: Polity Press, 2006.

GRUNDY, Kerry James. Sustainable management: a sustainable ethic. *Sustainable Development*, New Jersey, v. 5, n. 3, p. 119-229, Dec. 1997.

INTERNATIONAL COURT OF JUSTICE. *Case concerning the Gabcikovo-Nagmaros*. Project (Hungry/Slovakia), 1997 ICJ, 37 ILM 162. Hague, 1998.

INTERNATIONAL COURT OF JUSTICE. *Projeto Gabcikovo-Nagymaros* (Hungria x Eslováquia). Hague, 1997. Disponível em: http://www.icj-cij.org/docket/files/92/7375.pdf. Acesso em: 22 set. 2022.

LEOPOLD, Aldo. *A sand county almanac*: with essays on conservation form round river. New York: Ballantine Books, 1966.

MILARÉ, Édis. *Direito do ambiente*. São Paulo: RT, 2022.

ORGANIZAÇÃO DAS NAÇÕES UNIDAS. *Rio Declaration*, United Nations Conference on Environment and Development, Rio de Janeiro, Brasil, 3-14 de junho de 1992. Disponível em: https://cetesb.sp.gov.br/proclima/wp-content/uploads/sites/36/2013/12/declaracao_rio_ma.pdf.

POSNER, Eric A.; WEISBACH, David. *Climate change justice*. Princeton: Princeton University Press, 2010.

SACHS, Jeffrey. *The age of sustainable development*. New York: Columbia University Press, 2015.

SANDS, Philippe. O princípio da precaução. In: PLATIAU, Ana Flávia Barros;

SCIENCE AND ENVIRONMENTAL HEALTH NETWORK. *Wingspread Declaration*. Disponível em: https://www.sehn.org/precautionary-principle-understanding-science-in-regulation#:~:text=The%20Science%20and%20Environmental%20Health%20Network%20is%20working,the%201998%20Wingspread%20Statement%20on%20the%20Precautionary%20Principle%3A. Acesso em: 20 fev. 2022.

SEGGER, Marie-Claire Cordonier Segger; KHALFAN, Ashfaq. *Sustainable development law*: principles, practices and prospects. New York: Oxford University Press, 2004.

SOUZA, Mônica Teresa Costa. *Direito e desenvolvimento*. Curitiba: Juruá, 2011, p. 142.

STOCKHOLM RESILIENCE CENTER. *Sustainability science for biosphere stewardship. Planetary boundaries research*. Disponível em: http://www.stockholmresilience.org/research/planetary-boundaries.html. Acesso em: 13 dez. 2022.

THOREAU, Henry David. *Walking*. Red Wing: Cricket House Books, 2010.

THOREAU, Henry David. *Walden, or life in the woods and on the duty of civil disobedience*. New York: New American Library, 1962.

UNITED NATIONS. *A/RES/38/61*. Disponível em: https://undocs.org/Home/Mobile?FinalSymbol=A%2FRES%2F38%2F61&Language=E&DeviceType=Desktop&LangRequested=False. Acesso em: 30 jan. 2023.

UNITED NATIONS. *UN Climate Change Conference*. Marrakech COP 22. Marrakech Action Proclamation for our climate and sustainable development, nov. 2016.

Disponível em: http://cop22.ma/wp-content/uploads.2016/11/marrakech_action_proclamation.pdf. Acesso em: 2 jan. 2022.

VARELLA, Marcelo Dias (org.). *Princípio da precaução*. Belo Horizonte: Del Rey, 2004, p. 35.

VEIGA, José Eli da. *Para entender o desenvolvimento sustentável*. São Paulo: Editora 34, 2015.

WEDY, Gabriel. *Climate legislation and litigation in Brazil*. New York: Columbia University, 2017. Disponível em: http://columbiaclimatelaw.com/files.2017/10/Wedy-2017-10-Climate-Legislation-and-Litigation-in-Brazil.pdf. Acesso em: 20 jan. 2022.

WEDY, Gabriel. *Climate change and sustainable development in Brazilian law*. New York: Columbia University, 2016. Disponível em: https://web.law.columbia.edu/sites/default/files/microsites/climate-change/files/Publications/Collaborations-Visiting-Scholars/wedy_-_cc_sustainable_development_in_ brazilian_law.pdf. Acesso em: 20 jan. 2022.

WEDY, Gabriel. *Sustainable development and the Brazilian judge*. New York: Columbia University, 2015. Disponível em: https://web.law.columbia.edu/sites/default/files/microsites/climate-change/wedy_-_sustainable_development_and_brazilian_judges. pdf. Acesso em: 20 jan. 2022.

WEISS, Edith Brown. O direito da biodiversidade no interesse das gerações presentes e futuras. *Revista CEJ*, Brasília, v. 3, n. 8, maio/ago. 1999. Disponível em: http://www.jf.jus.br/ojs2/index.php/revcej/article/view/194/356. Acesso em: 21 jun. 2022.

WORLD COMMISSION ON ENVIRONMENT AND DEVELOPMENT. *Our common future*: Brundtland report. Oxford; New York: Oxford University Press, 1987.

TENDÊNCIAS DO DIREITO PARA UM MEIO AMBIENTE EM MUDANÇAS

Walter José Senise[1]

1. INTRODUÇÃO

Segue o Direito em evolução, ainda que por vezes com certo atraso, espelhando as novas relações entre os seres humanos, seus interesses, seus bens e valores, em constante mudança e inovação, para atender, por meio das mais variadas estratégias, a tão almejada qualidade de vida.

Nas relações dos seres humanos com o meio ambiente, caminha o Direito buscando espaço para sua aplicação, tendendo para uma ou outra direção, ainda passo atrás das constantes, e aceleradas, mudanças características da dinâmica da natureza.

Por milênios, o ser humano esteve em posição de mero observador dessas mudanças. Embora usuário dos recursos naturais, desde que iniciou sua jornada neste planeta, sua intervenção no meio se mostrava diminuta, diante das dimensões e da grandiosidade dos espaços que vinha conhecendo e ocupando.

Essa visão, de insignificância do impacto da atividade humana sobre o equilíbrio ambiental – quando colocado frente à imensurável força de fenômenos naturais –, ainda predomina no pensamento de muitos e em meios diversos.

Nesse cenário, o Direito é ainda mais desafiado, a evoluir e fazer valer seu papel de ordenador de relações – sejam específicas, entre um e outro ser humano, sejam relações ilimitadas entre seres humanos e o meio ambiente.

Ilustrando este ponto, Maria da Glória Garcia avalia que é certo que a questão ambiental deve ser enfrentada juridicamente, mas em um desafio ainda maior ao Direito:

> tudo se passa no domínio científico e técnico, a que acresce o de eficiência económica, quando os custos da acção intervêm. Torna-se, no entanto, um problema para o direito a partir do momento em que adquire conotações éticas e, por essa via, se esboça uma responsabilidade ecológica, i.e., quando se consciencializa que o futuro da humanidade se apresenta crítico por força daquelas realidades. Por outras palavras, torna-se jurídico quando a comunidade reconhece que a sua acção presente põe em risco a sobrevivência do homem e, por isso, é uma acção injusta, porque nada justifica

---

[1] Advogado e mestre em Direito Ambiental pela PUC/SP. Atua na área Ambiental desde 1990, com experiências diversas, nos setores público e privado, no meio acadêmico e como conselheiro de instituições de educação e pesquisa na área ambiental.

que a vida da geração presente tenha mais valia do que a vida das gerações futuras. (...) Importa reflectir sobre a incorporação da ciência e da técnica no direito. A partir daí será mais fácil compreender o peso que a economia e a eficiência da acção têm no direito e no relacionamento deste com o poder político (...)[2].

O desafio na evolução do Direito se torna mais evidente no tratamento das demandas globais, como as geradas pelas mudanças climáticas – tópico abordado nos parágrafos a seguir, de forma a provocar o leitor ao exercício da reflexão sobre as tendências do Direito (ambiental) e sua melhor aplicação.

2. MUDANÇAS CLIMÁTICAS

Décadas atrás a preocupação com questões relacionadas ao meio ambiente já integrava a pauta de discussões internacionais. Inicialmente, com atenção maior ao uso exacerbado de recursos naturais, frente ao crescimento populacional acelerado (Clube de Roma, 1968[3]), evoluindo para a busca de um ponto de equilíbrio, por meio de uso melhor desses recursos, e de forma a garantir a qualidade de vida das presentes e futuras gerações (Estocolmo, 1972[4]).

Mas a atenção à questão climática – indo além da constatação do buraco na camada de ozônio (1974[5]) – seria consolidada somente mais tarde, com a formalização do Protocolo de Quioto (1997).

Vale parêntese a notar que 50 anos após o advento do buraco de ozônio (1974 – 2024), segue o mundo a debater a definição de planejamento mais adequado a enfrentar as já inevitáveis alterações no meio que os seres humanos habitam, resultantes das mudanças do clima.

As providências adotadas para a recuperação da camada de ozônio e a redução efetiva do buraco, de 1974, hoje em fase de fechamento, pouco interferiram na rotina dos habitantes do mundo. Indústrias que produziam ou utilizavam gases que comprovadamente estavam degradando a cama de ozônio precisaram trabalhar para a substituição destes por gases não nocivos. Esta substituição se deu por força do Protocolo de Montreal[6] (1987) e acordos internacionais que seguiram e novas e recentes normas relacionadas ao tema, dada a ampliação do leque de substâncias que têm se revelado nocivas à camada de ozônio, e que,

---

2 GARCIA, Maria da Glória F. P. D. *O lugar do direito na protecção do ambiente*. Coimbra: Almedina, 2007, p. 396.
3 Clube de Roma: https://clubderoma.es/.
4 Convenção de Estocolmo: estocolmo_mma.pdf (cetesb.sp.gov.br).
5 Camada de ozônio: Portal de Educação Ambiental (semil.sp.gov.br).
6 Informações em: https://www.protocolodemontreal.org.br/site/; e em: https://www.gov.br/ibama/pt-br/assuntos/emissoes-e-residuos/emissoes/protocolo-de-montreal#sobre-protocolo-montreal.

importante dizer, têm se revelado também com alto potencial de contribuição ao aquecimento global e, daí, sua influência também nas alterações do clima[7].

Nesse ponto, interessante a breve consideração acerca da diferença conceitual entre os gases poluentes e os gases que intensificam o efeito estufa, especialmente para promover reflexão sobre o resultado desses conceitos no campo do Direito ambiental.

Rapidamente, gases, como o dióxido de carbono (CO_2), entre outros, conhecidos como "Gases de Efeito Estufa (GEE) são substâncias gasosas naturalmente presentes na atmosfera e que absorvem parte da radiação infravermelha emitida pelo Sol e refletida pela superfície terrestre, dificultando o escape desta radiação (calor) para o espaço. Este fenômeno natural, chamado de Efeito Estufa, impede a perda de calor e mantém o planeta Terra aquecido, possibilitando inclusive a manutenção da vida. Contudo, devido às ações humanas, está ocorrendo o aumento da concentração desses gases na atmosfera, levando ao aumento da temperatura média global" (ABNT[8]).

O potencial nocivo, portanto, está no excesso de GEE, sendo certo afirmar que a ação humana tem contribuído para este excesso.

Já "poluente" é "qualquer substância presente no ar e que, pela sua concentração, possa torná-lo impróprio, nocivo ou ofensivo à saúde, causando inconveniente ao bem-estar público, danos aos materiais, à fauna e à flora ou prejudicial à segurança, ao uso e gozo da propriedade e às atividades normais da comunidade" (CETESB[9]). Poluentes são gerados pela atividade humana.

Em síntese, o que se tem é que "gases de efeito estufa (GEE)", quando gerados pela atividade humana, em excesso e sem controle, contribuem para o aquecimento global. Já os poluentes atmosféricos (gases e material particulado) têm potencial nocivo ao meio ambiente e à saúde humana.

Permanecendo nesse entendimento, num primeiro momento, então, poder-se-ia afirmar que os GEE (aqueles que resultantes da atividade humana excedem

---

[7] A exemplo da Instrução Normativa – IN IBAMA 29/2023, que regulamenta as exigências e os procedimentos relacionados ao controle de importação de hidrofluorcarbonos – HFC, destacando também previsão de redução de seu uso. Cabe observar que normas mais recentes, como esta IN, tratam de procedimentos relacionados a gases nocivos à camada de ozônio, destacando também seu potencial no aquecimento global (*Global Warming Potential – GWP*) e, portanto, nas alterações do clima – o que é plenamente acertado, considerando o potencial desses gases, como GEE, bastante superior ao do gás carbônico – CO_2, que é o gás de referência básica para a discussão do tema do aquecimento global (IN IBAMA 29/2023, art. 2.º, III, e art. 9.º), em: https://www.in.gov.br/en/web/dou/-/instrucao-normativa-n-29-de-18-de-dezembro-de-2023-532304353.

[8] Associação Brasileira de Normas Técnicas – ABNT, em: abntonline.com.br/sustentabilidade/GHG/O_que_é_gee.

[9] Companhia Ambiental do Estado de São Paulo – CETESB, em: https://cetesb.sp.gov.br/ar/poluentes/ .(cetesb.sp.gov.br).

o "efeito estufa" natural e necessário ao equilíbrio do planeta), não têm potencial de "poluição", uma vez que não prejudicam a saúde humana, não lançam matérias que afetem a biota, as condições sociais e econômicas etc. – tal como o conceito de poluição estabelecido pela PNMA (Lei n. 6.938/1981)[10]:

> Art. 3.º, III – poluição, a degradação da qualidade ambiental resultante de atividades que direta ou indiretamente:
>
> a) prejudiquem a saúde, a segurança e o bem-estar da população;
>
> b) criem condições adversas às atividades sociais e econômicas;
>
> c) afetem desfavoravelmente a biota;
>
> d) afetem as condições estéticas ou sanitárias do meio ambiente;
>
> e) lancem matérias ou energia em desacordo com os padrões ambientais estabelecidos;

E, seguindo, seria dizer que a responsabilidade pela reparação do dano caberia, certamente, ao emissor de gases poluentes. Mas restaria dúvida se a mesma obrigação caberia ao emissor de GEE.

Retomando a leitura da Lei n. 6.938/1981, vale destacar o art. 3.º, II e IV, e o art. 14, § 1.º:

> Art. 3.º (...)
>
> II – degradação da qualidade ambiental, a alteração adversa das características do meio ambiente;
>
> IV – poluidor, a pessoa física ou jurídica, de direito público ou privado, responsável, direta ou indiretamente, por atividade causadora de degradação ambiental;

Vale sempre observar que o conceito de "poluidor" vai além daquele do causador de "poluição" (relacionado a danos bem caracterizados e mais significativos), sendo o poluidor responsável, direta ou indiretamente, por atividade causadora de "degradação ambiental" – leia-se qualquer "alteração adversa das características do meio ambiente" (art. 3.º, II).

Adiante, a mesma lei trata da obrigação de reparar os danos causados ao meio ambiente e a terceiros, impondo esta obrigação ao "poluidor":

> Art. 14 (...)
>
> § 1.º Sem obstar a aplicação das penalidades previstas neste artigo, é o poluidor obrigado, independentemente da existência de culpa, a indenizar ou reparar os danos causados ao meio ambiente e a terceiros, afetados por sua atividade.

Nessa direção, em tese haveria duas possíveis aplicações da obrigação de reparar o dano ao meio ambiente e a pessoas afetadas.

Uma, nessa linha, de que a obrigação de reparar o meio ambiente degradado, caberia então somente ao poluidor – aquele que polui, que emite

---

10 Lei n. 6.938/1981: https://www.planalto.gov.br/ccivil_03/Leis/L6938compilada.htm.

poluentes. O emissor de GEE não seria, assim, alcançado, pela regra da responsabilidade objetiva.

Outra possível aplicação seria a de que, sim, cabe também ao emissor de GEE a obrigação dessa reparação. Pois, afinal, parece razoável entender que a emissão excessiva de GEE, gerada pela atividade humana, contribui também para o aquecimento global, cujos efeitos podem levar a alterações adversas das características do meio ambiente, com potenciais prejuízos à saúde, à qualidade de vida, à economia e à biota.

Esta breve abordagem conceitual não tem por objetivo ampliar responsabilidades ambientais, nem estabelecer novas regras, até mesmo para o licenciamento ambiental, sobre as atividades de potenciais geradores de GEE e de gases poluentes.

O objetivo é o de compartilhar, com o leitor, reflexões que parecem ser necessárias, para a percepção da necessidade de olhar a aplicação do Direito, com maior amplitude. Especialmente, a necessidade de retomar o olhar para a natureza realmente difusa, transindividual e transfronteiriça, do Direito no tratamento da questão ambiental.

O Direito ambiental precisa espelhar a realidade fática, a constatação técnica e a dinâmica do meio ambiente – e os respectivos valores humanos e sociais frente ao cenário ambiental que vai se desenhando.

E, diferente do alerta e das medidas adotadas para solucionar o buraco da camada de ozônio, o cenário das mudanças do clima, embora também alertado há tempos, não é controlável da mesma forma que foi o buraco da camada de ozônio. Os prejuízos, ambientais, sociais e econômicos, são extremos e os investimentos para sua adaptação e minimização são infinitamente maiores do que os relacionados ao gerenciamento da camada de ozônio e à redução do buraco, constatado em 1974.

Para o controle da situação da camada de ozônio, o Protocolo de Montreal estabeleceu diretrizes e obrigações, que vieram sendo cumpridas pelos países signatários nas últimas décadas, inclusive pelo Brasil. Foram estabelecidas restrições legais ao uso de compostos que pudessem gerar gases prejudiciais à camada de ozônio, com novos procedimentos para o seu controle. Por exemplo, o Cadastro Técnico Federal de Atividades Potencialmente Poluidoras – CTF (Lei n. 6.938/1981, art. 17) deve ter informação específica ao uso de tais compostos, como determina a Instrução Normativa IBAMA n. 5/2018[11] – aqui, aliás, vale notar a equiparação de atividade emissora de gás prejudicial à camada de ozônio a uma atividade potencialmente "poluidora", daí estando também sujeita ao CTF.

---

11 IN IBAMA 5/2018, em: https://www.ibama.gov.br/component/legislacao/?view=legislacao&legislacao=138194 - Regulamenta o controle ambiental do exercício de atividades potencialmente poluidoras referentes às substâncias sujeitas a controle e eliminação conforme o Protocolo de Montreal.

3. QUESTÃO CLIMÁTICA – CONSCIENTIZAÇÃO, RESPONSABILIDADE E HISTÓRICO

Seguindo na abordagem do tema da questão climática, da conscientização e das responsabilidades envolvidas, oportuno destacar abordagem sobre o tema feita por Werner Grau. Em obra de 2007, já observava o autor:

> No que toca à questão da mudança do clima, especificamente, esse processo de conscientização (...) está se consolidando em todo o mundo. Não existe hoje empresa que ignore o fato de que a mudança do clima impõe revisão dos conceitos de produção, para que se tenha o almejado abatimento da contribuição humana para o aquecimento global pela emissão de gases de efeito estufa.
>
> Ocorre que a estrutura legal estabelecida, tanto no âmbito internacional quanto no âmbito interno, tem por pressuposto o cuidado para que, em razão da aplicação do princípio da responsabilidade comum, mas diferenciada, determinados Estados, os aqui já várias vezes indicados como Estados-devedores, implementem medidas internas ou em contato com outros Estados-Parte da Convenção-Quadro sobre a Mudança do Clima e do Protocolo de Quioto, de forma a buscar a implementação e alcance de metas de redução de emissões de gases de efeito estufa a que esses Estados-devedores se obrigaram.

Sobre a conscientização, merece destaque a citação (de autoria de Marlene Osowski Curtis) trazida por Werner Grau:

> O desafio é sensibilizar as consciências, fazer com que todos sejam alertados sobre as consequências de seus atos. Pois "somente sujeitos conscientes das consequências de seus atos é que fazem a diferença na sociedade e no meio ambiente"[12].

Em análise bastante ilustrativa do histórico do tema das mudanças climáticas, Trennepohl[13] assim comenta:

> Na década de 90, o Brasil teve um papel ativo nas negociações climáticas, tendo sediado a Rio-92 que culminou na assinatura da Convenção-Quadro das Nações Unidas sobre Mudanças Climáticas (United Nations Framework Convention on Climate Change – UNFCCC), promulgada no Brasil através do Decreto 2.652, de 1.º de julho de 1998. A participação do país nas negociações climáticas não se limitava a sugestões técnicas, mas também incluía uma forte atuação diplomática com a defesa de metas de redução baseadas em emissões históricas e a proposta de um Fundo de Desenvolvimento Limpo, o qual, posteriormente, acabou se transformando no Mecanismo de Desenvolvimento Limpo (MDL), um dos principais mecanismos previstos no Protocolo de Quioto.

---

12 GRAU NETO, Werner. *O Protocolo de Quioto e o mecanismo de desenvolvimento limpo* – MDL. Uma análise crítica do instituto. São Paulo: Editora Fiuza, 2007, p. 215.
13 TRENNEPOHL, Curt; TRENNEPOHL, Natascha; TRENNEPOHL, Terence. *Legislação ambiental comentada*: comentários às políticas nacionais. São Paulo: Thomson Reuters Brasil, 2023, p. 428.

> O Protocolo de Quioto foi assinado em 11 de dezembro de 1997, em Quioto, no Japão, mas entrou em vigor em 2005, depois da adesão da Rússia. (...)
>
> Este acordo de cooperação internacional tinha como principal objetivo reduzir os gases de efeito estufa, principalmente, o gás carbônico, para conter o aquecimento global. Na época, a preocupação da sociedade científica e dos movimentos sociais era com o aquecimento global em razão da destruição da camada de ozônio. Com o passar do tempo, a expressão "aquecimento global" passou a ser substituída por "mudança climática", vez que não era somente a elevação da temperatura que representava um risco para a humanidade, mas todas as alterações no intrincado sistema que regula o clima e torna possível a vida do ser humano.
>
> O Protocolo foi promulgado no Brasil através do Decreto 5.445, de 12 de maio de 2005.

Nessa passagem, Trennepohl deixa clara a magnitude do tema das mudanças que vêm sendo observadas no clima, de complexidade que vai bastante além do aquecimento global, ponto central de Quioto (1997) ainda com raízes em Montreal (1987).

4. POLÍTICA NACIONAL SOBRE MUDANÇA DO CLIMA - PNMC

Em 2009, foi publicada a PNMC (Lei n. 12.187/2009[14]), estabelecendo, o art. 3.º, as seguintes medidas para a sua execução:

> Art. 3.º A PNMC e as ações dela decorrentes, executadas sob a responsabilidade dos entes políticos e dos órgãos da administração pública, observarão os princípios da precaução, da prevenção, da participação cidadã, do desenvolvimento sustentável e o das responsabilidades comuns, porém diferenciadas, este último no âmbito internacional, e, quanto às medidas a serem adotadas na sua execução, será considerado o seguinte:
>
> I – todos têm o dever de atuar, em benefício das presentes e futuras gerações, para a redução dos impactos decorrentes das interferências antrópicas sobre o sistema climático;
>
> II – serão tomadas medidas para prever, evitar ou minimizar as causas identificadas da mudança climática com origem antrópica no território nacional, sobre as quais haja razoável consenso por parte dos meios científicos e técnicos ocupados no estudo dos fenômenos envolvidos;
>
> III – as medidas tomadas devem levar em consideração os diferentes contextos socioeconômicos de sua aplicação, distribuir os ônus e encargos decorrentes entre os setores econômicos e as populações e comunidades interessadas de modo equitativo

---

14 PNMC – Lei n. 12.187/2009: https://www.planalto.gov.br/ccivil_03/_ato2007-2010/2009/lei/l12187.htm.

e equilibrado e sopesar as responsabilidades individuais quanto à origem das fontes emissoras e dos efeitos ocasionados sobre o clima;

IV – o desenvolvimento sustentável é a condição para enfrentar as alterações climáticas e conciliar o atendimento às necessidades comuns e particulares das populações e comunidades que vivem no território nacional;

V – as ações de âmbito nacional para o enfrentamento das alterações climáticas, atuais, presentes e futuras, devem considerar e integrar as ações promovidas no âmbito estadual e municipal por entidades públicas e privadas.

Essas são as principais ações a serem adotadas por todos, para a execução da PNMC. Resta saber para onde tenderá o Direito, tendo por base a realidade brasileira, sim, mas sempre acompanhando que medidas vêm sendo efetivamente adotadas por outros países.

5. CENÁRIO INTERNACIONAL – RÚSSIA, CHINA E CONFERÊNCIA DE BONN

Este tópico apenas traz situações, que, de certa forma, ilustram a complexidade do tratamento da questão climática, frente a questões de ordem econômica e política mundial.

No que diz respeito à redução da exploração de fontes fósseis para combustível, vale mencionar a Rússia e a China, com informações veiculadas recentemente pela mídia.

Rússia – exploração de petróleo na Antártida

Recente matéria aborda restrições que impedem a Rússia de explorar a maior reserva de petróleo do mundo, localizada na Antártida. Entre outras restrições, destaca-se a ambiental, seja em razão do risco de poluição (por óleo) das águas daquele local, o que impactaria espécies da fauna, seja pelo risco de aceleração de degelo, que resultaria na elevação ainda maior do nível da água do mar (assunto que está na pauta das discussões sobre as mudanças climáticas)[15].

---

15 *Jornal Valor Econômico* – Mundo, 7.6.2024, em: Por que a Rússia não pode explorar a maior reserva de petróleo do mundo. Disponível em: https://valor.globo.com/mundo/noticia/2024/06/07/por-que-a-russia-nao-pode-explorar-a-maior-reserva-de-petroleo-do-mundo.ghtml. Destacam-se os seguintes trechos da matéria veiculada pelo *Valor Econômico*: "(...) a discussão entrou na Convenção de Proteção Ambiental da Antártida em 1991, que definiu que não seria permitido explorar e nem produzir petróleo, 'garantindo que a região seja usada exclusivamente para fins pacíficos e evitando seu uso como foco de conflitos internacionais'.
(...) o tratado foi necessário para a proteção do ambiente, que é sensível e com inúmeras espécies extremamente adaptadas às condições limites de vida, que seriam afetadas em caso de exploração.
Situada no Polo Sul e com uma área de 14 milhões de quilômetros quadrados, a Antártida é considerada a região mais fria, mais alta, mais seca, mais ventosa e mais gelada do planeta. Além de ter 90%

China – Térmicas a carvão

Notícias de 2023 revelam que a China vem investindo concretamente na ampliação do uso de fontes de energia renovável, como a energia solar:

> A capacidade instalada de energia renovável da China atingiu 1,32 TW no final do primeiro semestre de 2023, superando as termelétricas a carvão pela primeira vez, aponta a agência estatal National Energy Administration (NEA). Conforme os dados, a participação de fontes não fósseis no consumo de energia do país avançou de 9,7% em 2012 para 17,5% em 2022[16].

No mesmo período, no entanto, outro veículo de informações fazia ressalva apontando que, embora a China de fato venha reduzindo o uso de carvão para geração de energia, o país tem defendido a permanência do uso do carvão, especialmente após a invasão da Ucrânia pela Rússia – com a interrupção posterior do fornecimento de energia russa para a Europa[17].

Conferência de Bonn – 2024

A conferência de Bonn – Alemanha, preparatório a para a COP 29, não teve bons resultados, pois não houve assunção de compromissos financeiros pelos países desenvolvidos, em parte pelo entendimento de que alguns países em desenvolvimento já não mais dependeriam de recursos financeiros de outros países para avançarem nas metas de redução de emissões[18].

6. BRASIL – LEGISLATIVO

Está em tramitação no Congresso Nacional, já com aprovação pela Câmara dos Deputados[19], o Projeto de Lei n. 4.129/2021, que estabelece diretrizes gerais para a elaboração dos planos de adaptação à mudança do clima:

> Art. 1.º Esta Lei estabelece diretrizes gerais para a elaboração dos planos de adaptação à mudança do clima, com o objetivo de implementar iniciativas e medidas

---

do volume de gelo do mundo, representando cerca de 80% da sua água doce, com, aproximadamente, 28 milhões de quilômetros cúbicos.
De acordo com o Comitê Científico de Investigação Antártida (SCAR) "esse volume, em termos de circulação atmosférica e oceânica, é tão importante quanto a Amazônia é para o sistema climático e regulação do clima. O continente é um dos grandes controladores do nível médio dos mares."

16 Matéria de 8 de setembro de 2023: https://www.portalsolar.com.br/noticias/mercado/internacional/energia-renovavel-supera-termicas-a-carvao-pela-primeira-vez-na-china.

17 Matéria de 12 de setembro de 2023: https://www.alemdaenergia.engie.com.br/calor-aumenta-uso-de-carvao-na-china/.

18 *Jornal Folha de S. Paulo*, em 14 de junho de 2024: COP 29: Discussão de financiamento climático trava em Bonn, 14.6.2024, Ambiente, Folha (uol.com.br).

19 Sobre aprovação do PL n. 4129/2021: https://www.camara.leg.br/noticias/1068779-camara-aprova-diretrizes-para-elaboracao-de-planos-de-adaptacao-as-mudancas-climaticas.

para reduzir a vulnerabilidade dos sistemas ambiental, social e econômico frente aos efeitos atuais e esperados da mudança do clima, com fundamento na Lei n. 12.187, de 29 de dezembro de 2009, que instituiu a Política Nacional sobre Mudança do Clima PNMC.

Importante, nessa proposta legislativa, é o estabelecimento de política pública que considere a questão climática, dentro de um conjunto de prioridades ambientais, sociais e econômicas, pois medidas isoladas, a atender cada uma dessas prioridades, nada agregariam ao gerenciamento da questão climática.

Mercado de carbono como norma mobilizadora

Artigo recente, publicado no jornal *Estadão* (SP), aborda a relevância do mercado de carbono, seja o regulado, que protege o país frente a barreiras climáticas comerciais internacionais, seja o voluntário, que pode resultar em valoração dos ativos naturais do Brasil, atraindo investimentos estrangeiros[20].

Venda irregular de créditos de carbono

A valorização do mercado de carbono e a corrida, não só de investidores, mas também de empresas interessadas em atender normas e exigências do mercado internacional para a adoção de boas práticas relacionadas à questão climática, têm atraído também operadores que agem de forma irregular e fraudulenta neste mercado. É o que informa recente notícia de operação da Polícia Federal[21].

7. TENDÊNCIAS DO DIREITO

Frente a todo esse complexo cenário, acentuado pela realidade climática, quais são as tendências, ou para onde deveria tender, o Direito, para a gestão da questão ambiental e social?

Novamente, a tendência será o estabelecimento de novas leis e regras, de regulação e comando e controle? E, por outro lado, seriam questões ambientais fundamentais, como a proteção de áreas de preservação permanente, de certa forma flexibilizadas ou recontextualizadas, para a viabilização de medidas urgentes à adaptação às mudanças climáticas?

Em relação à definição do caminho a seguir, por meio do estabelecimento de novas leis, mais uma vez a clareza de Maria da Glória Garcia, que aponta os riscos do direito positivado, de insuficiência para conferir segurança às condutas

---

20 Artigo publicado no *Estadão* em 4 de junho de 2024: https://www.estadao.com.br/opiniao/paulo-hartung/mercado-de-carbono-como-norma-mobilizadora/.
21 Notícia veiculada pelo Ministério da Justiça e Segurança Pública, sobre operação da Polícia Federal realizada em 5 de junho de 2024: Polícia Federal realiza operação para investigar venda irregular de créditos de carbono – Ministério da Justiça e Segurança Pública (www.gov.br).

sociais, destacando que *o risco atravessa o direito*, impedindo que as fronteiras do legal/ilegal coincidam com as fronteiras da certeza/incerteza. "Através da lei", diz a autora, "o direito torna-se meio por excelência de alteração de comportamentos arriscados e, logo, potencialmente geradores de danos".

Trazendo alguns dados sobre a produção de normas como forma de medir a eficácia da política ambiental em relação à minimização de riscos e danos ambientais, a autora menciona a assinatura de centenas de tratados multilaterais em matéria ambiental, mas alerta que nem por isso a degradação ambiental diminuiu: "Uma coisa parece segura: a eficácia da política ambiental tende a ser avaliada pelo número de tratados internacionais, directivas europeias, normas legais estaduais... E a interrogação eleva-se: é este o lugar do direito na protecção ambiental? Pertence ao direito ser o instrumento de alteração comportamental, uma alteração não suportada por conhecimentos seguros nem pelo tempo cultural de maturação necessário à conformação da justiça?"[22]

---

22 GARCIA, Maria da Glória F. P. D. *O lugar do direito na protecção do ambiente*. Coimbra: Almedina, 2007, p. 371.

MECANISMOS BRASILEIROS DE COMBATE AOS DANOS CLIMÁTICOS E *GREENWASHING* NO CONTEXTO DA BIODIVERSIDADE E DA JUSTIÇA SOCIAL

Marcelo Buzaglo Dantas[1]
Luciana Bauer[2]
Luna Rocha Dantas[3]

A progressão da governança ambiental transnacional, no contexto da globalização, e sua intersecção com o direito ambiental e climático internacional têm se mostrado de particular interesse para o Brasil e suas instituições. Esse interesse é alimentado pela necessidade de abordar os danos ambientais, da biodiversidade e climáticos, bem como o fenômeno do *greenwashing*, que tem sido destacado em diversas iniciativas institucionais brasileiras. Para atingir as metas ambientais e de conservação da biodiversidade, assim como as metas climáticas, assumidas desde a Conferência Rio-92, o Brasil criou inúmeros instrumentos de transição e de sustentabilidade, sendo o mais importante deles a taxonomia financeira

---

[1] Graduado pela Universidade Federal de Santa Catarina – UFSC (1996). Especialista em Direito Processual Civil pela Pontifícia Universidade Católica – PUC-PR (2004) e Mestre (2007) e Doutor (2012) em Direitos Difusos e Coletivos pela PUC-SP. Pós-doutorado (2014-2017) pelo Programa de Pós-graduação em Ciência Jurídica da Universidade do Vale do Itajaí (UNIVALI). Docente Permanente dos Cursos de Graduação, Mestrado e Doutorado da UNIVALI e Professor do Curso de Especialização em Direito Ambiental da PUC-SP. Coordenador do Curso de Especialização em Direito Ambiental e Urbanístico do Complexo do Ensino Superior de Santa Catarina – CESUSC. Professor Visitante dos Cursos de Mestrado e Doutorado do Instituto Universitario del Agua y de las Ciencias Ambientales da Universidad de Alicante, da Widener University Delaware Law School e da Università della Calabria. Endereço de acesso do CV: http://lattes.cnpq.br/4368175993651078.

[2] Doutoranda em Ciência Jurídica pela Universidade do Vale do Itajaí – UNIVALI – em regime de Dupla Titulação de Doutorado em Direito pela Widener University (EUA). Mestre em Direito pela UNIVALI em regime de Dupla Titulação de Mestrado em Direito (*LLM*) pela Widener University (EUA). Possui graduação em Ciências Jurídicas e Sociais pela Universidade Federal do Rio Grande do Sul – UFRGS. Foi Juíza Federal – Tribunal Regional Federal da 4.ª Região por mais de 20 anos. Membro da Associação dos Juízes para a Democracia. Endereço de acesso do CV: http://lattes.cnpq.br/9983364331454763.

[3] Pós-graduanda em ESG e Sustentabilidade Corporativa pela Fundação Getulio Vargas – FGV. Possui graduação em Ciências Jurídicas e Sociais pela Universidade Federal de Santa Catarina – UFSC. Advogada. Endereço de acesso do CV: http://lattes.cnpq.br/7633413058653943.

climática. Essa Taxonomia Sustentável Brasileira[4] visa implementar o Plano de Transformação Ecológica e acessar os devidos créditos de carbono, não só em razão da conservação florestal, mas também como compensação por um histórico de exploração extrativista comum a todo o Sul Global. Simultaneamente, diversos atores privados e públicos também estão criando instrumentos para uma transição ecológica eficiente e livre de *greenwashing*, além de iniciativas que inovam o mercado de carbono, incorporando a noção de reflorestamento com plantas nativas, e que estimulam a economia circular para povos marginalizados, os quais podem ter, na floresta renovada, uma nova fonte de renda e dignidade. Da mesma forma, litígios climáticos estão sendo aplicados para impor limites éticos e constitucionais aos diferentes atores que atuam no território brasileiro e no exterior. Uma análise aprofundada do *greenwashing*, dos problemas climáticos brasileiros e suas soluções ESG serão o foco deste artigo.

1. O DESAFIO DA INSERÇÃO DO BRASIL NO MERCADO MUNDIAL DE CARBONO

O mercado de carbono é, de forma resumida, a precificação e comercialização das emissões de gases de efeito estufa. Em razão dos efeitos negativos sem precedentes da poluição atmosférica, que refletem no aumento da temperatura terrestre, e da dificuldade enfrentada pelas organizações mundiais de impor medidas de contenção das emissões desses poluentes em face de megacorporações e Estados, tornar o carbono poluente uma *commodity* surge como solução imediata e replicável a um problema complexo e multifatorial.

Contudo, a compra e venda desse ativo levanta questões sobre a garantia e a eficácia real dos recursos destinados a tais projetos, já que, no Brasil, o mercado de carbono é voluntário, em que indivíduos e empresas podem compensar suas emissões de carbono mediante contribuições a projetos ambientais que visam à preservação da biodiversidade e outros benefícios ecológicos.

Para além disso, o mercado de carbono como concebido atualmente – tanto nacional quanto internacionalmente – não oferece ao Brasil os instrumentos para uma efetiva e massiva descarbonização e inclusão dos brasileiros em um

---

4 Uma taxonomia das finanças sustentável pode ser um instrumento crucial para mobilizar e redirecionar capitais para investimentos em projetos que combatam as crises climáticas, ambientais e sociais – ao oferecer indicadores para avaliar a sustentabilidade de atividades, conforme a Associação Internacional de Mercado de Capitais (ICMA, em inglês). A criação de uma taxonomia brasileira visa adaptar-se às características dos desafios nacionais, tanto ambientais quanto sociais. Para mais informações: https://www.gov.br/fazenda/pt-br/orgaos/spe/taxonomia-sustentavel-brasileira.

regime de justiça climática plena[5], seja porque incorpora mecanismos pouco acessíveis à maioria dos proprietários de empresas, terras e florestas degradadas no Brasil, seja porque traz em seu conceito o que chamamos de neocolonialismo climático[6]; em outras palavras: o colonialismo feito com regras de descarbonização globais que não respeitam o passado de metrópole ou colônia dos países, nem o uso da escravidão como forma de obtenção de riquezas. Este mercado de carbono que nasce, portanto, devedor do ponto de justiça social, igualmente não atenta para a necessidade de preservação de biodiversidade dos biomas, populações e meios culturais, algo essencial para que se alcance não somente a descarbonização, mas também a justiça climática. Essa justiça deve ser feita aos povos que não usaram uma matriz escravocrata e, posteriormente, uma matriz de carbono para sua industrialização, mas que sofrem os efeitos mais perversos do aquecimento global dada a pobreza em que se inserem, justamente por não serem industrializados. Tal cenário é uma realidade comum a todo Sul Global.

Neste contexto, ao falarmos de critérios ESG no combate ao dano climático trazido pelo uso abusivo da matriz de carbono, não podemos deixar de analisar as duras realidades que esses mesmos critérios, de altos valores éticos para nossa transição de matriz energética, encontram na realidade brasileira. A sustentabilidade, a governança e a preservação ambiental podem parecer perfeitas no *compliance* do papel e dos projetos, mas a real obtenção das suas metas é um processo espinhoso. No entanto, esse cenário começa a mudar.

---

5   Vale mencionar, na busca pela justiça climática, a Carta de Belém. É um documento criado durante o Fórum Social Pan-Amazônico de 2009 em Belém, Pará, no qual se reuniram movimentos sociais, ONGs, povos indígenas, comunidades tradicionais e ativistas. A Carta tornou-se um apelo para práticas que conciliem desenvolvimento sustentável e justiça social, servindo como guia para ativistas e formuladores de políticas. O documento destaca a necessidade de proteção da Amazônia contra desmatamento e degradação; de garantia dos direitos territoriais, culturais e sociais dos povos indígenas e comunidades tradicionais; de apoio à agricultura familiar e às práticas agroecológicas, com vistas à soberania alimentar e à agroecologia; do combate às desigualdades sociais e aos impactos negativos da exploração de recursos com o fim de alcançar justiça social e ambiental; contando com a participação democrática das comunidades locais em políticas públicas. Para mais informações: https://www.cartadebelem.org.br/about/.

6   BAUER, Luciana; VIEIRA, Ricardo Stanziola. *Climate Neocolonialism* – the carbon metric under the intergenerational justice (May 18, 2023). Available at SSRN: https://ssrn.com/abstract=4452354 or http://dx.doi.org/10.2139/ssrn.4452354. Access: 12 jun. 2024. O termo "neocolonialismo climático" é de recente surgimento nos debates sobre justiça climática e desigualdades globais na resposta às mudanças climáticas, intensificando-se desde os anos 2000. A partir do conceito de "neocolonialismo" de Kwame Nkrumah da década de 1960, refere-se ao controle econômico e político contínuo dos países hegemônicos sobre os demais. Este controle é visto em políticas climáticas, nas quais países desenvolvidos, responsáveis pela maioria histórica das emissões, impõem custos de mitigação aos países em desenvolvimento. Assim, comunidades locais e indígenas muitas vezes são marginalizadas em iniciativas climáticas e acordos internacionais, o que acaba por reforçar, cada vez mais, desigualdades.

2. MARCOS ÉTICOS E LEGAIS DO ESG, A DESCARBONIZAÇÃO NO BRASIL E A BUSCA POR UMA DEMOCRACIA ECOLÓGICA

No Brasil, o conjunto de critérios utilizados para medir o impacto ambiental e social de uma organização, denominados "Ambiental, social e de governança" (ESG, sua sigla em inglês), já ocupa lugar central nas finanças brasileiras na esteira da importância global dada pelos investidores ao tema, principalmente em bolsa de valores. Segundo o relatório *PwC's Global Investor Survey*[7] da empresa de auditoria PWC, realizada com investidores em 2023, 94% dos executivos de finanças creem que a maioria dos relatórios de sustentabilidade não tem informações comprovadas, da mesma forma que 57% dos ativos de mútuos da Europa estão em fundos ESG, o que já representou 15% do total dos valores investidos em mútuos no ano de 2023. Além disso, 77% dos investidores financeiros planejam parar de comprar produtos sem um selo confiável ESG nos próximos dois anos:

> Três quartos dos entrevistados afirmaram que a forma como as empresas gerem os riscos e oportunidades relacionados com a sustentabilidade é um fator importante na sua tomada de decisões de investimento. Os nossos dados também mostram que pretendem melhores informações, incluindo o custo do cumprimento dos compromissos de sustentabilidade e um roteiro claro para os alcançar, combinado com uma visão do que isso significa para os pressupostos das demonstrações financeiras. Além disso, os investidores querem detalhes sobre o impacto das ações das empresas no meio ambiente e na sociedade[8].

Isso demonstra a consolidação – mais rápida do que o próprio mercado acreditava ser possível – de um parâmetro ético nas finanças mundiais que segue critérios de sustentabilidade, sociais e ambientais.

Ao falarmos de critérios éticos e legais em direito climático, outra – e talvez a principal interpretação brasileira – vem do art. 225 da Constituição Federal. Na interpretação que tem sido dada pela Suprema Corte[9], o Brasil é concebido

---

7   CHALMERS, James; PICARD, Nadja. Trust, tech and transformation: navigating investor priorities. *PwC's Global Investor Survey 2023*. Disponível em: https://www.pwc.com/gx/en/issues/c-suite-insights/global-investor-survey.html. Acesso em: 5 jun. 2024.
8   *Idem* (tradução nossa) (n. p.).
9   A chamada Agenda Verde compreende sete casos relacionados à proteção ambiental e ao desenvolvimento sustentável no Brasil. Três desses casos são climáticos e dizem respeito ao governo federal e a ações governamentais que supostamente contrariam o direito constitucional ao meio ambiente ecologicamente equilibrado. Os casos são os seguintes: a Ação Direta de Direitos Fundamentais (ADPF) 708, a ADPF 760 e a Ação Declaratória de Inconstitucionalidade por Omissão (ADO) 59. Nesses casos, a petição inicial e os votos se referem aos impactos climáticos, conforme os relatórios do IPCC, o Acordo de Paris e os Objetivos de Desenvolvimento Sustentável da Agenda 2030 da ONU.

como uma democracia ecológica[10], que deve respeitar e perseguir os objetivos transnacionais de descarbonização e transição energética por ele assumidos.

Um exemplo é o julgamento da Ação Declaratória de Inconstitucionalidade por Omissão (ADO) 59[11], que teve um forte enfoque climático. Neste caso, contestou-se a inação do governo em relação ao cumprimento de seus deveres de proteção ambiental no caso Fundo Amazônia. Decidiu-se que a Constituição Federal de 1988 estabelece e obriga o Estado a proteger o clima por meio da preservação de suas florestas. Enfatizou-se que esses deveres são especialmente importantes como direitos sociais e ambientais, pois exigem ações normativas e práticas para sua realização. O § 1.º do art. 5.º da Constituição Federal exige que o Executivo crie as condições necessárias para efetivar esses direitos, por meio de normas e medidas concretas.

Não menos importante foi o voto emitido pela Ministra Cármen Lúcia na Arguição de Descumprimento de Preceito Fundamental (ADPF) 760[12], em que se referiu ao Brasil como Estado Constitucional Ecológico, enfatizando que a proteção do meio ambiente é uma questão de alcance planetário e que é dever do Estado e da sociedade assegurar equilíbrio ecológico para as presentes e futuras gerações. A dignidade ambiental é vista como elemento central do constitucionalismo contemporâneo e deve considerar não apenas a dignidade da pessoa humana, mas também a dignidade da espécie humana e a preservação do meio ambiente como um todo. A ética ambiental é vista como um princípio essencial para garantir a convivência respeitosa entre o ser humano e a natureza. Com esse julgamento, o Supremo Tribunal Federal corporificou parâmetros que já eram obrigações brasileiras face a tratados transnacionais assumidos, mas que se incorporaram como elementos centrais da interpretação constitucional dada pelo Brasil aos compromissos climáticos e à Agenda 2030, assumidos no âmbito das Nações Unidas.

No mesmo diapasão de nossa Corte Constitucional, que corporificou as obrigações climáticas – do ponto de vista legal – à norma constitucional, a Administração Federal também lançou parâmetros a fim de mobilizar e redirecionar os fluxos de capitais para os investimentos necessários à luta contra a crise climática por meio da Taxonomia das Finanças Sustentáveis do Ministério da Economia.

---

10 MAY, James; DANTAS, Marcelo; BAUER, Luciana. Climate rights in Brazil and the United States: a convergence in contrasts. *Case Western Reserve Journal of International Law* v. 56, p. 439, 2024.
11 BRASIL. Supremo Tribunal Federal. *Ação Declaratória de Inconstitucionalidade por Omissão (ADO) 59/DF*. Rel. Min. Rosa Weber. Pesquisa de Jurisprudência, Acórdãos. 24.8.2023. Disponível em: https://portal.stf.jus.br/processos/detalhe.asp?incidente=5930766. Acesso em: 12 jul. 2024.
12 BRASIL. Supremo Tribunal Federal. *Arguição de Descumprimento de Preceito Fundamental (ADPF) 760*. Rel. Min. Cármen Lúcia. Pesquisa de Jurisprudência, Acórdãos. 4.10.2021. Disponível em: https://portal.stf.jus.br/processos/detalhe.asp?incidente=6049993. Acesso em: 12 jul. 2024.

Tal documento abarca um sistema de classificação que define atividades, ativos e categorias de projetos que contribuem para objetivos climáticos, ambientais e/ou sociais, disponibilizando critérios e indicadores específicos que permitem avaliar se uma atividade contribui para a sustentabilidade e/ou para a transição para uma economia sustentável, com base nas definições da Associação Internacional de Mercado de Capitais (ICMA). Tal taxionomia pretende não somente indicar qual investimento é um acelerador da transição climática, mas também observar que o processo de enfrentamento ocorra democraticamente, com a criação de empregos e renda, a promoção da competitividade e da produtividade, o enfrentamento dos desafios ambientais e climáticos, com redução das desigualdades em suas várias dimensões.

Em um mundo em que os mercados financeiros são essenciais para o financiamento da transição energética e a troca da matriz de carbono, os principais objetivos estratégicos da Taxonomia Sustentável do Brasil são os seguintes: mobilizar e reorientar o financiamento e os investimentos públicos e privados para atividades econômicas com impactos ambientais, climáticos e sociais positivos, visando ao desenvolvimento sustentável, inclusivo e regenerativo e promover o desenvolvimento tecnológico voltado à sustentabilidade ambiental, climática, social e econômica, com elevação de produtividade e competitividade da economia brasileira em bases sustentáveis. Estas regras macro e microeconômicas pretendem também criar bases para produção de informações confiáveis dos fluxos das finanças sustentáveis ao estimular a transparência, a integridade e a visão de longo prazo para a atividade econômica e financeira. É uma forma de monitorar e efetivar a plena estratégia de transformação da economia brasileira de uma base de carbono para uma base de carbono neutro.

A taxionomia elenca como objetivos climáticos: a mitigação da mudança do clima; a adaptação às mudanças climáticas; a proteção e a restauração da biodiversidade e dos ecossistemas; o uso sustentável do solo e a conservação, o manejo e o uso sustentável das florestas; o uso sustentável e a proteção de recursos hídricos e marinhos; a transição para uma economia verdadeiramente circular e a prevenção e o controle de contaminação e deterioração dos recursos naturais. Tal documento arrola ainda objetivos econômico-sociais que possuem muita repercussão em nossa Constituição Federal, quais sejam: a geração de trabalho decente e elevação da renda; a redução das desigualdades socioeconômicas, considerando aspectos raciais e de gênero; a redução das desigualdades regionais e territoriais do país; além da promoção da qualidade de vida, com garantia de direitos e ampliação do acesso a serviços sociais básicos, impulsionando, assim, uma economia verde focada no equilíbrio que nasce do desenvolvimento sustentável e do bem-estar da sociedade.

A esses esforços do Ministério da Economia ainda se somam a nova Contribuição Nacionalmente Determinada (NDC, em inglês), de outubro de 2023, apresentada pelo Brasil junto à Convenção-Quadro das Nações Unidas sobre Mudanças Climáticas (UNFCCC, em inglês)[13], a qual aumenta a ambição climática do Brasil nos compromissos já formados junto à ONU, além de iniciativas como a criação do Fundo Clima[14], que tornará disponível a governos, empresas e organizações sociais um orçamento dedicado ao enfrentamento dos efeitos das mudanças climáticas. O Brasil ainda adotou uma abordagem de governança climática multinível e multissetorial, a fim de atuar em conjunto com estados, municípios e setores produtivos e sociais no cumprimento de sua NDC e na promoção de soluções para a adaptação às mudanças climáticas no país.

Estes são os novos marcos legais, éticos e jurisprudenciais que devem pautar toda a descarbonização brasileira e que se tornam cogentes dentro da perspectiva de parâmetros ESG em toda ação em que se pretenda implementar institucionalmente uma agenda de descarbonização, sustentabilidade e conservação da biodiversidade.

3. NOVOS DILEMAS ESG, *GREENWASHING* E ESTRATÉGIAS DE DESCARBONIZAÇÃO EM UM PAÍS DE *COMMODITIES* AGRÍCOLAS E MINERAIS

O Brasil alterna as posições de quarto e quinto maior emissor de carbono do mundo[15] nas duas últimas décadas, embora possua densas florestas e vasta potencialidade de encabeçar globalmente a iniciativa de fixação de carbono pela reflorestação de áreas degradadas. Esta emissão se dá pelo desmatamento, muito mais do que pela queima de combustíveis fósseis. A maior parte das emissões brutas é causada por alterações de uso da terra, que, em sua maioria, consistem no desmatamento do bioma Amazônia; no entanto, nas medições de 2024 (ainda não oficiais), o bioma Cerrado passou a ser o mais desmatado[16].

---

13 BRASIL. *Contribuição Nacionalmente Determinada (NDC)*. Outubro de 2023. Apresentada à Convenção-Quadro das Nações Unidas sobre Mudanças Climáticas (UNFCCC, sigla em inglês). Disponível em: https://www.gov.br/mma/pt-br/assuntos/mudanca-do-clima/NDC. Acesso em: 11 jun. 2024.

14 BANCO NACIONAL DE DESENVOLVIMENTO ECONÔMICO E SOCIAL (BRASIL). *Fundo Clima*. Disponível em: https://www.bndes.gov.br/wps/portal/site/home/financiamento/produto/fundo-clima. Acesso em: 7 jun. 2024.

15 POTENZA, Renata Fragoso et al. *Análise das emissões de gases de efeito estufa e suas implicações para as metas climáticas do Brasil 1970-2021. 10 anos SEEG*. 2023. Disponível em: https://www.oc.eco.br/wp-content/uploads/2023/03/SEEG-10-anos-v4.pdf. Acesso em: 7 jun. 2024.

16 MAPBIOMAS ALERTA. Autoria de LAMA, Carolina Del et al. *Relatório Anual do Desmatamento no Brasil* – RAD 2023. Disponível em: https://storage.googleapis.com/alerta-public/rad_2023/RAD2023_COMPLETO_FINAL_28-05-24.pdf. Acesso em: 12 jun. 2024.

Um dos pontos centrais para entender a métrica das emissões de carbono brasileiras é entender que ela é resultado de um conflito fundiário, em que vastas áreas de terras públicas ou devolutas são desmatadas em processos de aquisição por particulares chamados grileiros. As terras devolutas são assim chamadas porque, ainda na era colonial, os particulares que recebiam seus lotes e não queriam ou podiam mais os gerenciar, devolviam-nos para o Brasil Império. São áreas remanescentes de sesmarias não colonizadas e transferidas ao domínio do Estado pelo art. 64 da Constituição Federal de 24 de fevereiro de 1891. Também são definidas como terras públicas sem destinação pelo poder público e que, em nenhum momento, integraram o patrimônio de um particular. Temos, então, essas terras públicas de titularidade da República brasileira como as grandes reféns dos interesses privados que acabam por degradá-las. Estas terras geralmente são destinadas ao uso de gado extensivo ou à produção de grãos para este mesmo gado.

O IPAM – Instituto de Desenvolvimento da Amazônia – e a Amazônia de Pé – movimento pela proteção das florestas e dos povos da Amazônia – lançaram o Observatório das Florestas Públicas[17], uma plataforma com o objetivo de centralizar e disponibilizar os dados sobre estoque de carbono, desmatamento e biodiversidade de terras em florestas públicas, muitas delas que aparecem sub-repticiamente como terras privadas, burlando os cadastros públicos e facilitando o desmatamento. Estas florestas públicas não destinadas são justamente todas as terras de floresta da União que não possuem ainda uma destinação específica, mas não deixam de ser patrimônio da União.

Esta pressão por terra em um país que tem sua riqueza em *commodities* minerais e agrícolas é o grande fator de violência e desmatamento. Segundo o relatório de violência do campo da Comissão Pastoral da Terra, 2023 foi o ano de maior número de conflitos desde 1985:

> A maioria dos conflitos registrados é pela terra (1.724, sendo também o maior número registrado pela CPT), seguidos de ocorrências de trabalho escravo rural (251) e conflitos pela água (225). Dentre os estados, o maior número foi registrado na Bahia, com 249, seguido do Pará (227), Maranhão (206), Rondônia (186) e Goiás (167). Dentre as regiões, a região Norte foi a que mais registrou conflitos (810), seguida da região Nordeste (665), Centro-Oeste (353), Sudeste (207), e por fim, a região Sul, com 168 ocorrências. Os conflitos envolveram 950.847 pessoas, disputando hectares em todo o Brasil. O número de pessoas envolvidas é 2,8% maior em relação às 923.556 pessoas envolvidas em conflitos no campo em 2022, mas a área em disputa é 26,8% menor, tendo sido 81.243.217 hectares disputados no mesmo período de comparação[18].

---

17 Disponível em: https://deolhonasflorestaspublicas.org.br/. Acesso em: 7 maio 2024.
18 COMISSÃO PASTORAL DA TERRA. *Conflitos no campo Brasil 2023*. Centro de Documentação Dom Tomás Balduíno. Goiânia: CPT Nacional, 2024, p. 105. Disponível em: https://www.cptnacional.org.br/publicacoes-2/destaque/6746-conflitos-no-campo-brasil-2023. Acesso em: 5 jun. 2024.

Outra grande preocupação originada de uma atividade econômica de transição mal planejada diz respeito aos créditos de carbono serem utilizados para reflorestamento com monoculturas, como as dos pinheiros e coníferas de crescimento rápido e exógenas; originando, assim, os chamados grandes desertos verdes[19]. Afinal, na monocultura não há biodiversidade. Embora a mata jovem em crescimento absorva mais CO_2, o uso que ela enseja de agrotóxicos para seu cultivo e o uso igualmente massivo de recursos hídricos são, do ponto de vista de sustentabilidade ambiental ou biológica, inviáveis[20]. Esse modelo de pecuária extensiva e de monocultura de grãos é problemático do ponto de vista da sustentabilidade e deixa reféns boa parte das empresas e propriedades agroindustriais do Brasil. Isso porque este sistema produtivo de monocultura (baseado em altas cargas de agrotóxicos, que carregam desreguladores endócrinos, e na produção de alimentos somente como mercadoria e não como – também – um meio de segurança alimentar nacional) exaure recursos hídricos coletivos e deteriora a saúde da população e a biodiversidade. Este modelo é insustentável do ponto de vista climático e tão danoso quanto a própria matriz de carbono da indústria petrolífera.

O setor energético no Brasil também enfrenta um desafio para equilibrar a implantação de usinas de energia eólica e solar. O bioma Caatinga, único bioma genuinamente brasileiro, é o mais propício à implantação de energia solar ou eólica. Porém, ele é um bioma altamente eficaz em fixação de carbono[21]. Evidenciando que toda indústria, mesmo que contribua com a transição energética e a descarbonização, possui um impacto ambiental que deve ser mitigado e controlado, principalmente quando se trata de desmatamento de vegetação nativa. Com a crise climática e a disputa por territórios verdes agravada[22] a incorporação de objetivos empresariais realmente preocupados com o aspecto socioambiental de seus negócios não será mais facultativa. Tanto pelo aspecto regulatório, que exigirá uma *due diligence* cada vez maior nos investimentos

---

19 GUERINO, R. M. G. *et al.* Expansion and socio-environmental impacts of the culture of Eucalyptus spp. (Myrtaceae) in Brazil: a literature panorama. *Research, Society and Development*, [S. l.], v. 11, n. 3, 2022. DOI: 10.33448/rsd-v11i3.26751. Disponível em: https://rsdjournal.org/index.php/rsd/article/view/26751. Acesso em: 12 jun. 2024.

20 GUERRINI, Iraê Amaral. Há necessidade de nova regra global para o mercado de carbono. *Interesse Nacional*, 11 outubro 2023. Disponível em: https://interessenacional.com.br/portal/ha-necessidade-de-nova-regra-global-para-o-mercado-de-carbono. Acesso em: 12 jun. 2024.

21 MENDES, K. R. *et al.* Seasonal variation in net ecosystem CO2 exchange of a Brazilian seasonally dry tropical forest. *Sci Rep 10*, 9454 (2020). Disponível em: https://doi.org/10.1038/s41598-020-66415-w. Acesso em: 13 jun. 2024.

22 DAMASIO, Kevin. *Expansão da energia eólica e solar no Nordeste promove desmatamento e gera conflitos entre empresas e comunidades*. Instituto Humanas Unisinos; Adital, 29 de janeiro de 2024. Disponível em: https://www.ihu.unisinos.br/categorias/636296-caatinga-vive-o-dilema-da-transicao-energetica-justa. Acesso em: 12 jun. 2024.

sustentáveis, quanto pela exigência da própria sociedade por transparência das políticas empresariais verdes[23].

Por sua vez, a exploração de petróleo hoje ambicionada pelo Estado brasileiro na foz do rio Amazonas – uma vez que a exploração de petróleo se tornou um *case* de sucesso na Guiana Francesa, que subiu seu PIB em 38% no último ano – é um grande problema ambiental à frente[24]. Não só por somar mais uma fonte de carbono para um mundo que tenta se descarbonizar, mas por não possuir qualquer suporte factível de se ter uma eficaz redução de danos em caso de desastre, como indicado na Recomendação n. 7/2023[25] do Ministério Público Federal. O órgão de fiscalização das normas legais verificou ser "remota a possibilidade de resgate e reabilitação da fauna e, consequentemente, provável perda da biodiversidade impactada em caso de acidente com vazamento de óleo"[26]. Isso inviabiliza, do ponto de vista humano e de sustentabilidade, o projeto neste momento de desenvolvimento tecnológico, pois não garante que, em um futuro desastre, haja a possibilidade de rápida reversão.

4. O ESG BRASILEIRO

Então quais são as soluções possíveis? Afinal, nenhuma empresa agropecuária ou industrial nasce para degradar ou espoliar, mas sim para trazer – por meio de sua atividade – riqueza para todos que dela participam. Quais são os mecanismos de governança, social e ambiental para que se tenha um roteiro certo nesta trajetória? Qual é a face do ESG brasileiro?

Inicialmente houve muita desconfiança em relação ao termo ESG, por ser possível percebê-lo como mais um mecanismo de tergiversação e de colonialismo[27]. Não obstante, em um país com uma legislação ambiental já tão antiga e forte, a

---

23 COSTA, Heitor Scalambrini. *"Negócios do vento" no Nordeste brasileiro*: caso a investigar. Instituto Humanas Unisinos; Adital, 28 de março 2018. Disponível em: https://www.ihu.unisinos.br/publicacoes/78-noticias/577430-negocios-do-vento-no-nordeste-brasileiro-caso-a-investigar. Acesso em: 12 jun. 2024.

24 BALAGO, Rafael. País que mais cresce no mundo, Guiana deve avançar 38% em 2023. *Revista Exame*. Publicado em 28 de setembro de 2023. Última atualização em 1.º de dezembro de 2023. Disponível em: https://exame.com/mundo/pais-que-mais-cresce-no-mundo-deve-avancar-38-e-acende-debate-sobre-petroleo-na-foz-do-amazonas/. Acesso em: 10 mar. 2024.

25 BRASIL. Ministério Público Federal. Procuradoria da República no Amapá. *Recomendação n. 7/2023*. Disponível em: https://www.mpf.mp.br/ap/sala-de-imprensa/docs/recomendacao_7_2023_prap.pdf. Acesso em: 10 jun. 2022.

26 *Idem*, p. 11. Acesso em: 10 jun. 2022.

27 ARBEX, Fernando *et al*. ESG: a nova cara do capitalismo. *MIT Review of Technology Brasil [e Salesforce]*. Rio de Janeiro, ano 1, n. 3, especial, jul. 2021. Disponível em: https://mittechreview.com.br/wp-content/uploads/2021/07/trbr_special_edition_salesforce_25062021.pdf. Acesso em: 3 out. 2022.

implementação de critérios não só ambientais, mas também climáticos e de governança rumo à justiça social, é impositiva. Há uma enorme sequência de acordos transnacionais aos quais o Brasil aderiu desde a Rio 92 e que, na sequência de internalização das normas, acabam por impor modificações também às empresas, pois, no mundo globalizado, a *due diligence* está cada vez mais à frente dos negócios.

Em 24 de maio de 2024, o processo de adoção da proposta de Diretiva sobre *due diligence* corporativa em sustentabilidade apresentada pela Comissão Europeia ao Conselho da União Europeia foi completado. Na *Corporate Sustainability Due Diligence Directive*[28], reflete-se a regra mais ambiciosa de *due diligence* climática e ambiental europeia. Nesta nova diretiva, as empresas europeias ou com negócios com países e companhias europeias (empresas com operações próprias, subsidiárias, parceiras etc.) devem necessariamente identificar e mitigar os impactos adversos aos direitos humanos e ao meio ambiente, com enfoque também climático.

Segundo o índice de sustentabilidade da B3[29], a Bolsa de Valores brasileira, cerca de 83% das empresas totais listadas já integram metas ESG. A bolsa também já possui um índice de sustentabilidade empresarial (ISE), o qual, por sua vez, inclui os objetivos da Agenda 2030 nos seus processos e estratégias, metas e resultados. Outras características do ESG genuinamente brasileiro dialogam com a proteção de biomas específicos do país, ou de populações tradicionais, e reafirmam todas as políticas recentes de igualdade racial, tão importantes para uma efetiva igualdade de oportunidades em território brasileiro.

Assim, com este panorama, temos algumas peculiaridades do ESG genuinamente brasileiro, como bem ilustra o *Guia ESG da Advocacia 2023* da OABRS[30], cujo enfoque é inicialmente dirigido a escritórios de advocacia, mas que bem ilustram um recorte geral de todo ESG nacional, uma vez que as conformidades são hoje cogentes para todos. Como o próprio manual refere, "ESG não é voluntário e não é filantropia". Ou seja, o Brasil se deu conta que – sendo o mercado financeiro cada vez mais moldado por conceitos ESG – as empresas terão mais apelo aos investidores quanto mais ESG moldarem para si. Em um país já acostumado com uma rotina de *due diligence* ambiental, a aplicação das demais faces (climática, social e de sustentabilidade) é facilitada pela própria cultura institucional das empresas.

---

28 COMISSÃO EUROPEIA. *Corporate Sustainability Due Diligence Directive*, 23.2.2022. Disponível em: https://commission.europa.eu/business-economy-euro/doing-business-eu/corporate-sustainability-due-diligence_en. Acesso em: 12 jun. 2024.

29 Índice de Sustentabilidade Empresarial (ISE B3). Disponível em: https://www.b3.com.br/pt_br/market-data-e-indices/indices/indices-de-sustentabilidade/indice-de-sustentabilidade-empresarial-ise-b3.htm. Acesso em: 12 jun. 2024.

30 Documento disponível em: https://admsite.oabrs.org.br/arquivos/file_64d40e3c5fe7e.pdf. Acesso em: 12 jun. 2024.

Neste contexto, o ESG brasileiro teria, como características básicas, reflexos dos nossos principais problemas no setor de cumprimento dos objetivos da Agenda 2030, além de pactos transnacionais, como combate à corrupção, ao trabalho escravo etc. As características locais brasileiras de ESG são moldadas por um conjunto único de desafios e oportunidades decorrentes de suas particularidades ambientais, sociais e econômicas. Aqui estão algumas características específicas e as razões por trás delas:

1) *Biodiversidade e Preservação Ambiental.* Por termos a maior biodiversidade do mundo e a presença de biomas únicos como a Amazônia, a Mata Atlântica, o Pantanal, o Cerrado e a Caatinga (esta última genuinamente brasileira), necessitamos reafirmar políticas robustas para a conservação de florestas e a proteção da fauna e da flora endêmicas. A biodiversidade brasileira, como dito, é a maior do mundo, e sua preservação é crucial, não apenas para o Brasil, mas para o equilíbrio ecológico global. Sua exploração sustentável é fundamental para manter a saúde dos ecossistemas e evitar a degradação ambiental.

2) *Questões Energéticas e de Sustentabilidade.* O Brasil tem alto potencial para energia renovável, especialmente hidroelétrica, eólica e solar. Desafios na transição energética e no acesso universal à energia limpa se interconectam com os demais desafios. A matriz energética brasileira já é uma das mais limpas do mundo, mas a diversificação e a expansão das fontes renováveis são essenciais para reduzir ainda mais a dependência de fontes fósseis e minimizar impactos ambientais.

3) *Responsabilidade Social e Inclusão.* O Brasil é um dos países mais desiguais do mundo, com altos índices de pobreza e exclusão social. O ESG brasileiro foca na necessidade de programas de inclusão social e econômica, bem como em iniciativas para educação e saúde. Este tópico específico requer políticas de ESG enfocadas em promover a equidade, melhorar a qualidade de vida das comunidades vulneráveis e garantir o acesso a serviços básicos.

4) *Governança Corporativa e Transparência em um país que possui corrupção endêmica.* Temos um passado de corrupção política e de *lawfare* contra políticos ao argumento de combate à corrupção, o que faz com que nosso ESG brasileiro tenha que dar importante peso à transparência e ao combate à corrupção. A corrupção é um problema persistente que afeta a confiança nas instituições e nos negócios, exigindo um enfoque rigoroso na governança e na ética empresariais para garantir práticas justas e transparentes.

5) *Impacto das Mudanças Climáticas.* Nosso país possui 90% do território vulnerável a eventos climáticos extremos como secas, inundações e desmatamento. Precisamos buscar ações também locais para a necessidade de políticas de adaptação e mitigação às mudanças climáticas. As mudanças climáticas têm um impacto

direto nas atividades econômicas e na vida das populações, especialmente nas áreas rurais e nas comunidades tradicionais, tornando crucial o desenvolvimento de estratégias de resiliência.

6) *Relação com Comunidades Indígenas e Tradicionais*. Quase 1% de população do Brasil é de origem indígena e autóctone: muitas comunidades isoladas precisam de suporte para continuarem sobrevivendo com dignidade humana. A presença de numerosas comunidades indígenas e quilombolas com direitos territoriais e culturais específicos, além dos conflitos relacionados ao uso da terra e aos recursos naturais, fazem com que empreendimentos próximos a comunidades indígenas e aos rios e recursos hídricos usados por essas comunidades sejam centrais nesta característica do ESG. O respeito e a inclusão das comunidades indígenas e tradicionais são fundamentais para a justiça social e a preservação cultural, além de serem importantes parceiros na conservação ambiental.

7) *Desenvolvimento Sustentável e Inovação*. O Brasil possui potencial para inovação em agricultura sustentável, biotecnologia e tecnologias limpas, mas atualmente é um dos países que mais desmata e usa agrotóxicos. A virada para o empreendedorismo verde e para as *startups* que oferecem soluções para problemas ambientais e sociais é central em um ESG genuinamente brasileiro. O desenvolvimento de soluções inovadoras pode ajudar a enfrentar os desafios ambientais e sociais do Brasil, promovendo um crescimento econômico sustentável e inclusivo também no campo, com respeito a comunidades tradicionais e sem conflito agrário ou uso de terras públicas – o que é ilegal.

5. SOLUÇÕES E INOVAÇÕES

Cada vez mais empresas brasileiras que aplicam ESG vão se tornando *cases* de sucesso. A resposta está em implementar mecanismos eficazes de diligência ambiental e climática, sem qualquer tergiversação ou *greenwashing*. Afinal, em um mundo inabitável[31], não haverá consumidores, e muito menos investidores com paciência para o ecocídio, que, como sabemos, pode derrubar uma marca ou um produto.

Exemplos retiramos de três empreendimentos que usam de criatividade e de saberes ancestrais para repovoar a floresta e ressignificar a descarbonização com sustentabilidade, resultando em grande ganho para as empresas e para os entes públicos e privados envolvidos.

---

31 Aqui fazemos referência ao livro de David Wallace-Wells, traduzido ao português por Cássio de Arantes Leite, intitulado *A terra inabitável*: uma história do futuro, publicado em 2019 pela Companhia das Letras. Nele, debatem-se os problemas que serão enfrentados no século XXI em razão das mudanças climáticas globais.

O primeiro vem da nova tecnologia de hidrogênio verde e da maior empresa de energia elétrica de distribuição do Brasil, a Eletrobras (ELET3), que, em comunicado na Comissão de Valores Mobiliários (CVM) em maio 2024[32], firmou memorando de entendimento com a Prumo Logística, *holding* que desenvolve o Porto do Açu, para avaliar a implantação de projetos de baixo carbono no porto-indústria localizado no Norte Fluminense (RJ), com foco em produção de hidrogênio renovável e seus derivados. Em outras palavras, a própria empresa, que em sua matriz energética conta com queima de carbono (embora baixo para padrões mundiais, já que a matriz brasileira de energia elétrica é composta de quase 80% de renováveis), já começa a fazer projetos para abandonar essa matriz por outras mais modernas e de fácil exportação. Isso evidencia uma adequação voluntária dos grandes *players* de *commodities* ao mercado de transição energética, bem como as demandas dos futuros grandes importadores de hidrogênio verde: os países da Europa.

O segundo vem do reflorestamento com matas nativas e garantia de biodiversidade de áreas privadas e públicas, financiado por créditos do mercado voluntário de carbono. Como exemplo, citamos o empreendimento da Morfo Brasil na restauração ecológica que está sendo realizada pela empresa na Fazenda das Palmas, da família Almeida Braga, localizada em Vassouras, Rio de Janeiro[33]. Tal ação vem sendo facilitada em grande parte pelo uso de ferramentas tecnológicas como drones e monitoramento por satélite, para recuperar grandes áreas degradadas. A parceria também se volta ao poder público, pois a empresa está em tratativas com a prefeitura do Rio de Janeiro com objetivo de reflorestar as áreas verdes do município. Os drones utilizados pela *startup* farão a dispersão das sementes nativas em zonas de difícil acesso e, principalmente, áreas com acesso ao reflorestamento de encostas. Vale mencionar a importância do reflorestamento de encostas no estado do Rio de Janeiro, pois, em razão do maior aumento do volume de chuvas pelo aquecimento global, há deslizamento de morros sem cobertura vegetal. Além disso, garante-se também a recuperação de recursos hídricos locais.

Um importante resultado desta parceria é o lucro obtido pelos reflorestadores:

> Mas recuperar grandes áreas também possibilita ganhos financeiros suficientes para custear a certificação dos créditos de carbono, vendidos para cobrir todos os custos e dar lucro aos proprietários rurais. As certificações dos créditos de CO_2 são feitas

---

[32] AUGUSTO, Pasquale. Eletrobras (ELET3) firma acordo para implantação de projetos de baixo carbono; confira. *Money Times*, 5.6.2024. Disponível em: https://www.moneytimes.com.br/eletrobras-elet3-para-implantacao-de-projetos-de-baixo-carbono-confira-pads/. Acesso em: 12 jun. 2024.

[33] LOUVEN, Mariza Recuperação ecológica em fazenda no RJ vai gerar lucro com a venda de créditos de CO2. *Carbon Report*, 15.1.2024. Disponível em: https://carbonreport.com.br/recuperacao-ecologica-em-fazenda-no-rj-vai-gerar-lucro-com-a-venda-de-creditos-de-co2/. Acesso em: 11 jan. 2024.

por organismos independentes, que funcionam como intermediários entre o projeto emissor dos títulos e os interessados em investir neles. "Os investidores têm que ter a segurança de que o projeto foi validado". No mercado voluntário de carbono, o governo não faz parte do processo. A certificação tem o papel de fiel da balança, para garantir que os créditos correspondem à efetiva captura de carbono durante todos os anos a que o projeto se refere. Tecnologia transforma custo em lucro[34].

A terceira lição que podemos tirar desta transição rumo à descarbonização e da cada vez maior aplicação do ESG é clara. As soluções locais também contam, e muito. Cada região utiliza o que tem de melhor no combate à indústria que produz gases de efeito estufa para atividades lucrativas. Exemplo disso é o turismo verde, especialmente o turismo em terras ancestrais, que traz a "pegada" de engajamento e de diversidade a novos viajantes cada vez mais globais, cada vez mais exigentes.

> A Terra Indígena Tenondé Porã, uma comunidade com 7 aldeias, situada no extremo sul da cidade de São Paulo (SP). Por lá, o Turismo Sustentável e de Base Comunitária são utilizados como forma de valorização e fortalecimento cultural, dissolução de preconceitos e preservação das matas. Seguindo estas premissas, o roteiro oferta aos visitantes a rotina da aldeia indígena com mutirões agroecológicos, entre outras atividades. Além disso, o destino possui diversos atrativos naturais e trilhas ao longo de seu território, como é o caso do rio Capivari, principal curso d'água que atravessa as terras indígenas. São aproximadamente 16 quilômetros de percurso com diversas cachoeiras, corredeiras e áreas de remanso[35].

Vale ter em mente que a importância dos esforços de adaptação das empresas a esta nova realidade e ao novo mercado que isso engloba não deve ser vista apenas como o cumprimento de um requisito legal, mas como parâmetros a serem observados para a sobrevivência da empresa em um mundo em que não mais se aceita a base econômica fincada no carbono.

Para além das soluções empresariais privadas, órgãos governamentais (em especial a Comissão de Valores Imobiliários – CVM) e entidades sem fins lucrativos (como o International Sustainability Standards Board – ISSB) possuem iniciativas pioneiras para a regulamentação e a padronização do ESG em face da lacuna regulatória em investimentos sustentáveis.

Em 2023, a CVM emitiu a Resolução n. 193[36], lançando no Brasil a primeira regulamentação de relatórios de informações financeiras relacionados à

---

34 Idem (n. p.).
35 BRASIL. Assessoria de Comunicação do Ministério do Turismo. Autoria de MACIEL, Victor. Disponível em: https://www.gov.br/turismo/pt-br/assuntos/noticias/terras-indigenas-ofertam-opcoes-sus tentaveis-de-etnoturismo-e-ecoturismo. Acesso em: 11 jun. 2024.
36 BRASIL. Comissão de Valores Mobiliários. Resolução CVM n. 193. Dispõe sobre a elaboração e divulgação do relatório de informações financeiras relacionadas à sustentabilidade, com base no padrão internacional emitido pelo International Sustainability Standards Board – ISSB. Publicada no *DOU* de

sustentabilidade. Além de dar um passo importante de mitigação de práticas de *greenwashing*, o documento adota os indicadores IFRS S1 (General Requirements for Disclosure of Sustainability-related Financial Information) e o IFRS S2 (Climate-related Disclosures, emitidos pelo International Sustainability Standards Board (ISSB)), facilitando a avaliação financeira das medidas sustentáveis corporativas por investidores. Em um primeiro momento, a adoção dos indicadores IFRS S1 e IFRS S2 é voluntária. Contudo, a partir de 2026 toda empresa de capital aberto brasileira obrigatoriamente deverá divulgar suas informações financeiras relacionadas à sustentabilidade conforme os parâmetros do CVM. Ao que tudo indica, o Brasil caminha para uma maior regulamentação do ESG, contribuindo de certa forma para o aprimoramento das práticas empresariais relacionadas ao tema.

Além disso, a ABNT têm contribuído para o estabelecimento de critérios técnicos na abordagem ESG por meio das normas ABNT PR 2030[37] e ABNT PR 2060[38]. Esta última aborda requisitos para que uma entidade demonstre a neutralidade de carbono, enquanto a primeira apresenta o conceito de ESG e de seus critérios, exemplificando o que é o ESG na prática e como incorporar seus temas nos objetivos empresariais. Embora ambas sejam recomendações não vinculantes, tornar a sustentabilidade mais objetiva é essencial para evitar o uso indevido de termos tão relevantes como descarbonização, reflorestamento e economia circular para fins de *greenwashing*.

A cada evento extremo – e eles se reproduzem de forma alarmante –, mais e mais pessoas globalmente se conscientizam de que a descarbonização é uma tarefa pessoal, mas também é dever de um país. Uma tarefa pessoal, mas também do conjunto econômico e social do qual ela faz parte. Mesmo o mais empedernido negacionista climático há de se curvar aos consumidores de seus produtos que não aceitam mais o peso enorme trazido pela não descarbonização. A aplicação do critério ESG neste processo é a medida racional para que haja segurança nos resultados e possibilidade de medição, levando-se em conta que o público exige que seu clima seja estável e previsível não somente para esta geração, mas para as futuras também.

23.10.2023. Disponível em: https://conteudo.cvm.gov.br/legislacao/resolucoes/resol193.html. Acesso em: 14 jun. 2024.

37 ASSOCIAÇÃO BRASILEIRA DE NORMAS TÉCNICAS. ABNT PR 2030:2022. *Ambiental, social e governança (ESG)* – conceitos, diretrizes e modelo de avaliação e direcionamento para organizações. 1. ed. Rio de Janeiro, 2023.

38 ASSOCIAÇÃO BRASILEIRA DE NORMAS TÉCNICAS. ABNT PR 2060:2022. *Especificação para a demonstração de neutralidade de carbono*. 1. ed. Rio de Janeiro, 2022.

6. CONCLUSÃO

Atualmente são inúmeros os esforços do Brasil no combate ao aquecimento global e na adaptação e mitigação da emergência climática. O país vem modernizando sua política de parâmetros climáticos com a nova NDC, com sua taxonomia sustentável dirigida a todas as atividades econômicas e com as novas decisões vinculantes que surgem nos tribunais brasileiros, em especial na sua Suprema Corte. O estabelecimento do Brasil como uma Democracia Ecológica segue o art. 225 de nossa Constituição, no qual se garante o direito a um clima estável e propício à vida, em que todos os esforços do país devem se dirigir ao objetivo-chave da sobrevivência humana.

Neste contexto, os desafios da implementação real de um mercado de carbono inclusivo e propício à justiça social e climática aliam-se a novas práticas ESG e a novas políticas climáticas adotadas por entes públicos e privados, a fim de minorar danos ambientais, manter a diversidade biológica e evitar o *greenwashing*. Este último, subterfúgio tão comum em um país de exportação de *comodities* agrícolas e minerais, necessariamente impõe desafios, como os de evitar conflitos pela terra e reduzir ao máximo o desflorestamento e a degradação ambientais. Acrescente-se a eles a manutenção da população originária, ribeirinha e tradicional, com seus meios de produção dignos e sustentáveis.

Incorporar todos estes tópicos à discussão mais ampla do dilema ESG das empresas e dos órgãos públicos nos permitirá uma exploração mais profunda e mais eficaz da transição energética que o país tanto ambiciona; além de inovar com mecanismos que a um só tempo podem nos trazer tanto justiça climática quanto a redução das desigualdades sociais.

LITIGÂNCIA DE MASSA EM CASOS DE PÓS-DESASTRE AMBIENTAL: TUTELA COLETIVA E CASOS REPETITIVOS

Délton Winter de Carvalho[1]
Hermes Zaneti Jr.[2]

1. ASPECTOS INTRODUTÓRIOS: A JURISDIÇÃO CIVIL DURANTE E APÓS A TORMENTA

As cortes judiciais exercem, para além de uma função preventiva, também uma *função de responder* a eventos extremos, após a sua ocorrência, seja (i) assegurar a aplicação do direito, fornecendo suporte e segurança jurídica às entidades da

---

[1] Professor de Direito Ambiental no Programa de Pós-graduação em Direito da Universidade do Vale do Rio dos Sinos – UNISINOS, nível Mestrado e Doutorado. Pós-doutor University of California, Berkeley, CA, USA. Doutor e Mestre em Direito Público, UNISINOS. Líder do Grupo de Pesquisa Direito, Risco e Ecocomplexidade (CNPq/PPGD UNISINOS). Professor Visitante na Berkeley School of Law. *Visiting Scholar* na Loyola University, New Orleans. Advogado, consultor jurídico e parecerista. Membro da CEMCDA – Comissão Especial de Mudanças Climáticas e Desastres Ambientais da OAB Nacional. Membro da Comissão de Direito Ambiental da OAB/RS e do IAB – Instituto dos Advogados Brasileiros. Este texto é resultado direto de projeto de pesquisa vinculado ao Programa Emergencial de Prevenção e Enfrentamento de Desastres Relacionados a Emergências Climáticas, Eventos Extremos e Acidentes Ambientais, PDPG Emergências Climáticas CAPES, Processo n. 23038.001317/2022-55 (Responsabilidade Civil num Cenário de Emergência Climática). E-mail: delton@deltoncarvalho.com.br.

[2] Professor de Direito Processual Civil na Graduação e membro permanente do programa de Mestrado da Universidade Federal do Espírito Santo (UFES). Pós-doutorado em Direito Processual pela Università degli Studi di Torino/IT (UNITO). Doutor em Direito, área de concentração Teoria do Direito e Filosofia do Direito, pela Università degli Studi di Roma 3 (UNIROMA3). Doutor e Mestre em Direito, área de concentração Direito Processual, pela Universidade Federal do Rio Grande do Sul (UFRGS). Membro da IAPL (International Association of Procedural Law), do IIDP (Instituto Iberoamericano de Derecho Procesal) e do IBDP (Instituto Brasileiro de Direito Processual). Membro da ABRAMPA (Associação Brasileira dos Membros do Ministério Público de Meio Ambiente) e do MPCON (Associação Nacional do Ministério Público do Consumidor). Promotor de Justiça no Estado do Espírito Santo (MPES). Dirigente do Centro de Estudos e Aperfeiçoamento Funcional do Ministério Público do Espírito Santo (CEAF/MPES). Diretor da Escola Nacional do Ministério Público (ENAMP/CDEMP). Este trabalho é resultado das atividades do grupo de pesquisa "Fundamentos do Processo Civil Contemporâneo", vinculado à Universidade Federal do Espírito Santo (UFES) e cadastrado no Diretório de Grupos de Pesquisa do CNPq (http://dgp.cnpq.br/dgp/espelhogrupo/0258496297445429). O Grupo FPCC é fundador da ProcNet – Rede Internacional de Pesquisa – Justiça Civil e Processo Contemporâneo. Para obter informações sobre a atividade do grupo, acesse o site do LAPROCON – Laboratório de Processo Constitucional UFES (http://laprocon.ufes.br/). *Visiting Scholar* na Universidade de Zagreb, 2023 (Programa Erasmus +). E-mail: hermeszanetijr@gmail.com.

administração pública competentes para a resposta emergencial, tais como a defesa civil, entidades não governamentais de socorro às vítimas, órgãos ambientais e concessionárias de serviços essenciais, por exemplo; (ii) construindo os meios de garantia de direitos emergentes do evento às vítimas ou imponto deveres de socorro e de prestação de auxílio aos afetados; (iii) ou mesmo promovendo a atribuição de responsabilidades pelas causas ou agravamento da ocorrência catastrófica.

Cumpre chamar atenção que as cortes judiciais se relacionam com os desastres de duas formas. *A um*, quando estas são expostas a decidir sobre conflitos oriundos de um desastre, ou, *ainda*, na medida em que o próprio serviço das cortes é atingido por desastres, sejam eles de qual natureza forem, "naturais" (físicos), mistos ou antropogênicos. É fundamental a preparação estrutural das cortes de justiça para o enfrentamento de desastres, a fim de que estas possam seguir mantendo a sua operacionalidade apesar da desestabilização social. Em apertada síntese, a continuidade operacional, mesmo em um cenário social grave, tem por finalidade evitar a ausência do Direito. Mesmo quando é comum e aceitável que muitos negócios e atividades em uma comunidade suspendam suas operações e permaneçam assim durante o evento, o Judiciário deve permanecer com suas atividades jurisdicionais funcionando, exatamente para permitir a estabilização social, perdida com o desastre.

A continuidade das operações pelas cortes é essencial para dar suporte aos órgãos competentes para a identificação e a reacomodação das vítimas, assim como para garantir a compensação destas, mediante a identificação e a condenação dos responsáveis. Em seguida, a jurisdição pode ser instada a decidir sobre conflitos referentes à reconstrução das propriedades ou dos ambientes atingidos, ou mesmo acerca da necessidade de realocação destes.

Nestes casos, deve haver uma aptidão estrutural e interpretativa para lidar com litigância de massa (*mass litigation*), que frequentemente segue eventos catastróficos. O aprendizado com os eventos anteriores é de fundamental importância para a redução da *vulnerabilidade institucional*[3] para casos futuros. Vulnerabilidade institucional significa que as organizações podem potencializar vulnerabilidades assim como apresentar, elas próprias, fragilidades para lidar e estancar a

---

3 Neste sentido: PAPATHOMA-KÖHLE, M.; THALER, T.; FUCHS, S. An institutional approach to vulnerability: evidence from natural hazard management in Europe. *Environmental Research Letters*, v. 16, n. 4, 2021. Disponível em: https://iopscience.iop.org/article/10.1088/1748-9326/abe88c. Acesso em: 3 fev. 2023. Acerca da vulnerabilidade institucional durante a pandemia da covid-19, ver: DI GREGORIO, Leandro Torres; SAITO, Silvia Midori; VIDAL, Josep Pont; ROCHA, Vânia; CARVALHO, Délton Winter. Strengthening institutional resilience: lessons learned from covid-19 disaster. In: ESLAMIAN, Saeid; ESLAMIAN, Faezeh (ed.). *Disaster risk reduction for resilience*: disaster risk management strategies. Cham: Springer, 2022. p. 41-72.

proliferação de vulnerabilidades. Este é um conceito ligado ao papel que as instituições têm em amplificar a vulnerabilidade da sociedade em lidar com eventos extremos, por exemplo os "naturais" ou físicos.

Exemplo da possibilidade deste processo evolutivo pode ser dado pelas disputas judiciais envolvendo os casos de Mariana/Rio Doce (2015) e Brumadinho (2019), quando no primeiro desastre houve grande litigiosidade acerca da competência judicial para tramitação do litígio, perdendo-se muito tempo com essa matéria. Ao contrário, no caso de Brumadinho, as múltiplas partes, dentre elas Ministério Público Estadual e Federal, estabeleceram consensualmente a competência judicial, atuando cooperativamente. A cooperação entre as instituições componentes do sistema de justiça é central em matéria de tutela jurisdicional em casos de eventos extremos.

Desta forma, não apenas há a necessidade de a jurisdição se preparar estrutural e estrategicamente, como o próprio Direito material e processual, absolutamente aderentes e integrados, devem estar aptos à complexidade das demandas jurídicas inerentes aos desastres. Eventos de desastres recentes são capazes de demonstrar o quão importante é a função de um judiciário operacionalmente apto para prestar uma tutela adequada, não apenas no mérito, mas sobretudo na temporalidade necessária.

A velocidade da jurisdição em casos de desastres consiste em um grande desafio em virtude da complexidade destes conflitos. Independentemente deste fato, a celeridade é essencial para o restabelecimento da nova normalidade. Para tanto, um processo fluido e flexível é essencial para a garantia de direitos redutores de vulnerabilidades assim como para a imposição de deveres, com a adequada segurança jurídica. A cada fase do *ciclo de desastres* (prevenção e mitigação; resposta emergencial; compensação; reconstrução) correspondem tutelas e deveres específicos.

Mesmo uma litigância pós-desastre, seja com objeto de resposta de emergência, compensação ou reconstrução, deve sempre ter no centro das decisões jurisdicionais a gestão de riscos, refletida na antecipação ao agravamento das situações e dos conflitos em curso. Portanto, não há uma dicotomia rígida entre a atuação antes e depois, mesmo porque a premissa em casos de atuação do Judiciário em casos de desastres deve ser manter a *gestão circular do risco* como princípio central de todo o processo decisório, assim como na redução das vulnerabilidades, sejam elas institucionais (processos estruturais), físicas, sociais, tecnológicas. Como reflexo disso no Processo Civil, tem-se que mesmo em demandas atinentes às fases pós-evento, haverá a possibilidade de tutelas diversas, mesmo aquelas tradicionalmente preventivas (a fim de evitar o agravamento de um evento em curso).

Quando se fala em litigância de desastre em massa (*mass disaster lititigation*)[4], por evidente há uma tendencia de proliferação de ações judiciais, sejam elas de tutela coletiva ou mesmo individuais, compostas por múltiplas partes e objetos. São conflitos amplos e amorfos[5]. Estes conflitos apresentam uma significativa distinção quando comparados a conflitos processuais tradicionais, de caráter individual, de objeto simples e lineares procedimentalmente. No processo civil tradicional, temos ações formadas a partir de uma bipolaridade de partes (dois indivíduos ou dois interesses unitários diametralmente opostos)[6], pedidos e objetos bem definidos assim como interesses claros e diretamente contrapostos. No mesmo sentido, estas demandas exigem do Judiciário uma análise jurisdicional (probatória, interpretativa e decisória) mais *retrospectiva*, isto é, voltada ao passado mediante a análise de eventos já concretizados e suas consequências[7]. Finalmente, em virtude de estas demandas ficarem adstritas às partes, a tutela não depende de maior atenção ao contexto social acerca dos efeitos da decisão judicial[8].

Ao contrário, litígios de desastre em massa se tratam, por evidente, de litígios complexos, sendo estes aqueles que põem em "rota de colisão múltiplos interesses sociais, todos eles dignos de tutela"[9]. Encontram uma formação processual policêntrica[10] em detrimento da bipolaridade do processo civil tradicional, refletindo em uma multiplicidade de partes e interessados atingidos pela decisão pretendida. Assim, formam-se litígios em rede como aqueles com repercussão distinta nas diversas dimensões e grupos envolvidos na situação conflituosa, sendo usada como exemplo na doutrina a imagem de uma teia de aranha, em que ao se puxar um fio, a pressão será distribuída de forma diversa ao longo da teia e de seus múltiplos centros de tensão.

Estes mesmos litígios acabam afetando uma gama de grupos e atores que sequer encontram-se representados diretamente no processo judicial, havendo uma grande relevância do contexto social para o deslinde do mérito.

---

4 SHERMAN, Edward. Compensating victims of mass disasters through the court systems: procedural challenges and innovations. *Russian Law Journal*, v. 1, n. 1, p. 68, 2013.
5 CHAYES, Abram. The role of the judge in public law litigation. *Harvard Law Review*, v. 89, n. 7, p. 1.284, May 1976.
6 CHAYES, Abram. The role of the judge in public law litigation. *Harvard Law Review*, v. 89, n. 7, p. 1.282-1.283, May 1976.
7 *Idem, ibidem*, p. 1.282; 1.292.
8 CHAYES, Abram. The role of the judge in public law litigation. *Harvard Law Review*, v. 89, n. 7, p. 1.283; 1.288, May 1976.
9 DIDIER JR., Fredie; ZANETI JR., Hermes. *Curso de direito processual civil*: processo coletivo. 13. ed. Salvador: JusPodivm, 2019. V. IV, p. 455.
10 Neste sentido, o seminal trabalho de FULLER, Lon. The forms and limits of adjudication. *Harvard Law Review*, v. 92, p. 395, 1978. Ainda, LINKE, Micaela Porto Filchtiner; JOBIM, Marco Felix. A pandemia de covid-19 no Brasil e os processos estruturais: uma abordagem para litígios complexos. *Revista Eletrônica de Direito Processual*, v. 21, ano 14, n. 3, p. 406-407, set./dez. 2020.

Marca destes litígios é sua lógica prospectiva, que traz a necessidade de a jurisdição olhar aos efeitos futuros da decisão, inserindo as contingências e os elementos preditivos aos procedimentos judiciais e às futuras probabilidades envolvendo a controvérsia[11]. Ainda mais explícito o caráter *prospectivo* a ser tido na jurisdição quando se está diante de litígios que envolvam eventos com potenciais extremos, tais como desastres, em que não por outra razão têm na gestão de risco o seu elemento identitário. Assim, o elemento prospectivo jurisdicional é enaltecido a fim de se evitar futuros desastres ou o seu agravamento, gerindo assim circularmente o risco. Em outras palavras, modificar o curso de atividades e estruturas existentes. E que isso seja realizado num tempo adequado às necessidades (quase sempre urgentes) dos afetados, com parâmetros que sejam capazes de também apresentar segurança às relações e decisões jurídicas.

Em distinção ao caráter linear dos pedidos no processo civil tradicional, o pedido nas demandas complexas deve ter um caráter mais genérico, a fim de fornecer maior flexibilidade e dinâmica ao fluxo processual, enquanto o evento estiver apresentando seus desdobramentos. A concretização desta maior amplitude processual se dará por meio de tutelas específicas (inibitórias, remoção do ilícito, por exemplo). Finalmente, ao contrário do processo civil tradicional, em que o processo é pensado para encontrar um término com a decisão final, litígios desta natureza tendem a exercer o acompanhamento da implementação das decisões, em rede, em cascata e estruturalmente. Para o Conselho Nacional de Justiça, demandas envolvendo desastres são unificadas na taxonomia das "causas de grande repercussão", incluindo casos como a Boate Kiss, Mariana, Brumadinho e covid-19[12].

2. FLEXIBILIDADE PROCEDIMENTAL E *CASE MANAGEMENT*

O direito processual civil encontra em seu cerne a premissa de tutelar interesses adequada, efetiva e tempestivamente. O regime processual civil do CPC/2015, para tanto, prevê uma maior flexibilidade procedimental[13], a fim de adequar os

---

11 CHAYES, Abram. The role of the judge in public law litigation. *Harvard Law Review*, v. 89, n. 7, p. 1.292, May 1976. ARENHART, Sérgio Cruz; OSNA, Gustavo. *Curso de processo civil coletivo*. São Paulo: Thomson Reuters Brasil, 2019, p. 132.
12 Originalmente, a Portaria Conjunta n. 1/2019 CNJ e CNMP instituía o "Observatório Nacional sobre questões ambientais, econômicas e sociais de alta complexidade, grande impacto e repercussão", tendo esta designação sido alterada para "Observatório de Causas de Grande Repercussão", nos termos da Portaria Conjunta CNJ e CNMP n. 4/2023.
13 Para alguns autores a regra da flexibilização é de caráter subsidiário, devendo ser lançado mão apenas quando a variação procedimental se justifique para melhor tutela dos interesses em jogo, tendo, ainda,

procedimentos à realidade dos casos fáticos, sob a orientação da concretização das posições jurídicas constitucionais tuteladas. Para tanto, busca-se sempre, a partir de um processo justo, o equilíbrio entre eficiência e segurança jurídica. Exemplos desta mudança, frente ao modelo procedimental rígido do Código de Processo Civil de 1973, consistem nos arts. 139, IV e VI, 327, § 2.º, 334, 357, §§ 2.º e 3.º, 1.049, parágrafo único, do CPC[14].

Em razão da abrangência e da heterogeneidade dos conflitos decorrentes de um desastre, frequentemente estes litígios irradiam mais instabilidade social. Exatamente por esta razão, se mostra profundamente relevante uma abordagem de *case management* (gerenciamento e administração do caso ou conjunto de casos) pelo juiz para melhor planejamento e enfrentamento do caso e a respectiva tutela de direitos (arts. 327, § 2.º e 1.049 do CPC), a partir dos poderes judiciais (arts. 139, VI e 297 do CPC).

Um exemplo clássico de calendarização do processo civil norte-americano em caso de desastre ocorreu no processo de indenização das vítimas do desastre da ruptura da barragem de rejeitos de carvão de Buffalo Creek no condado de Logan, Virgínia do Norte em 1972. Este evento destruiu 16 comunidades, matando 125 pessoas. O juiz da causa, Kenneth Keller Hall, já na fase pré-trial, pensou antecipadamente todo o processo, ordenando e apresentando às partes já na primeira audiência um cronograma processual para a instrução e o julgamento, gerando uma expectativa para as partes de oito meses até o final do feito em primeiro grau[15]. A calendarização favorece não apenas uma previsibilidade para as partes, como oferece uma solução mais rápida do feito, essencial à pacificação social, ao adequado atendimento às vítimas e definição de medidas aos demais envolvidos. Evidente que para a realização deste cronograma o juiz precisará estar com disponibilidade temporal para focar

---

como condições (i) a finalidade, (ii) a motivação e (ii) o contraditório útil (GAJARDONI, Fernando da Fonseca. Procedimento, déficit procedimental e flexibilização procedimental no novo CPC. *Revista de Informação Legislativa*, Brasília, ano 48, n. 190, p. 17.174, abr./jun. 2011; GAJARDONI, Fernando da Fonseca. Flexibilidade procedimental: um novo enfoque para o estudo do procedimento em matéria processual. Tese de doutorado em Direito. USP/São Paulo, 2006, p. 103-111). Seria necessário refletir sobre a ideia central de direito à efetividade, como direito processual humano e fundamental, como um mandamento constitucional de adequação dos procedimentos, especialmente em casos complexos. Ademais, sobre a tendência à proporcionalidade processual é necessário referir o princípio geral que determina a verificação dos custos envolvidos, do tempo e da justiça da decisão como critérios de adequação processual e efetividade da tutela, sobre este tema ver as European Rules of Civil Procedure – ERCP (Rules 5, 6 e 8, entre outras).

14 Sobre essa tendência ver ZANETI JR., H. O case management e as European Rules of Civil Procedure: uma análise à luz da experiência brasileira do Código de Processo Civil de 2015. In: NASCIMENTO FILHO, F.; FERREIRA, M. V. S. C.; BENEDUZI, R. R. (ed.). *Estudos em homenagem a Sergio Bermudes*. Rio de Janeiro: GZ, 2022, p. 279-306.

15 STERN, Gerald M. *The Buffalo Creek disaster*. 2. ed. New York: Vintage Books, 2008, p. 88.

num caso desta envergadura e dimensão. Contudo, a própria iniciativa de calendarizar já permite separar esse prazo. A calendarização foi expressamente prevista no art. 191 do CPC.

Além disso, a cooperação entre as instituições e as partes mostra-se fundamental para a prestação jurisdicional em casos de desastres. Em outros casos, a centralização e o aglutinamento de casos em uma mesma jurisdição podem evitar a fragmentação dos litígios, decisões incoerentes e uma maior desestabilização social. A previsão da centralização para fins processuais e de efetividade está no art. 69, incluindo processos repetitivos (art. 69, § 2.º, VI, CPC) e produção de prova conjunta (art. 69, § 2.º, II, CPC). A matéria já foi objeto de resolução pelo CNJ para a previsão de atos cooperados de produção de prova única de fato comum e centralização de processos repetitivos, incluídos os mutirões (art. 6.º, VII e X, Res. CNJ n. 350/2020).

Também, em casos de emergências, a jurisdição exerce uma função de mediação e conciliação e fomento a outras formas de autocomposição entre os múltiplos interesses e posições constitucionais em conflito, mediante uma justiça multiportas com o estímulo à autocomposição, inclusive em matéria processual (arts. 3.º, § 3.º e 190, CPC), como os negócios processuais, os termos de compromisso de ajustamento de conduta, as audiências de conciliação, mediação, arbitragem e a ODR – *Online Dispute Resolution*[16].

A adaptação dos procedimentos ao direito material favorece a tutela dos interesses contrapostos e sua eficiência em casos de desastres, de forma flexível, dentro de limites necessários para fornecer segurança jurídica e cumprimento às balizas constitucionais. Outro exemplo destes limites é dado pela impossibilidade de o caso ser decidido por uma decisão surpresa (art. 10 do CPC), com a evitação dos chamados juízos de terceira via e observância do contraditório também para o juiz[17].

---

[16] Ver ZANETI JR., H.; CABRAL, T. N. X. (ed.). *Justiça multiportas. Mediação, conciliação, arbitragem e outros meios adequados de solução de conflitos*. 3. ed. Salvador: Juspodivm, 2023; ZANETI JR., H. *et al.* (ed.). *Ministério Público & justiça multiportas*. Belo Horizonte: D'Plácido, 2023. JR.; CABRAL, 2023; ZANETI JÚNIOR *et al.*, 2023.

[17] Esse tema se insere no âmbito do princípio da cooperação e na divisão de trabalho entre juízes e partes no modelo cooperativo de processo. Para a bibliografia e o desenvolvimento, ver ZANETI JR., H. O princípio da cooperação e o Código de Processo Civil: cooperação para o processo. In: *Processo civil contemporâneo. Homenagem aos 80 anos do Professor Humberto Theodoro Júnior*. Rio de Janeiro: GEN/Forense, 2018, p. 142-153.

3. PROCESSO COLETIVO E INSTRUMENTOS PARA RESPOSTA A DESASTRES

Desastres podem ser classificados como físicos ou socioambientais (em detrimento da terminologia "naturais") quando o fator desencadeador é preponderantemente marcado por fenômenos físicos, climáticos, biológicos, e assim por diante. De outro lado, os denominados antropogênicos são aqueles decorrentes diretamente de atividades humanas, tais como rupturas de barragens, acidentes tóxicos e derramamento de óleo. Estes eventos dão margem a uma litigância multifacetada, envolvendo diversos interesses e direitos contrapostos, tais como individuais, individuais homogêneos, coletivos *stricto sensu* e difusos.

Seja qual for a espécie, a prática jurídica norte-americana desenvolveu cinco institutos processuais para litígios de desastres massivos: (i) ações individuais ajuizadas em diversas localidades sem coordenação entre elas, processo individual tradicional; (ii) grupos de autores individuais atuando em cooperação estratégica para conduzir suas ações individuais, ações coletivas ordinárias; (iii) *class actions*; (iv) litigância multidistrital (MDL), prevista no art. 28 U.S.C. § 1407; (v) uma ação com vários indivíduos alocados no polo ativo, com potencial de ser considerado um litisconsórcio multitudinário[18].

Mutatis mutandis, no processo civil brasileiro há uma ampla gama de instrumentos jurisdicionais para o manejo tanto preventivo como *post factum*. Os interesses podem ser tutelados por ação civil pública (Lei n. 7.347/95) ou por ação popular (art. 5.º, LXXIII, CF; Lei n. 4.717/65), que são espécies do gênero ações coletivas, para casos que envolvam interesses difusos (grupo de pessoas ligadas por circunstâncias de fato anteriores à lesão, por exemplo os moradores de uma determinada região atingidos por um dano ambiental, indeterminado por incluir inclusive as futuras gerações), direitos individuais homogêneos (grupo indeterminado ou indeterminável na fase de conhecimento, tendo como característica aglutinadora um evento fático, por exemplo um dano ambiental, portanto ligado por circunstâncias de fato) ou coletivos *stricto sensu* (grupo determinado, tendo sua unidade configurada em relação jurídica de base entre si ou com a parte contrária, tais como a contaminação que atingiu apenas os funcionários de uma empresa em virtude dos produtos utilizados por esta). No nosso sistema, o processo coletivo se caracteriza por ser um microssistema formado por diversas

---

18 RHEINGOLD, Paul D. Mass disaster litigation and the use of plaintiffs' groups. *Major and Complex Litigation*, v. 3, n. 3, American Bar Association, 1977, p. 18.

leis que se interpenetram e subsidiam, tendo como núcleo o Capítulo III do CDC e a Lei da Ação Civil Pública (REsp 510.150/SP). A tutela coletiva no Brasil é ampla, para qualquer tipo de lesão ou ameaça de lesão aos direitos do grupo (art. 129, III, CF/1988, "e outros interesses difusos ou coletivos"), mediante qualquer técnica processual, uma vez que as ações são atípicas, como caracteriza o art. 83 do CDC aplicável a todo o sistema ao afirmar que, para a defesa dos direitos e interesses, são cabíveis "todas as espécies de ações capazes de propiciar a sua adequada e efetiva tutela".

Apesar de estas categoriais representarem uma conquista histórica para a tutela dos interesses transindividuais e sua distinção em relação aos direitos subjetivos individuais, sejam eles tutelados individual ou coletivamente (direitos individuais homogêneos), há um risco inegável de enrijecimento processual, sempre que houver uma leitura descontextualizada destes conceitos em relação à situação conflituosa.

Numa pertinente crítica a este enrijecimento *conceitual* dos interesses transindividuais, a doutrina destaca uma necessidade de transição da tutela coletiva assentada conceitualmente na categorização histórica dos interesses transindividuais para uma reflexão centrada nos *conflitos* coletivos. Para tanto, lança-se mão dos recortes analíticos concretos da conflituosidade e da complexidade destes litígios[19]. A principal crítica se faz no sentido de que a diferenciação entre as categorias conceituais dos interesses difusos, coletivos *stricto sensu* e individuais homogêneos é árdua e muitas vezes estes interesses estão entrelaçados, sem possibilidade de diferenciação operacional. A maior vantagem dessa visão é permitir reempoderar as partes, incluídos os titulares de direitos individuais, e os grupos envolvidos. O maior risco é fragmentar a tutela e questionar uma estrutura conceitual que apresenta inegável sucesso para a garantia de acesso à justiça de tais pretensões.

Assim, lesões em grupos atingem indivíduos, e estes, por seu turno, compõem os grupos tutelados. De outro lado, há grande imprecisão na diferenciação entre os interesses difusos em relação aos coletivos *stricto sensu* (interesses transindividuais) e mesmo em relação à tutela coletiva de direitos individuais (homogêneos), na definição de seus limites e precisos objetos, havendo frequente incongruência nas decisões[20].

---

19   VITORELLI, Edilson. *Processo civil estrutural*: teoria e prática. Salvador: JusPodivm, 2020, p. 29-32.
20   *Idem, ibidem*, p. 42-43.

A fim de cooperar com o aperfeiçoamento deste cenário, Edilson Vitorelli propõe a classificação dos litígios coletivos de difusão global[21], de difusão local[22] e de difusão irradiada[23].

Esta maior concretude procedimental fornecida por um processo coletivo mais focado no conflito e seus efeitos sobre direitos materiais do que em categorias conceituais permite a aderência do feito a conflitos dotados de alta complexidade, como, por exemplo, são os casos dos desastres de Mariana e Brumadinho. O primeiro, causado pela ruptura da barragem de rejeitos de minério de ferro da empresa Samarco, por meio da agregação de litígios, uma matriz de danos individuais, procedimentos que abrangiam danos individuais e coletivos de forma híbrida, soluções negociadas (TTAC e TAC-Gov), entre outras medidas. O segundo, resultando no maior acordo da história do direito brasileiro, um dos maiores do mundo, no valor de R$ 37,5 bilhões, além das indenizações individuais dos atingidos por acordos *opt-in*.

A combinação de técnicas processuais, conceitos firmes na doutrina brasileira e já amplamente aceitos, e a visão concreta a partir de cada conflito é a que melhor permite encontrar soluções efetivas para a tutela seja dos direitos individuais, seja da dimensão coletiva *lato sensu*, atingindo o mais próximo da tutela integral.

---

21 Os litígios coletivos de difusão global dizem respeito àqueles em que a lesão ou ameaça "não atinge o diretamente os interesses de qualquer pessoa", devendo, portanto, ter sua titularidade imputada à sociedade como um todo, representada processualmente a partir de categorias supracoletivas e despersonificadas. Como dito pelo autor, afetam ou ameaçam a sociedade como um todo: "Aqui não se trata de proteger o bem jurídico porque sua lesão interessa especificamente a alguém, mas porque interessa, genericamente, a todos." (VITORELLI, Edilson. *Processo civil estrutural*: teoria e prática. Salvador: JusPodivm, 2020, p. 32-33)

22 Já os litígios coletivos de difusão local são aqueles em que, embora coletivo, a lesão ou ameaça "atinge pessoas determinadas, em intensidade significativa, capaz de alterar aspectos relevantes de suas vidas." O grupo atingido compartilha de algum tipo de laço de solidariedade social, sendo citado como exemplo grupos indígenas e trabalhadores de determinada empresa, detendo objetivos comuns em relação ao objeto do litígio (VITORELLI, Edilson. *Processo civil estrutural*: teoria e prática. Salvador: JusPodivm, 2020, p. 34-36).

23 Finalmente, os litígios coletivos de difusão irradiada apresentam um caráter policêntrico em que a ameaça ou lesão aos interesses atingem de forma diferente, quantitativa e qualitativamente, os integrantes dos grupos, dando origem a subgrupos. Nesta esteira, as soluções desejadas pelos atingidos são divergentes e, inclusive, antagônicas (VITORELLI, Edilson. *Processo civil estrutural*: teoria e prática. Salvador: JusPodivm, 2020, p. 37-42). Ainda, tais litígios atingem de forma direta os interesses de "diversas pessoas ou seguimentos sociais", porém, sua repercussão é assimétrica, na medida em que "essas pessoas que compõem uma comunidade, não têm a mesma perspectiva social e não serão atingidas, na mesma medida, pelo resultado do litígio, o que faz com que suas visões acerca do seu resultado desejável sejam divergentes e, não raramente, antagônicas" (VITORELLI, Edilson. Tipologia dos litígios transindividuais: um novo ponto de partida para a tutela coletiva. In: ZANETI JR., Hermes (coord.). *Repercussões do novo CPC*: processo coletivo. Salvador: Juspodivm, 2016, p. 97).

4. COMPETÊNCIA E AGREGAÇÃO DE LITÍGIOS DE DESASTRE EM MASSA

Não raramente a definição da competência jurisdicional é uma questão tormentosa em casos de desastres. Em razão da frequente difusão irradiada[24] dos litígios envolvendo desastres, estratégias para tentar aglutinar os casos sob uma jurisdição una são uma constante em diversas tradições jurídicas. Esta espécie de *vis atractiva* estabelece uma força atrativa sobre todos os conflitos que envolvam o evento catastrófico e esta conexão mostra-se útil para evitar decisões conflitantes. Nos Estados Unidos, em face da centralidade que a litigância detém em casos que envolvam a determinação de responsabilidades (compensação e reconstrução), há uma grande flexibilidade para agregação de casos semelhantes sob uma mesma jurisdição, a fim de que haja um estímulo para a obtenção de acordos massificados[25].

As regras de processo civil norte-americanas (The American Rules of Civil Procedure) permitem a conexão voluntária liberal de ações semelhantes (Rule 20), a consolidação de ações semelhantes (Rule 42) e as *class actions* (Rule 23, nestas um representante de classe pode processar em uma ação em nome de outras partes em situação semelhante) para melhor gerenciar o caso (*case management*) e evitar decisões conflitantes e incongruências. Além destas, a prática mais difundida atualmente é a MDL (*multidistrict litigation*), que possibilita a reunião de questões de fato e de direito para decisão comum, sejam as ações individuais ou coletivas. Em face desta flexibilidade procedimental, uma estratégia utilizada nas demandas judiciais nos desastres do vazamento de petróleo e explosão da plataforma de exploração da BP no Golfo do México e no desastre decorrente do furacão Katrina foi a litigância multidistrital (*multidistrict litigation*). Em síntese, este instituto do Direito Processual Civil norte-americano se trata de um procedimento legal especial projetado para agilizar o tratamento de litígios complexos, tais como desastres e responsabilidades por danos massivos, por meio da transferência de todos os casos judiciais existentes no país para uma única jurisdição[26].

Um exemplo emblemático no Brasil é o caso da ruptura da barragem de Fundão em Mariana-MG, maior desastre ambiental do Brasil que atingiu dois estados da Federação, Minas Gerais e Espírito Santo. Imediatamente após o evento,

---

24 VITORELLI, Edilson. *O devido processo legal coletivo*: dos direitos aos litígios coletivos. São Paulo: Thomson Reuters, 2016.
25 SHERMAN, Edward. Compensating victims of mass disasters through the court systems: procedural challenges and innovations. *Russian Law Journal*, v. 1, n. 1, p. 67, 2013.
26 *Idem, ibidem*, p. 68.

dezenas de ações coletivas e milhares de ações individuais foram ajuizadas contra a Samarco, empresas controladoras, Vale e BHP Billiton e entidades públicas. Em face da complexidade que envolvia tais litígios com a multiplicidade de partes, objetos e interesses, houve grande litigiosidade acerca da jurisdição competente para julgar tais causas. Verdadeiro caos processual. Para evitar decisões conflitantes, as ações foram reunidas em virtude de uma decisão em Conflito de Competência 144.922/MG[27] julgado pelo Superior Tribunal de Justiça[28], e cujo conteúdo decisório fixou a competência do juízo da 12.ª Vara Cível da Comarca de Belo Horizonte da Justiça Federal, TRF 1, atualmente 4.ª Vara, do já instalado TRF 6, em que as primeiras ações coletivas bem como aquelas com objeto mais amplo haviam sido ajuizadas.

Conforme o conteúdo decisório, o deslocamento da competência para um dos estados atingidos evitaria a tramitação da demanda no Distrito Federal, o que seria prejudicial por se tratar de jurisdição distante territorialmente do local do evento. Este distanciamento territorial poderia dificultar a produção e o acesso às provas necessárias. Da mesma forma, a maior distância da jurisdição frente ao local dos fatos poderia impor maiores dificuldades para a eficiência de decisões mais céleres às demandas urgentes que decorressem das consequências locais secundárias ao evento. Finalmente, a decisão acabou por manter a regra central do processo coletivo ambiental brasileiro, que é a competência do local do dano (art. 2.º do LACP). Há uma combinação, portanto, entre a regra da extensão do dano, que atrai a competência do foro da capital do estado ou Distrito Federal (art. 93, II, CDC) e a competência do local do dano, com homenagem a essa última e respeitada a primeira.

O juízo da atual 4.ª Vara Cível da Comarca de Belo Horizonte da Justiça Federal foi definido como competente para "conhecer e julgar demandas relacionadas aos impactos ambientais ocorridos e aos que ainda venham a ocorrer sobre o ecossistema do Rio Doce, sua foz e área costeira." A convicção se deu pela corte entender que este juízo possuía melhores condições de dirimir as controvérsias postas *sub judice*, em face de sua "visão macroscópica dos danos ocasionados pelo desastre ambiental" por ser a capital de um dos estados mais atingidos pelo desastre e já ter sob sua atuação diversas causas em trâmite. Tais

---

27 STJ, Conflito de Competência n. 144.922/MG (2015/0327858-8), Rel. Min. Diva Malerbi (Des. Convocada do TRF3), j. 25.5.2016. Disponível em: https://processo.stj.jus.br/processo/pesquisa/?aplicacao=processos.ea&tipoPesquisa=tipoPesquisaGenerica&termo=CC%20144922. Acesso em: 20 fev. 2022.

28 MANSUR, Rafaela. Tragédia em Mariana: Justiça inglesa marca para abril de 2024 início de julgamento de ação bilionária contra BHP. *G1 Minas*. Disponível em: https://g1.globo.com/mg/minas-gerais/noticia/2022/12/22/tragedia-em-mariana-justica-inglesa-marca-para-abril-de-2024-acao-bilionaria-contra-bhp.ghtml. Acesso em: 23 mar. 2023.

condições lhe propiciariam maior efetividade nas medidas a serem adotadas, para que não corressem o risco de ser neutralizadas por outras decisões judiciais provenientes de juízos distintos.

Digno de destaque que a decisão entendeu ser pertinente agregar todas as causas que tivessem por objeto os danos coletivos não só referentes "à reparação ambiental *stricto sensu*, mas também a distribuição de água à população dos Municípios atingidos, entre outras providências." Operou-se assim uma verdadeira espécie de "via atrativa" da jurisdição tida como competente, em razão de sua localização mais próxima à origem dos eventos, assim como pela sua visão macroscópica privilegiada, lembrando os litígios multidistritais do Direito norte-americano.

Esta decisão visou dar coerência e eficiência às soluções jurisdicionais ao desastre. Foi ressalvada exceção para "as situações que envolvam aspectos estritamente humanos e econômicos da tragédia (...) ou mesmo abastecimento de água potável que exija soluções peculiares ou locais."[29] Assim, aqueles litígios de caráter local, referentes a danos individuais, falta de abastecimento de água potável, danos individuais homogêneos ou comunidades indígenas, trabalhadores, ribeirinhos, pescadores, lavadeiras artesanais, poderiam ter sua competência declinada pelo juízo federal de Belo Horizonte, tramitando na localidade específica do conflito.

Esta decisão acompanhou um padrão decisório comum em eventos de tutelas ressarcitória (compensação) e ressarcitória em sua forma especial (reconstrução) em casos de litígios de desastres em massa no direito comparado[30]. Para tais casos, a agregação dos conflitos referentes a interesses transindividuais mostra-se relevante para evitar indesejadas decisões fragmentadas e conflitantes, a fim de resguardar a tutela dos interesses transindividuais em jogo, a segurança jurídica e o devido processo legal. Por outro lado, nada impede que o princípio da competência adequada possa direcionar a fixação da competência de forma coordenada e cooperativa entre diversos juízos, como já proposto na doutrina. Inclusive para garantia da proximidade do juiz aos atingidos pelos desastres e a proximidade do juiz às necessidades concretas de tutela.

---

29 STJ, Conflito de Competência n. 144.922/MG (2015/0327858-8), Rel. Min. Diva Malerbi (Des. Convocada do TRF3), j. 25.5.2016. Disponível em: https://processo.stj.jus.br/processo/pesquisa/?aplicacao=processos.ea&tipoPesquisa=tipoPesquisaGenerica&termo=CC%20144922. Acesso em: 20 fev. 2022.

30 SHERMAN, Edward. Compensating victims of mass disasters through the court systems: procedural challenges and innovations. *Russian Law Journal*, v. 1, n. 1, 2013.

5. PROCESSO ESTRUTURAL PARA REDUZIR VULNERABILIDADES FUTURAS

Teve seu início no caso *Brown v. Board of Education Topeka*, no qual a Suprema Corte norte-americana decidiu pela inconstitucionalidade de um sistema educacional baseado em segregação racial. Esta decisão ocasionou um amplo processo de mudança no sistema público de educação norte-americano, tratando-se de uma reforma estrutural. Litígios estruturais são litígios coletivos cujo objeto conflituoso decorre de como uma estrutura burocrática opera[31]. O próprio funcionamento da estrutura é a fonte da violação que origina o litígio coletivo[32]. Não basta, por esta razão, remover a violação, pois em uma estrutura viciada o problema provavelmente se repetirá. Portanto, necessária uma reforma estrutural no ente, organização ou instituição objeto do conflito. Tais litígios estruturais envolvem frequentemente entes públicos, tendo como fim (i) a concretização de direitos fundamentais, (ii) a execução de determinada política pública ou (iii) a solução de litígios complexos[33]. Em síntese, o processo estrutural é um processo individual ou coletivo em que se pretende, pela via jurisdicional ou extrajurisdicional, a solução de um "problema estrutural"[34] e a consequente "reorganização de uma estrutura, pública ou privada, que causa, fomenta ou viabiliza a ocorrência de uma violação a direitos, pelo modo como funciona, originando um litígio estrutural."[35] Como já constatado pelo Superior Tribunal de Justiça, o reconhecimento do problema estrutural pode ocorrer em uma ação individual, a partir de um caso individual que revele a situação desestruturada. A partir dessa constatação, as técnicas do processo estrutural devem privilegiar os instrumentos e mecanismos da tutela coletiva para que a solução vá para além do caso concreto.

A questão formou precedente no plenário do Supremo Tribunal Federal. O problema estrutural foi reconhecido no Tema 698 (RE 684.612/RJ): "Desse modo, o órgão julgador deve privilegiar medidas estruturais de resolução do conflito. Para atingir o 'estado de coisas ideal' – o resultado a ser alcançado –, *o Judiciário deverá identificar o problema estrutural*. Caberá à Administração Pública *apresentar um plano adequado que estabeleça o programa ou projeto de reestruturação a ser seguido, com o respectivo cronograma*. A *avaliação e fiscalização* das providências a serem

---

31 VITORELLI, Edilson. *Processo civil estrutural*: teoria e prática. Salvador: JusPodivm, 2020, p. 52-53.
32 VITORELLI, Edilson. *Processo civil estrutural*: teoria e prática. Salvador: JusPodivm, 2020, p. 52-53.
33 DIDIER JR., Fredie; ZANETI JR., Hermes. *Curso de direito processual civil*: processo coletivo. 13. ed. Salvador: JusPodivm, 2019. V. IV, p. 455.
34 ZANETI JR., H.; DIDIER JR., F.; OLIVEIRA, R. A. Elementos para uma teoria do processo civil estrutural aplicada ao processo civil brasileiro. In: JOBIM, Marco Félix; ARENHART, Sérgio. *Processos estruturais*. 3. ed. Salvador: Juspodivm, 2021, p. 423-462.
35 VITORELLI, Edilson. *Processo civil estrutural*: teoria e prática. Salvador: JusPodivm, 2020, p. 60.

adotadas podem ser realizadas *diretamente pelo Judiciário ou por órgão delegado. Deve-se prestigiar a resolução consensual da demanda e o diálogo institucional com as autoridades públicas responsáveis*"[36].

A decisão do Tema 698 cria parâmetros mínimos que orientam a atuação de juízes e tribunais: a) comprovação nos autos da *ausência ou grave deficiência* do serviço público; b) possibilidade de *universalização* da providência determinada, levando em conta os recursos efetivamente disponíveis; c) o órgão julgador determina a finalidade a ser atingida, mas não o modo como ela deverá ser alcançada, isso quer dizer que a decisão estabelece um princípio, um estado ideal de coisas a ser buscado, determinando um princípio; d) a decisão deve ser apoiada em *documentos ou manifestações de órgãos técnicos*, de forma a mitigar críticas à ausência de *expertise* e capacidade institucional; e) o órgão julgador deve ampliar o contraditório do ponto de vista substancial e abrir o processo à participação de terceiros, com a admissão de *amici curiae* e designação de audiências públicas. Esse último parâmetro permite uma visão global do problema estrutural com facilitação do cumprimento que decorre do reforço do diálogo.

Esses parâmetros resolvem uma série de questões levantadas pela doutrina e, como precedente normativo formalmente vinculante, a decisão vincula todos os demais juízes e tribunais, que não podem mais negar a existência do processo estrutural em nosso ordenamento e devem, sempre que for o caso, ordenar suas demandas e decisões, pelo menos, a partir dos parâmetros delimitados pelo STF.

Como já diagnosticado na doutrina processualista[37], os objetos funcionais do Direito dos Desastres (deveres de prevenção e mitigação, de resposta emergencial, de compensação, de reconstrução) encontram aderência ao objeto dos processos estruturais em nosso país. Os processos estruturais, pela sua própria natureza, detêm grande relação com litígios de massa em caso de desastres, uma vez que

---

[36] "Fixação das seguintes teses de julgamento: "1. A intervenção do Poder Judiciário em políticas públicas voltadas à realização de direitos fundamentais, em caso de ausência ou deficiência grave do serviço, não viola o princípio da separação dos poderes. 2. A decisão judicial, como regra, em lugar de determinar medidas pontuais, deve apontar as finalidades a serem alcançadas e determinar à Administração Pública que apresente um plano e/ou os meios adequados para alcançar o resultado; 3. No caso de serviços de saúde, o déficit de profissionais pode ser suprido por concurso público ou, por exemplo, pelo remanejamento de recursos humanos e pela contratação de organizações sociais (OS) e organizações da sociedade civil de interesse público (OSCIP)," (RE n. 684.612, Rel. p/ Acórdão, Min. Roberto Barroso, Tribunal Pleno, j. 3.7.2023, *DJe* 7.8.2023)

[37] ZANETI JR., Hermes. Processo coletivo no Brasil: sucesso ou decepção? In: JOBIM, Marco Félix; REICHELT, Luis Alberto (org.). *Coletivização e unidade do direito*. Londrina: Thoth, 2019; LINKE, Micaela Porto Filchtiner; JOBIM, Marco Félix. A pandemia de covid-19 no Brasil e os processos estruturais: uma abordagem para litígios complexos. *Revista Eletrônica de Direito Processual*, v. 21, ano 14, n. 3. set./dez. 2020, p. 410; CARVALHO, Délton Winter de. *O direito dos desastres*. Palestra on-line ministrada na série de eventos Fundamentos do Processo Civil Contemporâneo (FPCC) Convida, sob a coordenação do Professor Hermes Zaneti Júnior, em 2 de abril de 2020.

objetivam a reorganização de estruturas com o fim de atacar a (re)produção de vulnerabilidades e riscos. Mudanças estruturais em entidades, organizações ou atividades podem reduzir vulnerabilidades ou riscos, a fim de assegurar e de concretizar direitos fundamentais. Digno de destaque que os direitos humanos e os direitos fundamentais são uma clássica e estratégica solução jurídica de redução de vulnerabilidades, sejam elas sociais ou mesmo físicas.

Exemplo da utilização de processos estruturais em casos de desastres consiste exatamente na ação ajuizada pelo Ministério Público Federal em 2019 contra a Vale S.A., a Agência Nacional de Mineração – ANM e a Comissão de Valores Mobiliários – CVM, e que tinha dentre os seus pedidos a elaboração de um plano de trabalho de reestruturação da governança da primeira ré, com o escopo de adotar medidas de prevenção de desastres a partir de padrões internacionalmente reconhecidos. O plano deveria ser implementado mediante a apresentação de relatórios periódicos em juízo, permitindo-se às partes debater em contraditório e ao juízo as providências adotadas, podendo haver alteração destas, se fosse o caso[38]. O objeto da ação também era a implementação de um sistema adequado e independente de fiscalização de barragens, capaz de garantir a confiabilidade dos empreendimentos. Deste feito, redundou em acordo judicial firmado entre o MPF, a União e a ANM, por meio de um plano de reestruturação do sistema de fiscalização de barragens[39].

Processos estruturais estão frequentemente ligados à elaboração e à implantação de planos de alteração do funcionamento da estrutura a fim de afastar a prática operacional violadora de direitos fundamentais e monitorar a sua eficácia ao longo dos anos. Com um contínuo monitoramento, se pretende a possibilidade de ajustes e mudanças de rumo no andamento das atividades de acordo com os resultados indesejados, ou mesmo a sua manutenção em caso de estes serem bem-sucedidos.

---

38 MINISTÉRIO PÚBLICO FEDERAL. Petição Inicial da Ação Civil Pública n. 1005310-84.2019.4.01.3800, 5.ª Vara Federal Cível da SJMG, Polo ativo: MPF, Polo passivo: Vale S.A.; Agência Nacional de Mineração – AMN e Comissão de Valores Mobiliários – CVM, 2019. Disponível em: https://www.mpf.mp.br/mg/sala-de-imprensa/docs/2020/inicial-acp-vale-anm-cvm.pdf. Acesso em: 11 jan. 2023.

39 MINISTÉRIO PÚBLICO FEDERAL – MINAS GERAIS. *União firma acordo com o MPF para ANM fiscalizar barragens de mineração no país.* Disponível em: https://www.mpf.mp.br/mg/sala-de-imprensa/noticias-mg/uniao-firma-acordo-com-o-mpf-para-anm-fiscalizar-barragens-de-mineracao-no-pais. Acesso em: 11 jan. 2023. ADVOCACIA-GERAL DA UNIÃO; MINISTÉRIO PÚBLICO FEDERAL. Acordo homologado na Ação Civil Pública 1005310-84.2019.4.01.3800, 5.ª Vara Federal Cível da SJMG, Polo ativo: Ministério Público Federal – MPF, Polo passivo: União e Agência Nacional de Mineração – AMN, 2019. Disponível em: https://www.mpf.mp.br/mg/sala-de-imprensa/docs/acordo-anm_mpf.pdf. Acesso em: 11 jan. 2023.

6. DURAÇÃO RAZOÁVEL DO PROCESSO EM CASOS DE DESASTRES

O tempo é um fator crítico em casos de desastres ambientais. Apesar da complexidade, do caráter multifacetado e dos efeitos irradiados, os desastres exigem respostas temporalmente adequadas. Isso, via de regra, significa que estas não se estendam por décadas, o que infelizmente é uma realidade em nosso sistema de justiça quando se trata de conflitos complexos, principalmente em casos de litígio de desastres em massa. Salta aos olhos casos em que há uma demora incompatível com a gravidade socioambiental, especialmente no que diz respeito à reparação de danos ecológicos puros ou mesmo indenizações para as vítimas de desastres.

Exemplos no direito brasileiro são eloquentes e a promessa de tutela integral continua insatisfeita em muitos casos, em evidente violação do direito processual nacional (art. 4.º do CPC), do direito constitucional (art. 5.º, XXXV, CF/1988) e do direito internacional dos direitos humanos (art. 8.º do Pacto de San José da Costa Rica).

6.1. Desastre de Cataguases de Papel (2003)

Um destes exemplos é o caso da ruptura da barragem de rejeitos da Indústria Cataguases de Papel, ocorrida em 29 de março de 2003, quando foram lançados 500 mil metros cúbicos de lixívia, atingindo o Córrego Cágado, o rio Pomba, o Paraíba do Sul, chegando inclusive ao Oceano Atlântico. Os impactos ambientais se estenderam por vários municípios dos estados de Minas Gerais, Espírito Santo e Rio de Janeiro, afetando abastecimento de água, pesca, vegetação, fauna, atividades econômicas, entre muitos outros. Até o desastre de Mariana, em 2015, quando rompeu a barragem da Mineradora Samarco, também em Minas Gerais, este era considerado o maior desastre ambiental do Brasil.

Em 2005, o MPF ajuizou ação civil pública contra União, IBAMA, estado de Minas Gerais, diversas pessoas jurídicas de direito privado e particulares para indenização e compensação por danos ecológicos puros, cumulada com pedido de indenização por danos extrapatrimoniais coletivos. Após o julgamento de primeiro grau condenando solidariamente todos os réus[40], o Tribunal Regional Federal da 5.ª Região reformou a decisão excluindo do polo passivo a União, o IBAMA e o estado de Minas Gerais. A condenação também foi reduzida de R$ 100 milhões para R$ 50 milhões. A ação persiste até os dias atuais, tramitando

---

40   2.ª Vara Federal de Campos, Seção Judiciária do Rio de Janeiro, Processo n. 0001143-73.2005.4.02.5103.

em Recurso Especial, sem uma decisão ressarcitória definitiva em nível de dano ecológico puro. São 18 anos de trâmite.

6.2. Desastre de Mariana/Caso Rio Doce (2015)

Outro exemplo é o próprio desastre de Mariana, maior desastre ambiental já ocorrido no Brasil, no qual o rompimento da barragem de Fundão da mineradora Samarco ocasionou o lançamento de um total de 62 milhões de metros cúbicos de rejeitos de minério de ferro. Como é amplamente sabido, os rejeitos atingiram o Rio Doce, passando por cidades de Minas Gerais e do Espírito Santo, chegando ao Oceano Atlântico 16 (dezesseis) dias depois[41]. Cerca de 663,2 km de corpos hídricos foram diretamente impactados[42]. O episódio ocasionou a morte de 19 pessoas[43], tendo, também, destruído e prejudicado o abastecimento de água em diversos municípios e continuando a causar impactos ambientais graves no Rio Doce e no Oceano Atlântico, onde o rio desemboca[44]. Em virtude da magnitude exponencial do evento, constatam-se uma significativa limitação e grande dificuldade para descrever, de forma suficientemente abrangente, toda a complexidade e interconectividade dos impactos ambientais e humanos decorrentes da ruptura da barragem. Os números, contudo, são capazes de demonstrar a grandeza dos efeitos negativos ocasionados pelo desastre bem como atestam uma enorme diversidade na tipologia desses impactos.

Em decorrência do desastre, milhares de ações individuais foram ajuizadas, apresentando os mais diversos objetos, dezenas de ações coletivas, assim como a instauração de incidentes de resolução de demandas repetitivas nos estados de Minas Gerais, Espírito Santo e no Distrito Federal. Dentre as ações coletivas, duas se desatacam. Senão vejamos:

---

41 CARVALHO, Délton Winter de. The ore tailings dam rupture disaster in Mariana, Brazil: what we have to learn from Antropogenic disasters. *Natural Resources Journal*, v. 59, issue 2, 2019. Disponível em: https://digitalrepository.unm.edu/nrj/vol59/iss2/5/. Acesso em: 23 mar. 2023. O próprio laudo está disponível em: https://jornalismosocioambiental.files.wordpress.com/2016/01/laudo-preliminar-do-ibama-sobre-mariana.pdf. Acesso em: 23 mar. 2023.

42 IBAMA/DIPRO/CGEMA. *Laudo Técnico Preliminar*: impactos ambientais decorrentes do desastre envolvendo o rompimento da barragem de Fundão, em Mariana, Minas Gerais, 2015, p. 3.

43 Disponível em: http://g1.globo.com/minas-gerais/noticia/2015/11/veja-lista-de-desaparecidos-no-rompimento-de-barragens.htmlhttp://g1.globo.com/minas-gerais/noticia/2015/11/veja-lista-de-desaparecidos-no-rompimento-de-barragens.html. Acesso em: 13 mar. 2023.

44 *Diretores da Samarco serão indiciados por mortes na tragédia de Mariana*. Disponível em: https://brasil.elpais.com/brasil/2016/02/05/politica/1454710279_370326.html#:~:text=Ao%20todo%2C%2017%20morreram&text=No%20dia%20em%20que%20a,rompimento%20da%20barragem%20de%20Fund%C3%A3o. Acesso em: 12 abr. 2021.

i) A Ação Civil Pública 1024354-89.2019.4.01.3800 foi ajuizada em 30 de novembro de 2015 contra Samarco, Vale e BHP Billiton pela União e pelos estados de Minas Gerais e Espírito Santo. Primeiramente, esta foi ajuizada na 3.ª Vara Federal de Brasília e, posteriormente, teve seu trâmite transferido para a 12.ª Vara Federal de Belo Horizonte, Minas Gerais (atualmente 4.ª Vara, ver acima). Esta ação tem como valor da causa 20 bilhões de reais e tinha pedidos para a apresentação de planos para recuperação ambiental e econômica das consequências lesivas do colapso da barragem, a adoção de medidas para assegurar a implementação destes planos e a implementação destes planos por meio de uma fundação privada, na quantia mínima de 20 bilhões de reais. Foi deferido pedido de tutela antecipada para depósito, pelas empresas rés, de R$ 2 bilhões de reais.

No âmbito desta ação, foi firmado o termo de transação de ajustamento de conduta entre as partes, denominado TTAC, em 2 de março de 2016, com o objetivo de "recuperar, mitigar, remediar, reparar, inclusive indenizar, e nos casos que não houver possibilidade de reparação, compensar os impactos nos âmbitos socioambiental e socioeconômicos."[45] Para tanto, as atuações foram sendo organizadas na modalidade de programas de reparação socioeconômicos e socioambientais, a serem submetidos, avaliados e monitorados pelo CIF – Comitê Interfederativo, órgão do Poder Público criado para esta finalidade e composto por câmaras técnicas temáticas. Ainda, a partir do TTAC, as empresas rés constituíram a Fundação Renova, com a finalidade de "gerir e executar todas as medidas previstas nos programas socioeconômicos e socioambientais".

Nota-se aqui a adoção de uma estratégia que poderia se mostrar bastante eficiente em nível de desastres com litígios em massa, a criação de *claims resolution facilities*[46] ou entidades de infraestrutura específica para a resolução de conflitos coletivos[47]. No caso específico, contudo, há forte crítica dos atingidos, da sociedade civil e das instituições de justiça em relação à atuação da Fundação Renova. O MPMG ajuizou ação pedindo, inclusive, a extinção da fundação[48].

ii) No entanto, em 3 de maio de 2016, o MPF, em atuação conjunta com o Ministério Público do estado do Espírito Santo, do Ministério Público do estado

---

45 TTAC. Disponível em: https://www.fundacaorenova.org/wp-content/uploads/2016/07/ttac-final-assinado-para-encaminhamento-e-uso-geral.pdf. Acesso em: 23 mar. 2023.
46 McGOVERN, Francis. The what and why of claims resolution facilities. *Stanford Law Review*, v. 57, p. 1.361-1.389, April 2005.
47 Sobre este assunto, CABRAL, Antonio do Passo; ZANETI JR., Hermes. Entidades de infraestrutura específica para a resolução de conflitos coletivos: as *claims resolution facilities* e sua aplicabilidade no Brasil. *Revista de Processo*, v. 287, ano 44, p. 445-483, jan. 2019.
48 Cf. https://www.mpmg.mp.br/portal/menu/comunicacao/noticias/mpmg-pede-na-justica-extincao-da-fundacao-renova.shtml#:~:text=O%20Minist%C3%A9rio%20P%C3%BAblico%20de%20Minas,em%20decorr%C3%AAncia%20do%20maior%20desastre. Acesso em: 6 dez. 2023.

de Minas Gerais e as Defensorias Públicas de ambos os estados e da União, propuseram uma nova ação civil pública, também na 12.ª Vara Federal de Belo Horizonte, tombada sob o n. 1016756-84.2019.4.01.3800 contra Samarco, BHP Billiton, Vale, estado de Minas Gerais, Espírito Santo e União. Nesta ação, o valor atribuído aos danos transindividuais ("sociais, econômicos e ambientais") foi ampliado para uma estimativa de 155 bilhões de reais, trazendo para tanto uma equivalência entre os danos decorrentes do desastre da BP no Golfo do México (2010) nos Estados Unidos[49]. Esta ação civil pública, além de ampliar a estimativa de valores para a reparação integral dos danos transindividuais (sociais, econômicos e ambientais), formula mais de 200 pedidos. Dentre eles, a liminar para que as empresas rés depositem em um fundo privado próprio o valor inicial de R$ 7,7 bilhões e uma impugnação ao TTAC.

No curso desta ação, foi o TAP (termo de acordo preliminar) que definiu a contratação de organizações para trabalharem com perícia e dar assistência ao MPF na realização de diagnóstico socioeconômico e socioambiental. Posteriormente, em aditivo, foi prevista a contratação pelas rés de assessoriais técnicas aos atingidos. Neste momento, as principais reclamações eram a exclusão dos atingidos dos processos decisórios, ausência de transparência e decisões impositivas[50]. Em virtude disso, foi posteriormente firmado TAC-GOV (25 de junho de 2018), tendo como partes MPF, MPMG, MPES, DPU, DPMG e DPES, a União, os estados de Minas Gerais, Espírito Santo, a Samarco, a BHP Billiton, a Vale e a Fundação Renova, com os principais escopos de (i) alterar o processo de governança previsto no TTAC para definir programas, projetos e ações voltados à reparação integral dos danos; (ii) aprimorar os mecanismos de participação dos atingidos em todas as etapas do TTAC e do TAC-GOV; e (iii) estabelecer um processo eventual de repactuação dos programas[51].

Em nível judicial houve a implementação de um *sistema indenizatório simplificado*, cujo objeto permite o pagamento em massa a grupos específicos de vítimas, a partir de sentenças que estabelecem, de forma inédita no país, uma *matriz de danos* para grupos de afetados, em nível de danos individuais homogêneos. A sentença à Comissão de Atingidos prevê valores predeterminados de acordo com as categorias e

---

49 MPF-MG. *MPF entra com ação para total reparação dos danos sociais, ambientais e econômicos causados pelo rompimento da barragem da Samarco*. Disponível em: https://www.mpf.mp.br/mg/sala-de-imprensa/noticias-mg/mpf-entra-com-acao-para-total-reparacao-dos-danos-sociais-ambientais-e-economicos-causados-pelo-rompimento-da-barragem-da-samarco-1. Acesso em: 7 jul. 2023.

50 ASPERTI, Maria Cecília de Araújo; ZUFELATO, Camilo; GARCIA, Carolina Trevelini. Acesso à justiça e desastres: as assessoriais técnicas independentes e a participação direta das pessoas atingidas em conflitos coletivos complexos. *Revista de Direito Público*, v. 19, n. 102, abr./jun. 2022, p. 215.

51 MPF. *TAC Governança*. Disponível em: https://www.mpf.mp.br/grandes-casos/caso-samarco/documentos/tac-governanca. Acesso em: 24 mar. 2023.

localidades, mediante a comprovação de atendimento à condição de afetado pelo desastre. Apesar de facultativa, esta ocorre em nível massificado[52]. Isso tudo, além do auxílio emergencial devido. Em números globais, segundo a Fundação Renova em dados não auditados, R$ 28 bilhões foram desembolsados até janeiro de 2023 para reparação e compensações[53]. Exemplificando, título de pagamentos de indenizações e auxílios financeiros emergenciais foram pagos R$ 13,7 bilhões a mais de 410,8 mil pessoas (dano água e danos gerais), até janeiro de 2023[54]. Em nível de reassentamentos, foram R$ 3,46 bilhões, até março de 2023[55].

Apesar dos valores, a litigiosidade envolvendo este desastre ambiental e a reparação dos danos transindividuais e individuais homogêneos está longe de um término, estando presente em diversos níveis recursais. Há um certo consenso acerca de alguns pontos que demarcam a dificuldade em uma solução mais célere em um processo judicial de caráter irradiado, policêntrico e de tamanha complexidade. De um lado, notou-se, sobretudo no momento que se seguiu ao rompimento da barragem, uma atuação desconcertada e não convergente, seja por parte das empresas e da Fundação Renova, que atuaram de forma a não cumprir integralmente com os compromissos assumidos, seja por parte das instituições vinculadas ao Poder Executivo, advocacias públicas dos Estados e da União, institutos ambientais e outros, e as entidades do sistema de justiça, gerando grande insegurança jurídica[56]. Os questionamentos sobre a atuação da Fundação Renova são muitos e há grande insatisfação em relação aos resultados obtidos, seja pelos atingidos, seja pelas instituições do sistema de justiça. Existe ainda um grande debate sobre a presença de conflitos de interesses entre os atingidos e seus representantes legais, para descrédito do sistema de reparação. Posteriormente, têm sido tentadas novas conciliações, com alinhamentos quando possível, atuações judiciais concertadas e soluções consensuais em curso.

---

52 CNJ. *Justiça alcança indenização de milhares de vítimas do desastre de Mariana*. Disponível em: https://www.cnj.jus.br/justica-alcanca-indenizacao-de-milhares-de-vitimas-do-desastre-de-mariana/. Acesso em: 24 mar. 2023.
53 FUNDAÇÃO RENOVA. *Orçamento e desembolso*. Disponível em: https://www.fundacaorenova.org/dadosdareparacao/. Acesso em: 23 mar. 2023.
54 FUNDAÇÃO RENOVA. *Orçamento e desembolso*. Disponível em: https://www.fundacaorenova.org/dadosdareparacao/. Acesso em: 23 mar. 2023.
55 FUNDAÇÃO RENOVA. *Reassentamento e infraestrutura*. Disponível em: https://www.fundacaorenova.org/dadosdareparacao/reassentamento-e-infraestrutura/. Acesso em: 23 abr. 2023.
56 Neste sentido, a título exemplificativo: SIQUEIRA, Lyssandro Norton; REZENDE, Élcio Nacur. Desastres ambientais: acertos e desacertos de um novo modelo de reparação no Caso Samarco. *Veredas do Direito*, v. 19, n. 45, p. 306, set./dez. 2022; ASPERTI, Maria Cecília de Araújo; ZUFELATO, Camilo; GARCIA, Carolina Trevelini. Acesso à Justiça e desastres: as assessorias técnicas independentes e a participação direta das pessoas atingidas em conflitos coletivos complexos. *Revista de Direito Público*, v. 19, n. 102, p. 216, abr./jun. 2022.

No entanto, a transdisciplinaridade técnica e a multiplicidade de legitimados[57] que marcam litígios de desastres em massa acabam por tornar o andamento destas demandas mais conflituoso e, consequentemente, arrastado temporalmente. Outro ponto evidenciado é a tensão entre a necessária participação dos atingidos nas decisões que envolvem os programas de recuperação aos danos socioeconômicos e socioambientais, de um lado, e a necessária duração razoável do processo, de outro. Enquanto a necessária participação demanda a capacitação técnica, independente e informada, esta por evidente pode gerar mais tempo e conflito. De outro viés, nada adiantam decisões judiciais céleres que não atentem à perspectiva das vítimas. Porém, estas podem estar fragmentadas em diversos grupos, com interesses e demandas dissonantes.

Exatamente por este motivo, estas demandas de litígios de desastres em massa adquirem muitas vezes uma frontal distinção à ideia clássica de processos judiciais com um fim, se prolongando em um litígio estrutural, protraído no tempo e com um subsequente monitoramento. Outra estratégia é a divisão do objeto litigioso em nível de diversas matérias, como ocorrido no processo das ações civis públicas que envolvem o desastre de Mariana/Rio Doce.

Um aspecto chama atenção. Durante a tramitação do processo criou-se um novo tribunal (TRF 6) e foi alterado o número da vara onde tramitam as demandas coletivas (4.ª Vara). A atuação do julgador é determinante em casos complexos, mas neste caso já se sucederam juízes por ser a distribuição deste processo relegada ao juiz substituto da vara federal, ainda que haja notícia de sua designação exclusiva para o caso. Recentemente, o juiz que assumiu o processo extinguiu o NOVEL, justamente demonstrando algumas irregularidades processuais e que o programa estaria gerando uma sobredemanda decorrente do ajuizamento de ações individuais. É certo que ao fazê-lo manteve as indenizações já pagas. Porém, essa é já a segunda tentativa de indenizar diretamente as vítimas que falha. A Renova possuía um programa de indenização mediada que também fracassou (PIM). Por essa razão e justificando com a duração razoável do processo e a quebra do dogma da unicidade da sentença, as instituições de justiça pediram a condenação em julgamento parcial de mérito (art. 356 do CPC) das requeridas em dano moral coletivo *in re ipsa* e em danos morais e materiais individuais homogêneos identificados a partir da incontrovérsia quanto ao direito à indenização. A causa madura autoriza o julgamento parcial de mérito a qualquer tempo no curso da demanda.

---

57 SIQUEIRA, Lyssandro Norton; REZENDE, Élcio Nacur. Desastres ambientais: acertos e desacertos de um novo modelo de reparação no Caso Samarco. *Veredas do Direito*, v. 19, n. 45, p. 305, set./dez. 2022.

Como bem descrito por Bill Clinton, "embora a atenção da mídia e do público possam desaparecer, a dor dos sobreviventes perdura e exige respostas"[58]. Mais do que isso, pode ser dito que a demora em um processo referente a desastres não "apenas" estende a dor daqueles que sobreviveram ao evento, mas amplificam as suas vulnerabilidades, físicas, emocionais, econômicas, entre outras dimensões. Aqui, não se pode olvidar que a temporalidade do processo se apresenta a partir do direito fundamental à duração razoável do processo (art. 5.º, LXXVIII, CF/1988[59], e art. 4.º do CPC[60]).

Digno de destaque que um sistema de justiça que não funcione num tempo adequado ou imponha limites de acesso é em si uma fonte de vulnerabilidade. Também é uma forma de vulnerabilidade (institucional) quando as instituições não funcionam adequadamente, algo muito comum em casos de desastres.

6.3. Desastre da BP no Golfo do México

Exemplo dessa preocupação é o caso judicial do desastre da BP no Golfo do México nos EUA, considerado um caso bem-sucedido no processo civil complexo norte-americano, no qual foi obtido acordo judicial de $ 9,2 bilhões com os autores privados e de $ 18,7 bilhões com os governos federal e estaduais atingidos em um prazo de cinco anos[61]. Um caso como este poderia ter levado décadas.

Alguns motivos para tanto foram (i) a agregação dos casos em grupos[62]; (ii) sua categorização e consequente organização dos casos em grupos a partir de características, partes e objetos centrais[63], de forma flexível e negociada; (iii) além destes aspectos, o *case management* pelo Judge Carl Barbier sempre proveu decisões rápidas e completas; (iv) houve grande incentivo do juiz, quer por suas decisões

---

58 CLINTON, Bill. Foreword. In: STERN, Gerald M. *The Buffalo Creek disaster*. 2. ed. New York: Vintage Books, 2008, p. vii.
59 "Art. 5.º Todos são iguais perante a lei, sem distinção de qualquer natureza, garantindo-se aos brasileiros e aos estrangeiros residentes no País a inviolabilidade do direito à vida, à liberdade, à igualdade, à segurança e à propriedade, nos termos seguintes: (...) LXXVIII – a todos, no âmbito judicial e administrativo, são assegurados a razoável duração do processo e os meios que garantam a celeridade de sua tramitação."
60 "Art. 4.º As partes têm o direito de obter em prazo razoável a solução integral do mérito, incluída a atividade satisfativa."
61 RODRIGUEZ, Juan Carlos. Masterful judge credited for BP's Cases timely end. *Law360*. Disponível em: https://www.law360.com/articles/675712. Acesso em: 26 mar. 2023.
62 SHERMAN, Edward. Compensating victims of mass disasters through the Court Systems: procedural challenges and innovations. *Russian Law Journal*, v. 1, n. 1, p. 71, 2013.
63 SHERMAN, Edward. Compensating victims of mass disasters through the Court Systems: procedural challenges and innovations. *Russian Law Journal*, v. 1, n. 1, p. 72, 2013.

ou mesmo pela celeridade procedimental imposta, de as partes estarem propensas a um acordo[64].

Especificamente em relação à definição de provas técnicas e sua conflituosidade, o *case management* que tenha por objeto agregar ações correspondentes em classes tem a função de determinar padrões de prova acerca, por exemplo, da causalidade, permitindo sua replicação. Neste sentido, a própria BP concordou em adotar certos critérios objetivos de presunção de causalidade, quando tais critérios eram atendidos[65]. Tal fenômeno diminuiu a litigiosidade, aumentando a celeridade na obtenção de acordos e reparações pessoais e ambientais, enaltecendo a flexibilidade procedimental e a adoção de padrões decisórios pela consensualidade. Contudo, os desafios para tanto são enormes...

7. CONSIDERAÇÕES FINAIS

A jurisdição civil e o sistema de justiça desempenham um papel determinante no pós-desastre, seja fornecendo segurança jurídica às instituições que prestam resposta emergencial, seja garantindo direitos às vítimas ou mesmo atribuindo responsabilidades às fontes causadoras. Para tanto, estas devem permanecer abertas e operacionalmente em funcionamento, apesar do contexto social caótico que marca os desastres. Ainda, a jurisdição deve lançar mão de estratégias orientadas pelo Direito dos Desastres, exatamente como premissa jurídica para o reestabelecimento da estabilidade social perdida durante o evento extremo.

Para o resgate desta estabilidade perdida, sob o guia do Direito dos Desastres, diversas estratégias processuais devem ganhar uma interpretação compatível com as respectivas fases e funções da gestão circular do risco (prevenção e mitigação, resposta emergencial, compensação das vítimas e reconstrução). Pelas características e gravidade que envolvem os desastres, há sempre uma ênfase preventiva durante todo o ciclo de um evento extremo. Assim, mesmo após a ocorrência do evento, deve-se sempre interpretar e aplicar o direito processual civil com a devida atenção à gestão de risco, à mitigação dos danos e, quando possível, à prevenção de novos eventos.

A complexidade da conflituosidade irradiada dos desastres, sejam eles físicos ou antropogênicos, exige uma maior flexibilidade procedimental a fim de que o juízo competente possa gerenciar o caso de maneira apta a prestar uma

---

64 RODRIGUEZ, Juan Carlos. Masterful judge credited for BP's Cases timely end. *Law360*. Disponível em: https://www.law360.com/articles/675712. Acesso em: 26 mar. 2023.

65 SHERMAN, Edward. Compensating victims of mass disasters through the Court Systems: procedural challenges and innovations. *Russian Law Journal*, v. 1, n. 1, p. 77, 2013.

tutela adequada às especificidades do caso concreto. A adaptação dos procedimentos ao direito material (dos desastres) favorece a tutela dos interesses contrapostos e sua eficiência em casos de desastres, de forma flexível, dentro de limites necessários para fornecer segurança jurídica e o cumprimento às balizas constitucionais.

A concretização dos desastres enseja, de outro lado, uma gama de conflitos dotados de grande complexidade, trazendo a necessidade de que as categorias de interesses transindividuais e direitos individuais homogêneos sejam analisadas a partir da racionalidade sistêmica do processo coletivo. Para tanto, a combinação de técnicas processuais, conceitos firmes na doutrina brasileira e já amplamente aceitos com uma visão concreta a partir de cada conflito, é a que melhor permite encontrar soluções efetivas para a tutela seja dos direitos individuais, seja da dimensão coletiva *lato sensu*, atingindo o mais próximo da tutela integral.

Em face do caráter multifacetado, assimétrico e complexo dos conflitos que envolvem casos de litígios em massa por desastres, uma frequente estratégia em casos como o da explosão da plataforma de exploração de petróleo da BP no Golfo do México consiste na agregação de processos conexos sob uma mesma jurisdição. Tal estratégia facilita a uniformidade e a economia processual, além de privilegiar a maior proximidade do juízo ao local dos eventos, como se deu, inclusive, no caso do processo judicial do Desastre de Mariana/Caso Rio Doce.

Na mesma medida, as decisões judiciais em cascata que vão sendo tomadas ao longo de um ou mais processos complexos e que envolvem um mesmo desastre devem estar atentas ao fato de que estes eventos extremos são constituídos por riscos e vulnerabilidades. Desta forma, uma estratégia para, ao longo de um processo judicial, ir reduzindo as vulnerabilidades identificadas se trata da utilização do processo e das medidas estruturais para assegurar o cumprimento dos direitos fundamentais que possam ter sido, estar sendo ou estarem em risco de violação. A reestruturação de uma instituição, pública ou privada, pode ser essencial para a redução de vulnerabilidades presentes e futuras, evitando-se assim uma reprodução dos elementos constitutivos do desastre *sub judice*.

Finalmente, uma das questões mais tormentosas em processos de desastres em massa consiste na dicotomia entre a complexidade destas causas e a necessária duração razoável do processo, para que as vítimas não tenham que aguardar uma eternidade para a decisão de mérito e a definição acerca da tutela pretendia. A demora na definição judicial amplifica as vulnerabilidades, tanto comunitárias como individuais. Casos judiciais como aqueles ocorridos a partir dos desastres de Cataguases de Papel, de Mariana/Caso Rio Doce e o da BP no

Golfo do México (EUA) são capazes de ilustrar a necessidade de adoção de estratégias para que as decisões sejam tomadas em um horizonte temporal adequado à gravidade da situação social inerente a tais eventos. Do contrário, a ausência de definições judiciais céleres enseja uma maior vulnerabilização das vítimas e das instituições envolvidas. Esta necessidade de uma aceleração temporal deve ser, por evidente, proporcionalmente combinada com a devida segurança jurídica. Equilíbrio árduo este, mas necessário em casos em que a postergação da decisão, longe de pacificar, aumenta a conflituosidade entre as diversas partes e, sobretudo, a vulnerabilidade dos afetados.

REFERÊNCIAS

ADVOCACIA-GERAL DA UNIÃO; MINISTÉRIO PÚBLICO FEDERAL. Acordo homologado na Ação Civil Pública 1005310-84.2019.4.01.3800. 5.ª Vara Federal Cível da SJMG, Polo ativo: Ministério Público Federal – MPF, Polo passivo: União e Agência Nacional de Mineração – AMN, 2019. Disponível em: https://www.mpf.mp.br/mg/sala-de-imprensa/docs/acordo-anm_mpf.pdf. Acesso em: 11 jan. 2023.

ARENHART, Sérgio Cruz; OSNA, Gustavo. *Curso de processo civil coletivo*. São Paulo: Thomson Reuters Brasil, 2019, p. 132.

ASPERTI, Maria Cecília de Araújo; ZUFELATO, Camilo; GARCIA, Carolina Trevelini. Acesso à justiça e desastres: as assessoriais técnicas independentes e a participação direta das pessoas atingidas em conflitos coletivos complexos. *Revista de Direito Público*, v. 19, n. 102, abr./jun. 2022.

CABRAL, Antonio do Passo; ZANETI JR., Hermes. Entidades de infraestrutura específica para a resolução de conflitos coletivos: as *claims resolution facilities* e sua aplicabilidade no Brasil. *Revista de Processo*, v. 287, ano 44, p. 445-483, jan. 2019.

CARVALHO, Délton Winter de. *Desastres ambientais e sua regulação jurídica*: deveres de prevenção, resposta e compensação ambiental. 2. ed. São Paulo: Thomson Reuters, 2020.

CARVALHO, Délton Winter de; DAMACENA, Fernanda Dalla Libera. *Direito dos desastres*. Porto Alegre: Livraria do Advogado, 2013.

CARVALHO, Délton Winter de. *Gestão jurídica ambiental*. 2. ed. São Paulo: Thomson Reuters, 2020.

CARVALHO, Délton Winter de. O direito dos desastres. Palestra *on-line* ministrada na série de eventos Fundamentos do Processo Civil Contemporâneo (FPCC). Convidado, sob a coordenação do Professor Hermes Zaneti Júnior, em 2 de abril de 2020.

CARVALHO, Délton Winter de. The ore tailings dam rupture disaster in Mariana, Brazil: what we have to learn from antropogenic disasters. *Natural Resources Journal*, v. 59, issue 2, 2019. Disponível em: https://digitalrepository.unm.edu/nrj/vol59/iss2/5/. Acesso em: 23 mar. 2023.

CHAYES, Abram. The role of the judge in public law litigation. *Harvard Law Review*, v. 89, n. 7, May 1976.

CNJ. Justiça alcança indenização de milhares de vítimas do desastre de Mariana. Disponível em: https://www.cnj.jus.br/justica-alcanca-indenizacao-de-milhares-de-vitimas-do-desastre-de-mariana/. Acesso em: 24 mar. 2023.

DI GREGORIO, Leandro Torres; SAITO, Silvia Midori; VIDAL, Josep Pont; ROCHA, Vânia; CARVALHO, Délton Winter. Strengthening institutional resilience: lessons learned from covid-19 disaster. In: ESLAMIAN, Saeid; ESLAMIAN, Faezeh (ed.). *Disaster risk reduction for resilience*: disaster risk management strategies. Cham: Springer, 2022, p. 41-72.

DIDIER JR., Fredie; ZANETI JR., Hermes. *Curso de direito processual civil*: processo coletivo. 13. ed. Salvador: JusPodivm, 2019. v. IV.

FARBER, Daniel A.; CARVALHO, Délton Winter de. *Estudos aprofundados em Direito dos desastres*: interfaces comparadas. 2. ed. Curitiba: Appris, 2019.

FULLER, Lon. The forms and limits of adjudication. *Harvard Law Review*, v. 92, 1978, p. 395.

FUNDAÇÃO RENOVA. *Orçamento e desembolso*. Disponível em: https://www.fundacaorenova.org/dadosdareparacao/. Acesso em: 23 mar. 2023.

FUNDAÇÃO RENOVA. *Reassentamento e infraestrutura*. Disponível em: https://www.fundacaorenova.org/dadosdareparacao/reassentamento-e-infraestrutura/. Acesso em: 23 abr. 2023.

GAJARDONI, Fernando da Fonseca. *Flexibilidade procedimental*: um novo enfoque para o estudo do procedimento em matéria processual. Tese de doutorado em Direito. USP/São Paulo, 2006, p. 103-111.

GAJARDONI, Fernando da Fonseca. Procedimento, déficit procedimental e flexibilização procedimental no novo CPC. *Revista de Informação Legislativa*. Brasília, ano 48, n. 190, abr./jun. 2011, p. 17.174. Disponível em: https://www.mpf.mp.br/mg/sala-de-imprensa/docs/2020/inicial-acp-vale-anm-cvm.pdf. Acesso em: 11 jan. 2023.

IBAMA/DIPRO/CGEMA. *Laudo Técnico Preliminar*: impactos ambientais decorrentes do desastre envolvendo o rompimento da barragem de Fundão, em Mariana, Minas Gerais, 2015, p. 03.

LINKE, Micaela Porto Filchtiner; JOBIM, Marco Felix. A pandemia de covid-19 no Brasil e os processos estruturais: uma abordagem para litígios complexos. *Revista Eletrônica de Direito Processual*, vol. 21, ano 14, n. 3, p. 410, set./dez. 2020.

MANSUR, Rafaela. Tragédia em Mariana: Justiça inglesa marca para abril de 2024 início de julgamento de ação bilionária contra BHP. *G1 Minas*. Disponível em: https://g1.globo.com/mg/minas-gerais/noticia/2022/12/22/tragedia-em-mariana-justica-inglesa-marca-para-abril-de-2024-acao-bilionaria-contra-bhp.ghtml. Acesso em: 23 mar. 2023.

McGOVERN, Francis. The what and why of claims resolution facilities. *Stanford Law Review*, v. 57, p. 1.361-1.389, April 2005.

MENDONÇA, Eloísa. Diretores da Samarco serão indiciados por mortes na tragédia de Mariana. *El País*. Publicado em: 5 fev. 2016. Disponível em: https://brasil.elpais.com/brasil/2016/02/05/politica/1454710279_370326.html#:~:text=Ao%20todo%2C%2017%20morreram&text=No%20dia%20em%20que%20a,rompimento%20da%20barragem%20de%20Fund%C3%A3o. Acesso em: 12 abr. 2021.

MINISTÉRIO PÚBLICO FEDERAL – MINAS GERAIS. União firma acordo com o MPF para ANM fiscalizar barragens de mineração no país. Disponível em: https://www.mpf.mp.br/mg/sala-de-imprensa/noticias-mg/uniao-firma-acordo-com-o-mpf-para-anm-fiscalizar-barragens-de-mineracao-no-pais. Acesso em: 11 jan. 2023.

MINISTÉRIO PÚBLICO FEDERAL. Petição Inicial da Ação Civil Pública 1005310-84.2019.4.01.3800. 5.ª Vara Federal Cível da SJMG. Polo ativo: MPF, Polo passivo: Vale S.A.; Agência Nacional de Mineração – AMN e Comissão de Valores Mobiliários – CVM, 2019. Disponível em: https://www.mpf.mp.br/mg/sala-de-imprensa/docs/2020/inicial-acp-vale-anm-cvm.pdf. Acesso em: 6 dez. 2023.

MPF. TAC Governança. Disponível em: https://www.mpf.mp.br/grandes-casos/caso-samarco/documentos/tac-governanca. Acesso em: 24 mar. 2023.

MPF-MG. MPMG pede na Justiça extinção da Fundação Renova. Publicado em: 24 fev. 2021. Disponível em: https://www.mpmg.mp.br/portal/menu/comunicacao/noticias/mpmg-pede-na-justica-extincao-da-fundacao-renova.shtml. Acesso em: 6 dez. 2023.

MPF-MG. MPF entra com ação para total reparação dos danos sociais, ambientais e econômicos causados pelo rompimento da barragem da Samarco. Publicado em: 3 maio 2016. Disponível em: https://www.mpf.mp.br/mg/sala-de-imprensa/noticias-mg/mpf-entra-com-acao-para-total-reparacao-dos-danos-sociais-ambientais-e-economicos-causados-pelo-rompimento-da-barragem-da-samarco-1. Acesso em: 7 jul. 2023.

PAPATHOMA-KÖHLE, M.; THALER, T.; FUCHS, S. An institutional approach to vulnerability: evidence from natural hazard management in Europe. *Environmental Research Letters*, v. 16, n. 4, 2021. Disponível em: https://iopscience.iop.org/article/10.1088/1748-9326/abe88c. Acesso em: 3 fev. 2023.

RE 684.612, Tribunal Pleno, Rel. p/ Acórdão Min. Roberto Barroso, j. 3.7.2023, *DJ-e* 7.8.2023.

RHEINGOLD, Paul D. *Mass disaster litigation and the use of plaintiffs' groups. Major and complex litigation*, v. 3, n. 3. American Bar Association, 1977, p. 18.

RODRIGUEZ, Juan Carlos. Masterful Judge credited for BP's cases timely end. *Law360*. Disponível em: https://www.law360.com/articles/675712. Acesso em: 26 mar. 2023.

SHERMAN, Edward. Compensating victims of mass disasters through the Court Systems: procedural challenges and innovations. *Russian Law Journal*, v. 1, n. 1, 2013.

SIQUEIRA, Lyssandro Norton; REZENDE, Élcio Nacur. Desastres ambientais: acertos e desacertos de um novo modelo de reparação no Caso Samarco. *Veredas do Direito*, v. 19, n. 45, p. 305, set./dez. 2022.

STERN, Gerald M. *The Buffalo Creek Disaster*. 2. ed. New York: Vintage Books, 2008, p. 88.

STJ. Conflito de Competência 144.922/MG (2015/0327858-8), Rel. Min. Diva Malerbi (Des. Convocada do TRF3), j. 25.5.2016. Disponível em: https://processo.stj.jus.br/processo/pesquisa/?aplicacao=processos.ea&tipoPesquisa=tipoPesquisaGenerica&termo=CC%20144922. Acesso em: 20 fev. 2022.

TTAC. Disponível em: https://www.fundacaorenova.org/wp-content/uploads/2016/07/ttac-final-assinado-para-encaminhamento-e-uso-geral.pdf. Acesso em: 23 mar. 2023.

VITORELLI, Edilson. Tipologia dos litígios transindividuais: um novo ponto de partida para a tutela coletiva. In: ZANETI JR., Hermes (coord.). *Repercussões do Novo CPC*: processo coletivo. Salvador: JusPodivm, 2016.

VITORELLI, Edilson. *O devido processo legal coletivo*: dos direitos aos litígios coletivos. São Paulo: Thomson Reuters, 2016.

VITORELLI, Edilson. *Processo civil estrutural*: teoria e prática. Salvador: JusPodivm, 2020.

ZANETI JR., H. O *case management* e as *European rules of civil procedure*: uma análise à luz da experiência brasileira do Código de Processo Civil de 2015. In: NASCIMENTO FILHO, F.; FERREIRA, M. V. S. C.; BENEDUZI, R. R. (ed.). *Estudos em homenagem a Sergio Bermudes*. Rio de Janeiro: GZ, 2022, p. 279-306.

ZANETI JR., H. O princípio da cooperação e o Código de Processo Civil: cooperação para o processo. *Processo civil contemporâneo. Homenagem aos 80 anos do Professor Humberto Theodoro Júnior.* Rio de Janeiro: GEN/Forense, 2018, p. 142-153.

ZANETI JR., H.; DIDIER JR., F.; OLIVEIRA, R. A. Elementos para uma teoria do processo civil estrutural aplicada ao processo civil brasileiro. In: JOBIM, Marco Félix; ARENHART, Sérgio. *Processos estruturais.* 3. ed. Salvador: JusPodivm, 2021, p. 423-462.

ZANETI JR., Hermes. Processo coletivo no Brasil: sucesso ou decepção? In: JOBIM, Marco Félix; REICHELT, Luis Alberto (org.). *Coletivização e unidade do direito.* Londrina: Thoth, 2019.

A LITIGÂNCIA CLIMÁTICA E O COMENTÁRIO GERAL N. 26/2023 DA ONU SOBRE OS DIREITOS DA CRIANÇA E O MEIO AMBIENTE[1]

Anna Karina O. V. Trennepohl[2]

1. CONSIDERAÇÕES INICIAIS

A Organização das Nações Unidas (ONU) elabora diversos Comentários Gerais para serem utilizados como instrumento pelos governos para a aplicação das convenções internacionais. Assim, os Comentários Gerais originam-se nos diversos Comitês que integram a ONU e trazem interpretações sobre os direitos mencionados nas Convenções a quem se referem, com recomendações formais aos Estados-partes e detalhamento da atuação prática.

Os Comentários Gerais atinentes à área da infância e adolescência são feitos com base em discussões no Comitê dos Direitos da Criança. É importante destacar que para a Convenção Internacional sobre os Direitos da Criança, criança é todo ser humano com menos de 18 anos, salvo se antecipadamente emancipado[3].

O Comentário Geral n. 26/2023 trata sobre os direitos da criança e o meio ambiente, com enfoque especial nas mudanças climáticas[4]. Para a elaboração desse comentário foi realizada uma série de consultas e oficinas com pessoas de todo o mundo, abrangendo atividades específicas com mais de 7 mil crianças e adolescentes de mais de 100 países, com o objetivo de informar e agregar novas opiniões sobre o tema.

---

[1] Este artigo constitui minha participação na justa homenagem à Curt Trennepohl, que é uma das maiores referências como aplicador e doutrinador do Direito Ambiental brasileiro. Para mim, no entanto, ele é muito mais do que isso. Ele foi o exemplo em quem me inspirei, décadas atrás, ao optar pela carreira no Ministério Público, sempre pautada no comprometimento e na retidão.

[2] Promotora de Justiça no Ministério Público da Bahia. Ex-membro colaborador da Corregedoria Nacional do Conselho Nacional do Ministério Público. Pós-graduada em Direito, pós-graduanda em Infância e Juventude pela Fundação Escola Superior do Ministério Público (FMP) e Mestre em Direitos Humanos pela Pontifícia Universidade Católica de São Paulo (PUC-SP).

[3] BRASIL. *Decreto n. 99.710, de 21 de novembro de 1990*. Convenção Internacional sobre os direitos da criança de 1989. *Diário Oficial da União*: seção 1, Brasília, DF, p. 2, 22 nov. 1990. Disponível em: http://www.planalto.gov.br/ccivil_03/decreto/1990-1994/d99710.htm. Acesso em: 13 ago. 2023.

[4] ORGANIZAÇÃO DAS NAÇÕES UNIDAS (ONU). *Comentário geral n. 26/2023, do Comitê dos direitos da criança*. 22 ago. 2023. Disponível em: https://www.ohchr.org/en/documents/general-comments-and-recommendations/crccgc26-general-comment-no-26-2023-childrens-rights. Acesso em: 4 abr. 2024.

A participação ativa de crianças e adolescentes ocorreu no conselho consultivo, composto por 12 conselheiros de idades entre 11 e 17 anos, apoiando o processo de consulta realizado para este Comentário Geral, com 16.331 contribuições de crianças de 121 países, por meio de pesquisas on-line, grupos focais e consultas presenciais nacionais e regionais. Isso é decorrência do previsto no art. 12 da Convenção Internacional dos Direitos das Crianças, que dispõe que os Estados-partes devem assegurar à criança a formulação dos seus próprios pontos de vista e o direito de expressar suas opiniões livremente, em todos os assuntos relacionados a ela, quando tais opiniões devem ser consideradas[5].

A importância de um Comentário Geral por parte das Nações Unidas fundamenta-se em diversos estudos que têm apontado crianças e adolescentes como principais vítimas das emergências climáticas, do colapso da biodiversidade e da poluição generalizada, que são uma ameaça urgente e sistêmica aos direitos daqueles.

Os impactos sobre os direitos humanos derivados das mudanças climáticas tendem a ser mais graves em populações que se encontram em situação de vulnerabilidade[6].

No ano de 2021, o Fundo das Nações Unidas para a Infância (UNICEF) divulgou o relatório *The climate crisis is a child rights crisis (introducing the Children's Climate Risk Index – CCRI)*, em que o Índice de Risco Climático Infantil (CCRI) fornece a primeira visão abrangente da exposição e vulnerabilidade das crianças aos impactos das mudanças climáticas[7].

Esse relatório classifica os países com base na exposição das crianças a choques climáticos e ambientais, como ciclones e ondas de calor, bem como sua vulnerabilidade a esses choques, com lastro no acesso a serviços essenciais.

Em 2022, durante a 27.ª Conferência das Nações Unidas sobre Mudanças Climáticas (COP 27), no Egito, o Fundo das Nações Unidas para a Infância (UNICEF) fez o alerta: crianças e adolescentes são os mais impactados pelas alterações climáticas, e precisam ser priorizados.

---

5 BRASIL. *Decreto n. 99.710, de 21 de novembro de 1990*. Convenção Internacional sobre os direitos da criança de 1989. *Diário Oficial da União*: seção 1, Brasília, DF, p. 2, 22 nov. 1990. Disponível em: http://www.planalto.gov.br/ccivil_03/decreto/1990-1994/d99710.htm. Acesso em: 13 maio 2024.

6 RIAÑO, Astrid Puentes. Litígio climático e direitos humanos. In: SETZER, Joana; CUNHA, Kamyla; FABBRI, Amália S. Botter. *Litigância climática*: novas fronteiras para o direito ambiental no Brasil. São Paulo: Thomson Reuters Brasil, 2019, p. 215-235, p. 227.

7 UNICEF. *The climate crisis is a child rights crisis*: introducing the children's climate risk index. New York, United Nations Children's Fund (UNICEF), 2021a. Disponível em: https://www.unicef.org/reports/climate-crisis-child-rights-crisis. Acesso em: 5 maio 2024.

Crianças e adolescentes são mais vulneráveis aos choques climáticos e ambientais do que os adultos em razão de inúmeros fatores, como vulnerabilidades física e fisiológica, inclusive com um maior risco de morte.

Além disso, muitas crianças e adolescentes vivem em áreas que enfrentam riscos climáticos e ambientais múltiplos e sobrepostos, tais como secas, inundações e clima severo, juntamente a outros estresses ambientais, que se complementam, tais como urbanização, caracterizada por seu desordenamento, já que, com frequência, populações mais desfavorecidas são obrigadas a se fixar em áreas geográfica e ecologicamente vulneráveis, como planícies inundáveis e encostas íngremes, vivendo em moradias precárias, sem acesso a saneamento básico e outros serviços essenciais[8].

As emergências climáticas afetam os direitos de jovens e adultos, entretanto, atingem com mais intensidade os direitos fundamentais de crianças e adolescentes, visto que, apesar de não ser decorrente de sua ação, e sim de ação da própria natureza ou de ação humana, são eles que mais sofrem as suas consequências e possuem direitos violados[9].

Quando uma emergência climática ocorre, e não foram adotadas medidas preventivas, crianças e adolescentes deixam de ter acesso a serviços essenciais, como saúde, nutrição, educação e proteção social, o que as coloca em situação de maior vulnerabilidade.

A importância da defesa do meio ambiente saudável, com foco no bem-estar de crianças e adolescentes, deve resultar em medidas que evitem que essas emergências climáticas ocorram, e, caso não seja possível impedi-las, que sejam ao menos reduzidos os danos com a adoção de medidas preventivas, já que pessoas com menos de 18 anos possuem maior vulnerabilidade aos perigos climáticos e ambientais.

> A criança representa, como é óbvio, o futuro. Não tem responsabilidade pelo passado, não sabe pôr-se, ainda, em perspectivas para o futuro. Há que fazer garantir o seu presente, para que ela assegure o tempo que virá depois em condições de sustentar os sonhos dos seus antepassados e as esperanças dos seus filhos[10].

Um indicativo de que a exposição às emergências climáticas e aos danos ambientais repercute na geração ainda vindoura são os estudos que atestam as

---

8 UNICEF. *Healthy environments for healthy children*. Global Programme Framework. New York: United Nations Children's Fund (UNICEF), 2021b. Disponível em: https://www.unicef.org/health/healthy-environments. Acesso em: 8 maio 2024.

9 TRENNEPOHL, Anna Karina O. V.; FERREIRA, Eduardo Dias de Souza. A influência das emergências climáticas nos direitos fundamentais de crianças e adolescentes. *Revista Acadêmica Escola Superior do Ministério Público do Ceará*, Fortaleza, ano 15, n. 1, p. 119-137, jan./jun. 2023. Disponível em: https://doi.org/10.54275/raesmpce.v15i01.303. Acesso em: 5 maio 2024.

10 ROCHA, Cármen Lúcia Antunes. *Direitos de/para todos*. Rio de Janeiro: Bazar do Tempo, 2024, p. 155.

consequências dos efeitos climáticos em gestantes. Pesquisadores do instituto de pesquisa em saúde Fundação Oswaldo Cruz (Fiocruz), no Brasil, e da Universidade de Lancaster, no Reino Unido, chegaram à conclusão, após uma pesquisa feita em 43 municípios altamente dependentes de rios no estado do Amazonas, de que os bebês nascidos de mães expostas a choques extremos de chuva eram menores devido ao crescimento fetal restrito e ao nascimento prematuro[11].

Dessa maneira, a legislação e as políticas públicas, que busquem a proteção do meio ambiente, devem priorizar a solidariedade intergeracional, de crianças e adolescentes da presente e das futuras gerações.

Ocorre que, diante da inércia ou dificuldades de alguns países na efetivação das medidas preventivas às emergências climáticas, pode ser necessária a utilização dos meios judiciais para que sejam resguardados os direitos de crianças e adolescentes e impulsionada uma atuação proativa dos Estados.

Há ainda os países em que os impactos ambientais, de atividades poluentes, ainda são ignorados ou subestimados, desconsiderando-se os efeitos nocivos dessa exposição recorrente na saúde e no desenvolvimento de crianças e adolescentes.

Surge, então, a litigância climática como uma ferramenta de concretização de arcabouços normativos internos e externos que buscam a garantia de um meio ambiente sustentável para as presentes e futuras gerações, tal como previsto no art. 24 da Convenção Internacional dos direitos da criança[12] e, no Brasil, na Constituição Federal de 1988, em seu art. 225, *caput*[13].

Pretende-se, com este estudo, demonstrar como a litigância climática está relacionada com garantia de um meio ambiente saudável para crianças e adolescentes, bem como analisar a pertinência da litigância climática como uma

---

11 LANCASTER UNIVERSITY. *New research highlights health risks to babies on the front line of climate change*. Lancaster: Lancaster University, 2021. Disponível em: https://www.lancaster.ac.uk/news/new-research-highlights-health-risks-to-babies-on--the-front-line-of-climate-change. Acesso em: 8 maio 2024.

12 "Artigo 24
[...]
2. Os Estados Partes devem garantir a plena aplicação desse direito e, em especial, devem adotar as medidas apropriadas para:
[...]
combater as doenças e a desnutrição, inclusive no contexto dos cuidados primários de saúde mediante *inter alia*, a aplicação de tecnologia prontamente disponível e o fornecimento de alimentos nutritivos e de água limpa de boa qualidade, tendo em vista os perigos e riscos da poluição ambiental." (BRASIL. *Decreto n. 99.710, de 21 de novembro de 1990*. Convenção Internacional sobre os direitos da criança de 1989. *Diário Oficial da União*: seção 1, Brasília, DF, p. 2, 22 nov. 1990. Disponível em: http://www.planalto.gov.br/ccivil_03/decreto/1990-1994/d99710.htm. Acesso em: 13 ago. 2023)

13 "Art. 225. Todos têm direito ao meio ambiente ecologicamente equilibrado, bem de uso comum do povo e essencial à sadia qualidade de vida, impondo-se ao Poder Público e à coletividade o dever de defendê-lo e preservá-lo para as presentes e futuras gerações." (BRASIL. *Constituição da República Federativa do Brasil de 1988*. Brasília, DF: Presidência da República, 2023. Disponível em: http://www.planalto.gov.br/ccivil_03/constituicao/constituicao.htm. Acesso em: 5 maio 2024)

vertente legal e cada vez mais necessária, com exemplos de ações já propostas em defesa de pessoas com menos de 18 anos.

2. A JUDICIALIZAÇÃO CLIMÁTICA E O ATIVISMO JUDICIAL

Buscando-se todo o sistema normativo ambiental, não apenas no Brasil como em âmbito internacional, verifica-se que há tratados internacionais, textos constitucionais e infraconstitucionais que já tratam das mudanças climáticas e a necessidade de adoção de políticas públicas para prevenir os danos.

Contudo há exemplos em diversos países de que, apesar das evidentes demonstrações de que as emergências climáticas são mais recorrentes, não tem sido feito o necessário para evitá-las.

Daí surge a importância das ações judiciais ou extrajudiciais, conhecidas como litígios climáticos. Segundo Wedy:

> Os litígios climáticos têm como objetivos pressionar o Estado Legislador, o Estado Administrador e os entes particulares a cumprirem, mediante provocação do Estado Juiz, o compromisso mundial no sentido de garantir um clima adequado com o corte de emissões de gases de efeito estufa e o incentivo à produção de energias renováveis acompanhados do necessário deferimento de medidas judiciais hábeis a concretizar os princípios da precaução e da prevenção com a finalidade, igualmente, de evitar catástrofes ambientais e de promover o princípio do desenvolvimento sustentável[14].

Vê-se que a gestão política, a produção legislativa e o Direito não podem ser dissociados, as instituições administrativas e que elaboram as leis não podem se afastar da judicial, e assim por diante, sob pena de caminhos opostos impedirem um crescimento coerente na adoção de medidas ambientais desejáveis[15].

Os litígios climáticos não se restringem apenas à efetivação do que se encontra disposto, também servindo de meio para se suprir omissões administrativas e lacunas legislativas[16].

Nesse ponto, é necessário considerar se a litigância climática seria uma forma de ativismo judicial e a sua pertinência no caso da defesa de um meio ambiente saudável para todos, principalmente crianças e adolescentes.

Luís Roberto Barroso entende a ideia de ativismo judicial associada a uma participação mais ampla e intensa do Judiciário na concretização dos valores

---

14 WEDY, Gabriel de Jesus Tedesco. *Litígios climáticos*: de acordo com o direito brasileiro, norte-americano e alemão. Salvador: JusPodivm, 2019, p. 34.
15 TRENNEPOHL, T.; OMENA, A. O princípio da precaução no direito ambiental brasileiro. *Atuação: Revista Jurídica do Ministério Público Catarinense*, [s. l.], v. 17, n. 36, p. 22-38, 30 nov. 2022, p. 29.
16 WEDY, Gabriel de Jesus Tedesco. *Litígios climáticos*: de acordo com o direito brasileiro, norte-americano e alemão. Salvador: JusPodivm, 2019, p. 34.

e fins constitucionais, com maior interferência no espaço de atuação dos dois outros Poderes[17].

Já Abboud entende que:

> Ativista, é toda decisão judicial que se fundamente em convicções pessoais ou no senso de justiça do intérprete, à revelia da legalidade vigente, entendida aqui como a legitimidade do sistema jurídico, e não como mero positivismo estrito ou subsunção rasteira do fato ao texto ou quando o juiz se nega a atuar[18].

Na visão de autores como Barroso, a litigância climática seria uma forma de ativismo judicial, em um sentido positivo, por demonstrar uma participação proativa do Poder Judiciário na concretização da proteção do meio ambiente sustentável.

De outro lado, há autores como Abboud, que defende, em termos qualitativos, toda decisão judicial ativista como ilegal e inconstitucional, porque desprovida de respaldo na Constituição Federal e na lei, fundamentando-se apenas na vontade do julgador. Dessa maneira, de acordo com esse entendimento, os litígios climáticos não se enquadrariam nessa moldura, vez que se encontram lastreados em tratados internacionais, na Agenda 2030[19] e no Texto Constitucional[20].

Ressalte-se que o direito a um meio ambiente sadio é previsto nas Constituições de mais de 170 países, não havendo que se falar em julgamento baseado apenas na vontade do julgador, quando se trata de litígios climáticos.

Assim, seja em qualquer das concepções acerca do que é o ativismo judicial, em ambas, credita-se legitimidade à litigância climática, principalmente quando essa é necessária para se evitar maiores danos, às gerações presentes e futuras, com base no princípio da precaução, impulsionando uma atuação administrativa ou legislativa[21].

---

17 BARROSO, Luís Roberto. *Curso de direito constitucional contemporâneo: os conceitos fundamentais e a construção de um novo modelo*. 11. ed. São Paulo: SaraivaJur, 2023, p. 416.

18 ABBOUD, Georges. *Ativismo judicial*: os perigos de transformar o STF em ficcional. São Paulo: Thomson Reuters: Vozes, 2022.

19 ORGANIZAÇÃO DAS NAÇÕES UNIDAS (ONU). *The 2030 Agenda for Sustainable Development*. Disponível em: https://www.undp.org/sustainable-development-goals/no-poverty?gclid=Cj0KC QiArsefBhCbARIsAP98hXS8BqXLvXi0rW_Zi-tvnN4Qfrhmmyr8LJHG1IzomTodCs1DjEZGT tAaAmZWEALw_wcB. Acesso em: 2 maio 2024.

20 TRENNEPOHL, Anna Karina O. V; KOBAYASHI, Eduardo Kazumi de L. I. V. *Reflexões e inovações jurídicas*. Organizador: André Ricardo Fonseca da Silva. João Pessoa: Norat, 2023. v. 1, p. 51.

21 Em procedimentos preventivos das políticas públicas, na tomada de decisões referentes ao meio ambiente, mostra-se clara a presença do princípio da precaução, pois sua adoção se impõe por meio de medidas de fomento, ainda que o evento não seja provável nem previsível, bastando para tanto que haja incerteza quanto à verificação do risco, não precisando que seja conhecido, sequer cognoscível (TRENNEPOHL, T.; OMENA, A. O princípio da precaução no direito ambiental brasileiro. *Atuação: Revista Jurídica do Ministério Público Catarinense*, v. 17, n. 36, p. 22-38, 30 nov. 2022, p. 34).

Em decorrência do princípio da inércia do Poder Judiciário, este apenas pode se manifestar uma vez seja impulsionado. Entretanto, quando isso ocorre, não se deve esquivar de analisar as postulações de direitos subjetivos, em pretensões coletivas ou em processos objetivos.

Dessa forma, ações judiciais têm sido propostas em face de entes públicos e privados, individualmente ou de forma coletiva, com o intuito de obrigar os Poderes Legislativos e Executivos a cumprirem o disposto em Acordos e Tratados Internacionais, Constituições, legislações e normas administrativas[22].

Além disso, também se almeja, por meio da judicialização de demandas, a responsabilização dos setores público e privado por empreendimentos que gerem danos ao meio ambiente e afetem a justiça intergeracional.

Justiça intergeracional é aquela que se relaciona com a solidariedade entre gerações diversas, presentes e futuras[23] para a efetividade da equidade intergeracional.

As crianças e os adolescentes que vivem atualmente os perigos das emergências climáticas necessitam de uma atuação imediata em defesa dos seus direitos. Todavia, não se pode olvidar que o meio ambiente saudável também deve ser resguardado para aqueles que chegam e têm direito à concretização máxima dos direitos humanos.

A degradação ambiental, incluindo a crise climática, é uma forma de violência estrutural contra as crianças, e pode causar um colapso social em comunidades e famílias[24].

Assim, a equidade intergeracional tem sido um dos móveis para as diversas ações já propostas em sede de litigância climática preservando a qualidade do meio ambiente para todas as gerações que existirão, como passamos a exemplificar.

3. OS LITÍGIOS CLIMÁTICOS E A DEFESA DE DIREITOS FUNDAMENTAIS DE CRIANÇAS E ADOLESCENTES

As decisões decorrentes de litígios climáticos devem levar em consideração que crianças e adolescentes detêm a prioridade absoluta em políticas públicas e

---

22 WEDY, Gabriel de Jesus Tedesco. *Litígios climáticos*: de acordo com o direito brasileiro, norte-americano e alemão. Salvador: JusPodivm, 2019, p. 35.
23 SARLET, Ingo Wolfgang; WEDY, Gabriel de Jesus Tedesco; FENSTERSEIFER, Tiago. *Curso de direito climático*. São Paulo: Thomson Reuters, 2023, p. 383.
24 ORGANIZAÇÃO DAS NAÇÕES UNIDAS (ONU). *Comentário geral n. 26/2023, do Comitê dos direitos da criança*. 22 ago. 2023. Disponível em: https://www.ohchr.org/en/documents/general-comments-and-recommendations/crccgc26-general-comment-no-26-2023-childrens-rights. Acesso em: 4 abr. 2024.

elaboração de leis que resguardem seus direitos, tal como consagrado no princípio do melhor interesse previsto na Convenção Internacional dos direitos da criança[25], que é replicado nas Constituições e legislações internas dos países.

Se o melhor interesse da criança e do adolescente deve ser uma consideração primária na adoção e na implementação de decisões ambientais, incluindo leis, regulamentos, políticas, normas, diretrizes, planos, estratégias, orçamentos, acordos internacionais e provisão de assistência para o desenvolvimento, o não atendimento a essa prioridade pode resultar na judicialização climática para que esse direito seja resguardado.

Quando uma decisão ambiental puder causar impacto significativo sobre as crianças ou adolescentes, é apropriado realizar um procedimento mais detalhado para avaliar e determinar o melhor interesse da criança que proporcione oportunidades para sua participação eficaz e significativa.

Há inúmeros exemplos de ações que já foram propostas, judicial ou extrajudicialmente, com o intuito de garantir a defesa de direitos de crianças e adolescentes.

Em 2018, na Colômbia, 25 jovens queixosos, com idades compreendidas entre os 7 e os 26 anos, utilizando-se de uma ação constitucional denominada tutela, para fazer valer direitos fundamentais, processaram vários organismos do governo colombiano, municípios colombianos e várias empresas para fazer valer os seus direitos a um ambiente saudável, à vida, à saúde, à alimentação e à água.

A reivindicação baseia-se no fato de que as mudanças climáticas, somadas ao fracasso do governo em conter o desmatamento e alcançar a meta de desmatamento líquido zero na Amazônia colombiana até 2020 – conforme estabelecido no Acordo de Paris e no Plano Nacional de Desenvolvimento 2014-2018 –, comprometem direitos fundamentais[26].

Inicialmente, a ação foi julgada improcedente, razão pela qual, em 2018, houve recurso para a Suprema Corte colombiana. Essa, por sua vez, reconheceu que os "direitos fundamentais à vida, à saúde, à subsistência mínima, à liberdade

---

25 "Artigo 3
   1. Todas as ações relativas à criança, sejam elas levadas a efeito por instituições públicas ou privadas de assistência social, tribunais, autoridades administrativas ou órgãos legislativos, devem considerar primordialmente o melhor interesse da criança." (BRASIL. *Decreto n. 99.710, de 21 de novembro de 1990*. Convenção Internacional sobre os direitos da criança de 1989. *Diário Oficial da União*: seção 1, Brasília, DF, p. 2, 22 nov. 1990. Disponível em: http://www.planalto.gov.br/ccivil_03/decreto/1990-1994/d99710.htm. Acesso em: 13 maio 2024)

26 COLÔMBIA. *Future Generations v. Ministry of the Environment and Others "Demanda Generaciones Futuras v. Minambiente"*. Número: 11001-22-03-000-2018-00319-01. 2018, Bogotá. Disponível em: https://climatecasechart.com/non-us-case/future-generation-v-ministry-environment-others/. Acesso em: 5 maio 2024.

e à dignidade humana estão substancialmente ligados e determinados pelo meio ambiente e pelo ecossistema"[27].

Além disso, a Suprema Corte ordenou ao governo que formulasse e implementasse planos de ação para combater a desflorestação na Amazônia colombiana, que foi reconhecida como um "sujeito de direitos" e, por conseguinte, teria direito à proteção, conservação, manutenção e restauração.

No Equador, em 2020, um grupo de nove meninas, das províncias de Sucumbíos e Orellana, apresentou uma ação de proteção constitucional contra o Governo do Equador.

As autoras alegaram que a queima de gás era ilegal, embora possa ser autorizada a título excepcional, e que, apesar disso, o Estado a tornou uma prática comum, o que constitui uma violação dos direitos à saúde, à água e à soberania alimentar, do direito a um ambiente saudável e dos direitos da natureza.

Aduziram, ainda, que a poluição causada pela queima de gás provoca graves impactos no ambiente e na saúde das pessoas, danos à biodiversidade e aos ciclos da natureza e contribui para as alterações climáticas, razão pela qual pugnaram pela anulação de todas as autorizações de queima de gás, a eliminação imediata de todas as torres de queima localizadas em várias áreas da Amazônia onde existe atividade petrolífera e a proibição de novas queimas relacionadas com o petróleo na região[28].

O Tribunal de primeira instância rejeitou a ação constitucional por falta de provas que justificassem a alegada violação dos direitos constitucionais.

Em sede recursal, em 2021, o Tribunal Provincial de Justiça de Sucumbío aceitou o recurso e declarou que:

> O Estado equatoriano ignorou o direito dos queixosos a viver num ambiente saudável e ecologicamente equilibrado e o seu direito à saúde ao promover atividades poluentes e ao recusar a utilização de tecnologias ambientalmente limpas e energeticamente eficientes[29].

O Tribunal indicou que as autorizações para a queima de gás desrespeitam vários compromissos internacionais assumidos pelo Equador em matéria ambiental, entre os mais importantes: as Contribuições Nacionalmente Determinadas do Equador, realizadas durante a COP 21 da Convenção-Quadro das Nações Unidas sobre Alterações Climáticas.

---

27 *Ibid.*
28 EQUADOR. Unidade judiciária da família, mulher, criança e adolescente com sede no cantão de Lago Agrio da província de Sucumbíos. *Processo n. 21201-2020-00170*. Disponível em: https://climatecasechart.com/wp-content/uploads/non-us-case-documents/2020/20200507_16152_decision.pdf. Acesso em: 4 maio 2024.
29 *Ibid.*

Como resultado, o Tribunal ordenou a atualização do plano para a eliminação gradual e progressiva das chamas de gás, sendo as localizadas em locais próximos dos centros populacionais as primeiras a serem removidas, para as quais é concedido um período de 18 meses; no que diz respeito às outras chamas de gás, devem proceder à sua eliminação progressiva até dezembro de 2030.

Em 2020, no Brasil, foi ajuizada uma Arguição de Descumprimento de Preceito Fundamental (ADPF) 746, com pedido de liminar, pelo Partido dos Trabalhadores (PT), no Supremo Tribunal Federal – STF, em razão da omissão do Poder Executivo Federal quanto aos deveres de proteção, prevenção, precaução, fiscalização, conservação, vigilância e sustentabilidade do meio ambiente e, em especial, no que diz respeito à sua atuação frente às queimadas que afetaram o ecossistema do Pantanal e a Floresta Amazônica, ressaltando que esse cenário repercute nas mudanças climáticas[30].

Os autores da ação afirmaram que as queimadas geram o aumento nas hospitalizações, principalmente em razão das doenças respiratórias, mas também doenças cardíacas, bem como um aumento na mortalidade de crianças menores de 10 anos e que havia riscos para as gerações futuras, considerando que os efeitos ambientais, especialmente sobre o clima, são graduais.

No recente julgamento, em março de 2024, o pleno do STF decidiu, julgando, por unanimidade, parcialmente procedente o pedido, para que:

> [...] I – o Governo federal apresente, no prazo de 90 dias, um "plano de prevenção e combate aos incêndios no Pantanal e na Amazônia, que abarque medidas efetivas e concretas para controlar ou mitigar os incêndios que já estão ocorrendo e para prevenir que outras devastações dessa proporção não sejam mais vistas".
>
> II – o Governo federal apresente um "plano de recuperação da capacidade operacional do Sistema Nacional de Prevenção e Combate aos Incêndios Florestais – PREVFOGO";
>
> III – a divulgação, de modo detalhado, de dados relacionados ao orçamento e à execução orçamentária das ações relacionadas à defesa do meio ambiente pelos Estados e pela União durante os anos de 2019 e 2020;
>
> IV – que o IBAMA e "os Governos Estaduais, por meio de suas secretarias de meio ambiente ou afins, tornem públicos, em até 60 dias, os dados referentes às autorizações de supressão de vegetação e que a publicidade passe a ser, doravante, a regra de referidos dados";
>
> V – que o Poder Executivo, em articulação com os demais entes e entidades competentes, apresente, no prazo de 90 dias, a complementação do Plano de Ação para

---

30 BRASIL. Supremo Tribunal Federal. *ADPF 746*. Número único: 0103959-97.2020.1.00.0000. Rel. Min. André Mendonça, Rel. do Acórdão: Min. Flávio Dino, j. 24.3.2024, publicação: 5.4.2024. Disponível em: https://portal.stf.jus.br/processos/downloadPeca.asp?id=15363484532&ext=.pdf. Acesso em: 4 maio 2024.

> Prevenção e Controle do Desmatamento da Amazônia Legal, com propostas de medidas concretas, para: a) processar, de acordo com cronograma e planejamento a serem desenhados pelos atores envolvidos, as informações prestadas até a presente data ao Cadastro Ambiental Rural e aprimorar o processamento de informações a serem coletadas no futuro, preferencialmente com o uso de análise dinamizada; e b) integrar os sistemas de monitoramento do desmatamento, de titularidade da propriedade fundiária e de autorização de supressão de vegetação, ampliando o controle automatizado do desmatamento ilegal e a aplicação de sanções;
>
> VI – para determinar à União a elaboração de relatórios semestrais sobre as ações e resultados das medidas adotadas na execução do PPCDAm, a serem disponibilizados publicamente em formato aberto; e
>
> VII – Para determinar que o Observatório do Meio Ambiente do Poder Judiciário, integrante do Conselho Nacional de Justiça (CNJ), monitore os processos com grande impacto sobre o desmatamento, em conjunto com este Tribunal[31].

Em fevereiro de 2021, crianças haitianas apresentaram uma petição à Comissão Interamericana dos Direitos Humanos para reparar violações dos direitos humanos decorrentes da eliminação de resíduos no seu bairro residencial.

A ação relata um histórico da eliminação de lixo tóxico de Porto Príncipe, no distrito residencial de Cité Soleil, que causa danos à saúde a curto e longo prazos, afetando mais agudamente as crianças, e uma discussão sobre a exacerbação dos danos causados às crianças pelas alterações climáticas por meio da deslocação ambiental e da exacerbação de doenças transmitidas pela água[32].

Os peticionários alegam violações dos Direitos da Criança da Convenção Americana (art. 19), do Direito à Dignidade (art. 11), do Direito a Viver num Ambiente Saudável (arts. 4.º e 26) e do Direito à Proteção Judicial (art. 25).

A petição ainda se encontra pendente de análise pela Comissão para que esta decida se tem competência da Corte Interamericana de Direitos Humanos para apreciar o caso.

Além desses casos, há inúmeras outras ações que foram propostas, mas que não prosperaram por diversas razões, seja porque não foi reconhecida a legitimidade da parte autora ou julgada improcedente por ausência de provas ou ofensa às legislações.

O que é importante destacar é que crianças e adolescentes não possuem legitimidade processual, em muitos Estados, para pleitearem judicialmente por seus direitos, ainda que a Convenção Internacional dos direitos das crianças as reconheça como titulares de direitos.

---

31 *Ibid.*
32 CORTE INTERAMERICANA DE DIREITOS HUMANOS. Disponível em: https://climatecasechart.com/wp-content/uploads/non-us-case-documents/2021/20210204_13174_petition.pdf. Acesso em: 6 maio 2024.

Assim, crianças e adolescentes precisam ser representados em juízo por seus responsáveis legais ou pelo Ministério Público, na falta daqueles, principalmente quando se tratar de ações civis públicas em defesa de direitos difusos.

Contudo nada impede que outras instituições, públicas ou privadas, pugnem por medidas judiciais eficazes para reparar violações e promover a justiça social relacionada ao meio ambiente e às mudanças climáticas.

Em relação a litígios climáticos, envolvendo direitos de crianças e adolescentes, deve-se considerar a assistência judiciária, quando aquelas forem representadas, a inversão do ônus probatório, bem como a necessidade de medidas cautelares que cessem os possíveis malefícios ao bem-estar daqueles.

Para que as próprias crianças e adolescentes tenham acesso aos seus representantes judiciais devem ser disponibilizados mecanismos para denúncias de danos iminentes ou previsíveis, bem como violações dos direitos das crianças, passadas ou atuais[33].

Os mecanismos de acesso à justiça para crianças e adolescentes, no que se refere ao direito a um meio ambiente saudável, não se restringe aos meios judiciais, englobando os extrajudiciais e os que atingem instituições nacionais e internacionais de direitos humanos.

Devem ser removidas as barreiras existentes para que crianças e adolescentes tenham acesso à justiça para que possam reivindicar seus direitos assegurados em Textos Constitucionais e em tratados internacionais.

Essa preocupação será objeto do próximo Comentário Geral da ONU n. 27, do Comitê dos Direitos da Criança, que tratará do acesso à justiça e instituições mais eficazes.

4. CONSIDERAÇÕES FINAIS

A importância da litigância climática tem se confirmado para que omissões legislativas ou inércias da administração pública sejam enfrentadas pelo Poder Judiciário ou outras Cortes.

Além disso, o setor privado também pode ser parte nos litígios climáticos quando sua atividade resultar ou puder resultar em danos ambientais, com base nos princípios da prevenção e da precaução.

O Comentário Geral n. 26, da Comissão de Direitos da Criança da ONU, traz instruções para os Estados-partes e o setor privado, das medidas que devem

---

[33] ORGANIZAÇÃO DAS NAÇÕES UNIDAS (ONU). *Comentário geral n. 26/2023, do Comitê dos direitos da criança*. 22 ago. 2023. Disponível em: https://www.ohchr.org/en/documents/general-comments-and-recommendations/crccgc26-general-comment-no-26-2023-childrens-rights. Acesso em: 4 abr. 2024.

ser adotadas para a preservação de um meio ambiente saudável para crianças e adolescentes, da presente e das futuras gerações.

Inúmeras ações já foram propostas com o intuito de garantir que crianças e adolescentes, que comprovadamente são as pessoas mais afetadas pelas emergências climáticas, sejam priorizados em ações que visem evitar que as emergências climáticas ocorram ou sejam menos danosas, quando inevitáveis.

Esse viés protetivo encontra respaldo na Convenção Internacional de Direitos das Crianças e nos Textos Constitucionais.

REFERÊNCIAS

ABBOUD, Georges. *Ativismo judicial: os perigos de transformar o STF em ficcional.* São Paulo: Thomson Reuters: Vozes, 2022.

BARROSO, Luís Roberto. *Curso de direito constitucional contemporâneo: os conceitos fundamentais e a construção de um novo modelo.* 11. ed. São Paulo: SaraivaJur, 2023.

BRASIL. Constituição da República Federativa do Brasil de 1988. Brasília, 5 de outubro de 1988. Disponível em: http://www.planalto.gov.br/ccivil_03/constituicao/constituicao.htm. Acesso em: 5 maio 2024.

BRASIL. Supremo Tribunal Federal. ADPF 746. Número único: 0103959-97.2020.1.00.0000, Rel. Min. André Mendonça, Rel. do Acórdão: Min. Flávio Dino, j. 24.3.2024, Publicação: 5.4.2024. Disponível em: https://portal.stf.jus.br/processos/downloadPeca.asp?id=15363484532&ext=.pdf. Acesso em: 4 maio 2024.

COLÔMBIA. Future Generations v. Ministry of the Environment and Others "Demanda Generaciones Futuras v. Minambiente". Número: 11001-22-03-000-2018-00319-01. 2018, Bogotá. Disponível em: https://climatecasechart.com/non-us-case/future-generation-v-ministry-environment-others/. Acesso em: 5 maio 2024.

CORTE INTERAMERICANA DE DIREITOS HUMANOS. Disponível em: https://climatecasechart.com/wp-content/uploads/non-us-case-documents/2021/20210204_13174_petition.pdf. Acesso em: 6 maio 2024.

EQUADOR. Unidade judiciária da família, mulher, criança e adolescente com sede no cantão de Lago Agrio da província de Sucumbíos. Processo 21201-2020-00170. Disponível em: https://climatecasechart.com/wp-content/uploads/non-us-case-documents/2020/20200507_16152_decision.pdf. Acesso em: 4 maio 2024.

LANCASTER UNIVERSITY. New research highlights health risks to babies on the front line of climate change. Lancaster: Lancaster University, 2021. Disponível em: https://www.lancaster.ac.uk/news/new-research-highlights-health-risks-to-babies-on--the-front-line-of-climate-change. Acesso em: 8 maio 2024.

ORGANIZAÇÃO DA NAÇÕES UNIDAS (ONU). *The 2030 Agenda for Sustainable Development*. Disponível em: https://www.undp.org/sustainable-development-goals/no-poverty?gclid=Cj0KCQiArsefBhCbARIsAP98hXS8BqXLvXi0rW_Zi-tvnN4Qfrhmmyr8LJHG1IzomTodCs1DjEZGTtAaAmZWEALw_wcB. Acesso em: 2 maio 2024.

ORGANIZAÇÃO DAS NAÇÕES UNIDAS (ONU). Comentário geral 26/2023, do Comitê dos Direitos da Criança. 22 ago. 2023. Disponível em: https://www.ohchr.org/en/documents/general-comments-and-recommendations/crccgc26-general-comment-no-26-2023-childrens-rights. Acesso em: 4 abr. 2024.

RIAÑO, Astrid Puentes. Litígio climático e direitos humanos. In: SETZER, Joana; CUNHA, Kamyla; FABBRI, Amália S. Botter (coord.). *Litigância climática*: novas fronteiras para o direito ambiental no Brasil. São Paulo: Thomson Reuters Brasil, 2019, p. 215-235, p. 227.

ROCHA, Cármen Lúcia Antunes. *Direitos de/para todos*. Rio de Janeiro: Bazar do Tempo, 2024.

SARLET, Ingo Wolfgang; WEDY, Gabriel de Jesus Tedesco; FENSTERSEIFER, Tiago. *Curso de direito climático*. São Paulo: Thomson Reuters, 2023.

TRENNEPOHL, T.; OMENA, A. O princípio da precaução no direito ambiental brasileiro. *Atuação: Revista Jurídica do Ministério Público Catarinense*, v. 17, n. 36, p. 22-38, 30 nov. 2022.

TRENNEPOHL, Anna Karina O. V.; KOBAYASHI, Eduardo Kazumi de L. I. V. *Reflexões e inovações jurídicas*. Organizador: André Ricardo Fonseca da Silva. João Pessoa: Editora Norat, 2023. v. 1.

TRENNEPOHL, Anna Karina O. V.; FERREIRA, Eduardo Dias de Souza. A influência das emergências climáticas nos direitos fundamentais de crianças e adolescentes. *Revista Acadêmica Escola Superior do Ministério Público do Ceará*, Fortaleza, ano 15, n.1, p. 119-137, jan./jun. 2023. Disponível em: https://doi.org/10.54275/raesmpce.v15i01.303. Acesso em: 5 maio 2024.

UNICEF. The climate crisis is a child rights crisis: introducing the Children's Climate Risk Index. New York: United Nations Children's Fund (UNICEF), 2021a. Disponível em: https://www.unicef.org/reports/climate-crisis-child-rights-crisis. Acesso em: 5 maio 2024.

UNICEF. Healthy environments for healthy children. Global Programme Framework. New York: United Nations Children's Fund (UNICEF), 2021b. Disponível em: https://www.unicef.org/health/healthy-environments. Acesso em: 8 maio 2024.

WEDY, Gabriel de Jesus Tedesco. *Litígios climáticos*: de acordo com o Direito brasileiro, norte-americano e alemão. Salvador: JusPodivm, 2019.

GOVERNANÇA CLIMÁTICA E *ACCOUNTABILITY* DEMOCRÁTICA NO BRASIL: COMO TRADUZIR POLÍTICAS EM AÇÕES?

Humberto Eustáquio César Mota Filho[1]

1. INTRODUÇÃO

O Sexto Relatório de Avaliação (AR6) no âmbito do Relatório Síntese (SYR) do Painel Intergovernamental sobre Mudança do Clima (IPCC) confirma que o uso insustentável e desigual de energia e da terra, bem como mais de um século de queima de combustíveis fósseis, inequivocamente causaram o aquecimento global, com a temperatura da superfície global atingindo 1,1 °C a mais que no período de 1850-1900 em 2011-2020. Esse aquecimento global resulta em impactos adversos generalizados e perdas e danos relacionados à natureza e às pessoas (IPCC, 2023) e permite concluir que cada incremento no aquecimento global intensificará os riscos múltiplos e simultâneos em todas as regiões do mundo[2].

Para enfrentar o problema coletivo do aquecimento global é preciso coordenar esforços e recursos para mitigar os efeitos da mudança climática e para nos adaptarmos à nova realidade climática que está surgindo, ou seja, é preciso governança pública. A governança pública envolve funções básicas do Estado, no direcionamento, no monitoramento e na avaliação da gestão da máquina de governo e de suas ações (TCU, 2014). No seu conceito mais atual, a governança pública comporta uma nova abordagem do governo, entendido como um processo amplo, plural e complexo da sociedade, que envolve a integração da política e da administração, da gestão e das políticas públicas (MARTINS; MARINI, 2014).

Por sua vez, a governança climática é uma expressão de governança pública, focada no direcionamento, no monitoramento e na avaliação da gestão das

---

[1] Pesquisador CEBRAD/UERJ. Doutor em Ciência Política (IUPERJ). Mestre em Direito (UCAM). Advogado do BNDES. Presidente da Comissão de Estudos da Transparência Pública da OAB/RJ. Professor Convidado de Direito Regulatório da FGV RIO *Law Program*.

[2] O IPCC é um órgão intergovernamental estabelecido em 1988 pela Organização Meteorológica Mundial (OMM) e pelo Programa das Nações Unidas para o Meio Ambiente (PNUMA) que vem fornecendo aos formuladores de políticas as avaliações científicas e técnicas mais confiáveis e objetivas do campo.

políticas climáticas, ou seja, das políticas de mitigação ou adaptação das mudanças climáticas em curso, com forte demanda por *accountablity* democrática, dadas as múltiplas interaçoes entre atores, sistemas e setores envolvidos nessas políticas.

O Brasil possui dimensões continentais, grande diversidade geográfica e climática, vasta área costeira, seis biomas únicos e níveis de desenvolvimento distintos em 27 unidades federativas, o que torna a governança climática um desafio de coodenação e integração junto aos governos subnacionais e a uma multiplicidade de setores econômicos, produtivos e sociais.

Na esfera intragovernamental, o governo brasileiro colocou a mudança do clima e a transição justa no centro da agenda de 18 ministérios, que compõem o Comitê Interministerial sobre Mudança do Clima (CIM)[3]. Outra ação para fortalecer a governança climática multinível foi a ampliação do Comitê Gestor do Fundo Clima[4], aumentando a participação na definição de prioridades para aplicação de recursos para mitigação e adaptação no país.

Tendo em conta esse cenário, vale examinar se nosso arcabouço legal e institucional propicia o desenvolvimento da *accountability*[5] democrática das políticas climáticas brasileiras e como essas mesmas políticas podem ser traduzidas em ações para que o problema do aquecimento global possa ser adequadamente endereçado. Em outras palavras, cumpre avaliar se a governança climática baseada na *accountability* democrática pode favorecer a implementação da Política Nacional sobre Mudança do Clima, ao incentivar a articulação e a coordenação de esforços e recursos dessa política pública em torno de seus objetivos e planos. Para tanto, é necessário conhecer alguns dos possíveis caminhos destinados ao fortalecimento da governança climática baseada na *accountability* democrática.

2. GOVERNANÇA CLIMÁTICA E POLÍTICAS PÚBLICAS

O Relatório Síntese do IPCC, um resumo da avaliação mais abrangente da mudança do clima realizada até o momento, reconhece a interdependência do clima, dos ecossistemas e da biodiversidade e das sociedades humanas; o valor de diversas formas de conhecimento; e as estreitas ligações entre a adaptação à mudança do clima, a mitigação, a saúde dos ecossistemas, o bem-estar humano

---

3   Decreto n. 11.550, de 5 de junho de 2023. Dispõe sobre o Comitê Interministerial sobre Mudança do Clima.
4   Lei n. 12.114, de 9 de dezembro de 2009. Cria o Fundo Nacional sobre Mudança do Clima.
5   *Accountability* envolve, principalmente, transparência, responsabilização, comunicação e prestação sistemática de contas. Os responsáveis pela política pública devem primar por esses aspectos, de forma a possibilitar a análise e o escrutínio do comportamento e do desempenho dos diversos atores responsáveis pela implementação (TCU, 2014).

e o desenvolvimento sustentável, refletindo a crescente diversidade de atores envolvidos na ação climática. Sem dúvida, o diagnóstico desse Relatório Síntese é válido para o Brasil, especialmente pelas suas dimensões continentais, grande diversidade geográfica e climática e níveis de desenvolvimento distintos.

A eficácia da adaptação na redução dos riscos climáticos está documentada para contextos, setores e regiões específicos e as opções de adaptação, como gestão de riscos de desastres, sistemas de alerta precoce, serviços climáticos e redes de segurança social, têm ampla aplicabilidade em múltiplos setores. As evidências também apontam que as lacunas de adaptação entre setores e regiões continuarão crescendo com os atuais níveis de implementação das ações públicas, com as maiores lacunas de adaptação recaindo sobre os grupos de baixa renda (IPCC, 2023).

Dentre as principais barreiras à adaptação sublinhadas pelo IPCC, destacam-se aqui a falta de envolvimento do setor privado e dos cidadãos e o baixo senso de urgência sobre o aquecimento global. Portanto, as evidências indicam a necessidade de maior eficácia das ações públicas para superar tais barreiras. A governança pública pode contribuir para aumentar a eficácia das políticas climáticas, ao reduzir as barreiras identificadas pelo IPCC.

Governança diz respeito a estruturas, funções, processos e tradições organizacionais que visam garantir que as ações planejadas (programas) sejam executadas de tal maneira que atinjam seus objetivos e resultados de forma transparente (TCU, 2014). Assim, as *funções de governança* proporcionam efetividade (produzir os efeitos pretendidos) e maior economicidade (obter o maior benefício possível da utilização dos recursos disponíveis) das ações propostas. São funções de confiança: (a) definir o direcionamento estratégico; (b) supervisionar a gestão; (c) envolver as partes interessadas; (d) gerenciar riscos estratégicos; (e) gerenciar conflitos internos; (f) auditar e avaliar o sistema de gestão e controle; e (g) promover a *accountability* (prestação de contas e responsabilidade) e a transparência. Em suma, as funções da governança abrangem o direcionamento, o monitoramento e a avaliação das políticas e dos planos.

Para superar as lacunas de adaptação entre setores e regiões e melhorar os atuais níveis de implementação de políticas climáticas no Brasil pretende-se abordar especificamente as funções da governança relacionadas ao envolvimento das partes interessadas e aquelas voltadas a *accountability* e a transparência, dado que algumas das principais barreiras à adaptação climática assinaladas pelo IPCC são exatamente a falta de envolvimento dos cidadãos e do setor privado e o baixo senso de urgência sobre o aquecimento global.

O conceito mais atual de governança pública propõe uma nova abordagem do governo, entendido como um processo amplo, plural e complexo da sociedade, que envolve a integração da política e da administração, da gestão e das políticas públicas (MARTINS; MARINI, 2014) e apresenta uma visão valorativa da prestação de contas dos administradores públicos como sendo um bem básico da democracia – a *accountability* democrática (DIAMOND, 1999). Assim, a noção de *accountability* democrática revela-se fundamental para impulsionar o conceito contemporâneo de governança climática, a fim de tornar operacionais e efetivos todos os canais de comunicação entre governos e sociedade civil, para a tomada de decisões estratégicas e de longo prazo como o são a grande maioria das escolhas de políticas climáticas. Sem *accountability* e transparência, o envolvimento das partes interessadas tende a se tornar mais fragmentado, menos intenso ou até mesmo inexistente.

Essas funções de governança específicas precisam estar coordenadas com políticas públicas, para dar efetividade às ações propostas. Vale recordar que políticas públicas "são um conjunto articulado e estruturado de ações e incentivos que buscam alterar uma realidade em resposta a demandas e interesses dos atores envolvidos" (MARTINS, 2007 *apud* BRASIL, 2014). Tratam geralmente sobre "o que fazer" (ações), "aonde chegar" (objetivos relacionados ao estado de coisas que se pretende alterar) e "como fazer" (princípios e macroestratégias de ação) (MARTINS, 2003). Dizem respeito, em vista disso, "à mobilização político-administrativa para articular e alocar recursos e esforços para tentar solucionar dado problema coletivo" (PROCOPIUCK, 2013).

As ações de políticas públicas são desenvolvidas em ciclos, tais ciclos representam um conjunto articulado de etapas de formulação, implementação e avaliação. Essa sequência de etapas, por sua vez, é conhecida como "ciclo político-administrativo" (HOWLETT *et al.*, 2013).

Com base nesses conceitos, a governança climática no Brasil implica direcionar, monitorar e avaliar a Política Nacional sobre Mudança do Clima[6], segundo o "ciclo político-administrativo" dessa Política, monitorando suas ações para a mitigação do problema coletivo do aquecimento global. Essa política demanda uma mobilização político-administrativa do Estado brasileiro para articular e alocar recursos e esforços para a redução de emissões de gases de efeito estufa.

Presume-se aqui que a amplitude e intensidade do envolvimento de boa parte dos interessados no problema coletivo do aquecimento global se conquista gradativamente pela divulgação ampla e clara das políticas climáticas e das suas possíveis implicações e justificativas e, fundamentalmente, pelas condições abertas para a participação dos atores e setores impactados na construção e execução conjunta dessas políticas com o setor público. Em resumo, as condições de efetividade das políticas climáticas pressupõem a criação de uma visão compartilhada

---

6   Instituída pela Lei n. 12.187, de 29 de dezembro de 2009.

de missão pública e de destino comum e, especialmente do desenvolvimento de uma ética intergeracional, as quais só podem germinar e perdurar se todos estiverem imbuídos do sentido de urgência e dos passos necessários para seguir com tal missão.

A mitigação do problema coletivo do aquecimento global corresponde a uma agenda ambiciosa e complexa que demanda uma série de mudanças em multíplos e diferentes níveis, tais como mudanças de modelos de negócios, de processos produtivos, de hábitos de consumo, de financiamento de novas fontes de energia e de abertura ou ampliação de fontes de financiamento em grande escala para permitir essa série de mudanças em um espaço de tempo relativamente curto em termos históricos.

As mudanças climáticas implicam ainda em novas oportunidade de desenvolvimento econômico e social, mas também trazem consigo sacrifícios, restrições e adaptações que recairão de modo diferente em distintos atores econômicos e sociais. Dificilmente esses atores apoiarão as políticas climáticas, podendo inclusive se opor ao progresso das mesmas, se essas políticas não forem governadas com níveis razoáveis de integridade, equidade, transparência e responsividade acerca, por exemplo, dos seus níveis de ganhos ou mitigação climáticos, justiça e reparações sociais, condições de transição dos modelos industriais de uma economia baseada em carbono, garantias e responsabilidade dos financiadores das políticas, ou seja, dos potenciais impactos positivos e negativos das metas sobre os atores, territórios e populações envolvidos. Não por outra razão, as políticas climáticas são necessariamente ambiciosas e complexas, porque o problema coletivo que pretendem solucionar afeta nossos fundamentos econômicos e sociais em termos globais.

Assim, dada a grande ambição e complexidade das políticas climáticas, a articulação e alocação de esforços parece demandar uma forte *accountability* democrática, a fim de tornar operacionais e efetivos todos os canais de comunicação entre governos e atores sociais, para que os objetivos dessa política sejam efetivamente alcançados, pois caso não haja forte adesão dos diferentes níveis de governo, da indústria, da sociedade civil e do sistema financeiro, o governo federal não terá condições de implementar por si só os planos e programas dessa política.

Especificamente sobre a alocação de recursos financeiros, a governança precisa contribuir para manter o fluxo de recursos direcionados à execução dos planos e projetos propostos, monitorar se tais recursos estão sendo aplicados tal como programado e corrigir o volume e a intensidade de aplicação de recursos conforme a execução da política se dá.

Mas não é só isso, uma governança climática com *accountability* democrática será municiada de mais e melhores informações sobre o contexto e as diferenças dos territórios, das suas populações e instituições, dado que tais informações serão fruto da interação contínua dos atores envolvidos nos ciclos das políticas públicas. Esse fluxo contínuo de informações, originado de diversas fontes, com diversidade de conhecimentos e interesses, tende a fornecer dados mais seguros e consistentes para a precificação de riscos dos projetos e para a concessão de garantias aos financiamentos.

Em linhas gerais, com controle democrático e transparência, será possível avaliar se os recursos financeiros estão tendo os impactos desejados na execução das ações propostas, no contexto institucional, territorial e populacional considerado, com muito mais segurança e riqueza de dados.

Mesmo que uma robusta prestação de contas e transparência contribua substancialmente para a implementação de um ciclo específico de políticas públicas num determinado período de tempo, parte importante do desafio da agenda pública das mudanças climáticas consiste em manter níveis de participação social consistentes e o sentido de urgência do problema do aquecimento global durante um amplo espaço de tempo, suficiente para a consolidação de um grande leque de políticas climáticas integradas.

Em síntese, a articulação de recursos e esforços para implementar as políticas climáticas exige uma forte coordenação entre todos os atores envolvidos e implica numa nova integração da política e da administração, da gestão e das políticas públicas. De outra forma, os atores envolvidos dificilmente aceitarão os sacrifícios, as restrições ou as mudanças de práticas e comportamentos exigidos por tal política.

Por tudo isso, em seguida, vale conhecer melhor o direcionamento e as metas estabelecidas pela Política Nacional sobre a Mudança do Clima, de modo a verificar se ali estão presentes as condições propícias para o desenvolvimento de uma *accountability* democrática.

3. A POLÍTICA NACIONAL SOBRE MUDANÇA DO CLIMA

A Política Nacional sobre Mudança do Clima ("PNMC") oficializa o compromisso voluntário do Brasil junto à Convenção-Quadro das Nações Unidas sobre Mudança do Clima de redução de emissões de gases de efeito estufa e busca garantir que os desenvolvimentos econômico e social contribuam para a proteção do sistema climático global. Para auxiliar no alcance das metas de redução, a lei que institui a PNMC estabelece o desenvolvimento de planos setoriais de mitigação e adaptação nos âmbitos local, regional e nacional.

Os objetivos alcançados pela PNMC devem se harmonizar com o desenvolvimento sustentável buscando o crescimento econômico, a erradicação da pobreza e a redução das desigualdades sociais. Para viabilizar o alcance destes objetivos, o texto institui algumas diretrizes, como fomento a práticas que efetivamente reduzam as emissões de gases de efeito estufa e o estímulo à adoção de atividades e tecnologias de baixas emissões desses gases, além de padrões sustentáveis de produção e consumo.

Mas para que essa ampla harmonização de objetivos públicos seja realmente efetivada, o governo federal assumiu como princípio geral que os objetivos, as diretrizes e os instrumentos das políticas públicas e dos programas governamentais deverão, sempre que for aplicável, compatibilizar-se com os princípios, os objetivos, as diretrizes e os instrumentos da Política Nacional sobre Mudança do Clima[7]. Esse princípio geral, se bem aplicado for, pode fortalecer os recursos e esforços da PNMC. Assim, é importante compreender como os recursos e esforços federais estão articulados nesse âmbito.

O Poder Executivo federal, seguindo as diretrizes da PNMC, estabelece os planos setoriais de mitigação e adaptação à mudança do clima para a consolidação de uma economia de baixo consumo de carbono. Os planos visam a atender metas gradativas de redução de emissões antrópicas quantificáveis e verificáveis, considerando diversos setores, como geração e distribuição de energia elétrica, transporte público urbano, indústria, serviços de saúde e agropecuária.

Cabe destacar aqui o Plano Nacional sobre Mudança do Clima ("Plano Clima") à luz da sua contribuição para uma *accountability* democrática da PNMC, a fim de verificar se esse Plano reforça as chances de essa política pública implementar suas ações e objetivos e contribui para criar condições favoráveis de participação e interação dos atores interessados e impactados pela mudança climática.

O Plano Nacional sobre Mudança do Clima visa a incentivar o desenvolvimento e o aprimoramento de ações de mitigação no Brasil, colaborando com o esforço mundial de redução das emissões de gases de efeito estufa, bem como objetiva a criação de condições internas para lidar com os impactos das mudanças climáticas globais e dentre os seus principais objetivos[8] destacam-se aqui os seguintes: (a) identificar, planejar e coordenar as ações para mitigar as emissões de gases de efeito estufa geradas no Brasil, bem como àquelas necessárias à adaptação da sociedade aos impactos que ocorram devido à mudança do clima; (b) fomentar o aumento sustentável da participação de biocombustíveis na matriz de transportes nacional e, ainda, atuar com vistas à estruturação de um mercado internacional de biocombustíveis sustentáveis; e (c) fortalecer ações intersetoriais voltadas para redução das vulnerabilidades das populações.

---

7   Art. 2.º, *caput*, do Decreto n. 9.578, de 22 de novembro de 2018.
8   Os objetivos do Plano Nacional sobre Mudança do Clima podem ser encontrados no site: https://antigo.mma.gov.br/clima/politica-nacional-sobre-mudanca-do-clima/plano-nacional-sobre-mudanca-do-clima.html.

Pela leitura dos objetivos destacados do Plano, extrai-se dali ações de coordenação bastante gerais e estratégicas (objetivo da alínea *a*), como ações mais direcionadas e específicas, tendentes a incentivar a criação de mercado nacional e internacional de biocombustíves (objetivo da alínea *b*), como também ações mais voltadas à justiça social, destinadas a reduzir as vulnerabilidades de certas populações com as mudanças climáticas. Da leitura desses objetivos específicos, percebe-se que o Plano tem um caráter não só interministerial, mas nacional, isto é, deve contar com a contribuição tanto de estados e municípios como dos diversos setores da sociedade, bem como possui caráter dinâmico, e passará por revisões e avaliações de resultados sazonalmente, para que possa ser reforçado, adaptado, corrigido, flexibilizado, num contexto institucional de interesses gerais e estatéticos do governo, de interesses mais específicos e organizados dos agentes econômicos e financeiros e num ambiente mais informal de vocalização de interesses sociais das populações diretamente afetadas pelas mudanças climáticas.

Caso a coordenação desses interesses se dê em canais com forte *accountability* democrática, em fóruns, conferências, conselhos técnicos, sociais ou intergovernamentais, tais como o Fórum Brasileiro de Mudanças Climáticas ou nas Conferências Nacionais do Meio Ambiente, é mais provável que o debate sobre os sacrifícios, as restrições ou as mudanças de práticas e comportamentos exigidos por tal política seja, ao menos, mais transparente e estimule mais envolvimento do setor privado e dos cidadãos. Além da transparência do debate, canais institucionais formais e informais que permitam debates e troca de informações podem ser fomentados pelo governo federal, para reforçar o senso de urgência do problema do aquecimento global. Esses canais podem até se transformar em redes permanentes de comunicação, utéis para a integração dos ciclos de políticas climáticas.

Para que o monitoramento e a avalição do Plano sejam mais equânimes é recomendável que as populações diretamente afetadas pelas mudanças climáticas incorporem aos seus ricos saberes e conhecimentos tácitos, habilidades de representação institucional e formulação de agendas. E, em especial o governo federal deve assumir um papel central de articulador e comunicador do Plano como uma agenda positiva e uma nova missão de desenvolvimento para o Brasil, tal como nos fala Mazzucato[9] quanto trata da nova política industrial brasileira, além de procurar incentivar cada vez mais mercados tais como o de biocombutíveis e abandonar gradativamente os incentivos a qualquer mercado da economia de carbono, indicando assim firmemente qual a direção do Plano.

---

9   MAZZUCATO, Mariana. A nova estratégia industrial brasileira. *Jornal Valor Econômico*, 22 de janeiro de 2024.

Para o avanço da implementação do Plano, é fundamental o seu monitoramento e avaliação num ambiente verdadeiramente democrático. Para tanto é essencial que os atores impactados por essa política pública se façam ouvir quando das revisões desse Plano Nacional sobre Mudança do Clima, as quais se darão a cada dois anos[10]. E dado que tais revisões ocorrerão previamente à elaboração dos Planos Plurianuais do orçamento federal e das revisões dos planos setoriais e dos destinados à proteção dos biomas, a ampla participação dos atores econômicos e sociais nesse momento significará uma janela de oportunidade única de integrar políticas públicas federais com a PNMC, intensificar recursos e esforços nos programas que se revelem positivos e corrigir ou abandonar aqueles outros que porventura sejam identificados como negativos. Com essa revisão democrática crítica, aumentam-se as chances de se gerar um *desenvolvimento coletivo* verdadeiramente sustentável, a partir de políticas traduzidas em ações integradas e cada vez mais participativas.

Portanto, pelas condições legais e institucionais nas quais está inserido, o Plano Nacional sobre Mudança Climática tem meios e modos de implementar as políticas climáticas brasileiras segundo uma governança baseada na *accountability* democrática, pois esse Plano possui instumentos que favorecem a participação e a interação dos atores interessados e impactados pela mudança climática.

Visto isso, vale indagar se os Planos Plurianuais do orçamento federal fornecem condições para o fortalecimento da *accountability* democrática e da transparência no âmbito do Plano Nacional sobre Mudança Climática, ou seja, se o Plano está integrado com os Planos Plurianuais e se essa integração favorece a participação e a interação dos atores interessados e impactados pela mudança climática. Nesse ponto, cabem algumas considerações antes de sugerir a resposta a indagação feita.

Como já dito, a Política Nacional sobre Mudança do Clima (PNMC) oficializa o compromisso voluntário do Brasil junto à comunidade internacional na busca de um desenvolvimento econômico e social que contribua para a proteção do sistema climático global.

É preciso um grande esforço de coordenação para tirar do papel as políticas climáticas. Esse grande esforço é um desafio de governança, no presente caso, de governança climática. Para enfrentar tal desafio, o caminho a ser trilhado impõe uma articulação da agenda climática nos níveis internacionais, nacionais e regionais e uma coordenação dos diversos atores entre si. É necessário que as ferramentas ou instrumentos de governança sejam adequados e flexíveis para

---

10 Art. 3.º, *caput* e § 1.º, do Decreto n. 9.578, de 22 de novembro de 2018.

enfrentar grandes desafios de coordenação e de implementação de uma agenda tão ambiciosa, como a agenda climática.

Adequação dos esforços e recursos coletivos ao contexto social e territorial específicos são cruciais para a efetividade de qualquer política (LEJANO, 2006), para uma política multinível como a política climática essa adequação significa que o seu ciclo de execução deve ser atualizado não só com informações técnicas e científicas, mas igualmente com informações sociais, em especial, com dados sobre nível de adesão, motivação e participação dos atores impactados na construção das metas e na execução das políticas, bem como com indicadores do seu nível de conhecimento e crítica dessas mesmas políticas.

E, para além da incorporação das informações dos contextos sociais e territoriais, resta o desafio de sintetizar essas informações técnicas e contextuais num conjunto coeso e claro que revele quais ações foram capazes de atingir as metas, qual o nível de efetividade dessas ações e qual o seu valor estratégico no âmbito maior das políticas públicas integradas. Em outros termos, é preciso que o governo federal produza um tipo de Relatório Integrado[11] das ações executadas.

A real interconexão dos canais de participação e comunicação abertos para a revisão da PNMC e dos Planos Plurianuais pode permitir maior alinhamento e comprometimento de recursos e esforços para a implementação das ações dessa política e seus planos. O compartilhamento público do quadro geral das ações por meio de Relatório Integrado, expressando a relação das ações com os valores e as diretrizes estratégicas da política e os avanços obtidos, pode contribuir para revelar simplificadamente os progressos obtidos e incentivar ainda mais participação coletiva e formação de novas redes de comunicação.

Atualmente, encontra-se em vigor o Plano Plurianual da União ("PPA") para o período de 2024 a 2027, o qual conta com indicadores-chave nacionais que pretendem medir o progresso social, econômico, ambiental e institucional do Brasil gerado pela ação governamental. Para cada indicador do PPA há uma meta associada, inserida num sistema de bandas que representa um intervalo com limite de valores factíveis para a evolução de cada indicador, no horizonte de tempo do PPA. Esse sistema de bandas procura dar maior flexibilidade para lidar com fatores econômicos ou sociais imprevistos. Dentre as metas estabelecidas no PPA, encontram-se estipulados especificamente, dentro do sistema de

---

11 Um relatório integrado é uma comunicação concisa sobre como estratégia, governança, desempenho e perspectivas de uma organização, no contexto de seu ambiente externo, levam à criação, preservação ou corrosão de valor no curto, médio e longo prazo. Ver: Relato Integrado, 2021. A estrutura conceitual do Relato Integrado, desenhada para corporações, também pode ser aplicada para a prestação de contas das diversas políticas públicas do governo federal, com base nos valores, nas diretrizes e nas ações de tais políticas.

bandas, intervalos para emissão de gases de efeito estufa (GEE) (Gg) e de desmatamento anual no bioma Amazônia (em km^2), que podem variar entre o resultado base e o resultado desejável.

Ainda na dimensão estratégica do PPA, expressa-se como valor a sustentabilidade socioambiental, no sentido de contribuir com as políticas de adaptação às mudanças climáticas e de mitigação de seus impactos. E saliente-se também a presença do valor da participação social, na direção da promoção da transparência e da gestão participativa na elaboração e implementação do orçamento e das políticas públicas.

Consequentemente, por força da lei que institui o PPA e do exame dos seus indicadores-chave nacionais e da sua vinculação e integração normativa com os objetivos da PNMC, é possível afirmar que existem as condições legais e institucionais para a implementação das metas das políticas climáticas com *accountability* e transparência.

Se considerarmos que a elaboração da proposta do PPA em vigor contou com canais de participação social por meio da plataforma eletrônica Brasil Participativo, os quais registraram 4 milhões de acessos e recolheram 8.394 propostas, com a realização de plenárias nos 27 estados da federação e de Fóruns Interconselhos[12], é de se reconhecer que o processo efetivo de construção desse último PPA teve uma participação social substancial, o que é um sinal positivo de envolvimento coletivo.

Dito isso, daqui em diante é preciso saber se as eventuais alterações do PPA por ato próprio do governo federal para adequá-lo às leis orçamentárias anuais manterá as metas climáticas e os recursos e esforços necessários para a sua realização. Será igualmente importante monitorar se o governo federal publicará em sítio eletrônico oficial, de forma periódica e com prazos previamente definidos, os dados estruturados e as informações sobre a implementação e o acompanhamento do Plano e da PNMC e conferirá à agenda climática, na prática, a prioridade sistemática e o monitoramento intensivo, via regulamentos.

Em seguida, ao fim de cada exercício orçamentário e ao fim de cada ciclo de implementação da PNMC deverão ser apresentados relatórios de monitoramento das metas e explicações claras sobre as razões de variações entre as bandas ou mesmo em função do não atingimento dos índices base, preferencialmente no formato de Relatório Integrado.

Como os relatórios de monitoramento do PPA devem informar sobre o cenário fiscal e o desempenho das metas dos indicadores e os relatórios de avaliação

---

12 Relatório da Participação Social no PPA 2024-2027. Plano Plurianual. 2024-2027. Secretaria Geral do Ministério do Planejamento e Orçamento. Disponível em: https://www.camara.leg.br/internet/comissao/index/mista/orca/ppa/PPA_2024_2027/proposta/Relatoriodaparticipacaosocial.pdf.

de políticas públicas devem trazer os resultados e as recomendações das avaliações dessas políticas, espera-se que com base nessas informações públicas e periódicas a participação dos atores sociais e econômicos se intensifique, ganhe densidade e maturidade para, cada vez mais, cobrar, criticar e contribuir com a qualidade das políticas públicas climáticas e com a própria governança climática.

Em resumo, os Planos Plurianuais do orçamento federal fornecem condições legais e institucionais para o fortalecimento da *accountability* democrática e da transparência, estando integrados em valores, diretivas e metas com a PNMC ou, de outro modo, a PNMC está integrada com os Planos Plurianuais e essa integração favorece a participação e a interação de qualidade dos atores interessados e impactados pelas mudanças climáticas.

Para além dos avanços legais e institucionais é essencial compreender que a Política Nacional de Mudança Climática e os Planos Plurianuais terão mais chances de serem traduzidos em ações efetivas quanto maior for o envolvimento coletivo dos atores sociais e econômicos na construção dessa política e planos e no acompanhaento dos seus resultados.

As funções e ferramentas de governança pública podem estimular essa construção coletiva de políticas e planos, conferindo mais transparência e prestação de contas a elas e estimulando a formação de redes de comunição e interação integradas.

4. CONSIDERAÇÕES FINAIS

Em linhas gerais, o arcabouço legal e institucional brasileiro propicia o desenvolvimento da *accountability* democrática das políticas climáticas, mas isso não é garantia automática de efetividade dessas políticas. Para que tais políticas sejam traduzidas em ações é determinante que haja uma crescente participação dos cidadãos e do setor privado.

As condições de efetividade das políticas climáticas pressupõem a criação de uma visão compartilhada de missão pública e de destino comum e, especialmente, do desenvolvimento de uma ética intergeracional.

A articulação de recursos e esforços para implementar as ações e os objetivos da Política Nacional sobre Mudança do Clima exige uma forte coordenação entre todos os atores envolvidos e implica uma nova integração da política e da administração, da gestão e das políticas públicas.

A governança climática, enquanto uma manifestação de governança pública, deve se basear num forte senso de *accountability* democrática, para que os seus instrumentos de governança possam efetivamente prover a integridade, a transparência, a equidade e a responsividade necessárias para a concretização da Política Nacional sobre Mudança do Clima.

Pelas condições legais e institucionais nas quais está inserido, o Plano Nacional sobre Mudança do Clima tem condições de implementar as políticas climáticas brasileiras segundo uma governança baseada na *accountability* democrática, pois esse Plano possui instumentos que favorecem a participação e a interação dos atores interessados e impactados pela mudança climática.

Da mesma forma, os Planos Plurianuais do orçamento federal fornecem condições legais e institucionais para o fortalecimento da *accountability* democrática e da transparência, estando integrados em valores, diretivas e metas com a Política Nacional sobre Mudança do Clima.

Para além dos avanços legais e institucionais é essencial compreender que a Política Nacional sobre Mudança do Clima e os Planos Plurianuais terão mais chances de serem traduzidos em ações efetivas quanto maior for o envolvimento coletivo dos atores sociais e econômicos na construção dessa política e planos e no acompanhaento dos seus resultados.

As funções e ferramentas de governança pública podem estimular a construção coletiva de políticas e planos, conferindo mais transparência e prestação de contas a elas e estimulando a formação de redes de comunição e interação integradas.

REFERÊNCIAS

BRASIL. Relatório da Participação Social no PPA 2024-2027. Plano Plurianual. 2024-2027. Secretaria Geral do Ministério do Planejamento e Orçamento. Disponível em: https://www.camara.leg.br/internet/comissao/index/mista/orca/ppa/PPA_2024_2027/proposta/Relatoriodaparticipacaosocial.pdf.

BRASIL. Tribunal de Contas da União. Referencial para avaliação de governança em políticas públicas. Brasília: TCU, 2014, 91 p.

DIAMOND, Larry. *Developing democracy*: toward consolidation. Baltimore: John Hopkins University Press, 1999, p. 1-19.

HOWLETT et al. *Políticas públicas: seus ciclos e subsistemas – uma abordagem integral*. Rio de Janeiro: Elsevier, 2013.

IPCC. Summary for policymakers. *Climate change 2023*: synthesis report. Contribution of Working Groups I, II and III to the Sixth Assessment Report of the Intergovernmental Panel on Climate Change [Core Writing Team, H. Lee and J. Romero (eds.)]. Geneva, Switzerland, p. 1-34, doi: 10.59327/IPCC/AR6-9789291691647.001.

LEJANO, Raul P. *Frameworks for policy analysis*: merging text and context. Routledge, 2006.

MARTINS, Humberto Falcão; MARINI, Caio. Governança pública contemporânea: uma tentativa de dissecação conceitual. *Revista do TCU*, Brasília, maio/agosto 2014.

PROCOPIUCK, Mario. Políticas públicas e fundamentos da administração pública: análise e avaliação, governança e redes de políticas, administração judiciária. São Paulo: Atlas, 2013.

RELATO INTEGRADO. Estrutura Conceitual Internacional para Relato Integrado. Janeiro 2021. Disponível em: https://relatointegradobrasil.com.br/nova-traducao-do-framework-de-relato-integrado/.

EXCLUÍDOS PELO CLIMA: UM DEBATE SOBRE JUSTIÇA[1]

Ricardo Cavalcante Barroso[2]
Diego Pereira[3]

1. POR QUE FALAR DE JUSTIÇA NO CONTEXTO DAS MUDANÇAS CLIMÁTICAS?

As mudanças climáticas são evidenciadas pela ciência e presenciadas pela humanidade.

Segundo dados da Nasa, a temperatura média da Terra aumentou 1 (um) grau Celsius desde o final do século XIX, mudança essa impulsionada pelo aumento das emissões de gases que impactam o efeito estufa, sendo a última década a mais quente já registrada dentro dos últimos 40 anos[4].

Enquanto este artigo é escrito – maio de 2024 – o Brasil registra no Rio Grande do Sul o seu maior desastre climático: dezenas de mortos e desaparecidos; mais de meio milhão de desalojados; mais de 90% dos municípios atingidos e mais de três milhões de pessoas afetadas[5].

As mudanças climáticas, são transformações, a longo prazo, na temperatura e no clima. Não se tratando de fenômeno dos dias de hoje, são tão antigas quanto o próprio planeta (GATA SÁNCHEZ, 2021).

Em que pese algumas alterações ocorrerem naturalmente, houve um processo de intensificação a partir da ação antrópica desde a Revolução Industrial. Então,

---

[1] Texto inédito escrito em homenagem ao Procurador Federal aposentado e ex-Presidente do IBAMA, Dr. Curt Trennepohl, referência incontornável para aqueles que exercem a advocacia ambiental.
[2] Doutor em Direito pela UFPE e Procurador Federal (AGU). Procurador-chefe Nacional da Procuradoria Especializada junto ao ICMBio. Autor de *Comunicação e licenciamento ambiental* (Lumen Juris, 2020). Atuou na Procuradoria Federal Especializada junto ao IBAMA na condição de Coordenador Nacional do Contencioso Judicial e na Coordenação de Projetos da Coordenação de Atuação Jurídica Estratégica da Procuradoria, em Brasília/DF.
[3] Doutor em Direito pela UnB e Procurador Federal (AGU). Subprocurador-chefe no ICMBio. Autor de *Vidas interrompidas pelo mar de lama* (3. ed., Lumen Juris). Foi Assessor da Presidência da República. Mestre em Direitos Humanos e Cidadania pela UnB. Pesquisa e escreve sobre clima, justiça climática, racismo ambiental, desastres, barragens e políticas públicas.
[4] Disponível em: https://science.nasa.gov/climate-change/evidence/. Acesso em: 27 maio 2024.
[5] Disponível em: https://www.brasildefato.com.br/2024/05/26/sobe-para-169-o-numero-de-mortos-pelas-chuvas-no-rio-grande-do-sul-canoas-volta-a-receber-voos-comerciais-nesta-segunda-27. Acesso em: 27 maio 2024.

o que era produzido pela natureza passa a ser absorvido pelo desenvolvimento industrial no que se denomina Antropoceno.

Neste sentido, o período de industrialização gerou uma oposição entre natureza e sociedade, controlando e ignorando essa mesma natureza. Com a exploração da natureza, ela passa a ser absorvida pelo sistema industrial. Assim, não é a falha que produz a catástrofe, mas os sistemas que transformam a humanidade do erro em inconcebíveis forças destrutivas (BECK, 2011).

Portanto, as mudanças climáticas surgem a partir de um cenário natural, mas que passa por um processo de intensificação de mudanças na temperatura e no clima a partir da ação humana delineada pela ideia de risco criado, já que esta intensificação se conecta com o processo de transformação industrial. Por isso mesmo muitos cientistas têm evitado a expressão desastre natural[6].

Não se pode deixar de anotar que o conceito legal de desastre é encontrado na Lei n. 12.608 como "resultado de evento adverso, de origem natural ou induzido pela ação humana, sobre ecossistemas e populações vulneráveis que causa significativos danos humanos, materiais ou ambientais e prejuízos econômicos e sociais."

A consequência mais visível dessas alterações intensas, assim, caracteriza os denominados eventos extremos, a exemplo de secas prolongadas, frios extremos, enchentes, ondas de calor, excesso de chuva e outros[7].

Isto porque no período pré-industrial, a temperatura do ar na superfície da terra aumentou quase o dobro da temperatura média global. A mudança do clima, incluindo aumentos na frequência e na intensidade dos extremos, impactou negativamente a segurança alimentar e os ecossistemas terrestres, além de ter contribuído para a desertificação e degradação da Terra em muitas regiões. Além disso, as mudanças nas condições da Terra, devido ao uso da terra ou à mudança do clima, afetam os climas global e regional. Na escala regional, a mudança nas condições da Terra pode reduzir ou acentuar o aquecimento e afetar a intensidade, a frequência e a duração de eventos extremos (IPCC, 2023)[8].

---

6   Para Christiana Galvão Ferreira de Freitas "um desastre ocorre quando uma situação de perigo tem impacto sobre grupos ou populações vulneráveis. Considera-se uma situação de perigo um evento ameaçador ou a probabilidade de ocorrência de um potencial fenômeno devastador, em um determinado período de tempo e em uma determinada área. A combinação entre situações de perigo, vulnerabilidade e incapacidade de redução de possíveis riscos negativos acarretam a ocorrência de desastres." (FREITAS, 2017, p. 34).

7   "En general, las investigaciones disponibles indican que aumentarán las precipitaciones de lluvias intensas em numerosas regiones y, em consequencia, las inundaciones; es probable que hacia el año 2080, alrededor de un veinte por ciento de la población mundial llegue a habitar en áreas con alto riesgo de inundación. Em otras áreas, las precipitaciones diminuirán sensiblemente afectando negativamente al desarollo sostenible." (BERMUDEZ, 2016, p. 89)

8   Sexto Relatório Especial do IPCC sobre mudança do clima, desertificação, degradação da terra, manejo sustentável da terra, segurança alimentar, e fluxos de gases de efeito estufa em ecossistemas terres-

Mas uma realidade que não pode se distanciar desses dados é sobre a desigualdade que atravessa as mudanças climáticas e seus efeitos a partir dos eventos extremos.

É fato que as nações ao redor do mundo são impactadas de forma diferente umas em relação às outras; daí a nomenclatura Norte e Sul global se tornarem usuais quando o tema da desigualdade atravessa as mudanças climáticas.

Então, um dilema comum das mudanças climáticas é que frequentemente ocorre um desacoplamento entre os lugares onde esses problemas são primordialmente gerados (Norte Global) e os lugares onde eles principalmente causam danos ambientais, econômicas e sociais – Sul Global (FREY; GUTBERLET, 2019).

Ao olhar para dentro dos países, tais desigualdades permanecem em muitos casos, levando a crer que diversos recortes de vulnerabilidades dão lugar a tais diferenças.

A referência à desigualdade agora se justifica, no plano interno, a partir de vulnerabilidades como as étnicas, de gênero, lugar e condição sociais, posição geográfica, etária, racial e outras.

Referindo-se à desigualdade racial, Silvio José Albuquerque, em recente obra sobre multilateralismo e discriminação racial, revela que a ausência do fator racial na discussão sobre questões ambientais e climáticas leva à perpetuação da desigualdade no acesso a direitos ambientais por parte da população negra, povos indígenas, quilombolas, ribeirinhos, entre outros, incluindo os residentes nas periferias das nossas cidades. Por periferia, refiro-me à definição do geógrafo Milton Santos, que a entendia como formada por territórios urbanos excluídos ou segregados como resultado dos processos de desenvolvimento e da dinâmica da urbanização do Brasil (SILVA, 2024).

Ser uma pessoa preta, mulher, criança, amazônida, morador(a) de morros, favelas e encostas, ser quilombola ou pertencer aos povos originários, ser habitante do Sul Global passaram a ser características decisivas no que diz respeito ao alargamento das violências sobre os direitos mínimos advindos das questões climáticas (PEREIRA, 2024).

A desigualdade gera, nesse contexto, uma necessidade de diálogo permanente sobre a justiça e os direitos humanos. Ou seja, a possibilidade de contribuição do debate jurídico surge a partir do elemento da justiça.

Diante da relação direta entre os desastres e a inexistência de políticas públicas preventivas, uma premissa se impõe: a necessidade de gerência do Estado, já que cabe a ele o dever de proteger e reconhecer (Estado de Direito) as demandas

---

tres, cujo índice se direciona aos formuladores de políticas públicas. Disponível em: https://www.gov.br/mcti/pt-br/acompanhe-o-mcti/sirene/publicacoes/relatorios-do-ipcc/arquivos/pdf/srcl-port-web.pdf. Acesso em: 27 maio 2024.

de uma sociedade vulnerável e carente de tratamento especial, exercendo o seu papel garantidor de isonomias e dignidades, vigilante do direito à vida. Firmar alianças para tratar questões que envolvem os desastres, como a redução de vulnerabilidades, por meio da justiça climática, é urgente e necessário à diminuição de desigualdades no país (PEREIRA; SCOTTI, 2023).

O papel do direito, nesta reconfiguração do "estado climático" (aquele que centraliza as discussões do papel do estado a partir da crise climática), é o de promover a justiça climática, uma possibilidade de manejar os direitos humanos em busca da diminuição das desigualdades oriundas das questões climáticas, que vem delineando o sofrimento de pessoas mais vulnerabilizadas pelo clima.

A busca por justiça, especialmente a partir de um código binário inclusão/exclusão torna a o direito, produto social-humano que é, projeto centrado na exigência do encontro da diminuição das desigualdades sociais com a diminuição das pressões antrópicas sobre o planeta Terra. Um programa de caráter político como único possível se a humanidade quiser sobreviver como sociedade e, no limite, como espécie (MARQUES, 2023).

O conceito de vulnerabilidade surge nesse cenário de desigualdades pelo clima conclamando que a justiça seja essencial para extirpar iniquidades advindas da divisão desproporcional das consequências climáticas.

Ultrapassando as fronteiras urbanas que oferecem cenas de deslizamentos de morros, encostas e barracos alagados, o racismo ambiental atinge territórios rurais e suas comunidades tradicionais, indígenas, quilombolas, ribeirinhas e outros povos que, sem seus rios, matas, florestas – meio e fim de sobrevivência – têm sido usurpados, lesados, expulsos por empreendimentos criminosos como garimpo ilegal, exploração de madeiras, apropriação e exploração de recursos naturais e cometimentos de outros crimes (SANTOS, 2023).

Klemens Laschefski, em artigo científico sobre as racionalidades distintas de apropriação do ambiente por grupos subalternos, entende que há alternativas de desenvolvimento a partir das lutas das comunidades locais ameaçadas pelo avanço dessa forma de apropriação territorial que consiste em uma luta pelo direito de escolher o seu próprio caminho ou mesmo de realizar o seu próprio modo de produção do espaço (LASCHEFSKI, 2011).

Como aporte teórico para a noção de inclusão e exclusão na sociedade, parte-se do pensamento sistêmico de Luhmann, em que se discorre sobre justiça enquanto programa do sistema jurídico para a orientação material das comunicações realizadas no sistema do direito. Neste ponto, utiliza-se das críticas realizadas por Gunther Teubner.

Assim, a ideia de justiça climática é compreendida como demanda externa dirigida ao Direito que funciona como auto-observação do sistema para incluir o que era excluído do Direito.

Compreender o que se entende por ser excluído, nesse contexto, é salutar para definir o próprio conceito de justiça climática que se pretende alcançar na busca da contribuição do direito para o debate. A teoria de Luhmann, por sua vez, mostra-se adequada na demonstração desses conceitos que levam em conta a compreensão do que se entende tanto por inclusão como por exclusão, relacionada nesse artigo, a partir das questões climáticas.

2. INCLUSÃO E EXCLUSÃO DE SISTEMAS SOCIAIS EM NIKLAS LUHMANN

Em um contexto de mudanças climáticas e aquecimento global a vulnerabilidade[9] de pessoas e ecossistemas desponta como aspecto central, sendo que as pessoas mais vulneráveis são desproporcionalmente afetadas (IPCC, 2022).

Assim, o clima modificado pela ação humana desiguala e mata pessoas com certas características, sendo que os efeitos mais nefastos das mudanças do clima provocam injustiças nos territórios atingidos a partir de marcadores identificáveis de pessoas negras, mulheres, crianças, indígenas, ribeirinhos, quilombolas, moradores de morros e encostas, que apontam exclusão social desses grupos às prestações positivas dos diversos âmbitos da sociedade (economia, política, direito, saúde, educação, etc.) (PEREIRA; SCOTTI, 2023).

A noção de desigualdade social é colocada como aspecto central para a discussão sobre mudanças climáticas e justiça climática, indicando que é útil para esse tipo de pesquisa aprofundar a noção de exclusão de grupos ou pessoas na sociedade atual.

A pobreza, as desigualdades e as crises ambiental, climática e econômica são problemas inter-relacionados, desde sua origem até seus efeitos, e estes últimos devem incluir as políticas públicas que, por sua vez, devem incluir o enfoque nos direitos humanos para lograr sua realização progressiva, assim como a proteção, o bem-estar social, a resiliência e a vida digna de todas as pessoas, já que a dignidade constitui o eixo articulador dos direitos humanos (HERNÁNDEZ, 2021)[10].

Para os fins desta pesquisa, parte-se de aportes da teoria sistêmica de Niklas Luhmann, uma vez que se trata de teoria social que tem promovido importantes

---

9 Vulnerabilidade é entendida pelo relatório da mudança climática de 2022 do IPCC (IPCC, 2022, p. 5) como a propensão ou predisposição para ser afetado adversamente e abrange uma variedade de conceitos e elementos, incluindo sensibilidade ou suscetibilidade a danos e falta de capacidade de lidar e se adaptar ("Vulnerability in this report is defined as the propensity or predisposition to be adversely affected and encompasses a variety of concepts and elements, including sensitivity or susceptibility to harm and lack of capacity to cope and adapt").
10 Tradução livre.

discussões sobre inclusão e exclusão na sociedade, de modo que responder sobre tais conceitos trará suportes teóricos para a defesa da justiça climática como uma possibilidade do direito no contexto climático.

De antemão, é preciso afirmar que o problema da desigualdade social não é uma questão facilmente explicável pela teoria dos sistemas sociais de Luhmann, uma vez que o referido debate normalmente avança sobre discussões comparativas fáticas, ao passo que a teoria de Luhmann dedica-se a explorar o funcionamento operativo da sociedade a partir da noção de que os sistemas sociais (economia, política, direito, etc.) são sistemas autopoiéticos (que reproduzem a comunicação diferenciada que os identifica) em um processo operativo fechado a partir de seus códigos próprios (exemplo: lícito/ilícito para o Direito).

Os sistemas sociais usam comunicação como sua particular forma de reprodução autopoiética[11]. Seus elementos são comunicações que são recursivamente produzidas e reproduzidas pela rede comunicativa e que não podem existir fora dessa rede[12].

Comunicação é uma realidade emergente que é obtida mediante uma síntese de três seleções diferentes: (a) seleção da informação (*Information*); (b) seleção do ato de comunicar (*Mitteilung*); e (c)seleção realizada no ato de entender (ou não entender) a informação e o ato de comunicar (*Verstehen*) (LUHMANN, 1998, 2009).

Assim, os sistemas sociais são cognitivamente abertos, sujeitos a estímulos daquilo que está fora do sistema (ambiente), mas operativamente fechados porque somente processam a comunicação em conformidade com o código binário e programas próprios e recursivos do sistema[13].

Esse fechamento lógico-operativo dos sistemas é o que dificulta incursões sobre a noção de desigualdade social, a qual envolve uma abordagem eminentemente empírica, comparativa, algo que não é tratado pela teoria dos sistemas nos moldes de Luhmann.

Isso porque, o acesso à comunicação nos sistemas autopoiéticos é ditado por critérios exclusivamente funcionais de inclusão e exclusão, enquanto as desigualdades fáticas seriam explicáveis por critérios afuncionais, como classes sociais,

---

11 Maturana e Varela utilizam a palavra "autonomia" para identificar que um sistema é autônomo quando ele puder especificar suas próprias leis, aquilo que lhe é próprio. O mecanismo que torna os seres vivos autônomos é a autopoiese (MATURANA; VARELA, 1995, p. 88).

12 Tradução livre do seguinte trecho: "*Social systemas use communication as their particular mode of autopoietic reproduction. Their elements are communications which cannot exist outside of such a net work.*" (LUHMANN, 1986, p. 172).

13 O Direito é visto como um sistema normativamente fechado, mas cognitivamente aberto (NEVES, 1994, p. 258).

estilos de vida, gênero, diferenças étnicas, raciais, etárias, fatores migratórios, etc. (BACHUR, 2012).

Apesar disso, diante da persistência da desigualdade na sociedade, Luhmann introduz a forma inclusão/exclusão a fim de tentar captar a dinâmica das possibilidades de acesso à comunicação funcionalmente diferenciada, sem ter que recorrer à tradicionais estruturas de classe.

A inclusão é indicada como uma forma cujo lado interno do sistema (exemplos: direito, política, etc.) é designado como a oportunidade de consideração de pessoas[14], mas seu lado externo permanece sem ser designado[15].

Aqui vale esclarece que somente pode haver inclusão de acordo com o postulado da interpenetração (que seria o acoplamento estrutural entre os sistemas psíquicos dos indivíduos e dos sistemas sociais), de tal forma que inclusão é o lado interno da forma, a marcação das pessoas consideradas relevantes ou levadas em consideração pelos sistemas autopoiéticos; enquanto exclusão seria, assim, o lado não marcado dessa distinção. Para explicar esse funcionamento, Luhmann alude à noção pessoas/corpos, de forma que na inclusão, os sistemas psíquicos acoplados à comunicação são tratados como pessoas, ao passo que do lado da exclusão, restaria apenas pulsão físico-corpórea, e não pessoas (BACHUR, 2012), meros corpos, portanto.

Estando do lado da exclusão, os sistemas sociais não conseguem captar e dar recursividade à comunicação. Não há acoplamento estrutural. Não há reciprocidade.

Evidencia-se que a exclusão se reconhece, portanto, na ruptura das expectativas de reciprocidade (LUHMANN, 1998; MANSILLA; NAFARRATE, 2008). Por outro lado, por inclusão o que se quer indicar é que o sistema sociedade predispõe as pessoas assinalando-lhes lugares em cujo marco podem atuar de acordo com as expectativas complementares; numa visão romântica,

---

14 Embora o ser humano não se constitua em uma unidade sistêmica, o sistema social o trata como tal. Ele o constrói como uma pessoa. Em outras palavras, pessoas não existem como tal, elas não são sistemas, mas uma construção do sistema social com o que esse sistema se refere a um conglomerado de sistemas orgânico e psíquico. Essa relação entre sistemas sociais e sistemas psíquicos humanos se constitui interpenetração (SEIDL, 2006).

15 Ainda que estejamos habituados à afirmação segundo a qual, para a teoria de sistemas sociais, "não existem indivíduos". Bachur expõe que essa afirmação deve ser bem entendida, o que Luhmann afirma é que a sociedade não se compõe de indivíduos, como unidades últimas e irredutíveis do social, mas de interações; de comunicação funcionalmente diferenciada. A rigor, Luhmann argumenta que a diferenciação de sistemas autopoiéticos, ao eliminar aspectos estratificantes e funcionalizar a comunicação, amplia a liberdade dos indivíduos, que podem tomar parte em comunicações políticas, científicas, estéticas, econômicas e jurídicas de forma incongruente, sem que seu papel nesses sistemas seja unificado por uma noção agregadora (a classe social ou o estamento) (BACHUR, 2018).

poder-se-ia dizer que proporciona condições como se os indivíduos estivessem em casa (LUHMANN, 2007).

Neste ponto, pode-se compreender inclusão não apenas como comunicação interna do sistema, mas numa perspectiva mais ampla de cidadania como inclusão na prestação dos sistemas sociais, ou seja, acesso aos benefícios, vantagens e regras do sistema (NEVES, 1994).

Outro aspecto relevante para compreender a dinâmica da exclusão nos sistemas sociais de Luhmann é que a exclusão integra[16] com maior força que a inclusão. A sociedade, em consequência, se encontra muito mais fortemente integrada em seu extrato mais baixo que nos extratos altos (LUHMANN, 2007; MANSILLA; NAFARRATE, 2008)[17].

A exclusão de um sistema implica na exclusão quase automática de outros sistemas (LUHMANN, 1998)[18].

No entanto, a exclusão não se traduz em desintegração do sistema, ou seja, ele continua a operar autopoieticamente, apesar da exclusão. Da mesma forma, a exclusão não consiste na desintegração do indivíduo da sociedade, ou seja, o excluído tem uma integração clara na sociedade, por meio das redes que ao integrá-lo, o exclui. Só fazendo-se vulnerável ante a justiça é que uma pessoa pode se incorporar a uma rede na qual todos são vulneráveis e devem ser ajudados. Ademais, a exclusão não traz como consequência a desintegração do ser humano individual. Constrói-se uma identidade excluída, mas não desintegrada (MANSILLA; NAFARRATE, 2008).

A exclusão sistêmica que forma identidades excluídas se relaciona com a ideia de justiça na teoria sistêmica de Luhmann como fórmula que possui capacidade de enlaçar operações comunicativas dentro do sistema jurídico.

---

16 Integração entendida como limitação do grau de liberdade das seleções (LUHMANN, 2007).

17 Segundo estudo de Marcelo Neves, no Brasil, a sociedade está integrada de dupla maneira: positivamente, por meio da rede de favores, serviços, clientelismo e corrupções; e negativamente, mediante a exclusão prática de muitos da participação em todos os sistemas funcionais, em que uma exclusão traz obrigatoriamente outras (NEVES, 1994). Esse nível de exclusão prática levou Marcelo Neves ao tratar da força normativa das Constituições nos países em desenvolvimento a conceber a denominada Constituição Simbólica, ou seja, embora parecida com muitas das Constituições dos países desenvolvidos, ela possui, no Brasil, uma validade de caráter simbólico apenas (MANSILLA; NAFARRATE, 2008).

18 Luhmann excetua o sistema religioso. Avaliamos que essa exceção se deve justamente ao fato de que, em geral, as religiões se organizam no sentido de comunicar e serem reativas às comunicações que costumam ser excluídas dos demais sistemas, como o econômico, o político e o direito. Ou seja, mesmo sem renda, sem acesso ao sistema justiça e sem influência política, o sistema religioso parece mais suscetível a comunicar e reagir a impulsos desses excluídos (em relação a outros sistemas).

É dizer, a partir da ideia de Justiça se coloca um programa comunicativo capaz de gerar comunicações sistêmicas recursivas que indicam como os valores do código do sistema devem funcionar corretamente.

Por isso, a discussão sobre justiça em um ambiente de transformação social e ambiental, com a emergência dos eventos climáticos que excluem sistematicamente aqueles que se encontram em condições menos favorecidas econômica, política e socialmente, passa a ser vista como o caminho por meio do qual o sistema jurídico assimila a semântica dos excluídos a partir da noção de justiça climática.

3. A JUSTIÇA COMO PROGRAMA PARA COMUNICAÇÃO DOS EXCLUÍDOS

Em Luhmann, a justiça é concebida como uma fórmula para a contingência no direito. A ideia de justiça no direito funciona como símbolo que circula no sistema e enlaça operações. A justiça se relaciona com uma auto-observação e uma autodescrição do sistema, na lembrança dos resultados de operações para uma reutilização recorrente (LUHMANN, 2017).

O sentido da ideia de justiça se localiza no nível dos programas do sistema, funcionando como uma projeção de unidade, um programa para os programas.

Programas são suplementos para o código do sistema (lícito/ilícito) que funcionam com pontos de vista que indicam como os valores do código se assinalam ou correta ou equivocadamente (LUHMANN, 2017).

Assim, a justiça pode ser compreendida como uma norma, ainda que não se confunda com o critério de seleção do sistema (seu código binário). Para Luhmann, no entanto, a fórmula justiça não inclui um enunciado sobre a essência ou sobre a natureza do direito. Na realidade, a justiça seria uma fórmula que oferece uma abstração que corresponde ao princípio formal da igualdade (LUHMANN, 2017).

Mesmo assim, funciona como um esquema de busca de fundamentos ou valores que só serão capazes de obter validade jurídica sob a forma de programas.

Noções como justiça, no contexto da teoria dos sistemas de Luhmann, têm sido reinterpretadas a partir de posições críticas que identificam o direito como esfera que opera a socialização do sentimento de justiça. Assim, embora Luhmann identifique a justiça como uma fórmula de contingência do direito que lhe permite manter a consistência interna, em sua leitura crítica isso resultaria em uma fórmula de transcendência do próprio direito. Uma autotranscendência do direito que significaria a subversão do sistema jurídico, contra suas tendências de autocontinuidade quando a justiça jurídica se faz injusta. Uma justiça subversiva que se coloca contra a reprodução do direito, comunicada por revoltas, insurreições, motins e divergências (SCHWARTZ; ACOSTA JUNIOR, 2017).

A justiça jurídica é utilizada como a fórmula de orientação central, irrefutável, e não pode entrar em concorrência com qualquer princípio, jurídico ou extrajurídico. Como fórmula de contingência do Direito, a justiça tem, no Direito, um *status* semelhante ao de outras fórmulas de contingência em relação a outras áreas: legitimidade na política, Deus na religião, escassez de bens na economia, formação na pedagogia, limitacionalidade na ciência.

A fórmula de contingência quer dizer: proibição da negação, canonização, irrefutabilidade. E a sua dinâmica revela um paradoxo. A busca necessária pelo irrefutável, quando esta pode ser observada enquanto uma busca, produz sempre novas contingências. Contingência necessária – necessidade contingente (TEUBNER, 2011).

A justiça, portanto, atua na auto-observação da unidade do Direito com base em seus programas, promovendo um autocontrole jurídico.

Teubner rejeita a compreensão da justiça como uma mera fórmula de contingência sem conteúdo substancial, como mera operação formal, voltada apenas à consistência conceitual. Aquilo que leva Luhmann a definir a justiça como: "complexidade adequada do decidir consistente".

Assim, para Teubner, a fórmula de contingência opera na fronteira entre o Direito e seu ambiente externo e se dirige simultaneamente à variabilidade histórica da justiça e à sua dependência do ambiente. O clamor por justiça – e este é o núcleo da fórmula de contingência – requer que consequências sejam extraídas da dependência do Direito quanto à sua ecologia, a seus ambientes social, humano e natural. Com isso, entram em jogo, além da consistência formal, pontos de orientação materiais. Na definição "complexidade adequada do decidir consistente", o aspecto decisivo é a adequação social em sua relação com a consistência interna (TEUBNER, 2011)[19].

O Direito busca seus critérios da justiça em seus ambientes, em diferentes discursos da sociedade, no discurso pedagógico, científico, médico, político ou econômico, e contribui, por meio de um processo complicado de reconstrução jurídica, para a fixação de sua validez jurídica (TEUBNER, 2011).

---

19 A fórmula de contingência não se dirige a uma justiça imanente ao Direito, mas a uma justiça transcendente do Direito. Consistência interna mais responsividade diante de demandas ecológicas – esta é a dupla fórmula da justiça jurídica (TEUBNER, 2011).

A justiça, enquanto auto-observação do direito, opera no Direito por meio da *re-entry*[20] da ecologia[21] no Direito. Há uma construção jurídica interna de demandas externas da sociedade, dos homens e da natureza.

Para o debate sobre justiça climática, nesse contexto, é perceptível, a partir dos eventos extremos, acompanhados do repetido sacrifício intenso incidente sobre territórios e realidade que afetam grupos vulneráveis, o assunto tem provocado reflexões e comunicações próprias perante os sistemas mídia, direito, economia, política, saúde e educação a partir dos estímulos do ambiente (não forma sistêmica) que constroem a noção sobre justiça climática.

A noção jurídica de justiça climática, portanto, atua no sistema jurídico como programa que reorienta o funcionamento do código binário do direito (lícito/ilícito) para conduzir a comunicações que revertam o que era excluído ou indiferente a se tornar comunicação no sistema, perceptível e passível de novas comunicações recursivas promovendo, por meio da práxis discursiva da justiça uma *re-entry* do extrajurídico no Direito.

Assim, a *re-entry* é reconstrução do exterior no interior do direito, então ela é sempre, ao mesmo tempo, inclusão e exclusão. O que, no entanto, é excluído pelo Direito, reclama inclusão na justiça (TEUBNER, 2011).

Como a justiça mina a rotina da recursão a decisões judiciais e questiona insistentemente se, à luz das demandas externas dirigidas ao Direito, uma lide não deve ser decidida de outro modo, também a justiça climática funciona como essa auto-observação que permite evolução do direito para responder a esses novos desafios climáticos.

4. A JUSTIÇA CLIMÁTICA COMO FORMA DE INCLUSÃO PELOS EXCLUÍDOS DO CLIMA

Se há uma desigualdade marcadamente que exclui pessoas vulnerabilizadas a partir do clima, a função do direito pela justiça se justifica como uma possibilidade de integração na constituição de uma sociedade mais justa e inclusiva. E esta inclusão tem se apresentado como um desafio ao direito.

---

20 *Re-entry* seria a capacidade de os sistemas autopoiéticos diferenciados que funcionam com base em uma específica distinção reintroduzirem essa distinção em seu interior e utilizá-la para estruturar suas próprias operações (CORSI, 1996, p. 135). É dizer: *re-entry* seria uma reflexão que interroga sobre o jurídico das operações do direito. Uma auto-observação.

21 Ecologia entendida como a parte externa do sistema, a não forma. O ambiente a partir do qual existem estímulos que provocarão irritação nos sistemas e provocarão a produção de comunicação a partir de seu próprio código e de suas operações comunicativas.

Para Menelick de Carvalho Netto e Guilherme Scotti se, por um lado, os direitos fundamentais promovem a inclusão social, por outro e a um só tempo, produzem exclusões fundamentais já que qualquer afirmação de direito corresponde a uma delimitação (fechamento do corpo daqueles titulados de tais direitos), à demarcação do campo inicialmente invisível dos excluídos e tais direitos (CARVALHO NETTO; SCOTTI, 2020).

Repare-se que esse processo de inclusão/exclusão, delineado nos capítulos anteriores, diante da persistência da desigualdade na sociedade, possibilita ainda o acesso à comunicação funcionalmente diferenciada, e o direito é instrumento para tanto já que a inclusão se apresenta como uma oportunidade que eleva um grupo de pessoas vulnerabilizadas – levando-se em conta a referência do contexto climático – ao uso e gozo de direitos fundamentais.

Contudo, esse processo de inclusão/exclusão não acontece de forma automática e pacífica. Ocorre sob certa tensão.

Há uma tensão extremamente rica e complexa entre a inclusão e a exclusão e que, ao dar visibilidade à exclusão, permite a organização e a luta pela conquista de concepções cada vez mais complexas e articuladas da afirmação constitucional da igualdade e da liberdade de todos. E essa é a forma como os direitos fundamentais se apresentam e se mostram como um desafio ao mesmo tempo, sendo tomados como permanentemente abertos como um processo mutável de afirmação da cidadania (CARVALHO NETTO; SCOTTI, 2020).

O que os autores estão afirmando é que o que o direito faz, aqui tomado pela justiça climática, é amalgamar direitos fundamentais como um processo contante de na sociedade, naquilo que se convencionou a chamar de processo de cidadania, definida por sua vez como uma observação da exclusão de direito para definir inclusão de direitos.

Em diagrama, tem-se:

Sociedade → desigualdade → clima → pessoas vulnerabilizadas → exclusão → Direito → justiça → inclusão → cidadania [pela justiça climática]

Ou seja, em uma sociedade marcada pela desigualdade, agravada pelas questões climáticas, o direito se apresenta como ferramenta de inclusão.

A pobreza [desigualdade] não é um fenômeno inscrito na natureza das coisas, é processo social de despossessão (da terra, dos instrumentos de trabalho, de capital cultural e dos meios que permitem a reprodução das condições de existência), disciplinamento (dos corpos e mentalidades) e exploração (da força de trabalho) para a reprodução de riquezas que são apropriadas por outrem. Esse esquema é o motor central da produção de desigualdade social e, consequentemente, da pobreza, seu efeito mais visível (ACSELRAD, 2009).

Assim como a pobreza não é um estado, mas efeito de um processo social, a desigualdade ambiental é fruto de uma distribuição desigual das partes de um meio ambiente injustamente dividido, não sendo viável enfrentar a desigualdade climática sem promover justiça social (ACSELRAD, 2009).

É a partir dessas constatações de desigualdade social impactando nos ecossistemas e nas pessoas mais vulnerabilizadas que surge a justiça climática como instrumento.

No âmbito da Cúpula do Clima, Letícia Maria Teixeira Lima revela que o tema da justiça climática entra no radar governamental durante a COP 20, em Lima (2014), levando a questão para dialogar com os direitos humanos. Na sequência, na COP 21, de 2015, o Acordo de Paris foi assinado e reconheceu-se a Justiça Climática nas negociações internacionais (LIMA, 2021).

O conceito de justiça climática pressupõe a análise do que se combinou chamar de vulnerabilidades nos contextos climáticos[22].

Segundo Robert Verchick, o termo "vulnerabilidade" tanto física quanto social sugere um tempo verbal presente e futuro: refere-se tanto à capacidade comunitária de resistir a um impacto imediato quanto à capacidade de retomar a vida após o impacto (VERCHICK, 2019). Veja que nem sempre, tanto no cenário pré-evento quanto no cenário de violações de direitos, as pessoas responderão igualmente às demandas apresentadas. Isso porque a vulnerabilidade que lhes caracterizam, seja individualmente ou em grupo, proporciona resposta diversas.

E nesse contexto que a justiça surge como uma possibilidade de diminuir tais diferenças, promovendo justiça das mais diversas matizes, inclusive interagindo com políticas públicas sociais como moradia digna, acesso a serviços de saúde e educação, direito ao ar limpo, transporte de qualidade etc.

As vulnerabilidades atraem vulnerabilidades de forma cumulativa, de modo que ainda que desastres possam atingir toda uma comunidade, atingirão de forma especial e mais marcante aquelas pessoas mais vulnerabilizadas (CARVALHO, 2020).

---

[22] A partir de um conceito decolonial de justiça climática, Malcom Ferdinand assevera que a justiça climática confronta as emissões passadas – os gases que aquecem o planeta hoje são também os que foram emitidos há várias dezenas, até centenas, de anos – e as consequências futuras desse aquecimento. E então a justiça climática aponta a responsabilidade histórica dos impérios coloniais pelo aquecimento global com suas revoluções industriais no século XIX, assim como aponta o colonialismo ambiental da acumulação dos recursos do planeta feita pelos países do Norte e sua "dívida ecológica" perante os países do Sul. Diferentemente de uma abordagem liberal da justiça climática, que a reduziu a um simples direito diferenciado de poluir, gerido por um mecanismo global de mercado das emissões, como prevê o Protocolo de Quioto desde 1997, seu sentido original é, na verdade, remediar esse erro colonial e ambiental global (FERDINAND, 2022).

Então a justiça climática se apresenta como uma possibilidade de incluir excluídos, de mapear vulnerabilidades e tentar reduzi-las a partir da justiça em diálogo permanente em um ambiente de promoção dos direitos humanos, elevando à categoria de cidadãos sujeitos excluídos pelo clima: mulheres, ribeirinhos, comunidades tradicionais, indígenas, quilombolas, pessoas negras, pobres, moradores de morros, encostas e favelas.

Em diagrama, a justiça climática, no presente artigo, assim se revela:

Justiça climática → direitos humanos → inclusão da [pela] cidadania

5. CONSIDERAÇÕES FINAIS

No presente artigo, foi possível constatar como a noção de exclusão/inclusão na teoria sistêmica de Luhmann pode ser associada à ideia de justiça em um contexto de mudanças climáticas. Justiça climática é compreendida como um estímulo ao sistema jurídico para sua orientação material voltada à comunicação sistêmica que gera inclusão daqueles que são normalmente excluídos.

Se as mudanças climáticas amplificam a desigualdade social, violando direitos, em especial dos mais vulnerabilizados, o direito é instrumento de justiça, diminuindo injustiças e promovendo direitos (próprio conceito de cidadania).

Definir o conceito de excluídos antecede o debate da justiça climática, já que essa se dirige a um conjunto de pessoas; não a quaisquer pessoas, mas pessoas que se veem diante de desastres como o do Rio Grande do Sul, mais suscetíveis à violência trazida pelo clima com a negação do direito à moradia digna; danos à saúde mental; inobservância ao direito fundamental ao meio ambiente equilibrado; inacessibilidade ao alimento e água potável.

A dignidade humana, posta no mais baixo nível de fruição nesses contextos de extremos climáticos, apresenta-se como desafio ao direito e foi isso o que os autores tentaram demonstrar ao longo deste artigo, mas sem deixar de apontar os caminhos para a reversão desse quadro a partir da ótica da justiça: ofertaram na justiça climática uma possibilidade pela inclusão e apontaram o direito como uma forma de uso e gozo da cidadania.

Finalmente, ao apresentar um conceito próprio de justiça climática, os autores revelaram uma comunhão de fatores que ligam o conceito de justiça climática ao de cidadania.

Portanto, os excluídos pelo/do clima são nada mais que sujeitos excluídos do direito de exercício de cidadania em um estado de direito que é garante permanente de direitos individuais, mas, sobretudo, sociais. Esse papel de vigilância do exercício de cidadania pode e deve ser exercido pelos sistemas que, pela ótica jurídica, no contexto das mudanças climáticas, se perfectibilizam pela ideia de justiça climática.

Assim, ao tratar das pessoas excluídas pelo clima, os autores revelaram quem são essas pessoas, as razões dessa desigualdade/exclusão, mas, sobretudo, indicaram que o caminho para promover sua cidadania se dá pela justiça, uma forma de interpretar, aplicar e criar normas jurídicas que garantem direitos.

REFERÊNCIAS

ACSELRAD, Henri. *O que é justiça ambiental*. Rio de Janeiro: Garamond, 2009.

BACHUR, João Paulo. Inclusão e exclusão na teoria de sistemas sociais: um balanço crítico. *BIB – Revista Brasileira de Informação Bibliográfica em Ciências Sociais*, n. 73, p. 55-83, 2012.

BECK, Ulrich. *Sociedade de risco*: rumo a uma outra modernidade. São Paulo: Editora 34, 2011.

BERMÚDEZ, Francisco López. La interacción humanidade-Tierra: el Antropoceno. *Justicia Ecológica em la era del Antropoceno*. Madrid: Editorial Trotta, 2016.

CARVALHO, Délton Winter de. Desastres ambientais e sua regulamentação jurídica: deveres de prevenção, resposta e compensação ambiental. São Paulo: Thomson Reuters Brasil, 2020.

CARVALHO NETTO, Menelick de; SCOTTI, Guilherme. *Os direitos fundamentais e a (in)certeza do Direito*: a produtividade das tensões principiológicas e a superação do sistema de regras. 2. ed. Belo Horizonte: Fórum, 2020.

CORSI, Giancarlo; ESPOSITO, Elena; BARALDI, Claudio. *Glosario sobre la teoría social de Niklas Luhmann*. Trad. Miguel Romero Perez, Carlos Víllalobos; sob a direção de Javier Torres Nafarrate, Universidad Iberoamericana, 1996.

FERDINAND, Malcom. *Uma ecologia decolonial*: pensar a partir do mundo caribenho. Ubu Editora, 2022.

FREITAS, Christiana Galvão Ferreira de. *Direito da gestão de riscos e desastres no mundo e no Brasil*. Rio de Janeiro: Lumen Juris, 2017.

FREY, Klaus; GUTBERLET, Jutta. *Democracia e governança do clima*: diálogos Norte-Sul. Governança e planejamento ambiental: adaptação e políticas públicas na macrópole paulista, 2019, p. 23-30.

GATA SÁNCHEZ, Dionísio Fernández de. *Sistema jurídico-administrativo de protección del medio ambiente*. Salamanca: Ratio Legis, 2021.

HERNÁNDEZ, Marisol Anglés. Cambio climático, pobreza y desigualdades: afectaciones comunes, pero diferenciadas. In: BORRÀS-PENTINAT, Susana;

VILLAVICENCIO-CALZADILLA, Paola (org.). *Justicia climática*. Valencia: Tirant lo Blanc, 2021.

INTERGOVERNMENTAL PANEL ON CLIMATE CHANGE (IPCC). Climate change 2022: impacts, adaptation and vulnerability. Contributions of Working Goup II to the sixth assessment report of the intergovernmental panel on climate change. Disponível em: https://report.ipcc.ch/ar6/wg2/IPCC_AR6_WGII_Full Report.pdf. Acesso em: 17 maio 2024.

LASCHEFSKI, Klemens. *Licenciamento e equidade ambiental*: as racionalidades distintas de apropriação do ambiente por grupos subalternos. As tensões do lugar: hidrelétricas, sujeitos e licenciamento ambiental. Belo Horizonte: EdUFMG, 2011, p. 21-60.

LIMA, Letícia Maria Rêgo Teixeira. *Mulheres e (in)justiça climática no Antropoceno*: uma abordagem interseccional. Rio de Janeiro: Lumen Juris, 2021.

LUHMANN, Niklas. The autopoiesis of social systems. *In*: Geyer, Felix; Van-der-Zouwen, Johannes (eds.). *Socio cybernetic paradoxes*: Observation, control and evolution of self-steering systems. London, UK, 1986.

LUHMANN, Niklas. *Complejidad y modernidade*: de la unidad a la diferencia. Edición y tradución Josetxo Beriain e José Maria Garcia Blanco. Madrid: Editorial Trotta, 1998.

LUHMANN, Niklas. *La sociedad de la sociedad*. México: Editorial Herder, 2007.

LUHMANN, Niklas. *O direito da sociedade*. Trad. Saulo Krieger. São Paulo: Martins Fontes, 2017.

MANSILLA, Darío Rodríguez; NAFARRATE, Javier Torres. *Introducción a la teoría de la sociedad de Niklas Luhmann*. México: Editorial Herder/Universidad Iberoamericana, 2008.

MARQUES, Luiz. *O decênio decisivo. Propostas para uma política de sobrevivência*. São Paulo: Elefante, 2023.

MATURANA, Humberto; VARELA, Francisco. *A árvore do conhecimento*: as bases biológicas do conhecimento humano. Trad. Jonas Pereira dos Santos. Campinas/SP: Wokshopsy, 1995.

NEVES, Marcelo. Entre subintegração e sobreintegração: a cidadania inexistente. *Dados: Revista de Ciências Sociais*, v. 37, n. 2, p. 253-276, 1994.

PEREIRA, Diego; SCOTTI, Guilherme. Quem precisa de justiça climática? Um debate sobre desigualdades. *Cadernos Adenauer: Política Ambiental Brasileira: renovação e desafios*, XXIV, n. 3, p. 151-163, 2023.

PEREIRA, Diego. *Justiça climática e a luta pela inclusão de direitos*: uma análise crítica das políticas públicas de combate aos desastres no Brasil. 2024. 129 f. Tese (Doutorado). Programa de Pós-graduação em Direito. Universidade de Brasília, 2024.

SANTOS, Regina Lucia dos. Panorama das mudanças climáticas no Brasil e seus impactos no território. *Racismo ambiental e emergências climáticas no Brasil*. São Paulo: Editora Oralituras, 2023.

SCHIRMER, Werner; MICHAILAKIS, Dimitris. The luhmannian approach to exclusion/inclusion and its relevance to Social Work. *Journal of Social Work*, v. 15, n. 1, p. 45-64, 2015.

SCHWARTZ, Germano; ACOSTA JUNIOR, Jorge Alberto de Macedo. Luhmann sob o olhar de Horkheimer: explorando a crítica latente na teoria dos sistemas autopoiéticos aplicada ao direito. *Revista de Estudos Constitucionais, Hermenêutica e Teoria do Direito (RECHTD)*, v. 9, n. 2, p. 117-124, 2017.

SEIDL, David. The basic concepts of Luhmann's Theory of Social Systems. In: SEIDL, David; BECKER, Kai Helge (ed.). *Niklas Luhmann and organization studies*. Malmö: Liber, 2006.

SILVA, Silvio José Albuquerque e. *Multilateralismo ambiental e discriminação racial*. Brasília: FUNAG, 2024.

TEUBNER, Gunther. Justiça auto-subversiva: fórmula de contingência ou de transcendência do direito. *Revista Eletrônica do Curso de Direito – PUC Minas Serro*, n. 4, 2011. Disponível em: https://periodicos.pucminas.br/index.php/DireitoSerro/article/view/2259. Acesso em: 20 maio 2024.

VERCHICK, Robert R. M. (In)justiça dos desastres: a geografia da capacidade humana. In: FARBER, Daniel A.; CARVALHO, Délton Winter de (org.). *Estudos aprofundados em direito dos desastres*: interfaces comparadas. Curitiba: Appris, 2019.

DESAFIOS DA LITIGÂNCIA CLIMÁTICA NO BRASIL: JUDICIALIZAÇÃO E LEGITIMIDADE PROCESSUAL

Eduardo de Campos Ferreira[1]
Laura Rodrigues Gonçales[2]

1. INTRODUÇÃO

As ações judiciais em que são discutidas ações e a atuação dos entes contra os efeitos das mudanças climáticas – a chamada litigância climática – têm apresentado substancial crescimento nos últimos anos. O número mundial de litígios climáticos mais que dobrou desde 2015, já superando a marca de dois mil casos ajuizados, sendo que 25% desses casos foram ajuizados entre 2020 e 2022[3].

No Brasil, não é diferente. Conforme a base de dados do *Sabin Center for Climate Change*[4], até 2020 haviam sido ajuizados 26 litígios climáticos no país, sendo o primeiro deles de 2007. Entre 2020 e 2023, foram ajuizados 55 casos. Assim, nos últimos três anos foram iniciados mais casos do que a soma de processos dos 13 anos anteriores.

É certo que, se comparado a países como Estados Unidos, Holanda ou a Austrália, a litigância climática no Brasil pode ser vista ainda como embrionária; de fato, a discussão em torno da litigância climática em países do Norte Global já é mais madura do que a verificada no Brasil[5]. Não obstante, o ordenamento brasileiro contém terreno fértil para o desenvolvimento de litígios climáticos.

---

1 Sócio da Área Ambiental e de Gestão de Crise do escritório Machado Meyer Advogados. Mestre em Direitos Difusos e Coletivos pela Pontifícia Universidade Católica de São Paulo (PUC/SP). Especialista em Direito Ambiental e Gestão Estratégica da Sustentabilidade pela PUC/SP. Bacharel em Direito pela PUC/SP.
2 Advogada da Área Ambiental e de Gestão de Crise do escritório Machado Meyer Advogados. Mestranda em Direito das Relações Econômicas Internacionais pela PUC/SP. Bacharel em Direito pela Universidade Presbiteriana Mackenzie.
3 SETZER, Joana; HIGHAM, Catherine. Global trends in climate change litigation: 2022 Snapshot. *Grantham Research Institute on Climate Change and The Environment and Centre For Climate Change Economics And Policy*, London School of Economics and Political Science, Londres, jun. 2022. Disponível em: https://www.lse.ac.uk/granthaminstitute/wp-content/uploads/2022/08/Global-trends-in-climate-change-litigation-2022-snapshot.pdf. Acesso em: 21 fev. 2024.
4 SABIN CENTER FOR CLIMATE CHANGE LAW. *Brazil Archives*. Disponível em: https://climatecasechart.com/search-non-us/?fwp_non_us_jurisdiction=brazil. Acesso em: 21 maio 2024.
5 LISBOA, Luiza. A litigância climática brasileira: caminhos e fatores nacionais em um fenômeno global. *Revista dos Estudantes de Direito da Universidade de Brasília*, [S. L.], v. 17, n. 1, 2021, p. 613.

A legislação ambiental brasileira tem previsões capazes de subsidiar o mérito de eventual litígio, especialmente diante do *status* de direito fundamental atribuído ao direito ao meio ambiente ecologicamente equilibrado, na exata dicção do art. 225 da Constituição Federal.

Por força do referido dispositivo, tem-se uma dupla perspectiva na tutela ambiental, simultaneamente tarefa fundamental do estado – enquanto administrador, legislador e julgador – e direito fundamental do indivíduo[6], capaz ainda de ser considerado como condição para efetivação de outros direitos constitucionais[7]. A esse respeito, Letícia Fernandes de Oliveira afirma que:

> Some-se a isso um sistema legal robusto, um judiciário bem estabelecido e um amplo rol de atores políticos independentes com capacidade para iniciar processos contra entes públicos ou privados com o fim de combater ofensas ao meio ambiente e a direitos humanos e se tem condições excelentes para a litigância climática, principalmente relativa a direitos humanos ou fundamentais[8].

O ordenamento brasileiro "possui vasto arcabouço instrumental para a tutela jurisdicional do clima e dos seres humanos e não humanos afetados pelo aquecimento global"[9]. Mesmo diante de tal quadro, existem desafios à litigância brasileira, especialmente se avaliados os desafios processuais inerentes ao sistema judiciário brasileiro. Em que pese Oliveira, no trecho acima transcrito, considere que há "amplo rol de atores políticos independentes" aptos a litigar em prol do clima, a legislação processual, sobretudo do processo coletivo, ainda tem obstáculo ao amplo acesso ao Poder Judiciário pelos cidadãos.

Os desafios postos à realidade brasileira não residem na falta de dispositivos legais sobre o assunto – embora se reconheça que há grande espaço para avanços legislativos nos temas de mitigação e adaptação às mudanças climáticas –, mas sim em (i) dificuldades estratégicas de mérito, ao se relacionar os dispositivos existentes ao caso concreto, e (ii) dificuldades relativas ao acesso à justiça e limitação de sujeitos legitimados à proposta de ações para defesa de direitos difusos e coletivos, como é o direito ao meio ambiente.

O presente artigo busca analisar o segundo ponto, para expor os desafios ligados às limitações de legitimados à proposta de ações reconhecidas pela

---

6   CARVALHO, Délton Winter de. *Dano ambiental futuro*: a responsabilização civil pelo risco ambiental. 2. ed. Porto Alegre: Livraria do Advogado, 2013. Disponível em: https://cutt.ly/L87epqq. Acesso em: 13 março 2024.

7   FERNANDES DE OLIVEIRA, Letícia. Duplo benefício da litigância climática no Brasil: um potencial instrumento para garantia de direitos fundamentais? *Jus Scriptum's International Journal of Law*, [S. L.], v. 7, n. Especial, p. 119-120, 2023. Disponível em: https://internationaljournaloflaw.com/index.php/revista/article/view/128. Acesso em: 22 maio 2024.

8   FERNANDES DE OLIVEIRA, Letícia. *Op. cit.*, p. 121.

9   WEDY, Gabriel. *Litígios climáticos*: de acordo com o direito brasileiro, norte-americano e alemão. Salvador: Juspodivm, 2019, p. 82.

doutrina como instrumentos processuais aptos à defesa de um clima estável e à tutela de direitos fundamentais afetados por eventos climáticos extremos.

2. A LITIGÂNCIA CLIMÁTICA BRASILEIRA

A litigância climática é fenômeno relativamente novo no mundo e ainda mais recente no Brasil. Historicamente, boa parte dos casos brasileiros anteriores a 2020 tratavam de questões típicas ou clássicas do direito ambiental, tocando na questão climática apenas de forma incidental ou periférica[10]. Assim, "a maior parte dos casos que podem ser classificados como 'litigância climática' consiste de ações genéricas ambientais e/ou de direitos humanos, que tangenciam o tema das mudanças climáticas."[11]

O caráter furtivo ou periférico da questão climática é verificado com frequência na litigância climática do Sul Global, na qual o Brasil se insere. Mesmo assim, a jurisprudência ambiental brasileira dita "clássica" – entenda-se, sem dedicar grande atenção aos aspectos climáticos – traz importantes reconhecimentos e decisões, as quais colaboram para o desenvolvimento da litigância climática no país.

Limitando-nos aos tribunais superiores, são exemplos mais antigos as Ações Diretas de Inconstitucionalidade ("ADI") do Código Florestal de 2012[12], as ADIs sobre as restrições do uso do amianto[13], o Agravo Regimental em Embargos de Declaração no Recurso Especial 1.094.873/SP, que proibiu a queimada da palha na colheita de cana-de-açúcar[14], e, mais recentemente, o Recurso Extraordinário 835.558, de 2017, que conecta impactos ambientais a violações a direitos humanos ao se referir ao "mínimo existencial ecológico".

Vale pontuar que as ações supramencionadas foram ajuizadas por agentes legitimados para tanto, de forma que a questão da legitimidade não é ponto para debate relevante nessas discussões. Em tais precedentes, pode-se identificar certa preocupação com os efeitos das mudanças climáticas, com sinalização

---

10 DE ANDRADE MOREIRA, Danielle; LUZ ANDREATTA HERSCHMANN, Stela. The awakening of climate litigation in Brazil: strategies based on the existing legal toolkit. *Revista Direito, Estado e Sociedade*, [S. L.], n. 59, p. 174, 2021. Disponível em: https://revistades.jur.puc-rio.br/index.php/revistades/article/view/1821. Acesso em: 22 maio 2024.
11 SETZER, Joana; CUNHA, Kamyla; FABBRI, Amália Botter. Panorama da litigância climática no Brasil e no Mundo. In: SETZER, Joana; CUNHA, Kamyla; FABBRI, Amália Botter (org.). *Litigância climática*: novas fronteiras para o direito ambiental no Brasil. São Paulo: Thomson Reuters, 2019, p. 77.
12 ADIs 4.901, 4.902 e 4.903, ajuizadas pela Procuradoria Geral de Justiça, e ADI n. 4.937, ajuizada pelo Partido Socialismo e Liberdade.
13 ADI 2.396/MS, Tribunal Pleno, Rel. Ellen Gracie, *DJ* 8.5.2003, publicação em 1.º.8.2003 e ADI 2.656/SP, Tribunal Pleno, Rel. Maurício Correa, *DJ* 8.5.2003, publicação em 1.º.8.2003.
14 SETZER, Joana; CUNHA, Kamyla; FABBRI, Amália Botter. *Op. cit.*, p. 76.

pela interpretação sistemática dos diplomas tradicionais da legislação ambiental brasileira[15].

Em anos recentes, contudo, passa a se dar maior centralidade à questão climática nos litígios brasileiros. Grande exemplo dessa tendência é a Pauta Verde, conjunto de sete ações ambientais julgado em 2022 pelo Supremo Tribunal Federal ("STF"), em que os temas climáticos foram centrais nas discussões.

A Pauta Verde agrupou o julgamento de ADIs, Ações Diretas de Inconstitucionalidade por Omissão ("ADO") e Arguições de Descumprimento de Preceito Fundamental ("ADPF"), processos de natureza constitucional com legitimação típica, definida no próprio texto constitucional. É oportuno mencionar que, ao avaliar os instrumentos processuais brasileiros aptos à litigância climática, Gabriel Wedy elenca, além dos tipos de ação que compuseram a Pauta Verde, (i) a Ação Popular ("AP"); (ii) a Ação Civil Pública ("ACP"), (iii) o Mandado de Segurança Coletivo e (iv) o Mandado de Injunção[16].

Considerando o problema de pesquisa proposto ao presente artigo e as limitações intrínsecas ao desenvolvimento do tema em um único capítulo, as próximas seções visam ao desenho das limitações de legitimidade ativa na ação popular e na ação civil pública que, conjuntamente, representam a maior parte dos litígios climáticos brasileiros[17].

3. AÇÃO CIVIL PÚBLICA CLIMÁTICA

A Ação Civil Pública é prevista no ordenamento jurídico com a finalidade de defesa de direitos e interesses coletivos e difusos, com a possibilidade de se pleitear contra entes públicos ou privados reparação monetária de dano, obrigação de fazer ou de não fazer, em situações de responsabilização por danos materiais e morais ao consumidor, ao meio ambiente ou a bens e direitos de valor artístico, estético, histórico, turístico e paisagístico, além de qualquer outro interesse difuso ou coletivo[18].

Em seu polo ativo, podem figurar, conforme o art. 5.º da Lei Federal n. 7.374/1985, (i) o Ministério Público, (ii) a Defensoria Pública; (iii) a União, os estados, o Distrito Federal e os municípios; (iv) autarquia, empresa pública,

---

15 SETZER, Joana; CUNHA, Kamyla; FABBRI, Amália Botter. *Op. cit.*, p. 77.
16 WEDY, Gabriel. *Op. cit.*, p. 82.
17 Até a data de 23 de maio de 2024, a plataforma de mapeamento de litigância climática do JUMA-NIMA, da Pontifícia Universidade Católica do Rio de Janeiro (https://www.litiganciaclimatica.juma.nima.puc-rio.br/listagem/visualizar) lista 82 litígios climáticos brasileiros. Desses, 52 são ACPs e 4 são APs.
18 ELVIRA, Marcelo Marques Spinelli *et al*. Desafios para a implementação da Ação Civil Pública como instrumento de litigância climática no Brasil. In: SETZER, Joana *et al*. *Litigância climática*: novas fronteiras para o direito ambiental no Brasil. São Paulo: Thomson Reuters, 2019, p. 372.

fundação ou sociedade de economia mista; (v) a associação que (a) esteja constituída há ao menos um ano, nos termos da lei civil e (b) inclua, em suas finalidades institucionais, a proteção ao patrimônio público e social, ao meio ambiente, ao consumidor, à ordem econômica, à livre concorrência, aos direitos de grupos raciais, étnicos ou religiosos ou ao patrimônio artístico, estético, histórico, turístico e paisagístico.

Com isso, a realidade brasileira distancia-se da realidade estrangeira, sobretudo do Norte Global, no tocante à legitimidade para ajuizamento de litígios climáticos, pela adoção de modelo de legitimação em abstrato, a partir da lei (*ope legis*). Esse sistema difere, por exemplo, do modelo adotado nos Estados Unidos, em que a legitimação é avaliada caso a caso, conforme definido pelo juiz (*ope judicis*)[19].

Destacam-se, no panorama mundial de litigância climática, ações propostas por indivíduo ou grupo de indivíduos contra governos e empresas, a exemplo dos casos Juliana v. Estados Unidos da América, ajuizado por grupo de crianças e jovens, e Lliuya v. RWE, ajuizado por fazendeiro peruano contra empresa alemã[20].

Litígios com essa conotação não poderiam ser manejados no Brasil por meio de ACP, eis que o indivíduo ou um grupo de indivíduos – que não seja representado por associação constituída há ao menos um ano – não estão incluídos na Lei n. 7.347/1985 como legitimados para o ajuizamento de ACP.

Assim, o modelo de legitimação *ope legis* – com a definição dos legitimados em abstrato, pela lei – é objeto de críticas ao se avaliar os casos envolvendo a defesa de interesses coletivos, sendo considerado como um sistema falho:

> É claro que partilhamos da ideia de que esse sistema abstrato de legitimação coletiva é falho no sentido de que só haveria que se falar em adequada representação se houvesse uma certificação em concreto de que o referido ente, arrolado na lei, é realmente um representante daqueles interesses e não apenas um fantoche legal. Seria uma tamanha ingenuidade imaginar que o legislador pudesse ter acertado na mosca ao prever em abstrato que bastaria estar na lei para ter preenchido a adequada representação[21].

Ao passo que são reconhecidas as limitações da atribuição de legitimidade *ope legis*, tanto a doutrina quanto a jurisprudência têm debatido formas de se extrair do sistema de legitimação em abstrato a possibilidade do controle judicial da legitimação coletiva, com a defesa da possibilidade de verificação, perante o caso concreto, da pertinência temática capaz de demonstrar vínculo entre o ente legitimado, um ente coletivo, e o objeto da ACP[22].

---

19 RODRIGUES, Marcelo Abelha. *Fundamentos da tutela coletiva*. Brasília: Gazeta Jurídica, 2017, p. 171.
20 ELVIRA, Marcelo Marques Spinelli *et al*. *Op. cit.*, p. 375.
21 RODRIGUES, Marcelo Abelha. *Op. cit.*, p. 172.
22 RODRIGUES, Marcelo Abelha. *Op. cit.*, p. 173.

A esse respeito, alguns doutrinadores defendem a ampliação do rol de legitimados para a propositura de ACP. Nesse sentido, Wedy defende claramente a possibilidade de ampliação do rol para associações, independentemente da pertinência temática:

> É defensável a possibilidade de toda e qualquer associação possuir legitimidade ativa para ajuizar ação civil pública, porquanto o dever fundamental de proteção ao meio ambiente que emana do art. 225 da Constituição Federal, não vincula apenas associações que possuam finalidade estatutária de tutela do meio ambiente, mas, de modo mais amplo, obriga o Estado, os cidadãos e toda a sociedade. Em face da dicção constitucional, posterior à Lei 7.347/85, parece haver pouca justificativa para que não seja reconhecida a legitimidade de toda e qualquer associação para a defesa do meio ambiente como "bem de uso comum do povo" e do clima adequado para uma vida saudável[23].

Nota-se, de todo modo, que a crítica ao sistema em vigor se reporta à existência da legislação em vigor e ao sistema da legitimidade *ope legis*. A rigor, portanto, a modificação para ampliação da legitimidade ativa em ACP depende de alteração do texto normativo em vigor.

Isso porque, no ordenamento brasileiro, o papel do juiz no controle da legitimidade ativa é mínimo, sendo o juiz vinculado à regra *ope legis*[24]. Para além da questão de legitimidade ativa, a necessidade de demonstração de interesse processual e causa de pedir, requisitos esses existentes para qualquer processo no ordenamento brasileiro, também pode configurar dificuldade[25].

À primeira vista, as restrições processuais tendem a ser entraves significantes ao emprego da ACP como ferramenta na litigância climática brasileira, ao menos se considerada como instrumento de acesso de indivíduos e cidadãos a um processo judicial para discussão de questões climáticas. Vale ponderar, contudo, que dados da plataforma JUMA-NIMA demonstram que a ACP é o mecanismo processual mais utilizado em litígios climáticos no país, o que demonstra que há relevante atuação do Ministério Público e da sociedade civil organizada na provocação do Poder Judiciário para defesa do clima e do meio ambiente.

Conquanto a ACP não seja uma alternativa para o indivíduo/grupo de indivíduos, nada impede a propositura de AP, conforme veremos abaixo, observados os limites da necessária demonstração de cidadania, ou a propositura de outras ações de natureza indenizatória. Caminho adicional também é a provocação dos Ministérios e Defensorias Públicos para que se ajuíze ACP ambiental ou

---

23 WEDY, Gabriel. *Op. cit.*, p. 84-85.
24 RODRIGUES, Marcelo Abelha. Ação Civil Pública. In: DIDIER JR., Fredie. *Ações constitucionais*. Salvador: Juspodivm, 2009, p. 365.
25 LISBOA, Luiza. *Op. cit.*, p. 623-624.

climática. Em outras palavras, mesmo que a ACP tenha restrições à legitimidade ativa, há mecanismos de provocação dos entes legitimados para que a litigância climática se torne ainda mais frequente no país.

4. A AÇÃO POPULAR CLIMÁTICA

A AP emerge como uma medida eficaz e relativamente acessível, que outorga ao cidadão independência para a busca de respostas do Poder Judiciário contra atos públicos que violem ou representem ameaça a patrimônio público e ao meio ambiente[26]. Com isso, há necessidade de constatação do binômio ilegalidade-lesividade de determinado ato, para justificar a interposição de AP[27]. No que tange à "lesividade", por meio do Tema 836, em 2015, o STF pacificou a seguinte tese:

> *Não é condição para o cabimento da ação popular a demonstração de prejuízo material aos cofres públicos*, dado que o art. 5.º, inciso LXXIII, da Constituição Federal estabelece que qualquer cidadão é parte legítima para propor ação popular e impugnar, ainda que separadamente, ato lesivo ao patrimônio material, moral, cultural ou histórico do Estado ou de entidade de que ele participe[28] (grifos nossos).

Esse entendimento é aplicado também pelo Superior Tribunal de Justiça ("STJ"), que considera cabível a AP inclusive diante da violação dos princípios da administração pública (legalidade, moralidade, impessoalidade e eficiência), ainda que essa não tenha resultado em prejuízo aos cofres públicos. Vejamos:

> Ocorre que a jurisprudência majoritária do STJ defende que a Ação Popular é cabível quando violados os princípios da Administração Pública (art. 37 da CF/1988), como a moralidade administrativa, *ainda que inexistente o dano material ao patrimônio público*. A lesão tanto pode ser efetiva quanto legalmente presumida, visto que a Lei 4.717/1965 estabelece casos de presunção de lesividade (art. 4.º), para os quais basta a prova da

---

26 OLIVEIRA, Nicole Figueiredo de *et al*. A Ação Popular como instrumento de litigância climática e o caso da concessão de benefícios fiscais ao setor petroleiro. In: SETZER, Joana; CUNHA, Kamyla; FABBRI, Amália Botter. *Litigância climática*: novas fronteiras para o direito ambiental no Brasil. São Paulo: Thomson Reuters, 2019, p. 400.
27 RODRIGUES, Geisa de Assis. Ação Popular. In: DIDIER JR., Fredie. *Ações constitucionais*. Salvador: Juspodivm, 2009, p. 286-288.
28 BRASIL. Supremo Tribunal Federal, Tema n. 836, Rel. Min. Dias Toffoli. Brasília, 5 de novembro de 2015. *Exigência de comprovação de prejuízo material aos cofres públicos como condição para a propositura de ação popular*. Brasília. Disponível em: https://portal.stf.jus.br/jurisprudenciaRepercussao/verAndamentoProcesso.asp?incidente=4602244&numeroProcesso=824781&classeProcesso=ARE&numeroTema=836#:~:text=Tema%20836%20%2D%20Exig%C3%AAncia%20de%20comprova%C3%A7%C3%A3o,a%20propositura%20de%20a%C3%A7%C3%A3o%20popular. Acesso em: 28 maio 2024.

prática do ato naquelas circunstâncias para considerá-lo lesivo e nulo de pleno direito[29] (grifos nossos).

Para além das hipóteses de lesividade presumida, previstas no art. 4.º da Lei Federal n. 4.717/1965, a jurisprudência tem evoluído para considerar a lesividade implícita, diante da constatação da ilegalidade do ato administrativo[30]. Em vista disso, a lesão ao meio ambiente, por essência, é ilegal e inconstitucional, pois representaria afronta ao art. 225 da Constituição Federal.

Desse modo, quanto ao objeto da AP, é defensável o entendimento de que bastaria ato ilegal e lesivo, ainda que essa lesão não implique prejuízo direto aos cofres públicos, justamente porque a lesão não precisa ser de cunho econômico. Conquanto esse seja o entendimento da jurisprudência, existem posicionamentos diversos na doutrina. Há (i) quem entenda pela necessidade de constatação do binômio ilegalidade-lesividade; (ii) quem entenda pela suficiência da lesividade do ato; e (iii) quem entenda que a ilegalidade está contida na lesividade[31].

Ainda quanto ao seu cabimento, importante pontuar que a AP não é ação reparatória ou indenizatória, diferenciando-se nessa medida da ACP, que permite pleitos reparatórios. Reitera-se: a finalidade da AP é o reconhecimento de nulidade por ilegalidade de ato lesivo, perpetrado pela Administração Pública, ao patrimônio público e ao meio ambiente. "Não havendo atividade administrativa, não há possibilidade de impugnar o ato através da ação popular"[32].

Nesse contexto, a jurisprudência é há muito consolidada quanto à possibilidade de manejo de AP em razão de ato lesivo ao meio ambiente:

> Processual civil e administrativo. Agravo Regimental no Recurso Especial. *Cabimento da ação popular*. Revogação da lei municipal que se pretendia anular. Não exaurimento do objeto do feito. *Possibilidade de utilização da ação popular para proteção do meio ambiente*. 1. "A Lei 4.717/1965 deve ser interpretada de forma a possibilitar, *por meio de Ação Popular, a mais ampla proteção aos bens e direitos associados ao patrimônio público, em suas várias dimensões* (cofres públicos, meio ambiente, moralidade administrativa, patrimônio artístico, estético, histórico e turístico)" (...). Deveras, o autor popular pretende a recomposição do dano ambiental e o embargo definitivo da obra de terraplanagem, além

---

29 BRASIL. Superior Tribunal de Justiça, Embargos de Divergência em Recurso Especial (EREsp) 1.192.563/SP, 27 de fevereiro de 2019, Rel. Min. Benedito Gonçalves. Disponível em: https://processo.stj.jus.br/SCON/GetInteiroTeorDoAcordao?num_registro=201000799325&dt_publicacao=01/08/2019. Acesso em: 28 maio 2024.
30 WEDY, Gabriel. Ação Popular Ambiental (*Environmental Citizen Action*). *Ssrn Electronic Journal*, [S. L.], v. 2, n. 1, p. 75-107, 2015. Disponível em: https://papers.ssrn.com/sol3/papers.cfm?abstract_id=3818492. Acesso em: 28 maio 2024.
31 RODRIGUES, Geisa de Assis. *Op. cit.*, p. 286.
32 RODRIGUES, Geisa de Assis. *Op. cit.*, p. 283.

da invalidação da Lei Municipal posteriormente revogada. Logo, o processamento da ação popular é medida que se impõe. 3. Agravo regimental não provido[33].

A ação popular ambiental apresenta-se como uma *garantia constitucional, de cunho democrático* que têm em sua essência a possibilidade de qualquer cidadão ingressar em juízo na defesa do patrimônio público. Ordenamento jurídico brasileiro que propicia e incentiva a participação do cidadão na proteção do meio ambiente por meio da Ação Popular Ambiental. *O exercício da ação popular ambiental visa proporcionar ao cidadão o direito de impugnar, preventiva ou repressivamente, os atos da Administração que resultem em degradação ambiental, além de apurar e imputar a responsabilidade administrativa e criminal do agente causador do dano*. No entanto, a despeito de sua relevância para o exercício da cidadania, concebe-se que o remédio constitucional em destaque é caracterizado por peculiaridades e controvérsias que, por vezes, refletem em seu uso equivocado. Tal instrumento não se destina à tutela de "prestações devidas individualmente a um sujeito", mas, de "interesses objetivos, de cunho difuso"[34] (grifos nossos).

Tratemos agora dos sujeitos. Pela finalidade acima pontuada, ente da Administração Pública ou pessoas jurídicas que de alguma forma administrem verba pública devem necessariamente figurar no polo passivo de uma AP[35].

Já no polo ativo, por força do art. 5.º, LXXIII, da Constituição Federal, qualquer cidadão é parte legítima para propor ação popular que vise anular ato lesivo ao meio ambiente, ao patrimônio público ou ao patrimônio histórico e cultural. Trata-se, portanto, de instrumento de participação política dos cidadãos na gestão de negócios do governo, com claro intuito democrático[36].

A demonstração de cidadania, para viabilizar o ajuizamento de eventual ação popular, deve ser feita com a apresentação de título de eleitor ou documento equivalente, com fulcro na Lei Federal n. 4.717/1965.

A pretensa equivalência dada pela Lei Federal n. 4.717/1965 e pela jurisprudência entre as noções de "cidadão" e "cidadão eleitor" é palco para diferentes opiniões doutrinárias, sobretudo em se tratando de matéria ambiental[37].

Marcelo Bruno Bedoni de Sousa afirma que a limitação de legitimidade ativa para o "cidadão eleitor" retira a legitimidade de crianças e adolescentes, restrição

---

33 BRASIL. Superior Tribunal de Justiça. REsp 1.151.540, 5 de junho de 2013, Rel. Min. Benedito Gonçalves. Disponível em: https://processo.stj.jus.br/processo/pesquisa/?num_registro=200901911974. Acesso em: 28 maio 2024.

34 BRASIL. Tribunal de Justiça do Estado do Rio de Janeiro, Remessa Necessária 0099270-43.2010.8.19.0001, Rel. Des. Murilo Kieling. Rio de Janeiro. Disponível em: https://www3.tjrj.jus.br/consultaprocessual/#/consultapublica?numProcessoCNJ=0099270-43.2010.8.19.0001. Acesso em: 28 maio 2024.

35 RODRIGUES, Geisa de Assis. *Op. cit.*, p. 281.

36 OLIVEIRA, Nicole Figueiredo de *et al. Op. cit.*, p. 401.

37 RODRIGUES, Geisa de Assis. *Op. cit.*, p. 276-277.

essa que esbarra de frente com o ativismo climático, que tem na juventude importantes atores e expoentes.

Assim, argumenta que "a Ação Popular Climática não pode conter essa limitação na legitimidade ativa, pois isso significaria uma violação ao direito de tutela jurisdicional efetiva de um conjunto importante de atores que lutam contra a emergência climática."[38]

Segundo o autor, a restrição não encontra qualquer amparo constitucional,

> sendo apenas fruto da interpretação dos magistrados que se utilizam unicamente da lei regulamentadora [Lei da Ação Popular], que é anterior ao próprio texto constitucional. A resposta para essa restrição, na seara da Ação Popular Climática, está justamente na necessidade de adequar as técnicas processuais para a tutela do direito à estabilidade climática[39].

Wedy, por outro lado, considera que a limitação da legitimidade ao cidadão eleitor parece a posição mais acertada, considerando o texto legal; nesse sentido, é possível ao analfabeto, ao maior de 16 anos e menor de 18, e ao maior de 70 anos serem autores de ação popular, desde que possuam título eleitoral[40].

Além das posições doutrinárias pela ampliação da legitimidade ativa na ação popular – defendida por Sousa – e pelo acertado requisito de apresentação de título de eleitor – indicado por Wedy –, existem doutrinadores que reconhecem, ainda, a possibilidade de ajuizamento de ação popular de matéria ambiental ou climática sem a apresentação de título de eleitor, por considerar que pelo art. 225 da Constituição Federal, todos – aqui não limitado a todos os *eleitores* – têm o dever de proteção do meio ambiente para as presentes e futuras gerações.

Essa corrente sustenta que a exigência pela apresentação de título de eleitor seria dispensável em matéria ambiental, já que toda a coletividade é destinatária do direito ao meio ambiente ecologicamente equilibrado, independentemente da condição de eleitor:

> Ao contrário da Lei n. 4.717/65, que exige do cidadão a prova da cidadania mediante a apresentação do título de eleitor, a Constituição Federal cita, como legitimado processual ativo para a ação popular, o "cidadão", não exigindo a prova desta "condição".
>
> Todavia, aludida relação em sede de ação popular ambiental não é acertada, porquanto estaria restringindo o conceito de cidadão à ideia ou conotação política, ou seja, somente o indivíduo quite com as suas obrigações eleitorais poderia utilizar-se da ação popular. Dessa forma, em sendo de todos os bens ambientais, *nada mais lógico que*

---

38 SOUSA, Marcelo Bruno Bedoni de. Ação Popular Climática no Brasil: a ponte entre o ativismo infantil, adolescente e juvenil e a busca de respostas à emergência climática. *Nuevo Derecho*, [S. L.], v. 18, n. 30, p. 13, 30 jun. 2022. Disponível em: https://www.redalyc.org/articulo.oa?id=669771793007. Acesso em: 20 maio 2024.
39 SOUSA, Marcelo Bruno Bedoni de. *Op. cit.*, p. 13-14.
40 WEDY, Gabriel. *Op. cit.*, p. 85.

> *não só o eleitor quite com a Justiça Eleitoral, mas todos os brasileiros e estrangeiros residentes no País possam ser rotulados cidadãos, para fins de propositura da ação popular ambiental*[41] (grifos nossos).

Embora haja razoável apoio doutrinário à corrente pela dispensa do título de eleitor para ajuizamento de ação popular, a jurisprudência dominante permanece fiel à exigência da prova de cidadania[42].

As barreiras de acesso à justiça na AP fazem com que tal modalidade não seja instrumento habitualmente empregado em matéria climática. Ainda assim, a AP é vista pela doutrina como importante instrumento capaz de viabilizar a participação livre e direta dos cidadãos brasileiros na construção de meio ambiente ecologicamente equilibrado[43], em benefício das presentes e futuras gerações, representando notável mecanismo processual de defesa do clima estável[44].

5. CONSIDERAÇÕES FINAIS

É inegável que o ordenamento jurídico brasileiro oferece arcabouço instrumental para a tutela jurisdicional do clima e dos direitos humanos afetados pelas mudanças climáticas. A legislação ambiental brasileira, aliada ao *status* de direito fundamental atribuído ao meio ambiente ecologicamente equilibrado pela Constituição Federal, proporciona uma base sólida para a litigância climática no país.

Apesar das condições favoráveis à judicialização em prol do clima e dos direitos fundamentais afetados por eventos climáticos extremos, existem desafios à realidade brasileira, considerando sobretudo as limitações legais impostas para a legitimidade processual.

A análise revela que o Brasil enfrenta obstáculos à ampliação da litigância climática, especialmente quando comparado com jurisdições mais maduras no Norte Global, notadamente pelas disposições legais que estabelecem expressamente os legitimados extraordinários que podem adotar medidas judiciais para defesa de interesses coletivos.

Como visto, o emprego da AP em matéria climática é ainda mínimo, muito em razão das barreiras processuais e de acesso à justiça atreladas ao uso do mecanismo, conquanto seja, por excelência, instrumento de participação política pelo cidadão (eleitor) e defesa de direitos difusos.

---

41 LOPES, André Luiz. A legitimidade ativa *ad causam* na ação popular ambiental. *Revista Amagis Jurídica*, [S. L.], n. 8, p. 187, ago. 2019. Disponível em: https://revista.amagis.com.br/index.php/amagis-juridica/article/view/132. Acesso em: 23 maio 2024.
42 WEDY, Gabriel. *Op. cit.*, p. 86.
43 OLIVEIRA, Nicole Figueiredo de *et al. Op. cit.*, p. 401.
44 WEDY, Gabriel. *Op. cit.*, p. 85.

Por outro lado, a consolidação da ACP como mais utilizado mecanismo processual para litígios climáticos no país demonstra o engajamento da sociedade civil organizada, por meio das associações, e do Ministério Público na provocação do Poder Judiciário sobre temas climáticos[45].

Além disso, o envolvimento de ONGs e movimentos sociais na proteção do meio ambiente tem levado a um aumento na variedade das questões legais relacionadas às mudanças climáticas. A participação ativa da sociedade civil organizada na promoção de processos judiciais e na defesa de interesses ambientais vem impulsionando a discussão sobre a responsabilidade do Estado e das empresas em relação às mudanças climáticas, exercendo influência direta sobre a agenda jurídica e política do país.

Por fim, o movimento de litigância climática no Brasil reflete a tendência mundial de atuação do Poder Judiciário na proteção ambiental e na busca por justiça climática, visando assegurar o acesso ao meio ambiente saudável para as presentes e futuras gerações. O aumento da importância e a centralidade das questões climáticas nos tribunais brasileiros indicam movimento de conscientização e ação em prol da preservação do meio ambiente no contexto jurídico nacional.

REFERÊNCIAS

BRASIL. Superior Tribunal de Justiça. Embargos de Divergência em Recurso Especial (EREsp) 1.192.563/SP. 27 de fevereiro de 2019. Rel. Min. Benedito Gonçalves. Disponível em: https://processo.stj.jus.br/SCON/GetInteiroTeorDoAcordao?num_registro=201000799325&dt_publicacao=01/08/2019. Acesso em: 28 maio 2024.

BRASIL. Superior Tribunal de Justiça. REsp 1.151.540. 5 de junho de 2013. Rel. Min. Benedito Gonçalves. Disponível em: https://processo.stj.jus.br/processo/pesquisa/?num_registro=200901911974. Acesso em: 28 maio 2024.

BRASIL. Supremo Tribunal Federal. Tema 836. Rel. Min. Dias Toffoli. Brasília, 5 de novembro de 2015. *Exigência de comprovação de prejuízo material aos cofres públicos como condição para a propositura de ação popular.* Disponível em: https://portal.stf.jus.br/jurisprudenciaRepercussao/verAndamentoProcesso.asp?incidente=4602244&numeroProcesso=824781&classeProcesso=ARE&numeroTema=836#:~:text=Tema%20836%20%2D%20Exig%C3%AAncia%20de%20comprova%C3%A7%C3%A3o,a%20propositura%20de%20a%C3%A7%C3%A3o%20popular. Acesso em: 28 maio 2024.

---

[45] LISBOA, Luiza. *Op. cit.*, p. 619-623.

BRASIL. Tribunal de Justiça do Estado do Rio de Janeiro. Remessa Necessária 0099270-43.2010.8.19.0001. Rel. Des. Murilo Kieling. Rio de Janeiro. Disponível em: https://www3.tjrj.jus.br/consultaprocessual/#/consultapublica?numProcessoCNJ=0099270-43.2010.8.19.0001. Acesso em: 28 maio 2024.

CARVALHO, Délton Winter de. *Dano ambiental futuro*: a responsabilização civil pelo risco ambiental. 2. ed. Porto Alegre: Livraria do Advogado, 2013. Disponível em: https://cutt.ly/L87epqq. Acesso em: 13 maio 2024.

ELVIRA, Marcelo Marques Spinelli *et al*. Desafios para a implementação da Ação Civil Pública como instrumento de litigância climática no Brasil. In: SETZER, Joana *et al*. *Litigância climática*: novas fronteiras para o direito ambiental no Brasil. São Paulo: Thomson Reuters, 2019, p. 371-396.

LISBOA, Luiza. A litigância climática brasileira: caminhos e fatores nacionais em um fenômeno global. *Revista dos Estudantes de Direito da Universidade de Brasília* [S. L.], v. 17, n. 1, p. 610-631, 2021. Disponível em: https://periodicos.unb.br/index.php/redunb/article/view/37279. Acesso em: 22 maio 2024.

LOPES, André Luiz. A legitimidade ativa *ad causam* na ação popular ambiental. *Revista Amagis Jurídica* [S. L.], n. 8, p. 175-190, ago. 2019. ISSN 2674-8908. Disponível em: https://revista.amagis.com.br/index.php/amagis-juridica/article/view/132. Acesso em: 23 maio 2024.

MOREIRA, Danielle de Andrade; HERSCHMANN, Stela Luz Andreatta. The awakening of climate litigation in Brazil: strategies based on the existing legal toolkit. *Revista Direito, Estado e Sociedade* [S. L.], n. 59, 2021. Disponível em: https://revistades.jur.puc-rio.br/index.php/revistades/article/view/1821. Acesso em: 22 maio 2024.

OLIVEIRA, Letícia Fernandes de. Duplo benefício da litigância climática no Brasil: um potencial instrumento para garantia de direito fundamentais? *Jus Scriptum's International Journal of Law* [S. L.], v. 7, n. Especial, p. 107-138, 2023. Disponível em: https://internationaljournaloflaw.com/index.php/revista/article/view/128. Acesso em: 22 maio 2024.

OLIVEIRA, Nicole Figueiredo de *et al*. A Ação Popular como instrumento de litigância climática e o caso da concessão de benefícios fiscais ao Setor Petroleiro. In: SETZER, Joana; CUNHA, Kamyla; FABBRI, Amália Botter. *Litigância climática*: novas fronteiras para o direito ambiental no Brasil. São Paulo: Thomson Reuters, 2019, p. 399-410.

REMEDIO, José Antonio; RIVERO, Carolina Cislaghi. A reparabilidade do dano moral coletivo ambiental. *Revista Jurídica Direito e Paz*, São Paulo, v. 4, n. 36, p. 174-194, mar. 2017. Disponível em: https://cutt.ly/A4ikOij. Acesso em: 21 maio 2024.

RODRIGUES, Geisa de Assis. Ação Popular. In: DIDIER JR., Fredie. *Ações constitucionais*. Salvador: Juspodivm, 2009, p. 275-326.

RODRIGUES, Marcelo Abelha. Ação Civil Pública. In: DIDIER JR., Fredie. *Ações constitucionais*. Salvador: Juspodivm, 2009, p. 327-402.

RODRIGUES, Marcelo Abelha. *Fundamentos da tutela coletiva*. Brasília: Gazeta Jurídica, 2017.

SABIN CENTER FOR CLIMATE CHANGE LAW. *Brazil Archives*. Disponível em: https://climatecasechart.com/search-non-us/?fwp_non_us_jurisdiction=brazil. Acesso em: 21 maio 2024.

SETZER, Joana; HIGHAM, Catherine. Global trends in climate change litigation: 2022 Snapshot. *Grantham Research Institute on Climate Change and the Environment and Centre for Climate Change Economics and Policy, London School of Economics and Political Science*, Londres, jun. 2022. Disponível em: https://www.lse.ac.uk/granthaminstitute/wp-content/uploads/2022/08/Global-trends-in-climate-change-litigation-2022-snapshot.pdf. Acesso em: 21 maio 2024.

SETZER, Joana; CUNHA, Kamyla; FABBRI, Amália Botter. Panorama da litigância climática no Brasil e no mundo. In: SETZER, Joana; CUNHA, Kamyla; FABBRI, Amália Botter (org.). *Litigância climática*: novas fronteiras para o direito ambiental no Brasil. São Paulo: Thomson Reuters, 2019, p. 59-86.

SOUSA, Marcelo Bruno Bedoni de. Ação Popular Climática no Brasil: a ponte entre o ativismo infantil, adolescente e juvenil e a busca de respostas à emergência climática. *Nuevo Derecho* [S. L.], v. 18, n. 30, p. 1-23, 30 jun. 2022. Disponível em: https://www.redalyc.org/articulo.oa?id=669771793007. Acesso em: 20 maio 2024.

WEDY, Gabriel. *Litígios climáticos*: de acordo com o direito brasileiro, norte-americano e alemão. Salvador: Juspodivm, 2019.

WEDY, Gabriel. Ação Popular Ambiental (*Environmental Citizen Action*). *Ssrn Electronic Journal* [S. L.], v. 2, n. 1, p. 75-107, 2015. Disponível em: https://papers.ssrn.com/sol3/papers.cfm?abstract_id=3818492. Acesso em: 28 maio 2024.

GESTÃO DO TERRITÓRIO E PLANEJAMENTO NA GESTÃO DE RISCO EM FACE DOS DESASTRES CLIMÁTICOS E NÃO CLIMÁTICOS

Marcelo Kokke[1]

1. INTRODUÇÃO

A gestão do território e o planejamento em face de situações de risco, de forma a promover medidas de prevenção, mitigação, preparação, recuperação e reconstrução em casos de desastres devem ser necessariamente integrados e estruturados em conjunto. Uma das tendências mais pujantes na atualidade em matéria ambiental é a conjugação constante e articulada entre Direito Ambiental e Direito dos Desastres, a determinar gestões de risco que ponderem e se envolvam também com searas do Direito Urbanístico e de efeitos reflexos em outros ramos jurídicos, inclusive na gestão da política financeira do Estado.

O presente artigo volta-se justamente para a tematização dos mecanismos e instrumentos de gestão do território, concatenando posicionamentos críticos e propositivos a partir da análise comparativa entre os modelos brasileiro e espanhol. Analisar de forma concatenada e comparativa institutos de gestão de território e o planejamento em face de situações de risco permite elevação dos potenciais jurídicos e sociais para redução de vulnerabilidades estruturais e não estruturais.

A análise comparativa e crítica de modelos jurídicos e organizacionais relativos à gestão ambiental como um todo demanda diálogos de direito comparado voltados para progressivas evoluções na gestão de riscos e potenciais de desastres considerando repercussões ecológicas em si e sobre os direitos humanos como um todo[2]. A abordagem comparativa justifica e se tem como relevante em razão de permitir refletir sobre a configuração do modelo brasileiro, fomentando análises seja para sua manutenção, seja para sua revisão e eventual aprimoramento.

---

[1] Pós-doutor em Direito Público Ambiental pela Universidade de Santiago de Compostela – ES. Mestre e Doutor em Direito pela PUC-Rio. Especialista em processo constitucional. Pós-graduado em Ecologia e Monitoramento Ambiental. Procurador Federal da Advocacia-Geral da União. Professor da Faculdade Dom Helder Câmara.

[2] COSTA, Beatriz Souza. *Meio ambiente como direito à vida*: Brasil, Portugal e Espanha. 3. ed. Rio de Janeiro: Lumen Juris, 2016.

Inicialmente, é importante situar o modelo de gestão de território a partir do papel exercido pelos municípios, em especial, integrando as previsões de gestão de risco de desastres aos instrumentos de organização e planejamento urbanísticos. Dessa forma, enfatiza-se aqui a gestão de território e planejamento de risco pela assunção ativa dos municípios como atores de relevância na redução de vulnerabilidades estruturais e não estruturais ligadas aos serviços ecossistêmicos. As correlações entre Direito Urbanístico e Direito Ambiental são fundamentais na atuação ativa e integrada entre Estado, sociedade e mercado. Há aqui uma formação articulada entre gestão, planejamento e conversão de esforços federativos.

Mas como a situação se projeta em países que não seguem o modelo federativo? A partir do enfoque nas previsões normativas espanholas, sustenta-se que há tendências de integração organizacional entre aspectos local-regional-nacional, como tendência geral, a implicar efeitos no federalismo cooperativo. A cooperação integrada não está calcada em si no modelo federativo, mas sim é resultado de uma aproximação articulada entre o local, o regional e o nacional independentemente do modelo de organização do Estado.

A construção propositiva do artigo se apoia em estudos e desenvolvimentos teóricos e práticos proporcionados, dentre outras, pelas obras do jurista Curt Trennepohl, em suas décadas de dedicação ao Direito Ambiental no Brasil[3]. As atuações repressivas, pedagógicas e voltadas para a reparação de danos precisam se articular com políticas públicas e gestão jurídico-administrativa em face das realidades mutáveis que envolvem a sociedade de risco. A gestão de território e planejamento em face de riscos está iminentemente ligada a processos de integração normativa entre Poder Público e coletividades local, regional e nacional. Há um giro de compreensão. Não se trata, portanto, de uma gestão de território e planejamento de riscos operacionalizados a partir do federalismo ou da organização do Estado autonômico, mas sim de conformações normativas que viabilizem maiores níveis de eficácia para a organização territorial que proporcione controle e redução de riscos de desastres.

2. GESTÃO DE TERRITÓRIO E PLANEJAMENTO DE RISCO: COMPARATIVOS BRASIL E ESPANHA

As análises de risco e desenvolvimento de gestão do território são elementos conjugados para a efetiva prevenção, mitigação, preparação e mesmo recuperação

---

[3] TRENNEPOHL, Curt; TRENNEPOHL, Terence; TRENNEPOHL, Natascha. *Infrações ambientais*: comentários ao Decreto n. 6.514/2008. 5. ed. São Paulo: RT, 2023.

e reconstruções quando se trata do ciclo dos desastres[4]. O tema envolve interlocução constante entre Direito Urbanístico e Direito Ambiental. No âmbito brasileiro, o Estatuto da Cidade, Lei n. 10.257, de 10 de julho de 2001, estabelece um dever de planejamento de risco e gestão do território. O art. 2.º, VI, *h*, do Estatuto da Cidade, dispõe que a política urbana possui por objetivo ordenar o pleno desenvolvimento das funções sociais da cidade e da propriedade urbana, mediante, dentre outros pontos, a ordenação e o controle do uso do solo de forma a evitar a exposição da população a riscos de desastres.

Além disso, o planejamento municipal em face de riscos de desastres ampliou por via da legislação ordinária a obrigatoriedade dos planos diretores para além do círculo normativo mínimo previsto na Constituição da República. O art. 182, § 1.º, da Constituição da República, estabelece que o plano diretor, aprovado pela Câmara Municipal, obrigatório para cidades com mais de 20 mil habitantes, é o instrumento básico da política de desenvolvimento e de expansão urbana. Portanto, em princípio, apenas cidades com mais de 20 mil habitantes teriam a obrigação de possuir planos diretores.

A legislação ordinária veio a ampliar a previsão constitucional, conforme fixado no art. 41 do Estatuto da Cidade. Em especial, a Lei n. 12.608, de 10 de abril de 2012, agregou ao dispositivo o inciso VI, a prever que o plano diretor é obrigatório para cidades incluídas no cadastro nacional de municípios com áreas suscetíveis à ocorrência de deslizamentos de grande impacto, inundações bruscas ou processos geológicos ou hidrológicos correlatos. O plano diretor, em suas previsões concretas para cada município sujeito às condições em questão, deverá ser integrado por disposições normativas tecnicamente fundadas. Dessa maneira, não se trata de uma obrigação protocolar, mas sim de uma normatização de previsões técnicas de gestão de risco e planejamento insertas no ciclo dos desastres e que devem necessariamente compor as normas municipais. É uma verdadeira obrigação de administrar e de legislar segundo as previsões de governança de risco.

Em decorrência, o art. 42-A do Estatuto da Cidade determinou como conteúdo obrigatório dos planos diretores de municípios incluídos no cadastro nacional de municípios com áreas suscetíveis à ocorrência de deslizamentos de grande impacto, inundações bruscas ou processos geológicos ou hidrológicos correlatos uma série de previsões quanto a instrumentos de gestão e concretização da gestão de risco. Os planos diretores deverão possuir parâmetros de parcelamento, uso e ocupação do solo, de modo a promover a diversidade de usos e a contribuir

---

[4] CARVALHO, Délton Winter de. *Desastres ambientais e sua regulação jurídica*: deveres de prevenção, resposta e compensação ambiental. São Paulo: RT, 2015.

para a geração de emprego e renda, assim como mapeamento contendo as áreas suscetíveis à ocorrência de deslizamentos de grande impacto, inundações bruscas ou processos geológicos ou hidrológicos correlatos.

A prevenção e a reorganização do território para mitigação de riscos são também obrigatórias. O plano diretor deverá prever planejamento de ações de intervenção preventiva e realocação de população de áreas de risco de desastre, assim como medidas de drenagem urbana necessárias à prevenção e à mitigação de impactos de desastres. Situações consolidadas também devem ser objeto de atuação. O fato em si de se determinar a situação como consolidada não significa situação resignada. Há necessária atuação de gestão do risco e planejamento fundiário, inclusive pela regularização. Nessa linha, o plano diretor deverá conter diretrizes para a regularização fundiária de assentamentos urbanos irregulares, observadas as normas estaduais e federais, assim como a previsão de áreas para habitação de interesse social por meio da demarcação de zonas especiais de interesse social e de outros instrumentos de política urbana, em que o uso habitacional for permitido.

Salienta-se como indicativa a adoção dos planejamentos em sintonia com as previsões de gestão de risco e prevenção constantes no Marco de Sendai[5]. O marco regulatório e de ações estatais e não estatais determina medidas de compreensão dos riscos, prioridades de atuação e papéis nas atuações cooperativas de modo a se obter efetiva redução de riscos, com preparação em face de desastres e fortalecimento de governança para respostas eficazes se concretizadas as situações de dano sistêmico. As políticas institucionais dos entes federativos devem se compatibilizar e efetivamente angariar ganho organizacional e de governança a partir dos estudos e desenvolvimentos que se procedem em escala regional, nacional e mundial.

A gestão de riscos não é concentrada apenas em linhas estruturais de obras públicas e intervenções artificiais. São previstas as estratégias de organização do território que considerem reduções de vulnerabilidade por meio de planejamentos naturais de resiliência em face da situação de anormalidade e risco, por meio da identificação e das diretrizes para a preservação e ocupação das áreas verdes municipais, quando for o caso, com vistas à redução da impermeabilização das cidades. Além disso, é necessário que se tenha em conta a nova dimensão de desastres atualmente vivenciada.

---

5   United Nations. *Sendai Framework for Disaster Risk Reduction 2015-2030*. Third UN World Conference in Sendai, Japan, on March 18, 2015. Disponível em: https://www.undrr.org/publication/sendai-framework-disaster-risk-reduction-2015-2030. Acesso em: 18 maio 2024.

É nessa dinâmica e modelo referencial que se encontram os desastres em face da crise climática[6]. O planeta Terra e o Brasil vivem em uma situação de intensa e progressiva sujeição a riscos climáticos. A crise climática é uma crise dos sistemas regulatórios da biosfera[7], com desequilíbrios atmosféricos que derivam em outros desequilíbrios, como das correntes marítimas e dos ciclos hídricos. Situações de seca, situações de incêndios florestais de grande porte, situações de enchentes, situações de tempestades, sem dúvida, sempre existiram. Entretanto, os desastres do passado eram desastres de primeira geração, eram desastres estruturais. A intervenção local humana, a contribuição antropogênica situada acarretava a vulnerabilidade e a suscetibilidade ao desastre.

Os desastres de segunda geração agregam a essa conjuntura o desequilíbrio climático a provocar afetações de intensidade e magnitudes causadas pelo desnível regulatório climático. O planeta avança em desestabilização de processos e ciclos ecossistêmicos, desastres avançam para uma rotina e periodicidade cada vez mais próxima, para intensidade e magnitude de efeitos cada vez mais drásticas, e para uma progressão de interligação, na qual um evento de desastre implica em fio de condução para outro, em situações seguidamente mais severas[8].

Os níveis de aquecimento provocados pelos gases de efeito estufa implicam mudanças climáticas, constatadas em si pelo avanço das temperaturas ao longo dos anos, principalmente nas últimas décadas. Os desastres do passado eram desastres estruturais. Havia uma dinâmica e repertório de riscos que não deixaram de existir, mas que se somaram aos atuais. O diagnóstico de riscos era diverso[9]. O grande volume de água em um centro urbano que encontrava em si níveis de impermeabilidade alta, provocando alagamentos. Supressões de vegetação[10] que impediam a permeabilidade de água nas zonas rurais, elevando erosão e assoreamento. Obras públicas e privadas que não respeitavam os limites de avanço previsível das águas. As estruturas aplicadas de intervenção física humana na área em si afetada eram essencialmente o fator principal de implicação dos danos e dos desastres. Por isso, pode-se falar aqui em uma primeira geração de danos e desastres.

---

6   ROSA, Rafaela Santos Martins da. *Dano climático*: conceitos, pressupostos e responsabilização. São Paulo: Tirant lo Blanch, 2023.
7   ODUM, Eugene P.; BARRET, Gary W. *Fundamentos de ecologia*. São Paulo: Cengage, 2017.
8   WEDY, Gabriel. *Desenvolvimento sustentável na era das mudanças climáticas*: um direito fundamental. São Paulo: Saraiva, 2018, p. 194-210.
9   FREITAS, Christiana Galvão Ferreira. *Direito da gestão de riscos e desastres no mundo e no Brasil*. Rio de Janeiro: Lumen Juris, 2017, p. 107-120.
10 AVZARADEL, Pedro Curvello Saavedra. First impressions on the forest's protection as world heritage on the edge of climate change and the rights of indigenous peoples. In: AVZARADEL, Pedro Curvello Saavedra; PAROLA, Giulia. *Climate change, environmental treaties and human rights*. Rio de Janeiro: Multifoco, 2018, p. 239-260.

O avanço da elevação de temperatura provoca níveis maiores de evaporação, assim como mudanças nas movimentações das massas atmosféricas e, também, nas próprias correntes marítimas[11]. Elevam-se e projetam-se as potencialidades de riscos. Implicam-se efeitos nas massas de ar úmido que circulam em grandes proporções (rios voadores), alteram-se as massas de ar frio e simultaneamente se tem paralisações de massas de ar seco. Essas, por sua vez, bloqueiam as de ar quente, provocando seguidas e intensas chuvas em determinado local, e a algumas centenas de quilômetros dali, ainda no Brasil, ondas de calor e tempo seco prejudiciais. Aqui se tem os danos ou desastres de segunda geração, cuja matriz de causa é amplificada porque sua área de afetação é generalizada. As estruturas regulatórias da biosfera que tendiam sempre para certa pulsão de estabilidade figuram agora em uma amplitude indeterminada de instabilidade[12].

Isso não significa a superação dos desastres ou danos de primeira geração, mas sim que a segunda geração de desastres e danos toma a si todas as suscetibilidades e vulnerabilidades[13] então existentes e as absorve para uma dimensão ainda mais drástica de magnitude, repetição, intensidade e efeito rebote de potencial destrutivo[14]. A percepção e a interiorização dessa nova dimensão de desastre e risco são imprescindíveis para a plena preparação e mitigação de riscos em escala local pelos municípios no desenvolvimento de seu plano diretor, tal como nas esferas regionais e nacionais de formação de base regulatória e de atuação em face das contingências de danos de alta magnitude e intensidade.

A gestão do território municipal deve se ater a elementos técnicos, donde a identificação e o mapeamento de áreas de risco são efetivados por meio de cartas geotécnicas, assim como deve haver coordenação entre o plano diretor e os planos de recursos hídricos, previstos na Lei n. 9.433, de 8 de janeiro de 1997, que rege a Política Nacional de Recursos Hídricos. A preocupação normativa de regulação de riscos na gestão do ciclo dos desastres é de tal perspectiva que sua aplicação prospectiva alcança todos os municípios que pretendam ampliar seu perímetro urbano assim como os planos diretores ora existentes, que devem se adaptar às diretrizes e obrigatoriedades normativas introduzidas pela Lei n. 12.608/2012. Ao lado dessa perspectiva, os planos de gestão de risco e as medidas de adequação e mitigação dos efeitos climáticos devem ser ponderados e

---

11 IPCC. *Climate Change 2023*: Synthesis Report. Contribution of Working Groups I, II and III to the Sixth Assessment Report of the Intergovernmental Panel on Climate Change, 2023.
12 ODUM, Eugene P.; BARRET, Gary W. *Fundamentos de ecologia*. São Paulo: Cengage, 2017, p. 6-7.
13 CARVALHO, Délton Winter de. *Desastres ambientais e sua regulação jurídica*: deveres de prevenção, resposta e compensação ambiental. São Paulo: RT, 2015.
14 Verifica-se essa sequência de construção e governança de risco na progressão de avaliação existente entre o Marco de Ação de Hyogo 2005-2015 e o Marco de Sendai para a Redução do Risco de Desastres 2015-2030.

estimados, abraçando as normas locais as diretrizes da Lei n. 12.187, de 29 de dezembro de 2009.

A Lei n. 12.608/2012 prevê a articulação entre União, estados, Distrito Federal e municípios como uma obrigação comum na adoção de medidas necessárias para redução dos riscos de acidentes ou desastres. Trata-se aqui de derivação do art. 23 da Constituição da República. Nesses trilhos, o art. 4.º, I, determina a atuação articulada entre a União, os estados, o Distrito Federal e os municípios para redução de desastres e apoio às comunidades atingidas. Não é possível pensar em proteção socioambiental, redução de vulnerabilidades e fortalecimento de medidas no ciclo de desastres sem operacionalizar a estrutura federativa para concertar esforços nesses vetores de planejamento e gestão. Não se trata em si de um federalismo de cooperação em situação de desastres, mas sim de manifestação da gestão de território e planejamento em face de desastres (inclusive climáticos) por meio do arranjo estatal federativo.

Decorre daqui que a participação e o compromisso de integração manifestam-se na autonomia local que se concerta com os círculos regulatórios regional e nacional. Embora o modelo brasileiro se distinga do espanhol, sendo este último um Estado autonômico, a linha matriz de organização local-regional-nacional em face de riscos de desastres na organização do território também se manifesta. Seja em um Estado federal, seja em um Estado autonômico, a composição local deve ser integrada com a regional e a nacional para que se alcance a efetiva redução de vulnerabilidades no trato dos desastres. Afinal, o desastre natural ou tecnológico não perguntará que tipo de organização do território existe no local de sua manifestação. A organização político-jurídica deve se dar em função do risco, e não o inverso.

O art. 45.2 da Constituição Espanhola prevê que "los poderes públicos velarán por la utilización racional de todos los recursos naturales, con el fin de proteger y mejorar la calidad de la vida y defender y restaurar el medio ambiente, apoyándose en la indispensable solidaridad colectiva". A solidariedade e a integração coletiva são regentes nas relações de autonomia das comunidades. O art. 137 determina que "el Estado se organiza territorialmente en municipios, en provincias y en las Comunidades Autónomas que se constituyan. Todas estas entidades gozan de autonomía para la gestión de sus respectivos intereses". A organização do território está inserida nas atribuições de assunção das comunidades autônomas, conforme disposto no art. 148, como um direito-dever tanto na província quanto no município de integrar ações de análise de risco e gestão de desastres ambientais. Portanto, a autonomia local está imbricada diretamente com o exercício democrático, não consistindo em um direito à exclusão do outro, mas sim em um direito de participação, um direito de ser ouvido em deliberações que afetem o âmbito local.

O "direito" à autonomia local na Espanha "no es un derecho a obtener competencias 'exclusivas', sino a participar o intervenir en el gobierno y administración de los asuntos de interés local"[15]. O regramento dos níveis e tematização da intervenção não ocorre sem balizas de referência, é guiado pelo pacto local de articulação de competência e organização, considerando que "es el legislador ordinario, estatal o autonómico, según el reparto de competencias que rige entre estas dos instancias de nuestra organización territorial, quien determina en qué va a consistir exactamente esa participación, teniendo en cuenta los posibles intereses supralocales concurrentes en el sector o actividad de que se trate"[16]. A diretriz normativa está na Carta Europeia de Autonomia Local, de 15 de outubro de 1985, cujos arts. 2.º e 3.º afirmam:

> Artigo 2.º
> Fundamento constitucional e legal da autonomia local
> O princípio da autonomia local deve ser reconhecido pela legislação interna e, tanto quanto possível, pela Constituição.
>
> Artigo 3.º
> Conceito de autonomia local
> 1. Entende-se por autonomia local o direito e a capacidade efectiva de as autarquias locais regulamentarem e gerirem, nos termos da lei, sob sua responsabilidade e no interesse das respectivas populações uma parte importante dos assuntos públicos.
> 2. O direito referido no número anterior é exercido por conselhos ou assembleias compostos de membros eleitos por sufrágio livre, secreto, igualitário, directo e universal, podendo dispor de órgãos executivos que respondem perante eles. Esta disposição não prejudica o recurso às assembleias de cidadãos, ao referendo ou a qualquer outra forma de participação directa dos cidadãos permitida por lei.

A avaliação e a gestão de riscos de desastres são contagiadas diretamente pela afetação do interesse local. Todas as esferas de organização político-administrativa hão de integrar sua construção e execução, sob risco de falhas ou aberturas de descontrole diante de danos potenciais. Nesse quadro principiológico, situa-se a Lei espanhola n. 17/2015, de 9 de julho, regendo o "Sistema Nacional de Protección Civil". Há clara proximidade conceitual com as previsões da Lei brasileira. Em seu art. 2.º, a Lei espanhola traça definições e o roteiro de enquadramento da avaliação de risco:

> Artículo 2. Definiciones.
> A los efectos de esta ley se entenderá por:

---

15 MACHO, Luis Míguez. El sistema de las competencias locales ante el nuevo pacto local. *Real*, n. 289, p. 37-58, mayo/agosto 2002, p. 42.

16 MACHO, Luis Míguez. El sistema de las competencias locales ante el nuevo pacto local. *Real*, n. 289, p. 37-58, mayo/agosto 2002, p. 42-43.

1. Peligro. Potencial de ocasionar daño en determinadas situaciones a colectivos de personas o bienes que deben ser preservados por la protección civil.

2. Vulnerabilidad. La característica de una colectividad de personas o bienes que los hacen susceptibles de ser afectados en mayor o menor grado por un peligro em determinadas circunstancias.

3. Amenaza. Situación en la que personas y bienes preservados por la protección civil están expuestos en mayor o menor medida a un peligro inminente o latente.

4. Riesgo. Es la posibilidad de que una amenaza llegue a afectar a colectivos de personas o a bienes.

5. Emergencia de protección civil. Situación de riesgo colectivo sobrevenida por un evento que pone en peligro inminente a personas o bienes y exige una gestión rápida por parte de los poderes públicos para atenderlas y mitigar los daños y tratar de evitar que se convierta en una catástrofe. Se corresponde con otras denominaciones como emergencia extraordinaria, por contraposición a emergencia ordinaria que no tiene afectación colectiva.

6. Catástrofe. Una situación o acontecimiento que altera o interrumpe sustancialmente el funcionamiento de una comunidad o sociedad por ocasionar gran cantidad de víctimas, daños e impactos materiales, cuya atención supera los medios disponibles de la propia comunidad.

7. Servicios esenciales. Servicios necesarios para el mantenimiento de las funciones sociales básicas, la salud, la seguridad, el bienestar social y económico de los ciudadanos, o el eficaz funcionamiento de las instituciones del Estado y las Administraciones Públicas.

A Lei n. 17/2015 estabelece a gestão de prevenção, mitigação, resposta e recuperação de danos decorrentes de desastres, mirando uma escala holística e integrada de atuações voltadas para redução de vulnerabilidades, resiliência e recuperação dos efeitos lesivos. O planejamento de gestão, conforme previsto em seu art. 14, efetiva-se a partir do território e da participação dos entes governamentais, com o Plano de Proteção Civil. O Plano estabelece o marco orgânico e funcional de reação ao desastre e prevê esquema de coordenação das diversas esferas públicas chamadas a intervir diante da gestão do risco. O planejamento compreende o Plano Geral Estatal, os Planos Territoriais, cujo âmbito é autonômico ou local, os Planos Especiais e os Planos de Autoproteção. A organização territorial é pressuposta em uma integrada participação na análise do risco e formulação da gestão reativa ao desastre ambiental.

Sob o ângulo da legislação brasileira, a inter-relação entre os entes estatais na gestão do risco de desastres está guiada pelo federalismo ecológico em sua perspectiva de prevenção e resposta a desastres. Embora haja diversidade óbvia entre os modelos brasileiro e espanhol de organização político-administrativa do Estado, há níveis de aproximação principalmente sob a perspectiva da implicação necessária da organização do território em relação à gestão de desastres.

Justamente por isso não se pode pretender que o tipo ou modelo de organização político-administrativa do Estado seja o definidor da gestão de território e planejamento de risco, pelo inverso, os patamares de gestão e mapeamento de risco que se manifestam por meio das organizações político-administrativas e suas competências. A base estrutural é ponto comum independentemente de se ter em conta um Estado federal ou um Estado autonômico.

A integração de perspectivas permite avançar para um caráter universalista da análise de risco na legislação brasileira, tanto mitigador do risco quanto reativo à ocorrência do desastre. O marco legal brasileiro do regime jurídico de gestão do ciclo reativo ligado ao desastre está presente na Lei n. 12.608, de 12 de abril de 2012, com destaque para as alterações promovidas pela Lei n. 14.750, de 12 de dezembro de 2023. Esta última se propôs a aprimorar os instrumentos de prevenção de acidentes ou desastres e de recuperação de áreas por eles atingidas, as ações de monitoramento de riscos de acidentes ou desastres e a produção de alertas antecipados.

O diploma legal absorve o paradigma de gestão de risco como assunção de medidas contínuas em face de vulnerabilidades assim como determina a fundamental adoção de medidas de mitigação, procedendo igualmente à fundamentação da adoção do *worst-case scenario*, conforme consta no art. 2.º, *caput*, e § 2.º, que expressamente adota o federalismo de cooperação com viés ecológico[17]. Entretanto, embora o diploma seja guiado para um caráter interdisciplinar em sua execução, por meio da Política Nacional de Proteção e Defesa Civil – PNPDEC, sua previsão atinge graus de abstração, quando se trata dos reflexos da atuação normativa geral sobre as legislações específicas de cada campo normativo ou científico.

Em outras palavras, embora o art. 3.º[18] disponha quanto às fases do ciclo de gestão de desastres, com ênfase no risco, na prevenção, na mitigação, na preparação, na resposta e na recuperação, a previsão concreta de atuação nos âmbitos próprios das políticas de ordenamento territorial, desenvolvimento urbano, saúde, meio ambiente, mudanças climáticas, gestão de recursos hídricos,

---

17 "Art. 2.º É dever da União, dos Estados, do Distrito Federal e dos Municípios adotar as medidas necessárias à redução dos riscos de desastre.
§ 1.º As medidas previstas no *caput* poderão ser adotadas com a colaboração de entidades públicas ou privadas e da sociedade em geral.
§ 2.º A incerteza quanto ao risco de desastre não constituirá óbice para a adoção das medidas preventivas e mitigadoras da situação de risco."

18 "Art. 3.º A PNPDEC abrange as ações de prevenção, mitigação, preparação, resposta e recuperação voltadas à proteção e defesa civil.
Parágrafo único. A PNPDEC deve integrar-se às políticas de ordenamento territorial, desenvolvimento urbano, saúde, meio ambiente, mudanças climáticas, gestão de recursos hídricos, geologia, infraestrutura, educação, ciência e tecnologia e às demais políticas setoriais, tendo em vista a promoção do desenvolvimento sustentável."

geologia, infraestrutura, educação, ciência e tecnologia e às demais políticas setoriais, mantém-se ainda alicerçado em ações abstratas em face da realização do pior cenário possível. A densificação somente é alcançada pela integração das normas e planos estaduais e municipais, em especial, com a efetiva assunção pelos planos diretores de suas funções legais de ordenação e gestão de risco, com efetivo planejamento em face de desastres potenciais.

3. CONEXÃO ENTRE ORDEM TERRITORIAL E ORDEM AMBIENTAL

Há ponto de relevo a conectar os aspectos de ordem territorial e ambiental. O plano de gestão de riscos de desastres deve corresponder ao caráter multifacetário da própria contextualização das áreas do território. Ou seja, a identificação de áreas ambientalmente protegidas, tanto em relação à fauna quanto à flora, e principalmente quanto ao equilíbrio do ecossistema, deve conter apontamentos críticos em relação aos níveis particulares de vulnerabilidade, projetados tecnicamente em escalas de probabilidades, assim como níveis de resiliência em face da ocorrência do impacto.

O mapeamento do patrimônio ecológico, inserto no processo administrativo, permitirá a projeção de planos de recuperação que tenham em conta o próprio nível de equilíbrio ambiental anterior. A questão parece óbvia, mas o que se tem como rotineiro no Brasil é uma ausência plena da própria conjuntura do *status quo* anterior ao desastre para se buscar a reparação. A profundidade dos dados e desenvolvimentos exigidos do plano diretor abre portas para que se utilize de acordos de cooperação técnica e mesmo convênios outros, nos termos do art. 4.º da Lei Complementar n. 140, de 8 de dezembro de 2011, a fim de se apoiar os municípios no efetivo desenlace de suas obrigações. É necessário ter em conta as possibilidades reais dos municípios para fazer face ao planejamento esperado no plano diretor. Não estruturar ou apoiar os municípios em sua tarefa de concretização poderá reduzir as previsões legais a mera fixação protocolar de intenções.

Sem o diagnóstico de realidade atual da integração antrópica no ambiente, a mobilização de resposta é prejudicada nos níveis reativos. Remete-se aqui novamente à legislação espanhola. A Lei espanhola n. 26/2007, versando sobre a responsabilidade ambiental, propõe bases interessantes para respostas e compensação por danos socioambientais. Seu Capítulo IV versa sobre garantias financeiras em face do risco de dano ou desastre ambiental, determinando atividades com garantias obrigatórias e outras, com menor grau de impacto ou risco, segundo tipologia fixada a partir de avaliação de risco, com caráter facultativo. Essa tipologia é relevante principalmente porque, ao contrário do sistema brasileiro, em que a responsabilidade por dano ambiental é objetiva, pela teoria do risco integral o sistema espanhol, a exemplo do previsto na Diretiva Europeia de Responsabilidade Ambiental 2004/35/CE, assume casos de responsabilidade por culpa e casos de responsabilidade independente de culpa.

A tipologia de atividades de alto nível de risco sob avaliação ambiental está arrolada no Anexo III da Lei, reunindo empreendimentos que compreendam fabricação, utilização, armazenamento, transformação, acondicionamento, liberação no meio ambiente ou transporte de substâncias perigosas, produtos fitossanitários, biocidas, atividades com risco de contaminação de águas ou da atmosfera, atividades com organismos geneticamente modificados, gestão de resíduos, dentre outros ali discriminados. A previsão do art. 19 da Lei n. 26/2007 determina que empreendimentos cuja atividade econômica ou profissional esteja enumerada no Anexo III e que causem danos ambientais devem de imediato proceder a aviso ao Poder Público, adotando medidas de reparação mesmo que não tenham incorrido em dolo, culpa ou negligência. Já os empreendimentos não compreendidos no Anexo III, não obstante dever de prevenção e aviso às autoridades públicas, somente são obrigados à reparação do dano se incorrerem em dolo, culpa ou negligência. Entretanto, mesmo nessa hipótese, há dever de reparação se o dano ou lesão ambiental é oriundo do descumprimento do dever de prevenção ou precaução.

A sintonia entre a Lei espanhola e a Diretiva Europeia conta inclusive com respaldo de concretização de norma constitucional. O art. 45 da Constituição da Espanha fundamento o direito à qualidade de vida, estabelecendo que todos têm direito de desfrutar de um meio ambiente adequado para desenvolvimento da pessoa, assim como o dever de conservá-lo. Consta ainda o dever do Poder Público, em todas as suas esferas, de velar pela utilização racional de todos os recursos naturais, com a finalidade de proteger e melhorar a qualidade de vida e defender e restaurar o meio ambiente, apoiando-se em uma indispensável solidariedade coletiva. A proteção ambiental é vista, dessa forma, sob o pano de fundo da solidariedade social, fato que atrai a solidariedade normativa em face de riscos de desastres ou de sujeição a vulnerabilidades que afetem a qualidade ambiental.

A Constituição reconhece ainda a aplicação de sanções penais, administrativas e da obrigação de reparar o dano ambiental. A organização do território em sua expressão de tutela ambiental encontra ainda executoriedade a partir do art. 148, § 9.º, que atribui competência às comunidades autônomas para gestão da proteção ao meio ambiente. O art. 149, § 23, atribui com caráter exclusivo ao Estado a função de efetivar a legislação básica sobre meio ambiente, sem prejuízo da faculdade das Comunidades Autônomas estabelecerem normas adicionais em complementação às centrais. O sistema muito se assemelha ao brasileiro, no qual a União estabelece normas gerais, com atribuição de competência suplementar ou complementar aos estados e municípios.

A Espanha, portanto, ao definir sua base normativa, está inserta em um cenário próprio na Comunidade Europeia, em que assumem proeminência as regras da Diretiva 2004/35/CE. Juan Pablo Aristegui[19] refere-se a um verdadeiro regime de Direito Ambiental fixado pela Diretiva, que possui por norteador o princípio do poluidor-pagador, na medida em que "la directiva 2004/35/CE disciplina un régimen de responsabilidad eminentemente administrativo y público, sustentado en el principio de cautela, de acción preventiva y de quien contamina paga"[20].

Ainda em relação à Diretiva, Gerrit Betlem[21] salienta o duplo perfil de atividades para a atribuição do regime de responsabilidade, modelo que veio a repercutir na Lei espanhola. Assim, "uma atividade empresarial listada no Anexo III (geralmente chamada atividade de risco) que cause danos ambientais (como definido pelo ELD) responsabiliza o operador pela (os custos de) prevenção ou ações de remediação sem mais uma estrita responsabilidade"[22], lado outro, "qualquer outra atividade empresarial que cause danos a espécies protegidas e habitats naturais torna o operador responsável por tais medidas mas somente se ele possui culpa ou negligência"[23].

A repercussão e a influência da Diretiva na legislação espanhola sobre dano ambiental vão além da definição das tipologias de responsabilidade. A questão

---

19 ARISTEGUI S., Juan Pablo. Competência judicial y ley aplicable em matéria de responsabilidad por daños al ambiente transfronterizos: el régimen de la Unión Europea. *Revista Chilena de Derecho Privado*, Santiago, n. 16, p. 45-74, jul. 2011. Disponible en: https://scielo.conicyt.cl/scielo.php?script=sci_arttext&pid=S0718-80722011000100002&lng=es&nrm=iso. Accedido en: 1.º mayo 2024.

20 "A Diretiva 2004/35/CE estabelece um regime de responsabilidade eminentemente administrativo e público, baseado no princípio da precaução, da ação preventiva e do princípio do poluidor-pagador" (tradução livre). Para saber mais, ler: ARISTEGUI S., Juan Pablo. Competência judicial y ley aplicable em matéria de responsabilidad por daños al ambiente transfronterizos: el régimen de la Unión Europea. *Revista Chilena de Derecho Privado*, Santiago, n. 16, p. 45-74, jul. 2011. Disponible en: https://scielo.conicyt.cl/scielo.php?script=sci_arttext&pid=S0718-80722011000100002&lng=es&nrm=iso. Accedido en: 1.º mayo 2024, p. 66.

21 BETLEM, Gerrit. Environmental liability directive: who is liable for what? (2005). *ERA-Forum*, 3/2005. Available at SSRN: https://ssrn.com/abstract=1465558. Access: April 2024.

22 "an occupational activity listed in Annex III (usually called dangerous activities) causing environmental damage (as defined by the ELD) renders an operator liable for (the costs of) preventive or remedial action without more – strict liability" (BETLEM, Gerrit. Environmental liability directive: who is liable for what? (2005). *ERA-Forum*, 3/2005. Available at SSRN: https://ssrn.com/abstract=1465558. Access: April 2024, p. 377).

23 "any other occupational activity causing damage to protected species and natural habitats renders an operator liable for such measures but only if he was at fault or negligente" (BETLEM, Gerrit. Environmental liability directive: who is liable for what? (2005). *ERA-Forum*, 3/2005. Available at SSRN: https://ssrn.com/abstract=1465558. Access: April 2024, p. 377).

avança também para as modalidades de resposta em face do risco e do próprio desastre, a envolver todos os âmbitos do Poder Público. A Diretiva 2004/35, além da figura do operador, que é o empreendedor, na terminologia brasileira, disciplina o prestador de garantias financeiras. Há aqui ponto de distinção em relação à legislação do Brasil. A ideia central da Diretiva é buscar uma estratégia de atuação na reparação do dano para além da relação sociedade ou Poder Público para com o operador ou empreendedor. Isso implica em mecanismos alternativos de satisfação da obrigação de reparação dos danos a garantir não só a própria reparação, mas também construir um *modus operandi* para sua realização.

Na ocorrência de um desastre ambiental, cabe ao prestador de garantia financeira a avaliação dos danos ambientais, a determinação da medida de reparação mais eficaz e eficiente, o pagamento dos custos e a gestão da reparação do dano ambiental em estreita cooperação com a autoridade competente e o operador, conforme a DRA. O art. 8.º da Diretiva versa sobre os custos de prevenção e reparação e estabelece que o operador os suporta. Ocorrido o dano ambiental, concretizado o desastre socioambiental, a autoridade pública deve exigir execução dos mecanismos de garantias adequados. O suporte de custos dá-se prioritariamente por meio de vias alternativas orientadas à eficácia das medidas de recomposição socioambiental. O art. 14, item 1, estabelece que os Estados-membros devem tomar medidas destinadas a incentivar o desenvolvimento, pelos operadores econômicos e financeiros, de instrumentos e mercados de garantias financeiras, incluindo mecanismos financeiros em caso de insolvência, a fim de permitir que os operadores utilizem garantias financeiras para cobrir as suas responsabilidades.

A linearidade simplista da responsabilidade civil clássica já é aqui antevista como limitada para fins de reparação do dano, principalmente dos danos resultantes de desastres ambientais. O desastre ambiental implica em medidas de reatividade que demandam sofisticação e planejamento na reparação, a qual se prolonga por anos, com estudos e projetos técnicos especializados, necessidade de diagnóstico e reparação dos impactados ou atingidos, em um cenário de simultânea necessidade de reserva monetária apta a arcar com os custos. Nesse sentido, a Diretiva tenciona para a adoção de vias ou mecanismos que garantam antes de tudo a eficácia na reparação.

A situação é ainda mais sensível e tumultuada quando se manifesta o denominado dano ambiental cumulativo ou sinérgico, em que há, respectivamente, uma reiteração de condutas ou lesões que se agregam na produção do dano, ou a síntese de condutas ou práticas que se sintetizam e mesclam na produção do evento ambientalmente nocivo. A fonte do dano ambiental pode ser não pontual, ou seja, uma "fonte que não pode ser identificada de maneira precisa e degrada o meio de forma difusa e indireta por uma ampla área"[24].

A figura do prestador de garantia financeira é ampla, não se reduzindo à figura do segurador. O intento aqui é simultaneamente fixar patrimônio suficiente para a reparação ambiental e garantir sistemas de eficácia na adoção de medidas de reparação. Nesse sentido, a própria Diretiva expressa em seu item 27 a base metodológica de quebra do estático modelo clássico de resposta ao dano, insuficiente e débil em face de situações complexas. O foco maior é sempre a eficácia na reparação do dano, na resposta e na compensação do desastre ambiental, de modo que "(27) Os Estados-membros devem adoptar medidas para incentivar o recurso, por parte dos operadores, a seguros ou outros mecanismos de garantia financeira adequados e o desenvolvimento de instrumentos e mercados de garantia financeira, para proporcionar uma cobertura eficaz das obrigações financeiras decorrentes da presente diretiva".

É a partir do arcabouço expressado que se processa a Lei espanhola n. 26/2007. O art. 24 da Lei determina três modalidades de garantia, além de um fundo estatal de reparação, previsto no art. 34. A primeira modalidade de garantia se dá pela adoção de seguros ambientais ou socioambientais, adquiridos a partir de entidades regularmente autorizadas pelo Estado espanhol. A segunda modalidade ocorre pela concessão de aval por parte de entidade financeira em operação na Espanha. Já a terceira, e mais interessante, ocorre pela constituição de uma reserva técnica mediante dotação de um fundo *ad hoc* para responder aos danos e impactos decorrentes com materialização em inversões financeiras respaldadas pelo Poder Público.

A relevância do processo administrativo no tratamento da seara difusa dos efeitos dos danos[25] se expressa na fixação da garantia e dos aportes que serão determinados no bojo daquele. Ao contrário do modelo brasileiro, o modelo espanhol instrumentaliza junto com a organização do território e planejamento de risco medidas de caráter financeiro para fazer face às situações de desastre e suas inafastáveis contingências financeiras. Verdade é que o sistema brasileiro pressupõe a liberação de recursos para fins reparatórios, mas tem-se aqui uma saída ligada ao orçamento público em si, e não ao processo de gestão empresarial de atividades que levam a riscos configurados em análise e gestão de potenciais danos. Nesse sentido, não se confundem as medidas aqui previstas com as fixações

---

24 CALLAN, Scott J.; THOMAS, Janet M. *Economia ambiental*: aplicações, políticas e teoria. Trad. Noveritis do Brasil. Trad. da 6.ª edição norte-americana. São Paulo: Cengage Learning, 2016, p. 9.

25 MACHO, Luis Míguez. El principio de objetividad en el procedimiento administrativo. *Revista Documentación Administrativa*, n. 289, p. 99-127, enero/abril, 2011.

do Fundo Nacional para Calamidades Públicas, Proteção e Defesa Civil, Lei n. 12.340, de 1.º de dezembro de 2010.

O processo administrativo, na normatização espanhola, aqui compreendido em seu conceito mais amplo, definirá montantes monetários que, como mínimo, deverão ser postos em garantia, sem que isso signifique limitar as responsabilidades fixadas em lei ao operador. A garantia é fixada por critérios estabelecidos em regulamentação, segundo a intensidade ou a extensão do dano que a atividade do operador possa causar, combinada com a análise de riscos ambientais da atividade identificados em metodologia de diagnóstico e avaliação. A par dos mecanismos de reparação, a legislação estabelece a obrigação de sistemas de controle social e governamental para aferir a comprovação do cumprimento das obrigações socioambientais. A participação é manejada juntamente com o suporte técnico-financeiro.

A dinâmica clássica de reparação encontra limites técnicos, de sustentação financeira na reparação e de controle público e social quando se tematiza lesões em uma sociedade de risco, quanto mais na situação de materialização do desastre ambiental. Em termos normativos brasileiros, ainda se labuta para ultrapassar a visão clássica de reparação do dano, restringindo-se a norma em grande medida a reconhecer o dever de reparação, mas silenciando-se quanto à sistemática de gestão do risco de desastre e, consequentemente, à sistemática de planejamento da própria reparação em termos técnicos, financeiros, de controle e programação. A Lei da Ação Civil Pública, Lei n. 7.347, de 24 de julho de 1985, dispõe em seu art. 13 que "havendo condenação em dinheiro, a indenização pelo dano causado reverterá a um fundo gerido por um Conselho Federal ou por Conselhos Estaduais de que participarão necessariamente o Ministério Público e representantes da comunidade, sendo seus recursos destinados à reconstituição dos bens lesados". Trata-se do Fundo de Direitos Difusos.

A medida é abstrata, não possui lastro com necessidades de organização direta e funcional ligadas aos eventos em si de produção de danos. Seu cumprimento sem maiores críticas e análises hermenêuticas pode transformar as recuperações e compensações a recolhimentos de valores financeiros sem destino ou aplicação certa. O Fundo de Direitos Difusos encontra-se regulamentado pelo Decreto n. 1.306, de 9 de novembro de 1994, sendo marcado pelo critério heterogêneo de sua composição, em flagrante descompasso de tendência para com a legislação espanhola. O Decreto brasileiro prevê que o Fundo de Defesa de Direitos Difusos (FDD), criado pela Lei n. 7.347, de 24 de julho de 1985, tem por finalidade a reparação dos danos causados ao meio ambiente, ao consumidor, a bens e direitos de valor artístico, estético, histórico, turístico, paisagístico, por infração à ordem econômica e a outros interesses difusos e coletivos. Nessa mesma linha sobreveio a Lei n. 9.008, de 21 de março de 1995.

O problema maior não está no Fundo, mas sim na estreita tratativa da complexidade de reparação e gestão do ciclo de desastres ambientais quando o dano ambiental é fruto de uma catástrofe de causa antrópica, quanto mais em situações de desastres de segunda geração. Seu suporte maior de perspectiva é o pagamento, e não a gestão de garantia com regulamentação da atuação reparatória em um ciclo de aferição e análise da materialização do risco. Não há um prognóstico de operação e utilização de recursos com caráter de imediatidade, mesmo que ulteriormente se pretenda a recomposição dos valores em regresso junto ao responsável pelos danos.

A sistemática de resposta ao dano ambiental deve estar necessariamente inserta em um ciclo de gestão do desastre, fato que transborda os limites de mecanismos clássicos, demandando a adoção pelo Brasil de vias de prestação de garantia financeira, aos moldes já fixados na Diretiva Europeia e na legislação espanhola. Igualmente, é necessário rever o modelo de utilização de fundos, extremamente fossilizado e ossificado, com patamares de previsão de utilização que não respondem às necessidades reparatórias ou mesmo de aplicação de recursos. Os fundos ambientais não podem se converter em fontes de recursos gerenciadas como se fossem fundos orçamentários cujo manejo passa pelos mesmos canais de alocação que existem no orçamento público em seu teor mais amplo.

A organização do território está imersa na dimensão de risco e de gestão da potencialidade de catástrofes. Esse fato se aguça ainda mais nas situações de danos climáticos. A debilidade de instituições ou de parâmetros de resposta em nível jurídico é fator de elevação de instabilidade e manifestação de incapacidade programática de reatividade em face de desastres ambientais. O desastre ambiental precisa ser dimensionado em termos jurídico-normativos para além de previsões abstratas. O estabelecimento normativo e de suporte regulamentar para resposta a danos ambientais deve ser executado para além da relação Poder Público – empreendedor ou operador, estando aqui envolvidos mecanismos financeiros de reatividade e integração previamente dispostos nas normas jurídicas.

Para além, a resposta e o ciclo de gestão de desastres demandam a interiorização das atividades de impacto e risco ambiental como determinantes na afirmação da cidadania intergeracional, pelo que o passivo ambiental passa a ser compreendido como herança ambiental intergeracional negativa. Nessa linha, fundos constituídos no passado podem ser utilizados em seus recursos para eventos de desastres a ocorrer no futuro, em uma gestão de previsibilidade financeira a arcar com as potencialidades de repercussões orçamentárias que em si revelam vulnerabilidades. O desafio é justamente a fixação de uma arquitetura jurídica a propiciar a reversão do vetor negativo, base norteadora da própria razão das normas ambientais.

4. CONSIDERAÇÕES FINAIS

A gestão do território e o planejamento na gestão de risco figuram como núcleo de atuação jurídico-social e político-cultural em situações de desastres não climáticos, compreendidos como os desastres de primeira geração, e dos desastres climáticos, compreendidos como desastres de segunda geração. Como já se referenciou, não há uma clivagem entre ambos. Os desastres de primeira geração são de fonte estrutural, de matriz de interferência antropogênica, mas com caráter situado em suas causas implicadas. Já os desastres climáticos absorvem os desastres de primeira geração para potencializar seus efeitos em periodicidade, magnitude, intensidade e rebote desencadeador de outras situações de danos conectados. O caráter sistêmico do desequilíbrio climático interfere nas bases regulatórias de estabilização dos processos ou ciclos biogeoquímicos e ecossistêmicos como um todo.

Nesse quadro, a gestão de território e o planejamento em face de riscos estão umbilicalmente ligados. Não é possível dissociar as bases estruturais e normativas do Direito Ambiental das bases normativas e estruturais do Direito Urbanístico, afinal, em integração a ambos figura o Direito dos Desastres. Não há aqui um diagrama de Venn em relação aos ramos jurídicos, mas sim feixes fático-normativos que interligam as dimensões e proposições dos diversos ramos jurídicos envolvidos com os riscos e a ocorrência dos desastres naturais e tecnológicos.

A construção, a reconstrução, o desenvolvimento e o aperfeiçoamento das bases operacionais de gestão de risco, a organização do território e os respectivos arranjos estruturais das camadas de gestão político-administrativa do Poder Público revelam-se em modelos diversos e em níveis fundamentais de identidade. A análise, o diagnóstico e a responsividade em face de riscos, em conformidade com a gestão do ciclo dos desastres, revelam pontos comuns e similares entre o modelo brasileiro, afeto a um Estado federal, e o modelo espanhol, afeto a um Estado autonômico.

A proposição aqui levantada e sustentada afirma uma inversão de perspectiva. A correlação entre local-regional-nacional é não uma decorrência do modelo de organização do Estado, mas sim um pressuposto firmado para modelo universal de gestão de riscos, planejamento urbano e efetiva redução de vulnerabilidades no ciclo de desastres. Portanto, há uma maquinação de arquétipo estrutural e jurídico com caráter universal, que encontra sua concretização nos diversos modelos de organização político-administrativa. Não é o federalismo ambiental ou ecológico que reflete os parâmetros nucleares de gestão e resposta a desastres, mas sim estes últimos que refletem na conformação do federalismo. Idêntica situação ocorre quanto ao Estado autonômico. A análise crítica das legislações brasileira e espanhola e dos respectivos motores regulamentares demonstra e sustenta essa conclusão.

Entretanto, um ponto importante de dissociação é apurado na legislação brasileira, a gerar déficit de reatividade em relação às previsões constantes na legislação espanhola assim como da União Europeia como um todo. A figura do garantidor-financeiro e dos consequentes mecanismos de subsídios econômicos para gestão de respostas em situações de desastres ou danos ambientais de forma abrangente. A estrutura de gestão de risco, gestão do ciclo dos desastres e de resposta a danos ambientais como um todo labora muito pouco com a base financeira de resposta, e menos ainda com a constituição de fundos de reserva ou de garantia para serem aplicados na reparação de danos.

Essa lacuna provoca falhas estruturais de eficácia no modelo brasileiro. Por mais que se tenha planejamentos urbanísticos ou de gestão de risco, é necessário amparar bases monetárias e orçamentárias a garantir vias iniciais, mesmo que sujeitas a regresso, para resposta a situações de atendimentos aos eventos emergenciais pós-desastre, recuperação inicial e reconstrução derivadas de desastres. Os fundos ligados a desastres são iminentemente orçamentários e de vinculação abstrata. Faz-se necessário remodelar o sistema a fim de que seja guarnecido o ciclo de desastres em seu financiamento garantidor reativo advindo das próprias práticas empresariais, dos próprios empreendimentos e atividades geradoras de risco ou de potencial risco. Portanto, apesar de aproximações estruturais na gestão territorial e organizacional, há distinções e distanciamentos entre os modelos brasileiro e espanhol quanto ao fator reativo e suas bases financeiras de sustentação.

REFERÊNCIAS

ARISTEGUI S., Juan Pablo. Competência judicial y ley aplicable em matéria de responsabilidade por daños al ambiente transfronterizos: el régimen de la Unión Europea. *Revista chilena de derecho privado*, Santiago, n. 16, p. 45-74, jul. 2011. Disponible en: https://scielo.conicyt.cl/scielo.php?script=sci_arttext&pid=S0718-80722011000100002&lng=es&nrm=iso. Accedido en: 1.º mayo 2024.

AVZARADEL, Pedro Curvello Saavedra. First impressions on the forest's protection as world heritage on the edge of climate change and the rights of indigenous peoples. In: AVZARADEL, Pedro Curvello Saavedra; PAROLA, Giulia. *Climate change, environmental treaties and human rights*. Rio de Janeiro: Multifoco, 2018, p. 239-260.

BETLEM, Gerrit. Environmental liability directive: who is liable for what? (2005). ERA-Forum 3/2005. Available at SSRN: https://ssrn.com/abstract=1465558. Access: April, 2024.

CALLAN, Scott J.; THOMAS, Janet M. *Economia ambiental*: aplicações, políticas e teoria. Trad. Noveritis do Brasil. Trad. da 6. edição norte-americana. São Paulo: Cengage Learning, 2016.

CARVALHO, Délton Winter de. *Desastres ambientais e sua regulação jurídica*: deveres de prevenção, resposta e compensação ambiental. São Paulo: RT, 2015.

COSTA, Beatriz Souza. *Meio ambiente como direito à vida*: Brasil, Portugal e Espanha. 3. ed. Rio de Janeiro: Lumen Juris, 2016.

FREITAS, Christiana Galvão Ferreira. *Direito da gestão de riscos e desastres no mundo e no Brasil*. Rio de Janeiro: Lumen Juris, 2017, p. 107-120.

IPCC. *Climate Change 2023*: Synthesis Report. Contribution of Working Groups I, II and III to the Sixth Assessment Report of the Intergovernmental Panel on Climate Change, 2023.

MACHO, Luis Míguez. El principio de objetividad en el procedimiento administrativo. *Revista Documentación Administrativa*, n. 289, enero-abril 2011.

MACHO, Luis Míguez. El sistema de las competencias locales ante el nuevo pacto local. *Real*, n. 289, p. 37-58, mayo/agosto 2002.

ODUM, Eugene P.; BARRET, Gary W. *Fundamentos de ecologia*. São Paulo: Cengage, 2017.

ROSA, Rafaela Santos Martins da. *Dano climático*: conceitos, pressupostos e responsabilização. São Paulo: Tirant lo Blanch, 2023.

TRENNEPOHL, Curt; TRENNEPOHL, Terence; TRENNEPOHL, Natascha. *Infrações ambientais*: comentários ao Decreto n. 6.514/2008. 5. ed. São Paulo: RT, 2023.

UNITED NATIONS. *Sendai Framework for Disaster Risk Reduction 2015-2030*. Third UN World Conference in Sendai, Japan, on March 18, 2015. Available at: https://www.undrr.org/publication/sendai-framework-disaster-risk-reduction-2015-2030. Access in: 18 May 2024.

WEDY, Gabriel. *Desenvolvimento sustentável na era das mudanças climáticas*: um direito fundamental. São Paulo: Saraiva, 2018, p. 194-210.

EMERGÊNCIA CLIMÁTICA NO RIO GRANDE DO SUL: AS LIÇÕES DE BRUMADINHO E MARIANA

Edilson Vitorelli[1]
Lyssandro Norton Siqueira[2]

1. INTRODUÇÃO

Inicialmente os autores prestam toda a solidariedade ao povo gaúcho pelo desastre ocorrido nos meses de abril e maio de 2024, desejando força e serenidade no processo de reparação dos danos e planejamento de medidas preventivas e mitigatórias para o futuro.

Este trabalho tem o intuito de contribuir para as ações de reparação e prevenção, a partir da experiência dos autores, que atuaram na construção das soluções jurídicas para o Desastre da Samarco, decorrente do rompimento da barragem Fundão, de rejeitos da mineração, no dia 5 de novembro de 2015, no distrito de Bento Rodrigues, município de Mariana, e o Desastre da Vale, decorrente do rompimento das barragens B-IV e B-IV-A, da Mina Córrego do Feijão, no dia 25 de janeiro de 2019, no município de Brumadinho.

Apesar de esses dois desastres serem distintos do desastre do Rio Grande do Sul, quanto à causa e quanto aos efeitos, todos eles causaram danos socioambientais e socioeconômicos de grandes proporções, obrigando a sociedade e o Poder Público, em sentido lato, a uma atuação diferente da convencional.

O texto está dividido em três tópicos, além desta introdução. No primeiro, será feita uma breve análise sobre os dois desastres ocorridos em Minas Gerais e a resposta das forças públicas, destacando nosso aprendizado e as soluções

---

[1] Desembargador Federal do Tribunal Regional Federal da 6.ª Região. Professor Adjunto na Universidade Federal de Minas Gerais, nos cursos de graduação, mestrado e doutorado. Pós-doutor em Direito pela UFBA, com estudos no Max Planck Institute for Procedural Law (Luxemburgo). Doutor em Direito pela Universidade Federal do Paraná. *Visiting scholar* na Stanford Law School (EUA). Visiting researcher na Harvard Law School (EUA) e na The University of Sydney (Austrália). É o único autor de língua portuguesa vencedor do prêmio "Mauro Cappelletti", atribuído pela International Association of Procedural Law ao melhor livro sobre Direito Processual no mundo.

[2] Pós-doutor pela Universidade Federal de Minas Gerais. Doutor pela PUC-Rio. Professor nos cursos de graduação, mestrado e doutorado da Escola Superior Dom Hélder Câmara. Procurador do Estado de Minas Gerais, com atuação nos casos de rompimento de barragens em Mariana e Brumadinho. Autor da obra *Qual o valor do meio ambiente?*

construídas. No segundo, cientes da grande diferença entre as situações, mas também de algumas infelizes coincidências, faremos uma análise comparativa entre os desastres que aconteceram em Minas Gerais e o desastre recente no Rio Grande do Sul, buscando indicar possíveis caminhos para o longo processo reparatório, fazendo um recorte das soluções jurídicas que, potencialmente, poderão ser aplicadas no desastre gaúcho. No último tópico, os autores trarão suas considerações finais.

2. DE MARIANA A BRUMADINHO: DESASTRES SEMELHANTES, SOLUÇÕES DISTINTAS

O rompimento da barragem de Fundão, de propriedade da Samarco Mineração, localizada no distrito de Bento Rodrigues, município de Mariana, em Minas Gerais, provocou, em 5 de novembro de 2015, o maior desastre socioambiental da história brasileira até então. O rompimento ocasionou a morte de 19 pessoas e danos socioambientais e socioeconômicos ao longo da Bacia do Rio Doce, por quase 600 quilômetros até a foz, já no estado do Espírito Santo.

O ineditismo de um desastre nessas proporções impôs uma rápida atuação das forças públicas, especialmente da União Federal e dos estados de Minas Gerais e Espírito Santo. Nesse sentido houve uma necessidade de se buscar uma rápida articulação interinstitucional desde o primeiro momento, entre os poderes executivos, para evitar atuações administrativas dissonantes. Era preciso haver uma atuação consertada das áreas técnicas e das áreas jurídicas dos entes federativos, buscando a imposição à Samarco de adoção de medidas emergenciais mitigatórias dos danos. Essa atuação administrativa acabou culminando com a propositura, ainda em novembro de 2015, pela Advocacia-Geral do Estado de Minas Gerais – AGE/MG, juntamente com a Advocacia-Geral da União – AGU e a Procuradoria-Geral do Estado do Espírito Santo – PGE/ES, de uma ação civil pública contra a Samarco Mineração S.A. (operadora da estrutura) e suas controladoras (Vale S.A. e BHP Billiton Brasil Ltda.) (BRASIL, 2015).

Essa ação civil pública trouxe pedidos de caraterísticas estruturais para o processo reparatório, pois, além de pedidos de caráter emergenciais, foram formuladas pretensões para que as empresas apresentassem uma proposta de um plano de reparação socioambiental e uma proposta de um plano de reparação socioeconômica, compostos por programas de reparação específicos, indo desde o manejo de rejeitos, no âmbito ambiental, à assistência à saúde na região, no âmbito social[3].

Os pedidos liminares foram deferidos pelo Juiz da 12.ª Vara Federal de Belo Horizonte, para determinar que as companhias executassem uma série de medidas emergenciais e depositassem em juízo, como garantia do cumprimento, R$ 2 bilhões, proibindo a Samarco Mineração S.A. de distribuir dividendos, juros sobre o capital próprio, bônus de ações ou qualquer outra forma de remuneração aos sócios (BRASIL, 2016).

Os pedidos de natureza estrutural, para a construção de dois planos de reparação, formulados pelo conjunto de poderes executivos (União, Minas Gerais e Espírito Santo), no âmbito de uma ação, que impunha a responsabilidade às mineradoras, eram, praticamente, um convite à busca de uma solução consensual para o conflito.

As negociações iniciaram-se ainda no final do ano de 2015, estendendo-se até março de 2016, quando foi celebrado o Termo de Transação e Ajustamento de Conduta – TTAC tendo como premissas a integral reparação do meio ambiente e das condições socioeconômicas, a convicção de que o acordo é a forma mais célere e efetiva para resolução da controvérsia e a garantia de uma eventual execução do que estava sendo pactuado (SIQUEIRA; COSTA, 2018).

Diante do ineditismo do desastre causado pela Samarco, houve a necessidade de se buscar uma solução inovadora. Assim, o TTAC previu 42 programas, divididos em dois planos, de caráter socioeconômico e socioambiental. A tomada de decisões administrativas passou a ser de um Comitê Interfederativo – CIF, integrado por representantes dos entes federativos, evitando atuações administrativas divergentes.

Havia, pelas partes, o consenso de que o poder público não teria *expertise*, nem as condições necessárias para execução de toda a reparação e de que a Samarco e suas controladoras teriam sobre elas a desconfiança da sociedade para a execução das medidas reparatórias, eis que responsáveis pelos danos (ADAMS *et al.*, 2019).

---

3 Sobre as características estruturais do processo, ver Vitorelli, 2024, p. 80. O autor considera que, conquanto esse litígio não tenha natureza estrutural, as medidas de reparação podem ter características estruturais, quando demandam providências progressivas e incrementais, como no caso: "é possível que medidas estruturais sejam adotadas em processos que não são, em si mesmos, estruturais. Há casos, que ainda serão tratados, de medidas estruturais determinadas e implementadas no contexto de processos que não se desenvolveram pela lógica estrutural. Por exemplo, um processo coletivo que avançou sem levar em conta as peculiaridades do litígio estrutural, mas que, no momento da implementação da decisão, percebe a impossibilidade de avançar sem medidas que alterem todo o comportamento institucional. É importante, portanto, discernir as medidas estruturais, acidentalmente adotadas em processos que não têm essa característica, dos processos nos quais a pretensão, desde o começo, é a modificação do comportamento institucional".

Foi nesse contexto que surgiu a ideia de que um ente privado executasse as deliberações do CIF. A execução dos programas passou, assim, a ser feita pela Fundação Renova, uma Fundação de Direito Privado constituída pelas três empresas, com gestão inteiramente privada, que deveria atuar de forma independente, transparente e ágil, não isentando as empresas de responsabilidade.

O acordo teve o grande mérito de afastar qualquer discussão jurídica em relação à responsabilidade da Samarco e de suas controladoras pela reparação integral dos danos. Com base nos precedentes então existentes de ações judiciais de reparação de danos ambientais, seriam necessárias algumas décadas para se obter um provimento jurisdicional definitivo, obrigando às empresas à execução de obrigações reparatórias (SIQUEIRA; REZENDE, 2022). O TTAC não previu teto financeiro, o que significa que as compromissárias Samarco, Vale e BHP só terão quitação das obrigações assumidas quando executarem todas as obrigações de reparação, independentemente dos valores desembolsados nos dois planos de reparação.

Apesar de se mostrar como uma solução inovadora, o TTAC, desde a sua assinatura, recebeu várias críticas, formuladas, especialmente, pelas instituições integrantes do sistema de justiça, Ministérios Públicos e Defensorias Públicas, que questionavam, principalmente, a ausência de mecanismos de participação das pessoas atingidas[4]. Assim, após dois anos de novas discussões jurídicas, foi celebrado, em agosto de 2018, o Termo de Ajustamento de Conduta de Governança (TAC-GOV), prevendo dois novos pactos: o aperfeiçoamento do processo de governança previsto no TTAC para definição e execução dos programas, projetos e ações, que se destinam à reparação integral dos danos decorrentes do rompimento da barragem, e o aprimoramento dos mecanismos de participação das pessoas atingidas em todas as etapas e fases dos programas previstos no TTAC.

O TAC-GOV foi discutido e assinado por praticamente todas as instituições representativas do Sistema de Justiça: Ministério Público Federal, Ministérios Públicos de Minas Gerais e do Espírito Santo, Defensoria Pública da União, Defensorias Públicas de Minas Gerais e do Espírito Santo, além dos signatários originais (SIQUEIRA; REZENDE, 2022). Ele representa, até o momento, a mais ampla coalizão institucional já desenvolvida para negociar e firmar um acordo coletivo.

Por outro lado, esse modelo inédito de reparação, que congregou em um só bloco diversas instituições do Poder Público, vem enfrentando diversos problemas em sua execução. Seria impossível sintetizar aqui os diversos aspectos positivos e negativos da reparação do Caso Rio Doce, bem como é difícil atribuir

---

4 Para uma ampla discussão sobre participação e seu papel no processo coletivo, ver Vitorelli, 2022.

culpas, uma vez que o processo é altamente complexo, assim como as medidas de reparação delineadas nos acordos. De modo geral, o que se pode afirmar é que, passados oito anos, há considerável insatisfação com o desenvolvimento da reparação, seja por parte das pessoas atingidas, como também das instituições signatárias e até mesmo das empresas causadoras do dano. Seria possível elencar aqui algumas circunstâncias, tais como a excessiva burocratização da fundação privada, bem como sua lentidão na execução das medidas sob sua responsabilidade; dificuldades de implementação dos instrumentos de participação popular acordados; divergências técnicas quanto à execução de medidas reparatórias, com excessiva judicialização de praticamente todos os programas, acarretando a necessidade de elaboração de diversas perícias, a custos elevados; divergências entre as instituições integrantes do Poder Público, seja em aspectos procedimentais, seja nas questões finalísticas da reparação.

A partir de meados de 2021, as instituições e empresas iniciaram tratativas para um novo acordo, que pretende solucionar essas pendências e encaminhar o caso para um novo rumo, na expectativa de que as medidas reparatórias pendentes sejam implementadas de forma mais expedita. Até meados de 2024, esse acordo ainda não havia sido celebrado.

Menos de seis meses após a homologação do TAC-GOV, no dia 25 de janeiro de 2019, ocorreu o rompimento de outra barragem de rejeitos de mineração em Minas Gerais. Desta vez, no município de Brumadinho, em uma mina da empresa Vale (que também é uma das controladoras da Samarco), atingindo uma outra bacia hidrográfica: a bacia do Rio Paraopeba. O terrível impacto humano desse segundo desastre, que vitimou 272 pessoas, tão pouco tempo depois de Mariana, criou um significativo trauma na comunidade local e no estado[5].

Nesse novo desastre, os danos ambientais ficaram limitados ao território do estado de Minas Gerais. Apesar desta diferença, foram colocadas em prática, desde o primeiro momento, algumas lições do Caso Samarco: atuação rápida e concertada do Poder Público.

O desastre da Vale aconteceu no início da tarde de uma sexta-feira e, já nas primeiras horas da noite, a Advocacia-Geral do Estado de Minas Gerais obteve o deferimento de uma decisão liminar, no âmbito de uma tutela antecipada antecedente, com ordem de bloqueio de R$ 1 bilhão, além de impor à Vale as obrigações de cooperar com o Poder Público no resgate e amparo às vítimas; iniciar a remoção do volume de lama lançado pelo rompimento da barragem; impedir que os rejeitos contaminassem as fontes de nascente e captação de água

---

[5] Para uma referência do impacto humano do desastre, em perspectiva jornalística, ver Arbex, 2022. O aspecto individual dos danos não é enfocado neste texto.

e controlar a proliferação de espécies sinantrópicas (ratos, baratas, etc.) e vetores de doenças transmissíveis ao homem e aos animais (BRASIL, 2020). O Ministério Público e a Defensoria Pública estaduais também atuaram rapidamente, propondo ações civis públicas com pedidos semelhantes.

Na noite daquela sexta-feira, todas as instituições já estavam reunidas, buscando o alinhamento para atuações administrativa e judicial concertadas. Havia clareza, desde o primeiro momento, da necessidade de um consenso interinstitucional amplo, a partir da lição do Caso Samarco. Uma das primeiras medidas consensadas foi a de que, conquanto a competência jurisdicional em matéria de mineração e de dano ambiental seja nebulosa, o Ministério Público Federal e a União Federal atuariam processualmente na condição de *amicus curiae*, evitando criar hipótese de deslocamento ou de conflito de competência entre as justiças estadual e federal.

Com esse consenso, as três ações judiciais já propostas (uma pelo estado de Minas Gerais e duas pelo Ministério Público e Defensoria Pública estaduais) foram reunidas perante a 2.ª Vara de Fazenda Pública da Comarca de Belo Horizonte e as instituições passaram a atuar de forma processualmente alinhada. Em todas as audiências, o Poder Público formava um único bloco processual, com argumentos e pedidos concertados, com mútua colaboração entre as diferentes instituições.

Essa coesão de Poder Público era muito importante em termos de uma leitura interna das instituições, mas mostrou-se mais importante ainda para o juízo e para a parte ré, Vale, na medida em que acarretava uma facilitação do diálogo. No microssistema processual coletivo brasileiro, a possibilidade de que diversos sujeitos ajuízem ações e celebrem acordos de forma concorrente e disjuntiva implica o risco de que os consensos sejam fugazes, se buscados de forma atomizada. A congregação de esforços cria maior previsibilidade para todos os envolvidos.

Os pedidos concertados criavam um ambiente de segurança jurídica, viabilizando uma série de acordos parciais, já a partir de fevereiro de 2019 (BRASIL, 2020). Alguns deles merecem referência:

> Acordo para pagamentos emergenciais aos atingidos, beneficiando mais de 100 mil pessoas; Acordo para o ressarcimento dos gastos do poder executivo, já tendo sido ressarcidos mais de R$ 90 milhões de reais;
>
> Acordo para contratações diretas, pela Vale S.A., para a execução de medidas emergenciais pelo poder público;
>
> Contratação de auditoria técnica e ambiental independente para acompanhamento de todas as ações da Vale S.A. às expensas desta;
>
> Pagamento imediato pela Vale S.A. de aproximadamente R$ 99 milhões em multas ambientais;

Acordo de contratações temporárias custeado pela Vale S.A. para fazer frente às demandas do desastre devido à sobrecarga dos órgãos de execução do Poder Público;

Instituição de um Comitê Técnico-Científico, composto por pesquisadores da UFMG para apuração da extensão dos danos socioambientais e socioeconômicos – "Projeto de Avaliação de Necessidades Pós-Desastre do Colapso da Barragem da Mina Córrego do Feijão";

Acordo para a construção, pela Vale S.A., de uma nova adutora para captação de água no rio Paraopeba, à montante do ponto de rompimento;

Acordo para a perfuração, pela Vale S.A., de poços artesianos para consumidores estratégicos da Região Metropolitana de Belo Horizonte, tais como hospitais e presídios, buscando garantir a segurança hídrica dessas unidades;

Contratação de Assessorias Técnicas Independentes para representação e apoio aos atingidos;

Custeio pela Vale S.A. de campanhas da Copasa de conscientização sobre a qualidade da água e sobre seu consumo consciente;

Desenvolvimento de proposta de preservação da bacia do Rio das Velhas às expensas da Vale S.A.;

Acordo para a realização, pela Vale S.A., de estudos de viabilidade de obras estruturais para a garantia da segurança hídrica da região metropolitana;

Instituição do programa de monitoramento da água do rio Paraopeba e com o compromisso de reestruturação do aparelhamento do IGAM às expensas da Vale;

Ressarcimento das Corporações de Bombeiros dos estados federados que auxiliaram nas operações de busca e salvamento;

Acordo para liberação de R$ 5 milhões de reais para conclusão de uma nova ala do Hospital Eduardo de Menezes, voltada para o isolamento de pacientes infectados por Covid-19;

Acordo para o levantamento de R$ 500 milhões de reais para a execução, pelo Poder Executivo, de medidas de controle da pandemia e tratamento de pacientes infectados pela Covid-19;

Acordo para o levantamento de R$ 1 bilhão de reais para as necessidades de saúde da pandemia de Coronavírus, cujo enfrentamento tem reflexo em todas as outras áreas sociais e econômicas.

Esse ambiente de consensualidade também permitiu que o juiz proferisse decisão parcial de mérito (art. 356 do CPC), na qual declarou a responsabilidade da Vale pelo desastre e a condenou a reparar todos os prejuízos individuais e coletivos, os quais ainda dependeriam de liquidação. Essa decisão não foi recorrida e transitou em julgado.

Com o passar do tempo, instaurou-se uma negociação para um acordo coletivo definitivo de reparação dos danos socioambientais e socioeconômicos coletivos, tendo como comprometentes o estado de Minas Gerais, o Ministério Público

Estadual, a Defensoria Pública Estadual e o Ministério Público Federal, atingindo o valor global de R$ 37.689.767.329,00 (trinta e sete bilhões, seiscentos e oitenta e nove milhões, setecentos e sessenta e sete mil, trezentos e vinte e nove reais) (BRASIL, 2024a). Esse acordo é, até o momento, o maior acordo de reparação coletiva celebrado fora dos Estados Unidos e, incluído esse país, o quarto maior acordo do mundo.

Entre outras reparações, o acordo inclui uma estimativa de R$ 5 bilhões de reais para a reparação ambiental, mas as respectivas obrigações não possuem teto financeiro, podendo ultrapassar esse valor durante a sua execução.

Ainda como lição aprendida a partir do caso Samarco, neste novo acordo houve uma simplificação do modelo de governança. Diversas obrigações reparatórias relacionadas a políticas públicas foram convertidas em transferências de recursos para a implementação e o incremento de ações públicas por municípios da bacia e pelo Estado. Quanto às obrigações de fazer sob a responsabilidade da Vale, as deliberações são tomadas pelo conjunto de comprometentes, sendo que em dois anos de execução do acordo, todas as deliberações foram unânimes.

3. EMERGÊNCIA CLIMÁTICA NO RIO GRANDE DO SUL E O APRENDIZADO DE MINAS GERAIS

As fortes chuvas que caíram no Rio Grande do Sul, do final do mês de abril e durante todo o mês de maio de 2024, provocaram o maior desastre climático da história daquele estado e, provavelmente, do país. Segundo o balanço da Defesa Civil Estadual do dia 4 de junho de 2024, foram afetados 476 municípios, colocadas em abrigos 35.103 pessoas e desalojadas outras 575.171. Havia 806 pessoas feridas, 44 desaparecidas, 172 óbitos, 77.874 pessoas resgatadas e 12.543 animais resgatados (BRASIL, 2024b).

Há que se distinguir, de início, que nos desastres de Mariana e Brumadinho havia uma pessoa jurídica de direito privado identificada e responsável pela reparação dos danos, com potencial econômico de executar as medidas emergenciais e de recuperação. No desastre gaúcho, ao contrário, há uma possível multiplicidade de causas, relacionadas a ações e omissões, que ainda serão investigadas. Há, ainda, a questão global da mudança climática e da alteração do ciclo das chuvas, cujas responsabilidades recaem sobre toda a comunidade internacional, com compromissos ainda incertos (LYSTER, 2016). Não há diagnóstico unívoco sobre as responsabilidades, de modo que é improvável que haja possibilidade de imputar os danos a um sujeito específico.

Independentemente da necessidade de apuração de fatos e responsabilização de culpados, a realidade atual é que houve um grande desastre e a sociedade precisa enfrentar a situação com a adoção de medidas emergenciais, reparatórias e preventivas para o futuro, pois situações como essa podem voltar a ocorrer.

Assim, a partir da experiência na implementação de soluções jurídicas nos casos de Mariana e Brumadinho, pretendemos trazer neste tópico algumas considerações sobre o que pode ser adotado na reconstrução do Rio Grande do Sul.

Iniciando pela prevenção, os desastres minerários de Minas Gerais impulsionaram mudanças normativas que podem ser um farol para o planejamento e a prevenção para futuros desastres climáticos.

A Política Nacional de Segurança de Barragens (PNSB), instituída pela Lei n. 12.334/2010, sofreu uma série de alterações em 2020, um ano após o desastre de Brumadinho, por força da Lei n. 14.066/2020. Entre as alterações relevantes, destaca-se o disposto no art. 4.º, prevendo como fundamentos da PNSB a transparência de informações, a participação e o controle social e a informação e o estímulo à participação direta ou indireta da população nas ações preventivas e emergenciais, incluídos a elaboração e a implantação do Plano de Ação de Emergência (PAE) e o acesso ao seu conteúdo, ressalvadas as informações de caráter pessoal. Apesar de se tratar de uma legislação destinada a barragens, há na lei uma série de medidas preventivas que podem ser encampadas na construção de um plano de ação emergencial para o próximo período chuvoso no Rio Grande do Sul.

Outro importante marco normativo é a Lei n. 12.608/2012, que instituiu a Política Nacional de Proteção e Defesa Civil – PNPDEC, que foi amplamente atualizada pela Lei n. 14.750/2023. Nesse caso, a simples implementação da política pública, sem qualquer inovação legislativa, já trará um cenário de maior segurança para a população no enfrentamento de novas emergências climáticas. Nos arts. 6.º, 7.º e 8.º são previstas as obrigações da União, dos estados e dos municípios, respectivamente, buscando uma atuação cooperativa para a plena implementação da PNPDEC. É preciso registrar, todavia, que nem todos os entes federativos possuem competência técnica e disponibilidade orçamentária para a implementação de todas as ações, o que demanda à União Federal o estrito cumprimento do disposto no art. 6.º, IV: apoiar os estados, o Distrito Federal e os municípios no mapeamento das áreas de risco, nos estudos de identificação de ameaças, suscetibilidades, vulnerabilidades e risco de desastre e nas demais ações de prevenção, mitigação, preparação, resposta e recuperação.

De outro lado, a União não é seguradora, garantidora ou financiadora universal de gestores locais irresponsáveis. O que se tem visto, nos últimos anos, é que, conquanto haja problemas generalizados de financiamento público no país, diversos gestores locais não cumprem as disposições de equilíbrio fiscal a seu cargo e, depois, valem-se de pressões políticas para transferir as despesas à União. É sempre bom recordar que a União é financiada com impostos cobrados em todo o país, de modo que esse comportamento implica um subsídio cruzado perverso daqueles que vivem em regiões com gestores fiscalmente responsáveis, que não serão auxiliados, em benefício dos irresponsáveis. Em razão de comportamentos dessa ordem, o espaço fiscal da União foi praticamente anulado na última década[6].

Destaque-se, ainda, a Lei n. 14.755/2023, que instituiu a Política Nacional de Direitos das Populações Atingidas por Barragens – PNAB (em Minas Gerais, a Lei n. 23.795/2021 instituiu a Política Estadual de Atingidos por Barragens). Esta lei, consequência direta dos dois desastres ocorridos em Minas Gerais, ao prever direitos para as populações atingidas por barragens, acaba por fornecer um verdadeiro manual de instruções para o relacionamento com a população afetada pela emergência climática pelo desastre no Rio Grande do Sul.

A título de exemplo, merecem destaque alguns dos direitos previstos em seu art. 3.º: reparação por meio de reposição, indenização, compensação equivalente e compensação social; reassentamento coletivo como opção prioritária, de forma a favorecer a preservação dos laços culturais e de vizinhança prevalecentes na situação original; opção livre e informada a respeito das alternativas de reparação; negociação, preferencialmente coletiva, em relação: (a) às formas de reparação; (b) aos parâmetros para a identificação dos bens e das benfeitorias passíveis de reparação; (c) aos parâmetros para o estabelecimento de valores indenizatórios e eventuais compensações; (d) às etapas de planejamento e ao cronograma de reassentamento; e (e) à elaboração dos projetos de moradia.

Neste momento de perda, a população atingida precisa ter acesso à informação qualificada e compreensível, para que possa em momento seguinte exercer o seu direito à participação. Essa participação deve, previamente, considerar a viabilidade técnica e orçamentária dos projetos a serem escolhidos. Significa dizer que a participação deve ser direcionada a escolhas objetivas previamente analisadas e não a desejos individuais subjetivos, sem qualquer relação pragmática com a execução do projeto.

É comum que o discurso acadêmico, no que tange à participação, afaste-se das necessidades e das possibilidades práticas. Eventos participativos são complexos, custosos e demorados. Muitas vezes, acabam sendo espaços de conflitos, uma vez que refletem as tensões que já existem no grupo social. Em outras ocasiões, são pouco significativos, porque acabam sendo capturados por grupos de interesses, pouco representativos da população atingida (VITORELLI, 2022). Há muitas experiências participativas, tanto em licenciamentos ambientais (SÁNCHEZ,

---

6 Para informações técnicas sobre o tema, ver https://www.tesourotransparente.gov.br/temas/divida-publica-federal/estatisticas-e-relatorios-da-divida-publica-federal. Acesso em: 11 jun. 2024.

2020) quanto em processos coletivos (VITORELLI; BARROS, 2024), que poderiam ser aproveitadas para construir eventos participativos significativos. De modo geral, não é adequado consultar sobre "o que você deseja?", mas, sim, "qual das opções técnica e financeiramente viáveis você escolhe?".

No campo da reparação dos danos, a primeira lição que podemos compartilhar com as instituições públicas envolvidas é a que se deve exercer de modo incansável o papel institucional de articulação. É quase impossível se chegar a bons resultados em situações catastróficas como essa, sem uma boa articulação interinstitucional tanto dentro do Poder Executivo quanto com as instituições do sistema de justiça. É preciso construir o diálogo transparente e leal entre todos os envolvidos, tendo a compreensão de que sucessivas medidas judiciais trarão pouco ou nenhum efeito na vida das pessoas atingidas.

Ainda quanto à reparação, é muito importante que os quadros jurídicos estejam próximos das áreas técnicas, que também devem estar atuando de forma coordenada. O consenso técnico é fundamental para a construção de soluções jurídicas eficazes.

4. CONSIDERAÇÕES FINAIS

O desastre decorrente da emergência climática no Rio Grande do Sul tem causas e efeitos distintos dos desastres ocorridos em Mariana e Brumadinho, decorrentes do rompimento de barragens de rejeitos de mineração de ferro, mas todos esses eventos causaram graves danos socioambientais e socioeconômicos, provocando uma verdadeira desordem social.

A partir de uma análise das soluções jurídicas adotadas em resposta aos desastres que aconteceram em Minas Gerais, este artigo procura indicar possíveis alternativas, que, potencialmente, poderão ser aplicadas no território gaúcho.

No aspecto preventivo, foram analisados importantes instrumentos normativos que podem orientar a atuação das forças públicas. A Política Nacional de Segurança de Barragens – PNSB, ainda que seja uma legislação destinada a barragens, assegura a transparência de informações, a participação e o controle social, e traz uma série de medidas preventivas que podem ser encampadas na construção de um plano de ação emergencial para o próximo período chuvoso no Rio Grande do Sul. A Política Nacional de Proteção e Defesa Civil – PNPDEC, ao prever importantes ações a serem adotadas por todas as esferas de entes federados, de forma cooperativa, contribui para o mapeamento das áreas de risco, os estudos de identificação de ameaças, suscetibilidades, vulnerabilidades e risco de desastre e nas demais ações de prevenção, mitigação, preparação, resposta e recuperação. Já a Política Nacional de Direitos das Populações

Atingidas por Barragens – PNAB fornece um verdadeiro manual de instruções para o relacionamento com a população afetada pela emergência climática pelo desastre no Rio Grande do Sul, prevendo direitos como o reassentamento coletivo como opção prioritária; a opção livre e informada a respeito das alternativas de reparação e a negociação, preferencialmente coletiva.

Quanto ao processo de reparação de danos, a grande lição de Mariana e Brumadinho, pelos erros e acertos, é a importância da articulação interinstitucional, construindo o diálogo transparente e leal entre todos os envolvidos. Além disso, é necessária a aproximação entre quadros jurídicos e áreas técnicas, que também devem estar atuando de forma coordenada. O consenso técnico é fundamental para a construção de soluções jurídicas eficazes.

REFERÊNCIAS

ADAMS, Luís Inácio Lucena *et al*. *Saindo da lama*: a atuação interfederativa concertada como melhor alternativa para solução dos problemas decorrentes do desastre de Mariana. Belo Horizonte: Fórum, 2019.

ARBEX, Daniela. *Arrastados*: os bastidores do rompimento da barragem de Brumadinho, o maior desastre humanitário do Brasil. São Paulo: Intrínseca, 2022.

BRASIL. Minas Gerais. 2015. Ação Civil Pública 0023863-07.2016.4.01.3800 – 12.ª Vara Federal da Seção Judiciária de Belo Horizonte/MG. Petição inicial disponível em: http://www.brasil.gov.br/meio-ambiente/2015/12/confira-documentos-sobre-o-desastre-do-rio-doce/acao_inicial_agu_es_mg_samarco.pdf. Acesso em: 11 jun. 2024.

BRASIL. Minas Gerais. 2016. Decisão liminar proferida na Ação Civil Pública 0023863-07.2016.4.01.3800 pelo Juiz da 12.ª Vara Federal da Seção Judiciária de Belo Horizonte/MG. Disponível em: http://www.agu.gov.br/page/content/imprimir/id_conteudo/425989. Acesso em: 24 fev. 2017.

BRASIL. Minas Gerais. 2020. Pró-Brumadinho. Portal do Governo do Estado de Minas Gerais sobre o Acordo de Reparação. Disponível em: https://www.mg.gov.br/pro-brumadinho/pagina/principais-encaminhamentos-judiciais. Acesso em: 11 jun. 2024.

BRASIL. Minas Gerais. 2024a. Pró-Brumadinho. Portal do Governo do Estado de Minas Gerais sobre o Acordo de Reparação. Disponível em: https://www.mg.gov.br/pro-brumadinho/pagina/entenda-o-acordo-judicial-de-reparacao-ao-rompimento-em-brumadinho. Acesso em: 11 jun. 2024.

BRASIL. Rio Grande do Sul. 2024b. Portal da Defesa Civil do RS. Disponível em: https://www.defesacivil.rs.gov.br/defesa-civil-atualiza-balanco-das-enchentes-no-rs-4-6-9h. Acesso em: 11 jun. 2024.

BRASIL. 2024c. Estatísticas e Relatórios da Dívida Pública Federal. Disponível em: https://www.tesourotransparente.gov.br/temas/divida-publica-federal/estatisticas-e-relatorios-da-divida-publica-federal. Acesso em: 11 jun. 2024.

LYSTER, Rosemary. *Climate justice and disaster law*. London: Oxford University Press, 2016.

SÁNCHEZ, Luís Henrique. *Avaliação de impacto ambiental*. 3. ed. São Paulo: Oficina de Textos, 2020.

SIQUEIRA, Lyssandro Norton; COSTA, Beatriz Souza. Internacionalização da proteção ambiental e a necessidade de maior efetividade das ações de reparação por danos ambientais: o caso de Mariana. *Nomos. Revista do Programa de Pós-graduação em Direito-UFC*, v. 38, n. 2, jul./dez. 2018.

SIQUEIRA; L. N.; REZENDE, E. N. Desastres ambientais: acertos e desacertos de um novo modelo de reparação no Caso Samarco. *Veredas do Direito*, Belo Horizonte, v. 19, n. 45, p. 299-318, set./dez. 2022. Disponível em: http://www.domhelder.edu.br/revista/index.php/veredas/article/view/2456. Acesso em: 10 jun. 2024.

SIQUEIRA, Lyssandro Norton. *Qual o valor do meio ambiente?*: previsão normativa de parâmetros para a valoração econômica do bem natural impactado pela atividade minerária. 2. ed. Rio de Janeiro: Lumen Juris, 2022.

VITORELLI, Edilson. *O devido processo legal coletivo*: dos direitos aos litígios coletivos. 3. ed. São Paulo: RT, 2022.

VITORELLI, Edilson. *Processo civil estrutural*: teoria e prática. 5. ed. Salvador: Juspodivm, 2024.

VITORELLI, Edilson; BARROS, José Ourismar. *Processo coletivo e direito à participação*: técnicas de atuação interativa em litígios complexos. 2. ed. Salvador: Juspodivm, 2024.

A MUDANÇA DO CLIMA DRAGADA PELAS RELAÇÕES COMERCIAIS E PELOS DESVIOS DE CONDUTA

Werner Grau Neto[1]
Natália Azevedo de Carvalho[2]

1. INTRODUÇÃO

O presente artigo busca trazer luz a aspectos que, atrelados ao debate global acerca da mudança do clima, dele decorrem, mas para seus objetivos não contribuem ou concorrem. Trataremos aqui, especificamente, de três de inúmeras facetas do tema: a uma, a apropriação do tema pelas relações de mercado, com usos que nem sempre se coadunam com o propósito original do debate, passando por distorções; a duas, o desvio propriamente dito, em que o mau uso, o uso deturpado, sob má-fé, gera abalo à credibilidade dos mecanismos criados para dar concretude à busca pela contenção da mudança do clima e de seus efeitos; e, a três, a busca do próprio mercado de estabelecer mecanismos de autorregulação para endereçar esses desvios, não perdendo, mas gerando valor e impactando o arcabouço normativo.

2. O IDEAL DA ESTRUTURAÇÃO DO SISTEMA

A assim popularmente conhecida ECO-92 trouxe à Cidade Maravilhosa segurança, garantida pela imagem assustadora de equipamento bélico em pontos estratégicos da cidade, paz e, acima de tudo, otimismo. Depois de 20 anos do

---

[1] Advogado (USP). Sócio em Pinheiro Neto Advogados desde 2001. Especialista em Direito Ambiental (USP). Mestre em Direito Internacional (USP). Doutor em Direito Econômico Tributário (USP). Professor em instituições diversas em cursos de pós-graduação. Graduado pela Cambridge University no curso Sustainable Finance. Ex-conselheiro e ex-presidente do Conselho da The Nature Conservancy – TNC e de entidades como o IDESAM. Consultor de entidades multilaterais. Professor universitário. Autor de obras e artigos acadêmicos.

[2] Associada sênior na área ambiental de Pinheiro Neto Advogados, com *expertise* em regulações de mudanças climáticas e mercado de carbono, regulamentação nacional e internacional de biodiversidade, relatórios e divulgações ESG, iniciativas de economia circular, direitos humanos, e questões atinentes a povos indígenas e comunidades tradicionais. Graduada em Direito pela Fundação Getulio Vargas (2011). *LL.M* pela University of Illinois (2012). Certificada em ESG Investing pela Columbia Business School. Aprovada na OAB-SP e New York State Bar.

histórico encontro de Estocolmo, e vários solavancos depois, chegou-se àquele encontro com a certeza de que os caminhos, agora, estariam traçados pela tríade de instrumentos ali afirmados: a Declaração do Rio-92, a Convenção-Quadro sobre Mudança do Clima – UNFCCC e a Convenção sobre a Diversidade Biológica – CDB.

Tal otimismo tinha razão clara de ser: estruturados os princípios norteadores da atuação dos Estados em seus espaços soberanos, e adotadas as medidas para garantir o repositório biológico que nos alimenta e viabiliza, bem como a contenção dos efeitos da ação humana sobre o clima, teríamos caminho certo para o encontro com a sustentabilidade, com o respeito à capacidade de suporte do planeta.

Não é preciso aqui dizer que, no todo, de lá e até este momento muito mais afastamo-nos do que nos aproximamos do objetivo da sustentabilidade.

Por inúmeras razões, que vão do desalinhamento entre Estados quanto às medidas a adotar, e chegando até mesmo aos extremos exemplos das guerras, o fato é que vemos reduzir-se a biodiversidade, ao passo que a mudança do clima avoluma seus efeitos e impactos.

O resultado prático disto é que já não vemos, aqui em *terra brasilis*, imagens do urso polar em sofrimento como exemplo ou retrato do que é a mudança do clima.

Não.

Vemos, por aqui, o estado do Rio Grande do Sul atravessado pela ira do clima, em um evento climático de proporções históricas, ao qual apenas os mais desinformados negam conexão com os efeitos das emissões humanas de Gases de Efeito Estufa – GEE.

O ponto específico do clima, ou seja, da UNFCCC e seus desdobramentos, de que trataremos aqui, trouxe evolução imediata, logo após a ECO-92, com a vinda do Protocolo de Quioto, instrumento que trouxe o primeiro bloco de mecanismos econômicos voltados a dar materialidade ao combate à mudança do clima.

O nó górdio à materialização dos objetivos da UNFCCC, desde seu estabelecimento, sempre esteve vinculado aos mecanismos de financiamento de medidas de mitigação e adaptação.

O debate desses mecanismos, tanto no plano internacional, quanto no plano interno, encontra obstáculos que vão desde a assimetria de visões entre Estados--Parte da UNFCCC, assim como objetivos distintos, até a escassez de recursos disponíveis em âmbito interno a tais Estados, como é o caso do Brasil, em que a Política Nacional sobre a Mudança do Clima, trazida pela Lei n. 12.187/2009, estabelece a importância de tais mecanismos, mas não se vê sua viabilização e implementação.

No apertado espaço que se tem aqui, para fins de contextualização, importa dizer que, como um dos efeitos da lenta discussão acerca dos mecanismos econômicos para financiamento, em âmbito internacional, das medidas de mitigação e adaptação dos efeitos da mudança do clima, resta às relações atomizadas entre Estados, e a mecanismos do mercado, a criação de formas de redução de emissões de GEE.

Nesse cenário, medidas que induzem e estimulam novos negócios, assim como as que incentivam otimização de atividades existentes, constituem um efetivo método e modo de busca e materialização de medidas voltadas ao propósito da UNFCCC.

Nesse espaço é que se destacam três ordens de medidas: de um lado, o uso do mercado, e das relações de mercado, como um fator de pressão, de imposição de regras, excedentes à lei aplicável aos agentes envolvidos, para alcance de um suposto resultado condizente com os objetivos da UNFCCC.

De outro lado, o uso abusivo, e mesmo em desvio, de mecanismos voltados ao alcance dos objetivos da UNFCCC, com o fito de obtenção de benefício irregular ou ilícito.

E, por fim, as iniciativas mercadológicas voltadas justamente a evitar que esses desvios impactem o valor que seus instrumentos visam criar ou, até de modo reverso, criem valor adicional para segurança de seus usuários.

Essas três ordens que, em nosso sentir, merecem debate e exame aqui, porque atuais em nossa realidade.

3. O PROPÓSITO DO SISTEMA DRAGADO PELAS RELAÇÕES DE COMÉRCIO, UM EFEITO NEFASTO

As questões de ordem ambiental flertam com a possibilidade de que gerem efeitos comerciais desde há muito. O célebre caso US TUNA, I e II[3], traz uma abrangente visão dos mecanismos que, no âmbito do comércio internacional, podem ou não podem ser utilizados como vetor de diferenciação de produtos a partir da variável ambiental.

Essa conexão entre aspectos ambientais e o comércio internacional resvala, não raras vezes, em tema espinhoso: a soberania dos Estados diante das relações multilaterais.

Este o cenário que se desenha hoje.

A emergência climática é tema que envolve variáveis de difícil apropriação. A uma, há o fato de que não se pode imputar aos diversos Estados-membros da

---

[3] Para uma visão dos casos US TUNA I e II, vale a leitura de interessantíssimo texto de Joana Stelzer, Everton das Neves Gonçalves e Keite Wieira, intitulado A compreensão da OMC sobre a certificação "Dolphin Safe" na pesca do atum: o Caso US TUNA II. Disponível em: https://bdjur.stj.jus.br/jspui/bitstream/2011/136927/compreensao_omc_sobre_stelzer.pdf. Acesso em: 11 jun. 2024.

UNFCCC responsabilidade de mesmo peso diante da contribuição humana para a mudança do clima. O conceito de responsabilidade comum, mas diferenciada impôs-se, desde o início dos debates, exatamente porque os países que de primeiro tiveram seu crescimento econômico, vivendo intensamente as revoluções industriais, contribuíram de forma histórica para a mudança do clima em volumes muito maiores do que aqueles países que tardiamente iniciaram seu crescimento.

Dada a natureza cumulativa das emissões de GEE, natural que se imponha maior responsabilidade àqueles que, ao longo do tempo, mais emitiram.

Mas há o contraponto: os países que tardiamente iniciaram seu crescimento econômico, hoje, são grandes emissores de GEE, enquanto aqueles que historicamente o foram buscam maneiras de reduzir suas emissões já há algum tempo. Uma balança que esteve em um polo começa a deslocar-se para o outro polo.

Tome-se ponto outro, para ampliar a intrincada e multifacetada ordem de relações: alguns Estados sofrem impacto maior dos efeitos da mudança do clima, e veem maior urgência no debate: Tuvalu, pequena ilha, vê-se ameaçada por completo, enquanto outros países já não veem tamanho efeito sobre si debruçar-se.

Mas há mais ainda: determinados Estados resistem fortemente ao abandono do uso de combustíveis fósseis como fonte de energia, dada sua dependência econômica de tal recurso, como é o caso dos países-membros da Organização dos Países Exportadores de Petróleo – OPEP.

Acresça-se a condição brasileira, de sermos o único Estado em que a emissão de GEE tem por fonte principal não a queima de combustíveis fósseis, mas a perda de florestas.

Dessa intrincada teia de múltiplas variáveis surge ainda um elemento, a nosso ver o elemento central: porque a questão climática a todos afeta, mas países como o Brasil estão entre os poucos que ainda dispõem de florestas em larga escala, para ter os repositórios de carbono, há um interesse global sobre como tratamos nossas florestas e, especialmente, sobre como fazemos a gestão da conversão do uso do solo, notadamente a conversão de florestas em áreas dedicadas ao agronegócio.

Bate de forma retumbante, aqui, o ponto da soberania. Temos nossa própria legislação, nosso próprio regime jurídico de proteção florestal, e a ninguém cabe nos dizer se este regime jurídico é bom ou ruim.

Por meio da UNFCCC, da CDB, e de instrumentos outros, já se definiu, no plano internacional, os critérios para que o regime jurídico e as políticas públicas dos Estados soberanos sejam organizados para atender ao quanto em nível internacional assumido.

Os Estados que cedo iniciaram seu crescimento econômico, à época sem consciência dos efeitos desse crescimento no que tange às emissões de GEE, cobram agora dos países de crescimento tardio, como o Brasil, que o façam sem que com isso gerem os efeitos climáticos que aqueles primeiros causaram.

Esse exercício passa por dois pilares que, historicamente, atravancam o deslanchar dos mecanismos de implementação dos propósitos da UNFCCC: transferência de tecnologia e financiamento das medidas de mitigação e adaptação dos efeitos da mudança do clima.

E, aqui, criou-se o nó górdio que Estados como os membros da Comunidade Europeia decidiram endereçar de forma assimétrica e injusta.

Porquanto não se possa invadir nossa soberania – temas como a internacionalização do Bioma Amazônico, que ronda a mídia, encontram barreira na soberania brasileira sobre seu território – e, de outro lado, não aceitem os países de crescimento econômico avançado entregar aos países de crescimento tardio tecnologia e financiamento à mitigação e adaptação aos efeitos da mudança do clima sem contrapartida, as negociações internacionais avançam em ritmo que não logrará eficácia; os efeitos da mudança do clima impor-se-ão antes de os Estados-Parte da UNFCCC chegarem a termo acerca dos instrumentos de implementação das medidas de mitigação e adaptação dos efeitos da mudança do clima. A solução encontrada por Estados-Parte da UNFCCC que integram a Comunidade Europeia é simples: pelo estabelecimento de regras internas à Comunidade Europeia que inviabilizam a exportação de *commodities* aos países--membros daquela Comunidade, por países outros, criam-se barreiras não tarifárias que, para que sejam atendidas, impõem mudanças na gestão territorial dos países exportadores.

O grande veículo é o Regulamento 2023/1115, pelo qual se estabeleceu, de forma retroativa, que somente poderão ser exportados à Comunidade Europeia produtos e produtos derivados de produtos outros – os produtos regulados – que tenham sido produzidos em áreas que, a partir de 31 de dezembro de 2021, não tenham sido objeto de desmatamento, pouco importando se tal desmatamento, em referido país de origem do produto ou produto derivado de produto outro, tenha ocorrido de forma legal ou ilegal.

A imposição, de cunho retroativo, de "contaminação" de qualquer "terreno ou parcela de terreno", nos termos da referida norma, mesmo que o desflorestamento ali realizado se tenha dado nos estritos termos de nossa lei, é no mínimo assimétrica e injusta, à medida que impõe uma obrigação sobre o passado, em ofensa a um basilar princípio normativo que a qualquer sistema alcança e deve alcançar, da irretroatividade das normas.

Demais disso, chega a causar espécie que países que geraram desflorestamento muito maior de sua cobertura florestal original, em termos percentuais, e que hoje impõem a si mesmos a tímida Nature Restoration Law – NRL, que demanda restauração mínima, e com exigibilidade vinculada a uma série de condições suspensivas, pretendam impor a países como o Brasil obrigações que sequer são possíveis de se cumprir, porque retroativas e desconectadas do princípio – outro basilar princípio de direito em qualquer sistema – da legalidade.

Some-se ainda o fato de que nosso sistema prevê normas de conservação – e restauração – florestal muito mais rígidas do que ditos países, e encontra-se como resultado uma única resposta: porque não assumem sua responsabilidade por arcar com o custo de oportunidade da conservação extremada que nos querem impor, nem tampouco com o financiamento de transferência de tecnologia para otimização da produção sustentável como elemento de mitigação da mudança do clima, e porquanto não consigam impor sua lógica assimétrica a países de desenvolvimento tardio, decidiram os países da Comunidade Europeia impor barreiras não tarifárias a países como o Brasil, buscando com isso forçar o atendimento àquilo que justo seria desde que (i) igual renúncia – aqui, em caminho inverso, pelo desfazimento – à conversão do uso do solo fizessem tais países; (ii) financiassem, esses países, as medidas de transferência de tecnologia necessárias a otimizar nossa produção e, como consequência gerar mitigação da mudança do clima; e (iii) estivessem, esses países, dispostos a custear a renúncia realizada, em nosso território, à regular – na forma de nossa lei – conversão do uso da terra. Este compromisso não se vê nos países da Comunidade Europeia, de modo que o que buscam nos impor presta-se apenas a gerar assimetria e injustiça, por meios inadequados.

No acima citado caso US TUNA, notadamente a segunda disputa, decidiu a OMC, por meio de seus Sistema de Solução de Controvérsias, não haver óbice a que os EUA estabelecessem um sistema de certificação da pesca adequada do atum como diferencial de mercado, dado que, em momento algum, se proibiu ou se visou proibir a venda de atum não certificado no mercado consumidor norte-americano.

Diverso é o caso aqui em exame. Sem nenhum motivo que justifique enquadrar o Regulamento 2023/1115 no contexto de Barreiras Técnicas que, no âmbito dos regramentos da OMC, podem os Estados-membros daquela Organização estabelecer para a proteção, dentre outros valores, à vida ou à saúde animal e vegetal, trouxe a Comunidade Europeia barreira não tarifária travestida de norma interna, como que transferindo ao mercado daquela comunidade impor à sua cadeia de fornecimento uma regra invasiva e ofensiva à soberania da lei daquele Estado em que gerado o insumo ou produto que será exportado àquele mercado.

O resultado é nefasto, e merece reprimenda. O Estado brasileiro não pode se calar diante de tamanha afronta.

4. O DESVIO DE CONDUTA – O HOMEM É O LOBO DO HOMEM

Mas não se vê apenas obstáculos vindos do mundo exterior.

Dono de um potencial imbatível de geração de créditos de carbono pela conservação de nosso vasto território coberto por florestas, notadamente aquelas do Bioma Amazônico, vemos nosso país perdendo-se em ineficiências e desvios que maculam a credibilidade de nossas iniciativas nessa seara.

Todo projeto de Redução das Emissões de GEE pelo Desmatamento e Degradação da floresta – REDD+, veículo de primeira escolha para a conservação florestal vinculada à aferição do volume de GEE que se deixa de ver emitidos para a atmosfera pelo desmatamento, funda-se em três variáveis: a uma, a propriedade, a terra florestada que seu regular proprietário ou detentor de posse, que se denomina de proponente, atribui ao projeto; a duas, a atividade de mensuração do volume de GEE que se deixará de ver emitido à atmosfera pela conservação da área florestada atribuída ao projeto, tarefa que caberá ao *expert* denominado de desenvolvedor do projeto; e, a três, caberá à entidade verificadora, em regra Verra, reconhecer e autorizar a emissão dos créditos de carbono certificados.

A primeira etapa, documental, atinente à regularidade fundiária da área que se atribui ao projeto, traz consigo a definição de titularidade originária do crédito de carbono que se gerará por meio do projeto.

Este ponto, no entanto, pode se tornar verdadeiro pesadelo para o interessado em desenvolver um projeto REDD+. Em recente operação, denominada de Greenwashing, deflagrada em 5 de junho de 2024, a Polícia Federal trouxe à luz informações que colocam em xeque a regularidade fundiária de várias propriedades atribuídas a sete projetos REDD+ diferentes, todos desenvolvidos em nosso Bioma Amazônico.

O Relatório apresentado pela Polícia Federal para o caso inicia com contundente afirmação acerca de nossa realidade fundiária: "*A governança fundiária no Brasil é um tema complexo e multifacetado, marcado por desafios persistentes que afetam tanto a gestão eficiente das terras quanto a conservação ambiental. Problemas estruturais como a duplicidade de títulos e as frequentes fraudes em registros fundiários têm complicado significativamente a administração das terras, dando origem a conflitos por posse e uso de territórios e prejudicando os esforços de conservação ambiental*" (Autos da Representação apresentada em abril pela Polícia Federal ao Juízo que preside o caso no âmbito do qual deflagrada a Operação Greenwashing).

O caso inaugurado por meio da Operação Greenwashing lançou um foco largo de luz à questão que os profissionais envolvidos no desenvolvimento de projetos REDD+ no Brasil enfrentam cotidianamente. Não há tarefa mais ingrata e complexa do que realizar a recomposição de toda a cadeia fundiária de uma propriedade que, século atrás, integrava o patrimônio público e foi destacada e entregue a um possuidor que ao depois a convolou em propriedade, tudo ao sabor de transcrições esparsas e desencontradas, atécnicas, anteriores à Lei de Registros Públicos, que não traziam demarcação firme, mas no mais das vezes apenas a indicação de uma fração ideal de uma área muito mais abrangente.

O ponto de partida para um projeto REDD+, ou seja, a legitimidade para a proposição do projeto, dada a condição de titular desse acessório – o crédito de carbono – que se retirará de um espaço do qual deve o proponente ser proprietário ou, minimamente, possuidor legítimo, revela já uma inexatidão, para usar termo generoso e leve, que transforma em verdadeira barafunda a busca pela adequada documentação do ponto.

Aqui, uma vez mais, a exemplo do quanto apontado e com veemência afirmado para a questão das normas europeias, está nas mãos do Estado brasileiro, e de nossas unidades federativas estaduais, especialmente, a obrigação de ação imediata, em nome da higidez, da sanidade, da regularidade e da legitimidade de um mercado que pode – e deve cumprir tal desiderato – transformar-se em ferramenta de conservação florestal (e, demais disso e em paralelo e adicionalmente, restauração florestal) e geração de renda e dignidade aos povos e comunidades tribais e tradicionais de nosso imenso e riquíssimo Bioma Amazônico, resgatando uma dívida secular que tem a sociedade brasileira – e, de resto, todo o mundo interessado na conservação e restauração de tal bioma – com tais povos e comunidades.

O "país do futuro" já deixou passar por entre os dedos inúmeras oportunidades de transpor-se de um passado desorganizado, ineficiente e de parcos resultados a esse futuro de prosperidade. O Estado brasileiro não pode furtar-se a enfrentar, de forma direta e objetiva, a mazela de nossa desorganização fundiária, que dá espaço aos desvios e gera insuportável insegurança jurídica.

O Projeto de Lei de criação e regulação do Mercado de Carbono precisa ser complementado por medidas imediatas e extremas voltadas à solução de nossa questão fundiária.

5. UMA LUZ NO FIM DO TÚNEL – AUTORREGULAÇÃO GERANDO INTEGRIDADE E CRIAÇÃO DE VALOR

Tomando a lógica de Bill Gates sobre o enfrentamento às mudanças climáticas[4], inovações trazem riscos, e há dois caminhos para enfrentá-los: desistindo de seu

---

[4] "Imagine if everyone had gotten together one day and said, 'Hey, cars are killing people. They're dangerous. Let's stop driving and give up these automobiles'. That would've been ridiculous, of course.

uso – e por essa via, abandonando os reais benefícios trazidos – ou buscando mecanismos de aperfeiçoá-las.

Para o mercado de carbono não são poucas as iniciativas que visam enfrentar os questionamentos e sensibilidades, voltando a bússola para o norte de projetos de alta integridade. Destacamos algumas dessas iniciativas:

- *Integrity Council for the Voluntary Carbon Market* (ICVCM), iniciativa voltada ao desenvolvimento de padrões para avaliação de créditos de carbono que permitam identificar e apontar os de alta qualidade. É a iniciativa responsável pelos "Core Carbon Principles" (Princípios Fundamentais de Carbono), atualizados em março de 2023, cujos critérios para avaliação dos créditos envolvem o atendimento a requisitos específicos de governança, rastreabilidade, transparência, validação, verificação, adicionalidade, permanência, quantificação, dupla contagem, entre outros;
- *Voluntary Carbon Markets Integrity Initiative* (VCMI), iniciativa voltada a guiar como as declarações envolvendo o uso de créditos de carbono são realizadas e classificá-las segundo determinados critérios de averiguação. É a iniciativa responsável pelo "Claims Code of Practice" (Código de Conduta para Declarações), atualizado no final de 2023, cujos critérios buscam avaliar não só a declaração que é feita, mas também guiar quais metas e compromissos que, quando realizados, podem dar origem a declarações de maior reconhecimento, sob os requisitos que preconiza;
- Empresas de *ratings* (avaliações e classificações) independentes de projetos de carbono, estabelecidas com base em critérios de melhores práticas;
- Desenvolvimento de *labels* (rótulos ou declarações) a serem somados à certificação para emissão de créditos de carbono, indicando que os projetos que os originam atendem critérios rígidos de qualidade em diferentes frentes (adicionalidade, permanência, contabilidade de emissões, biodiversidade, impacto social, dentre outros; e

---

We did just the opposite: We used innovation to make cars safer. To keep people from flying through the windshield, we invented seat belts and air bags. To protect passengers during an accident, we created safer materials and better designs. To protect pedestrians in parking lots, we started installing rear-view cameras." (GATES, Bill. How to avoid a climate disaster: the solutions we have and the breakthroughs we need. New York: Random House, 2021, p. 85). Tradução livre para o português: "Imagine se todos se reunissem um dia e dissessem: 'Ei, os carros estão matando pessoas. Eles são perigosos. Vamos parar de dirigir e desistir desses automóveis'. Isso teria sido ridículo, é claro. Fizemos exatamente o oposto: usamos a inovação para tornar os carros mais seguros. Para evitar que as pessoas voassem pelo para-brisa, inventamos cintos de segurança e *airbags*. Para proteger os passageiros durante um acidente, criamos materiais mais seguros e melhores *designs*. Para proteger os pedestres nos estacionamentos, iniciamos a instalação de câmeras retrovisoras".

- Especificamente no Brasil, o lançamento da Prática Recomendada pela Associação Brasileira de Normas Técnicas (ABNT PR 2060), trazendo requisitos a serem cumpridos por qualquer empresa ou entidade que busque demonstrar neutralidade de carbono por meio da quantificação, da redução e da compensação das emissões de gases de efeito estufa.

Essas iniciativas, todas, contribuem para que se desenvolva, a partir das demandas de mercado, mecanismos de autorregulação que complementam aquilo que a regulamentação estatal (leis e normas outras) não logrou aclarar. No contexto atual do mercado de carbono, especialmente em países como o Brasil, em que não se tem regulação estatal específica e abrangente, aguardando-se seja o PL do Mercado de Carbono convertido em lei, é salutar que o mercado procure, por meio da autorregulação, criar a segurança jurídica necessária.

Essas regras de autorregulação, demonstrada sua eficiência[5], podem ser absorvidas pela legislação, otimizando-a.

Assim, a legislação doméstica absorve padrões da autorregulação privada internacional e os institucionaliza, configurando o que se denomina de efeito "espelho"[6].

Atualmente e para o tema específico deste artigo, é o que já se observa por algumas normativas europeias. Esse o caso da Diretiva n. 2024/825, para *"empoderamento dos consumidores na transição verde"*. A Diretiva impõe regras voltadas a proteger os consumidores do *greenwashing* e de qualquer tipo de informação equivocada ou não transparente sobre sustentabilidade.

---

[5] Como trabalhado pela doutrina: "(...) corporate environmentalism takes on a different strategic role, that of influencing the formulation of new environmental laws. Examples of such influence on environmental, health and safety regulation are legion. (...) In our signaling model we examine how the adoption of a high-quality environmental technology can be used to induce the government to mandate the use of that technology throughout the industry. In this case the firm's voluntary adoption of the high-quality technology serves as a costly signal to the regulator that the technology's adoption costs are low. Consequently, the regulator, in balancing corporate profits, consumer welfare, and environmental externalities, is convinced that mandating the adoption of the high level of quality will be socially desirable" (LYON, Thomas P.; MAXWELL, John W. Corporate environmentalism and public policy. Cambridge University Press, 2004, p. 87 e 91).

[6] "Businesses are being pushed and pulled to adopt voluntary Standards by their fear of ill conceived international rules and transnational activist pressure, of heightened competition in a world in which reputation matters, and of the spread of new ideas within the business world about how to achieve long-term profitable growth. Governments are interested in legitimizing these efforts in the hope that they can protect society from the negative side effects of corporate activities in a flexible way that maintains national competitiveness. The problem that governments and publics have with these voluntary initiatives is precisely that they are voluntary, with often-weak enforcement mechanisms. Few people trust business to implement higher standards and stick by them" (HAUFLER, Virginia. A public role for the private sector: industry self-regulation in a global economy. Carnegie Endowment for International Peace, 2001, p. 2).

Para tanto, tal Diretiva traz vedação à apresentação de afirmação, com base na compensação das emissões de GEE, de que um produto, bem ou serviço tem impacto neutro, reduzido ou positivo no ambiente em termos de emissões de GEE, vinculando tais afirmações ao impacto real do ciclo de vida do produto, e não na compensação das emissões de GEE fora da cadeia de valor do produto.

Com destaque à integridade dos créditos de carbono a serem utilizados nas estratégias corporativas, o Governo dos Estados Unidos da América estabeleceu sete princípios para orientar o desenvolvimento do mercado voluntário de carbono e das empresas que dele participam:

- Os créditos de carbono e as atividades que os geram devem cumprir padrões críveis de integridade atmosférica e representar uma verdadeira descarbonização;
- As atividades geradoras de crédito devem evitar danos sociais e devem, quando aplicável, apoiar co-benefícios e uma partilha de benefícios transparente e inclusiva;
- Os compradores corporativos que utilizam créditos devem dar prioridade a reduções mensuráveis de emissões nas suas próprias cadeias de valor;
- Os utilizadores de créditos devem divulgar publicamente a natureza dos créditos adquiridos e retirados;
- As declarações públicas dos utilizadores de crédito devem refletir com precisão o impacto climático dos créditos retirados e devem basear-se apenas em créditos que cumpram elevados padrões de integridade;
- Os participantes no mercado devem contribuir para esforços que melhorem a integridade do mercado; e
- Os decisores políticos e os participantes no mercado devem facilitar a participação eficiente no mercado e procurar reduzir os custos de transação.

As regras trazidas para o mercado norte-americano revelam explícita preocupação com a transparência e a segurança do mercado. Integridade é palavra-chave à credibilidade do mercado de carbono, seja ele puramente voluntário ou regulado.

6. CONCLUSÃO

Diante de uma realidade que beira a intervenção, e de um estado de insegurança jurídica interno que afeta diretamente o potencial de desenvolvimento pleno do mercado de carbono no país, é imperativo que o Estado brasileiro aja, com pulso firme e de forma intransigente, na proteção de nossa soberania e interesses comerciais, bem como para que possamos entregar segurança jurídica, especialmente no plano fundiário, para esse crescente mercado. Os benefícios serão incontáveis.

A absorção das regras postas pela autorregulação do mercado é sempre salutar, e permite que nos aproximemos de forma mais rápida e eficaz da tão buscada segurança jurídica para o mercado de carbono.

LITIGÂNCIA CLIMÁTICA E A JUDICIALIZAÇÃO GLOBAL

Rodrigo Jorge Moraes[1]

1. INTRODUÇÃO

Estima-se que em todo o mundo 4 bilhões de pessoas vivem em condições que representam alguma vulnerabilidade ambiental e serão desproporcionalmente atingidas pelas mudanças climáticas.

Dessa forma, considerando que a população mundial se aproxima dos 7,8 bilhões de pessoas, conclui-se que praticamente a metade da humanidade, independentemente de nível social, cultural, ou econômico, bem como de onde residem, deverá suportar algum tipo de prejuízo pessoal advindo das questões climáticas, caso ações globais não sejam efetivamente adotadas em tempo.

A crise climática mostra-se como um dos temas mais discutidos no cenário global, pois não se pode colocar em dúvida que o planeta Terra está sofrendo com os impactos advindos das alterações do clima, especialmente, e com maior intensidade após a Revolução Industrial.

Como se nota cotidianamente a nosso redor, a exemplo de fenômenos naturais mais intensos, constantes e fora de seu tempo, bem como diante das constatações científicas que comprovam tal realidade, torna-se necessária a criação de mecanismos e ações globais que busquem combater essa realidade em escala planetária.

Importante observar que as questões climáticas envolvem uma tríade indissociável de interesses, ou seja, relacionam-se intimamente com as questões ambientais, sociais e econômicas, demonstrando a necessária e urgente preocupação global em adotar ações conjuntas para a salvaguarda do planeta Terra.

Portanto, vale dizer, as questões climáticas são a expressão mais originária que pode ser relacionada aos direitos meta ou transindividuais, de modo que as regras e respectivas ações devem ser pensadas e articuladas na qualidade de um *direito universal de propósito*, aderente e globalmente concatenadas entre si, especialmente

---

[1] Doutor e Mestre em Direitos Difusos e Coletivos com concentração em Direito Ambiental pela PUC/SP. Especialista em Direito Processual Civil pela PUC/SP e Especialista em Direito Ambiental pela USP. Revisor da *Revista Sostenibilidad: Económica, Social y Ambiental* da Universitat d'Alacant. Advogado e Professor de Direito Ambiental no Curso de Pós-graduação em Direito Ambiental da PUC-SP/COGEAE. Presidente da Comissão de Mercado de Carbono do IASP. Palestrante e autor de livros e artigos sobre Direito Ambiental.

porque as questões climáticas não respeitam fronteiras geográficas, tampouco escolhem pessoas ou grupos sociais.

Exatamente nesse sentido que a litigância climática ganha corpo em todo o mundo. No entanto, dado tratar-se de uma questão global, que não se limita a determinada jurisdição nem pode ser resolvida por um único juiz ou tribunal, faz-se necessário o exercício de algumas reflexões, como se verá adiante.

2. A GLOBALIZAÇÃO DA LITIGÂNCIA CLIMÁTICA

Ao menos nos últimos 30 anos, é possível notar um grande esforço global em pensar em meios, instrumentos e legislações que objetivam a tutela do meio ambiente. Tal constatação revela a humanização da problemática ambiental em busca de soluções técnicas, científicas e jurídicas. Essa coletivização difusa da problemática ambiental impõe-se para catalisar alterações de comportamentos e conscientização, objetivando a busca de novos caminhos e soluções.

Como mencionado, nas últimas três décadas houve uma considerável implementação de normas jurídicas, de acordos, de pactos internacionais, de políticas relacionadas às questões climáticas, ligadas ao meio ambiente, aos direitos humanos, aos direitos intergeracionais, as quais passaram a fornecer meios e instrumentos para a execução da salvaguarda pretendida do meio ambiente e combate às mudanças climáticas.

Outro fato importante a se destacar é o aumento expressivo e crescente de demandas[2] judiciais espalhadas pelo mundo, cujos pedidos se relacionam direta ou indiretamente com as questões climáticas, o que nos leva a concluir estarmos vivendo na era da litigância climática, cujas lides climáticas têm se mostrado como o maior e mais amplo instrumento judicial de participação popular para a tutela do meio ambiente global.

---

2 "Climate change litigation continues to grow in importance year-on-year as a way of either advancing or delaying effective action on climate change. In 2022, the Intergovernmental Panel on Climate Change (IPCC) recognised the role of litigation in affecting 'the outcome and ambition of climate governance'.
The latest edition of our annual report on global trends in climate change litigation takes stock of developments over the period May 2021 to May 2022, and draws on a number of recent case studies from around the world. It also identifies areas where climate litigation cases are likely to increase in the future.
The goal in these reports is to help readers understand the ways in which the law is being used as a tool to advance a variety of often inconsistent climate-related agendas. Legal practitioners may use the law to advance climate action, or, less frequently, seek to challenge the way in which climate policy is designed or implemented or to deter policymakers from implementing more restrictive measures on private parties responsible for greenhouse gas emissions" (Disponível em: https://www.lse.ac.uk/granthaminstitute/publication/global-trends-in-climate-change-litigation-2022/. Acesso em: 8 jun. 2024).

Dessarte, ainda mais curioso de ressaltar é a característica de que as lides climáticas ofertadas em diferentes partes do mundo têm sido inicializadas por grupos de jovens ou de pessoas de idades mais avançadas, bem como por organizações não governamentais, buscando a responsabilização de pessoas físicas ou jurídicas, mas todos eles conscientes de seus papéis individuais e coletivos na sociedade.

Apenas a título de exemplo, na Alemanha, em 2021, Luisa Neubauer, uma das jovens líderes do movimento *Fridays for Future*, processou o governo alemão sob a alegação de ausência de compromissos e políticas públicas de combate à crise climática, o que levou o Supremo Tribunal da Alemanha a ordenar que o governo apresentasse medidas mais específicas e detalhadas sobre suas metas de redução dos Gases de Efeito Estufa (GEE).

O caso fez com que a justiça alemã reconhecesse que a lei climática nacional de 2019 não seria o bastante para reduzir e eliminar as emissões de GEE e, por consequência, insuficiente para restringir as mudanças do clima, de modo que obrigou o governo alemão a se comprometer a reduzir 65% das emissões de GEE no país até o ano de 2030 e buscar zerar suas emissões de carbono até o ano de 2045[3].

Na Holanda, o Tribunal Distrital de Haia ordenou que a petroleira anglo-holandesa Shell rapidamente reduza suas emissões de dióxido de carbono (CO_2) até 2030 em 45% comparado aos níveis de 2019.

A ação, que ficou conhecida como "o povo contra a Shell", foi proposta pela ONG Milieudefensie (Amigos da Terra), sob o argumento de que a empresa não adotava suficientemente as medidas e os compromissos do Acordo de Paris para o combate às mudanças climáticas[4].

Em 2018, o estado de Nova York processou a Exxon Mobil, empresa mundialmente conhecida pelas atividades nos setores do petróleo e gás, sob a alegação de que a gigante petroleira enganou seus acionistas por meio de informações incorretas e que não retratavam fielmente os riscos correlacionados à sua atividade no que diz respeito às mudanças climáticas[5].

No final de 2021, acionistas do Commonwealth Bank ajuizaram a ação Abrahams v. Commonwealth Bank of Australia, sob a alegação de que a instituição não teria avaliado corretamente tampouco divulgado os riscos de negócios

---

3   Disponível em: https://umsoplaneta.globo.com/clima/noticia/2021/05/12/jovens-levam-a-crise-climatica-para-os-tribunais-e-dao-licao-em-governos.ghtml. Acesso em: 8 jun. 2024.
4   Disponível em: https://www.dn.pt/internacional/decisao-historica-tribunal-holandes-obriga-shell-a-reduzir-as-emissoes-de-co2-em-45-ate-2030-13773590.html; https://www.oc.eco.br/tribunal-manda-shell-cortar-45-das-emissoes-ate-2030/. Acesso em: 10 jun. 2024.
5   Disponível em: https://conexaoplaneta.com.br/blog/nova-york-processa-a-gigante-do-petroleo-exxon-por-enganar-investidores-sobre-clima/. Acesso em: 18 out. 2022.

ligados às alterações climáticas, pleiteando ainda acesso a documentos que embasaram as decisões da instituição para financiar projetos de petróleo e gás com o objetivo de auferir se as diretrizes estavam ou não alinhadas com os compromissos por eles assumidos e em consonância com o Acordo de Paris[6].

No Paquistão, o agricultor Asghar Leghari processou o governo federal e o governo regional de Punjab, argumentando acerca do tratamento inadequado das questões ligadas às mudanças climáticas.

Em que pese ter o governo federal do Paquistão aprovado em 2012 a Lei Nacional de Mudanças Climáticas, bem como o Marco de Implementação da Política de Mudanças Climáticas para o período de 2014 a 2030, o autor alegou que a falta de implementação da Política Nacional violou os arts. 9.º e 14 da Constituição do Paquistão, que reconhecem, respectivamente, o direito constitucional à vida e o ao meio ambiente saudável e limpo à dignidade humana.

A partir daí, o Tribunal reconheceu a insuficiência das medidas adotadas pelo Governo, conforme alegado na inicial, e, entre outras medidas, determinou a criação de uma Comissão de Mudança Climática para monitorar a implantação de uma política nacional no país de combate às alterações do clima[7].

Nas Filipinas, o caso "Carbon Majors Petition" promoveu o debate e a investigação sobre 47 empresas dos setores do petróleo, gás, carvão e cimento por violações aos direitos humanos e acerca dos impactos negativos sobre as mudanças climáticas em razão das emissões de GEE. A Comissão Filipina de Direitos Humanos (CHR) concluiu possuir competência para analisar o caso e que as empresas possuem responsabilidade civil e criminal sobre seus atos[8].

Na Índia, o Supremo Tribunal ampliou o conceito do direito fundamental do "direito à vida", disposto no art. 21 de sua Constituição para incluir a tutela ambiental, em especial a proteção contra os efeitos adversos das mudanças climáticas. Reconheceu o Supremo Tribunal indiano que as mudanças climáticas ameaçam as garantias previstas na Constituição indiana de igualdade e saúde, impactadas pela poluição atmosférica, bem como por doenças e pela insegurança alimentar[9].

---

[6] Disponível em: https://blognewgen.com.br/panorama-da-litigancia-climatica-no-brasil/. Acesso em: 12 jun. 2024.
[7] Disponível em: https://jusclima2030.jfrs.jus.br/caso-similar/asghar-leghari-x-federacao-do-paquistao-paquistao/. Acesso em: 12 jun. 2024.
[8] Disponível em: https://www.ejiltalk.org/the-philippines-human-rights-commission-and-the-carbon-majors-petition/; https://blogs.law.columbia.edu/climatechange/2018/03/08/update-on-the-carbon-majors-petition-the-role-of-the-philippine-commission-on-human-rights/. Acesso em: 10 jun. 2024.
[9] Disponível em: www.independent.co.uk/climate-change/news/india-right-to-life-supreme-court-climage-change=b2525074.html. Acesso em: 8 jun. 2024.

Conforme a decisão do Supremo Tribunal indiano, "sem um ambiente limpo, estável e não afetado pelos caprichos das alterações climáticas, o direito à vida não é plenamente realizado". Afirmou ainda que "o direito à saúde (que faz parte do direito à vida, nos termos do artigo 21.º) é afetado devido a fatores como a poluição atmosférica, mudanças nas doenças transmitidas por vetores, aumento das temperaturas, secas, escassez de alimento devido às más colheitas, tempestades e inundações", de modo a expressamente relacionar o direito à vida e à saúde com as questões climáticas[10].

No Brasil, tal realidade não tem se mostrado diferente. Jovens integrantes de movimentos como *Engajamundo* e *Fridays for Future Brasil* têm acionado o Poder Judiciário com pedidos ligados às mudanças climáticas. Um exemplo é a Ação Popular 5008035-37.2021.4.03.6100[11] movida contra a União Federal pelas chamadas "pedaladas climáticas", visando à anulação da nova iNDC (Contribuição Nacionalmente Determinada) apresentada pelo Governo brasileiro. Sobre o mesmo tema, há a ADO 59, que discute a suspensão do Fundo Amazônia[12].

Outros exemplos são a Arguição de Descumprimento de Preceito Fundamental (ADPF) 708 sobre o contingenciamento do Fundo Clima[13] e a Ação Civil Pública 1009665-60.2020.4.01.3200 ofertada contra a União Federal e o IBAMA perante o TRF da 1.ª Região que, com fundamento na Política Nacional sobre Mudança do Clima (PNMC), tratou da autorização para exportação de madeira nativa[14].

Outras demandas foram ofertadas para impedir a 17.ª rodada de licitações de blocos realizadas pela ANP na área de Fernando de Noronha e Atol das Rocas.

Ainda, o Laboratório do Observatório do Clima ofertou Ação Civil Pública 1027282-96.2021.4.01.3200 contra a União e o Ministério do Meio Ambiente requerendo a atualização do Plano Nacional sobre Mudança do Clima diante da emergencial redução dos GEE e das conclusões do IPCC[15].

---

10 Disponível em: www.independent.co.uk/climate-change/news/india-right-to-life-supreme-court-climage-change=b2525074.html. Acesso em: 8 jun. 2024.
11 Disponível em: https://pje1g.trf3.jus.br/pje/ConsultaPublica/DetalheProcessoConsultaPublica/listView.seam?ca=29929814783e737ebcbf0e32c5ad2a41845d08a807f9fbba. Acesso em: 19 out. 2022.
12 Disponível em: https://portal.stf.jus.br/processos/detalhe.asp?incidente=5930766. Acesso em: 12 jun. 2024.
13 Disponível em: https://portal.stf.jus.br/processos/detalhe.asp?incidente=5951856. Acesso em: 9 jun. 2024.
14 Disponível em: https://www.oc.eco.br/wp-content/uploads/2020/06/1009665-60.2020.4.01.3200-compactado_compressed.pdf. Acesso em: 9 jun. 2024.
15 Disponível em: http://climatecasechart.com/climate-change-litigation/wp-content/uploads/sites/16/non-us-case-documents/2021/20211104_Acao-Civil-Publica-No-1027282-96.2021.4.01.3200_order.pdf. Acesso em: 19 out. 2022.

Por último, há que destacar o caso da sentença que confirmou a liminar proferida na Ação Civil Pública 5030786.95.2021.4.04.7100 da 9.ª Vara Federal de Porto Alegre, a qual determinou que o IBAMA inclua diretrizes climáticas no licenciamento de termelétricas no Rio Grande do Sul[16].

Muito além dos casos supracitados, existem outras inúmeras ações judiciais e processos administrativos, em que são demandadas pessoas físicas e jurídicas de direito público e privado, cujo objeto da demanda está relacionado com a questão climática espalhada por todas as partes do planeta, a demonstrar, repise-se, que estamos vivenciando o que se pode chamar de "Era da Litigância Climática"[17].

Assim, tudo isso leva ao entendimento de que a questão climática está na ordem do dia e ainda com perspectivas de crescimento das demandas jurídicas e administrativas, cujo objeto se relaciona direta ou indiretamente com a tutela do clima.

Diante do exposto, é de esperar que conceitos basilares do direito nacional e estrangeiro sejam revisitados, assim como os tribunais também deverão enfrentar novos desafios para fazerem frente a essa nova realidade da "Era da Litigância Climática".

3. A NECESSÁRIA REVISITAÇÃO DE CONCEITOS JURÍDICOS PERANTE AS CARACTERÍSTICAS DAS DEMANDAS CLIMÁTICAS

O caso que repercutiu em muitas partes do mundo e bastante festejado foi a decisão do Tribunal Europeu dos Direitos Humanos em Estrasburgo (TEDH), no *leading case* Verein KlimaSeniorinnen Scheiz (e outros), contra o governo da Suíça. De fato, há muito o que comemorar.

A ação foi proposta por quatro senhoras suíças da referida associação em nome de seus membros sob a alegação de que as autoridades suíças não estão tomando as devidas providências tampouco os devidos cuidados com relação à mitigação dos efeitos das mudanças climáticas e que tal omissão repercute diretamente em suas condições de vida e de saúde.

No referido caso, o TEDH, ao dar ganho de causa às senhoras suíças, pela primeira vez considerou a existência de íntima relação entre os direitos humanos

---

16 Disponível em: https://eproc.jfrs.jus.br/eprocV2/controlador.php?acao=acessar_documento_publico&doc=71163044991961703702507023 8312&evento=40400088&key=f793b00b3cf66de0a5c45d5691e21b82dc8045f0a7705738464bc06196dcb066&hash=faf9d608b6407053dfa8dec67a1470ee. Acesso em: 17 out. 2022.

17 Disponível em: http://www.editora.puc-rio.br/media/Litigancia%20climatica%20no%20Brasil_ebook.pdf; http://climatecasechart.com/. Acesso em: 8 jun. 2024.

e os impactos causados pelas mudanças climáticas. Reconheceu pela primeira vez que o direito perseguido abrange a proteção efetiva do poder público local contra os malefícios das mudanças climáticas no cotidiano, na saúde, no bem-estar e na própria qualidade de vida de seus cidadãos.

O TEDH reconheceu que o art. 8.º da Convenção Europeia dos Direitos Humanos contempla o direito à efetiva proteção por parte do Estado contra graves efeitos adversos das mudanças climáticas na vida, na saúde, bem como no bem-estar e na sadia qualidade de vida das pessoas[18].

Foi reconhecido que as mudanças climáticas efetivamente representam uma ameaça existencial, reforçando a importância da relação intergeracional no que diz respeito às alterações do clima global, além de ter reconhecido que os países do Conselho Europeu não se mostraram alinhados com as metas do Acordo de Paris.

No entanto, o TEDH entendeu que as quatro requerentes de forma individual não se enquadravam nos requisitos estabelecidos pela regra em questão como vítimas nos termos do art. 34 da Convenção e declararam inadmissíveis seus pedidos. Por outro lado, entendeu o TEDH que a associação por elas representadas detinha o direito de ação e reconheceu a existência de violação do direito de respeito ao direito à vida privada e familiar nos termos da legislação aplicável de modo a responsabilizar o governo suíço[19].

No caso Carême v. France, o TEDH declarou inadmissível a queixa apresentada por um morador e presidente da Câmara da cidade de Grande-Synte também por entender que o requerente não se enquadrava no conceito e nos requisitos de vítima descritos no art. 34 da Convenção. O referido pedido estava baseado no argumento de que o governo francês também não havia tomado medidas suficientes para prevenir e combater o aquecimento global e que isso consiste em violação ao direito à vida saudável privada e familiar[20].

Na mesma oportunidade, o referido TEDH julgou improcedente a famosa e bem estruturada ação ofertada pelos jovens portugueses, também conhecida como Caso Duarte Agostinho e outros v. Portugal e mais 32 outros, que, após os incêndios que devastaram Portugal em 2017, processaram todos os países da Comunidade Europeia por terem agido contra as mudanças climáticas,

---

18 Disponível em: www.euronews.com/green/2024/04/09/top-european-human-rigths-court-could-rule-that-governments-have-to-protect-people-fron-cl. Acesso em: 9 jun. 2024.
19 Disponível em: https://www.echr.coe.int/w/grand-chamber-rulings-in-the-climate-change-cases. Acesso em: 8 jun. 2024.
20 Disponível em: https://www.echr.coe.int/w/grand-chamber-rulings-in-the-climate-change-cases. Acesso em: 8 jun. 2024.

proporcionando graves efeitos presentes e futuros em suas vidas, bem como ao bem-estar, à saúde mental e ao usufruto pacífico de suas moradias[21].

No referido caso, após os grandes incêndios ocorridos em Portugal em 2017, que devastaram grandes áreas do país, seis jovens, André Oliveira, de 13 anos, sua irmã Sofia, de 16 anos, acompanhados por Mariana Agostinho, de apenas 9 anos, Claudia Agostinho, de 22 anos, Catarina Mota, de 20 anos e Martin, de 18 anos[22], representados pela ONG Britânica Glan (Global Legal Action Network)[23], processaram 27 países da Comunidade Europeia, além do Reino Unido, Noruega, Suíça, Rússia, Ucrânia e Turquia, com base em leis relacionadas aos direitos humanos, diante das emissões de GEE e do impacto causado na vida das pessoas.

Como justificativa para o reconhecimento da improcedência da demanda, o TEDH entendeu que, no caso em concreto, não havia sido esgotada a via doméstica e que a queixa ultrapassava questões de seu respectivo país, ou seja, prevaleceu e fora reconhecida uma questão de admissibilidade eminentemente de técnica processual. E é exatamente sobre esse ponto que reflexões são necessárias.

Portanto, em outras palavras, o impedimento do TEDH com relação à ação dos jovens portugueses residiu no fato de que o pedido não estava apenas direcionado contra o governo português, mas sim contra vários países europeus, de modo que não se poderia concluir pela competência do tribunal para conhecer questões de "jurisdição extraterritorial", conforme pretendido na ação[24].

É preciso repetir que as questões ambientais não respeitam critérios geográficos nem procedimentos judiciais rígidos, tampouco regras processuais e demasiadas formalidades, as quais deverão passar por uma reformulação global, especificamente no que diz respeito às demandas climáticas, sob pena de os tribunais, especialmente os internacionais, até mesmo perderem sua razão de existir.

Não se nega tampouco se desconhece ou se advoga de forma contrária à necessidade de regras processuais e respeito à soberania de cada Estado, de cada governo, de cada jurisdição.

No entanto, como dito, as questões ambientais, os litígios climáticos, carregam consigo peculiaridades tanto na causa quanto no efeito, e deixar de conhecer uma demanda que trata, em última análise, de direitos humanos *lato sensu*, no caso, direitos ligados ao meio ambiente global, por questões técnicas e burocráticas, levanta a questão se estaríamos chegando a ponto até mesmo de questionar

---

21 Disponível em: https://www.echr.coe.int/w/grand-chamber-rulings-in-the-climate-change-cases. Acesso em: 8 jun. 2024.
22 Disponível em: https://youth4climatejustice.org/. Acesso em: 8 jun. 2024.
23 Disponível em: https://www.glanlaw.org/. Acesso em: 8 jun. 2024.
24 Disponível em: www.euronews.com/green/2024/04/09/top-european-human-rigths-court-could-rule-that-governments-have-to-protect-people-fron-cl. Acesso em: 9 jun. 2024.

se tais decisões caminhariam de forma contrária aos próprios direitos humanos que o tribunal pretende tutelar.

Nesse mesmo compasso, não seria inoportuno pensarmos na necessidade da criação de um organismo supranacional, com jurisdição ampla e poderes efetivos para receber, analisar e julgar questões ambientais especificamente quando o objeto da demanda se tratar de questões exclusivamente ligadas às mudanças climáticas exatamente diante dessa nova realidade, das características dessas demandas, cujos efeitos danosos não respeitam fronteiras tampouco poderão ser efetivamente solucionados por meio de ações ou decisões individuais e isoladas em diferentes cantos do planeta.

Isso pode parecer demasiadamente arrojado, ou até mesmo impossível ou impensável, notadamente pela necessidade de se respeitarem a soberania e a jurisdição de cada Estado, mas, para combater as questões relacionadas às mudanças climáticas, certamente serão cruciais atitudes maiores e de efetividade global.

A importante e histórica decisão tomada pelo TEDH deixou muito evidente, apesar das críticas anteriormente expostas acerca das questões de formalidade e requisitos processuais, o reconhecimento expresso de que a crise climática é uma ameaça verdadeira e presente para todos nós e serviu de indicativo para todos os governos no sentido de que devem imediatamente agir para reverter essa situação climática emergencial. Tal decisão é um indicativo de que os líderes mundiais e as nações que representam não podem permanecer omissos.

Há que destacar que na referida e histórica decisão o TEDH, de uma só vez, reconheceu que os direitos humanos estão absolutamente ligados às ações envolvendo litígios climáticos.

Ademais, o referido tribunal firmou postura jurídica no sentido de que os litígios climáticos são essenciais para a salvaguarda dos direitos humanos. Reconheceu também que o Acordo de Paris e seu indicativo científico, no sentido de que se deve agir para se limitar o aumento da temperatura global em 1,5 °C, devem ser observados e os compromissos assumidos efetivamente cumpridos sob pena de responsabilização[25].

Por derradeiro, o TEDH ainda estabeleceu obrigações de enfrentar a crise climática por todos os países do Conselho da Europa, tudo em consonância com a ideia de que o combate às questões climáticas é absolutamente supranacional. Em outras palavras, o TEDH reconheceu a responsabilidade dos Estados que se comprometeram com as prescrições e obrigações estipuladas no Acordo de Paris[26].

---

25 Disponível em: www.euronews.com/green/2024/05/06/in-the-european-court-of-human-rigths-we-won-a-victory-for-generations. Acesso em: 9 jun. 2024.
26 Disponível em: www.euronews.com/green/2024/05/06/in-the-european-court-of-human-rigths-we-won-a-victory-for-generations. Acesso em: 9 jun. 2024.

Cumpre destacar que o TEDH não disse como a Suíça e os outros países devem reduzir suas emissões, mesmo porque cada realidade deve ser respeitada. No entanto, decidiu e afirmou que cada Governo deve decidir e estabelecer as ações e os instrumentos pelos quais efetivamente reduzirão suas emissões, notadamente em respeito às obrigações assumidas no Acordo de Paris[27].

Portanto, é indiscutível que, pelas características das questões climáticas, do aquecimento global, bem como pelo fato de estarem intimamente relacionados, em última análise, com os direitos humanos da presente geração e das gerações vindouras, há que repensar na questão da jurisdição e do encaminhamento que se tem dado pelos tribunais às lides climáticas sob pena de se fomentarem apenas e tão somente resultados legais locais que podem não ser suficientes para combater as alterações climáticas, tampouco para garantir em escala global o respectivo direito de viverem em um ambiente sadio e ecologicamente equilibrado.

4. LITIGÂNCIA CLIMÁTICA – ASPECTOS DA JURISDIÇÃO BRASILEIRA

O aumento dos casos de litigância climática mediante a propositura de ações judiciais ligadas direta ou indiretamente ao tema tem sido uma realidade notada nos tribunais brasileiros, e a maioria deles busca a responsabilização de Governos e empresas pelas mudanças do clima com o objetivo de obrigá-los a adotar posturas adequadas de mitigação e de combate às mudanças climáticas[28].

A justiça climática tem por escopo combater as alterações negativas do clima causadas pelo homem ao longo da história, em especial após a Revolução Industrial, que introduziu um modelo social e de consumo insustentável do ponto de vista ecológico.

Assim, os litígios climáticos buscam pressionar Governos e entidades privadas a adotarem medidas reparadoras e mitigadoras, bem como a assumirem compromissos com a sociedade e com o planeta, além de pretenderem a revisão dos meios, processos e procedimentos de produção, corte da emissão de GEE, abandono das fontes não renováveis de energia e adoção das fontes ambientalmente adequadas.

---

27 Disponível em: www.euronews.com/green/2024/05/06/in-the-european-court-of-human-rigths-we-won-a-victory-for-generations. Acesso em: 9 jun. 2024.
28 Nos termos do art. 2.º, VIII, da Lei n. 12.187/2009, "mudança do clima: mudança de clima que possa ser direta ou indiretamente atribuída à atividade humana que altere a composição da atmosfera mundial e que se some àquela provocada pela variabilidade climática natural observada ao longo de períodos comparáveis".

Em maio de 2021, o estudo Global trends in climate litigations: 2021 snapshot apontou que o número de litígios climáticos em relação ao ano de 2015 apresentou um aumento expressivo, ultrapassando 1.000 casos nos últimos seis anos[29].

Portanto, como exposto anteriormente, estamos vivendo a Era da Litigância Climática, na qual os fenômenos ligados ao clima passaram a ser incorporados como fatos e fundamentos das ações judiciais, passando a fazer parte da *causa de pedir* e do *pedido*, do objeto da demanda de forma *autônoma*.

As questões climáticas não se limitam à jurisdição ou a quaisquer fronteiras porque são globais, cujo efeito sobre o clima não está relacionado com algum fenômeno individualmente considerado, a exemplo da falta de água, do desmatamento ou da desertificação em algumas áreas ao redor do mundo e que há pouco tempo eram discutidas pontualmente pelos seus próprios efeitos e consequências isoladamente consideradas.

No entanto, a mudança de consciência dos jurisdicionados em todo o mundo, mas também a incorporação dos fenômenos climáticos na *causa de pedir* e no *pedido*, agora de forma *autônoma* nas demandas judiciais (e administrativas), qualifica a litigância climática como um fenômeno mundial a ser considerado nos processos e procedimentos de maneira independente.

Há que destacar que a *causa de pedir* reflete os fatos e os fundamentos que levaram o autor a juízo, e o *pedido* é o *objeto* ou o *bem da vida* sobre o qual se pretende a tutela jurisdicional, e[30] ambos[31] ganham *status* de *autonomia* nas demandas climáticas e, em regra, devem estar calcados basicamente no comando constitucional expresso pelo art. 225 da Lei n. 12.187/2009, que instituiu no Brasil a Política Nacional sobre Mudanças do Clima.

No entanto, há que evitar excessos de toda ordem para, de um lado, não banalizar as demandas propostas ou para, de outro lado, não sucumbir pela falha ou ausência de salvaguarda do meio ambiente.

---

29 Disponível em: https://www.c40knowledgehub.org/s/article/Global-trends-in-climate-change-litigation-2021-snapshot?language=en_US&gclid=CjwKCAjwwL6aBhBlEiwADycBIB2ktXK8z7DT4qdfYqDOG5qI4334a2JwGHs0HTWRLvGqDGxF8x4J-xoCgzMQAvD_BwE. Acesso em: 19 out. 2022.
30 DINAMARCO, Cândido Rangel. *Instituições de direito processual civil*. 10. ed. São Paulo: Malheiros, 2020. v. I, p. 555-556.
31 "O terceiro e último elemento é a *causa de pedir*. Ela deve ser entendida como as razões pelas quais se formula o pedido, como os 'fatos e fundamentos jurídicos do pedido', tendo o inciso III do art. 319 como referencial". "Os '*fundamentos de fato*' devem ser entendidos como a causa *remota*; os '*fundamentos de direito*', como a causa *próxima*". "O pedido de acordo com a doutrina tradicional, aceita um desdobramento: pedido *mediato* e pedido *imediato*. Pedido *mediato* é o bem da vida cuja tutela jurisdicional é desejada pelo autor. Pedido *imediato* é a providência jurisdicional solicitada ao estado-juiz, no sentido de dever ser especificada a espécie de tutela jurisdicional, que deve incidir e agir sobre o bem da vida a ser individualizado (arts. 322 a 327) na petição inicial pelo autor" (BUENO, Cassio Scarpinella. *Curso sistematizado de direito processual civil*. 10. ed. São Paulo: Saraiva, 2020, p. 308-309).

No Brasil, diferente de algumas outras nações, o Poder Judiciário é provocado a se manifestar em casos concretos. O cidadão não pode ser impedido de litigar. Trata-se do direito subjetivo do amplo acesso à jurisdição garantido pela Constituição Federal[32].

Entretanto, existe uma restrição que reside no fato de que os representantes do Estado-juiz estão limitados ao exercício do poder que lhes foi conferido nos limites de sua respectiva jurisdição, e, em contrapartida, as questões que envolvem litigância climática são planetárias.

E exatamente pelas características da litigância climática é que muitos conceitos do direito, no que diz respeito à aplicação tanto na esfera *judicial* quanto na *administrativa*, deverão ser *revisitados*, a exemplo do que se entende por *conduta, causalidade, nexo causal, impacto ambiental, impactos ambientais positivos e negativos, diretos e indiretos, danosidade, áreas afetadas*, ou, ainda, quais as fontes do direito ligadas especificamente à matéria climática, quais os instrumentos processuais e administrativos hábeis ao combate efetivo das alterações do clima.

Tais conceitos, em certa medida, podem não mais guardar total relação ou coerência quando considerados circunscritos em um cenário composto pelas questões climáticas de causas e efeitos planetários, quando observados dentro de uma lógica impactada pela globalização climática.

Isso porque a racionalidade ambiental e, em especial, as questões climáticas, não podem mais ser consideradas isoladamente, sob pena de se perpetuar a ineficiência ou a insustentabilidade dos meios e dos modos de vida, de produção e de consumo, rumo à irracionalidade e ao desequilíbrio ambiental global.

Cabe lembrar que no ordenamento brasileiro existem conceitos e instrumentos processuais e administrativos que podem ofertar parte das respostas no sentido de facilitar ou possibilitar o acesso à justiça climática.

Nesse campo, lembramos das presunções que recaem sobre a prova em matéria ambiental, da possibilidade de inversão e dinamização do ônus da prova, da responsabilidade objetiva e solidária do poluidor, seja ele pessoa física ou jurídica, da possibilidade de desconsideração da personalidade jurídica, das obrigações de caráter *propter rem*, da possibilidade do exercício de ações coletivas, entre as quais se destacam a ação popular e a ação civil pública, que democratizaram a tutela ambiental no país[33], ou ainda a ação de produção antecipada de provas[34] com a nova roupagem e sistematização trazida pelo CPC/2015, a qual fornece

---

32 Art. 5.º, XXXV, da CF/1988.
33 Ainda existem outros instrumentos jurídicos, tais como o mandado de segurança coletivo, o mandado de injunção, a ação direta de inconstitucionalidade, a ação direta de inconstitucionalidade por omissão e a arguição de descumprimento de preceito fundamental.
34 Art. 381 do CPC/2015.

ao interessado a possibilidade de se obter qualquer tipo de prova para sua exclusiva tomada de decisões ou estratégias processuais ou administrativas.

Outrossim, é importante destacar que o ordenamento jurídico nacional possibilita que um número indeterminado ou indeterminável de pessoas possa ser considerado como parte legítima e interessada a movimentar o Estado-juiz, objetivando a salvaguarda do meio ambiente ecologicamente equilibrado para as presentes e futuras gerações, especialmente pelas disposições constitucionais, seguidas, notadamente, pelos mecanismos processuais das Leis da Ação Popular e da Ação Civil Pública, do Código de Processo Civil e do Código de Defesa do Consumidor.

Como é sabido, o art. 225 da CF/1988 afirma que todos têm o direito ao meio ambiente ecologicamente equilibrado, bem de uso comum do povo e essencial à sadia qualidade de vida, de modo a impor ao Poder Público e à coletividade o dever de defendê-lo e preservá-lo para as gerações presentes e futuras.

A Lei n. 4.717/1965, que trata da ação popular, garante legitimidade a qualquer cidadão[35] portador de título de eleitor[36] para pleitear a anulação ou declaração de nulidade de ato lesivo ao meio ambiente[37].

Somado a isso, a Lei n. 7.347/1985 confere a uma série de determinadas pessoas legitimidade[38] para tutelar o meio ambiente mediante a propositura de ação civil pública pleiteando a condenação em dinheiro ou o cumprimento de obrigação de fazer e de não fazer[39].

Por sua vez, o art. 17 do CPC/2015 diz que "para postular em juízo é necessário ter interesse e legitimidade". Disso subentende-se que, para ser autor ou réu, bem como para receber uma sentença de mérito, devem estar presentes as *condições da ação*, as quais, ainda que eventualmente ausentes no início, sejam completadas no curso do processo[40]. Isso porque o juiz não resolverá o mérito da questão quando se verificar a ausência de *legitimidade ad causam* ou de *interesse processual*, nos termos do art. 485, VI, do CPC/2015.

No entanto, na seara da litigância climática, quem são os legitimados para agir? Quem são os titulares do direito, do *bem da vida* a ser deduzido no processo?

---

35 Art. 1.º da Lei n. 4.717/1965.
36 Art. 1.º, § 3.º, da Lei n. 4.717/1965.
37 Art. 5.º, LXXIII, da CF/1988: "qualquer cidadão é parte legítima para propor ação popular que vise a anular ato lesivo ao patrimônio público ou de entidade de que o Estado participe, à moralidade administrativa, ao meio ambiente e ao patrimônio histórico e cultural, ficando o autor, salvo comprovada má-fé, isento de custas judiciais e do ônus da sucumbência".
38 Arts. 1.º e 5.º da Lei n. 7.347/1985.
39 Art. 3.º da Lei n. 7.347/1985.
40 NERY JR., Nelson; NERY, Rosa Maria de Andrade. *Código de Processo Civil comentado*. 18. ed. São Paulo: Thomson Reuters Brasil, 2019, art. 17, nota n. 3, p. 126.

A resposta está no art. 81 do CDC[41], que traz ao ordenamento nacional os conceitos de interesses ou direitos difusos, coletivos e individuais homogêneos, de modo que os titulares desse direito planetário, sob a jurisdição brasileira, podem ser até mesmo pessoas indetermináveis ou indeterminadas que se façam presentes nos autos de forma direta ou por representação (substituição processual).

Por sua vez, o *interesse de agir* ou *interesse processual* configura-se pela *necessidade* e *utilidade* de se socorrer do Estado-juiz em busca da proteção ao interesse substancial, conforme ensina Humberto Theodoro Júnior[42], ou seja, não somente na obtenção de *utilidade* do processo, mas também na *necessidade* de movimentar a jurisdição em busca do bem da vida.

Quanto ao *pedido*, a regra geral é a de que deve ser *certo* e *determinado* nos termos do *caput* dos arts. 322 e 324 do CPC/2015, ou seja, é vedada a postulação de pedidos genéricos, e as poucas *exceções* estão expressamente previstas no § 1.º do art. 324, sendo lícito, porém, formular pedidos genéricos[43] (i) nas ações universais, se o autor não puder individuar os bens demandados; *(ii) quando não for possível determinar, desde logo, as consequências do ato ou do fato*; ou (iii) quando a determinação do objeto ou do valor da condenação depender de ato que deva ser praticado pelo réu. Ademais, deverá o juiz interpretar o *pedido* de acordo com os elementos de tudo quanto foi postulado em juízo e o princípio da boa-fé.

Portanto, tendo como fundamento autônomo a tutela climática, o simples potencial lesivo ao clima e, em última análise, ao meio ambiente ecologicamente equilibrado para as presentes e futuras gerações, legitima e autoriza um número indeterminável ou indeterminado de pessoas no plano material e no plano processual a romper com a inércia do Estado-juiz em busca da salvaguarda ambiental e da minimização dos impactos ao clima.

---

[41] "Art. 81. A defesa dos interesses e direitos dos consumidores e das vítimas poderá ser exercida em juízo individualmente, ou a título coletivo.
Parágrafo único. A defesa coletiva será exercida quando se tratar de:
I – interesses ou direitos difusos, assim entendidos, para efeitos deste código, os transindividuais, de natureza indivisível, de que sejam titulares pessoas indeterminadas e ligadas por circunstâncias de fato;
II – interesses ou direitos coletivos, assim entendidos, para efeitos deste código, os transindividuais, de natureza indivisível de que seja titular grupo, categoria ou classe de pessoas ligadas entre si ou com a parte contrária por uma relação jurídica base;
III – interesses ou direitos individuais homogêneos, assim entendidos os decorrentes de origem comum."

[42] THEODORO JÚNIOR, Humberto. *Curso de direito processual civil*. 41. ed. São Paulo: Forense, 2004. v. I, p. 55.

[43] "No sistema do CDC, nas ações coletivas para a defesa de direitos individuais homogêneos (CDC 81, par. ún. III), o pedido genérico é regra (CDC 95)" (NERY JR., Nelson; NERY, Rosa Maria de Andrade. *Código de Processo Civil comentado*. 18. ed. São Paulo: Thomson Reuters Brasil, 2019, art. 322, nota n. 2, p. 889).

Na esfera administrativa não é diferente. A componente climática tem sido instada a ser considerada especialmente nos procedimentos de licenciamento ambiental[44].

Tem-se notado, portanto, um movimento de readequação ou reenquadramento do conteúdo e das exigências nos procedimentos de licenciamento ambiental no sentido de se considerar a análise dos impactos climáticos, a *performance* da obra ou do empreendimento licenciável no bojo dos estudos ambientais.

Nesse sentido, o Instituto Água e Terra (IAT) do estado do Paraná, por meio da Portaria n. 42/2022[45], estabeleceu a inclusão do *Diagnóstico Climático* em Estudos de Impacto Ambiental (EIA), no âmbito do licenciamento ambiental, de acordo com a Política Estadual sobre Mudança do Clima[46].

No estado do Rio de Janeiro, no âmbito do procedimento de licenciamento ambiental, é exigida pelo Instituto Estadual do Ambiente (INEA) a apresentação de Inventário de Emissões de Gases de Efeito Estufa[47], bem como dispor sobre a apresentação, a cada renovação de Licença ou nova Licença de Operação[48], do Plano de Mitigação de Emissões de GEE[49], e o não cumprimento dos compromissos assumidos no referido Plano de Mitigação sujeita o infrator às sanções administrativas previstas na Lei n. 3.467/2000[50].

Em São Paulo, a Companhia Ambiental do Estado (Cetesb), por meio da Decisão de Diretoria n. 035/2021/P[51], instituiu o Inventário de Emissões de GEE, determinando que certos tipos de empreendimentos elaborem e apresentem seus planos e respectivos Inventários de Emissões de GEE[52].

Portanto, sintetiza-se que a componente ligada ao clima e suas alterações está sendo amplamente incorporada de forma independente e autônoma às

---

44 Em agosto de 2021, na Ação Civil Pública n. 5030786-95.2021.4.04.7100, em trâmite na 9.ª Vara Federal de Porto Alegre – RS, foi determinado liminarmente que o IBAMA incluísse diretrizes relacionadas às questões envolvendo o clima no curso do licenciamento ambiental de usinas termelétricas.

45 Portaria n. 42, de 24 de fevereiro de 2022. Disponível em: https://celepar7.pr.gov.br/sia/atosnormativos/form_cons_ato1.asp?Codigo=5148. Acesso em: 12 jun. 2022.

46 Lei n. 17.133/2012.

47 Resolução INEA/PRES n. 64, de 12 de dezembro de 2012. Disponível em: http://www.inea.rj.gov.br/cs/groups/public/documents/document/zwff/mda2/~edisp/inea_006665.pdf. Acesso em: 17 out. 2022.

48 Art. 4. da Resolução INEA/PRES n. 65/2021.

49 Resolução INEA/PRES n. 65, de 14 de dezembro de 2012. Disponível em: http://www.inea.rj.gov.br/cs/groups/public/documents/document/zwff/mda2/~edisp/inea_006664.pdf. Acesso em: 17 out. 2022.

50 § 3.º do art. 6.º da Resolução INEA/PRES n. 65/2012.

51 Disponível em: https://cetesb.sp.gov.br/wp-content/uploads/2021/04/DD-035-2021-P-Criterios-para-a-elaboracao-do-inventario-de-emissoes-de-gases-de-efeito-estufa-no-Estado-de-Sao-Paulo-e-da-outras-providencias.pdf. Acesso em: 11 jun. 2024.

52 Art. 3.º, I a XXXI, da Decisão de Diretoria n. 035/2021/P.

demandas judiciais e aos procedimentos administrativos, objetivando a tutela do meio ambiente e, em específico, a tutela do clima.

5. CONCLUSÃO

É indiscutível que as questões relacionadas direta ou indiretamente às mudanças climáticas devem representar um ponto de preocupação global comum e, para tanto, requerem ações conjuntas e também globais na medida em que não respeitam ou não são limitadas por fronteiras ou ideologias.

Isso posto, estamos em um importante momento histórico para a tutela do planeta, para a tutela do clima, tornando-se necessária, além de se colocarem em prática meios de mitigação dos gases de efeito estufa, da adaptação dos meios de produção e consumo, a revisitação de conceitos jurídicos que possam limitar ou impedir o combate das mudanças climáticas.

REFERÊNCIAS

BUENO, Cassio Scarpinella. *Curso sistematizado de direito processual civil*. 10. ed. São Paulo: Saraiva, 2020.

CASARA, Ana Cristina. *Direito ambiental do clima e créditos de carbono*. Curitiba: Juruá, 2009.

DINAMARCO, Cândido Rangel. *Instituições de direito processual civil*. 10. ed. São Paulo: Malheiros, 2020. v. I.

NERY JR., Nelson; NERY, Rosa Maria de Andrade. *Código de Processo Civil comentado*. 18. ed. São Paulo: Thomson Reuters Brasil, 2019.

SABBAG, Bruno Kerlakian. *O Protocolo de Quioto e seus créditos de carbono*. 2. ed. São Paulo: LTr, 2009.

THEODORO JÚNIOR, Humberto. *Curso de direito processual civil*. 41. ed. São Paulo: Forense, 2004. v. I.

PARTE II

NOVOS DESAFIOS AMBIENTAIS

MUDANÇAS CLIMÁTICAS E INVESTIMENTOS SUSTENTÁVEIS

Terence Trennepohl[1]
Natascha Trennepohl[2]
Gunnar Trennepohl[3]

1. CONSIDERAÇÕES INICIAIS

A harmonia entre os elementos econômicos, ambientais e sociais das operações empresariais desempenha um papel crucial na busca por uma sociedade mais justa e sustentável. Empresas que negligenciam tais questões ou estão envolvidas em escândalos de corrupção ou desastres ambientais enfrentam consequências como a perda de investimentos e credibilidade no mercado.

Além de medidas básicas associadas aos aspectos ESG (*Environmental, Social and Governance*), como a implementação de ações internas para melhorar a eficiência energética, reduzir o consumo de água, aprimorar o ambiente de trabalho, investir em projetos sociais e promover a diversidade nos conselhos de administração, muitas empresas já estão adotando compromissos voluntários para reduzir suas emissões de carbono e mitigar os impactos.

Diversas empresas já estão disponibilizando no mercado títulos sustentáveis e atrelando metas a práticas sustentáveis e com foco no combate às mudanças climáticas. No entanto, essa prática não tem ficado restrita apenas ao meio corporativo.

O Governo brasileiro, por exemplo, anunciou em 2023 o lançamento do Arcabouço Brasileiro para Títulos Sustentáveis para orientar a emissão de títulos de dívida pública lastreados em programações orçamentárias da União e destinadas a projetos e ações ligados à temática ambiental ou social[4]. Com esses títulos, o governo se compromete a alocar os recursos em ações para a mitigação das

---

[1] Pós-doutor pela Universidade de Harvard. Doutor e Mestre em Direito. *Visiting Professor* da Queen Mary University of London desde 2013. Advogado.
[2] Doutora em Direito pela Humboldt-Universität zu Berlin (Alemanha). Mestre pela Universidade Federal de Santa Catarina. Sócia do escritório Trennepohl Advogados. E-mail: natascha@trennepohl.com.
[3] Bacharel em Direito pela Universidade Federal de Alagoas. Diretor de Secretaria na Justiça Federal de Alagoas.
[4] O Decreto n. 11.532/2023 instituiu o Comitê de Finanças Sustentáveis Soberanas, responsável pela elaboração do arcabouço de emissões de títulos públicos soberanos temáticos, bem como por monitorar a sua implementação.

mudanças climáticas, a conservação dos recursos naturais e/ou o desenvolvimento social, alinhadas com os Objetivos do Desenvolvimento Sustentável (ODS)[5].

Neste artigo, exploraremos o desenvolvimento de uma visão de investimentos que transcende o retorno econômico, baseando-se em uma abordagem sustentável dos negócios que engloba os benefícios ambientais e sociais.

A análise examina o desenvolvimento das posturas empresariais em relação às mudanças climáticas e evidencia um crescente interesse na inclusão de metas para a redução de emissões de carbono e a ampliação de estratégias com viés sustentável.

2. A SUSTENTABILIDADE NAS EMPRESAS E NOS INVESTIMENTOS

O conceito de ESG (*Environmental, Social and Governance*) está se tornando um ponto central nas discussões estratégicas, abordando como as empresas lidam com uma série de questões, como mudanças climáticas, práticas de trabalho e inovação sustentável.

Em 2004, a iniciativa liderada pela Organização das Nações Unidas, em colaboração com 20 grandes instituições financeiras de diversas nações, que juntas gerenciavam ativos avaliados em mais de seis trilhões de dólares, buscou estabelecer diretrizes para a integração dos aspectos ambientais, sociais e de governança corporativa na gestão de ativos empresariais. O resultado desse esforço foi o relatório *Who cares wins*, que oferecia recomendações para diferentes partes interessadas, incluindo instituições financeiras, reguladores e empresas, destacando os benefícios de uma abordagem que considera esses elementos[6].

A partir desse marco, diversas iniciativas surgiram para desenvolver critérios e promover práticas de ESG nas empresas, avançando em direção ao que se convencionou chamar de capitalismo de *stakeholder*, em contraposição ao de *shareholders*, uma vez que no primeiro, múltiplos interessados, incluindo indivíduos, investidores e consumidores, desempenham um papel ativo, e o foco não está apenas nos acionistas como no segundo.

O próprio aumento de fundos relacionados à temática e as diversas iniciativas de harmonização da terminologia usada pelos fundos para serem considerados

---

5 Vide BRASIL, 2023.
6 No original: *"Companies that perform better with regards to these issues can increase shareholder value by, for example, properly managing risks, anticipating regulatory action, or accessing new markets, while at the same time contributing to the sustainable development of the societies in which they operate. Moreover, these issues can have a strong impact on reputation and brands, an increasingly important part of company value."* (UNITED NATIONS, 2004)

sustentáveis ou "ESG", de forma a mitigar eventuais riscos de *greenwashing*, já indicam que o tema segue crescendo e ganhando importância.

Em 2021, os ativos negociados em bolsa e em fundos relacionados com ESG atingiram uma marca impressionante de 2,7 trilhões de dólares, conforme estimativas da Bloomberg[7], sinalizando a crescente atratividade desse tipo de investimento. Contudo, identificar uma estratégia de investimento genuinamente ESG tem sido desafiador, dado o atual cenário de falta de consenso sobre o que realmente constitui investimentos rotulados como ESG[8].

Além dos tradicionais títulos verdes (*Green Bonds*), que têm por objetivo atrair investimentos para projetos com benefícios ambientais, a B3[9] destaca também os títulos sociais (*Social Bonds*), voltados para iniciativas com impacto social positivo, e os títulos de sustentabilidade (*Sustainability Bonds*), que visam projetos socioambientais. Adicionalmente, existem os títulos vinculados à sustentabilidade, conhecidos como SLB (*Sustainability-Linked Bonds*), os quais estão atrelados a metas sustentáveis.

Esse crescimento do mercado de títulos verdes e relacionados com os fatores ESG tem sido impulsionado em parte por participantes do mercado mais atuantes, novos contextos regulatórios que vêm direcionando o desenvolvimento desse segmento.

Antes mesmo de a Comissão Europeia apresentar sua estratégia de financiamento sustentável em 2021, as discussões sobre a harmonização de padrões no mercado de títulos sustentáveis já estavam em andamento na Europa.

Governos, investidores e a sociedade em geral estão buscando ativamente soluções para descarbonizar a economia, com as questões climáticas ocupando um lugar central nas discussões estratégicas.

Nos Estados Unidos, a *Securities and Exchange Commission* (SEC) vem incentivando a divulgação de informações relacionadas às práticas ESG e aos riscos climáticos. Na Europa, foi publicado o relatório final da *European Securities and Markets Authority* (ESMA) sobre as diretrizes para os nomes de fundos que incorporam os aspectos ESG e sustentabilidade, com orientações e princípios a serem seguidos nas nomenclaturas de fundos para que atendessem a determinadas características ou objetivos de sustentabilidade como, por exemplo, o limite mínimo de 80% dos investimentos sendo usado nessa seara[10].

---

7   Bloomberg, 2022. Disponível em: https://www.bloomberg.com/news/articles/2022-02-03/esg-by-the-numbers-sustainable-investing-set-records-in-2021.
8   Mark Uyeda, comissário da agência americana SEC (*U.S. Securities and Exchange Commission*), destaca o crescimento dos investimentos em ESG e os desafios quando se busca a harmonização na abordagem. Vide UYEDA, 2023.
9   Vide B3, Títulos Temáticos ESG.
10 ESMA, 2024.

Ainda é prematuro prever como ocorrerá a efetiva implementação do Acordo de Paris, mas a responsabilidade e o papel das empresas nas ações relacionadas às mudanças climáticas assumiram um novo patamar significativo.

Torna-se evidente que são esperados e requisitados compromissos mais sólidos e eficazes em relação à redução de emissões de carbono, não apenas por parte dos governos, mas também das empresas.

Desde 2021 o Banco Central vem trabalhando em resoluções visando aprimorar a gestão de riscos, incluindo os riscos climáticos, tendo refletido nas mudanças na Política de Responsabilidade Social, Ambiental e Climática (PRSAC) e a expansão das medidas relacionadas ao ESG.

Além disso, em janeiro de 2023, entrou em vigor a Resolução CVM n. 59/2021, estabelecendo um novo regime de divulgação de informações para as empresas de capital aberto, mantendo o formato "pratique ou explique", e indicando uma maior transparência em questões climáticas e um alinhamento mais forte com as diretrizes da Força-Tarefa sobre Divulgações Financeiras Relacionadas ao Clima (TCFD).

A TCFD, criada pelo Conselho de Estabilidade Financeira (FSB), tem impulsionado análises e transparência nas divulgações financeiras relacionadas aos riscos e impactos climáticos. O relatório de 2017 já categorizava os riscos associados às mudanças climáticas e destacava a necessidade de harmonização nas divulgações financeiras, dado que a falta de padronização dificultava a análise. Naquele momento, os riscos foram classificados em duas categorias: *(i) os impactos físicos das mudanças climáticas*, os quais englobavam eventos extremos e mudanças de longo prazo, e *(ii) os da transição para uma economia de baixo carbono*, os quais incluiriam os riscos relacionados a mudanças regulatórias, tecnológicas, de mercado e políticas públicas, com potenciais impactos financeiros e reputacionais[11].

3. O VALOR DO CARBONO E DOS ATIVOS AMBIENTAIS

Existem diferentes formas de precificação de carbono, ou seja, colocar um preço na tonelada de carbono. A precificação pode se dar por meio da instituição de um tributo de carbono, por meio da implementação de um sistema de comércio de emissões – como vem sendo discutido no Brasil nos últimos anos – ou, ainda, por meio de um sistema híbrido como o adotado na Colômbia, em que créditos de carbono podem ser usados para compensar tributos devidos.

De acordo com o relatório *Emissions Trading Worldwide 2024*, já existem 36 sistemas de comércio de emissões, cobrindo aproximadamente 18% das emissões

---

11 TCFD, 2017, p. 5.

globais de gases de efeito estufa. Além desses mercados obrigatórios, existem 22 novos sistemas em fase de discussão ou desenvolvimento, inclusive no Brasil[12].

Apesar de o mercado de carbono regulado no Brasil ser um tópico muito discutido desde 2021, com diversos projetos de lei em tramitação na Câmara dos Deputados e no Senado Federal, as discussões legislativas continuam e, até o momento, ainda não foi estruturado um mercado de carbono regulado que determina metas obrigatórias para setores e detalha as regras para o reporte e o monitoramento das reduções de emissões das instalações e atividades que façam parte do sistema.

Mesmo assim, diversas iniciativas, nacionais e internacionais, no setor privado, estão em andamento para reduzir as emissões de gases de efeito estufa ou compensá-las por meio da compra de créditos de carbono adquiridos no mercado voluntário.

Para muitas empresas, participar do mercado voluntário e usar créditos para compensar suas emissões de carbono faz parte de uma estratégia de responsabilidade social corporativa ou de uma forma de adquirir experiência em face de potenciais desdobramentos regulatórios no futuro. Nesse contexto, a motivação não é impulsionada por uma obrigação legal, mas sim pela demanda, principalmente dos compradores.

O mercado voluntário de carbono tem crescido em todo o mundo, e em 2019, pela primeira vez, foram emitidos mais créditos no padrão *Verified Carbon Standard* (VCS) do que pelo Mecanismo de Desenvolvimento Limpo (MDL) do Protocolo de Quioto. De acordo com o Relatório *Voluntary carbon and the post-pandemic recovery*, as transações no mercado voluntário de carbono acumularam mais de 1 bilhão de toneladas de CO2 entre 2005 e 2019, com investimentos superiores a 5 bilhões de dólares e o volume de compensações negociadas em 2019 atingindo o maior nível desde 2010[13].

O Brasil tem participado há muito tempo do mercado de compensações (*offsets*), desenvolvendo projetos e comercializando créditos no mercado internacional. No entanto, com as mudanças em nível internacional e o surgimento de novos mecanismos, é crucial se adaptar e desenvolver novos incentivos e mercados. Um desses novos mecanismos em ascensão é o pagamento por serviços ambientais.

O Código Florestal prevê a possibilidade de o poder público instituir programas de apoio e incentivo à conservação do meio ambiente, incluindo o pagamento por serviços ambientais, como a conservação da biodiversidade e a regulação do clima.

---

12 ICAP, 2024, p. 9.
13 DONOFRIO, Stephen; MAGUIRE, Patrick; ZWICK, Steve; MERRY, William, 2020.

A Política Nacional de Pagamentos por Serviços Ambientais, Lei n. 14.119/2021, representa um avanço na mudança de paradigma em relação às questões ambientais, passando de uma abordagem punitiva para uma de recompensa pela preservação do meio ambiente.

É certo que ainda existem muitos desafios e etapas a serem superados para a estruturação e a implementação de um comércio doméstico robusto de créditos de carbono, especialmente de origem florestal. Um dos principais desafios a longo prazo é garantir a integridade e manter a demanda por esses créditos, especialmente no contexto de compromissos voluntários do setor privado em relação à redução de emissões de carbono.

No entanto, o aumento das expectativas da sociedade, tanto de consumidores quanto de investidores, para que as empresas adotem práticas de responsabilidade socioambiental que vão além do cumprimento das exigências legais, indica que as pressões por práticas de redução de emissões de carbono estão apenas começando e precisam ser integradas às estratégias ESG das empresas.

Além das demandas dos consumidores nacionais, questões comerciais que consideram a pegada de carbono dos produtos estão ganhando destaque em diversos países e devem influenciar a forma como as empresas envolvidas no comércio internacional incorporam o aspecto "carbono" em seus planos.

Na Europa, por exemplo, desde a apresentação do *European Green Deal*, várias medidas estão sendo discutidas e implementadas para que os países europeus alcancem o objetivo de se tornarem neutros em carbono até 2050. Novas regulações internacionais como o *Carbon Border Adjustment Mechanism* (CBAM), a *Regulation on Deforestation-free products*, a *Corporate Sustainability Due Diligence Directive* (CSDDD), dentre outras, quando implementadas, vão exigir medidas de diligência e de internalização de custos para as empresas que possuem relações comerciais com os países da Europa, que muitas vezes vão além das próprias exigências das regulações nacionais.

4. CONSIDERAÇÕES FINAIS

As iniciativas ligadas à sustentabilidade estão se tornando cada vez mais necessárias e não são mais vistas como um diferencial, mas sim, muitas vezes, uma questão de sobrevivência para o negócio.

Cada vez mais as práticas sustentáveis são incluídas no planejamento estratégico e são implementadas, não por uma imposição legal, mas em resposta a demandas do comércio global e de uma sociedade que valoriza produtos e empresas com compromissos sustentáveis.

Nesse cenário, a busca por parte de investidores e consumidores por empresas que adotam estratégias alinhadas aos princípios ESG, incluindo, por exemplo, metas e ações para reduzir e compensar as suas emissões de carbono, está apenas começando.

O crescimento dos investimentos em empresas que priorizam a sustentabilidade e possuem uma cultura fundamentada nos pilares ESG indica uma mudança na sociedade e uma transformação no mercado, apresentando desafios para as empresas e evidenciando sua capacidade de compreender e responder às mudanças, especialmente as relacionadas ao clima.

REFERÊNCIAS

BLOOMBERG. ESG by the numbers: sustainable investing set records in 2021. 2022. Disponível em: https://www.bloomberg.com/news/articles/2022-02-03/esg-by-the-numbers-sustainable-investing-set-records-in-2021.

BRASIL (2023). *Arcabouço brasileiro para títulos soberanos sustentáveis*. Comitê de Finanças Sustentáveis. Secretaria do Tesouro Nacional. Ministério da Fazenda. Setembro 2023. Disponível em: https://sisweb.tesouro.gov.br/apex/f?p=2501:9::::9:P9_ID_PUBLICACAO_ANEXO:21059.

B3. *Títulos temáticos ESG*. Disponível em: http://www.b3.com.br/pt_br/b3/sustentabilidade/produtos-e-servicos-esg/green-bonds/.

DONOFRIO, Stephen; MAGUIRE, Patrick; ZWICK, Steve; MERRY, William (2020). Voluntary carbon and the post-pandemic recovery. A special climate week NYC 2020 installment of ecosystem marketplace's state of voluntary carbon markets 2020 report. *Ecosystem marketplace*. Disponível em: https://www.ecosystemmarketplace.com/carbon-markets/.

ESMA (2024). *Final report*: guidelines on funds' names using ESG or sustainability-related terms. European securities and markets authority. 14 May 2024. Disponível em: https://www.esma.europa.eu/sites/default/files/2024-05/ESMA34-472-440_Final_Report_Guidelines_on_funds_names.pdf.

ICAP (2024). *Emissions trading worldwide. Status report 2024. International carbon action partnership*. Berlin. Disponível em: https://icapcarbonaction.com/en/publications/emissions-trading-worldwide-2024-icap-status-report.

TCFD (2017). *Recommendations of the task force on climate-related financial disclosures*. Task force on climate-related financial disclosures. Disponível em: https://assets.bbhub.io/company/sites/60/2020/10/FINAL-2017-TCFD-Report-11052018.pdf]

UNITED NATIONS (2004). *Who cares wins*: connecting financial markets to a changing world. 58p. Disponível em: https://www.ifc.org/wps/wcm/connect/

topics_ext_content/ifc_external_corporate_site/sustainability-at-ifc/publications/publications_report_whocareswins__wci__1319579355342.

UYEDA, Mark (2023). *ESG*: everything everywhere all at once. 27 de janeiro de 2023. Disponível em: https://www.sec.gov/news/speech/uyeda-remarks-california-40-acts-group#_ftn4.

MERCADOS DE CARBONO COMO NORMA MOBILIZADORA: CONTORNOS ÚNICOS DOS MERCADOS DE CARBONO NO BRASIL

Natália Renteria[1]

1. INTRODUÇÃO

Diante de considerações de urgência, a norma deve atingir contornos mobilizadores. No caso do marco legal que estabelecerá um ecossistema de mercados de carbono no país, a mobilização da norma tem dupla função: ação mitigadora para o mercado regulado e ação financiadora via mercado voluntário. A questão que devemos avaliar é: o nosso sistema de mercados está efetivamente caminhando nessa direção?

Após um longo período sem discussões sobre a matéria, vivemos um momento-chave e temos um projeto de lei prestes a ser adotado que formará a base regulatória desse setor nascente. O presente texto pretende resgatar a evolução do tema, analisar o conteúdo do projeto de lei de mercados de carbono e avaliar se estamos atingindo os objetivos mobilizadores que uma norma como essa poderia atingir.

2. PRIMEIRO CICLO: PNMC E PRIMEIRA TENTATIVA DE REGULAMENTAÇÃO

Depois da adoção da nossa Política Nacional de Mudanças do Clima (PNMC) em 2009 – que trazia a previsão da adoção de mercados de carbono – as discussões para a sua implementação não chegaram a ganhar força e durante muitos anos esse instrumento econômico-climático não foi desenvolvido no nosso ordenamento jurídico.

Esse relativo vácuo de iniciativas é até compreensível, diante do momento de revisão da governança climático global que se instalou de 2009 a 2015, quando

---

[1] Advogada especialista na regulação das políticas de mudanças climáticas. Mestre em Direito Internacional e Europeu e Doutora em Governança Climática, ambos pela Université Catholique de Louvain, na Bélgica. Nos últimos anos, tem participado ativamente das discussões da regulação dos mercados de carbono no Brasil.

ocorreu a adoção do Acordo de Paris com suas novas regras de compromissos orientados por obrigações voluntárias nacionalmente determinadas e extensivas a todas as Partes da Convenção-Quadro das Nações Unidas sobre Mudança do Clima (Convenção). O reconhecimento da importância das ações locais trouxe novos conceitos à luz, como a importância da precificação do carbono nas economias nacionais – ideia base dos mercados regulados em âmbitos nacionais.

A ascensão dos atores privados em torno dos compromissos climáticos antes percebidos como estatais moldou um novo momento. Natural que os mercados de carbono também se reorganizassem e ganhassem fôlego renovado de desenvolvimento. Fazendo prova da sua importância e complexidade, as regras sobre esses mercados no Acordo de Paris foram as últimas a serem adotadas, e as discussões se estenderam de 2015 a 2021, quando a previsão geral sobre mercados de carbono no Livro de Regras de Paris foi adotada.

Nesse sentido, a discussão legislativa de um marco legal sobre mercados de carbono no Brasil ganhou fôlego em 2021, quando o Projeto de Lei n. 528/2021, de autoria do então Deputado Marcelo Ramos, foi apresentado na Câmara dos Deputados. A verdade é que o texto trouxe contornos reais a uma discussão que se estendia apenas em nível conceitual e limitada a círculos especializados.

Nascido um texto eminentemente voltado ao mercado voluntário, ele rapidamente ganhou um substitutivo que deu o tom para o reconhecimento da existência de dois mercados no Brasil, um de natureza voluntária, que já estava em funcionamento, e outro de natureza regulada, que seria implementado pela norma aos setores econômicos.

Esse texto com duas vias de ação ganhou força e as discussões em torno das suas diferentes versões mobilizaram parte importante de atores econômicos, sociedade civil e Legislativo que apoiaram a sua adoção. No entanto, sua aprovação em torno da COP 26, em Glasgow (2021), não foi possível e, em 2023, um novo momento da discussão ganhou forma.

3. SEGUNDO CICLO: NOVO PL E O MOMENTO ATUAL

Um novo ciclo de discussões foi aberto no ano de 2023, com a apresentação de proposta de texto de lei do Poder Executivo via Senado Federal. De fato, a Senadora Leila Barros apresentou o PL n. 412/2023 reabrindo as discussões da matéria. O novo texto trazia uma arquitetura um pouco mais complexa que a proposta inicial da Câmara, indo além das duas vias de ação já propostas, que seriam, um registro para o mercado voluntário e a criação do mercado regulado.

Dentre as novas discussões que emergiram, vale destacar: a ampliação da base de aplicabilidade da norma no mercado regulado para todos os setores econômicos, o papel do setor agropecuário, a parte tributária das transações no mercado voluntário, as regras relativas à exportação do crédito de carbono, os conceitos de projetos de mercado e não mercado e o papel dos mercados jurisdicionais. Ficou claro que os atores do país já tinham avançado na compreensão de regras ligadas à geração do ativo, mas faltava discussão em relação à comercialização dele.

Nesse momento, a discussão em torno do objetivo da norma de mercados de carbono que se quer atingir no país ganhou relevância. Estamos perseguindo a adoção de uma norma de comando e controle ou um novo tipo de norma, mobilizadora de ação climática?

Os mercados de carbono no Brasil possuem complexidade quase ímpar no mundo: temos um potencial de crescimento no mercado voluntário ligado a ativos naturais que não encontra paralelo. Nesse sentido, a valoração desses ativos é um fator importante de atração de capital ao país. Ao mesmo tempo, a adoção de uma norma pública de precificação do carbono via mercado regulado do tipo *cap & trade* é um elemento importante da nossa economia climática – principalmente de proteção da indústria e estímulo à mitigação de emissões.

Portanto, o reconhecimento desses dois sistemas e a interoperabilidade equilibrada entre eles é importante para a formação de um ecossistema de mercado de carbono que potencialize a ação climática. Ainda, a inserção e a percepção do nosso ecossistema no mundo serão determinantes para o crescimento dos nossos mercados.

Assim, estamos não só diante de um desafio de estruturação proativo da norma, mas também da criação da sua percepção no mundo. Normas de comercialização, exportação e tributárias mais ou menos favoráveis, bem como controles internos mais ou menos burocráticos serão elementos determinantes para a definição dos contornos da norma e para a percepção que queremos atrair sobre ela.

PARTE 1
DIFERENTES MERCADOS DE CARBONO: COEXISTÊNCIA

Atualmente, temos diferentes ambientes de mercado de carbono coexistindo no mundo. Falamos em ambientes regulados e voluntários, bem como em nível nacional e nível internacional. Não existe um mercado melhor que o outro, existem diferentes objetivos e diferentes públicos. E, sobretudo, existem diferentes particularidades socioeconômicas entre os países, que fazem com que as escolhas e os caminhos da regulação sejam efetivamente diferentes.

Abaixo, ilustração das diferentes dimensões de mercados de carbono que coexistem, em diferentes planos, sejam eles nacionais ou internacionais, e nas vias voluntárias e reguladas.

Diferentes dimensões dos mercados de carbono no mundo

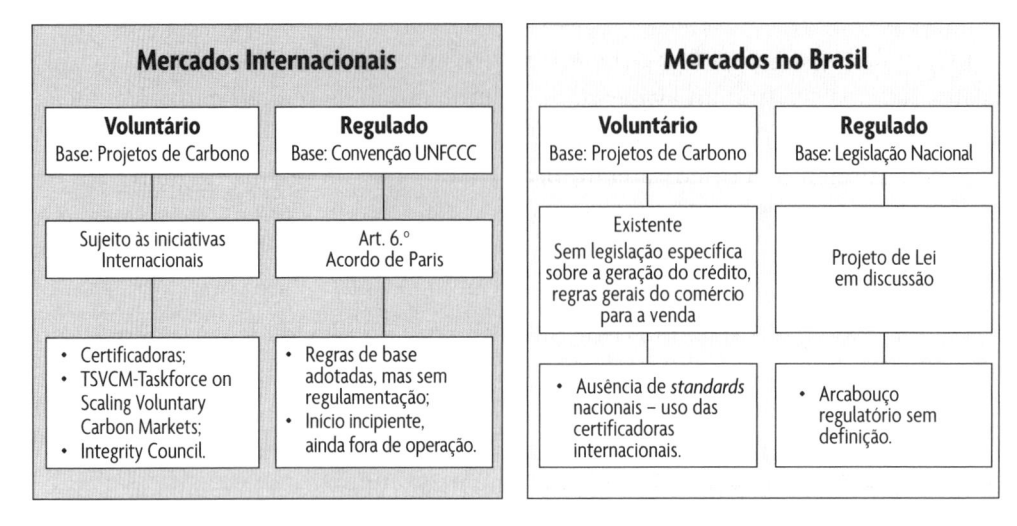

Mercados Internacionais		Mercados no Brasil	
Voluntário Base: Projetos de Carbono	**Regulado** Base: Convenção UNFCCC	**Voluntário** Base: Projetos de Carbono	**Regulado** Base: Legislação Nacional
Sujeito às iniciativas Internacionais	Art. 6.º Acordo de Paris	Existente Sem legislação específica sobre a geração do crédito, regras gerais do comércio para a venda	Projeto de Lei em discussão
• Certificadoras; • TSVCM-Taskforce on Scaling Voluntary Carbon Markets; • Integrity Council.	• Regras de base adotadas, mas sem regulamentação; • Início incipiente, ainda fora de operação.	• Ausência de *standards* nacionais – uso das certificadoras internacionais.	• Arcabouço regulatório sem definição.

1. MERCADO REGULADO: NOVAS FRENTES DE AÇÃO CLIMÁTICA

Falamos em mercados regulados quando nos referimos a todo mercado de carbono sujeito a um ambiente limitado por uma norma específica obrigatória. Assim, temos em nível internacional os mercados de carbono da Convenção e em nível nacional os mercados de carbono criados por leis internas de cada país ou, até mesmo, os regionais, adotados por blocos econômicos.

Os mercados de carbono nasceram como consequência do Protocolo de Quioto, no qual houve a adoção de objetivos de redução de carbono impostos aos países do Norte Global (classificados como países do Anexo 1 da Convenção à época). Por outro lado, os países do Sul, não possuindo objetivos quantificados de redução, se tornaram territórios passíveis de receber projetos de carbono, aliando mitigação a atividades de desenvolvimento.

Portanto, os primeiros mercados regulados da Convenção se baseavam na lógica dicotômica do Protocolo, possibilitando aos países com obrigações de mitigação de realizarem seus projetos de redução de carbono em países que não possuíam tal obrigação e que, portanto, não realizariam aquela atividade se não fosse por aquele incentivo. Os mercados de carbono, então, formavam verdadeiros mecanismos de flexibilização da atividade mitigatória dos países do Norte, tornando possível reduzir a emissão onde a atividade fosse menos custosa.

Essa descentralização da operação de mitigação só seria possível devido à natureza mesmo da característica do problema climático: não importa onde a emissão é realizada, o impacto na atmosfera é global. E da mesma maneira, não importa onde a redução é realizada, todos se beneficiam igualmente. Portanto, a adicionalidade dos mercados de carbono dentro da Convenção, nesse primeiro momento, estava ligada à territorialidade da operação e à dicotomia de obrigação, ambos a base de Quioto.

No entanto, com a reforma da governança climática trazida pelo Acordo de Paris, a lógica de Quioto foi abandonada e uma nova era foi inaugurada: a era global do voluntarismo de orientação nacional. Ou seja: todas as partes da Convenção passaram a ter compromissos de redução de carbono. Mas eles não seriam mais impostos, eles seriam voluntariamente informados por cada Estado-membro, por meio de instrumentos chamados Contribuições Nacionalmente Determinadas – NDC.

As NDC passaram a ser instrumentos nacionais centrais não só de comunicação à Convenção do compromisso de cada país, mas também a indicação de como o seu cumprimento interno se daria, formando a base para os planos de descarbonização nacionais. E é nesse contexto que os mercados de carbono se transformaram e o conceito da precificação[1] interna de carbono se difundiu, estimulando os mercados de carbono nacionais.

Dentro da Convenção, os mercados de carbono assumiram novos contornos como mecanismos de flexibilização. A descentralização da atividade já não atingiria a mesma adicionalidade. Foi preciso trazer novas regras de integridade e valorização social. As exigências de transferência de tecnologia tão marcadas na fase de Quioto dão lugar a uma nova lógica de justiça climática dentro desses mercados.

O conhecido art. 6.º do Acordo de Paris, responsável por traduzir esse novo momento, demorou seis anos após a adoção do Acordo para ser definido, provando a dificuldade da construção da evolução do tema. Atualmente, a operacionalização integral desse artigo ainda está em negociação e apenas alguns pilotos ligados ao art. 6.2 já foram desenvolvidos.

Vale destacar a dificuldade que as discussões quanto ao papel dos projetos de soluções baseadas na natureza nesses novos mecanismos de mercado do art. 6.º alcançou. Esses questionamentos que tocam os conceitos de permanência desses projetos e sua aceitação nos mecanismos são de especial importância para países de base florestal e biodiversa como o Brasil. É preciso nesse momento uma posição firme do país que defenda o nosso papel como fornecedor desse crédito, representando um verdadeiro jogo de interesses geopolíticos.

Portanto, o Acordo de Paris trouxe a reestruturação da lógica dos mercados de carbono. Por um lado, o voluntarismo global trouxe incentivo ao desenvolvimento dos mercados de carbono nacionais como um mecanismo de cumprimento da NDC dos países, por meio de mecanismos de precificação econômica do carbono nas economias nacionais. Já por outro lado, a entrada dos atores privados no quadro da governança climática, com os movimentos empresariais em busca do "net zero", trouxe um novo impulso aos mercados de carbono voluntários, que ganharam importância e volume.

Esses movimentos levaram os mercados de carbono para muito além de mecanismos de flexibilização de mitigação de Partes da Convenção, como inicialmente projetado, para novas frentes de ação climática. Nota-se assim que é da natureza dos mercados de carbono criar ação que não existiria se não ocorresse tal incentivo, formando a base do argumento da norma mobilizadora, seja para a mitigação das emissões, seja para a criação de fluxos de investimento.

Comparação entre as abordagens dos mercados de carbono em Quioto e em Paris

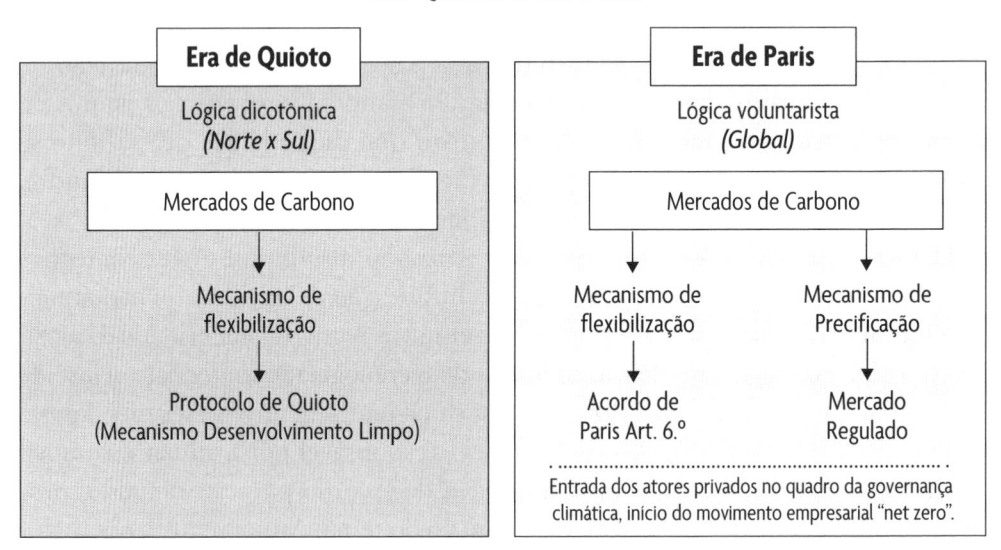

Era de Quioto	Era de Paris	
Lógica dicotômica (Norte x Sul)	Lógica voluntarista (Global)	
Mercados de Carbono	Mercados de Carbono	
Mecanismo de flexibilização	Mecanismo de flexibilização	Mecanismo de Precificação
Protocolo de Quioto (Mecanismo Desenvolvimento Limpo)	Acordo de Paris Art. 6.º	Mercado Regulado
	Entrada dos atores privados no quadro da governança climática, início do movimento empresarial "net zero".	

2. MERCADO VOLUNTÁRIO: FLUXOS DE ATRAÇÃO DE CAPITAL

Enquanto os mercados regulados nascem da imposição da norma mitigadora de carbono – seja dentro do guarda-chuva da Convenção, seja em nível nacional a setores econômicos determinados – os mercados voluntários se desenvolvem da vontade de se atingir um grupo distinto da sociedade que não os Estados Nacionais. A chegada do setor privado às negociações climáticas trouxe uma explosão de compromissos empresariais que não seriam assumidos dentro do quadro clássico da Convenção.

Portanto, o mercado de carbono voluntário é aquele que nasceu de compromissos livremente adotados pelo setor privado. Tem como elementos-chaves projetos de carbono desenvolvidos de acordo com metodologias de certificadoras mundialmente reconhecidas que geram créditos de carbono para serem adquiridos por empresas que possuem compromissos de descarbonização.

São mercados que não possuem uma norma legal delimitando sua ação. A base da atividade é de um lado as certificadoras independentes[2] com as suas metodologias de certificação específicas para cada tipo de projeto e, de outro, iniciativas internacionais[3] que controlam os compromissos públicos empresariais, atribuindo características de integridade nos planos apresentados.

Como um mercado "desregulado" na sua essência, o seu crescimento desordenado trouxe questionamentos técnicos e éticos, o que levou ao nascimento de novas iniciativas que buscam trazer parâmetros de integridade não só para a geração do crédito de carbono, mas também para a formulação dos planos empresariais. Esse movimento recentíssimo, busca trazer uma harmonização de padrões de entendimento de oferta e demanda que possa impulsionar o crescimento desse mercado, que ainda não atingiu seu pleno desenvolvimento, sendo considerado um mercado não executado.

O mercado voluntário de carbono tem forte base de projetos de soluções baseadas na natureza. Ou seja, a maioria dos créditos comercializados hoje nesse mercado possuem base florestal, caminhando largamente para abranger igualmente projetos de base agropecuária. O mercado florestal, que ainda é dominante, apresenta dois tipos principais de crédito: o crédito de remoção de carbono (gerado por atividades de restauração) e o crédito de emissão evitada – conhecido como crédito de REDD (Redução de Emissões por Desmatamento e Degradação florestal)[4] gerado por atividades de conservação florestal.

As tendências de crescimento do mercado de soluções baseadas na natureza indicam que a demanda vai se desenvolver fortemente para o mercado de créditos de remoção – que possuem adicionalidade menos afeta a interpretações discordantes. Segundo dados de crescimento do mercado de remoção, a demanda anual em 2050 por tal tipo de créditos pode ultrapassar o patamar dos 5 bilhões de toneladas de CO2e.

Para o Brasil, o mercado voluntário possui especial importância, devido ao nosso papel de produtor desse crédito. Nesse sentido, já foi identificado que o Brasil, ao lado da Indonésia, é o país que apresenta o melhor custo-benefício para a adoção das soluções baseadas na natureza no mundo, sendo que o terceiro colocado, Congo, está largamente atrás na qualificação.

Deve-se igualmente compreender que o mercado voluntário funciona como um veículo de atração de capital estrangeiro, criando verdadeiros fluxos de investimento por meio da compra de créditos. A grande maioria das empresas que desejam comprar créditos de SBN estão no exterior. Elas estão atrás não só de mitigação de carbono, mas também dos cobenefícios atrelados a essa redução que só o crédito SBN apresenta, que abrangem transformações social e conservação da biodiversidade, formando o chamado crédito de alta integridade.

De acordo com a Iniciativa Brasileira para o Mercado Voluntário de Carbono, o potencial nacional de geração de créditos de carbono até 2030 pode atingir o patamar de 1,2 a 1,9 GtCO2e/ano, sendo até 74% oriundos de projetos florestais. Até hoje, o Brasil gerou um total de 119,4 milhões de créditos de carbono, sendo o valor cumulativo equivalente a 6% a 10% do potencial anual até 2030.

Portanto, a vocação de atração de capital para permitir o desenvolvimento do mercado voluntário traz a sua dimensão mobilizadora, que atrai capital e gera atividades que não se desenvolveriam sem esse incentivo financeiro.

PARTE 2
MARCO LEGAL NO BRASIL: NORMA MOBILIZADORA?

Vivemos um momento de intenso desenvolvimento regulatório que pretende instalar um marco para os mercados de carbono no Brasil. O texto do projeto de lei que trata da matéria – atualmente sob o número PL 182/2024 – traz o reconhecimento de um duplo ambiente de mercados – mercado voluntário e regulado e um sistema de interoperabilidade entre eles. Os mercados jurisdicionais se alinham ao ambiente do mercado voluntário, sendo reconhecidos no conjunto do sistema.

O texto será sem dúvida um marco e a introdução do mercado regulado se faz necessária, mobilizando ação mitigadora. No entanto, o desenho da norma para a atração de investimentos, na sua ação mobilizadora de capital, ainda tem espaços para melhora. O gráfico abaixo traz os contornos gerais do sistema do projeto de lei:

Sistemas e dinâmicas do modelo do PL de carbono

```
┌─────────────────────────────────────────────────────────────┐
│   Voluntário                    Regulado – SBCE             │
│                                                             │
│              ┌─────────────────────────────┐                │
│              │      Interoperabilidade     │                │
│              │                             │                │
│              │  Entrada de Crédito para o SBCE ──→          │
│              │                             │                │
│              │  Autorização para Exportação ──→             │
│              │                             │                │
│              └─────────────────────────────┘                │
│                    ↑           ↗                            │
│              ┌───────────────┐                              │
│              │ Jurisdicional │                              │
│              └───────────────┘                              │
└─────────────────────────────────────────────────────────────┘
```

1. DIFERENTES AMBIENTES: VOLUNTÁRIO E JURISDICIONAL DE UM LADO, REGULADO DO OUTRO

A leitura do texto em pauta nos revela que o mercado voluntário tem seus atores e dinâmicas reconhecidas, mas não se pretende trazer regulamentação às atividades de geração do crédito de carbono, que são eminentemente guiadas pelas relações de oferta, demanda e certificação dos créditos de forma independente. No entanto, regras são trazidas sobre a comercialização e a tributação desse crédito, formando o que chamamos de ação mobilizadora de capital.

Nesse sentido, são reconhecidos dois ambientes nos quais os créditos de carbono podem ser comercializados, uma vez gerados e certificados pelo desenvolvedor do projeto. O primeiro seria a já tradicional venda direta do desenvolvedor diretamente ao comprador do crédito. Nesse caso, o crédito como um ativo transacionável é diretamente negociado entre produtor e comprador e se submete a uma tributação de ganhos de capital.

Já o segundo ambiente seria a venda em mercado organizado. Nesse caso, o crédito assume a natureza jurídica de valor mobiliário e se sujeita à tributação dos mercados financeiros. Apesar de uma das versões do projeto de lei trazer o ativo do CRAM (Certificado de Recebíveis de Créditos Ambientais) para realizar essa passagem do sistema originário para o financeiro via securitização, a tendência é que o texto final seja aprovado sem essa opção, deixando para a regulamentação posterior e regras da própria Comissão de Valores Mobiliários trazerem opções para a passagem do crédito ao ambiente organizado.

Os mercados jurisdicionais – que nada mais são do que a dinâmica do mercado voluntário organizada em nível Estadual – foram reconhecidos sob a abordagem de não mercado e mercado, para diferenciar projetos que são financiados pela lógica dos pagamentos por serviços ambientais e mercado de carbono, respectivamente. Nos últimos tempos, os mercados jurisdicionais ganharam complexidade com suas lógicas de linhas de base estaduais e sistemas de aninhamento, mas, ao mesmo tempo, trouxeram novas oportunidades que devem ser reconhecidas e incorporadas no sistema nacional.

Já em relação ao ambiente regulado, introduzido sob a forma de um mercado de *cap and trade* do tipo europeu e que ganha o nome de sistema Brasileiro de Comércio de Emissões de Gases de Efeito Estufa (SBCE), destaca-se a sua lógica do estabelecimento de direitos de emissão – sob a forma de cotas – a setores regulados que ainda serão selecionados, sendo certo que a lei se apresenta como *economy wide*, ou seja, extensiva a todos os setores da economia. Os setores elegíveis à regulação são aqueles com emissões em quantidade superior à 25.000 tCO2/ano para as obrigações de conciliação (mitigação) e os setores com emissões acima de 10.000 tCO2/ano passam a ter obrigações de relato. O desenvolvimento do sistema se pretende gradual, com a entrada dos setores em decalagem.

Vale destacar que o setor do agro primário foi excluído da incidência do mercado regulado pela lei, principalmente pela sua característica de emissões difusas, dificuldade de implementação numa base numerosa de produtores e, ainda, sob a falta do pleno desenvolvimento das metodologias de medição e acompanhamento. Ainda, existe toda a discussão social em torno do papel da produção de alimentos. No entanto, a agroindústria e a produção de insumos, ou seja, os setores *upstream* e *downstream* da propriedade agrícola, seguem regulados.

2. A INTEROPERABILIDADE PROPOSTA: DOIS NÍVEIS DE INTERAÇÃO

Umas das particularidades do sistema brasileiro – ligada diretamente à nossa característica de produtor de créditos de soluções baseadas na natureza – é a possibilidade da interoperabilidade entre os mercados voluntários e o regulado. No cenário proposto pelo PL, a interoperabilidade atuaria em dois níveis: para entrada dos créditos de carbono com o objetivo de uso dentro do mercado regulado e para a entrada e exportação de créditos com ajustes correspondentes (ITMOS – *Internationally Transfered Mitigation Outcomes*), sem uso dentro do mercado regulado.

No primeiro nível, com a finalidade de uso interno do crédito, uma porcentagem limitada de créditos vinda do mercado voluntário pode ingressar no mercado regulado para auxiliar o cumprimento das metas dos entes regulados. É de se notar que os créditos devem passar por um sistema de elegibilidade, no qual as metodologias autorizadas serão escolhidas futuramente. Esse crédito, então, se tornará um novo ativo, próprio do mercado regulado, chamado CRVE. A escolha das metodologias autorizadas será feita pelo órgão gestor de forma discricionária.

Foi determinado, ainda, que as metodologias que envolvam projetos de REDD precisarão de controles extras da CONAREDD. Tal medida pode gerar algum questionamento tendo em vista que a CONAREDD é órgão que foi criado para auxiliar as políticas ligadas à implementação das atividades de pagamentos por resultados relacionadas à conservação florestal (fatores de desmatamento e degradação florestal) no âmbito da Convenção e não para projetos de mercado de carbono do mercado voluntário. Tal situação pode causar incerteza de objeto e área de atuação, uma vez que os projetos de carbono no mercado voluntário vão além de metodologias de conservação, área de atuação da CONAREDD.

Já no segundo nível, o da exportação de créditos com ajuste correspondente, eles poderão ser vendidos para o mercado regulado da Convenção ou para o mercado internacional privado. Aqui não impera o controle de porcentagem, mas a exigência de transformação do crédito em CRVE para que ocorra a exportação do crédito. Esse procedimento, desnecessário pelas normas da Convenção, traz complexidade e possível incidência de um novo tributo, o IOF.

É certo que a autorização dos créditos com ajustes correspondente para exportação poderia ser feita fora do mercado regulado pela Autoridade Nacional Designada. Isso porque não se pode confundir uma política de exportação (ITMO) com uma política interna de mitigação (mercado regulado). A incerteza das escolhas das metodologias autorizadas e a possibilidade de imposto adicional aumentam a burocracia e o custo do nosso ativo com ajustes, o que prejudica a atratividade do nosso sistema.

Portanto, além das cotas (permissões de emissão) atribuídas aos entes regulados, o outro ativo a circular no mercado regulado serão as CRVES. Nota-se que todo ativo do mercado regulado possui natureza jurídica de ativo mobiliário, o que traz a possível incidência de cobrança do IOF em casos de exportação. Toda a gestão da atribuição de cotas e entrada de ativos no mercado regulado ficará a cargo do Órgão Gestor com controle no Registro Central, que funcionam como o coração desse sistema.

Sem dúvida, é no fluxo de interações desses sistemas que a atratividade desses mercados será determinada. A estruturação de um sistema de *cap and trade* e a possibilidade de interoperabilidade com créditos vindos do mercado voluntário sem dúvida formam um conjunto coerente para a nossa realidade. No entanto, burocracias que foram criadas na exportação de créditos com ajuste correspondente nos colocam um passo atrás num sistema nascente e promissor que são os mercados da Convenção, nos quais vamos competir com o restante do mundo.

A seguir uma ilustração detalhada dos ambientes e suas interações:

Detalhamento das regras do PL de carbono

SBCE: Dinâmica de Mercado

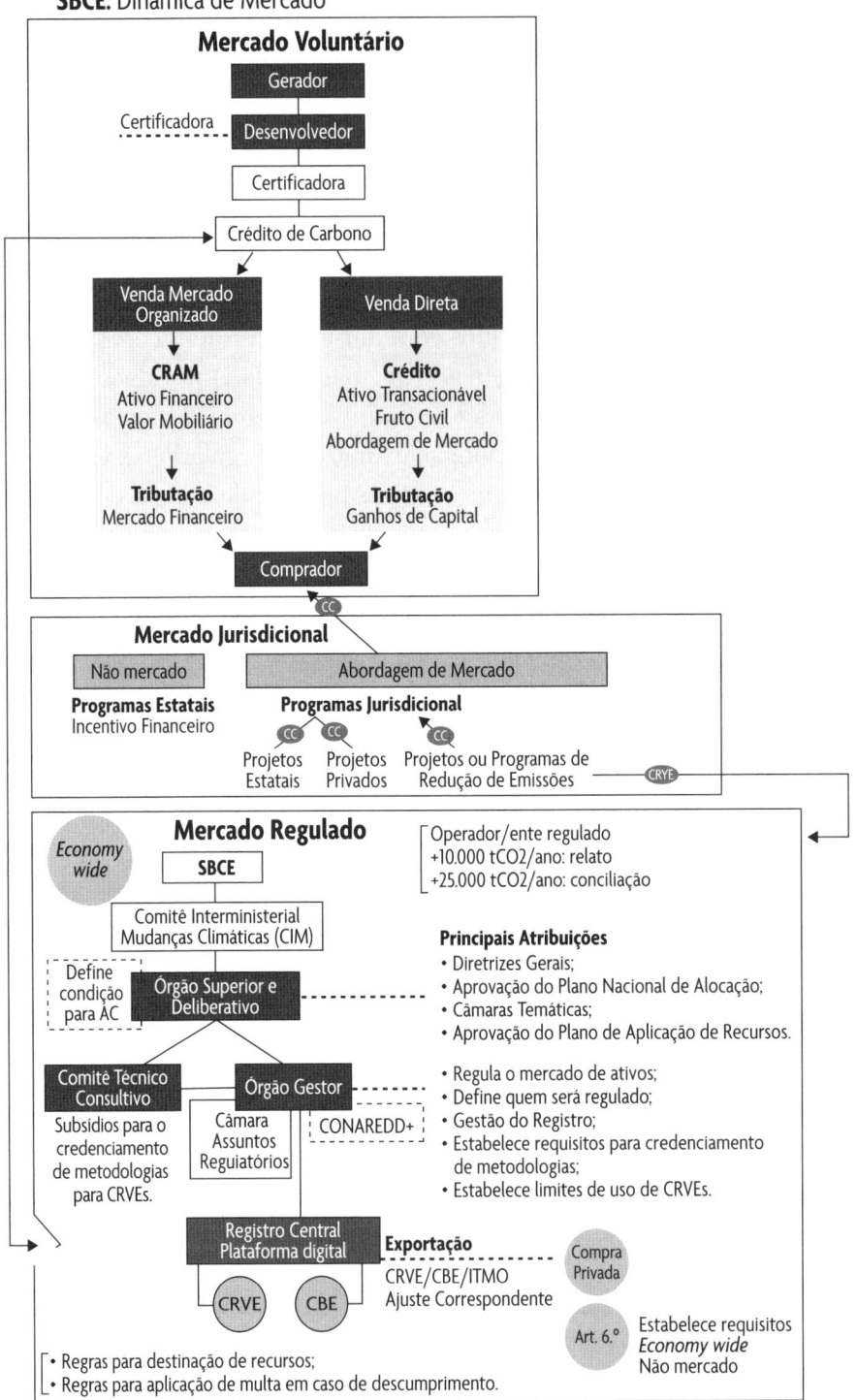

Mercado Voluntário

- Gerador
- Certificadora ----- Desenvolvedor
- Certificadora
- Crédito de Carbono

Venda Mercado Organizado
- CRAM
  Ativo Financeiro
  Valor Mobiliário
- Tributação
  Mercado Financeiro

Venda Direta
- Crédito
  Ativo Transacionável
  Fruto Civil
  Abordagem de Mercado
- Tributação
  Ganhos de Capital

- Comprador

Mercado Jurisdicional

- Não mercado
- Abordagem de Mercado

Programas Estatais
Incentivo Financeiro

Programas Jurisdicional
- Projetos Estatais
- Projetos Privados
- Projetos ou Programas de Redução de Emissões (CRYE)

Mercado Regulado

Economy wide

- SBCE
- Comitê Interministerial Mudanças Climáticas (CIM)
- Órgão Superior e Deliberativo — Define condição para AC
- Comitê Técnico Consultivo — Subsídios para o credenciamento de metodologias para CRVEs.
- Órgão Gestor
  - Câmara Assuntos Regulatórios
  - CONAREDD+
- Registro Central Plataforma digital
  - CRVE
  - CBE

Operador/ente regulado
+10.000 tCO2/ano: relato
+25.000 tCO2/ano: conciliação

Principais Atribuições
- Diretrizes Gerais;
- Aprovação do Plano Nacional de Alocação;
- Câmaras Temáticas;
- Aprovação do Plano de Aplicação de Recursos.

- Regula o mercado de ativos;
- Define quem será regulado;
- Gestão do Registro;
- Estabelece requisitos para credenciamento de metodologias;
- Estabelece limites de uso de CRVEs.

Exportação
CRVE/CBE/ITMO
Ajuste Correspondente

Compra Privada

Art. 6.º — Estabelece requisitos *Economy wide* Não mercado

- Regras para destinação de recursos;
- Regras para aplicação de multa em caso de descumprimento.

310 Litigância Climática e os Novos Desafios Ambientais

3. CONCLUSÃO

É importante não perder de vista que a mobilização da norma dos mercados de carbono vem não só pela implantação de novos comportamentos – como a imposição de redução de emissão aos setores regulados – mas também pelo desenho de fluxos de comercialização favoráveis que atraiam de fato capital para as operações do mercado voluntário.

No caso concreto, se na mobilização de novos comportamentos a norma parece estar no caminho certo, a atração de capital não atinge o mesmo êxito, fazendo com que o objetivo mobilizador da lei não atinja o seu pleno potencial em relação às melhores condições de negociação e exportação do nosso crédito. Assim, há espaço para melhorias tributárias e nos fluxos de exportação de ITMOs, que desejam claros e desburocratizados. A passagem obrigatória dentro do mercado regulado revela complexificação deste ato.

Foi-se o tempo em que a norma poderia ser desenhada apenas nos moldes de comando e controle. Diante da urgência da crise climática, a norma que se pretende criar deve assumir novos contornos geradores de ações imediatas. Atualmente, precisamos de capital, investimentos e credibilidade ao nascente mercado de carbono do Brasil, mobilizando forças em nova dimensão e escala. Precisamos avançar ainda mais na nossa normatização em busca desses objetivos.

NOVAS FRONTEIRAS COM O MERCADO REGULADO DE CARBONO

Eduardo Bastos[1]
Giuliano Ramos Alves[2]

A intensificação de eventos climáticos extremos é uma realidade cada vez mais marcante e com impactos na agropecuária, causados por fenômenos como aumento da temperatura, mudanças nos padrões de precipitação, redução das janelas de plantio e colheita e disseminação de pragas, além de outros fatores que afetam produtores e a segurança alimentar.

Assim, o mercado de carbono não é novo. Com mais de três décadas, foi criado durante a ECO-92, no Rio de Janeiro, a partir da implantação da Convenção-Quadro das Nações Unidas sobre a Mudança Climática (UNFCCC, na sigla em inglês). Começou a ganhar força com o Protocolo de Quioto que, em 1997, já evidenciava a urgência para a diminuição das emissões dos gases de efeito estufa (GEE), recebendo um novo impulso com o Acordo de Paris, quando 195 nações assinaram um compromisso de estabelecer metas e implementar ações para reduzir as emissões de GEE, a fim de que o aumento médio de temperatura do planeta não seja maior do que 1,5 °C.

De acordo com o Banco Mundial, são aproximadamente 75 jurisdições que possuem ou vão adotar, de forma concreta, em seus mercados regulados, instrumentos de precificação, seja por meio de impostos diretos ou por meio de um sistema de comércio de emissões (ETS, na sigla em inglês), operando no modelo *Cap and Trade*, tais como países da União Europeia, China, Canadá, Austrália, Nova Zelândia, Coreia do Sul, entre outros. Esse sistema foi responsável por compensar cerca de um quarto (24%) das emissões globais em 2023, segundo dados do Banco Mundial, movimentando mais de U$ 100 bilhões em transações.

---

1 Coordenador do Comitê de Sustentabilidade da Associação Brasileira do Agronegócio (ABAG).
2 Gerente de Sustentabilidade e Projetos da Associação Brasileira do Agronegócio (ABAG).

MAP OF CARBON TAXES AND ETSs

- ETS and carbon tax implemented
- ETS implemented
- Carbon tax implemented
- ETS or carbon tax under consideration or under development

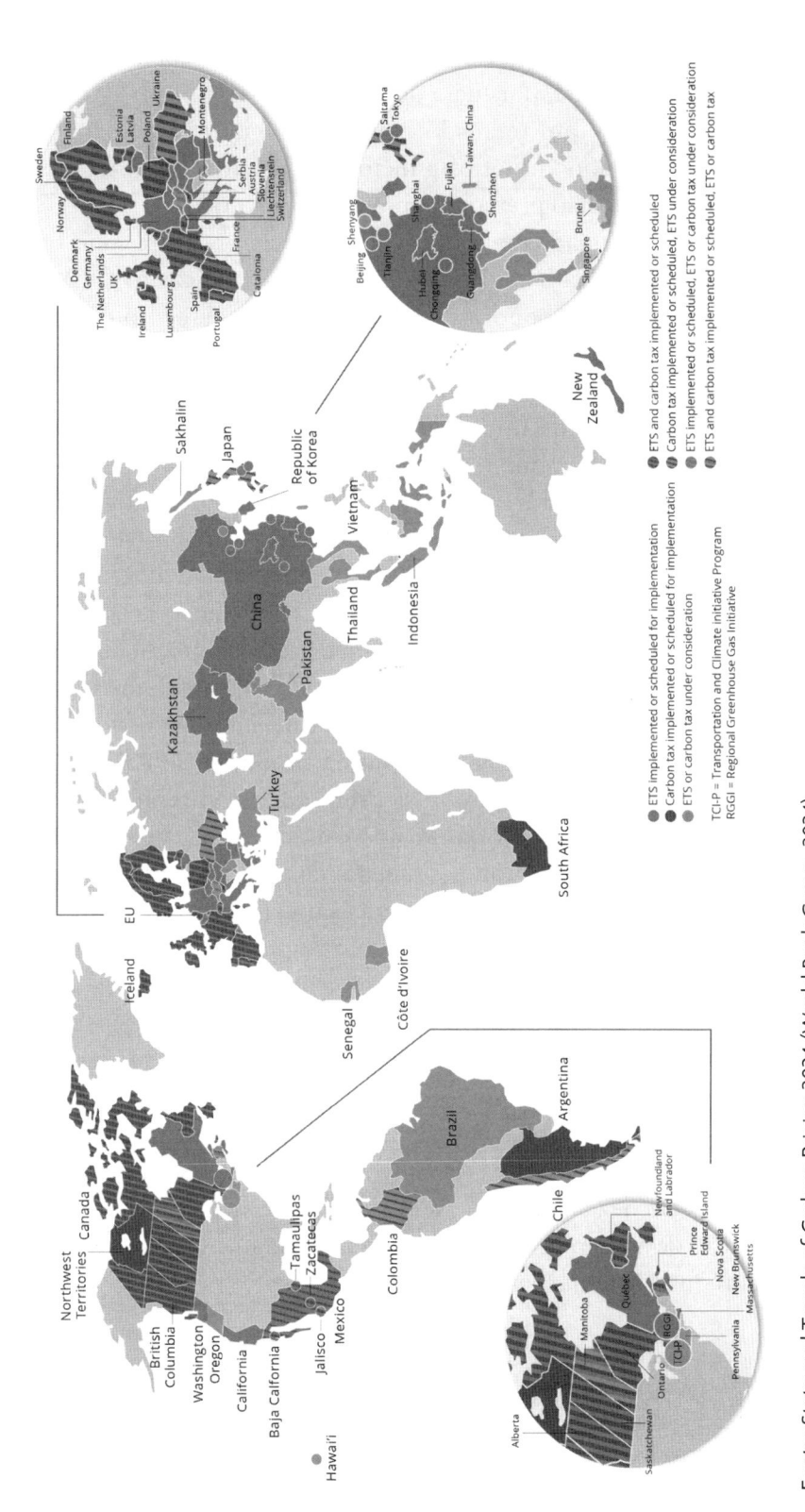

Fonte: State and Trends of Carbon Pricing 2024 (World Bank Group, 2024).

No Brasil, a implementação de um mercado regulado de carbono está em discussão no Congresso Nacional, por meio do Projeto de Lei n. 182/2024 (PL n. 2.148/2015). A criação de um mercado regulado precisa estabelecer uma política industrial, contemplando critérios e metodologias favoráveis ao desenvolvimento econômico, e que não prejudiquem o produtor rural.

Essa regulamentação é fundamental para o agronegócio brasileiro, pois tem o potencial de ser um indutor para a adoção mais célere de práticas ABC (Agricultura de Baixa Emissão de Carbono), contribuindo para o aumento de competitividade do setor.

Importante ressaltar que a agropecuária integra as soluções climáticas e sociais brasileiras desde as ações de mitigação no âmbito do Acordo de Copenhague, em 2009. O Plano ABC, que reuniu tecnologias que permitem reduzir emissões e favorecer a adaptação dos sistemas produtivos, permitiu, entre 2011 e 2020, reduzir mais de 154 milhões de toneladas de CO2eq, e atingir 64 milhões de hectares de áreas.

Em 2021, o Plano ABC+[3] aprimorou os resultados, com a integração de novas tecnologias, nova governança e a meta brasileira de reduzir até um bilhão de toneladas de CO2eq, e atingir 72,6 milhões de hectares. Vale ainda mencionar que a meta de recuperar 30 milhões de hectares de pastagens tem possibilidade de provocar amplos benefícios, como: ampliação na produção de alimentos e energias renováveis, saúde e fertilidade do solo, remoção de carbono no solo, redução de emissões de GEEs. É importante, ademais, destacar ganhos socioeconômicos que podem advir, considerando aumento de produtividade, diversificação produtiva e potencial para expandir culturas agrícolas e a pecuária sem a necessidade de converter novas áreas para agricultura e pecuária.

Isso reforça que o Brasil é uma potência agroambiental: temos potencial para ser o maior gerador de créditos de carbono do mundo, sendo que só no mercado voluntário podemos suprir até 37,5% da demanda mundial até 2030, gerando US$ 100 bilhões em créditos (ICC, 2021).

O Plano Nacional de Conversão de Pastagens Degradadas[4], apresentado pelo MAPA ao final de 2023, traz o objetivo de converter 40 milhões de hectares de pastagens degradadas em dez anos, o que, segundo o Governo, teria o potencial de dobrar a produção de alimentos no país sem precisar desmatar novas áreas de vegetação nativa, reduzindo emissões de carbono.

---

3   Disponível em: Plano Setorial de Mitigação e de Adaptação às Mudanças Climáticas para a Consolidação de uma Economia de Baixa Emissão de Carbono na Agricultura (Ministério da Agricultura, Pecuária e Abastecimento, 2021).
4   Disponível em: https://www.gov.br/agricultura/pt-br/assuntos/noticias/governo-federal-institui-programa-nacional-de-conversao-de-pastagens-degradadas.

Isto vai ao encontro da NDC brasileira (Contribuição Nacionalmente Determinada), que traz o desafio de recuperarmos 30 milhões hectares de pastagens degradadas, e implementarmos sistemas Integração Lavoura-Pecuária-Florestas (ILPF) em 10 milhões de hectares até 2030, práticas que representam 98% do potencial de mitigação no setor (ICC, 2021). Tal NDC será revisitada na COP 30, que ocorrerá no estado do Pará em 2025, o que provavelmente trará um desafio ainda mais ambicioso ao Brasil.

Além disso, a produção de energias renováveis pela agropecuária brasileira desempenha um papel cada vez mais audacioso, visando contribuir com a transição energética no Brasil, reduzindo os efeitos das mudanças climáticas. Em 2022, a matriz de transporte, no setor de energia, aponta que o etanol de cana-de-açúcar representou 16,9% do consumo, enquanto o biodiesel, 4,6%, e o bioquerosene de aviação, 3,5%.

Dados da União da Indústria de Cana-de-Açúcar e Bioenergia (Unica) apontam que, entre março de 2003 (data de lançamento da tecnologia flex) e abril de 2021, o consumo de etanol (anidro e hidratado) no Brasil contribuiu para evitar a emissão de mais de 556 milhões de toneladas de CO_2, volume equivalente às emissões anuais da Argentina, da Venezuela, do Chile, da Colômbia e do Uruguai juntos.

Entretanto, diante de todo este panorama apresentado que enaltece o potencial brasileiro tanto na redução como na captura de carbono, ainda assim o agronegócio não deve estar entre os setores do mercado regulado de carbono brasileiro, sobretudo a produção agropecuária primária, uma vez que a metodologia em torno da parametrização de créditos de carbono ainda é subjetiva neste setor e que o Inventário Nacional de Emissões não prevê a agricultura como ator que sequestra carbono da atmosfera.

A proposição na sua forma mais atual estipula que propriedades com emissões acima de 10 mil toneladas de CO_2 ao ano estariam sujeitas a regulação (reporte apenas), sendo que acima de 25 mil toneladas será obrigatória sua compensação. Contudo, no Brasil, cerca de metade das emissões são oriundas de desmatamento ilegal e, do restante, cerca de 25% é proveniente do uso da terra. Aqui, vale mencionar que a solução para evitar as emissões oriundas do desmatamento ilegal não será a regulamentação do mercado de carbono, mas sim políticas públicas voltadas para a regularização fundiária e comando e controle da ilegalidade.

Assim, é mais do que claro que a obrigatoriedade da legislação incidirá prioritariamente aos produtores rurais. Além disso, o mercado de carbono hoje enfrenta limites técnicos para individualizar emissões sobre atividades agrícolas em cada propriedade pois trata-se de emissões difusas. Toda a regulação do mundo é focada em emissões estacionárias, como indústrias, por exemplo.

Também é recomendável não incluir temas que possuem canais próprios de estruturação e regulação e que possuem maior aderência à geração de créditos de carbono no âmbito do mercado voluntário, como os povos originários e comunidades tradicionais. Uma nota técnica do Ministério Público Federal e do Ministério Público do Estado do Pará[5] prevê o acompanhamento da estruturação e regulamentação do Mercado Voluntário de Créditos de Carbono em territórios coletivos.

Por outro lado, o mercado regulado brasileiro pode incluir as remoções de dióxido de carbono geradas pelas áreas florestais conectadas às atividades industriais e energéticas, como unidades transacionáveis, caso o balanço entre emissões e remoções dessas atividades reguladas seja negativo – quando a captura é maior que a emissão. Há ainda a oportunidade de inclusão de outras ações com benefícios ambientais, como os créditos advindos a partir das Soluções Baseadas na Natureza (SbN), que representam, atualmente, um grande potencial de geração em todo o território nacional.

Ainda, sobre o conceito de REDD+, considerando que o texto atual atendeu às demandas de governos estaduais e do Ministério Público, o tema ganhou uma redação complexa e extensiva, sendo que tal assunto deve ser tratado em regulamentação posterior.

Um fator primordial para fomentar o mercado e incentivar as ações de mitigação é compreender que o crédito de carbono tem a mesma equivalência aos pagamentos por serviços ambientais, por isso precisa ser isento de qualquer tributação. Além disso, todas as empresas, independentemente do porte, devem ter a oportunidade de desenvolver projetos de carbono, pois é uma maneira de estimular a constante procura por soluções de proteção ao meio ambiente e redução de emissões. Assim, não há sentido em manter a previsão de mínimo de R$ 5 milhões de capital social para geração de crédito de carbono.

Em nossa avaliação, o modelo *Cap and Trade* deve ser considerado uma política industrial somente, como já visto em outros países. Nesse sentido, o sistema mais adequado seria adotar tal política unicamente para o setor industrial na proporção sugerida de 80:20, sendo 80% referente às permissões ou cotas de mercado regulado, e 20% de *offsetting*, com a possibilidade de se ter créditos advindos do mercado voluntário, que inclui o agronegócio brasileiro.

Nesse sentido, é preciso deixar claro na proposta atual três conceitos – "Certificado de Redução ou Remoção Verificada de Emissões (RVEs)", "Cota Brasileira de Emissões (CBEs)" e "Crédito de carbono". O primeiro se trata de um

---

5 Disponível em: https://www.mpf.mp.br/pa/sala-de-imprensa/noticias-pa/mercado-carbono-direitos-comunidades.

ativo, representativo de um certificado de depósito de RVE emitido, fungível, de livre negociação. O segundo, conhecido por permissões ou *allowances*, equivalem à autorização de emissão de uma tonelada de gás carbônico. O terceiro está ligado ao mercado voluntário, sendo oriundo de projetos de remoção ou redução da emissão de GEE, realizados por diversos setores, externos ao sistema a ser implantado. De acordo com o Código Florestal Brasileiro, o crédito de carbono é um "título de direito sobre bem intangível e incorpóreo transacionável".

Para tornar o mercado regulado flexível e com mais liquidez, o projeto de lei não deve atrelar a transferência internacional de resultados de mitigação com as metas assumidas pelo governo brasileiro. Em 2021, o país revisou sua Contribuição Nacionalmente Determinada (NDC, na sigla em inglês), ampliando sua meta para 50% de redução de emissões até 2030, e para 2050 pretende chegar à neutralidade, o que significa que será necessário compensar com fontes de captura de carbono todas as emissões nacionais.

O mercado regulado de carbono será importante para o país atingir suas metas, firmadas logo após o Acordo de Paris, como frear o aquecimento global em até 1,5 °C e zerar o desmatamento até 2030, e também para avançar globalmente, como um dos maiores fornecedores de créditos de mitigação das emissões. O agronegócio com certeza seguirá dando a sua contribuição, notadamente via tecnologias ABC (Agricultura de Baixo Carbono) e com o avanço da agenda de carbono orgânico de solo e a ciência, aliada aos financiamentos e extensão rural, que já levaram o Brasil a um dos cinco maiores produtores de alimentos, fibras e energia do mundo, faremos o mesmo com o carbono.

REDD+ E O MERCADO VOLUNTÁRIO DE CARBONO: UM PANORAMA JURÍDICO CONTEMPORÂNEO EM TEMPOS DE CRISE ECOLÓGICA[1]

Natascha Trennepohl[2]
João Daniel de Carvalho[3]

1. CONTEXTUALIZAÇÃO

A biosfera planetária passa por um período de transformações profundas. Caminhamos para um colapso ecológico em nível global, impulsionado por processos extrativistas e produtivos absolutamente insustentáveis e uma demanda energética atroz. Tamanhas são as transformações descritas, que a comunidade científica propõe uma nova era geológica para delinear a marca indelével deixada pelo ser humano no mundo, o chamado Antropoceno.

Esta nova era sucederia ao Holoceno, período que se iniciou com o fim da última era glacial e nos proporcionou os últimos 11 mil anos de estabilidade climática, permitindo a ascensão da agricultura, os povoamentos sedentários e o surgimento das grandes civilizações. Embora não tenha sido (ainda) oficialmente ratificado pela Comissão Internacional de Estratigrafia, o Antropoceno é proposto como o período em que as atividades humanas começaram a impactar significativamente a geologia e os ecossistemas do planeta Terra, sendo caracterizado pelo aumento acentuado da poluição, pelo desmatamento, pelas mudanças climáticas e pela perda de biodiversidade resultantes do avanço industrial e tecnológico.

Nessa toada, este texto é intencionalmente inaugurado com o uso do termo "biosfera", denotando a interdependência dos sistemas vivos planetários e as frágeis condições que nos permitem a *autopoiesis* contínua, a sintropia inerente a esse paraíso azulado que paira pelo cosmos e que temos a encantadora possibilidade de chamar de nossa casa comum. Não obstante, já é amplamente reconhecido

---

1 Texto baseado nas considerações dos autores para a RDA 117/2024.
2 Doutora em Direito pela Humboldt-Universität zu Berlin (Alemanha). Mestre pela Universidade Federal de Santa Catarina. Sócia do escritório Trennepohl Advogados. E-mail: natascha@trennepohl.com.
3 Pós-graduado em Meio Ambiente e Sustentabilidade pela Universidade Federal do Rio de Janeiro (COPPE/UFRJ). Graduado em Direito pela Pontifícia Universidade Católica do Rio de Janeiro. Professor de cursos de pós-graduação sobre mercados de carbono. Conservacionista, advogado e gestor ambiental.

pela comunidade científica que estamos causando um sexto evento de extinção em nível planetário – uma constatação estarrecedora – considerando que isso implica em reconhecer que a transformação da paisagem ecológica pelo ser humano já é tamanha que pode ser comparada à extinção do Período Cretáceo (pasmem, os finados dinossauros) e do Período Permiano-Triássico (que extinguiu 95% da vida no planeta).

Em vista disso, a destruição dos biomas e ecossistemas nativos continuará trazendo consequências de ordem sistêmica, como desertificação, perda de biodiversidade, escassez de recursos hídricos e muitos outros. No Brasil, o histórico de destruição já é evidente e bem documentado. Não precisamos sequer antecipar a marcha fúnebre sob a Amazônia e o Cerrado para perceber isso, basta olhar para o corpo moribundo da ora gloriosa Mata Atlântica, bioma ultrabiodiverso que ocupava o país em proporções continentais – e que alguns pesquisadores argumentam – e formava um corredor ecológico florestal quase contínuo com a Floresta Amazônica. O processo histórico de desenvolvimento socioeconômico do sul e do sudeste brasileiros deixou tão somente cerca de 29% da cobertura original do bioma[4]. É uma triste constatação; já temos ecocídios que transitaram em julgado.

Não obstante, no melhor estilo da Crônica de uma Morte Anunciada, de Gabriel García Márquez, a história segue seu curso. A mudança de uso da terra representou em 2022 aproximadamente 33% das emissões nacionais do Brasil[5], sendo essencial a busca pela implementação de mecanismos que valorizem os recursos naturais e incentivem práticas sustentáveis.

2. HISTÓRICO DO MECANISMO DE REDD+ NO CENÁRIO INTERNACIONAL

Para reverter esse quadro, precisamos urgentemente de políticas ambientais robustas e incentivos econômicos para conter o desmatamento dos nossos ecossistemas nativos. Essa missão certamente não é novidade, porém é inadiável. Historicamente, o mecanismo de Redução de Emissões do Desmatamento e da Degradação Florestal (REDD+) se coloca com clareza como uma dessas ferramentas, fornecendo uma arquitetura fundamental para políticas socioecológicas perenes, bem como possibilitando a criação de um sistema de financiamento climático e de biodiversidade.

---

4 DEAN, Warren. *A ferro e fogo*: a história e a devastação da Mata Atlântica brasileira. Companhia das Letras, 1995.
5 Vide SEEG (Sistema de Estimativa de Emissões e Remoções de Gases de Efeito Estufa), Observatório do Clima.

O mecanismo surgiu no contexto das Nações Unidas como uma iniciativa para reduzir as emissões de gases de efeito estufa (GEE) provenientes da conversão de florestas e ecossistemas nativos. Assim, desde o início, o mecanismo esteve ligado ao suporte de medidas que endereçem as emissões provenientes do desmatamento e da degradação florestal. Em brevíssima síntese, as reduções de emissões são calculadas a partir da elaboração de um "nível de referência de emissões" (do inglês, *forest reference emission level* – FREL), calculado a partir de uma série histórica. As emissões que o país conseguir reduzir para além do FREL são consideradas resultados elegíveis para receber pagamentos por países doadores e entidade multilaterais, como por exemplo, o Banco Mundial.

A estrutura normativa internacional do REDD+ foi desenvolvida ao longo de várias Conferências das Partes (COPs) da Convenção-Quadro das Nações Unidas sobre Mudança do Clima (do acrônimo em inglês, UNFCCC). A proposta inicial – formulada fundamentalmente como um sistema de pagamento por resultados – foi apresentada em 2005 durante a COP 11 em Montreal.

Dois anos depois, na COP 13, realizada na Indonésia, houve um avanço importante com o "Plano de Ação de Bali"[6], que incluiu o mecanismo de REDD+ no processo de negociações, reconhecendo a necessidade de incentivar ações de redução de emissões do desmatamento nos países em desenvolvimento. Assim, a Decisão n. 2/CP.13 encorajou os países a empreenderem esforços para "abordar os fatores de desmatamento relevantes para as suas circunstâncias nacionais, com vistas a reduzir as emissões provenientes do desmatamento e da degradação florestal e, assim, aumentar os estoques de carbono florestal devido à gestão sustentável das florestas"[7].

O progresso continuou na COP 16, no México, instituindo as chamadas "Salvaguardas de Cancún", que proporcionaram as primeiras orientações para a implementação do REDD+ e estabeleceu diretrizes sociais e ambientais para garantir que os direitos das comunidades locais e dos povos indígenas fossem respeitados.

Ademais, em âmbito internacional, a Decisão 1/CP.16 é clara ao incentivar os países em desenvolvimento a contribuírem com ações de mitigação no setor florestal **por meio da redução de emissões do desmatamento e da degradação florestal**, devendo os países endereçarem os fatores de desmatamento – suas causas diretas e indiretas – por meio de mecanismos como REDD+.

---

6   Vide Decisão n. 1/CP.13.
7   Vide Decisão n. 2/CP.13, § 3.º.

Um ano depois, na COP 17, as partes abordaram as modalidades de financiamento para o REDD+, aventando a possibilidade de se utilizar abordagens de mercado, embora mecanismos de mercado nunca tenham sido efetivamente adotados pelas partes.

A COP 19 estabeleceu um marco significativo com a adoção do "Marco de Varsóvia", que forneceu diretrizes claras sobre os elementos técnicos necessários do mecanismo, tais como os sistemas nacionais de mensuração, reporte e verificação (MRV). Além disso, também tratou de aspectos financeiros, estabelecendo um conjunto mais robusto de normas para implementação dos programas nacionais de REDD+.

Por fim, a adoção do Acordo de Paris na COP 21, em 2015, consolidou o papel do REDD+, ou melhor, das metas de desmatamento zero, como parte das contribuições nacionalmente determinadas (NDCs) dos países do Sul Global, reforçando a importância do mecanismo como ferramenta para endereçar os fatores de desmatamento e alcançar as metas globais de mitigação das mudanças climáticas. Nesse sentido, é importante salientar que o Brasil tem como um componente fundamental da sua própria NDC o combate ao desmatamento ilegal.

Percebe-se, assim, que o mecanismo de REDD+ no âmbito da Convenção-Quadro possui o foco voltado para as ações e políticas relacionadas com a redução de emissões provenientes do desmatamento e da degradação florestal, ou seja, projetos voltados para áreas de florestas existentes, na medida em que esse mecanismo é descrito nas decisões das COPs tendo por finalidade o endereçamento de fatores de desmatamento e degradação florestal.

Ademais, o próprio entendimento do significado de *"aprimoramento do estoque de carbono florestal"*, parte integrante do conceito de REDD+, deve ser entendido dentro do contexto geral desse mecanismo de combate ao desmatamento, ou seja, de ampliação do carbono armazenado em uma floresta existente, podendo se dar, por exemplo, quando se interrompe o processo de retirada de madeira de uma área de floresta.

Evidentemente, é fundamental destacar que embora possamos falar de alguns êxitos específicos provenientes da arquitetura internacional de REDD+, o balanço geral é que os esforços seguem insuficientes, e maior articulação, ambição e agilidade são necessárias. O Brasil foi receptor de recursos do Norte Global, via Fundo Amazônia, e é inegável que tais recursos foram parte do exitoso mosaico de políticas públicas que permitiram a queda vertiginosa do desmatamento na Amazônia entre 2005-2014. No entanto, tal legado tem sido ofuscado pelo aumento do desmatamento no bioma na última década e acompanhado pelo crescimento acelerado do desmatamento no Cerrado.

3. REGULAÇÃO DO REDD+ NO BRASIL

A legislação brasileira sobre REDD+ foi marcada pela criação da Comissão Nacional para REDD+ (CONAREDD+), instituída pelo Decreto n. 8.576/2015 e atualmente regulada pelo Decreto n. 11.548, de 5 de junho de 2023[8], embora os órgãos técnicos já tratassem do tema em grupos técnicos há bastante tempo. A CONAREDD+ é o órgão responsável pela coordenação e revisão da estratégia brasileira para implementar as ações de REDD+ (ENREDD+), promovendo articulação entre diferentes setores e níveis de governo, especialmente dentro do contexto de pagamentos por resultados. Ela deve garantir a transparência, a participação e a eficácia no desenvolvimento das políticas, bem como a integração entre as esferas públicas e a sociedade civil.

A legislação brasileira também prevê mecanismos de monitoramento e reporte para as ações de REDD+. Isso inclui a implementação do Sistema de Monitoramento do Desmatamento na Amazônia Legal (PRODES) e o Sistema Nacional de Informações Florestais (SNIF), que fornecem dados fundamentais para avaliar o progresso das metas nacionais e internacionais. A transparência desses sistemas é essencial para garantir a credibilidade das ações, aumentando a confiança de financiadores de atividades de REDD+ e parceiros internacionais.

O Brasil tem FRELs submetidos para o bioma Cerrado e para a Amazônia, com isso tendo um nível de referência de emissão florestal que cobre quase 73% do território do país. A relevância de tais FRELs está diretamente associada às taxas de desmatamento superiores nesses biomas e em decorrência de termos o Plano de Ação para Prevenção e Controle do Desmatamento na Amazônia Legal (PPCDAM) e o Plano de Ação para Prevenção e Controle do Desmatamento e das Queimadas no Cerrado (PPCerrado) como pilares de política ambiental brasileira, inclusive como instrumento da Política Nacional sobre Mudança do Clima (Lei n. 12.187/2019).

Para o acesso aos pagamentos por resultados de REDD+ no âmbito da Convenção-Quadro e do Acordo de Paris, considera-se elegível o Banco Nacional de Desenvolvimento Econômico e Social (BNDES), por meio do Fundo Amazônia, podendo-se ampliar o rol de instituições ou mecanismos financeiros por meio de regulamento da CONAREDD+[9].

---

8   O Decreto n. 8.576/2016 foi revogado pelo Decreto n. 10.144/2019, o qual, por sua vez, foi revogado pelo Decreto n. 11.548/2023, atualmente em vigor.
9   Vide art. 11 do Decreto n. 11.548/2023.

Não são apenas as instituições federais que podem se tornar elegíveis para a captação de recursos por meio do pagamento por resultados de REDD+, mas também os governos estaduais[10], distribuindo-se os limites de captação (em tCO2) entre o governo federal e os estados amazônicos conforme disposto nas Resoluções da CONAREDD+[11]. As regras para a elegibilidade dos estados amazônicos para o acesso aos pagamentos por resultados de redução de emissões provenientes do desmatamento no bioma Amazônia estão dispostas na Resolução n. 7/2017 da CONAREDD+, assumindo os estados total responsabilidade pela gestão e aplicação dos recursos captados.

Assim, os interessados devem possuir: (a) planos de ação ou políticas públicas que contribuam para alcançar os resultados; (b) mecanismos de transparência para prestar contas sobre o respeito às salvaguardas de REDD+, a aplicação de recursos, e o desempenho das ações e iniciativas; bem como possuir (c) uma estrutura de governança que seja *participativa*, *operacional* e *transparente* para a implementação dos Planos de Ação para Prevenção e Controle do Desmatamento ou de outras políticas que contribuam para o cumprimento das salvaguardas de REDD+[12].

Considerando-se esses três elementos que compõem a estrutura de governança, pode-se demonstrar que esta é participativa quando envolve diversos setores da sociedade, inclusive representação de povos indígenas e de comunidades tradicionais; que é operacional na medida em que implementa políticas vigentes e possui um calendário ativo de reuniões; e, por fim, que é transparente ao disponibilizar as informações dos processos decisórios, da formulação das ações e da implementação das ações relacionadas[13].

No Brasil, por exemplo, o estado do Acre foi o primeiro a captar pagamentos por resultados de REDD+ no âmbito do Programa REM (*REDD+ Early Movers*), uma iniciativa para auxiliar países e jurisdições pioneiras na proteção florestal. O Programa REM Acre já passou por duas fases, de 2013 a 2017 e de 2018 a 2023, tendo executado 53 milhões até dezembro de 2022 e passado por reestruturações quanto às estratégias de gerenciamento dos recursos e de monitoramento e implementação das ações[14].

---

10 Vide MMA/GIZ (2021): *Pagamentos por resultados de REDD+*: manual de elegibilidade, 2021, p. 10.
11 Vide Resoluções n. 6/2017, n. 12/2018 e n. 14/2018 da CONAREDD+.
12 Vide art. 2.º da Resolução n. 7/2017 da CONAREDD+.
13 Vide Resolução n. 7/2017 da CONAREDD+, bem como o Anexo Único (formulário para atendimento às regras de elegibilidade).
14 Vide SEPLAN (2023): *Documento do Programa REM Acre Fase II*: projetos, metas, impactos e diretrizes de execução da repartição de benefícios. Agosto de 2023, p. 3, 10.

4. REDD+ NO CONTEXTO DO MERCADO VOLUNTÁRIO DE CARBONO

Os mercados de carbono continuam se afirmando como um mecanismo eficiente para se viabilizar o financiamento climático e a redução de emissões no setor de agricultura, florestas e mudança de uso da terra. Nesse sentido, a experiência brasileira tem predominantemente sido guiada pelos mercados "voluntários" de carbono (MVC), transações majoritariamente entre partes privadas, com aquisições de créditos de carbono emitidos por certificadoras internacionais, como a Verra (a maior e uma das mais longevas certificadoras do MVC), a *Gold Standard*, dentre outras.

Há grande tração legislativa para se criar um sistema de comércio de emissões brasileiro, mas, nesse momento, o mercado voluntário segue sendo um protagonista relevante. Não é surpresa que dentro do MVC, o mecanismo de REDD+ tem crescido significativamente, com metodologias próprias que permitem proprietários de imóveis rurais ou comunidades tradicionais gerar créditos de carbono em decorrência dos seus próprios esforços de reduzir o desmatamento. Dessa forma, o MVC oferece ao Brasil uma possibilidade estratégica de se endereçar a principal matriz de emissões do nosso país.

Assim sendo, a Resolução n. 3/2020 do CONAREDD+[15] reconheceu o MVC como um mecanismo para o combate ao desmatamento, uma sinalização de que projetos individuais seriam também parte da solução. É relevante mencionar também a Lei de Pagamentos por Serviços Ambientais – PSA (Lei n. 14.119/2021), que considera, no inciso III do art. 3.º, uma modalidade de PSA a compensação vinculada a certificado de redução de emissões por desmatamento e degradação, o que enquadraria projetos individuais de REDD+ dentro do MVC. Esses movimentos trouxeram maior visibilidade para as atividades de REDD+ no país.

Importante também enfatizar que a Lei de PSA inseriu o inciso V do art. 10, da Lei n. 8.629/1993, que dispõe sobre a regulamentação dos dispositivos constitucionais relativos à reforma agrária. O inciso V reconhece como "não aproveitáveis" os "remanescentes de vegetação nativa efetivamente conservada não protegidas pela legislação ambiental e não submetidas a exploração nos termos do inciso IV do § 3.º do art. 6.º desta Lei", e, portanto, não passíveis de desapropriação. Tais disposições legitimam a atividade de conservação de vegetação nativa.

---

15 A Resolução n. 3, de 22 de julho de 2020, foi posteriormente revogada pelo art. 6.º da Resolução n. 14, de 9 de novembro de 2023.

Nos últimos anos, outra faceta relevante do mecanismo de REDD+ se revelou, que são os programas jurisdicionais dos estados brasileiros buscando se financiar por meio do MVC. Historicamente, a própria Verra já havia criado o seu selo de certificação para programa jurisdicionais, permitindo que países ou entidades subnacionais (como estados, províncias e municípios) gerassem créditos de carbono, embora sem sucesso. Contudo, há alguns anos a certificadora *Architecture for REDD+ Transactions* criou o selo TREES (*The REDD+ Environmental Excellence Standard*). Este selo vem ganhando tração relevante e encontra-se apoiado pela Coalizão LEAF, um grupo de compradores qualificados que estão se comprometendo a adquirir tais créditos de carbono de cunho jurisdicional.

Embora os projetos privados e os programas jurisdicionais de REDD+ devam coexistir, a realidade é que ainda há muitos impasses em relação a como harmonizar ambas as abordagens no MVC. Ao transacionar créditos de carbono de seus territórios, as entidades subnacionais devem tecnicamente excluir quaisquer projetos individuais que gerem créditos de carbono, a fim de se evitar a dupla contagem. Essa exclusão deve ser feita por meio do "aninhamento" dos projetos dentro dos programas jurisdicionais e, mais importante, harmonizando as linhas de base para que a alocação de créditos de carbono para os projetos privados e programas jurisdicionais seja coesa e interoperável. Não obstante, tais tentativas têm se mostrado de difícil execução.

Isso pode criar um verdadeiro impasse jurídico e institucional, mas fundamentalmente criar embargos ao financiamento climático e à valorização da floresta em pé. Importante trabalhar para superar esses desafios para que ambas as modalidades de REDD+, os programas jurisdicionais e os projetos individuais, possam coexistir de forma harmônica, buscando-se resolver impasses institucionais e metodológicos em uma grande concentração entre a esfera pública e a privada.

A acuracidade da contabilidade das emissões e a realização dos ajustes correspondentes são pontos essenciais para assegurar que as reduções de emissões transferidas internacionalmente realmente refletem os esforços e as medidas adotadas pelos países. Quando as reduções são transferidas sem qualquer forma de controle ou autorização e são usadas para o cumprimento das metas nacionais em ambos os países, enfraquece-se o Acordo de Paris.

No Brasil, de acordo com o disposto no art. 10 do Decreto n. 11.550/2023, a Autoridade Nacional Designada para orientar no que tange aos instrumentos previstos no art. 6.º do Acordo de Paris é o Ministério do Meio Ambiente e Mudança do Clima (MMA), em conjunto com o Ministério das Relações Exteriores (MRE). No entanto, os procedimentos referentes às autorizações de transferências que exijam ajustes correspondentes ainda estão em fase de elaboração e não foram divulgados[16].

5. CONSIDERAÇÕES FINAIS

A conclusão desse artigo não é estritamente jurídica, pois tange elementos de ordem existencial, geopolítica e das ciências ecológicas. Como o leitor atento já deve ter percebido, os mecanismos jurídicos e institucionais já existem para garantir os resultados desejados, quais sejam, a completa reversão do quadro de conversão dos ecossistemas nativos brasileiros. Mas precisamos ir além.

As atividades de REDD+ precisam urgentemente de mais recursos financeiros. À vista disso, é fundamental destacar que esses recursos devem então ser amplamente distribuídos entre todos os *stakeholders* envolvidos nesse complexo e virtuoso ciclo do conservacionismo brasileiro, incluindo os povos originários e as comunidades tradicionais. Aliado a isso, a conciliação da conservação florestal com o setor agropecuário é o grande pilar que sustentará a descarbonização do país e o nosso alinhamento com as obrigações assumidas no âmbito do Acordo de Paris.

Precisamos romper os procedimentos que criam entraves para o financiamento e o combate ao desmatamento, buscando soluções e permitindo a adoção de instrumentos como o REDD+, seja por meio de mecanismos de mercado (em formatos de projetos individuais e jurisdicionais) ou pelo sistema de pagamentos por resultados. Somente com um grande arranjo financeiro e institucional, bem como com a combinação de diferentes instrumentos e políticas públicas, o Brasil poderá se alçar ao título de potência ecológica a que faz jus, chegando inclusive ao almejado e utópico desmatamento zero.

REFERÊNCIAS

CONAREDD+. Resolução 6, de 6 de julho de 2017. Disponível em: http://redd.mma.gov.br/images/central-de-midia/pdf/Documentos/conaredd-resolucao-no6-20170621-final.pdf.

CONAREDD+. Resolução 7, de 6 de julho de 2017. Disponível em: http://redd.mma.gov.br/images/central-de-midia/pdf/Documentos/conaredd-resolucao-no7-elegibilidade-20170719-final.pdf.

CONAREDD+. Resolução 12, de 24 de abril de 2018. Disponível em: http://redd.mma.gov.br/images/conaredd/conaredd_resolucao12.pdf.

---

[16] MMA. *Procedimentos para a submissão de novos projetos e programas no âmbito do mecanismo do Artigo 6.4 do Acordo de Paris.* 9.7.2024.

CONAREDD+. Resolução 14, de 21 de dezembro de 2018. Disponível em: http://redd.mma.gov.br/images/conaredd/Resoluo-n-14---Resultados-de-REDD-2016-e-2017.pdf.

CONAREDD+. Resolução 14, de 9 de novembro de 2024. Disponível em: http://redd.mma.gov.br/images/conaredd/SEI_MMA---1606451---Resoluo-GTT-Salvaguardas-2024.pdf.

DEAN, Warren (1995). *A ferro e fogo*: a história e a devastação da Mata Atlântica brasileira. São Paulo: Companhia das Letras.

MMA/GIZ (2021). *Pagamentos por resultados de REDD+*: manual de elegibilidade. 2021. Disponível em: https://www.giz.de/de/downloads/giz-2022-pt-manual-elegibilidade.pdf.

MMA. *Procedimentos para a submissão de novos projetos e programas no âmbito do mecanismo do Artigo 6.4 do Acordo de Paris*. 9.7.2024. Disponível em: https://www.gov.br/mma/pt-br/assuntos/mudanca-do-clima/clima/and-artigo-6.

SEEG (Sistema de Estimativa de Emissões e Remoções de Gases de Efeito Estufa). Observatório do Clima. Disponível em: https://seeg.obass.info/relatorios/.

SEPLAN. *Documento do Programa REM Acre Fase II*: projetos, metas, impactos e diretrizes de execução da repartição de benefícios. Agosto de 2023. Disponível em: https://imc.ac.gov.br/wp-content/uploads/2024/05/Novo-Documento-do-Programa-REM-Acre-Fase-2.pdf.

UNFCCC. Decision 1/CP.13 *Bali Action Plan*. FCCC/CP/2007/6/Add.1. 14 mar. 2008.

UNFCCC. Decision 2/CP.13 *Reducing emissions from deforestation in developing countries*: approaches to stimulate action. FCCC/CP/2007/6/Add.1. 14 mar. 2008.

UNFCCC. Decision 1/CP.16 *The Cancun agreements*: outcome of the work of the ad hoc working group on long-term cooperative action under the Convention. FCCC/CP/2010/7/Add.1. 15 mar. 2011.

UNFCCC. Decision 9/CP.19. *Work programme on results-based finance to progress the full implementation of the activities referred to in decision 1/CP.16, paragraph 70*. FCCC/CP/2013/10/Add.1 31 jan. 2014.

OPORTUNIDADES NA ERA DA DESCARBONIZAÇÃO: UM ENFOQUE NO BRASIL

Marcelo Donnini Freire[1]

A transição para uma economia de baixo carbono representa um dos maiores desafios e, simultaneamente, uma das maiores oportunidades econômicas da atualidade. O Brasil, com sua vasta riqueza natural e crescente capacidade de inovação tecnológica, está posicionado de maneira única para se beneficiar dessa transformação global. Este artigo explora as oportunidades na era da descarbonização, com foco particular nas oportunidades para o Brasil e a importância da intensidade de carbono como um diferencial competitivo na economia brasileira.

1. INTRODUÇÃO

A mudança climática impõe necessidade para a descarbonização das economias globais. No entanto, além do imperativo ambiental, a transição para uma economia de baixo carbono também oferece inúmeras oportunidades econômicas, a intensidade de carbono dos processos, produtos e atividades será cada vez mais um diferencial competitivo e o Brasil pode aproveitar essas oportunidades para impulsionar seu crescimento econômico sustentável.

2. OPORTUNIDADES PARA O BRASIL

O Brasil possui uma combinação única de recursos naturais abundantes, biodiversidade, posicionamento e características geográficas, população, capacidade tecnológica e nível de governança que o coloca em uma posição vantajosa na era da descarbonização. As oportunidades incluem:

Energia Renovável: o Brasil já é um líder mundial em energia renovável, com uma matriz energética predominantemente limpa, composta por hidrelétricas, eólica, solar e biomassa. A expansão dessas fontes pode não só atender à demanda interna crescente, mas também posicionar o Brasil como um exportador de tecnologia e *know-how* em energias renováveis, bem como representa uma enorme oportunidade de exportação de energia limpa e renovável agregada em

---

1 Marcelo Donnini é Chief Green Officer na YvY Capital Asset Management.

produtos e serviços nas suas mais diversas formas. É notório que o potencial de geração dessas energias renováveis, verdes e/ou de baixa intensidade de carbono, supera e muito as presentes e futuras demandas internas do país.

Em um mundo que busca e ruma para descarbonização e em pleno processo de transição, em que o tema energia é conhecido como O grande e mais relevante fator, o desafio nacional que se impõe é como estruturar e viabilizar as cadeias e os negócios para materializar essas oportunidades.

A energia eólica e solar tem mostrado crescimento significativo nos últimos anos, impulsionadas por reduções nos custos tecnológicos e políticas de incentivo. O Brasil possui um dos maiores potenciais eólicos do mundo tanto *onshore*, como *offshore*. A energia solar também apresenta grande potencial, com alta incidência solar em grande parte do território nacional.

Agricultura Sustentável: a agricultura é um setor-chave para a economia brasileira. Práticas agrícolas sustentáveis, com práticas que são bastante usuais já no país, mas que se configuram como inovações em outras praças econômicas mundiais, como plantio direto, safrinha e também a integração lavoura-pecuária-floresta (ILPF) e a agricultura de baixo carbono em seus diversos aspectos, podem aumentar a produtividade e reduzir as emissões, criando acesso a novos mercados ou ampliando os atuais.

O Brasil é um dos maiores produtores e exportadores de alimentos do mundo. A adoção de práticas agrícolas sustentáveis não somente ajuda a mitigar as emissões de GEE, mas também torna os produtos agrícolas brasileiros mais competitivos em termos de intensidade de carbono nos mercados internacionais. A mesma lógica se aplica à indústria e à produção econômica brasileira em geral. É como eu nunca canso de repetir nas palestras e falas que faço: *Quanto maior for a produção industrial, agrícola e econômica brasileira, menores serão as emissões de gases de efeito estufa globais.*

Isso acontece, porque cada item produzindo no país pode deslocar a produção em outras praças que são muito mais carbono intensas.

Não podemos também deixar de citar as florestas e a biodiversidade.

Florestas e Biodiversidade: a Amazônia e outras florestas brasileiras são importantíssimas para este futuro que é tão perseguido e está sendo construído. Projetos de conservação e restauração florestal não só ajudam a sequestrar carbono, mas também podem gerar receita por meio de créditos de carbono, microrganismos, moléculas e todos os tipos de potenciais itens da biodiversidade, turismo, entre outros. Há ainda que se considerar também que cada vez mais o mundo deve continuar avançando no entendimento do valor dos serviços ecossistêmicos e sua devida remuneração e precificação e, nesse aspecto, o país está muito bem posicionado. Embora essa seja uma luta muito antiga, o tempo e a consciência da sociedade mundial tem contribuído para seu avanço.

Temos ainda enorme potencial para Inovação e Tecnologia: o Brasil tem potencial para se tornar um *hub* de inovação em tecnologias de baixo carbono. *Startups* e empresas podem desenvolver soluções inovadoras em áreas como biotecnologia, materiais sustentáveis e eficiência energética, atraindo investimentos e criando empregos qualificados.

O ecossistema de inovação brasileiro tem crescido rapidamente, com um aumento no número de *startups* e investimentos em pesquisa e desenvolvimento. A promoção de tecnologias limpas e sustentáveis pode posicionar o Brasil como um líder em inovação climática, atraindo investimentos e parcerias internacionais. Um exemplo muito poderoso é o da crescente indústria de bioinsumos, que tem aportado de maneira prática e em larga escala uma gama de novos produtos de origem biológica e da biodiversidade, reduzindo, complementando e/ou substituindo produtos de origem fóssil.

Temos ainda uma grande posição estratégica no tocante aos biocombustíveis e combustíveis verdes, ou de baixa intensidade de carbono (nas suas mais diversas formas e que já podem ser considerados nas reflexões sobre as questões energéticas acima tratadas). Mas de qualquer forma, vale trazermos um olhar específico para o enorme potencial de aproveitamento no país de diversos tipos de resíduos orgânicos em múltiplas formas e origens. O país é uma enorme *Powerhouse* de produção de matéria orgânica, ainda vasto espaço para ampliação do seu aproveitamento e transformação econômica, vide, por exemplo, os casos do biometano e do SAF (Sustainable Aviation Fuel). Se juntarmos a isso uma Infraestrutura Verde e melhores aproveitamentos de modais e tecnologias de menor intensidade de emissões, como hidrovias ou ferrovias, por exemplo, ou ainda novas tecnologias no transporte rodoviário e marítimo, teremos uma ótima equação para ser também um grande polo logístico em um mundo de transporte descarbonizado.

A infraestrutura verde não só contribui para a redução das emissões de carbono, mas também melhora a qualidade de vida nas cidades, promove a eficiência energética e reduz os custos operacionais a longo prazo.

Intensidade de Carbono como Diferencial Competitivo: a intensidade de carbono, ou a quantidade de emissões de GEE por unidade de produto ou serviço, está se tornando um critério essencial para a competitividade no mercado global. Empresas com menor intensidade de carbono podem se beneficiar de várias formas:

Acesso a Mercados e Financiamento: regulamentações e padrões internacionais estão cada vez mais exigentes quanto às emissões de carbono. Empresas com baixa intensidade de carbono tendem a ter mais acesso a mercados que exigem produtos sustentáveis e a financiamentos.

Bancos e instituições financeiras estão cada vez mais integrando isso em suas avaliações de crédito e investimentos.

Eficiência Operacional: a redução da intensidade de carbono geralmente está associada a melhorias na eficiência operacional. Processos mais eficientes não só reduzem as emissões, mas também diminuem custos de produção, aumentando a competitividade das empresas.

A implementação de tecnologias de eficiência energética, como sistemas de gestão de energia, pode resultar em economias significativas para as empresas. Além disso, a otimização de processos produtivos pode reduzir o desperdício de recursos e melhorar a produtividade.

Imagem Corporativa e Reputação: consumidores e investidores estão cada vez mais conscientes das questões ambientais. Empresas que demonstram um compromisso genuíno com a descarbonização e a sustentabilidade podem melhorar sua imagem corporativa, atraindo clientes e investidores preocupados com o clima.

A comunicação transparente e eficaz sobre as iniciativas pode fortalecer a reputação da marca e aumentar a fidelidade dos clientes e a abertura de mercados.

Inovação e Vantagem Tecnológica: a busca por soluções de baixo carbono incentiva a inovação. Empresas que investem em pesquisa e desenvolvimento de tecnologias limpas podem estabelecer uma vantagem competitiva duradoura, sendo pioneiras em seus setores.

A inovação em tecnologias de baixo carbono pode abrir novos mercados e criar novas oportunidades de negócios. Por exemplo, o desenvolvimento de veículos elétricos e tecnologias de armazenamento de energia acabam impulsionando uma série de outras soluções e estão transformando o setor de transportes, criando novas cadeias de valor e oportunidades de crescimento. Assim como o estão fazendo as cadeias produtivas de biocombustíveis e os demais combustíveis de baixa intensidade de carbono.

Muitas vezes na pesquisa e no desenvolvimento se começa mirando em uma meta ou objetivo e quando se percebe, muitos outros objetivos e/ou achados foram descobertos e desenvolvidos. É uma jornada rica de progresso.

3. MERCADO DE CARBONO, MUITO ALÉM DO MERCADO DE CRÉDITOS CARBONO

Embora o mercado de carbono, que envolve a compra e venda de créditos de carbono, seja uma ferramenta importante para a mitigação das mudanças climáticas, a intensidade de carbono pode gerar oportunidades de negócios ainda mais amplas e diversificadas e precisamos estar atentos para isso. Sempre defendi essa abordagem e sigo defendendo, os negócios envolvendo economia de baixo carbono são de fato a grande oportunidade para negócios e particularmente para o

Brasil, por toda a série de questões que observamos acima. Mas podemos tentar olhar ainda para as oportunidades de:

Desenvolvimento de Produtos Sustentáveis: focar na redução da intensidade de carbono pode levar ao desenvolvimento de novos produtos e serviços sustentáveis. Por exemplo, a indústria da construção pode desenvolver materiais de baixo carbono, enquanto a indústria alimentícia pode oferecer produtos com menor pegada de carbono.

O desenvolvimento de novos produtos sustentáveis pode abrir novos nichos de mercado e atender à demanda crescente por produtos. Empresas que investem em inovação de produtos sustentáveis podem diferenciar-se da concorrência e aumentar suas margens de lucro.

Parcerias e Colaborações: empresas com metas ambiciosas de descarbonização podem estabelecer parcerias estratégicas com fornecedores, clientes e outras partes interessadas, criando cadeias de valor sustentáveis e inovadoras.

Parcerias estratégicas podem acelerar a implementação de tecnologias de baixo carbono e compartilhar os custos e riscos associados à inovação. Colaborações com universidades e centros de pesquisa também podem apoiar o desenvolvimento de novas tecnologias e processos sustentáveis.

Regulamentações e Incentivos: Governos em todo o mundo estão implementando regulamentações mais rígidas e oferecendo incentivos para a descarbonização. Empresas que se adiantam a essas tendências podem se beneficiar de incentivos fiscais, ou evitar cargas extras tributárias, subsídios e outras formas de apoio ou posicionamento. Governos nacionais e locais estão desenvolvendo políticas para promover a transição para uma economia de baixo carbono. Empresas que antecipam essas regulamentações e adotam práticas sustentáveis podem evitar penalidades e aproveitar oportunidades também.

Desafios e Barreiras: apesar das inúmeras oportunidades, a transição para uma economia de baixo carbono no Brasil enfrenta vários desafios e barreiras e vou focar em dar destaque para aqueles que entendo serem muito relevantes e fundamentais.

> 1 – Avançar na padronização, na reputação, no alinhamento e na conexão de metodologias e métricas de contabilidade de gases de efeito estufa, devidamente construídas e baseadas na realidade tropical e do país, fortemente fundamentadas em ciência, com engajamento e aceitação internacional inquestionáveis.

> 2 – Possuir um mecanismo ou central de registro padronizado, transparente, seguro, acessível e de baixa complexidade burocrática, devidamente comunicante e aceito pelo mercado internacional, que conte com um sistema robusto de monitoramento, relato e verificação – MRV.

Em minha visão, esses são os dois pontos-chaves fundamentais para que o país possa materializar de maneira mais ampla o pleno potencial de oportunidades e dessa sua posição estratégica nessa transição e em uma economia de baixo carbono. Claro que também existem outros desafios como, por exemplo:

Infraestrutura e Logística: o Brasil ainda enfrenta desafios significativos em termos de infraestrutura e logística. A modernização da infraestrutura é crucial para suportar a transição para uma economia de baixo carbono. A deficiência em infraestrutura adequada para suportar a logística de uma economia de baixo carbono é um desafio crítico. O desenvolvimento de uma rede de transporte eficiente, que reduza a dependência de combustíveis fósseis, é essencial para a descarbonização, principalmente no país que ainda é muito dependente do transporte na base do diesel.

Financiamento e Investimento: a transição para tecnologias de baixo carbono requer investimentos substanciais. Embora existam muitas oportunidades de financiamento verde, acessar esses recursos pode ser um desafio, especialmente para pequenas e médias empresas.

O acesso ao financiamento é fundamental para a implementação de tecnologias de baixo carbono. É necessário um maior apoio de políticas públicas e agentes privados para facilitar o acesso a tais financiamentos verdes.

Políticas e Regulamentações: embora o Brasil tenha implementado várias políticas e regulamentações para promover a sustentabilidade, a inconsistência, a complexidade, a sobreposição e a falta de estrutura representam enormes desafios. A legislação ambiental, embora robusta e considerada em muitos aspectos como uma referência internacional, é de enorme complexidade operacional, tornando seu atendimento por parte das empresas, público e agentes econômicos de maneira geral, algo extremamente complexo, oneroso e confuso. É necessário um quadro regulatório robusto e consistente para incentivar a descarbonização, mas antes disso o país *precisa urgentemente de uma atualização e revisão do arcabouço legal ambiental brasileiro*, visando acabar com as redundâncias, sobreposições, desatualizações e se estruturando de uma maneira mais objetiva e efetiva. Um arcabouço legal ambiental de operacionalização mais moderna e factível certamente resultará em melhora da qualidade ambiental e contribuirá sobremaneira para a descarbonização. Leis exequíveis e de implantação objetiva, que possibilitem a efetiva e menos complexa adoção pela sociedade, resultam em melhores soluções ambientais, sendo que no fim é para esse objetivo que foram criadas, ou deveriam ter sido.

É essencial ainda falarmos sobre cultura e educação.

Cultura e Educação: a mudança para uma economia de baixo carbono também requer uma mudança cultural. A educação e a conscientização sobre as questões climáticas e ambientais são essenciais para engajar a sociedade e a construção de um novo e pujante ambiente de negócios em que as empresas e profissionais entendam não somente os riscos e passivos (o que é o mínimo esperado), mas também as oportunidades e os ativos.

4. CONCLUSÃO

A era da descarbonização apresenta desafios significativos, mas também oportunidades incomensuráveis para o Brasil. Com sua riqueza de recursos naturais e potencial tecnológico, o país está bem posicionado para liderar a transição para uma economia de baixo carbono. Focar na redução da intensidade de carbono dos processos, produtos e atividades pode oferecer vantagens competitivas substanciais e criar oportunidades de negócios diversificadas, que vão além do mercado de carbono tradicional. Ao adotar estratégias de descarbonização inovadoras e sustentáveis, o Brasil pode impulsionar seu crescimento econômico, criar empregos qualificados e contribuir significativamente para a mitigação das mudanças climáticas globais.

Para alcançar esses objetivos, é essencial um esforço coordenado entre governo, setor privado e sociedade civil. Investir em educação e conscientização, fortalecer políticas e regulamentações, e promover a inovação tecnológica serão passos cruciais. Com uma abordagem estratégica e colaborativa, o Brasil pode não só enfrentar os desafios das mudanças climáticas, mas também aproveitar as oportunidades econômicas da era da descarbonização.

CRÉDITOS DE BIODIVERSIDADE: DESAFIOS E OPORTUNIDADES DE UM NOVO VIÉS DO DESENVOLVIMENTO SUSTENTÁVEL

Roberta Danelon Leonhardt[1]
Alexandra Bernardini Cantarelli[2]

1. INTRODUÇÃO

A interconexão entre a crise climática e a crise da biodiversidade destaca a urgência de abordagens integradas para enfrentar ambos os desafios globais[3]. No entanto, apesar do direcionamento significativo de políticas e investimentos para a mitigação e a adaptação às mudanças climáticas, a mesma atenção não tem sido dada à biodiversidade[4-5]. Assim como nos mercados de carbono, incentivos econômicos para a conservação e restauração dos ecossistemas têm o potencial de desempenhar um papel substancial na reversão do quadro de declínio da diversidade biológica[6] que enfrentamos[7]. É nesse contexto, portanto, que emerge a figura dos créditos de biodiversidade.

---

1 Mestre em Direito pela London School of Economics and Political Science, University of London, Reino Unido. Pós-graduada em Direito Ambiental pela Universidade de São Paulo. Conselheira da Energy, Environment, Natural Resources and Infrastructure Law Section da International Bar Association. Sócia, head da área ambiental e co-head das Equipes Multidisciplinares de Gestão de Crises e ESG do Machado Meyer Advogados.
2 Mestre em Direito Ambiental Global e Mudanças Climáticas pela University of Edinburgh, Escócia. Pós-graduada em Meio Ambiente e Sustentabilidade pela Escola de Administração da Fundação Getulio Vargas. Advogada no Machado Meyer Advogados.
3 Intergovernmental Panel on Climate Change; Intergovernmental Science-Policy Platform on Biodiversity and Ecosystem Services. *Biodiversity and Climate Change – Scientific Outcome*. 2021.
4 Wallacea Fund. *Biodiversity credits*. Disponível em: https://www.opwall.com/biodiversity-credits/. Acesso em: 1.º jun. 2024.
5 Mckinsey Sustainability. *Where the world's largest companies stand on nature*. Disponível em: https://www.mckinsey.com/capabilities/sustainability/our-insights/where-the-worlds-largest-companies-stand-on-nature. Acesso em: 28 maio 2024.
6 ROEBROEK, Caspar *et al*. Releasing global forests from human management: how much more carbon could be stored? *Science* 380, p. 749-753, 2023 e MO, Lidong; ZOHNER, Constantin; REICH, Peter *et al*. Integrated global assessment of the natural forest carbon potential. *Nature* 624, p. 92-101, 2023.
7 WWF. *Relatório Planeta Vivo 2022* – construindo uma sociedade positiva para a natureza. ALMOND, R. E. A.; GROOTEN, M.; JUFFE BIGNOLI, D.; PETERSEN, T. (ed.). WWF, Gland, Suíça.

Semelhante aos créditos de carbono, os créditos de biodiversidade são instrumentos financeiros que atribuem valor econômico à biodiversidade e buscam compensar impactos ambientais negativos provocados pelas atividades humanas, alinhando-se a metas ambientais estabelecidas por empresas e governos. Para garantir o sucesso desses mercados, não obstante, é essencial a construção de um arcabouço jurídico, político e regulamentar sólido, promovendo a confiança dos intervenientes do mercado e a transparência, além de envolver todas as partes afetadas e interessadas[8].

O Brasil, como detentor da maior biodiversidade do mundo[9], tem a oportunidade de liderar iniciativas inovadoras na regulamentação e no desenvolvimento dos mercados de créditos de biodiversidade, considerando seu potencial de conservação e uso sustentável de recursos naturais. O presente artigo, portanto, analisa de forma abrangente os desafios e as oportunidades legais relacionados aos créditos de biodiversidade, enfatizando a relevância de uma abordagem jurídica sólida e eficaz como ferramenta para a promoção da conservação da biodiversidade e a sustentabilidade ambiental no país e no mundo.

2. EXPLORANDO OS FUNDAMENTOS DOS CRÉDITOS DE BIODIVERSIDADE

2.1. Conceituação e princípios fundamentais

Os créditos de biodiversidade são instrumentos de natureza financeira, que visam fomentar a conservação das espécies e *habitats* naturais, sendo uma importante ferramenta para promover a preservação de ecossistemas vulneráveis[10]. Um crédito de biodiversidade equivale a uma unidade comercializável, que representa um resultado positivo de biodiversidade alcançado por um projeto de soluções baseadas na natureza, registrado sob um esquema lastreado em métricas cientificamente derivadas e mensuráveis, e que não é usado para compensar um impacto negativo equivalente sobre a biodiversidade em outros lugares[11].

---

8 Taskforce on nature markets. *Biodiversity credit markets*: the role of law, regulation and policy. Abril 2023, p. 11.
9 Ministério do Meio Ambiente e Mudança do Clima. *Biodiversidade e ecossistemas*. Disponível em: https://www.gov.br/mma/pt-br/assuntos/biodiversidade-e-ecossistemas#:~:text=O%20Brasil%20ocupa%20quase%20metade,e%20tr%C3%AAs%20grandes%20ecossisteeco%20marinhos. Acesso em: 27 maio 2024.
10 Taskforce on nature markets. *Op. cit.*, p. 5.
11 DUCROS, Anna; STEELE, Paul. *Biocredits to finance nature and people*: emerging lessons. Londres: IIED, 2022, p. 6.

Por meio da atribuição de valor econômico à biodiversidade, há um incentivo à conservação, ao mesmo tempo em que é proporcionada uma forma de compensação pelos impactos ambientais decorrentes de atividades humanas. A compensação da biodiversidade, nessa esteira, é empregada para contrabalançar os impactos negativos do desenvolvimento sobre as espécies animais e vegetais, a fim de alcançar ganho ou impactos positivos líquidos, após a implementação de medidas adequadas de prevenção e mitigação[12].

Dentre os princípios fundamentais que norteiam os créditos de biodiversidade, podemos destacar a equivalência ecológica, a permanência dos benefícios e a adicionalidade. O princípio da equivalência ecológica busca garantir que áreas sabidamente diferentes entre si sejam equivalentes, mas não necessariamente semelhantes, em termos de condições ecológicas, para fins de compensação ambiental[13]. Já a permanência dos benefícios refere-se à garantia de que os efeitos positivos resultantes das ações de compensação sejam duradouros, contribuindo efetivamente para a conservação da biodiversidade a longo prazo. Por fim, o princípio da adicionalidade[14] estabelece que as ações de compensação devem proporcionar benefícios adicionais à conservação da biodiversidade, ou seja, devem ir além das medidas de prevenção e mitigação já exigidas por regulamentos ou práticas padrão.

Semelhante aos créditos de carbono, portanto, os créditos de biodiversidade são voltados a empresas ou países que precisam ou desejam compensar o exercício de suas atividades que geraram ou geram impactos negativos aos ecossistemas. Contudo, enquanto os créditos de carbono visam mitigar emissões de gases de efeito estufa – GEEs, os créditos de biodiversidade têm como objetivo a preservação e a compensação ambiental relacionadas à diversidade biológica, o qual pode ser destrinchado em três vertentes[15]: preservar ou evitar a perda de biodiversidade; promover a restauração da biodiversidade; e apoiar esforços existentes.

A oferta de créditos de biodiversidade, por sua vez, pode ocorrer por meio de diversas entidades, incluindo organizações e empresas de conservação e proprietários privados de terras que estejam tentando restaurar ou preservar a biodiversidade de determinada localização geográfica. Já a demanda por créditos pode vir de investidores, intermediários privados, governos e empresas com

---

12　Forest Trends. *Business and biodiversity offsets programme*. Disponível em: https://www.forest-trends.org/wp-content/uploads/2018/11/BBOP, p. 9, *apud* Taskforce on nature markets. *Op. cit.*, p. 23.
13　EMBRAPA. *Resumo executivo*: análise dos conceitos "mesma identidade ecológica", "equivalência ecológica" e "offsetting" para compensação de Reserva Legal. Corumbá, 2020, p. 2.
14　Biodiversity credit alliance. *Definition of a biodiversity credit*: Issue Paper No. 3, 2024, p. 12.
15　DUCROS, Anna; STEELE, Paul. *Op. cit.*, p. 6.

compromissos ligados à responsabilidade social corporativa com metas positivas para a biodiversidade, incluindo divulgações relacionadas à natureza, desde que sua rastreabilidade seja garantida[16].

Assim, os créditos de biodiversidade são ferramentas econômicas que têm o potencial de promover a conservação dos ecossistemas e a compensação ambiental, em uma estrutura similar aos mercados de carbono, desde que as políticas e práticas adotadas pelos governos e pelo setor privado estejam de fato alinhadas com os princípios fundamentais que norteiam os créditos de biodiversidade, a fim de assegurar a sua eficácia e atingir seus objetivos.

2.2. A Convenção sobre Diversidade Biológica – CDB e o financiamento à biodiversidade

A CDB, adotada em 1992[17], foi o principal marco legislativo elaborado em favor da biodiversidade, estabelecendo, como seus principais objetivos, a conservação da diversidade biológica, o uso sustentável da biodiversidade e a repartição justa e equitativa dos benefícios oriundos da utilização dos recursos genéticos. Contudo, foi somente em 2022 que o desenvolvimento de regulamentos e políticas voltados a mecanismos de mercado direcionados à conservação da biodiversidade passou a ser discutido com maior detalhe no âmbito da CDB. A Convenção das Partes da Convenção sobre Diversidade Biológica 15 – COP 15, realizada no Canadá, adotou o Quadro Global de Biodiversidade Montreal-Kunming (*Global Biodiversity Framework* – GBF)[18], alinhado aos Objetivos do Desenvolvimento Sustentável 14 e 15[19] da Organização das Nações Unidas – ONU.

O GBF estabelece quatro metas principais e 23 objetivos a serem alcançados até 2030, incluindo a proteção de 30% das terras e oceanos, a redução do desperdício de alimentos e a mobilização de financiamento relacionado à biodiversidade. O acordo destaca a importância da ação para evitar a aceleração na taxa global de extinção de espécies e estabelece metas para a restauração de ecossistemas degradados, a redução de nutrientes em excesso etc. Além disso,

---

16 *Ibid.*, p. 6-9.
17 Ratificada pelo Brasil por meio do Decreto Federal n. 2.519/1998.
18 Conferência das Partes da Convenção sobre Diversidade Biológica. *Decisão 15/4 do Marco Global da Biodiversidade Kunmig-Montreal*. Adotada durante a 15.ª Conferência das Partes, 4 Objetivos para 2050, 23 Metas de Ação para 2030. Montreal, 18 de dezembro de 2022.
19 Objetivo do Desenvolvimento Sustentável 14: Vida na Água; e Objetivo do Desenvolvimento Sustentável 15: Vida Terrestre, cf. Programa das Nações Unidas para o Desenvolvimento. *Objetivos do Desenvolvimento Sustentável*. Disponível em: https://www.undp.org/pt/brazil/objetivos-de-desenvolvimento-sustentavel. Acesso em: 25 maio 2024.

enfatiza a importância de promover a contribuição plena e efetiva dos setores privados e financeiros.

A Meta 15 do GBF[20], especialmente, aponta a importância do financiamento privado em atividades de conservação da biodiversidade, destacando a adoção de medidas legais, administrativas ou políticas para incentivar e capacitar o setor privado. De forma complementar, a Meta 19[21] aborda a necessidade do aumento progressivo e substancial dos recursos financeiros de todas as fontes, de forma eficaz, oportuna e acessível, com a mobilização de ao menos 200 bilhões de dólares por ano até 2030 para implementar estratégias nacionais de biodiversidade e planos de ação. A Meta 19, ademais, faz referência aos créditos de biodiversidade[22], sinalizando a intenção dos signatários da CDB de verdadeiramente mobilizar recursos financeiros e estimular o setor privado a promover a conservação da biodiversidade.

Os mercados de crédito de biodiversidade também foram objeto de discussão da *One Forest Summit*, realizada pela França e pelo Gabão em março de 2023,

---

20 *"Tomar medidas administrativas ou normativas para incentivar e promover a atividade empresarial, e em particular cuidar para que as empresas transnacionais e as instituições financeiras: a) Controlem, avaliem e divulguem com transparência e regularidade seus riscos, dependências de e efeitos na diversidade biológica, entre outras coisas com requisitos para todas as grandes empresas e as empresas transnacionais e instituições financeiras, junto com suas operações, suas cadeias de suprimento e de valor e suas carteiras de projetos; b) Proporcionem a informação necessária aos consumidores a fim de promover modelos de consumo sustentável; c) Reportem dando conta da observância da regulamentação e as medidas em relação ao acesso e repartições dos benefícios; Tudo com a finalidade de reduzir gradualmente os efeitos negativos na diversidade biológica, aumentar os efeitos positivos, reduzir os riscos relacionados com a diversidade biológica para as empresas e instituições financeiras, e fomentar ações para lograr modelos de produção sustentáveis".*

21 *"Aumentar consideravelmente e progressivamente, de modo eficaz e oportuno, e com fácil acesso, o nível de recursos financeiros procedentes de todo tipo de fontes nacionais e internacionais, públicas e privadas, em conformidade com o artigo 20 da Convenção, a fim de executar as estratégias e planos de ação nacionais relacionados à diversidade biológica, tendo mobilizado para 2030 ao menos 200 bilhões de dólares dos Estados Unidos, entre outras coisas: a) Aumentando o total de fluxos financeiros internacionais destinados à diversidade biológica procedentes dos países desenvolvidos, incluindo a ajuda oficial ao desenvolvimento, e dos países que voluntariamente assumam as obrigações das Partes que são países desenvolvidos, para os países em desenvolvimento, em particular, para os países menos desenvolvidos e as pequenas Nações insulares em desenvolvimento, assim como os países com economias em transição, a 20 bilhões anuais para 2025 e a 30 bilhões anuais para 2030. b) Aumentando significativamente a mobilização de recursos internos, facilitado pelos planos de financiamento para a diversidade biológica ou instrumentos similares; c) Alavancando o financiamento privado, promovendo o financiamento misto, executando estratégias de levantamento de recursos novos e adicionais, e encorajando o setor privado a investir na biodiversidade, entre outras coisas, mediante fundos de impacto e outros instrumentos; d) Estimulando planos inovadores, como o pagamento por serviços dos ecossistemas, bônus verdes, compensações da perda de diversidade biológica, créditos, mecanismos de repartição dos benefícios; e) Otimizando os cobenefícios e sinergias do financiamento destinado à diversidade biológica e à crise climática; f) Reforçando o papel das ações colectivas, incluindo as dos povos indígenas e das comunidades locais, as ações centradas na Mãe Terra e as abordagens não baseadas no mercado, incluindo a gestão comunitária dos recursos naturais e a cooperação e solidariedade da sociedade civil focadas na conservação da diversidade biológica; g) Reforçando a efetividade, a eficiência e a transparência na provisão e utilização dos recursos."*

22 Meta 19, item (d): *"Estimulando planos inovadores, como o pagamento por serviços dos ecossistemas, bônus verdes, compensações da perda de diversidade biológica, créditos, mecanismos de repartição dos benefícios".*

ressaltando a necessidade de facilitar a criação de mercados de créditos de biodiversidade consistentes e de alta integridade[23].

No campo internacional, contudo, a regulamentação dos créditos de biodiversidade ainda é incipiente, e regras efetivas para a operação dos mercados estão pendentes de elaboração. A discussão sobre a estrutura e a repartição de benefícios, entretanto, deverá ser priorizada em futuras negociações da CDB, haja vista o recente entusiasmo da comunidade internacional em relação ao tema.

2.2.1. O Ganho Líquido de Biodiversidade (*Biodiversity Net Gain* - BNG) britânico

A despeito da ausência de regulamentação internacional específica e consolidada, algumas legislações e políticas que requerem a compensação pela perda de biodiversidade têm sido desenvolvidas, sobretudo em países do Norte Global.

O governo do Reino Unido introduziu à Lei do Ambiente de 2021[24] um grupo de regras e diretrizes de desenvolvimento denominado BNG, aplicável a novos empreendimentos instalados na Inglaterra a partir de 2023[25], sejam eles industriais, comerciais ou de habitação. O BNG é uma abordagem ao desenvolvimento nacional e à gestão da terra, que busca deixar o meio ambiente natural, incluindo *habitats* da vida selvagem, em um estado mensuravelmente melhor do que o anterior à instalação do empreendimento[26], alinhando-se à meta de deter o declínio da biodiversidade na Inglaterra até 2030.

A norma estabelece a obtenção de ganhos de biodiversidade como condição para a obtenção de permissões para planejamento de empreendimentos[27], de grande ou pequeno porte[28]. Todas as solicitações de planejamento feitas na Inglaterra deverão incluir um Plano de Ganho de Biodiversidade, demonstrando como o projeto pretendido trará um ganho líquido de pelo menos 10% comparado ao valor da biodiversidade pré-projeto[29]. Além disso, é prevista a gestão dos

---

23 One Planet Summit. *Harnessing biodiversity credits at the Summit for a New Global Financing Pact*. 22 jun. 2023. Disponível em: https://oneplanetsummit.fr/en/events-16/harnessing-biodiversity-credits-summit-new-global-financing-pact-216. Acesso em: 29 maio 2024.
24 Lei do Ambiente de 2021, Anexo 14.
25 Anexo 7A da Lei de Planeamento Urbano e Rural de 1990 (conforme inserido pelo Anexo 14 da Lei do Ambiente de 2021).
26 Governo do Reino Unido. *Understanding biodiversity net gain: guidance on what BNG is and how it affects land managers, developers and local planning authorities*. Disponível em: https://www.gov.uk/guidance/understanding-biodiversity-net-gain#what-bng-is. Acesso em: 27 maio 2024, e art. 2 (2) do Anexo 14 da Lei do Ambiente de 2021.
27 Art. 13 do Anexo 14 da Lei do Ambiente de 2021.
28 Projetos de Infraestruturas de Importância Nacional deverão atender ao BNG a partir de 2025.
29 Art. 2 (3) da Lei do Ambiente de 2021.

ganhos a longo prazo, de modo que os solicitantes deverão manter e monitorar as condições de melhoria dos *habitats* por um período de 30 anos[30], por meio de um acordo legal com o órgão ou a autoridade responsável.

O BNG, ainda, pode ser alcançado tanto no local (*on-site*) ou fora dele (*off-site*), e, como um "último recurso", somente, caso o desenvolvedor do projeto não consiga garantir o BNG por meio dos dois métodos propostos, esse poderá comprar créditos legais de biodiversidade do governo[31-32], desde que comprovada a mencionada impossibilidade no Plano de Ganho de Biodiversidade. Para descobrir o tipo e o número de créditos necessários, por sua vez, os desenvolvedores deverão utilizar a ferramenta métrica disponibilizada pelo governo do Reino Unido, que dependerá do número de "unidades de biodiversidade" que será necessário para atingir os 10%.

O cálculo das "unidades de biodiversidade" considera elementos como tipo de *habitat*, seu estado, tamanho e localização, a fim de calcular a quantidade de unidades de biodiversidade necessárias para fornecer um BNG de pelo menos 10%[33]. Os preços dos créditos de biodiversidade, por sua vez, tomam como base o custo de criação, manutenção e monitoramento dos diferentes tipos de *habitat*, variando de acordo com a raridade do *habitat*, sua riqueza de espécies, entre outros fatores[34].

O BNG tornou o Reino Unido o primeiro país a introduzir um requisito obrigatório de ganho líquido de biodiversidade[35], sendo considerado a exigência regulatória de compensação ambiental mais ambiciosa do mundo para novos projetos[36]. Contudo, apesar do encorajamento da conservação de *habitats* locais e similares, o esquema inglês permite que desenvolvedores invistam em tipos de *habitat* diferentes daqueles impactados, o que levanta preocupações de que alguns desenvolvimentos resultem na perda de *habitats* insubstituíveis, ainda que o

---

30 Art. 9 (3) da Lei do Ambiente de 2021.
31 Conforme Seção 101 da Lei do Ambiente de 2021.
32 BURKE, Mike. Preparing the market for statutory biodiversity credits. *Natural England*, 28 jul. 2023. Disponível em: https://naturalengland.blog.gov.uk/2023/07/28/preparing-the-market-for-statutory-biodiversity-credits/. Acesso em: 27 maio 2024.
33 LAMBERT, Rob. How does the biodiversity net gain metric work? *Arbtech*, 31 mar. 2024. Disponível em: https://arbtech.co.uk/biodiversity-net-gain-metric/. Acesso em: 27 maio 2024.
34 Governo do Reino Unido. *Statutory biodiversity credit prices*: the prices of statutory biodiversity credits from the date biodiversity net gain (BNG) becomes mandatory. 27 jul. 2023. Disponível em: https://www.gov.uk/guidance/statutory-biodiversity-credit-prices. Acesso em: 27 maio 2024.
35 Taskforce on nature markets. *Op. cit.*, p. 24.
36 WESTON, Phoebe. England brings in biodiversity rules to force builders to compensate for loss of nature. *The Guardian*, 12 fev. 2024. Disponível em: https://www.theguardian.com/environment/2024/feb/12/england-brings-in-biodiversity-net-gain-rules-to-force-builders-to-compensate-for-loss-of-nature#:~:text=What%20are%20biodiversity%20credits%3F,loss%20of%20an%20existing%20one. Acesso em: 28 maio 2024.

percentual de 10% de BNG seja atingido[37]. Em paralelo, não existe, ainda, uma regulamentação ou centralização governamental para o mercado, o que traz dúvidas quanto à valorização dos créditos regionalmente e como as informações serão compartilhadas com os proprietários de terras sujeitas ao BNG[38].

Assim, embora represente avanços significativos, a implementação bem-sucedida do BNG exigirá monitoramento cuidadoso e ajustes para garantir que os objetivos de conservação sejam alcançados de forma eficaz e sustentável. Estes, e outros desafios, que serão abordados abaixo, oferecem lições valiosas para outros países que buscam desenvolver regulamentações semelhantes, fornecendo *insights* importantes para a construção de um ambiente regulatório sólido e eficaz para os mercados de créditos de biodiversidade em escala global.

3. DAS METAS À PRÁTICA: DESAFIOS NA IMPLEMENTAÇÃO DOS CRÉDITOS DE BIODIVERSIDADE

Considerando a sua incipiência e a complexidade dos ecossistemas, a implementação de mercados de créditos de biodiversidade enfrenta diversos desafios regulatórios e jurídicos, que incluem a necessidade de estabelecer critérios e métricas claros para a elegibilidade dos projetos, a mensuração e a verificação dos benefícios para a biodiversidade, a garantia da integridade ambiental dos projetos e a segurança jurídica para os investidores.

Um primeiro problema trata da inexistência de uma metodologia padrão para avaliar e reportar sobre a biodiversidade. Diferente dos créditos de carbono, que são computados com base em toneladas equivalentes de CO_2, o mesmo não pode ser aplicado para os créditos de biodiversidade, já que cada ecossistema guarda suas especificidades e sensibilidades, o que dificulta o estabelecimento de métricas comparáveis e padronizadas. O BNG britânico, a esse respeito, tem sofrido diversas críticas, pelo fato de a métrica adotada ser relativamente engessada, não reconhecendo o valor de *habitats* relevantes – como arbustivos, arenosos e campos –, que acabam sendo registrados como áreas degradadas e não susceptíveis à restauração[39]. Ainda, a métrica, por ser muito padronizada, pode contribuir

---

37 Taskforce on nature markets. *Op. cit.*, p. 24.
38 WEBSTER, Victoria *et al.* What are the opportunities and challenges of Biodiversity Net Gain in Surrey? 2023. Disponível em: https://www.surreywildlifetrust.org/sites/default/files/2023-09/20230710_BNG_report_Final%20%281%29.pdf. Acesso em: 28 maio 2024, p. 12-13.
39 WESTON, Phoebe. New biodiversity algorithm will blight range of natural habitats in England. *The Guardian*. 21 jul. 2021. Disponível em: https://www.theguardian.com/environment/2021/jul/21/biodiversity-metric-algorithm-natural-england-developers-blight-valuable-habitats-aoe. Acesso em: 28 maio 2024.

para a criação de *habitats* medíocres, e aumentar a exploração de ecossistemas vulneráveis[40].

O Wallacea Trust, nesse ponto, desenvolveu um padrão internacional de mensuração de créditos de biodiversidade, com o potencial de superar esse desafio. A metodologia envolve um esquema de "cesta" de métricas, baseado no conceito econômico de Índice de Preços de Varejo, conhecido na sigla em inglês RPI (*Retail Price Index*), capaz de avaliar o progresso em direção às metas de conservação estabelecidas para cada ecorregião ou *habitat*, à luz da CDB[41]. A metodologia exige um mínimo de cinco métricas mensuráveis, que reflitam os objetivos de conservação nacionais e locais para um determinado *habitat*[42]. Cada uma das métricas, por sua vez, avalia as mudanças na riqueza, na importância e na abundância das espécies ao longo do tempo[43]. O crédito de biodiversidade é então definido como um aumento de 1% no conjunto de métricas por hectare, permitindo que o benefício do gasto com biodiversidade seja quantificado[44].

Ao ponderar a riqueza de espécies e sua abundância, o Wallacea Trust cria um sistema abrangente e de fácil aplicabilidade, possível de avaliar e compensar a biodiversidade em qualquer ecossistema[45]. Ainda, o sistema pode definir uma unidade de elevação da biodiversidade ou perda evitada, e ser verificado de forma independente por certificadoras[46]. O método, ademais, permite que todas as espécies sejam ponderadas por seu *status* de conservação, de modo que os projetos sejam recompensados por estimular o aumento das espécies mais raras e ameaçadas[47]. Hoje, inclusive, diversos projetos de geração de créditos de biodiversidade estão em curso sob esse sistema[48], e o Brasil, com sua pluralidade de biomas e espécies de relevante preservação, poderia bem aproveitar dessa métrica em um futuro mercado nacional.

Em seguida, a definição de um preço para os créditos de biodiversidade, tal qual estabelecido pelo modelo britânico, é crucial para atrair investidores e possibilitar

---

40 WEBSTER, Victoria *et al*. *Op. cit.*, p. 15.
41 Ver, por exemplo, arts. 8.º e 9.º da CDB.
42 Wallacea Fund. *Op. cit.*
43 World Economic Forum. *Biodiversity credits*: unlocking financial markets for nature-positive outcomes. 2022, p. 8.
44 Wallacea Fund. *Op. cit.*
45 World Economic Forum. *Op. cit.*, p. 8.
46 REPLANET. *RePLANET biodiversity units of gain and credits*. Disponível em: https://www.replanet.org.uk/what-are-biodiversity-credits/. Acesso em: 28 maio 2024.
47 STEPHENSON, India. Biodiversity credits: everything you need to know. *British Ecological Society*. 7 set. 2023. Disponível em: https://www.britishecologicalsociety.org/biodiversity-credits-everything-you-need-to-know/. Acesso em: 29 maio 2024.
48 World Economic Forum. *Op. cit.*, p. 8.

melhorias significativas ao meio ambiente[49]. Nesse ponto, tecnologias de contabilidade distribuída e abordagens de *blockchain* podem ser adotadas, reduzindo custos de transação e mantendo a simplicidade do sistema, essencial para países em desenvolvimento, como o Brasil[50]. Há de se ressaltar, contudo, que as inovações tecnológicas adotadas devem garantir um equilíbrio de abordagens, que promova acessibilidade e custo-benefício, maximizando a compatibilidade com as abordagens de conservação que forem propostas por comunidades locais, por exemplo[51].

À luz dos princípios descritos anteriormente, ademais, os mercados de créditos de biodiversidade devem ser estruturados guardando integridade e segurança jurídica. As compensações, assim, evitando equívocos comuns dos mercados de carbono, não podem se basear em um princípio da equivalência ecológica equivocado, em que os danos à biodiversidade em um local são comparáveis à reparação em outro, legitimando ao invés de prevenir a degradação ambiental[52]. Nesse sentido, assim como proposto no BNG, a estrutura legal dos mercados de biodiversidade deve obedecer a uma hierarquia de mitigação, na qual os créditos de biodiversidade sejam um último recurso para compensação e restauração de *habitats*. Em outras palavras, os créditos de biodiversidade devem ser uma forma de compensação residual e por impactos inevitáveis, priorizando a recuperação *on-site* e *off-site*.

No mesmo sentido, a implementação de normas e mecanismos robustos de transparência, acompanhamento, verificação e divulgação é de extrema importância, para que compradores e vendedores de créditos de biodiversidade não enfrentem alegações de fraude, ineficiência e *greenwashing*. A União Europeia, por exemplo, aprovou nova diretiva[53] abordando a publicidade ambiental e a divulgação, por empresas, de seus compromissos e resultados alinhados ao desenvolvimento sustentável, destacando a necessidade de que as informações sejam claras, objetivas, verificáveis e fiéis aos impactos positivos realmente proporcionados. Além disso, são proibidas alegações que induzam consumidores ao erro, como alegações de impacto neutro, reduzido ou positivo no ambiente em termos de emissões de GEEs.

---

49 DUCROS, Anna; STEELE, Paul. *Op. cit.*, p. 12.
50 *Ibid.*
51 Fauna & Flora. *Fauna & Flora's position on biodiversity credits and the development of a highintegrity biodiversity credit market*. 2023. Disponível em: https://www.fauna-flora.org/wp-content/uploads/2023/09/Position-Statement_Biodiversity-Credits_Fauna-Flora_Sept23_clean.pdf. Acesso em: 1.º jun. 2024, p. 2.
52 DUCROS, Anna; STEELE, Paul. *Op. cit.*, p. 9.
53 UNIÃO EUROPEIA. Diretiva n. 2024/825 do Parlamento Europeu e do Conselho, de 28 de fevereiro de 2024, que altera as Diretivas n. 2005/29/CE e n. 2011/83/UE no que diz respeito à capacitação dos consumidores para a transição ecológica por meio de uma melhor proteção contra práticas desleais e por intermédio de melhor informação.

Além do desenvolvimento de normas com esse teor, governos podem colaborar com agências de proteção ao consumidor para elaborar orientações claras de reivindicações associadas aos créditos de biodiversidade[54]. Em paralelo, tornar obrigatória a divulgação de riscos financeiros ligados à biodiversidade poderá estimular empresas a demonstrar seus investimentos positivos na natureza e mitigação de riscos, alinhados aos Planos de Ação Nacionais de Biodiversidade – EPANBs[55], por exemplo.

Em paralelo, pesquisadores apontam que mais de um quarto das unidades de BNG correm o risco de não levar a ganhos tangíveis na biodiversidade, ante a inexistência de um sistema de monitoramento[56]. É necessário, portanto, o estabelecimento de mecanismos legais que incluam padrões de rastreabilidade e garantam a existência de provas documentadas do ganho de biodiversidade resultante de projetos, evitando "perda líquida" de diversidade biológica[57].

Por fim, os créditos de biodiversidade, ao revés dos créditos de carbono, só podem ser gerados com a natureza, e com apoio das populações que vivem em áreas ricas em biodiversidade e desempenham papel essencial na proteção dos ecossistemas, aliado a um profundo conhecimento local: as comunidades indígenas e tradicionais. Essas populações podem contribuir expressivamente para o desenvolvimento de projetos de conservação, mas, conforme experiências com os mercados de carbono, sofrem muitas vezes com diretas violações a seus direitos fundamentais. Não é raro, a esse respeito, que muitos projetos de créditos de carbono sejam contestados na justiça, por sobreporem terras de populações indígenas que não foram devidamente envolvidas ou consultadas para tanto, causando os efeitos socioambientais opostos daqueles pretendidos.

Assim, o bom desenvolvimento de projetos de crédito de biodiversidade exige que os proprietários e administradores das terras nas quais a biodiversidade é preservada sejam recompensados e façam parte dos projetos, garantindo eficácia na conservação e a salvaguarda de seus direitos. A Corte Internacional de Direitos Humanos, inclusive, reconheceu a necessidade do pagamento de indenização aos povos indígenas em virtude da limitação do uso e gozo de suas propriedades, e o direito de receberem benefícios razoáveis provenientes das atividades que forem realizadas por terceiros em seus territórios[58].

---

54 DUCROS, Anna; STEELE, Paul. *Op. cit.*, p. 23.
55 DUCROS, Anna; STEELE, Paul. *Op. cit.*, p. 8.
56 WESTON, 2024. *Op. cit.*
57 DUCROS, Anna; STEELE, Paul. *Op. cit.*, p. 8.
58 Ver Corte Interamericana de Direitos Humanos. *Povo Saramaka v. Suriname*. Julgamento de 28 de novembro de 2007.

Com isso, governos e setor privado devem eivar esforços[59] para garantir que os projetos de créditos de biodiversidade envolvam as comunidades tradicionais, fortaleçam seus meios de subsistência e compartilhem equitativamente os benefícios da conservação[60]. Aqui, instrumentos legais que garantam transparência na alocação de recursos são essenciais, assegurando que parte dos ganhos seja repassada às populações tradicionais. Além disso, é essencial desenvolver mecanismos de capacitação e apoio técnico, para que as comunidades participem do design dos mercados de biodiversidade e compartilhem seus conhecimentos.

Ao desenvolver projetos de créditos de biodiversidade em terras dessas comunidades, empresas e governos devem também garantir o Consentimento Livre, Prévio e Informado – CLPI[61] e os demais direitos previstos pelas convenções internacionais. Isso estabelecerá relações de boa-fé, melhorará os resultados da conservação, reduzirá riscos socioambientais e aumentará a demanda dos investidores[62].

Portanto, a implementação bem-sucedida de mercados de créditos de biodiversidade demanda uma abordagem holística, que una rigor técnico, transparência e soluções inovadoras e sustentáveis. Métricas flexíveis e comparáveis, aliadas a tecnologias sólidas, e o respeito aos direitos e à compensação justa das populações tradicionais são fundamentais para garantir o sucesso e a legitimidade desses projetos, assegurando que sua aplicação gere os benefícios esperados. Assim, a integridade ambiental, a equidade social e a eficácia econômica devem ser pilares fundamentais na implementação de mercados de créditos de biodiversidade.

4. CENÁRIO BRASILEIRO: OPORTUNIDADES E BENEFÍCIOS

Da Amazônia ao Cerrado, o Brasil detém enorme potencial para desenvolver projetos que mobilizem recursos financeiros em prol da conservação e da restauração ambientais. Contudo, apesar do protagonismo brasileiro no Mecanismo de Desenvolvimento Limpo e em projetos de Reduções de Emissões provenientes

---

59 RAO, Radhika; CHOI, Esther Sekyoung; CZEBINIAK, Roman. Créditos de biodiversidade podem impulsionar a conservação da natureza? *WRI Brasil*, 5 abr. 2024. Disponível em: https://www.wri brasil.org.br/noticias/creditos-de-biodiversidade-podem-impulsionar-conservacao-da-natureza. Acesso em: 29 maio 2024.
60 Biodiversity Credit Alliance. *Communities and nature markets*: building just partnerships in biodiversity credits. 2023, p. 5-6.
61 Corte Interamericana de Direitos Humanos. *Op. cit.*
62 *Os direitos dos povos indígenas no mercado de crédito à biodiversidade*. Disponível em: https://pt-br.savimbo.com/blog/the-rights-of-indigenous-peoples-in-the-biodiversity-credit-market. Acesso em: 31 maio 2024.

de Desmatamento e Degradação Florestal – REDD+, a discussão acerca dos créditos de biodiversidade também é ainda bastante embrionária no país, o que requer um olhar sensível para os desafios acima destrinchados para a elaboração de boas políticas e regulamentos.

A Lei Federal n. 13.123/2015, conhecida como a Lei da Biodiversidade[63], foi o primeiro marco regulatório nacional a tratar da comercialização dos bens da natureza. No entanto, à luz do grande interesse econômico internacional no acesso a recursos da biodiversidade, a norma foca em apenas um dos macro-objetivos da CDB: o acesso ao patrimônio genético e à repartição de benefícios.

Não obstante, a norma é de extrema importância para as comunidades tradicionais, pois aborda a proteção do conhecimento tradicional associado em virtude do acesso ao patrimônio genético, garantindo a participação justa e equitativa nos benefícios advindos da sua utilização por terceiros, sejam eles empresas ou países. Além disso, a Lei estabelece que os benefícios podem ser negociados quando houver um produto comercialmente viável, visando assegurar que as comunidades tradicionais sejam devidamente compensadas pelo uso de seus conhecimentos e recursos genéticos. Em paralelo, destaca-se a necessidade de garantir o CLPI junto às comunidades tradicionais para acesso e utilização de seus conhecimentos. Ainda, são previstos mecanismos para o registro e a declaração das atividades relacionadas ao uso do conhecimento tradicional, garantindo a transparência e a rastreabilidade das transações[64].

A Lei, nesse sentido, pode ser um ponto de partida significativo para o desenvolvimento dos mercados de créditos de biodiversidade no Brasil. Há de se lembrar, aqui, que a participação ativa das comunidades locais e povos indígenas é crucial para o sucesso dessas iniciativas, e a experiência regulatória do Brasil pode ser um impulso para criar estruturas robustas de cooperação, de modo que os mercados sejam transparentes e contribuam para a real conservação da biodiversidade.

Outra norma de interesse, a política de Pagamento por Serviços Ambientais – PSA[65], visa recompensar financeiramente indivíduos ou comunidades que contribuem ativamente para a conservação e a prestação de serviços ecossistêmicos, buscando a proteção dos recursos hídricos, a mitigação das mudanças climáticas, a preservação do patrimônio genético e do conhecimento tradicional associado, e o desenvolvimento sustentável. Proprietários rurais, povos indígenas e comunidades tradicionais que mantêm áreas de preservação são beneficiários

---

63 Ver Lei Federal n. 13.123/2015.
64 Nature Finance. *Harnessing biodiversity credits for people and planet*. 2023, p. 32.
65 Lei Federal n. 14.119/2021.

dos pagamentos, baseados em serviços como manutenção de florestas, proteção de nascentes e captura de carbono.

Decerto, o PSA se concentra em recompensar diretamente os proprietários de terras ou comunidades por práticas de conservação ou por serviços ecossistêmicos prestados, enquanto os créditos de biodiversidade estão relacionados à quantificação e comercialização dos benefícios gerados pela conservação da biodiversidade, permitindo que empresas ou entidades compensem sua pegada ambiental por meio de investimentos em projetos de conservação. O PSA, contudo, também pode trazer *insights* valiosos sobre a forma como os mercados de créditos de biodiversidade podem ser estruturados, ao estabelecer precedentes quanto à compensação financeira pela conservação ambiental.

No entanto, vale ressaltar que aspectos como critérios de cálculo, categorias elegíveis e sistemas de verificação ainda não estão propriamente regulamentados dentro da PSA, o que gera certa insegurança jurídica, dificultando o apoio de investidores[66]. Assim, para que os mercados de créditos de biodiversidade tenham uma estrutura robusta, e evitando as críticas sofridas por outros sistemas, utilizar a PSA como um dos fundamentos para regulamentação deve vir acompanhado da adoção de métricas práticas, a exemplo do Wallacea Trust, e contar com o apoio de ecologistas, economistas, e do setor privado para garantir transparência, governança e verdadeiro ganho líquido de biodiversidade.

Ademais, hoje, existe uma forte e crescente demanda de empresas pelo investimento em projetos de créditos de carbono no Brasil que não só proporcionem uma compensação por emissões de GEEs, mas que também gerem um ganho positivo de biodiversidade. Muitos desses projetos, inclusive, já estão em andamento, desenvolvidos por multinacionais em regiões de alta biodiversidade no Brasil, como parte de esforços para alcançar suas metas de desenvolvimento sustentável, por exemplo.

Ainda, uma iniciativa privada e voluntária de destaque no Brasil, que está em prática desde 2020, é o Projeto CONSERV[67], que visa reconhecer o valor do proprietário e produtor rural na conservação florestal. Desenvolvido pelo Instituto de Pesquisa Ambiental da Amazônia – IPAM, o projeto remunera, com incentivos financeiros, produtores e proprietários rurais na Amazônia Legal que possuem áreas com excedentes de vegetação nativa, oferecendo uma nova fonte de renda e reconhecendo o valor da mata em pé e sua contribuição para

---

66 FROTA, Leandro Mello; ROCHA, Monique da Fonseca. O Programa de Pagamento por Serviços Ambientais (PSA). In: CHINI, Alexandre; JARCZUNE, Julliana; FROTA, Leandro Mello; UILLE, Maria Tereza (coord.). *Temas relevantes no direito ambiental e climático*. 1. ed. Rio de Janeiro: Synergia, 2023, p. 509-510.

67 *Projeto CONSERV*. Disponível em: https://conserv.org.br/. Acesso em: 1.º jun. 2024.

a conservação da biodiversidade. Até hoje, 23 contratos foram firmados, resultando na conservação de 20.707ha de vegetação[68]. Ainda que o CONSERV não gere créditos para serem comercializados em um mercado de biodiversidade, ele representa uma demanda e interesse para que projetos de conservação se tornem mais populares no Brasil e possam movimentar a regulamentação e criar um novo mercado sustentável.

Não restam dúvidas de que o Brasil possui um potencial significativo para regulamentar e desenvolver os mercados de crédito de biodiversidade. A esse respeito, a Lei Federal n. 13.123/2015, a PSA e iniciativas privadas representam marcos importantes para a elaboração de políticas e legislação quanto aos créditos de biodiversidade, valendo ressaltar a importância da participação ativa das comunidades locais, dos produtores rurais e dos povos indígenas para que as estruturas sejam pautadas em integridade, transparência e verdadeira repartição de benefícios no Brasil.

5. CONCLUSÃO

Diante da urgência em abordar o declínio significativo da diversidade biológica, a *Global Biodiversity Framework* enfatiza a necessidade de mobilização de incentivos econômicos para impulsionar a conservação da biodiversidade, alinhada aos princípios da Convenção de Diversidade Biológica. A implementação e o desenvolvimento de mercados de créditos de biodiversidade, nesse contexto, se apresentam com forte potencial, tanto para proporcionar a conservação dos recursos biológicos, quanto para compensar os impactos ambientais negativos provocados pelo desenvolvimento das atividades humanas, incentivando a participação de grandes empresas e do setor financeiro, dentro de um contexto similar aos mercados de carbono.

No entanto, a implementação bem-sucedida dos mercados de biodiversidade requer a construção de um arcabouço jurídico, político e regulamentar sólido, alinhado aos princípios fundamentais a da equivalência ecológica, permanência dos benefícios e adicionalidade. À luz da experiência do Reino Unido com o BNG, são diversos os desafios jurídicos e regulatórios envolvidos na implementação de um mercado que é ainda incipiente, sendo evidente a necessidade de abordagens integradas e colaborativas, além do estabelecimento de métricas robustas e métodos de divulgação sólidos para assegurar eficácia e legitimidade aos ativos que serão gerados e comercializados. A cooperação entre os setores público e privado, ademais, é fundamental para garantir a efetiva aplicação das normas

---

[68] *Ibid.*

e regulamentações, bem como para garantir a transparência e a equidade na distribuição dos benefícios advindos da utilização sustentável da biodiversidade.

No cenário brasileiro, a regulamentação e o desenvolvimento dos mercados de créditos de biodiversidade representam uma oportunidade significativa para o país. A Lei Federal n. 13.123/2015 e a política do PSA são marcos importantes, que podem servir de base para a elaboração de políticas e legislação relacionadas aos créditos de biodiversidade. Além disso, iniciativas privadas, como o Projeto CONSERV, demonstram o potencial do Brasil para desenvolver projetos de conservação e mobilizar recursos financeiros em prol da biodiversidade.

Diante do exposto, é imperativo que futuras pesquisas e ações legais se concentrem na promoção e na aplicação efetiva dos créditos de biodiversidade no Brasil, sendo necessárias, por exemplo, a realização de estudos aprofundados sobre mecanismos de mensuração, precificação e distribuição dos benefícios no Brasil, bem como a análise da eficácia das atuais regulamentações e a proposição de possíveis aprimoramentos. Em suma, a implementação bem-sucedida dos créditos de biodiversidade requer um esforço conjunto e contínuo de todos os envolvidos, visando à preservação da sua rica diversidade biológica e o desenvolvimento sustentável do país.

REFERÊNCIAS

BIODIVERSITY CREDIT ALLIANCE. *Communities and nature markets*: building just partnerships in Biodiversity Credits. 2023, 58 p.

BIODIVERSITY CREDIT ALLIANCE. *Definition of a Biodiversity Credit*: Issue Paper N. 3, 2024, 22 p.

BRASIL. Lei n. 13.123, de 20 de maio de 2015. Regulamenta o inciso II do § 1.º e o § 4.º do art. 225 da Constituição Federal, o Artigo 1, a alínea *j* do Artigo 8, a alínea *c* do Artigo 10, o Artigo 15 e os §§ 3.º e 4.º do Artigo 16 da Convenção sobre Diversidade Biológica, promulgada pelo Decreto n. 2.519, de 16 de março de 1998; dispõe sobre o acesso ao patrimônio genético, sobre a proteção e o acesso ao conhecimento tradicional associado e sobre a repartição de benefícios para conservação e uso sustentável da biodiversidade; revoga a Medida Provisória n. 2.186-16, de 23 de agosto de 2001; e dá outras providências (*DOU* 21.5.2015, p. 1).

BRASIL. Lei n. 14.119, de 13 de janeiro de 2021. Institui a Política Nacional de Pagamento por Serviços Ambientais; e altera as Leis n. 8.212, de 24 de julho de 1991, 8.629, de 25 de fevereiro de 1993, e 6.015, de 31 de dezembro de 1973, para adequá-las à nova política (*DOU* 14.1.2021, p. 7).

BURKE, Mike. Preparing the market for statutory biodiversity credits. *Natural England*, 28 jul. 2023. Disponível em: ttps://naturalengland.blog.gov.uk/2023/07/28/preparing-the-market-for-statutory-biodiversity-credits/. Acesso em: 27 maio 2024.

CONFERÊNCIA DAS PARTES DA CONVENÇÃO SOBRE DIVERSIDADE BIOLÓGICA. *Decisão 15/4 do Marco Global da Biodiversidade Kunmig-Montreal*. Adotada durante a 15.ª Conferência das Partes, 4 Objetivos para 2050, 23 Metas de Ação para 2030. Montreal, 18 dez. 2022.

CONVENÇÃO SOBRE DIVERSIDADE BIOLÓGICA. Convenção sobre Diversidade Biológica, Rio de Janeiro, 5 jun. 1992. Disponível em: http://www.mma.gov.br/estruturas/179/_arquivos/cdb_port.pdf. Acesso em: 23 maio 2024.

CORTE INTERAMERICANA DE DIREITOS HUMANOS. *Povo Saramaka v. Suriname*. Julgamento de 28 de novembro de 2007.

DUCROS, Anna; STEELE, Paul. *Biocredits to finance nature and people*: emerging lessons. Londres: IIED, 2022, 26 p.

EMBRAPA. *Resumo executivo*: análise dos conceitos "mesma identidade ecológica", "equivalência ecológica" e "*offsetting*" para compensação de Reserva Legal. Corumbá, 2020, 4 p.

FAUNA & FLORA. *Fauna & Flora's position on biodiversity credits and the development of a highintegrity biodiversity credit market*. 2023. Disponível em: https://www.fauna-flora.org/wp-content/uploads/2023/09/Position-Statement_Biodiversity-Credits_Fauna-Flora_Sept23_clean.pdf. Acesso em: 1.º jun. 2024, 5 p.

FROTA, Leandro Mello; ROCHA, Monique da Fonseca. O Programa de Pagamento por Serviços Ambientais (PSA). In: CHINI, Alexandre; JARCZUNE, Julliana; FROTA, Leandro Mello; UILLE, Maria Tereza (coord.). *Temas relevantes no direito ambiental e climático*. 1. ed. Rio de Janeiro: Synergia, 2023, p. 505-512.

GOVERNO DO REINO UNIDO. *Statutory biodiversity credit prices*: the prices of statutory biodiversity credits from the date biodiversity net gain (BNG) becomes mandatory. 27 jul. 2023. Disponível em: https://www.gov.uk/guidance/statutory-biodiversity-credit-prices. Acesso em: 27 maio 2024.

GOVERNO DO REINO UNIDO. *Understanding biodiversity net gain*: guidance on what BNG is and how it affects land managers, developers and local planning authorities. Disponível em: https://www.gov.uk/guidance/understanding-biodiversity-net-gain#what-bng-is. Acesso em: 27 maio 2024.

Intergovernmental Panel on Climate Change; Intergovernmental Science-Policy Platform on Biodiversity and Ecosystem Services. *Biodiversity and Climate Change – Scientific Outcome*. 2021.

LAMBERT, Rob. How does the Biodiversity Net Gain Metric work? *Arbtech*, 31 mar. 2024. Disponível em: https://arbtech.co.uk/biodiversity-net-gain-metric/. Acesso em: 27 maio 2024.

MCKINSEY SUSTAINABILITY. *Where the world's largest companies stand on nature*. Disponível em: https://www.mckinsey.com/capabilities/sustainability/our-insights/where-the-worlds-largest-companies-stand-on-nature. Acesso em: 28 maio 2024.

MINISTÉRIO DO MEIO AMBIENTE E MUDANÇA DO CLIMA. *Biodiversidade e ecossistemas*. Disponível em: https://www.gov.br/mma/pt-br/assuntos/biodiversidade-e-ecossistemas#:~:text=O%20Brasil%20ocupa%20quase%20metade,e%20tr%C3%AAs%20grandes%20ecossisteeco%20marinhos. Acesso em: 27 maio 2024.

MO, Lidong; ZOHNER, Constantin; REICH, Peter *et al.* Integrated global assessment of the natural forest carbon potential. *Nature* 624, p. 92-101, 2023.

NATURE FINANCE. *Harnessing Biodiversity Credits for People and Planet*. 2023, 78 p.

ONE PLANET SUMMIT. *Harnessing biodiversity credits at the Summit for a New Global Financing Pact*. 22 jun. 2023. Disponível em: https://oneplanetsummit.fr/en/events-16/harnessing-biodiversity-credits-summit-new-global-financing-pact-216. Acesso em: 29 maio 2024.

Os direitos dos povos indígenas no mercado de crédito à biodiversidade. Disponível em: https://pt-br.savimbo.com/blog/the-rights-of-indigenous-peoples-in-the-biodiversity-credit-market. Acesso em: 31 maio 2024.

PROGRAMA DAS NAÇÕES UNIDAS PARA O DESENVOLVIMENTO. *Objetivos do Desenvolvimento Sustentável*. Disponível em: https://www.undp.org/pt/brazil/objetivos-de-desenvolvimento-sustentavel. Acesso em: 25 maio 2024.

Projeto CONSERV. Disponível em: https://conserv.org.br/. Acesso em: 1.º jun. 2024.

RAO, Radhika; CHOI, Esther Sekyoung; CZEBINIAK, Roman. Créditos de biodiversidade podem impulsionar a conservação da natureza? *WRI Brasil*, 5 abr. 2024. Disponível em: https://www.wribrasil.org.br/noticias/creditos-de-biodiversidade-podem-impulsionar-conservacao-da-natureza. Acesso em: 29 maio 2024.

REINO UNIDO. Lei do Meio Ambiente de 2021.

REPLANET. *RePLANET biodiversity units of gain and credits*. Disponível em: https://www.replanet.org.uk/what-are-biodiversity-credits/. Acesso em: 28 maio 2024.

ROEBROEK, Caspar *et al.* Releasing global forests from human management: how much more carbon could be stored? *Science* 380, p. 749-753, 2023.

STEPHENSON, India. Biodiversity credits: everything you need to know. *British Ecological Society*. 7 set 2023. Disponível em: https://www.britishecologicalsociety.org/biodiversity-credits-everything-you-need-to-know/. Acesso em: 29 maio 2024.

TASKFORCE ON NATURE MARKETS. *Biodiversity credit markets*: the role of law, regulation and policy. Abril 2023, 55 p.

UNIÃO EUROPEIA. Diretiva 2024/825 do Parlamento Europeu e do Conselho, de 28 de fevereiro de 2024, que altera as Diretivas 2005/29/CE e 2011/83/UE no que diz respeito à capacitação dos consumidores para a transição ecológica através de uma melhor proteção contra práticas desleais e através de melhor informação.

WALLACEA FUND. *Biodiversity Credits*. Disponível em: https://www.opwall.com/biodiversity-credits/. Acesso em: 1.º jun. 2024.

WEBSTER, Victoria *et al*. *What are the opportunities and challenges of Biodiversity Net Gain in Surrey?* 2023. Disponível em: https://www.surreywildlifetrust.org/sites/default/files/2023-09/20230710_BNG_report_Final%20%281%29.pdf. Acesso em: 28 maio 2024, 22 p.

WESTON, Phoebe. England brings in biodiversity rules to force builders to compensate for loss of nature. *The Guardian*, 12 fev. 2024. Disponível em: https://www.theguardian.com/environment/2024/feb/12/england-brings-in-biodiversity-net-gain-rules-to-force-builders-to-compensate-for-loss-of-nature#:~:text=What%20are%20biodiversity%20credits%3F,loss%20of%20an%20existing%20one. Acesso em: 28 maio 2024.

WESTON, Phoebe. New biodiversity algorithm will blight range of natural habitats in England. *The Guardian*, 21 jul. 2021. Disponível em: https://www.theguardian.com/environment/2021/jul/21/biodiversity-metric-algorithm-natural-england-developers-blight-valuable-habitats-aoe. Acesso em: 28 maio 2024.

WORLD ECONOMIC FORUM. *Biodiversity credits*: unlocking financial markets for nature-positive outcomes. 2022, 13 p.

WWF (2022): *Relatório Planeta Vivo 2022* – construindo uma sociedade positiva para a natureza. ALMOND, R. E. A.; GROOTEN, M.; JUFFE BIGNOLI, D. (Eds). WWF, Gland, Suíça.

CRÉDITOS DE BIODIVERSIDADE E POLÍTICAS DE PAGAMENTO POR SERVIÇOS AMBIENTAIS NO BRASIL: SINERGIAS E DESAFIOS PARA A CONSERVAÇÃO SUSTENTÁVEL

Alexandre Oheb Sion[1]

1. INTRODUÇÃO

Os créditos de biodiversidade e as políticas de pagamento por serviços ambientais (PSA) emergem como instrumentos essenciais para a conservação sustentável no Brasil. Esses mecanismos financeiros incentivam práticas que preservam a biodiversidade, promovem o uso sustentável dos recursos naturais e fomentam a repartição justa dos benefícios derivados de sua utilização.

A principal questão abordada neste trabalho é a necessidade de desenvolver e implementar estratégias eficazes para a conservação da biodiversidade no Brasil, diante dos desafios econômicos e ambientais. O objetivo é analisar as sinergias e os desafios dos créditos de biodiversidade e das políticas de PSA, destacando suas contribuições para a conservação sustentável e identificando obstáculos a serem superados.

---

[1] Advogado com mais de 20 anos de atuação nos setores ambiental e minerário. Doutorando em Ciências Jurídicas pela Universidade Autónoma de Lisboa, Portugal (tese depositada). Mestre em Direito Internacional Comercial (*LL.M*) pela Universidade da Califórnia, Estados Unidos. Especialista em Direito Constitucional. Pós-graduado em Direito Civil e Processual Civil (FGV). Diretor Jurídico do ICLEI América do Sul – Governos Locais pela Sustentabilidade. Coordenador do MBA em Direito da Mineração, Ambiental e ESG da Faculdade Arnaldo/Instituto Minere. Presidente da Associação Brasileira de Direito da Energia e do Meio Ambiente (ABDEM). Membro da Comissão de Direito Ambiental do Instituto dos Advogados Brasileiros (IAB). Presidente da Associação para o Desenvolvimento do Direito da Mineração (ADMIN). Presidente da Associação Brasileira de Direito da Infraestrutura (ABDINFRA). Consultor da Comissão Nacional de Direito Minerário da OAB Conselho Federal. Foi Membro da Comissão Especial de Direito de Infraestrutura e da Comissão de Direito Ambiental da OAB Nacional. Coordenador da Pós-graduação em Direito de Energia da PUC Minas. Professor da PUC/MG, da Fundação Escola do Ministério Público de Minas Gerais, das Escolas da Magistratura do Maranhão e do Amapá e convidado de inúmeras instituições de ensino. Palestrante atuante no Brasil e na Europa. Autor ou Coordenador de 18 livros e autor de inúmeros artigos jurídicos. Currículo Lattes: http://lattes.cnpq.br/1776901364728469.

A pesquisa foi motivada pela necessidade de encontrar soluções viáveis para a conservação da biodiversidade no Brasil. Dado o fracasso em atingir as Metas de Aichi[2] e a crescente pressão sobre os recursos naturais, torna-se crucial explorar alternativas inovadoras e financeiramente sustentáveis que possam complementar os esforços de conservação existentes.

Este trabalho emprega um método teórico-documental do tipo dedutivo, com análise bibliográfica, legal e baseada na experiência prática do autor. A metodologia envolve a revisão de literatura acadêmica, documentos legais e regulamentares, além da análise de dados empíricos relacionados à implementação de créditos de biodiversidade e políticas de PSA.

Analisaremos o contexto regulatório global da biodiversidade, incluindo convenções e protocolos internacionais relevantes. Após, será feita uma análise detalhada dos créditos de biodiversidade, suas aplicações e benefícios, bem como das políticas de pagamento por serviços ambientais, abordando exemplos e casos de sucesso no Brasil. Por fim, passaremos à discussão sobre as sinergias entre créditos de biodiversidade e PSA, e os desafios para sua implementação eficaz.

2. CONTEXTO REGULATÓRIO GLOBAL DA BIODIVERSIDADE

O cenário regulatório internacional relacionado à biodiversidade tem evoluído significativamente desde a adoção da Convenção sobre Diversidade Biológica (CDB)[3] na Cúpula da Terra no Rio de Janeiro em 1992. Este marco estabeleceu um compromisso global para a conservação da biodiversidade, promovendo o uso sustentável dos recursos biológicos e a repartição justa e equitativa dos benefícios derivados de seu uso. O Brasil assinou a CDB durante essa conferência histórica e ratificou-a em 1994, demonstrando seu comprometimento com a agenda internacional de conservação.

Em 2000, o texto do Protocolo de Cartagena sobre Biossegurança foi divulgado e assinado em Montreal, Canadá, durante a CDB[4]. A ratificação, pelo

---

2   As Metas de Aichi são um conjunto de 20 objetivos adotados durante a 10.ª Conferência das Partes da Convenção sobre Diversidade Biológica (COP 10), realizada em Nagoia, Japão, em 2010. Estas metas foram estabelecidas para serem alcançadas até 2020, com o objetivo de enfrentar as causas subjacentes da perda de biodiversidade, reduzir as pressões sobre a biodiversidade, melhorar o estado da biodiversidade protegendo ecossistemas, espécies e diversidade genética, aumentar os benefícios da biodiversidade e dos serviços ecossistêmicos para todos, e promover a implementação por meio de planejamento participativo, gestão do conhecimento e capacitação.
3   ONU. Convention on Biological Diversity. Secretariat for the Convention on Biological Diversity. Montreal, 2011.
4   COP. Protocolo de Cartagena sobre segurança biológica à Convenção sobre Diversidade Biológica. Declaração da Comunidade Europeia nos termos do n. 3 do art. 34 da Convenção sobre a Diversida-

Brasil[5], ocorreu em 2003, refletindo o compromisso do país com a segurança ambiental e a gestão responsável de organismos vivos geneticamente modificados (OVMs). Tal protocolo foi adotado como um suplemento à CDB e visa garantir a movimentação segura de OVMs entre fronteiras, com o objetivo de proteger a biodiversidade e a saúde humana.

Uma década depois, durante a COP 10 da CDB em Nagoia, Japão, em 2010, o Brasil[6] participou ativamente das negociações que resultaram no Protocolo de Nagoya sobre Acesso a Recursos Genéticos e Repartição de Benefícios[7], acordo internacional suplementar à CDB e que visa promover a repartição justa e equitativa dos benefícios advindos da utilização dos recursos genéticos, contribuindo para a conservação da biodiversidade e o uso sustentável de seus componentes. O Protocolo estabelece um quadro jurídico transparente para a implementação dos três objetivos da CDB: a conservação da biodiversidade, o uso sustentável de seus componentes e a repartição justa e equitativa dos benefícios provenientes da utilização dos recursos genéticos.

A COP 10 também foi marcada pela adoção das Metas de Aichi[8], um conjunto de 20 metas ambiciosas para a biodiversidade, estabelecendo um roteiro claro para a conservação e o uso sustentável dos ecossistemas terrestres e aquáticos. Essas metas foram projetadas para serem alcançadas até 2020, com o objetivo de enfrentar as causas subjacentes da perda de biodiversidade, reduzir as pressões diretas sobre a biodiversidade, melhorar a situação das espécies, ecossistemas e diversidade genética, aumentar os benefícios da biodiversidade e dos serviços ecossistêmicos para todos, e fortalecer a implementação por meio da participação inclusiva, do planejamento e da capacitação. Entre as principais metas estavam a integração da biodiversidade em políticas públicas e planejamento, a redução da taxa de perda de *habitats* naturais, a gestão sustentável de áreas agrícolas e florestais, a diminuição da poluição e a proteção de áreas significativas para a biodiversidade.

As Metas de Aichi, estabelecidas para o período de 2010 a 2020, consistiam em 20 objetivos destinados a reduzir a perda de biodiversidade, promover a conservação e garantir o uso sustentável dos recursos naturais. Contudo, o relatório

---

de Biológica. *Jornal Oficial* n. L 201, de 31 de julho de 2002, p. 50-65. Disponível em: https://eur-lex.europa.eu/legal-content/PT/TXT/?uri=CELEX:22002A0731(01).

5 BRASIL. Decreto n. 5.705, de 16 de fevereiro de 2006. Promulga o Protocolo de Cartagena sobre Biossegurança da Convenção sobre Diversidade Biológica. *Diário Oficial da União*, Brasília, 17 fev. 2006.

6 O Brasil assinou o Protocolo de Nagoia em 2011 e ratificou-o em 2018.

7 BRASIL. *Protocolo de Nagoia sobre Acesso a Recursos Genéticos e Repartição Justa e Equitativa dos benefícios derivados de sua utilização à Convenção sobre Diversidade Biológica.* Brasília: Ministério de Meio Ambiente, 2014.

8 SECRETARIAT OF THE CONVENTION ON BIOLOGICAL DIVERSITY. Aichi Biodiversity Targets. Convention on Biological Diverty. Canadá, 2010.

Global Biodiversity Outlook 5 (GBO-5) evidenciou que nenhuma dessas metas foi plenamente alcançada. Embora tenha havido algum progresso em diversas áreas, este se mostrou insuficiente para a realização dos objetivos traçados. Entre os principais obstáculos identificados estavam a falta de integração da biodiversidade nas políticas públicas e econômicas, a insuficiência de financiamento e a implementação inadequada.

Nesse contexto, a COP 15, realizada em duas partes – Kunming (China) em 2021 e Montreal (Canadá) em 2022[9] –, destacou a urgência de revisar e fortalecer as metas globais de biodiversidade. O fracasso em atingir as Metas de Aichi funcionou como um alerta, mas também como uma oportunidade para (i) revisar estratégias e abordagens, refletindo sobre as razões pelas quais as metas não foram alcançadas e promovendo uma reavaliação das estratégias de conservação; (ii) fortalecer a ambição, com o novo Marco Global de Biodiversidade de Kunming-Montreal, agora delineado com metas mais claras e mensuráveis, aprendendo com as falhas anteriores e (iii) colocar maior ênfase na implementação e no monitoramento, reconhecendo que não basta estabelecer metas – é crucial garantir mecanismos eficazes de implementação, monitoramento e financiamento[10].

O novo marco inclui 23 metas para 2030, abrangendo a proteção de áreas terrestres e marinhas, a redução da poluição, a sustentabilidade na utilização dos recursos e o aumento do financiamento e dos recursos destinados à biodiversidade. A abordagem para este novo marco é mais holística e ambiciosa, aprendendo com as lacunas das Metas de Aichi. O foco está não apenas em estabelecer metas, mas em assegurar que elas sejam alcançáveis por meio de uma combinação de políticas mais integradas, financiamento adequado e uma estrutura robusta de monitoramento.

O Marco Global de Biodiversidade de Kunming-Montreal está intimamente ligado à questão dos créditos de biodiversidade, uma vez que um financiamento adequado e inovador é essencial para alcançar as metas de conservação e uso sustentável dos recursos naturais. O marco encoraja o desenvolvimento de mercados para créditos de biodiversidade, que podem atrair investimentos privados e corporativos. Isso se baseia em uma disposição normativa que inclui a criação de normas e regulamentações para assegurar a integridade e a eficácia desses créditos, garantindo que os investimentos realmente contribuam para a conservação, conforme estabelecido na Meta 19 do Protocolo.

---

9 ONU. Kunming-Montreal Global biodiversity framework. Conference of the Parties to the Convention on Biological Diversity. Montreal, 2022.

10 SECRETARIAT DE LA CONVENTION SUR LA DIVERSITE BIOLOGIQUE. *Perspectives mondiales de la diversité biologique 5*. Montréal, 2020.

META 19 Aumentar substancial e progressivamente o nível de recursos financeiros de todas as fontes, de maneira eficaz, oportuna e de fácil acesso, incluindo recursos nacionais, internacionais, públicos e privados, de acordo com o Artigo 20 da Convenção, para implementar estratégias e planos de ação nacionais para a biodiversidade, até 2030, mobilizando pelo menos 200 bilhões de dólares dos Estados Unidos por ano, inclusive por meio de: [...] (d) Estímulo a esquemas inovadores, como pagamento por serviços ecossistêmicos, títulos verdes, compensações e *créditos de biodiversidade*, mecanismos de compartilhamento de benefícios, com salvaguardas ambientais e sociais[11-12] (grifo nosso).

Para o Brasil, as negociações internacionais sobre biodiversidade são de extrema importância, dada sua posição como um dos países mais biodiversos do mundo. O país enfrenta desafios significativos na conservação de seus biomas e espécies endêmicas, enquanto busca promover um desenvolvimento econômico sustentável e inclusivo. As políticas nacionais são moldadas e influenciadas pelos compromissos internacionais assumidos em conferências como a COP da CDB, refletindo um equilíbrio delicado entre preservação ambiental e desenvolvimento socioeconômico.

3. CRÉDITOS DE BIODIVERSIDADE

Os créditos de biodiversidade são um instrumento financeiro verificável, quantificável e comercializável que recompensa os resultados positivos da natureza e da biodiversidade, como a preservação de espécies, ecossistemas e *habitats* naturais. Este mecanismo é baseado na criação e venda de unidades de biodiversidade terrestres ou oceânicas durante um período fixo[13]. Quando ancorados em princípios de alta integridade, equidade, inclusão e transparência, os créditos de biodiversidade podem gerar benefícios para os povos tradicionais e as comunidades locais. Além disso, estes créditos oferecem valor positivo para as empresas, ajudando a reduzir a exposição a riscos físicos associados à natureza, acompanhar

---

11 *Idem*.
12 Tradução livre de: "TARGET 19 Substantially and progressively increase the level of financial resources from all sources, in an effective, timely and easily accessible manner, including domestic, international, public and private resources, in accordance with Article 20 of the Convention, to implement national biodiversity strategies and action plans, by 2030 mobilizing at least 200 billion United States dollars per year, including by: [...] (d) Stimulating innovative schemes such as payment for ecosystem services, green bonds, biodiversity offsets and credits, benefit-sharing mechanisms, with environmental and social safeguards".
13 DUCROS, Anna; STEELE, Paul. *Biocredits to finance nature and people*: emerging lessons. London: IIED, 2022.

mudanças regulatórias, apoiar resultados positivos para a natureza alinhados às preferências do consumidor e garantir acesso a financiamentos competitivos[14].

Os biocréditos estão sendo desenvolvidos para serem comprados e vendidos no mercado voluntário, e, quando cuidadosamente projetados, podem canalizar fluxos financeiros para a conservação eficaz da biodiversidade, podendo ser aplicados de três maneiras principais: para (i) evitar a perda de biodiversidade; (ii) medir a melhoria da biodiversidade ou (iii) recompensar o gerenciamento bem-sucedido de locais intocados. Essas abordagens podem ser utilizadas em conjunto dentro de um esquema de biocréditos, proporcionando benefícios em mais de uma aplicação. As classificações incluem:

Tabela 1: Classificação – Créditos de Biodiversidade

	Aplicação	Valor
Preservar ou Evitar Perdas	Os biocréditos são aplicados a ecossistemas, paisagens terrestres ou marinhas com altos níveis de biodiversidade que estão sob ameaça.	O valor do biocrédito é mantido se os indicadores de biodiversidade não diminuírem abaixo dos de um local de referência. Aqui, os biocréditos são usados para manter áreas não degradadas, mas que correm o risco de degradação. Além disso, podem rastrear aumentos na biodiversidade em relação ao local de referência.
Restauração	Os biocréditos são aplicados a ecossistemas ou paisagens que necessitam de restauração para regeneração e enriquecimento da biodiversidade, melhoria dos serviços ecossistêmicos e/ou conectividade da paisagem.	Para manter o valor do biocrédito, os indicadores de biodiversidade devem aumentar ao longo do tempo. É crucial definir um período específico durante o qual os indicadores serão medidos e a mudança positiva será avaliada.
Apoio aos Esforços Existentes	Os biocréditos são usados para recompensar os esforços de gestão existentes em locais com altos níveis de biodiversidade e sem risco imediato de degradação.	Este sistema incentiva a conservação adicional e cria oportunidades de investimento para países, povos tradicionais e comunidades locais que têm sucesso em seus esforços de conservação, recompensando-os pelos esforços passados e apoiando a continuidade desses esforços.

Fonte: Tabela elaborada pelo autor com base no Relatório *Biocredits to finance nature and people* (2022).

Em outras palavras, os biocréditos se aplicam a diferentes contextos e podem ser classificados de acordo com objetivos de conservação: (i) objetiva evitar perdas: foco na preservação, aplica-se quando o ecossistema se encontra em risco de

---

[14] *Idem.*

degradação com altos níveis de biodiversidade. Nesse caso, o valor é atribuído à manutenção de indicadores de biodiversidade iguais a um local de referência; (ii) objetiva restaurar: foco na restauração, aplica-se na hipótese de ecossistemas degradados que requerem restauração. O valor se dá pelo aumento dos indicadores de biodiversidade em relação a níveis anteriores; (iii) objetiva apoiar o esforço existente: foco na preservação contínua, aplica-se em locais com gestão de biodiversidade já em andamento, sem risco imediato de degradação. A lógica aqui é recompensar aqueles que mantiveram a biodiversidade, como governos, empresas, proprietários de terras, povos tradicionais e comunidades locais[15].

Os créditos de biodiversidade, ao serem implementados de forma cuidadosa e justa, oferecem uma solução financeira inovadora para a preservação e a restauração da biodiversidade global, promovendo uma sinergia entre conservação ambiental e desenvolvimento econômico sustentável.

Quanto aos mecanismos de créditos de biodiversidade, estes podem ser analisados por associação com os mecanismos dos créditos de carbono, já que ambos visam promover a sustentabilidade e a conservação ambiental por meio de incentivos financeiros.

Nesse sentido, assim como no caso dos créditos de carbono, os créditos de biodiversidade podem ser comercializados no mercado voluntário, hipótese em que empresas e outras organizações compram créditos de biodiversidade de forma voluntária, para além de qualquer obrigação legal, visando demonstrar seu compromisso com a sustentabilidade e a responsabilidade ambiental.

Este mercado permite maior flexibilidade e inovação, com projetos variados que podem incluir a restauração de ecossistemas, a proteção de espécies ameaçadas e a manutenção de corredores ecológicos. Assim como no mercado voluntário de carbono, os créditos são gerados por projetos que seguem padrões reconhecidos internacionalmente e são verificados por terceiros para garantir sua validade.

Os créditos de biodiversidade podem ser gerados por diversos tipos de projetos, que precisam seguir critérios rigorosos para garantir a integridade ambiental e a adicionalidade das ações, como, por exemplo, (i) projetos de proteção de *habitats* naturais, considerados aqueles que protegem áreas naturais de alto valor de biodiversidade, prevenindo a degradação e a perda de espécies; (ii) projetos de restauração de ecossistemas, traduzidos em iniciativas que restauram ecossistemas degradados, como reflorestamento, recuperação de zonas úmidas e reconstrução de recifes de coral; (iii) corredores ecológicos, considerados como projetos de criação e manutenção de corredores que conectam diferentes *habitats*,

---

15   *Idem.*

facilitando o movimento e a migração de espécies e aumentando a resiliência dos ecossistemas e (iv) conservação de espécies ameaçadas, projetos focados na proteção e recuperação dessas populações, incluindo programas de reprodução em cativeiro e reintrodução na natureza.

A certificação de projetos de créditos de biodiversidade é fundamental para garantir a credibilidade e a eficácia das ações implementadas. Assim como nos créditos de carbono, as metodologias de certificação envolvem:

> *Adicionalidade*: garantir que as ações de conservação vão além do que seria realizado sem o projeto, oferecendo benefícios reais e adicionais à biodiversidade.
>
> *Monitoramento e verificação*: os projetos devem ser monitorados regularmente e auditados por terceiros para assegurar que os objetivos de conservação estão sendo alcançados.
>
> *Permanência*: as ações de conservação devem garantir benefícios de longo prazo, prevenindo a reversão dos ganhos obtidos.
>
> *Ausência de vazamentos*: refere-se à garantia de que as ações de conservação ou restauração financiadas pelos créditos de biodiversidade não resultem em impactos negativos ou degradação ambiental em outras áreas. Em outras palavras, é assegurar que os benefícios ambientais alcançados em um local não sejam compensados por perdas em outro, mantendo a integridade e a eficácia das medidas de conservação.

Tendo em vista a incipiência do mercado de créditos de biodiversidade e sua similaridade ao mercado de carbono, é comum utilizá-lo para aplicação subsidiária em pontos que ainda carecem de mais regulamentações[16]. No entanto, há que se considerar que as duas categorias envolvem diferenças fundamentais, assim como há distinções entre os conceitos de créditos de biodiversidade e compensação de biodiversidade.

Os créditos de biodiversidade são instrumentos econômicos projetados para financiar ações que tenham resultados positivos mensuráveis para a natureza e a biodiversidade. Isso inclui a criação e venda de resultados de conservação ou restauração unitizados, como a proteção de espécies, ecossistemas e *habitats* naturais. Esses créditos não podem ser usados para reivindicações de compensação, mas sim para promover ações adicionais e positivas em prol da biodiversidade[17].

A ideia é que, ao comprar créditos de biodiversidade, investidores ou empresas estão demonstrando uma intenção genuína de ajudar a proteger, restaurar e gerenciar de forma sustentável a natureza. Esses créditos são vistos como uma maneira de financiar a lacuna significativa de financiamento necessário para

---

16 MAIA, Bruna; BEDONI, Marcelo; FARIAS, Talden. Nova agenda global para a biodiversidade e a busca por uma civilização ecológica. *Portal Ambiente Legal*, São Paulo, 30 jan. 2023. Clima e Energia, Destaque, Geral, Justiça e Política, Sustentabilidade.

17 WEF. *High-level governance and integrity principles for emerging voluntary biodiversity credit markets*. Consultation paper, dez. 2022.

deter e reverter a perda de biodiversidade, estimada em mais de 700 bilhões de dólares por ano[18].

Por outro lado, a compensação de biodiversidade refere-se a ações tomadas para compensar impactos residuais significativos negativos sobre a biodiversidade que ocorrem após a implementação de medidas de prevenção e mitigação. Esta abordagem é geralmente utilizada para cumprir requisitos regulatórios, particularmente em indústrias como a extrativa e a de energia.

A compensação de biodiversidade é aplicada após seguir a hierarquia de mitigação, que inclui evitar, reduzir, restaurar e regenerar antes de se recorrer à compensação. A principal diferença aqui é que a compensação é uma resposta a danos já causados e é frequentemente usada para cumprir obrigações legais, ao passo que os créditos de biodiversidade financiam ações proativas e positivas que vão além da simples compensação.

Dentre as diferenças fundamentais, entendemos que, em questão de objetivo e aplicação, os créditos de biodiversidade visam financiar ações positivas e adicionais para a conservação e a restauração da biodiversidade, sem serem usados para compensar danos específicos, ao passo que a compensação de biodiversidade foca em neutralizar impactos negativos residuais sobre a biodiversidade após todas as outras medidas de mitigação terem sido implementadas. No quesito uso e regulação, os créditos de biodiversidade são comprados voluntariamente para promover resultados positivos e não estão necessariamente vinculados a obrigações legais específicas, enquanto a compensação de biodiversidade é normalmente exigida por regulamentações governamentais como parte de processos de licenciamento ambiental, especialmente em setores nos quais os impactos são inevitáveis. Por fim, com relação à eficácia e escala, os créditos de biodiversidade enfatizam uma abordagem proativa e positiva, essencial para restaurar sistemas naturais vitais, indo além da simples neutralização de danos, ao passo que a compensação de biodiversidade foca em neutralizar os danos causados, frequentemente limitando-se a ações locais e específicas para os impactos diretos do projeto.

De acordo com o relatório do Fórum Econômico Mundial[19], as compensações de biodiversidade diferem significativamente das compensações de carbono por vários motivos fundamentais. As principais diferenças decorrem da natureza complexa e local da biodiversidade em comparação com a natureza mais uniforme do carbono.

---

18 *Idem*.
19 WEF. *High-level governance and integrity principles for emerging voluntary biodiversity credit markets*. Consultation paper, dez. 2022.

A biodiversidade é inerentemente complexa e específica a cada local, o que torna difícil estabelecer uma equivalência direta entre impactos negativos e positivos em diferentes locais. Por exemplo, uma ação que promove um resultado positivo em termos de biodiversidade em uma área não pode simplesmente compensar um impacto negativo em outra, devido às diferenças ecológicas e contextuais entre os locais. Em contraste, uma tonelada de CO_2 emitida em uma parte do mundo é equivalente a uma tonelada de CO_2 removida em outra parte, o que permite uma fungibilidade mais fácil dos créditos de carbono.

O carbono possui uma característica de fungibilidade que a biodiversidade não tem. O dióxido de carbono é um gás que, uma vez na atmosfera, se mistura globalmente, permitindo que reduções de emissões em um lugar possam compensar emissões em outro. Por outro lado, cada ecossistema e suas espécies associadas são únicos e não podem ser facilmente substituídos ou compensados por ações em locais diferentes. Essa não fungibilidade da biodiversidade implica que os esquemas de compensação de biodiversidade precisam ser mais localizados e específicos[20].

Além disso, a abordagem de *net zero* para a crise climática, em que se busca um equilíbrio entre as emissões e as remoções de gases de efeito estufa, não é aplicável de forma análoga à crise da biodiversidade. É necessário um esforço positivo contínuo para restaurar e proteger os ecossistemas naturais, indo além da mera compensação. Isso contrasta com a meta de *net zero* de carbono, que se foca na neutralização das emissões por meio de compensações:

> Devido às limitações técnicas e financeiras na medição da natureza, muitas vezes é difícil medir a equivalência e garantir que as compensações estejam realmente proporcionando um ganho líquido. Como resultado, mesmo quando um esquema de compensação de biodiversidade tem como meta atingir um impacto líquido zero, ainda há a probabilidade de danificar a biodiversidade[21].

Com relação ao objetivo das compensações, também temos diferenças significativas. As compensações de carbono são geralmente usadas para permitir que as empresas alcancem suas metas de redução de emissões ao compensar suas emissões inevitáveis com reduções em outro lugar. Em contraste, a compensação de biodiversidade, embora também vise mitigar impactos negativos, muitas vezes é direcionada a cumprir requisitos regulatórios específicos, principalmente em

---

20 *Idem*.
21 Tradução livre de: "*[...] Because of this, some have argued that biodiversity offsets legitimise, rather than prevent, damage to biodiversity. Because of technical and financial limitations in measuring nature, often it is difficult to measure equivalence and to ensure that offsets are truly providing a net gain. As a result, even when a biodiversity offset scheme targets achieving a net zero impact, there is still likelihood of damaging biodiversity*" (DUCROS, Anna; STEELE, Paul. Biocredits to finance nature and people: emerging lessons. London: International Institute for Environment and Development, 2022, p. 9).

indústrias em que alguns impactos na natureza são inevitáveis. Além disso, as compensações de biodiversidade não podem ser usadas para fazer reivindicações de *offsetting* de maneira semelhante às compensações de carbono[22], pois elas não conseguem reverter completamente os danos locais específicos.

Essas diferenças sublinham a necessidade de abordagens distintas para a conservação da biodiversidade e a mitigação das mudanças climáticas, refletindo a complexidade e a especificidade dos desafios envolvidos em cada área.

O relatório da *World Economic Forum*[23] identifica três desafios principais na criação e implementação de um mercado eficaz de biocréditos: (i) medir e quantificar uma unidade de biodiversidade, a partir da necessidade de definições rigorosas e equitativas para mensurar a biodiversidade; (ii) gerar demanda e vendas de biocréditos, com o claro desafio de estabelecer um mercado robusto que evite o *greenwashing* e promova a transparência e (iii) canalizar receitas para comunidades tradicionais e locais: garantir que parte das receitas de esquemas de biocréditos beneficie as comunidades locais, promovendo a participação equitativa, é um dos principais desafios.

No Brasil, denúncias recentes de fraude no mercado de créditos de carbono reforçam a necessidade dessas medidas. De acordo com o Ministério da Justiça e Segurança Pública[24], uma operação da Polícia Federal revelou um esquema envolvendo organização criminosa que gerava créditos de carbono fraudulentos em terras ilegalmente apropriadas na Amazônia, envolvendo a falsificação de dados fundiários e a exploração ilegal de madeira, o que afeta a credibilidade do mercado e destaca a necessidade de medidas rigorosas para evitar fraudes e garantir que os benefícios cheguem efetivamente às comunidades locais. Esse episódio reforça a importância de um mercado de biocréditos baseado em práticas transparentes e equitativas, vital para a confiança e a eficácia das soluções climáticas baseadas na natureza.

Em relatório publicado em 2022[25], o *International Institute for Environment and Development* analisou três iniciativas que aplicam metodologias de créditos de

---

22 DROSTE, Nils *et al*. A global overview of biodiversity offsetting governance. *Journal of Environmental Management*, v. 316, n. 15, ago. 2022.
23 WEF. Biodiversity credits: demand analysis and market outlook. World Economic Forum. Genebra, 2023.
24 BRASIL. Polícia Federal realiza operação para investigar venda irregular de créditos de carbono. Ministério da Justiça e Segurança Pública. Brasília, 5 jun. 2024. Justiça e Segurança.
25 DUCROS, Anna; STEELE, Paul. Biocredits to finance nature and people: emerging lessons. London: International Institute for Environment and Development, 2022.

biodiversidade existentes: Terrasos[26], ValueNature[27] e Wallacea Trust[28], destacando como cada esquema aborda os desafios mencionados. Esses estudos de caso fornecem *insights* sobre a implementação prática e as melhores iniciativas para o desenvolvimento de créditos de biodiversidade.

Todas as três metodologias enfrentam desafios comuns na medição de unidades de biodiversidade, na geração de demanda e vendas, e na canalização de receitas para as comunidades locais. No entanto, cada uma delas tem abordagens distintas para superar esses desafios, com Terrasos focando em conectividade e restauração, ValueNature integrando medidas de carbono, e Wallacea Trust promovendo transparência por meio de uma metodologia de código aberto.

Os biocréditos têm o potencial de aumentar o financiamento para a biodiversidade e proporcionar receitas para aqueles mais afetados pela degradação da biodiversidade, ao mesmo tempo que garantem a preservação e a restauração dos ecossistemas naturais.

4. PAGAMENTO POR SERVIÇOS AMBIENTAIS (PSA) NO BRASIL

O Pagamento por Serviços Ambientais (PSA) e os créditos de biodiversidade são mecanismos financeiros que visam promover a conservação ambiental por meio de incentivos econômicos. No contexto da sustentabilidade, é útil entender que o PSA representa um gênero amplo de instrumentos econômicos, enquanto os créditos de biodiversidade constituem uma espécie específica dentro desse gênero.

Ao longo da última década, observa-se um crescimento notável na implementação de instrumentos econômicos de gestão no Brasil. Em nível federal, surge a normatização de um instrumento inédito no âmbito do Programa Nacional

---

26 "A Terrasos é uma empresa especializada na estruturação e operação de investimentos ambientais. O [seu] trabalho centra-se em quatro áreas principais: compensações e investimentos ambientais, análise de impactos, desenvolvimento de estratégias de intervenção e gestão de informação" (https://www.terrasos.co/sobre-terrasos).

27 Plataforma que facilita a avaliação e a criação de valor para a biodiversidade e os serviços ecossistêmicos. Apoia projetos que buscam monetizar os benefícios proporcionados pela biodiversidade, ajudando na geração e comercialização de créditos de biodiversidade e é considerada como uma das principais desenvolvedoras de metodologias de biodiversidade do mundo (https://valuenature.earth/#milestones).

28 Organização que se dedica à conservação da biodiversidade e ao desenvolvimento de soluções de financiamento sustentável, como os créditos de biodiversidade. Esta organização provavelmente trabalha em parceria com outras entidades para implementar projetos de conservação e criar mecanismos financeiros que incentivem a proteção ambiental (https://wallaceatrust.org/).

de Pagamentos por Serviços Ambientais, também conhecido como Programa Floresta+, instituído pelo Ministério do Meio Ambiente (MMA) por meio da Portaria n. 288/2020. Este programa atende ao disposto no art. 41, I, do Código Florestal[29] e cria um mercado voluntário de serviços ambientais[30].

O PSA configura tipologia econômica de gestão ambiental, que objetiva solucionar problemas regionais atinentes ao meio ambiente a partir do fomento do "mercado privado de pagamentos por serviços ambientais em áreas mantidas com cobertura de vegetação nativa", bem como da articulação de "políticas públicas de conservação e proteção da vegetação nativa e de mudança do clima" (art. 2.º, II)[31]. De acordo com Ana Maria Nusdeo, o PSA pode ser definido como "transação entre duas ou mais partes envolvendo a remuneração àqueles que promovem a conservação, recomposição, incremento ou manejo de áreas de vegetação considerada apta a fornecer certos serviços ambientais"[32].

Destaca-se que, dentre os objetivos do Programa Floresta+ estão o estabelecimento de "parcerias com órgãos e entidades, públicos ou privados, nacionais ou internacionais, com vistas a apoiar projetos de pagamentos por serviços ambientais"; o fomento a acordos setoriais visando à geração de demanda por serviços ambientais e a implementação do "projeto piloto de pagamentos por serviços ambientais 'Floresta+' na Amazônia Legal, com recursos provenientes de Pagamentos por resultados de REDD+ (redução de emissões provenientes de desmatamento e degradação florestal)"[33], cabendo à Secretaria de Florestas e Desenvolvimento Sustentável do Ministério do Meio Ambiente a articulação de parcerias com os diversos órgãos e a definição de prazos e condições do programa[34].

Ainda no mesmo sentido, passados longos anos de discussão no Congresso Nacional, especialmente entre setores ligados à defesa do meio ambiente e ao agronegócio, foi publicada a Lei Federal n. 14.119/2021, instituindo a Política Nacional de Pagamento por Serviços Ambientais (PNPSA). A referida norma, decorrente do Projeto de Lei (PL) n. 5.028/2019, apresenta as bases jurídicas para que diversos grupos sociais tenham seus esforços ambientais valorizados, em

---

29 BRASIL. Ministério do Meio Ambiente instituiu o Programa Floresta+. Ministério do Meio Ambiente. Brasília, 3 jul. 2020. Preservação.
30 GARCIA, J.; ROMEIRO, A. R. Pagamento por serviços ambientais em Extrema, Minas Gerais: avanços e limitações. *Revista Iberoamericana de Economía Ecológica*, Rio de Janeiro, v. 29, n. 1, p. 11-32, 2019.
31 BRASIL. Ministério do Meio Ambiente. Portaria n. 288, de 2 de julho de 2020. Ementa. *Diário Oficial da União*, Brasília, 3 jul. 2020.
32 NUSDEO, Ana Maria de Oliveira. *Pagamento por serviços ambientais*: sustentabilidade e disciplina jurídica. São Paulo: Atlas, 2012, p. 69.
33 BRASIL. Projeto piloto Floresta+ Amazônia. Ministério do Meio Ambiente. Brasília, p. 2.
34 *Idem*.

especial as comunidades tradicionais, os povos indígenas e agricultores familiares, que têm prioridade de contratação dos serviços ambientais (art. 6.º, § 2.º)[35].

A lei apresenta um rol exemplificativo a respeito das modalidades de pagamento disponíveis para a quitação dos serviços ambientais, *in verbis* "I – pagamento direto, monetário ou não monetário; II – prestação de melhorias sociais a comunidades rurais e urbanas; III – compensação vinculada à certificado de redução de emissões por desmatamento e degradação; IV – títulos verdes (*green bonds*); V – comodato ou VI – Cota de Reserva Ambiental (CRA)"[36].

Serviços ambientais são definidos como as atividades individuais ou coletivas que favoreçam a manutenção, a recuperação ou a melhoria dos serviços ecossistêmicos. Estes incluem a regulação do clima, a ciclagem de nutrientes, a polinização, a formação do solo, a manutenção da biodiversidade, entre outros.

A lei estabelece uma série de instrumentos para a implementação do PSA, incluindo contratos, acordos de cooperação e outros mecanismos financeiros que viabilizam a compensação monetária ou não monetária aos provedores de serviços ambientais.

Os pagamentos por serviços ambientais podem ser diretos, por meio de remuneração financeira, ou indiretos, por meio de compensações, como fornecimento de insumos, equipamentos, capacitação técnica e outras formas de apoio.

A gestão da PNPSA é realizada por meio de uma estrutura de governança que envolve diferentes níveis de governo (federal, estadual e municipal) e a participação da sociedade civil.

A implementação da Política Nacional de Pagamento por Serviços Ambientais traz uma série de benefícios ambientais, sociais e econômicos, na medida em que (i) incentiva a proteção de áreas naturais e a restauração de ecossistemas degradados, contribuindo diretamente para a conservação da biodiversidade; (ii) ao promover a conservação de florestas e outros ecossistemas que atuam como sumidouros de carbono, contribui para a mitigação das mudanças climáticas e (iii) proporciona uma fonte de renda adicional para os provedores de serviços ambientais, incentivando práticas agrícolas sustentáveis e a adoção de tecnologias de baixo impacto ambiental.

No Brasil, algumas normas se destacam no que tange à regulamentação do pagamento por serviços ambientais e créditos de biodiversidade, como pode ser analisado na tabela abaixo:

---

35 BRASIL. Lei n. 14.119, de 13 de janeiro de 2021. Institui a Política Nacional de Pagamento por Serviços Ambientais; e altera as Leis ns. 8.212, de 24 de julho de 1991, 8.629, de 25 de fevereiro de 1993, e 6.015, de 31 de dezembro de 1973, para adequá-las à nova política. *Diário Oficial da União*, Brasília, 11 jan. 2021.

36 *Idem.*

Tabela 2: Normas sobre Pagamento por Serviços Ambientais e Créditos de Biodiversidade

Norma	Visão Geral
Lei n. 14.119/2021	Art. 1.º Esta Lei define conceitos, objetivos, diretrizes, ações e critérios de implantação da Política Nacional de Pagamento por Serviços Ambientais (PNPSA), institui o Cadastro Nacional de Pagamento por Serviços Ambientais (CNPSA) e o Programa Federal de Pagamento por Serviços Ambientais (PFPSA), dispõe sobre os contratos de pagamento por serviços ambientais e altera as Leis n. 8.212, de 24 de julho de 1991, n. 8.629, de 25 de fevereiro de 1993, e n. 6.015, de 31 de dezembro de 1973. • Objetivos: conservação dos ecossistemas, recuperação de áreas degradadas, preservação dos recursos hídricos, entre outros. • Modalidades: pagamento direto, compensação por serviços ambientais, entre outros.
Lei n. 12.651/2012 (Código Florestal)[37]	Embora seja mais conhecido pelas suas disposições sobre proteção de vegetação nativa, o Código Florestal também menciona a possibilidade de utilização de PSA como instrumento para a conservação e recuperação de áreas de preservação permanente (APP) e reservas legais. Art. 41. É o Poder Executivo federal autorizado a instituir, sem prejuízo do cumprimento da legislação ambiental, programa de apoio e incentivo à conservação do meio ambiente, bem como para adoção de tecnologias e boas práticas que conciliem a produtividade agropecuária e florestal, com redução dos impactos ambientais, como forma de promoção do desenvolvimento ecologicamente sustentável, observados sempre os critérios de progressividade, abrangendo as seguintes categorias e linhas de ação: I – pagamento ou incentivo a serviços ambientais como retribuição, monetária ou não, às atividades de conservação e melhoria dos ecossistemas e que gerem serviços ambientais, tais como, isolada ou cumulativamente: [...] c) a conservação da biodiversidade;
Lei n. 11.284/2006[38]	Dispõe sobre a gestão de florestas públicas e permite a criação de concessões florestais que podem incluir PSA como um dos critérios para a concessão. • Objetivo: promover o uso sustentável das florestas públicas, podendo incorporar práticas de PSA.

---

37 BRASIL. Lei n. 12.651, de 25 de maio de 2012. Dispõe sobre a proteção da vegetação nativa; altera as Leis ns. 6.938, de 31 de agosto de 1981, 9.393, de 19 de dezembro de 1996, e 11.428, de 22 de dezembro de 2006; revoga as Leis ns. 4.771, de 15 de setembro de 1965, e 7.754, de 14 de abril de 1989, e a Medida Provisória n. 2.166-67, de 24 de agosto de 2001; e dá outras providências. *Diário Oficial da União*, Brasília, 28 maio 2012.

38 BRASIL. Lei n. 11.284, de 2 de março de 2006. Dispõe sobre a gestão de florestas públicas para a produção sustentável; institui, na estrutura do Ministério do Meio Ambiente, o Serviço Florestal Brasileiro – SFB; cria o Fundo Nacional de Desenvolvimento Florestal – FNDF; altera as Leis ns.

Norma	Visão Geral
\multicolumn{2}{l}{A legislação específica sobre créditos de biodiversidade ainda está em desenvolvimento no Brasil, mas existem marcos legais e iniciativas que tratam do tema, ainda que de forma indireta:}
Lei n. 13.123/2015[39]	Regula o acesso ao patrimônio genético e aos conhecimentos tradicionais associados, bem como a repartição de benefícios. Embora não trate diretamente de créditos de biodiversidade, cria um ambiente regulatório que pode ser aproveitado para tais iniciativas. • Objetivo: garantir a conservação e o uso sustentável da biodiversidade, além de promover a repartição justa dos benefícios derivados do uso de recursos genéticos.
Portaria n. 3.717/2023, do Ministério da Integração e do Desenvolvimento Regional (MIDR)[40]	Estabelece a Estratégia Nacional de Bioeconomia e Desenvolvimento Regional Sustentável (BioRegio). Essa estratégia visa promover a inovação, o investimento e a geração de emprego e renda por meio da bioeconomia regional. Envolve diretrizes como a valorização da biodiversidade, a diversificação da matriz produtiva e a promoção de investimentos sustentáveis. A BioRegio busca integrar setores produtivos locais e incentivar a participação do setor privado em ações de inovação e desenvolvimento sustentável (CBIC).
Decreto n. 12.044/2024[41]	Institui a Estratégia Nacional de Bioeconomia.

Fonte: Tabela elaborada pelo autor com base nas normas indicadas.

As normas apresentadas indicam, como trouxemos alhures, uma sinergia entre o programa de pagamento por serviços ecossistêmicos, tido como gênero, e os créditos de biodiversidade (espécie). Como representação da sinergia existente, cabe destacar dois programas de PSA que se fundamentam sobre os pilares da biodiversidade para sua concretização: Programa Bolsa Floresta e Programa Produtor de Água.

10.683, de 28 de maio de 2003, 5.868, de 12 de dezembro de 1972, 9.605, de 12 de fevereiro de 1998, 4.771, de 15 de setembro de 1965, 6.938, de 31 de agosto de 1981, e 6.015, de 31 de dezembro de 1973; e dá outras providências. *Diário Oficial da União*, Brasília, 3 mar. 2006.

39 BRASIL. Lei n. 13.123, de 20 de maio de 2015. Regulamenta o inciso II do § 1.º e o § 4.º do art. 225 da Constituição Federal, o Artigo 1, a alínea *j* do Artigo 8, a alínea *c* do Artigo 10, o Artigo 15 e os §§ 3.º e 4.º do Artigo 16 da Convenção sobre Diversidade Biológica, promulgada pelo Decreto n. 2.519, de 16 de março de 1998; dispõe sobre o acesso ao patrimônio genético, sobre a proteção e o acesso ao conhecimento tradicional associado e sobre a repartição de benefícios para conservação e uso sustentável da biodiversidade; revoga a Medida Provisória n. 2.186-16, de 23 de agosto de 2001; e dá outras providências. *Diário Oficial da União*, Brasília, 14 maio 2015.

40 BRASIL. Portaria n. 3.717, de 30 de novembro de 2023. Estabelece a Estratégia Nacional de Bioeconomia e Desenvolvimento Regional Sustentável do Ministério da Integração e do Desenvolvimento Regional. *Diário Oficial da União*, Brasília, 4 dez. 2023.

41 BRASIL. Decreto n. 12.044, de 5 de junho de 2024. Institui a Estratégia Nacional de Bioeconomia. *Diário Oficial da União*, Brasília, 6 jun. 2024.

O Programa Bolsa Floresta (PBF) se destaca como uma iniciativa central na promoção da conservação ambiental e do desenvolvimento sustentável na Amazônia, por meio da integração de mecanismos de PSA e Créditos de Biodiversidade. Este programa, voltado para a preservação da floresta amazônica, envolve diretamente as comunidades locais, oferecendo incentivos financeiros para atividades que contribuem para a conservação e a redução do desmatamento[42].

A sinergia entre PSA e Créditos de Biodiversidade dentro do PBF é fundamental para o sucesso do programa. As famílias e comunidades participantes não apenas recebem incentivos financeiros diretos por meio dos PSA, mas também têm a oportunidade de gerar créditos de biodiversidade que podem ser comercializados no mercado, proporcionando uma renda adicional. Isso promove uma economia local baseada na sustentabilidade, em que a preservação ambiental se torna uma atividade economicamente viável[43].

Os PSA no PBF garantem pagamentos mensais às famílias que se comprometem a seguir práticas de conservação, como a proteção de *habitats* naturais e a manutenção da biodiversidade. Além disso, o programa investe em infraestrutura comunitária, melhorando a qualidade de vida por meio de projetos como saneamento básico e energia renovável, e promove a capacitação e a educação em técnicas sustentáveis de uso da terra e gestão de recursos naturais. Essa abordagem holística não só incentiva a conservação da floresta, mas também fortalece as comunidades, tornando-as mais resilientes e sustentáveis.

Simultaneamente, os Créditos de Biodiversidade gerados pelas práticas de conservação e recuperação ambiental no âmbito do PBF representam uma valorização econômica direta da biodiversidade local. Por exemplo, por meio da proteção de espécies nativas e do reflorestamento com espécies endêmicas, as comunidades podem gerar créditos que são vendidos a empresas e outras entidades que buscam compensar seus impactos ambientais. Esse mercado de créditos de biodiversidade oferece uma fonte de renda adicional, criando um incentivo econômico tangível para a preservação ambiental[44]. Um exemplo concreto de como essa relação funciona é uma comunidade que mantém áreas de floresta intactas e participa de projetos de reflorestamento. Essas atividades não só garantem os pagamentos mensais do PBF, mas também geram créditos de biodiversidade, que podem ser vendidos no mercado, proporcionando múltiplos fluxos de renda.

---

42 AMAZONAS. Programa Bolsa Floresta. *Fundo Amazônia Sustentável*, Manaus, 2024.
43 BEZERRA, Talita Benaion; THEVENIN, Julien Marius Reis. O princípio do protetor-recebedor e o pagamento por serviços ambientais: análise conceitual do Programa Bolsa Floresta. *Periódico Fórum Ambiental da Alta Paulista*, São Paulo, v. 13, n. 8, 2017.
44 BADR, Fernanda Matos; MATTOS, Fernanda Miranda Ferreira de. Remuneração pela preservação da floresta em pé: análise do REDD e a experiência do Programa Bolsa Floresta no estado do Amazonas. *Anais do XIX Encontro Nacional do CONPEDI*, Fortaleza, jun. 2010.

O Programa Produtor de Água, implementado pela Agência Nacional de Águas e Saneamento Básico (ANA), visa incentivar práticas conservacionistas entre produtores rurais para a conservação do solo e da água em áreas prioritárias para a gestão dos recursos hídricos. Este programa se destaca por sua abordagem baseada em PSA, contribuindo diretamente para a melhoria da qualidade e disponibilidade dos recursos hídricos[45].

A relação entre o PSA e os créditos de biodiversidade no contexto do Programa Produtor de Água é intrínseca, pois, no programa, os produtores rurais são incentivados a adotar práticas como o controle da erosão, o reflorestamento e a manutenção de áreas de preservação permanente, que além de melhorar a qualidade da água, também contribuem para a conservação da biodiversidade local.

A implementação do PSA dentro deste programa envolve a medição dos benefícios ambientais gerados, especialmente no controle da poluição difusa e na redução da sedimentação em corpos d'água. A eficácia dessas práticas é monitorada e, com base nos resultados, os produtores são remunerados, estabelecendo uma relação clara e direta entre os serviços ambientais prestados e os pagamentos recebidos.

Além dos benefícios ambientais, o programa também oferece uma oportunidade significativa para a participação do setor empresarial. Empresas podem ser incluídas de diversas maneiras, como financiadoras dos pagamentos por serviços ambientais ou por meio da compra de créditos de biodiversidade gerados pelos produtores. Esta inclusão pode ser motivada por políticas de responsabilidade social corporativa, compromissos com a sustentabilidade ou mesmo pela necessidade de compensar impactos ambientais de suas atividades.

O valor do setor empresarial nesse contexto é significativo. As empresas não só podem contribuir com recursos financeiros para garantir a continuidade e a expansão do programa, como também podem se beneficiar da melhoria da qualidade dos recursos hídricos, que são essenciais para muitas atividades industriais. Além disso, ao se envolverem em programas como o Produtor de Água, as empresas melhoram sua imagem pública e podem cumprir requisitos regulatórios relacionados à sustentabilidade.

5. CONSIDERAÇÕES FINAIS

O presente artigo traçou, preliminarmente, um contexto regulatório global, analisando o cenário internacional da biodiversidade, incluindo a CDB, o Protocolo

---

45   ANA. Programa Produtor de Água. Agência Nacional de Águas e Saneamento Básico. Brasília, 2024.

de Cartagena e o Protocolo de Nagoia. Destacou-se também a importância das Metas de Aichi e do novo Marco Global da Biodiversidade instituído em Montreal e Kunming. A análise demonstrou que, apesar dos esforços globais, o Brasil ainda enfrenta dificuldades significativas na implementação eficaz dessas convenções e na consecução das Metas de Biodiversidade, indicando a necessidade de um fortalecimento das políticas nacionais e internacionais de conservação.

Quanto aos créditos de biodiversidade, discutiu-se as definições, aplicações e seus benefícios, bem como sua implementação e eficácia em promover ações de conservação. Concluiu-se que os créditos de biodiversidade são uma ferramenta promissora para incentivar a conservação, mas sua eficácia depende de um quadro regulatório sólido e de incentivos econômicos claros.

Em seguida, analisamos as políticas de pagamentos por serviços ambientais, a partir da apresentação de exemplos e casos de sucesso no Brasil, demonstrando como as políticas de PSA incentivam práticas sustentáveis e contribuem para a conservação ambiental. As políticas de PSA provaram ser eficazes na promoção da conservação e no incentivo a práticas sustentáveis, mas necessitam de um maior suporte governamental e participação do setor privado para alcançar seu pleno potencial.

Finalmente, analisamos a relação entre créditos de biodiversidade e PSA, identificando sinergias que potencializam os resultados de conservação, além dos desafios para a implementação eficaz dessas políticas. Concluiu-se que a sinergia entre créditos de biodiversidade e PSA pode amplificar os benefícios ambientais, mas a implementação enfrenta desafios como a falta de financiamento e a necessidade de maior integração entre políticas ambientais e econômicas.

O problema central abordado neste trabalho foi a necessidade de estratégias eficazes para a conservação da biodiversidade no Brasil. A análise dos créditos de biodiversidade e das políticas de PSA revelou que, embora essas iniciativas sejam promissoras, ainda existem desafios significativos a serem superados, incluindo a falta de integração em políticas públicas, financiamento insuficiente e dificuldades na implementação prática.

As conclusões indicam que os créditos de biodiversidade, quando combinados com políticas de PSA, oferecem uma abordagem robusta para promover a conservação sustentável. Essas estratégias complementares têm o potencial de gerar benefícios ambientais significativos, incentivando práticas sustentáveis e repartindo de forma justa os benefícios derivados da conservação.

Para responder efetivamente ao problema inicial, é fundamental fortalecer o arcabouço regulatório e financeiro que suporta essas iniciativas, promover maior integração entre políticas ambientais e econômicas e garantir a participação ativa de todos os *stakeholders*, incluindo o setor privado.

REFERÊNCIAS

AMAZONAS. Programa Bolsa Floresta. Fundo Amazônia Sustentável, Manaus, 2024. Disponível em: https://fas-amazonia.org/transparencia/programa-bolsa-floresta/.

ANA. Programa Produtor de Água. Agência Nacional de Águas e Saneamento Básico, Brasília, 2024.

BADR, Fernanda Matos; MATTOS, Fernanda Miranda Ferreira de. Remuneração pela preservação da floresta em pé: análise do REDD e a experiência do Programa Bolsa Floresta no estado do Amazonas. *Anais do XIX Encontro Nacional do CONPEDI*, Fortaleza, junho 2010.

BEZERRA, Talita Benaion; THEVENIN, Julien Marius Reis. O princípio do protetor-recebedor e o pagamento por serviços ambientais: análise conceitual do Programa Bolsa Floresta. *Periódico Fórum Ambiental da Alta Paulista*, São Paulo, v. 13, n. 8, 2017.

BRASIL. Decreto n. 12.044, de 5 de junho de 2024. Institui a Estratégia Nacional de Bioeconomia. *Diário Oficial da União*, Brasília, 6 junho 2024.

BRASIL. Lei n. 11.284, de 2 de março de 2006. Dispõe sobre a gestão de florestas públicas para a produção sustentável; institui, na estrutura do Ministério do Meio Ambiente, o Serviço Florestal Brasileiro – SFB; cria o Fundo Nacional de Desenvolvimento Florestal – FNDF; altera as Leis n. 10.683, de 28 de maio de 2003, 5.868, de 12 de dezembro de 1972, 9.605, de 12 de fevereiro de 1998, 4.771, de 15 de setembro de 1965, 6.938, de 31 de agosto de 1981, e 6.015, de 31 de dezembro de 1973; e dá outras providências. *Diário Oficial da União*, Brasília, 3 março 2006.

BRASIL. Lei n. 12.651, de 25 de maio de 2012. Dispõe sobre a proteção da vegetação nativa; altera as Leis n. 6.938, de 31 de agosto de 1981, 9.393, de 19 de dezembro de 1996, e 11.428, de 22 de dezembro de 2006; revoga as Leis n. 4.771, de 15 de setembro de 1965, e 7.754, de 14 de abril de 1989, e a Medida Provisória n. 2.166-67, de 24 de agosto de 2001; e dá outras providências. *Diário Oficial da União*, Brasília, 28 maio 2012.

BRASIL. Lei n. 13.123, de 20 de maio de 2015. Regulamenta o inciso II do § 1.º e o § 4.º do art. 225 da Constituição Federal, o Artigo 1, a alínea *j* do Artigo 8, a alínea *c* do Artigo 10, o Artigo 15 e os §§ 3.º e 4.º do Artigo 16 da Convenção sobre Diversidade Biológica, promulgada pelo Decreto n. 2.519, de 16 de março de 1998; dispõe sobre o acesso ao patrimônio genético, sobre a proteção e o acesso ao conhecimento tradicional associado e sobre a repartição de benefícios para conservação e uso sustentável da biodiversidade; revoga a Medida Provisória n. 2.186-16, de 23 de agosto de 2001; e dá outras providências. *Diário Oficial da União*, Brasília, 14 maio 2015.

BRASIL. Lei n. 14.119, de 13 de janeiro de 2021. Institui a Política Nacional de Pagamento por Serviços Ambientais; e altera as Leis n. 8.212, de 24 de julho de 1991, 8.629, de 25 de fevereiro de 1993, e 6.015, de 31 de dezembro de 1973, para adequá-las à nova política. *Diário Oficial da União*, Brasília, 11 janeiro 2021.

BRASIL. Ministério do Meio Ambiente instituiu o Programa Floresta+. Ministério do Meio Ambiente, Brasília, 3 julho 2020. Preservação.

BRASIL. Ministério do Meio Ambiente. Portaria n. 288, de 2 de julho de 2020. Ementa. *Diário Oficial da União*, Brasília, 3 julho 2020.

BRASIL. Portaria n. 3.717, de 30 de novembro de 2023. Estabelece a Estratégia Nacional de Bioeconomia e Desenvolvimento Regional Sustentável do Ministério da Integração e do Desenvolvimento Regional. *Diário Oficial da União*, Brasília, 4 dezembro 2023.

BRASIL. Polícia Federal realiza operação para investigar venda irregular de créditos de carbono. Ministério da Justiça e Segurança Pública, Brasília, 5 jun. 2024. Justiça e Segurança. Disponível em: https://www.gov.br/mj/pt-br/assuntos/noticias/policia-federal-realiza-operacao-para-investigar-venda-irregular-de-creditos-de-carbono.

BRASIL. Projeto piloto Floresta+ Amazônia. Ministério do Meio Ambiente, Brasília, p. 2.

BRASIL. Protocolo de Nagoia sobre Acesso a Recursos Genéticos e Repartição Justa e Equitativa dos benefícios derivados de sua utilização à Convenção sobre Diversidade Biológica. Brasília: Ministério de Meio Ambiente, 2014. Disponível em: https://www.cbd.int/abs/doc/protocol/Nagoya_Protocol_Portuguese.pdf.

COP. *Protocolo de Cartagena sobre segurança biológica à convenção sobre diversidade biológica*. Declaração da Comunidade Europeia nos termos do n. 3 do artigo 34.º da convenção sobre a diversidade biológica. *Jornal Oficial* n. L 201, de 31 de julho de 2002, p. 0050-0065. Disponível em: https://eur-lex.europa.eu/legal-content/PT/TXT/?uri=CELEX:22002A0731(01).

DROSTE, Nils et al. A global overview of biodiversity offsetting governance. *Journal of Environmental Management*, v. 316, n. 15, ago. 2022. Disponível em: https://doi.org/10.1016/j.jenvman.2022.115231.

DUCROS, Anna; STEELE, Paul. *Biocredits to finance nature and people*: emerging lessons. International Institute for Environment and Development, London, 2022, p. 17.

GARCIA, J.; ROMEIRO, A. R. Pagamento por serviços ambientais em Extrema, Minas Gerais: avanços e limitações. *Revista Iberoamericana de Economía Ecológica*, Rio de Janeiro, v. 29, n. 1, p. 11-32, 2019.

MAIA, Bruna; BEDONI, Marcelo; FARIAS, Talden. Nova agenda global para a biodiversidade e a busca por uma civilização ecológica. *Portal Ambiente Legal*, São Paulo, 30 jan. 2023. Clima e Energia, Destaque, Geral, Justiça e Política, Sustentabilidade.

NUSDEO, Ana Maria de Oliveira. *Pagamento por serviços ambientais*: sustentabilidade e disciplina jurídica. São Paulo: Atlas, 2012, p. 69.

ONU. Convention on Biological Diversity. Secretariat for the Convention on Biological Diversity, Montreal, 2011. Disponível em: https://www.cbd.int/doc legal/cbd-en.pdf.

ONU. Kunming-Montreal Global biodiversity framework. Conference of the Parties to the Convention on Biological Diversity, Montreal, 2022. Disponível em: https://www.cbd.int/doc/c/e6d3/cd1d/daf663719a03902a9b116c34/cop-15-l-25-en.pdf.

SECRETARIAT DE LA CONVENTION SUR LA DIVERSITE BIOLOGIQUE. *Perspectives mondiales de la diversité biologique 5*. Montréal, 2020.

SECRETARIAT OF THE CONVENTION ON BIOLOGICAL DIVERSITY. Aichi Biodiversity Targets. *Convention on Biological Diversity*, Canadá, 2010.

WEF. Biodiversity credits: demand analysis and market outlook. World Economic Forum, Genebra, 2023.

WEF. High-level governance and integrity principles for emerging voluntary biodiversity credit markets. *Consultation paper*, dezembro 2022.

PAGAMENTO POR SERVIÇOS AMBIENTAIS

Flávio Jaime de Moraes Jardim[1]
Elias Cândido da Nóbrega Neto[2]

A transição global para uma economia verde demandará a inovação não somente de setores produtivos, mas também a transformação dos institutos jurídicos que regulam o direito ambiental.

Na COP 26, realizada em 2021, em Glasgow, Escócia, o Brasil se comprometeu a reduzir as emissões de carbono em 50%, até 2030. Além disso, a expectativa é que o país zere a emissão carbono na atmosfera até 2050.

Para atingir esses objetivos, novos ônus financeiros serão impostos pelas legislações reguladoras de distintos setores econômicos, voltados ao financiamento da agenda verde. Os recursos arrecadados a partir dessas novas exações serão destinados a agentes que prestam um serviço que tradicionalmente não era identificado como credor no mundo jurídico. Essas modificações se darão em razão do deslocamento da agenda verde para o centro da matriz de relevância dos países.

Dentro desse universo de inovações jurídicas, um novo tipo de ônus já tem sido disciplinado por diversas legislações. Cuida-se do chamado *pagamento por serviços ambientais* ("PSA").

Este artigo visa apresentar um quadro geral do que vem a ser esse novo instituto jurídico. Para tanto, inicialmente, trará uma breve contextualização do que atualmente existe sobre o instituto, tanto em alguns países como no Brasil. Em seguida, abordará especificamente legislações brasileiras sobre o tema, dentre as quais a Lei Federal n. 14.119, de 13 de janeiro de 2021. Por fim, apresentará uma breve conclusão.

---

1 Graduado em direito pelo Centro Universitário de Brasília – UNICEUB. Mestre em direito americano pela Boston University e em direito constitucional pelo Instituto Brasiliense de Direito, Ensino e Pesquisa – IDP e doutor em direito pela Fordham University. É Desembargador Federal, membro do Tribunal Regional Federal da 1.ª Região.
2 Graduado em Direito pela Universidade Federal do Rio Grande do Norte – UFRN. Mestre e doutorando em Direito, Estado e Constituição pela Universidade de Brasília – UNB. Assessor-chefe no Tribunal Regional Federal da 1.ª Região.

1. CONTEXTUALIZAÇÃO DO TEMA

É notório que o transporte aéreo é uma atividade que polui o meio ambiente. A queima do combustível utilizado pelos aviões, *"dá origem a diversos poluentes perigosos que contribuem com o aquecimento global, como o monóxido e o dióxido de carbono, os hidrocarburetos gasosos e os óxidos de nitrogênio"*[3].

A grande novidade, porém, é que cada vez mais tem sido comum a possibilidade de o consumidor *"neutralizar"* as emissões de poluentes na atmosfera por conta do voo. As companhias aéreas oferecem esse serviço ao consumidor no momento em que ele adquire a passagem. Por meio de um pagamento de um pequeno valor – cerca de R$ 3,00 no trecho Rio-São Paulo, por exemplo[4] –, o voo daquele passageiro específico fica neutro em emissões. Esse valor é repassado para empresas que possuem créditos de carbono, ou seja, que executam uma atividade que gera mais benefícios verdes do que poluem, para que essa atividade sustentável seja mantida e compense a poluição causada pelo transporte daquele passageiro.

Apesar de haver a possibilidade de o consumidor quitar um valor para a sua viagem *"não poluir"* o meio ambiente, foi noticiado que a adesão a esse serviço tem sido muito pequena no país. Em relação à empresa GOL, uma reportagem do UOL aponta que *"o percentual de passageiros (no início do programa) que fizeram essa compensação voluntária foi de 0,1%". [...] Quando a empresa atualizou seu sistema para colocar a plataforma de compensação de carbono ao seu próprio site, dando aos viajantes a opção de comprar os créditos de carbono ao mesmo tempo em que adquirem a passagem, a adesão aumentou cerca de 30% [...], subi[ndo] de 0,01% para 0,013%"*[5]. No exterior, a adesão voluntária, embora mais alta, também não ultrapassa 5% dos passageiros[6].

Outra atividade que polui significativamente o meio ambiente é a pecuária. No Brasil, o setor é responsável por 17% das emissões de gases do efeito estufa[7]. O rebanho bovino é responsável por emitir gás carbônico e metano. *"O gás metano (CH_4), naturalmente emitido pelos bovinos durante a fermentação entérica do processo digestivo, é considerado um dos responsáveis pelo aquecimento global"*[8]. O mais grave é que o

---

3 Disponível em: https://www.ecycle.com.br/impactos-ambientais-viagem-de-aviao/. Acesso em: 7 jul. 2024.
4 Disponível em: https://economia.uol.com.br/noticias/reuters/2023/08/08/para-gol-e-azul-passageiros-nao-estao-dispostos-a-pagar-para-compensar-emissoes-de-carbono.htm#:~:text=A%20Gol%20fez%20uma%20parceria,empresa%20de%20tecnologia%20clim%C3%A1tica%20CHOOOSE.
5 *Idem.*
6 *Idem.*
7 Disponível em: https://mundoeducacao.uol.com.br/quimica/consumo-carne-aquecimento-global.htm#:~:text=De%20acordo%20com%20o%20Observat%C3%B3rio,do%20efeito%20estufa%20no%20Brasil.
8 Disponível em: https://digital.agrishow.com.br/pecuaria/como-reduzir-emissao-de-metano-na-pecuaria#:~:text=O%20g%C3%A1s%20metano%20(CH4)%2C,dos%20respons%C3%A1veis%20pelo%20aquecimento%20global.

metano retém 87 vezes mais calor que o gás carbônico, numa escala de 20 anos, segundo o US *National Oceanic and Atmospheric Administration*[9].

Recentemente, a Dinamarca anunciou que será o primeiro país a tributar a emissão de gás metano pelo rebanho bovino, caprino e suíno. O tributo passará a ser cobrado 2030. A Nova Zelândia havia aprovado uma legislação similar, mas revogou a norma, em razão de intensas críticas de pecuaristas[10].

Outros países, porém, imporão um custo distinto aos produtores, a partir de descobertas científicas. Os rebanhos provavelmente serão obrigados a ingerir medicamentos que reduzam os gases emitidos[11]. Ou os produtores terão que comprovar que suas fazendas possuem áreas verdes, que minimizam a poluição causada pelos rebanhos[12].

As iniciativas acima descritas evidenciam que *"neutralizar"* as emissões de gases poluentes será um dos temas de preocupação coletiva em nível global. De fato, o plano dinamarquês é atingir a neutralidade até 2050[13]. Isso se dá em razão também do cumprimento do Acordo de Paris, de 2015, aprovado por 195 países, o qual firmou o compromisso de manter o aumento da temperatura média global em bem menos de 2 °C acima dos níveis pré-industriais e de envidar esforços para limitar o aumento da temperatura a 1,5 °C acima dos níveis pré-industriais[14].

2. PAGAMENTO POR SERVIÇOS AMBIENTAIS (PSA)

O valor pago pelo consumidor das companhias aéreas para *"neutralizar"* as suas emissões durante o voo é basicamente um instrumento criado pelo mercado para financiar medidas de conservação da natureza. É, assim, considerado um tipo de PSA.

Os destinatários dos valores arrecadados são atores que mantêm intactas ou recuperam áreas, de forma que é possível que esses ecossistemas conservem ou aprimorem a sua capacidade de prover serviços ambientais. Aplica-se o princípio denominado *"Provedor-Recebedor"*.

---

9 Disponível em: https://www.npr.org/2024/06/27/nx-s1-5021147/denmark-carbon-tax-cows-pigs-farms-worlds-first.
10 Disponível em: https://www.aljazeera.com/economy/2024/6/11/new-zealand-scraps-burp-tax-on-livestock-after-backlash-from-farmers.
11 Bovaer® (dsm.com).
12 Protocolos de pecuária sustentável reduzem emissões de metano em até 15% (globo.com).
13 Disponível em: https://www.ccacoalition.org/partners/denmark#:~:text=The%20Climate%20Act%20sets%20a,by%202050%20at%20the%20latest.
14 Disponível em: https://antigo.mma.gov.br/clima/convencao-das-nacoes-unidas/acordo-de-paris.html.

Segundo definição do Secretariado da *Plataforma Político-Científica Intergovernamental de Serviços de Biodiversidade e Ecossistemas* – IPBES das Nações Unidas, o pagamento por serviços ambientais é um *"tipo de instrumento de mercado que é gradativamente utilizado para financiar a conservação da natureza, [...] permitindo que serviços ambientais que os ecossistemas provêm gratuitamente passem a receber incentivos financeiros para a sua conservação"*[15]. Os alvos são os *"atores locais que são donos ou administram os recursos naturais"*[16].

Em sentido próximo, Ingo Wolfgang Sarlet e Tiago Fensterseifer apresentam da seguinte forma o PSA:

> O novo instituto jurídico do pagamento por serviços ambientais (PSA), consagrado pelo Código Florestal de 2012 (art. 41, II) e, mais recentemente, pela Lei 14.119/2021, que instituiu a Política Nacional de Pagamento por Serviços Ambientais, revela-se também como um importante instrumento econômico do Direito Ambiental com o objetivo de dar visibilidade jurídica aos serviços essenciais prestados pela Natureza. Os benefícios econômicos para as atividades agrícolas e pecuárias dos serviços ecológicos são inúmeros, como ocorre por meio da conservação da biodiversidade, da conservação das águas e dos serviços hídricos, da regulação do clima, da conservação e do melhoramento do solo, entre outros. Aliás, tais serviços são elementares para o desenvolvimento de tais práticas econômicas, não obstante, muitas vezes, não tenham a sua dimensão econômica devidamente reconhecida e valorada. Ao traduzir em termos econômicos o valor da "floresta em pé", o PSA opera na lógica da economia ecológica[17].

A necessidade de se prever normativamente o pagamento dos serviços ambientais decorre da existência de *"falhas de mercado"* (*market failures*), as quais correspondem a externalidades econômicas[18]. As ações que geram poluição prejudicam toda a coletividade e podem não vir acompanhadas de quaisquer consequências para os poluidores. Por outro lado, as ações que minimizam a emissão de gases beneficiam a todos. A questão é que provedores de benefícios para o ecossistema geralmente não usufruem o benefício integral desses serviços que ofertam.

---

15 Disponível em: https://www.ipbes.net/policy-support/tools-instruments/payment-ecosystem-services.
16 *Idem*.
17 SARLET, Ingo W.; FENSTERSEIFER, Tiago. *Curso de direito ambiental*. 4. ed. Rio de Janeiro: Forense, 2023, p. 295. Sobre o tema, entre outros, cf. CARONTI, R. D. A. S. Serviços ambientais e responsabilidade civil por danos ao meio ambiente: uma análise da correlação jurídica dos institutos como instrumento de preservação ambiental. São Paulo: Dialética, 2022; ECKEL, E. R. *A regularização fundiária como principal desafio à implementação do sistema de áreas protegidas*. Rio de Janeiro: Lumen Juris, 2020; FIORILLO, C. A. P. *Curso de direito ambiental brasileiro*. 22. ed. São Paulo: Saraiva, 2022; e MAMED, D. D. O.; LIMA, C. C. D. Natureza como mercadoria: serviços ambientais e a privatização dos bens comuns. *Rev. Fac. Dir. Uberlândia*, MG, v. 49, n. 1, p. 371-396, jan./jul. 2021.
18 LANT, Christopher L.; RUHL, J. B.; KRAFT, Steven E. The tragedy of ecosystem services. *BioScience*, v. 58, Issue 10, November 2008, p. 969-974. Disponível em: https://doi.org/10.1641/B581010.

3. ORIGENS DO PSA

Anna Carolina Cerqueira Duque e Fernanda Abreu Tanure apontam que a primeira previsão normativa de PSA se deu na Costa Rica, por meio da aprovação da Lei n. 7.575, de 5 de fevereiro de 1996. Foi instituído o Fundo Nacional de Financiamento Florestal, *"objetivando-se, a partir dele, remunerar àqueles que prestam o serviço de preservação da vegetação nativa e, consequentemente, geram externalidades positivas à comunidade"*[19].

O sucesso do projeto costarriquenho é apontado como um dos fatores que possibilitou ao país proceder ao reflorestamento da maior parte da sua vegetação. Segundo dados publicados pela imprensa, na década de 1940, 75% do território era coberto por florestas nativas. Após anos de desmatamento em massa, ocasionado por um incentivo ao desenvolvimento da pecuária, de acordo com dados de 1987, entre um terço e metade da floresta nativa do país tinha sido destruída. Atualmente, quase 60% do país é novamente coberto por florestas[20].

O Fundo Nacional de Financiamento Florestal oferece incentivos por hectare para os proprietários de terra conservarem as suas terras e preservarem-nas de degradação, o que direciona a aprimorar a administração das terras e o reflorestamento[21]. Cidadãos individualmente ou até comunidades inteiras podem se beneficiar do fundo. Artigo publicado pelo Fórum Econômico Mundial aponta que a política já auxiliou na criação 18 mil empregos diretos e 30 mil indiretos[22]. Os recursos do fundo provêm de várias fontes, incluindo investimentos externos e empréstimos, bem como receitas internas de tributos sobre o consumo de combustíveis fósseis.

4. EXEMPLOS DE PSA NO BRASIL

Embora ainda tímidos, existem exemplos de iniciativas de pagamentos de serviços ambientais no país.

Um exemplo é o art. 2.º da Lei n. 12.503/1997, de Minas Gerais, o qual prevê que *"as empresas concessionárias de serviços de abastecimento de água e de geração de energia*

---

19 DUQUE, Ana Carolina Cerqueira; TANURE, Fernanda Abreu. O pagamento por serviços ambientais no Código Florestal até sua legislação específica: avanços e desafios. In: BURHMANN, Alebrande; ANTUNES, Paulo de Bessa (org.). *10 Anos do Código Florestal*: o que temos a comemorar? São Paulo: Thoth, p. 348.
20 Disponível em: https://edition.cnn.com/2020/07/27/americas/reforestation-costa-rica-c2e-spc/index.html.
21 Disponível em: https://www.weforum.org/agenda/2019/06/costa-rica-has-doubled-its-tropical-rain forests-in-just-a-few-decades-here-s-how/.
22 *Idem.*

elétrica, públicas e privadas, ficam obrigadas a investir, na proteção e na preservação ambiental da bacia hidrográfica em que ocorrer a exploração, o equivalente a, no mínimo, 0,5% (meio por cento) do valor total da receita operacional ali apurada no exercício anterior ao do investimento".

Essa obrigação já era denominada pela jurisprudência como uma forma de Pagamento por Serviços Ambientais. Confira-se:

> EMENTA: DIREITO AMBIENTAL – APELAÇÃO CÍVEL – REEXAME NECESSÁRIO – AÇÃO CIVIL PÚBLICA – LEI ESTADUAL N. 12.503/1997 – PREVISÃO LEGAL DE PAGAMENTO POR SERVIÇOS AMBIENTAIS – NÃO CUMPRIMENTO – INVESTIMENTO NAS ÁREAS MAIS DEGRADADAS – OBRIGATORIEDADE.
>
> É inequívoca a obrigação da concessionária de serviços de água e esgoto investir 0,5% (meio por cento) do valor total da receita operacional apurada no exercício anterior na proteção e na preservação ambiental da bacia hidrográfica que explorar. Conforme o artigo 2.º da Lei estadual n. 12.503/1997, ainda que não haja obrigação legal de investimento em todos os municípios integrantes da bacia hidrográfica, deve a concessionária realizar tal investimento "nos trechos intensamente degradados por atividades antrópicas" (TJMG, Ap. Cível 00302131420118130471, 7.ª Câmara Cível, Rel. Des.(a) Alice Birchal, j. 15.3.2018, Data de Publicação 20.3.2018).

Foi bastante divulgado que a cidade mineira de Extrema conduziu o primeiro projeto bem-sucedido de PSA do Brasil. Intitulado "Conservador das Águas", o projeto contribuiu para a restauração de áreas no entorno de nascentes e mananciais, o que aprimora a qualidade da água.

Segundo informações do site do instituto de pesquisa *World Resources Institute* Brasil, *"o modelo usa fontes de financiamento público e investimentos de parceiros para incentivar a restauração por meio de pagamentos por serviços ambientais."*[23]

O modo de operação do projeto é o seguinte: *"são assinados contratos com as propriedades rurais e, após a adesão, executam-se ações de restauração como o plantio de árvores nativas, implantação de bacias de contenção para a água da chuva e a construção de terraços."*

O referido site também aponta que *"[d]esde 2005, quando o projeto foi implementado, já foram plantadas mais de 1,3 milhão de árvores nativas que produziram bilhões de litros de água com a conservação de mais de seis mil hectares".*

O sucesso do programa foi tamanho que há uma iniciativa mais ampla de restaurar mananciais em toda a Serra da Mantiqueira. O nome do programa é *"Plano Conservador da Mantiqueira"* e visa à restauração florestal de 1,5 milhão de hectares em 425 cidades da região, situadas nos estados de Minas Gerais, Rio de Janeiro e São Paulo[24].

---

23 Disponível em: https://www.wribrasil.org.br/noticias/como-extrema-se-tornou-um-caso-de-sucesso-em-restauracao.

24 Disponível em: https://conservadordamantiqueira.org/.

5. A LEI FEDERAL N. 13.576/2017 – RENOVABIO

A Lei n. 13.576/2017, a qual dispôs sobre a Política Nacional de Biocombustíveis – RenovaBio, é também um novo exemplo de legislação que consagra o chamado princípio do *"provedor receptor"*.

Tal norma foi editada com a finalidade de contribuir para o atendimento aos compromissos do país no âmbito do Acordo de Paris sob a Convenção-Quadro das Nações Unidas sobre Mudança do Clima.

Como explica Alysson Maia Fontenele, a legislação *"dispôs sobre a definição das metas compulsórias anuais de redução de emissões de gases causadores do efeito estufa para a comercialização de combustíveis e estabeleceu que os valores das metas compulsórias anuais serão estabelecidos em unidades de Créditos de Descarbonização"*[25].

Para regulamentar a lei, foi editado o Decreto n. 9.888/2019 e também a Resolução n. 15, de 24 de junho de 2019, do Conselho Nacional de Política Energética – CNPE, nos quais se definiram as metas compulsórias anuais de redução de emissões de gases causadores do efeito estufa para a comercialização de combustíveis.

Na dicção de Alysson Maia Fontenele, *"as distribuidoras de combustíveis deverão comprovar o cumprimento de metas individuais compulsórias por meio da compra de Créditos de Descarbonização (CBIO), ativo financeiro negociável em bolsa, derivado da certificação do processo produtivo de biocombustíveis com base nos respectivos níveis de eficiência alcançados em relação a suas emissões."*

Na visão do magistrado, *"a criação desse ativo vai ao encontro das atuais regras de caráter ambiental, que invertem a esfera punitiva do meio ambiente para a esfera compensatória. Trata-se do princípio do Protetor-Receptor, mandamento que objetiva a criação de uma sanção positiva do Estado, permitindo a compensação por serviços ambientais prestados, funcionando como uma forma de estímulo para os atores sociais de preservar a natureza".*

Logo, para emitir um CBIO e fazer jus ao pagamento pelo serviço ambiental prestado, produtores voluntariamente terão que certificar a sua produção de biocombustíveis. Como resultado, receberão notas de eficiência energético-ambiental. Essas notas são multiplicadas pelo volume de biocombustível comercializado, resultando na quantidade de CBIOs que determinado produtor poderá emitir e vender no mercado[26].

---

25 Decisão liminar proferida no Agravo de Instrumento n. 1040323-59.2023.4.01.0000, d. 31.10.2023.
26 Disponível em: https://antigo.mme.gov.br/web/guest/secretarias/petroleo-gas-natural-e-biocombustiveis/acoes-e-programas/programas/renovabio#:~:text=Cr%C3%A9dito%20de%20Descarboniza%C3%A7%C3%A3o%20(CBIO),-O%20CBIO%20%C3%A9&text=Um%20CBIO%20equivale%20a%20uma,de%205%20bilh%C3%B5es%20de%20%C3%A1rvores.

Por outro lado, quem fica onerado com o referido preço público são os distribuidores de combustíveis, os quais, por atuarem num setor que polui o meio ambiente, em atenção ao princípio do poluidor-pagador, acabam por ter que arcar com os ônus da externalidade causada por sua atividade econômica.

Há uma crítica, já objeto de judicialização no país, de que a circunstância de os CBIOs estarem sujeitos a comercialização em bolsa de valores tem gerado enorme especulação. Como aponta Alysson Maia Fontenele, "eventuais partes não obrigadas, podem, voluntariamente, entrar no mercado e adquirir esses ativos, seja para fins transitórios (especulação) ou mesmo por motivos diversos e definitivos, que também resultariam na aposentação dos CBIOs"[27].

Essa especulação tem ensejado um aumento no valor destes papéis, que dificulta o cumprimento da obrigação pelos distribuidores de combustíveis, que judicializam a questão.

6. A LEI FEDERAL N. 14.119/2021

A falta de uma política federal de PSA foi finalmente suprida com a promulgação da Lei Federal n. 14.119, de 13 de janeiro de 2021.

Essa lei definiu conceitos, objetivos, diretrizes, ações e critérios de implantação da Política Nacional de Pagamento por Serviços Ambientais (PNPSA). Além disso, instituiu o Cadastro Nacional de Pagamento por Serviços Ambientais (CNPSA), criou o Programa Federal de Pagamento por Serviços Ambientais (PFPSA), e regulou os contratos de pagamento por serviços ambientais.

A lei seguiu os ditames do *Millennium Ecosystem Assessment*, documento produzido pela Organização das Nações Unidas em 2001 e publicado em 2005, o qual buscou cientificamente descrever o impacto humano no meio ambiente. O referido documento popularizou o termo *ecosystem services*, como sendo os benefícios usufruídos por humanos pelos ecossistemas[28].

A Lei n. 14.119/2021, em síntese, trouxe o conceito de ecossistema como sendo o *"complexo dinâmico de comunidades vegetais, animais e de microrganismos e o seu meio inorgânico que interagem como uma unidade funcional"* (art. 2.º, I).

Em seguida, qualifica serviços ecossistêmicos como *"benefícios relevantes para a sociedade gerados pelos ecossistemas, em termos de manutenção, recuperação ou melhoria das condições ambientais"* (art. 2.º, II). Esses serviços são qualificados como:

---

27 Decisão liminar proferida no Agravo de Instrumento n. 1040323-59.2023.4.01.0000, d. 31.10.2023.
28 Disponível em: https://www.millenniumassessment.org/documents/document.356.aspx.pdf.

a) serviços de provisão: os que fornecem bens ou produtos ambientais utilizados pelo ser humano para consumo ou comercialização, tais como água, alimentos, madeira, fibras e extratos, entre outros;

b) serviços de suporte: os que mantêm a perenidade da vida na Terra, tais como a ciclagem de nutrientes, a decomposição de resíduos, a produção, a manutenção ou a renovação da fertilidade do solo, a polinização, a dispersão de sementes, o controle de populações de potenciais pragas e de vetores potenciais de doenças humanas, a proteção contra a radiação solar ultravioleta e a manutenção da biodiversidade e do patrimônio genético;

c) serviços de regulação: os que concorrem para a manutenção da estabilidade dos processos ecossistêmicos, tais como o sequestro de carbono, a purificação do ar, a moderação de eventos climáticos extremos, a manutenção do equilíbrio do ciclo hidrológico, a minimização de enchentes e secas e o controle dos processos críticos de erosão e de deslizamento de encostas;

d) serviços culturais: os que constituem benefícios não materiais providos pelos ecossistemas, por meio da recreação, do turismo, da identidade cultural, de experiências espirituais e estéticas e do desenvolvimento intelectual, entre outros;

Há, finalmente, a definição de serviços ambientais, os quais correspondem às *"atividades individuais ou coletivas que favoreçam a manutenção, a recuperação ou a melhoria dos serviços ecossistêmicos"* (art. 2.º, III).

Por fim, a lei prevê o que é *pagamento por serviços ambientais*, definindo tal instituto como a *"transação de natureza voluntária, mediante a qual um pagador de serviços ambientais transfere a um provedor desses serviços recursos financeiros ou outra forma de remuneração, nas condições acertadas, respeitadas as disposições legais e regulamentares pertinentes"* (art. 2.º, IV).

O pagador de serviços ambientais é o *"poder público, organização da sociedade civil ou agente privado, pessoa física ou jurídica, de âmbito nacional ou internacional, que provê o pagamento dos serviços ambientais"* (art. 2.º, V).

Já o provedor de serviços ambientais é a *"pessoa física ou jurídica, de direito público ou privado, ou grupo familiar ou comunitário que, preenchidos os critérios de elegibilidade, mantém, recupera ou melhora as condições ambientais dos ecossistemas"* (art. 2.º, VI).

A lei ainda especifica serem modalidades de pagamento por serviços ambientais (a) o pagamento direto, monetário ou não monetário; (b) a prestação de melhorias sociais a comunidades rurais e urbanas; (c) a compensação vinculada a certificado de redução de emissões por desmatamento e degradação; (d) os títulos verdes (*green bonds*); (e) o comodato; e (f) a Cota de Reserva Ambiental (CRA) (art. 3.º).

Há previsão de que o SISNAMA, órgão gestor da política nacional, poderá, ainda, estabelecer outras modalidades de pagamento (art. 3.º).

Cabe destacar que a legislação deixa expressa a necessidade de se criar um *mercado de serviços ambientais* (art. 4.º, XIII).

A lei ainda elege imóveis privados que podem legitimar o pagamento de serviços ambientais. Imóveis rurais inscritos no Cadastro Ambiental Rural – CAR, imóveis situados em zonas urbanas que estejam em conformidade com o plano diretor, Reservas Particulares do Patrimônio Natural, áreas das zonas de amortecimento e dos corredores ecológicos cobertas por vegetação nativa são expressamente referidos (art. 9.º, I, II e III).

Além disso, as Áreas de Preservação Permanente, Reserva Legal e outras sob limitação administrativa serão elegíveis para pagamento por serviços ambientais com uso de recursos públicos, conforme regulamento, com preferência para aquelas localizadas no entorno de nascentes, localizadas em bacias hidrográficas consideradas críticas para o abastecimento público de água, assim definidas pelo órgão competente, ou em áreas prioritárias para conservação da diversidade biológica em processo de desertificação ou de avançada fragmentação (art. 9.º, parágrafo único).

A lei ainda institui o Cadastro Nacional de Pagamento por Serviços Ambientais (CNPSA), mantido pelo SISNAMA, com a finalidade de manter *"os contratos de pagamento por serviços ambientais realizados que envolvam agentes públicos e privados, as áreas potenciais e os respectivos serviços ambientais prestados e as metodologias e os dados que fundamentaram a valoração dos ativos ambientais, bem como as informações sobre os planos, programas e projetos que integram o PFPSA"* (art. 16).

Um ponto que chama a atenção em relação à legislação do PSA no país é o de que se cuida de *transação de natureza voluntária*. Ou seja, diferentemente do que ocorre com o RenovaBio, o PSA não tem o condão de impor o pagamento de preço público a setores poluidores, mas implementa política de natureza voluntária.

A despeito da relevância da legislação para o cumprimento das metas que o Brasil se comprometeu no Acordo de Paris, até o presente momento não houve a devida regulamentação. Ou seja, a legislação em vigor há quase três anos permanece sem produzir efeitos, sendo que as iniciativas brasileiras continuam sendo aquelas adotadas por normas estaduais e municipais, ao menos até este momento.

A ausência de uma regulação adequada pode, inclusive, estar dando ensejo a diversas fraudes no mercado de créditos de carbono. Diversos setores da imprensa vêm noticiado a existência de quadrilhas que vendem créditos falsos[29], o que poderá vir a prejudicar o futuro mercado de carbono internacional do país.

---

29 Disponível em: https://oglobo.globo.com/brasil/noticia/2024/07/01/rei-do-credito-de-carbono-participou-de-suposta-negociacao-de-propina-aponta-pf-veja-as-mensagens.ghtml.

7. PAGAMENTO DE SERVIÇOS AMBIENTAIS EM PORTUGAL

As iniciativas para PSAs estão sendo disseminadas em vários países, o que demonstra que o mercado por serviços ambientais cada vez mais se torna uma realidade. Em Portugal, por exemplo, foi publicado em 2 de setembro de 2019, no *Diário da República*, o Aviso n. 13.655/2019 do Fundo Ambiental.

Esse Aviso regula a 1.ª Fase do Programa de Remuneração dos Serviços dos Ecossistemas em Espaços Rurais (Programa de Remuneração dos Serviços dos Ecossistemas) que visa desenvolver, entre 2019 e 2038, um modelo de remuneração aos proprietários dos serviços prestados pelos ecossistemas na Serra do Açor e no Parque Natural do Tejo Internacional, mediante a adoção de medidas que permitam restaurar, valorizar e proteger a biodiversidade nestas áreas.

Segundo informações publicadas pelo Governo português, *"a nova política de remuneração dos serviços dos ecossistemas em espaços rurais apoia-se no reconhecimento dos muitos contributos importantes que estes espaços podem fornecer para o bem-estar da sociedade, numa perspetiva de longo prazo, não valorizados pelo mercado, tais como o controlo da erosão, o sequestro de carbono, a regulação do ciclo hidrológico, a conservação da biodiversidade, a redução da suscetibilidade ao fogo e a melhoria da qualidade da paisagem"*[30].

8. CONCLUSÃO

O PSA é sem dúvida um importante instrumento jurídico que auxiliará na transição global para uma economia verde. Cuida-se de novo instrumento jurídico, que visa remunerar serviços que antes não eram tidos como relevantes.

A despeito de existirem iniciativas pontuais já em curso no Brasil, é crucial que o país organize um mercado de serviços ambientais adequado, o qual transmita segurança jurídica para aqueles que se dedicam a custear os serviços ambientais, bem como para aqueles que acreditem poder se dedicar a esses serviços.

Já passa da hora da edição de regulamentação da Lei Federal n. 14.119/2021, a qual é possivelmente o mecanismo mais importante para assegurar que o país cumprirá as metas do Acordo de Paris e que neutralizará as suas emissões até 2050.

---

30 Disponível em: https://www.fundoambiental.pt/avisos-anteriores/avisos-2019/conservacao-da-natureza-e-biodiversidade/programa-de-remuneracao-dos-servicos-dos-ecossistemas-1-fase.aspx.

REFERÊNCIAS

CARONTI, R. D. A. S. *Serviços ambientais e responsabilidade civil por danos ao meio ambiente*: uma análise da correlação jurídica dos institutos como instrumento de preservação ambiental. São Paulo: Dialética, 2022.

DUQUE, A. C. C.; TANURE, F. A. O pagamento por serviços ambientais no Código Florestal até sua legislação específica: avanços e desafios. In: BURHMANN, A.; ANTUNES, P. D. B. *10 anos do Código Florestal*: o que temos a comemorar? São Paulo: Thoth.

ECKEL, E. R. *A regularização fundiária como principal desafio à implementação do sistema de áreas protegidas*. Rio de Janeiro: Lumen Juris, 2020.

FIORILLO, C. A. P. *Curso de direito ambiental brasileiro*. 22. ed. São Paulo: Saraiva, 2022.

LANT, C. L.; RUHL, J. B.; KRAFT, S. E. The tragedy of ecosystem services. *BioScience*, v. 58, Issue 10, p. 969-974, November 2008. Disponível em: https://doi.org/10.1641/B581010.

MAMED, D. D. O.; LIMA, C. C. D. Natureza como mercadoria: serviços ambientais e a privatização dos bens comuns. *Rev. Fac. Dir. Uberlândia*, MG, v. 49, n. 1, p. 371-396, jan./jul. 2021.

SARLET, I. W.; FENSTERSEIFER, T. *Curso de direito ambiental*. 4. ed. Rio de Janeiro: Forense, 2023.

SISTEMA AGROSSILVIPASTORIL E SUA CONTRIBUIÇÃO PARA A REDUÇÃO DE GASES DE EFEITO ESTUFA

Denise da Silva Amado Felicio[1]
Vanessa Ribeiro Lopes[2]

1. INTRODUÇÃO

A necessidade de redução dos gases de efeito estufa, em todo mundo, vem sendo debatida há décadas e, para tanto, implementadas diversas políticas para sua efetivação, envolvendo todos os setores da sociedade.

No ano de 1972, ocorreu a primeira conferência internacional sobre o meio ambiente, a Conferência das Nações Unidas sobre o Meio Ambiente Humano, em Estocolmo.

Diante do reconhecimento de que a mudança de clima da Terra e seus efeitos negativos era uma preocupação comum da humanidade, durante a Conferência das Nações Unidas sobre Meio Ambiente e Desenvolvimento, ocorrida no Rio de Janeiro ("Rio 92"), foi promulgada a Convenção-Quadro das Nações Unidas sobre Mudança do Clima, assinada em Nova York em 1992 (em inglês, *United Nations Framework Convention on Climate Change* ou UNFCCC), tratado que tem por objetivo alcançar a estabilização das concentrações de gases de efeito estufa na atmosfera num nível que impeça uma interferência antrópica perigosa no sistema climático. A Convenção estabeleceu compromissos e obrigações para todos os países signatários (chamados de Partes da Convenção) no combate às alterações climáticas, dentre eles o Brasil. Desde a entrada em vigor da UNFCCC, anualmente ocorre a Conferência das Partes (COP).

Importante citar o Protocolo de Quioto, um tratado complementar à Convenção-Quadro das Nações Unidas sobre Mudança do Clima, que definiu metas de redução de emissões para os países desenvolvidos e para os que, à época, apresentavam economia em transição para o capitalismo, considerados os responsáveis históricos pela mudança atual do clima. Com a criação do Protocolo de Quioto, surgiu um de seus principais instrumentos, que são os Mecanismos

---

[1] Advogada. Sócia da Vanessa Lopes Advocacia Ambiental. Especialista em Direito Ambiental e Minerário pela PUC/MG.
[2] Advogada especialista em Direito Ambiental e Gestão Ambiental pela Universidade Cândido Mendes/RJ e Constitucional pela PUC/SP.

de Desenvolvimento Limpo – MDL, para possibilitar a obtenção das Reduções Certificadas de Emissões – RCEs, que também são conhecidas como Crédito de Carbono.

Em 2009, foi instituída em nosso país a primeira política sobre mudança climática, a Política Nacional sobre Mudança do Clima – PNMA, pela Lei n. 12.187, de 29 de dezembro de 2009, constituída de ações a serem desenvolvidas no Brasil para estabilizar as emissões de gases de efeito estufa.

Por meio dessa Política, o Brasil se comprometeu a reduzir o volume de suas emissões de gases de efeito estufa (GEE), meta que se propôs a atingir por execução de planos setoriais de mitigação aplicados a diversos setores da economia.

Desde o Acordo de Paris (assinado na COP 21, no final de 2015), os governos definiram seus próprios compromissos de redução de emissões, denominados Contribuições Nacionalmente Determinadas (NDCs). O Brasil comprometeu-se a atingir uma meta de redução das emissões de gases de efeito estufa de 37% abaixo dos níveis de 2005 em 2025. Uma contribuição indicativa subsequente é reduzir as emissões de gases de efeito estufa em 43% abaixo dos níveis de 2005 em 2030.

Durante a COP 26 (realizada no ano de 2021), o governo brasileiro apresentou uma nova meta de redução de 50% das emissões dos gases associados ao efeito estufa até 2030 e a neutralização das emissões de carbono até 2050.

Considerando que o setor agropecuário é um dos mais significativos na emissão de CO_2, diversos programas são implementados, e inovações e sistemas são criados, cada vez mais, para sua redução e mitigação – setor que é abordado nesse artigo.

2. DA DESCARBONIZAÇÃO E SUA IMPORTÂNCIA

Para refrear ou reduzir os efeitos das mudanças climáticas, primordial é o processo da descarbonização, de forma global e generalizada – não por outra razão que esta pauta se tornou essencial para o desenvolvimento sustentável de todos os setores.

A descarbonização é, basicamente, a redução (ou até eliminação em determinadas atividades) das emissões de gases com efeito estufa na atmosfera. O Painel Intergovernamental sobre Mudanças Climáticas (IPCC) afirma que a atividade humana é a principal causa do aquecimento global, com o CO_2 como principal GEE responsável.

Diante da intensificação da utilização de combustíveis fósseis pelas diversas atividades econômicas, da indústria à pecuária, passando pelos transportes, o que faz aumentar o efeito estufa, torna-se, pois, indispensável descarbonizar.

A importância da descarbonização está na mitigação das mudanças climáticas, saúde pública, segurança energética com alteração para uma matriz mais limpa e renovável, conservação e recuperação ambiental e uma economia verde baseada em crescimento sustentável e resiliência econômica.

3. DA EMISSÃO DE GASES DE EFEITO ESTUFA NA AGROPECUÁRIA

Os dados oficiais sobre emissões de GEE no Brasil são coletados pelo Inventário Nacional de Emissões de Gases de Efeito Estufa, disponibilizados pelo Sistema de Registro Nacional de Emissões (Sirene)[3], ligado ao Ministério da Ciência, Tecnologia e Inovações (MCTI).

Deste inventário, extrai-se que o setor da agropecuária compreende as emissões das atividades pecuárias e agrícolas nacionais.

As principais fontes de emissão do setor estão relacionadas aos processos de fermentação entérica animal, o manejo de solos agrícolas, por meio da aplicação de fertilizantes nitrogenados, seguidos pelo manejo de dejetos animais, cultivo de arroz e a queima de resíduos agrícolas, como palha de cana-de-açúcar e algodão, bem como a calagem e a aplicação de ureia no solo.

Conforme estabelecido pela PNMC, o Ministério da Ciência, Tecnologia e Inovações (MCTI) é responsável pela elaboração de relatório das Estimativas Anuais de Emissões de Gases de Efeito Estufa (relatório este decorrente da Política Nacional sobre Mudança do Clima – PNMC), que se encontra em sua sexta edição, apresentando os resultados das emissões no país para os anos de 2017 a 2020, elaboradas tomando-se por base a metodologia empregada nos relatórios de referência setoriais do Quarto Inventário Nacional de Emissões e Remoções Antrópicas de Gases de Efeito Estufa.

Consoante este relatório, o setor agropecuário contabilizou 477.670,5 Gg CO2eq[4] em 2020, representando 28,5% do total de emissões brasileiras.

Aqui insta ponderar que, considerando as emissões diretas e indiretas (incluindo o desmatamento, pela correlação entre o desmatamento e a expansão da fronteira agropecuária), a agropecuária respondeu por cerca de 73% do total de emissões em 2020 no Brasil, de acordo com os dados do Sistema de Estimativas

---

[3] Disponível em: https://www.gov.br/mcti/pt-br/acompanhe-o-mcti/sirene/arquivos/LIVRORESULTADOINVENTARIO30062021WEB.pdf.
[4] "equivalente de dióxido de carbono", uma medida internacionalmente padronizada de quantidade de gases de efeito estufa (GEE) como o dióxido de carbono (CO_2) e o metano.

de Emissões e Remoções de Gases de Efeito Estufa (SEEG[5]), plataforma de monitoramento de emissões de gases de efeito estufa na América Latina.

As emissões do setor são predominantemente CH_4[6] (62,5% em 2020), que acontecem, principalmente, durante o processo de fermentação entérica animal, assim como pelo manejo de dejetos animais, pelo cultivo de arroz e pela queima de resíduos agrícolas. A emissão de N_2O[7] (32,0% do setor) é gerada majoritariamente pelos dejetos de bovinos em pastagens, seguida da decomposição dos restos de colheita e pela aplicação de outros adubos nitrogenados (solos manejados), complementada pelo manejo de dejetos e queima de resíduos agrícolas. Já as emissões de CO_2 corresponderam com 5,4% das emissões do setor, e ocorreram pela calagem e aplicação de ureia.

Do breve exposto, verifica-se a importância que deve ser dada ao setor e à criação de ações para mitigação e remoção dos gases de efeito estufa de carbono no setor agropecuário.

4. DAS NORMATIVAS APLICÁVEIS E DE INCENTIVO À DESCARBONIZAÇÃO NO SETOR AGROPECUÁRIO

A Lei n. 12.187/2009 (PNMC) foi a normativa que instituiu a Política Nacional sobre Mudança do Clima e definiu os conceitos de adaptação e de mitigação. Consta nesta normativa que o Poder Executivo estabelecerá planos setoriais de mitigação e de adaptação às mudanças climáticas, visando à consolidação de uma economia de baixo consumo de carbono em vários setores, inclusive a agropecuária, com vistas a atender metas gradativas de redução de emissões antrópicas quantificáveis e verificáveis.

Em 9 de dezembro de 2010, foi publicado o Decreto n. 7.390, que regulamentou os arts. 6.º, 11 e 12 da Lei n. 12.187, depois substituído pelo Decreto n. 9.578, de 22 de novembro de 2018. Para efeito dessa regulamentação, no caso específico da agricultura, ficou estabelecida a constituição do Plano Setorial para a Consolidação de uma Economia de Baixa Emissão de Carbono na Agricultura, também denominado Plano ABC (Agricultura de Baixa Emissão de Carbono), tudo como estratégia do governo brasileiro para mitigação de emissões de Gases de Efeito Estufa (GEE).

---

5   Disponível em: https://plataforma.seeg.eco.br/.
6   Metano.
7   Óxido nitroso é um gás incolor e não inflamável em temperatura ambiente, sendo muito conhecido como gás hilariante ou nitro (NOS). Produzido naturalmente no meio ambiente ou em indústrias para diversas aplicações, o aumento da concentração desse gás tem sido responsável por destruir a camada de ozônio e pode causar intensificação do efeito estufa.

O Governo, desta forma, conforme compromisso ratificado pela PNMC e regulamentado, compromete-se a implementar diferentes ações, como a redução do desmatamento da Amazônia e do Cerrado, a ampliação da eficiência energética e a adoção, em larga escala, de práticas sustentáveis na agricultura, a ampliação do sistema de integração lavoura-pecuária-floresta, a expansão do plantio de florestas, a ampliação do uso de tecnologias para tratamento de dejetos de animais, dentre outras medidas.

O Plano ABC foi estruturado em seis ações: (1) Recuperação de Pastagens Degradadas; (2) Integração Lavoura-Pecuária-Floresta (ILPF); (3) Sistema Plantio Direto (SPD); (4) Fixação Biológica de Nitrogênio (FBN); (5) Florestas Plantadas; e (6) Tratamento de Resíduos Animais.

Para cada iniciativa do Programa ABC, foram previstas diversas ações como: divulgação, capacitação de técnicos e produtores, transferência de tecnologia, pesquisa e desenvolvimento, regularização fundiária e ambiental, linhas de crédito para fomento à produção sustentável, produção e distribuição de mudas florestais, disponibilização de insumos para agricultores familiares, contratação de assistência técnica, entre outras. A coordenação da execução do Plano está a cargo dos Ministérios da Agricultura, Pecuária e Abastecimento (MAPA) e do Desenvolvimento Agrário (MDA).

Entre as ações já adotadas pelo governo federal, vale destacar a criação de uma linha de crédito para financiar os agricultores que utilizam sistemas produtivos eficientes capazes de contribuir para a mitigação dos GEE.

Conforme publicação do Ministério da Agricultura, Pecuária e Abastecimento[8], o Plano ABC, ao mesmo tempo em que mitigou as emissões de gases de efeito estufa (GEE) do setor em escala transformacional, aportou maior eficiência produtiva, competitividade e sustentabilidade aos sistemas produtivos, cadeias e produtos.

Para dar continuidade ao plano ABC, foi criado o "Plano Setorial para Adaptação à Mudança do Clima e Baixa Emissão de Carbono na Agropecuária, com vistas ao Desenvolvimento Sustentável (2020-2030) – ABC+", tratando-se de uma agenda estratégica nacional do governo brasileiro para enfrentamento à mudança do clima no setor agropecuário.

O ABC+ deve ser executado de 2020 a 2030, com o intuito de consolidar a agropecuária nacional alicerçada sobre sistemas sustentáveis, resilientes e produtivos, como soluções de adaptação e mitigação embasadas em ciência, objetivando dar continuidade às ações fomentadoras para o estabelecimento de uma

---

8 Disponível em: https://www.gov.br/agricultura/pt-br/acesso-a-informacao/participacao-social/consultas-publicas/2022/consulta-publica-programa-nacional-de-cadeias-agropecuarias-descarbonizantes/ProgramaNacionaldeCadeiasAgropecuriasDescarbonizantes.pdf.

agropecuária nacional mais sustentável, resiliente, capaz de controlar suas emissões de GEE, e que garanta a oferta de alimentos, grãos, fibras e bioenergia, em quantidade e qualidade, com conservação dos recursos naturais, mesmo diante da crescente incerteza climática.

Conforme disponibilizado pelo MAPA, a agenda tem os seguintes objetivos específicos:

> I. Manter o estímulo à adoção e manutenção de sistemas agropecuários conservacionistas e sustentáveis de produção, com aumento da produtividade e da renda, da resiliência e do controle das emissões de GEE;
>
> II. Fortalecer as ações de transferência e difusão de tecnologias, capacitação e assistência técnica;
>
> III. Estimular e apoiar a pesquisa aplicada para o desenvolvimento ou aprimoramento de Sistemas, Práticas, Produtos e Processos de Produção Sustentáveis com foco no aumento da resiliência, da produtividade e da renda, e no controle das emissões de GEE;
>
> IV. Criar e fortalecer mecanismos que possibilitem o reconhecimento e a valorização dos produtores que adotam Sistemas, Práticas, Produtos e Processos de Produção Sustentáveis;
>
> V. Fomentar, ampliar e diversificar fontes e instrumentos econômicos, financeiros e fiscais atrelados aos Sistemas, Práticas, Produtos e Processos de Produção Sustentáveis;
>
> VI. Aprimorar o sistema de gestão das informações do ABC+, para efetivação do Monitoramento, Relato e Verificação (MRV), e do Monitoramento e Avaliação de seu portfólio de ações e resultados; e
>
> VII. Fomentar a agropecuária integrada à paisagem, de forma a incentivar a regularização ambiental das propriedades rurais e a produção sustentável em áreas de uso agropecuário.

Para o setor agropecuário, vale citar ainda as seguintes normativas:

A Lei Federal n. 12.651/2012, que prevê o estímulo ao sequestro, à conservação, à manutenção e ao aumento do estoque e à diminuição do fluxo de carbono, por meio de pagamento ou incentivo a serviços ambientais, e o Código Florestal (Lei n. 12.651/2012), que traz capítulo específico sobre programas de apoio e incentivo à preservação e recuperação do meio ambiente.

O Decreto n. 10.431/2020, que instituiu a Comissão Executiva Nacional do Plano Setorial para Consolidação de uma Economia de Baixa Emissão de Carbono na Agricultura.

Já o Decreto n. 10.606/2021 instituiu o Sistema Integrado de Informações do Plano Setorial para Consolidação de uma Economia de Baixa Emissão de Carbono na Agricultura e o Comitê Técnico de Acompanhamento do Plano Setorial para Consolidação de uma Economia de Baixa Emissão de Carbono na

Agricultura. Esse sistema tem a finalidade de consolidar e sistematizar os resultados de execução do Plano ABC.

Por fim, o Decreto n. 11.550/2023 dispôs sobre o Comitê Interministerial sobre Mudança do Clima, de caráter permanente, e tem a finalidade de acompanhar a implementação das ações e das políticas públicas no âmbito do Poder Executivo federal relativas à Política Nacional sobre Mudança do Clima – PNMC.

Foi submetida à Consulta Pública pelo Ministério da Agricultura, Pecuária e Abastecimento (MAPA) importante proposta do Programa Nacional de Cadeias Agropecuárias Descarbonizantes – Programa Carbono + Verde, que tem como objetivo estimular as reduções voluntárias de emissões de gases de efeito estufa em cadeias e produtos agropecuários, por meio do uso de tecnologias sustentáveis de produção agropecuária com base na mitigação, no sequestro de carbono e na captura e estocagem de carbono.

Todavia, não obstante a apresentação das contribuições pela sociedade ter sido concluída em 5 de agosto de 2023, o programa ainda não foi implementado, restando ainda pautas que aguardam a regulamentação do Mercado Regulado de Carbono pelo Congresso Nacional.

5. DOS SISTEMAS FLORESTAIS INTEGRADOS À PECUÁRIA E/OU AGRICULTURA

O Código Florestal prevê em seu art. 41 que o Poder Executivo institua programas de apoio e incentivo à conservação do meio ambiente, bem como à adoção de tecnologias e boas práticas que conciliem a produtividade agropecuária e florestal, com redução de impactos como forma de promoção do desenvolvimento sustentável, trazendo em seu escopo os sistemas integrados.

Em consonância com o Decreto n. 7.830/2012, art. 2.º, XVI, o sistema agroflorestal é um sistema de uso e ocupação do solo em que plantas lenhosas perenes são manejadas em associação com plantas herbáceas, arbustivas, arbóreas, culturas agrícolas, forrageiras em uma mesma unidade de manejo, de acordo com arranjo espacial e temporal, com alta diversidade de espécies e interações entre estes componentes.

Em resumo, estes sistemas otimizam o uso da terra, conciliando a preservação ambiental com a produção de alimentos, conservando o solo e diminuindo a pressão pelo uso da terra para a produção agrícola.

Os Sistemas Agroflorestais podem ser divididos em: agrossilvicultural, silvipastoril e agrossilvipastoril, este último envolve a combinação de árvores, culturas agrícolas e/ou pastagens e animais. Os primeiros dois citados envolveriam respectivamente culturas agrícolas e animais além das árvores. E podem ser utilizados para restaurar florestas e recuperar áreas degradadas, tanto em áreas protegidas quanto em áreas antropizadas e exploráveis.

De acordo com o Código Florestal, este sistema pode ser utilizado em área de reserva legal e área de preservação permanente, para os imóveis rurais com até quatro módulos fiscais, bem como em terras indígenas demarcadas e nas demais áreas tituladas de povos e comunidades tradicionais que façam uso coletivo do seu território.

O Código ainda permite o uso do sistema na recomposição de reserva legal com o plantio intercalado de espécies nativas de ocorrência regional com exóticas, incluindo frutificada, não podendo exceder a 50% da área a ser recomposta, não estando vinculado ao tamanho da propriedade; e em áreas de uso restrito com declividade entre 25.º e 45.º.

Áreas consolidadas, ou seja, em imóvel rural com ocupação antrópica preexistente a 22 de julho de 2008, podem continuar com as atividades agrossilvipastoris, relativas à agricultura, pecuária e silvicultura desenvolvidas total ou parcialmente integradas.

Nas áreas rurais consolidadas em Áreas de Preservação Permanente (APP), é permitida a continuidade de atividades agrossilvipastoris, desde que a faixa mais próxima ao leito do curso d'água ou da nascente seja destinada à recomposição da vegetação. As faixas de APP que exigem recomposição obrigatória, bem como as condições para autorização da continuidade do uso dessas áreas rurais consolidadas, estão descritas no art. 61-A da Lei n. 12.651/2012.

E na Lei da Mata Atlântica (Lei n. 11.428/2006) são permitidas as atividades de manejo agroflorestal sustentável praticadas na pequena propriedade ou posse rural familiar, desde que não descaracterizem a cobertura vegetal e não prejudiquem a função ambiental da área, que são consideradas de interesse social e podem ser desenvolvidas em florestas em estágio médio de regeneração.

Então, em um primeiro momento se tem estes sistemas para a geração de renda nas pequenas propriedades rurais, com o aumento da qualidade, da rentabilidade e da diversificação das propriedades. Depois, são utilizados para a recomposição de áreas especialmente protegidas, como APP e reserva legal, excluindo aqui o uso associado da pecuária, por motivos óbvios.

Neste ponto, devemos destacar os benefícios ambientais: recuperação ambiental de áreas protegidas, criação de corredores ecológicos, conservação ambiental, recuperação da função social da propriedade, conservação do solo, conservação dos recursos hídricos, entre outros.

Nos últimos anos, estes sistemas estão sendo pensados, estudados e pesquisados para a descarbonização do setor produtivo rural, ou seja, os sistemas de produção em integração permitem mitigar ou até neutralizar as emissões de gases de efeito estufa quando se tem a presença de árvores, tornando o processo de produção ainda mais sustentável.

Assim, temos a instituição da Política Nacional de Integração Lavoura-Pecuária-Floresta (Lei n. 12.805/2013), que é uma estratégia de produção sustentável que integra atividades agrícolas, pecuárias e florestais, realizadas na mesma área, em cultivo consorciado, em sucessão ou rotacionado, buscando efeitos sinérgicos entre os componentes do agroecossistema, com vistas à recuperação de áreas degradadas, à viabilidade econômica e à sustentabilidade ambiental.

Essa estratégia abrange 4 (quatro) modalidades de sistemas, que são caracterizados da seguinte forma:

> I. Integração Lavoura-Pecuária ou Agropastoril, que integra os componentes agrícola e pecuário, em rotação, consórcio ou sucessão, na mesma área, em um mesmo ano agrícola ou por múltiplos anos;
>
> II. Integração Lavoura-Pecuária-Floresta ou Agrossilvipastoril, que integra os componentes agrícola, pecuário e florestal, em rotação, consórcio ou sucessão, na mesma área;
>
> III. Integração Pecuária-Floresta ou Silvipastoril, que integra os componentes pecuário e florestal em consórcio; e
>
> IV. Integração Lavoura-Floresta ou Silviagrícola, que integra os componentes florestal e agrícola, pela consorciação de espécies arbóreas com cultivos agrícolas, anuais ou perenes.

Esta legislação primeiramente em sua execução utilizou os instrumentos da Política Agrícola e da Política Nacional de Meio Ambiente, e financiamentos do Sistema Nacional de Crédito Rural.

Mas em 2018, foi alçada como estratégia para redução voluntária na emissão de gases do efeito estufa (art. 18 do Decreto n. 9.578/2018), com objetivo de redução em 36,1% a 38,9% das emissões projetadas para o ano de 2020 (art. 12 da Lei n. 12.187/2009 – PNMC).

Na Política Nacional de Pagamento por Serviços Ambientais (Lei n. 14.119/2021), temos ações previstas em seu art. 7.º: recuperação e recomposição da cobertura vegetal nativa de áreas degradadas por sistema agroflorestal e o manejo sustentável de sistemas agrícolas, agroflorestais e agrossilvipastoris que contribuam para captura e retenção de carbono e conservação do solo, da água e da biodiversidade. E especificamente cita que o plantio agroflorestal pode ser objeto do PFPSA, entretanto ainda carecemos de regulamentação para sua aplicação.

E em 2023, por meio do Decreto Federal n. 11.815/2023, foi instituído o Programa Nacional de Conservação de Pastagens Degradadas em Sistemas de Produção Agropecuários e Florestais Sustentáveis, que possui os seguintes objetivos: promover a conversão de pastagens degradadas em sistemas de produção agropecuários e florestais sustentáveis; contribuir para o cumprimento de metas de recuperação de pastagens degradadas, redução do desmatamento e recuperação da vegetação nativa, conforme compromissos internacionais e planos/políticas nacionais; e incentivar instituições financeiras e o mercado de capitais a oferecer soluções financeiras para a implementação e a sustentabilidade do PNCPD.

Neste último, destacamos o incentivo de descarbonização e o aumento da sustentabilidade social e ambiental na agropecuária, priorizando empreendimentos que: invistam em tecnologia, utilizem boas práticas agropecuárias sustentáveis, implementem a recuperação ambiental e contribuam para a segurança alimentar e o aumento da resiliência climática.

O PNCPD buscará viabilizar o acesso a financiamentos com recursos externos sem subvenção ou com recursos de programas existentes, que deverão estar vinculados à obrigação de investimento na conversão de pastagens degradadas em sistemas de produção agropecuários e florestais sustentáveis, e evitar a supressão de novas áreas nativas.

Mais recentemente tivemos a publicação da Lei n. 14.876/2024, em maio de 2024, em que a silvicultura foi excluída do rol de atividades potencialmente poluidoras e utilizadoras de recursos ambientais. Isso significa que a atividade não estará mais sujeita à incidência da TCFA (Taxa de Controle e Fiscalização Ambiental) e não necessitará mais de licenciamento ambiental para o plantio de florestas. Esta alteração pode beneficiar a implantação dos sistemas ILPF.

Com os incentivos do governo federal e as exigências dos mercados interno e externo, como a crescente demanda por produtos com baixa pegada de carbono e práticas agrícolas sustentáveis, a redução das emissões de gases de efeito estufa na produção e transporte dos produtos, e a recente regra de importação da União Europeia que proíbe *commodities* ligadas ao desmatamento a partir de 2021 (independentemente de a supressão florestal ter sido realizada legalmente pela normativa brasileira), surgem parcerias entre organizações não governamentais, produtores rurais e indústria, em busca da inovação produtiva, principalmente de diminuição ou neutralização de carbono na cadeia produtiva, melhorando a qualidade ambiental da agricultura e da pecuária brasileiras e aumentando sua produtividade e competitividade.

No documento "Brasil Carbono Zero em 2060"[9], destaca-se a vantagem comparativa da agropecuária brasileira em relação a outros atores globais, especialmente com a manutenção dos altos preços das *commodities* agrícolas. Foram realizadas análises das medidas de mitigação que podem ser aplicadas ao setor,

---

9 Disponível em: http://www.centroclima.coppe.ufrj.br/images/documentos/Relat%C3%B3rio_Brasil_CarbonoZero_2060_final_1.pdf.

incluindo o sistema silvipastoril. Esse sistema, que cobria 0 hectares em 2010, está projetado para alcançar 21 milhões de hectares em 2060. Essas áreas seriam responsáveis por remoções de CO2 devido à mudança de uso da terra (MUT), sendo que, desde 2020, essas remoções são negativas, começando em –13 MT CO2 e chegando a –32 MT CO2. Essas medidas contribuirão significativamente para que, em 2050, as emissões líquidas totais de AFOLU (Agricultura, Florestas e Uso do Solo) se tornem negativas, cooperando para um balanço negativo de emissões de carbono na economia.

6. CONSIDERAÇÕES FINAIS

Os sistemas agroflorestais têm um grande potencial em manter os serviços prestados pelos ecossistemas, especialmente por aumentar a biodiversidade nos agroecossistemas – a depender do tipo de sistema adotado e da escala espacial analisada; e uma das *grandes vantagens é a biodiversidade* – a variedade de espécies possibilita a geração de vários produtos, ao mesmo passo que colabora com a restauração do solo e pode estar conectada a Áreas de Preservação Permanente (APPs), ampliando as áreas verdes, o fluxo gênico e a conectividade entre remanescentes florestais.

A implantação de SAFs também pode ser uma realidade para médias e grandes propriedades, pois além dos ganhos ambientais citados, ainda temos a compensação das emissões dos gases de efeito estufa, essenciais para atender inúmeros mercados externos que monitoram a cadeia produtiva e atingir os objetivos governamentais de neutralização das emissões para 2050. Nesse sentido, a agenda da sustentabilidade produtiva não deve ser encarada como uma opção, mas sim como uma necessidade.

Apesar dos benefícios, a adoção dos Sistemas Integrados de Lavoura, Pecuária e Floresta (ILPF) no Brasil enfrenta diversos desafios:

- Escassez de mão de obra qualificada: existe uma carência de técnicos capacitados para implementar e gerenciar os sistemas ILPF de forma eficaz;
- Orçamentários e operacionais: as organizações e instituições de pesquisa enfrentam dificuldades para financiar e operacionalizar os sistemas ILPF;
- Descoordenação institucional: falta integração entre os ministérios responsáveis pelas questões agrícolas e ambientais, além de desarticulação entre as instituições e organizações diversas;
- Instabilidade do mercado: as flutuações nos preços das madeiras podem afetar a viabilidade econômica dos sistemas ILPF que incluem árvores;
- Ausência de incentivos: não há compensação financeira adequada pelos serviços ambientais prestados pelos sistemas ILPF;

- Percepção de retorno lento: a crença na demora do retorno financeiro dos sistemas ILPF, especialmente quando há árvores na composição, desmotiva os produtores;
- Fraquezas institucionais devido a interferências políticas: por vezes, as interferências políticas podem ser antagônicas aos mandatos institucionais, enfraquecendo a implementação eficaz dos sistemas ILPF;
- Superposição ou indefinição de competências: a falta de clareza nas competências institucionais pode dificultar a implementação e a coordenação dos sistemas ILPF;
- Para superar esses desafios e promover a adoção do ILPF, medidas importantes devem ser tomadas:
- Fortalecimento das linhas de crédito: ampliar o acesso a linhas de crédito específicas para os sistemas ILPF, facilitando o investimento dos produtores;
- Incentivo aos pagamentos por serviços ambientais: implementar políticas de pagamento por serviços ambientais que reconheçam e recompensem os benefícios ecológicos dos sistemas ILPF;
- Melhoria da assistência técnica: aprimorar a assistência técnica e a extensão rural para oferecer suporte adequado aos produtores na implementação e no manejo dos sistemas ILPF;
- Ampliação de pesquisas e divulgação: intensificar as pesquisas com diferentes espécies arbóreas em sistemas ILPF e divulgar os resultados de forma eficaz para os produtores;
- Avaliação da viabilidade econômica: realizar pesquisas focadas na avaliação econômica dos sistemas ILPF, demonstrando sua viabilidade a longo prazo.

As políticas ambientais também utilizam, em excesso, instrumentos de comando e controle, apresentando dificuldades no avanço para mecanismos econômicos que funcionem como promotores da negociação e do modelo de gestão em que o Estado assume um papel de coordenador-articulador das políticas públicas.

Apesar do arcabouço legal estabelecido e do compromisso do governo brasileiro com a redução das emissões, é inegável que se enfrenta um cenário desafiador, especialmente diante da urgência das mudanças climáticas em curso.

A complexidade burocrática, a dinâmica econômica em constante evolução e a necessidade imperativa de mudança de paradigmas destacam a urgência de uma abordagem ágil e eficaz para transformar intenções em ações. Neste sentido, é essencial envolver de forma prioritária o setor agropecuário-florestal, reconhecendo sua relevância e potencialidades. Uma abordagem integrada e sustentável oferece ao Brasil oportunidades significativas em termos de sustentabilidade ambiental, resiliência climática, segurança alimentar, geração de renda, inclusão social e conservação da biodiversidade.

PANORAMA DO ESG NO SETOR DE SEGUROS: DESAFIOS E OPORTUNIDADES

Juliana Oliveira Nascimento[1]

1. INTRODUÇÃO

O artigo tem como objetivo geral abordar as questões ambientais, sociais e de governança, que se encontram na agenda prioritária das organizações do mercado financeiro, principalmente da alta administração, com uma visão de criação de uma estratégia que envolve muitos níveis.

Neste contexto, com avanço da sociedade e do futuro, situações conduzem a uma necessidade de adaptação das organizações aos novos modelos, para a sua perenidade. O capitalismo e a economia global passaram por relevantes mutações.

Neste sentido, agora o olhar está em permanecer no mercado, mas não somente o enfoque econômico deverá ser levado em consideração, mas também o

---

[1] Executiva Sênior. Advogada e Docente Especialista em ESG, *Compliance*, Governança Corporativa, Riscos, Controles Internos, Auditoria Interna, Continuidade dos Negócios e *International Business*. Possui experiência relevante no âmbito corporativo com mais de 20 anos atuando em projetos estratégicos e de alta complexidade. Mestrado Profissional Master of Laws in International Business Law pela Steinbeis University Berlin (Alemanha). Mestre em Direito pelo Centro Universitário Autônomo do Brasil – UNIBRASIL. Global Corporate Compliance pela Fordham University (Professor Carole Basri). International Management and Compliance pela Frankfurt University Applied of Sciences. Formada nos cursos de ESG, IPO, Combinação de Negócios, Inteligência Artificial e Finanças Sustentáveis e Governance, Risk and Compliance – Risk University pela KPMG Business School; The Paris Agreement on Climate Change as a Development Agenda – United Nations System Staff College (UNSSC); Economia Circular pela Circular Economy – World Business Council for Sustainable Development – WBCSD e Becoming an Effective Leader pela The University of Queensland. Auditora Líder em Sistemas de Gestão de *Compliance* e Antissuborno pela World Compliance Association. Pós-graduada no *LL.M.* em Direito Empresarial Aplicado pelas Faculdades da Indústria do Sistema FIEP/SESI/SENAI/IEL. Pós-graduada em Direito e Processo do Trabalho pela Academia Brasileira de Direito Constitucional – ABDCONST. Pós-graduada em Estado Democrático de Direito pela Fundação Escola do Ministério Público do Estado do Paraná – FEMPAR. Bacharel em Direito pelo Centro Universitário Curitiba – UNICURITIBA (Faculdade de Direito de Curitiba). Membro da Plataforma de Ação contra a Corrupção da Rede Brasil do Pacto Global da ONU. Palestrante e escritora. Coordenadora e coautora de diversos livros. Também possui diversos artigos publicados. Cofundadora, CEO e Vice-Presidente do Conselho do *Compliance Women Committee* (fundado em setembro de 2017), grupo que conta com mais de 1.000 mulheres integrantes que atuam com *compliance*, governança, riscos, ESG e áreas correlatas, no Brasil, na Alemanha, no Reino Unido, em Portugal e diversos outros países do mundo, nas esferas pública e privada. Site: www.julianaoliveiranascimento.com.br.

social e o ambiental. Isto é apresentado no olhar dos investidores para empresas com a perspectiva ambiental, social e de governança. O Cisne Negro dos mercados passa a ser a preocupação com as mudanças climáticas e o impacto ambiental no mundo, os Cisnes Verdes.

Neste sentido, as organizações têm observado o avanço da agenda ESG muito além dos produtos, mas também nos seus processos internos e relacionamento com os clientes.

Dentro desta perspectiva, no setor de seguros, tem o escopo de destacar a importância da Gestão de Riscos de ESG com fundamento na Circular SUSEP n. 666/2022 e na Resolução CNSP n. 416/2021, com enfoque no mercado segurador. Neste sentido, o tema de ESG se encontra como fundamental para condução das organizações, sendo que esta agora se apresenta fortemente como condutora dos negócios do mercado global, sendo pioneira nesse sentido as normas da União Europeia.

2. A IMPORTÂNCIA DO TEMA NO CENÁRIO INTERNACIONAL EM SEGUROS

É com essa visão que a perspectiva da Gestão de Riscos para a atual realidade se encontra fundada no ESG (*Environmental, Social and Governance*[2]) e neste tripé se vislumbra a nova vertente para os dias atuais.

No contexto do mercado segurador se enfatiza o tema que está na pauta de uma vantagem competitiva no mercado hodiernamente e nisso também entra a visão do contexto reputacional.

Cada dia mais as regulamentações acerca da importância do tema têm aumentado, fazendo com que as organizações comecem a se preparar para as respectivas adequações. Nesse mesmo cenário se encontra a visão da alta administração. Em uma pesquisa da KPMG internacional, 44% (quarente a quatro por cento) dos CEOs de seguradoras concordam que os programas de ESG aumentam sua performance financeira, em comparação com 40% do ano anterior[3].

No contexto internacional, destaca-se uma importante iniciativa no setor de seguros: os Princípios para Seguros Sustentáveis (*Principles for Sustainable Insurance – PSI*), que apresenta um roteiro global para desenvolver e expandir soluções inovadoras de gestão de riscos e seguros com o objetivo de fomentar áreas como

---

[2] Meio Ambiente, Social e Governança.
[3] KPMG International. *ESG insurance: strategy and transformation*, 2023. p. 9. Disponível em: https://assets.kpmg.com/content/dam/kpmg/xx/pdf/2023/06/kpmgi-fy23-Insurance-esg-strategytransformation-final.pdf.

"energias renováveis, água limpa, segurança alimentar, cidades sustentáveis e comunidades resilientes a desastres."[4] Além disso, os PSIs têm o condão de ser uma estrutura para o setor de seguros, visando fortalecer o papel dos seguros na gestão de riscos e no estabelecimento de comunidades econômicas mais resilientes e sustentáveis. Estes princípios foram desenvolvidos pelas Nações Unidas e lançados em 2021 na Rio +20, tendo sido considerados, na época, uma das maiores iniciativas para a indústria de seguros[5].

No que tange aos avanços, já se tem conhecimento de normas no Reino Unido, nos Estados Unidos, na Ásia e no Pacífico (ASPAC), na União Europeia e na América Latina. Para o presente trabalho se dará destaque às normas da União Europeia e do Brasil.

As regulamentações, na perspectiva do setor de seguros, encontram-se muito focadas, cada vez mais, em riscos climáticos e ESG como riscos prudenciais.

Com relação à regulamentação, a União Europeia apresenta questões relevantes como as destacadas abaixo[6]:

Regulamentações relacionadas ao Ambiental	Regulamentações relacionadas ao Social
• *Corporate Sustainability Reporting Directive (CSRD)*. • *Sustainable Finance Disclosures Regulation (SFDR)*: requer reporte de produtos com objetivos sustentáveis. • *European Union (EU) taxonomy*. A taxonomia da União Europeia identifica as atividades que são consideradas significantes para os seis objetivos de sustentabilidade – para 2022. • *Corporate Sustainability Reporting Directive (CSRD)*: introduz uma obrigação mandatória de acordo com o *European Sustainability Reporting Standards (ESRS)* que compreende os tópicos relacionados aos temas ambientais, sociais e de governança. Com implementação na fase de início do exercício financeiro.	• CSRD introduz um requisito obrigatório de divulgação de acordo com as Normas Europeias de Relatório de Sustentabilidade – *European Sustainability Reporting Standards (ESRS)* nos tópicos relacionados aos aspectos ambientais, sociais e de governança. • Nesse sentido está prevista uma implementação faseada para grandes empresas. Fica como obrigatório que também afeta grupos não europeus e atividades europeias significativas.

---

4 UNEP – Finance. Principles for sustainable insurance. *Managing environmental, social and governance risks in non-life insurance business*, p. 2.
5 UNEP – Finance. Principles for sustainable insurance. *Managing environmental, social and governance risks in non-life insurance business*, p. 2.
6 KPMG International. *ESG insurance: strategy and transformation*, 2023, p. 6. Disponível em: https://assets.kpmg.com/content/dam/kpmg/xx/pdf/2023/06/kpmgi-fy23-Insurance-esg-strategytransformation-final.pdf.

Regulamentações relacionadas ao Ambiental	Regulamentações relacionadas ao Social
• *European Insurance and Occupational Pensions Authority (EIOPA)*: requer informações climáticas de produtos e investimentos de seguros de todo o ano de 2023 a partir de reportes quantitativos.	• *Gender Balance Directive* com efeito de vigência em junho de 2026.
• EIOPA está explorando o potencial de diferença de cálculo no Requisito Capital de Solvência para as posições de risco de exposição de investimentos e atividades econômicas sustentáveis.	• Relatórios da Diretiva de *Due Diligence – Corporate Sustainability Due Diligence Directive (CSDDD)* com possível reporte a partir de 2025.

Diante do exposto, são diversas regulações que apresentam um papel relevante no contexto das seguradoras.

Ademais, salienta-se que o Conselho Internacional de Normas de Sustentabilidade (ISSB), a Comissão de Valores Mobiliários dos Estados Unidos (*Securities Exchange Commission* – SEC), bem como o Grupo Consultivo de Relatórios Financeiros Europeus (EFRAG) já apresentaram diretrizes de divulgação dos relatórios, que será fundamental ao tema e que as regulamentações podem ser aplicáveis às seguradoras[7].

Nesse sentido, as disposições da *European Financial Reporting Advisory Group – EFRAG* às Normas Europeias de Comunicação de sustentabilidade destacam a relevância dos relatórios financeiros de sustentabilidade de modo que se venha apresentar informações completas e confiáveis aos investidores. Isso evidencia questões relacionadas ao aumento da frequência de eventos climáticos extremos, tais como inundações, tempestades, incêndios, altas temperaturas, para repensar as práticas de subscrição. Logo, o documento enfatiza a implementação de medidas para minimizar os riscos e as perdas financeiras.

Salienta-se que essas medidas compreendem a avaliação do risco climático, com modelos de previsão de riscos, inclusive com a verificação das taxas de prêmios de acordo com o risco e a diversificação de portfólio.

Ainda, o relatório enfatiza a necessidade de as seguradoras procederem no monitoramento das práticas de subscrição às mudanças climáticas e assegurarem a sustentabilidade financeira a longo prazo.

Diante do contexto europeu, as seguradoras se encontram cada vez mais sob uma frequente pressão por parte dos investidores, reguladores e clientes para a inclusão de práticas de ESG nas políticas de subscrição, cabendo a maior incorporação do aprimoramento dos modelos de subscrição e a sua integração com

---

7   KPMG International. *ESG insurance: strategy and transformation*, 2023, p. 6. Disponível em: https://assets.kpmg.com/content/dam/kpmg/xx/pdf/2023/06/kpmgi-fy23-Insurance-esg-strategytransformation-final.pdf.

as áreas de negócios como sinistros e gestão de riscos. Devem incluir, inclusive, a implementação da Diretiva de Divulgação de Informações sobre Sustentabilidade (SFDR).

O contexto dos avanços na União Europeia compreende também uso de tecnologias inovadoras como inteligência artificial para avaliação dos riscos ESG em seguros.

Na sequência, abordar-se-á o tema na perspectiva do setor de seguros no Brasil.

3. ESG NO SETOR DE SEGUROS COM A PERSPECTIVA BRASILEIRA

Para introduzir o tema, tratar-se-á da visão da Governança, visto que esta se apresenta como essencial às organizações com os avanços da regulação prudencial e das regras de solvência, o setor de seguros encontra-se na consolidação e no fortalecimento da Governança Corporativa, Gestão de Riscos, Controles internos e *Compliance*. Este progresso também corrobora com a importância do papel da auditoria interna como terceira linha.

Neste prisma, salienta-se a necessidade premente de adaptação às mudanças regulatórias que a SUSEP tem apresentado nos temas, tais como as previsões da Resolução CNSP n. 416/2022 (GRC), da Circular SUSEP n. 666/2022 (ESG) e, ainda, da Circular SUSEP n. 638/2021 (Riscos Cibernéticos).

Neste panorama, no que tange à Governança, os papéis dos órgãos da Administração, a saber o Conselho de Administração e a Diretoria, passam a ter mais destaque, sendo essenciais para a condução estratégica do negócio com a categórica responsabilidade por zelar pela efetividade e pela adequação da Estrutura de Gestão de Risco e Sistema de Controles Internos, em observância ao contexto do Modelo das Três Linhas do Instituto de Auditores Internos. Em uma estrutura madura que se pretende alcançar no setor, é fundamental a administração ter uma visão geral e entendimento dos principais riscos aos quais a seguradora se encontra exposta, bem como quais são os potenciais impactos nos negócios, para que, com essa ciência, possa tomar ações assertivas nos seus processos decisórios, inclusive deliberando qual o apetite de risco a ser definido na sua organização, considerando a sua estrutura.

Logo, compreende-se que integração forte das três linhas, com riscos mapeados, controle maduros e eficazes, além de proporcionar conformidade com os processos, apresenta-se como importantíssimo na mitigação de fraudes. Neste contexto, consoante o último Relatório de Quantificação da Fraude no mercado de seguros brasileiro, emitido pela Confederação Nacional das Seguradoras

– CNSEG[8], no primeiro trimestre de 2022, constatou-se que os sinistros ocorridos somaram aproximadamente R$ 25,7 bilhões. Deste montante, cerca de R$ 2,9 bilhões foram classificados como Sinistros Suspeitos, o que corresponde a 11,4%. No que atine às fraudes, as comprovadas somaram o valor de R$ 460,2 milhões, o que representa 15,7% do valor dos Sinistros Suspeitos.

Diante disso que se evidencia a demanda pelo amadurecimento nos níveis de primeira e segunda linha, de modo a assegurar um maior alcance do mapeamento de riscos e controles nos processos e atividades. Deste modo, enfatiza-se que com a publicação da Resolução CNSP n. 416/2022 (GRC), como destacado acima, isso se tornou ainda mais contundente, visto que a norma disciplinou e fortaleceu esses pontos, exigindo que as previsões fossem concretizadas de acordo com a complexidade da seguradora. Logo, para a Estrutura de Gestão de Riscos passou a ser determinada a sua integração ao Sistema de Controles Internos. Neste cenário, agora se faz como imprescindível revisão da sua matriz de riscos e controles para alcance do mapeamento dos processos internos de forma ampla, para uma abordagem integral e da materialidade dos riscos de subscrição, de crédito, operacionais, de mercado, de liquidez, emergentes, cibernéticos, com destaque para a inserção dos riscos regulatórios, dos respectivos processos e produtos da visão ambiental, social e de governança (ESG).

Neste prisma, todo esse avanço do mercado segurador, inclusive, já fez com que a SUSEP realizasse uma adaptação da Supervisão Baseada em risco, deixando o acompanhamento por parte do regulador ainda mais contundente. Isso se evidencia com as mudanças, já apontadas pelo mesmo, no questionário enviado no ano de 2023 para as companhias.

Diante das adequações necessárias, mesmo com a normas promulgadas em 2021, emerge das seguradoras a reflexão se realmente já foi possível avançar e consolidar uma estrutura apropriada à complexidade das operações. Ou mesmo, se já houve a elaboração, a implementação e a operacionalização dos processos e procedimentos relativos aos controles internos e à gestão de riscos associados às respectivas atividades mapeadas e devidamente atualizadas? Além disso, como se encontra a maturidade organizacional? Afinal, um dos pontos contundentes das normativas está nos treinamentos e no aculturamento. Por fim, existe o investimento apropriado e a estrutura necessária para atendimento desses desafios?

As respostas a essas perguntas darão o tom do nível de maturidade organizacional, pois se o papel do GRC (Governança, Riscos e Conformidade) é essencial no setor de seguros não restam dúvidas diante dos posicionamentos da SUSEP.

---

8 CNSEG. QUANTIFICAÇÃO DA FRAUDE NO MERCADO DE SEGUROS BRASILEIRO. 1.º semestre de 2022. Disponível em: https://cnseg.org.br/data/files/EA/36/E6/D4/E2B25 81038D825483A8AA8A8/SQF20-2022_1%20(PDF3).pdf.

Afinal, a cada dia mais, os temas ganham destaque proeminente, principalmente sob o ponto de vista da gestão, da conformidade dos processos, da operação, do resguardo da solvência, além de maior eficiência e economicidade da seguradora para assegurar uma condução prudente e a perenidade do negócio.

Com isso, para o setor de seguros, observa-se a necessidade de avanço na visão efetiva para a materialização dos impactos ambientais, sociais e de governança, pois a Circular n. 666/2022, aborda a visão dos riscos de sustentabilidade alinhada ao negócio das empresas, considerando a natureza, a complexidade das operações e a materialidade dos riscos de sustentabilidade a que se encontram expostas. Salienta-se que essa visão deve estar atrelada aos riscos do setor, tais como de subscrição, liquidez, crédito, mercado e operacional da seguradora.

Neste sentido, na norma destaca-se a necessidade de adequação da gestão dos riscos de sustentabilidade considerando as seguintes classificações, conforme previsão do art. 2.º da Circular CNSP n. 666/2022:

- **Riscos climáticos físicos:** "possibilidade de ocorrência de perdas ocasionadas por eventos associados a intempéries frequentes e severas ou a alterações ambientais de longo prazo, que possam ser relacionadas a mudanças em padrões climáticos"[9].
- **Riscos climáticos de transição:** "possibilidade de ocorrência de perdas ocasionadas por eventos associados ao processo de transição para uma economia de baixo carbono, em que a emissão de gases do efeito estufa é reduzida ou compensada e os mecanismos naturais de captura desses gases são preservados"[10].
- **Riscos climáticos de litígio:** "possibilidade de perdas ocasionadas por sinistros em seguros de responsabilidade ou ações diretas contra a supervisionada, ambos em função de falhas na gestão de riscos climáticos físicos ou de transição"[11].
- **Riscos ambientais:** "possibilidade de ocorrência de perdas ocasionadas por eventos associados à degradação do meio ambiente, incluindo o uso excessivo de recursos naturais"[12].
- **Risco sociais:** "possibilidade de ocorrência de perdas ocasionadas por eventos associados à violação de direitos e garantias fundamentais ou a atos lesivos a interesse comum"[13].

---

9   Art. 2.º, II, *a*, da Circular SUSEP n. 666/2022.
10 Art. 2.º, II, *b*, da Circular SUSEP n. 666/2022.
11 Art. 2.º, II, *c*, da Circular SUSEP n. 666/2022.
12 Art. 2.º, III, da Circular SUSEP n. 666/2022.
13 Art. 2.º, IV, da Circular SUSEP n. 666/2022.

- **Riscos de sustentabilidade:** "conjunto dos riscos climáticos, ambientais e sociais"[14].

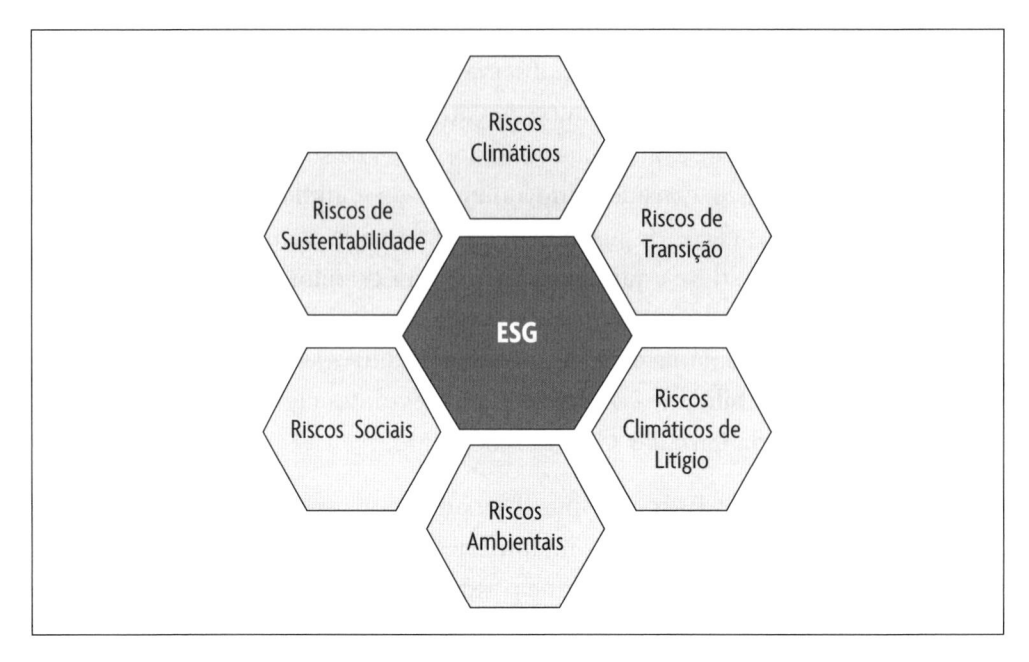

Figura: Riscos ESG[15].

Diante disso, os riscos supracitados deverão estar alinhados à Estrutura de Gestão de Riscos e ao Sistema de Controles Internos da Seguradora, observando também o disposto na Resolução CNSP n. 416/2021[16]. Ademais, cabe a elaboração e a implementação de uma Política de Sustentabilidade na qual se estabeleçam políticas e diretrizes de modo a assegurar que os aspectos de sustentabilidade, incluindo a análise de riscos e oportunidades, sejam considerados na condução dos negócios e no relacionamento com os interessados por parte das seguradoras[17].

---
14 Art. 2.º, VI, da Circular SUSEP n. 666/2022.
15 NASCIMENTO, Juliana Oliveira. A nova jornada da globalização pela transformação do capitalismo regenerativo e de *stakeholder* no mundo dos negócios. In: NASCIMENTO, Juliana Oliveira. *ESG*: o cisne verde e o capitalismo de *stakeholder*: a tríade regenerativa do futuro global. São Paulo: Thomson Reuters, 2023, p. 72.
16 NASCIMENTO, Juliana Oliveira. A nova jornada da globalização pela transformação do capitalismo regenerativo e de *stakeholder* no mundo dos negócios. In: NASCIMENTO, Juliana Oliveira. *ESG*: o cisne verde e o capitalismo de *stakeholder*: a tríade regenerativa do futuro global. São Paulo: Thomson Reuters, 2023, p. 72.
17 Art. 3.º da Circular SUSEP n. 666/2022.

4. VISÃO DE IMPLEMENTAÇÃO DO ESG NO SETOR DE SEGUROS

A implementação do ESG pode apresentar oportunidades de longo prazo para as seguradoras em toda a cadeia de valor – com iniciativas governamentais, compromissos em todo o mercado e investimentos substanciais em energias renováveis e verdes. Há um benefício considerável para as organizações que integram ESG na sua estratégia e enfrentam alguns dos desafios complexos de toda empresa para definir um caminho para o sucesso. Embora as seguradoras estejam em diferentes fases da sua jornada ESG, pode-se observar uma atividade significativa em duas áreas de foco principais[18]. Importância dos cinco passos para a criação de uma estratégia para seguradoras na implementação de programas de ESG[19]:

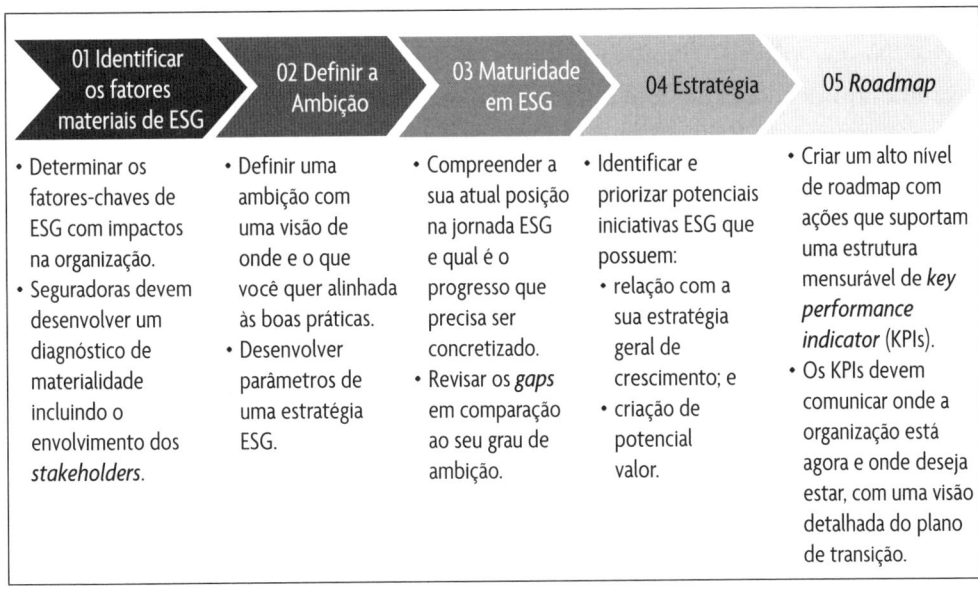

01 Identificar os fatores materiais de ESG	02 Definir a Ambição	03 Maturidade em ESG	04 Estratégia	05 Roadmap
• Determinar os fatores-chaves de ESG com impactos na organização. • Seguradoras devem desenvolver um diagnóstico de materialidade incluindo o envolvimento dos *stakeholders*.	• Definir uma ambição com uma visão de onde e o que você quer alinhada às boas práticas. • Desenvolver parâmetros de uma estratégia ESG.	• Compreender a sua atual posição na jornada ESG e qual é o progresso que precisa ser concretizado. • Revisar os *gaps* em comparação ao seu grau de ambição.	• Identificar e priorizar potenciais iniciativas ESG que possuem: • relação com a sua estratégia geral de crescimento; e • criação de potencial valor.	• Criar um alto nível de roadmap com ações que suportam uma estrutura mensurável de *key performance indicator* (KPIs). • Os KPIs devem comunicar onde a organização está agora e onde deseja estar, com uma visão detalhada do plano de transição.

O investimento na perspectiva de riscos em ESG, quando o assunto são os novos caminhos que uma organização terá no setor de seguros, tornou-se uma questão impreterível ao mercado, ainda mais quando observado sob o contexto regulatório, como o tema se encontra agora.

---

18 KPMG International. *ESG insurance*: strategy and transformation, 2023, p. 13. Disponível em: https://assets.kpmg.com/content/dam/kpmg/xx/pdf/2023/06/kpmgi-fy23-Insurance-esg-strategytransformation-final.pdf. Acesso em: 16 jun. 2024.

19 KPMG International. ESG insurance: strategy and transformation, 2023, p. 15. Disponível em: https://assets.kpmg.com/content/dam/kpmg/xx/pdf/2023/06/kpmgi-fy23-Insurance-esg-strategytransformation-final.pdf. Acesso em: 16 jun. 2024.

Logo, a concepção das questões ambientais é tema importante para o atual capitalismo responsável e transparente que apresente valor, o capitalismo voltado agora ao *stakeholder*.

A importância do tema sustentabilidade é uma temática defendida há muitos anos por muitos especialistas e organizações, mas que ainda evidenciava uma grande existência no cenário econômico para esse investimento.

Com base nisso, o ESG é crucial por difundir um conjunto de diretrizes e indicadores para avaliação do seu impacto por parte de organizações, nos negócios, no meio ambiente e na sociedade, alinhado à transparência e à integridade.

Seguindo esta linha, pelo fato de o ESG trazer questões tão relevantes, ele já se encontra na pauta dos órgãos reguladores dos países.

Ademais, a Superintendência de Seguros Privados – SUSEP – inseriu no plano de regulação a Circular n. 666/2022, com a emissão de política, análise dos riscos e um relatório para ampliar a transparência referente aos riscos climáticos e o estabelecimento de critérios para a classificação de produtos sustentáveis. Nesta visão, apontou indicadores a serem mensurados para os riscos de crédito, liquidez, operacional e legal, bem como requisitos por parte das instituições na criação da Política de Sustentabilidade.

Conclui-se que a jornada ESG é global e a cooperação é primordial para assegurar a perenidade do planeta, que apresenta risco iminente. Neste sentido, papel muito relevante se encontra o setor de seguros para acompanhamento das diretrizes, mapeamento dos riscos e mensuração dos mesmos por parte das seguradoras.

Essa regulamentação é primordial ao setor, para trazer a concepção relevante da importância do tema ao mercado.

5. CONSIDERAÇÕES FINAIS

O panorama apresentado neste artigo revela a crescente importância das questões ambientais, sociais e de governança (ESG) no setor de seguros, refletindo uma mudança significativa na forma como as organizações financeiras, incluindo seguradoras, abordam a sustentabilidade e a responsabilidade corporativa. No contexto atual, esses temas não são apenas uma tendência, mas se tornaram imperativos estratégicos que impactam diretamente a perenidade e a competitividade das empresas no mercado global.

A evolução do capitalismo moderno está cada vez mais orientada pelo compromisso com *stakeholders* além dos acionistas, incorporando também considerações ambientais e sociais. Esse movimento não é apenas uma resposta à pressão regulatória e às expectativas dos investidores, mas também uma resposta necessária diante dos desafios emergentes, como as mudanças climáticas e suas consequências econômicas e sociais.

No setor de seguros, a gestão de riscos ESG não é mais uma opção, mas sim um requisito essencial para a sustentabilidade financeira e operacional das seguradoras. A Circular SUSEP n. 666/2022 e a Resolução CNSP n. 416/2021 representam marcos regulatórios que impulsionam as empresas a integrarem práticas de ESG em suas operações, desde a subscrição de riscos até a gestão de investimentos.

A adoção dos Princípios para Seguros Sustentáveis (PSI) e outras iniciativas globais demonstra um compromisso crescente das seguradoras em promover soluções que não apenas protejam seus clientes contra riscos tradicionais, mas também contribuam para o desenvolvimento de comunidades resilientes e sustentáveis.

Internacionalmente, reguladores como a União Europeia têm liderado o caminho na definição de padrões ESG rigorosos, influenciando práticas em todo o mundo. No Brasil, a SUSEP tem desempenhado um papel crucial na adaptação das seguradoras às novas exigências, promovendo uma supervisão baseada em riscos que abrange cada vez mais os aspectos ESG.

Para as seguradoras, a jornada rumo à plena integração ESG envolve não apenas conformidade regulatória, mas também a oportunidade de inovar e fortalecer sua posição no mercado. Estratégias que priorizam a transparência, a inclusão de critérios ESG na avaliação de riscos e a comunicação eficaz com os *stakeholders* são fundamentais para construir confiança e resiliência.

Em síntese, a implementação bem-sucedida de práticas ESG não apenas protege as seguradoras contra riscos emergentes, mas também as posiciona como líderes na criação de valor sustentável a longo prazo. Esse movimento não é apenas uma resposta aos desafios atuais, mas uma preparação estratégica para um futuro em que a sustentabilidade será não apenas um diferencial competitivo, mas uma necessidade essencial para todos os *players* do setor de seguros.

REFERÊNCIAS

CNSEG. Quantificação da fraude no mercado de seguros brasileiro. 1.º semestre de 2022. Disponível em: https://cnseg.org.br/data/files/EA/36/E6/D4/E2B2581038D825483A8AA8A8/SQF20-2022_1%20(PDF3).pdf.

COMISSÃO MUNDIAL SOBRE MEIO AMBIENTE E DESENVOLVIMENTO. *Nosso futuro comum*. Rio de Janeiro: FGV, 1991.

IFRS S1 General Requirements for Disclosure of Sustainability-related Financial Information. Disponível em: https://www.ifrs.org/issued-standards/ifrs-sustainability-standards-navigator/ifrs-s1-general-requirements/. Acesso: 3 jan. 2024.

INTERNATIONAL INTEGRATED REPORTING COUNCIL. *Integrated Reporting*. Disponível em: https://integratedreporting.org/wp-content/uploads/2015/03/13-12-08-THE-INTERNATIONAL-IR-FRAMEWORK-Portugese-final-1.pdf. Acesso em: 12 fev. 2024.

Introducing the ISSB. Disponível em: https://www.ifrs.org/sustainability/knowledge-hub/introduction-to-issb-and-ifrs-sustainability-disclosure-standards/. Acesso em: 3 jan. 2024.

KPMG INTERNATIONAL. *ESG insurance*: strategy and transformation, 2023, p. 13. Disponível em: https://assets.kpmg.com/content/dam/kpmg/xx/pdf/2023/06/kpmgi-fy23-Insurance-esg-strategytransformation-final.pdf. Acesso em: 16 jun. 2024.

MARSHALL, Tim. *Prisioneiros da geografia*: dez mapas que explicam o que você precisa saber sobre a política global. Rio de Janeiro: Zahar, 2018, p. 8.

NASCIMENTO, Juliana Oliveira. Desafios éticos à sustentabilidade corporativa. In: NASCIMENTO, Juliana Oliveira; SALGADO, Rita de Cássia Falleiro. *Bioética e sustentabilidade*. Curitiba: Instituto Memória – Centro de Estudos da Contemporaneidade, 2014.

NASCIMENTO, Juliana Oliveira. ESG na perspectiva da Lei de Responsabilidade das Estatais. Mulheres no Controle. In: SEVERINO, Débora Pinto; CAMATA, Edmar Moreira; FERRAZ, Leonardo de Araújo; THOMÉ, Marcela Oliveira. *Tópicos de controle interno sob o olhar as mulheres*. Belo Horizonte: Fórum, 2023.

NASCIMENTO, Juliana Oliveira. *ESG*: o cisne verde e o capitalismo de *stakeholder*: a tríade regenerativa do futuro global. São Paulo: Thomson Reuters, 2023.

NASCIMENTO, Juliana Oliveira. Do cisne negro ao cisne verde: o capitalismo de *stakeholder* e a governança corporativa ESG no mundo dos negócios. In: TRENNEPOHL, Terence; TRENNEPOHL Natascha (coord.). Compliance *no direito ambiental*. São Paulo: Thomson Reuters, 2020, p. 369-384.

NASCIMENTO, Juliana Oliveira. Desafios éticos à sustentabilidade corporativa. *Bioética e sustentabilidade*. Curitiba: Editora Instituto Memória, 2014.

ORGANIZAÇÃO DAS NAÇÕES UNIDAS – ONU. *Acordo de Paris*. Disponível em: https://brasil.un.org/sites/default/files/2020-08/Acordo-de-Paris.pdf.

SANTOS, Antonio. Geopolítica mundial. In: MARCIAL, Elaine C.; PIO, Maurício José. *Mega Tendências Mundiais 2040*. Brasília: Universidade Católica de Brasília, 2023, p. 167-185.

UNIÃO EUROPEIA. Diretiva (UE) n. 2022/2464 do Parlamento Europeu e do Conselho, de 14 de dezembro de 2022.

DA COMPOSIÇÃO DE INTERESSES EM AÇÕES SOCIOAMBIENTAIS: O EXEMPLO DO CASO BRASKEM EM MACEIÓ-AL

Frederico Wildson da Silva Dantas[1]
Juliana de Oliveira Jota Dantas[2]

1. UMA BREVE CONTEXTUALIZAÇÃO E CRONOLOGIA DO CASO BRASKEM PARA COMPREENSÃO DA ABORDAGEM

Em 10 de dezembro de 2023, ocorreu o rompimento da "Mina 18" pertencente ao polo de exploração da sal-gema pela Braskem em Maceió-AL, evento reportado no Brasil e internacionalmente durante os vários dias que antecederam o colapso após a decretação de emergência no município e que projetou o "Caso Braskem" para o foco de debates sobre desenvolvimento econômico, sustentabilidade e responsabilidade ambiental[3].

Embora tenha alcançado grande repercussão recentemente, o Caso Braskem – conhecido localmente como "Caso Pinheiro" – desdobra-se desde o ano de 2018 envolvendo instituições privadas, públicas em diversos âmbitos da federação e internacionais. Recebeu originalmente o nome do primeiro bairro da capital alagoana em que foram detectados após fortes chuvas a ocorrência de tremores de terra, afundamento do solo urbano e rachaduras em imóveis, alcançando posteriormente outros quatro bairros – Bebedouro, Bom Parto, Mutange e parte do bairro do Farol – atribuindo-se causalidade à atividade econômica desenvolvida pela empresa petroquímica na localidade.

Em maio de 2018, o Ministério Público Federal em Alagoas instaura o primeiro inquérito civil (n. 1.11.000.000649/2018-29) para apurar a possível

---

[1] Desembargador Federal do Tribunal Regional Federal da 5.ª Região (TRF5). Doutor em Direito pela Universidade Federal de Pernambuco (UFPE). Professor nos Cursos de Graduação e de Mestrado em Direito da Universidade Federal de Alagoas (UFAL).
[2] Professora Adjunta da Universidade Federal de Alagoas (UFAL). Docente nos Cursos de Graduação e de Mestrado em Direito. Coordenadora do Programa de Pós-graduação em Direito da Universidade Federal de Alagoas (PPGD/UFAL).
[3] SEIXAS, Josué. Mina da Braskem em Maceió se rompe: o que acontece agora? *BBC News Brasil*. Disponível em: https://www.bbc.com/portuguese/articles/c2e2e0yz04eo. Acesso em: maio 2024.

relação entre os eventos e a exploração de sal-gema, o que viria a ser confirmado em março de 2019 pelo Serviço Geológico do Brasil (SGB/CPRM) com a divulgação da respectiva interferometria, um estudo geológico para interpretação de dados e formulação de mapas para previsão de movimentos de massa e afundamento de terrenos, com a finalidade de subsidiar políticas preventivas relativas a desastres oriundos de processos geológicos[4].

Em maio de 2019, o Caso é incluído no Observatório Nacional do Conselho Nacional de Justiça (CNJ) e do Conselho Nacional do Ministério Público (CNMP) com objetivo de detectar, prevenir e acompanhar desastres naturais – vocacionado para "questões ambientais, econômicas e sociais de alta complexidade e de grande impacto e repercussão" instituído após tragédias socioambientais e humanas vinculadas à mineração no Brasil nos municípios de Mariana (2015) e de Brumadinho (2019) em Minas Gerais – e que reputa ainda hoje ao caso o mérito da atuação interinstitucional exitosa na proteção à vida das milhares de pessoas afetadas[5].

Nada obstante o devido registro à efetiva política preventiva de mortes de moradores e transeuntes diante do risco de afundamento do solo e desmoronamento de imóveis, o caso de grande complexidade que abrange uma área equivalente a 20% da zona urbana da capital apresentou graves repercussões, como desocupação de imóveis e remoção de mais de 60.000 pessoas, números que seguem crescendo diante da dinâmica do próprio fenômeno geológico e socioambiental[6].

Diante da multiplicidade de interesses atingidos, o Caso Braskem precisa ser analisado sob diferentes perspectivas. Inicialmente, sob o ângulo dos indivíduos diretamente afetados pela atividade mineradora, recai a tutela de direitos patrimoniais e a reparação por danos de ordem extrapatrimonial que alcançam proprietários, residentes e empresários que tiveram suas vidas, patrimônio e atividades impactados pelas consequências da atividade econômica. Para o tema, foi proposta em 2019 a Ação Civil Pública n. 0803836-61.2019.4.05.8000 pelo Ministério Público Federal em Alagoas para realocação e indenização das pessoas atingidas[7]; para a tutela dos interesses individuais homogêneos em tela, foram celebrados acordos homologados judicialmente em janeiro de 2021[8], sem

---

4 Disponível em: https://www.mpf.mp.br/grandes-casos/caso-pinheiro/linha-do-tempo. Acesso em: maio 2024.
5 Disponível em: https://www.cnj.jus.br/caso-pinheiro-a-maior-tragedia-que-o-brasil-ja-evitou/. Acesso em: maio 2024.
6 Disponível em: https://maceio.al.gov.br/noticias/defesacivil/prefeitura-de-maceio-atualiza-mapa-de-risco-e-justica-federal-inclui-bom-parto-em-realocacao. Acesso em: maio 2024.
7 Disponível em: https://www.cnj.jus.br/wp-content/uploads/2021/02/Pinheiro-Acordo-BRASKEM-3836.pdf. Acesso em: maio 2024.
8 Disponível em: https://www.trf5.jus.br/index.php/noticias/leitura-de-noticias?/id=322851. Acesso em: maio 2024.

comprometimento da superveniência e continuidade de demandas de natureza indenizatória não pertinentes ao acordo firmado.

Para a tutela dos direitos dos trabalhadores e do meio ambiente do trabalho, coube ao Ministério Público do Trabalho em Alagoas a propositura de Ação Civil Pública n. 0000648-42.2019.5.19.0007 em julho de 2019 culminada com acordo homologado em março de 2020 para custeio e implementação de Programa de Recuperação de Negócios e Promoção Adequada das Atividades Educacionais nas áreas afetadas, política que, como nas demais searas, segue em desenvolvimento[9]. Ações coletivas também foram propostas pela Defensoria Pública da União em Alagoas para autorização de saques nas contas vinculadas ao FGTS em benefício de moradores residentes na área de risco e para coberturas referentes a políticas habitacionais financiadas pela Caixa Econômica Federal[10].

É na perspectiva da tutela do meio ambiente natural e social, incluindo-se o espaço urbanístico, o patrimônio histórico, arquitetônico e cultural, que o Caso Braskem encontra o foco do presente estudo. Os fatos que levaram ao fenômeno socioambiental remontam há décadas de exploração econômica da extração da sal-gema, mas, para o recorte temporal necessário à compreensão da problemática, remonta-se à divulgação do laudo conclusivo do Serviço Geológico Brasileiro (SGB/CPRM) em 2019 que levou à paralisação imediata das operações da Braskem em Maceió, sucedendo-se à propositura da Ação Civil Pública 0803662-52.2019.4.05.8000 para a realização de estudos de impacto e planejamento de fechamento das minas de exploração, além do cancelamento de licenças ambientais que autorizavam a atividade mineradora, acarretando na formulação e homologação de acordo entre o Ministério Público Federal em Alagoas, a Braskem S.A. e o Instituto do Meio Ambiente (IMA-AL) nesse sentido. Paralelamente, o Ministério Público Federal em Alagoas ajuizara também em 2019 Ação Civil Pública 0806577-74.2019.4.05.8000 contra os grupos econômicos Braskem, Odebrecht e Petrobras, em litisconsórcio com a Agência Nacional de Mineração (ANM), IMA-AL, União, Estado de Alagoas e Banco Nacional de Desenvolvimento Econômico e Social (BNDS) por danos socioambientais com pedido de ressarcimento e adoção de medidas de compensação[11].

Em janeiro de 2020, é homologado acordo firmado pelo Ministério Público do Estado de Alagoas (MPE), pela Defensoria Pública do Estado de Alagoas (DPE),

---

9 Disponível em: https://pje.trt19.jus.br/consultaprocessual/detalhe-processo/0000648-42.2019.5.19.0007/1#092a9f4. Acesso em: maio 2024.

10 Disponível em: https://direitoshumanos.dpu.def.br/wp-content/uploads/2023/08/caso_pinheiro_braskem.pdf. Acesso em: maio 2024.

11 DANTAS, Frederico Wildson da Silva. O Caso Pinheiro: exemplo do uso adequado de métodos de resolução de conflitos em macrolitígios. *Revista da Seção Judiciária de Pernambuco*, n. 15, p. 187-287, 2023. Disponível em: https://revista.jfpe.jus.br/index.php/RJSJPE/article/view/283. Acesso em: maio 2024.

pelo Ministério Público Federal (MPF), pela Defensoria Pública da União (DPU) e pela Braskem S.A., voltado aos objetos das ACPs 0803836-61.2019.4.05.8000 e 0806577-74.2019.4.05.8000, para a desocupação das áreas de risco e realocação da população atingida, além da implementação do programa de compensação[12].

2. DESTAQUES DOS ACORDOS FIRMADOS NA TUTELA SOCIOAMBIENTAL DO CASO BRASKEM

O acordo firmado pela Braskem, pelo Ministério Público e pela Defensoria Pública, estes em âmbito federal e estadual, homologado judicialmente no início de 2020, foca primeiramente seus esforços no caráter preventivo de realocação – no prazo de dois anos – da população situada em áreas de risco e de resguardo com programa de compensação financeira, seguindo as diretrizes de órgãos públicos competentes para gestão dos programas, com o exemplo da Defesa Civil do Estado de Alagoas. Estipula os patamares da indenização por danos materiais e morais dos indivíduos afetados, incluindo-se as atividades econômicas desenvolvidas na região e trouxe, no Capítulo IX, a previsão de extinção parcial da Ação Civil Pública 0803836-61.2019.4.05.8000 no que toca ao caráter de ressarcimento por danos aos moradores alcançados por adesão ao termo de acordo[13].

Em dezembro de 2020 é formalizado termo para extinção da Ação Civil Pública Socioambiental – processo n. 0806577-74.2019.4.05.8000 – no qual o grupo societário, o Ministério Público Federal e o Estadual estipulam ações relacionadas ao monitoramento contínuo e à estabilização da subsidência do solo, submissas ao controle e ao acompanhamento da Agência Nacional de Mineração, do Serviço Geológico do Brasil, da Defesa Civil e de estudos a serem realizados sob encargo da Braskem. Concomitantemente, caberia a implementação do Plano de Fechamento das lavras e publicação de relatórios periódicos indicando-se os avanços em sua execução, com explícita previsão de que as medidas não afastam a responsabilidade pelas frentes de exploração (Cláusula 15, parágrafo único). No ensejo, tratou-se ainda do compromisso pela reparação, mitigação e compensação de potenciais impactos e danos ambientais ao município de Maceió-AL, o que se convencionou chamar de "Ações Relacionadas ao Diagnóstico Ambiental"[14].

---

12 Autos eletrônicos disponíveis em: https://pje.jfal.jus.br/pjeconsulta/ConsultaPublica/DetalheProcessoConsultaPublica/listView.seam?signedIdProcessoTrf=638e054146dfc0185557815fa6cf1d01. Acesso em: maio 2024.
13 Disponível em: https://www.mpf.mp.br/al/sala-de-imprensa/docs/2020/termo-de-acordo-celebrado-com-braskem. Acesso em: maio 2024.
14 *Idem* – assim como para as demais referências às cláusulas convencionadas.

Em breve síntese, além das medidas referentes ao fenômeno de subsidência do solo decorrentes da extração da sal-gema, a Braskem assume o dever de adoção das medidas necessárias à prevenção e ao tratamento de novos impactos e danos ambientais por conta da dinâmica do processo geológico, estipulando-se o acompanhamento de Consultoria Técnica especializada para gestão do Diagnóstico Ambiental contínuo a quem caberá a formulação de um "Plano Ambiental" para o caso. Aponta-se a vinculação, no mínimo, dos princípios norteadores da reparação integral, da solidariedade e da função social da propriedade, como também, dos princípios da prevenção e da precaução, do poluidor-pagador e da conservação do equilíbrio ecológico, sem olvidar a participação popular, a sadia qualidade de vida, a prioridade da capacidade de autorregulação e da indisponibilidade do interesse público (Cláusula 25).

Além das áreas afetadas, o acordo traz a previsão de que impactos não contemplados poderão figurar em futuras deliberações das partes, uma vez que se mostrem significativos ao longo do processo de reparação; a atualização do diagnóstico ambiental é assinalado para ocorrer em cinco anos da celebração do acordo, sem prejuízo de intervenções extraordinárias decorrentes de eventos súbitos e graves, como a formação de *skinholes* – como visto no afundamento da Mina 18 ao fim do ano de 2023 – situação na qual a empresa é compelida a diligenciar diagnóstico e plano ambiental próprio para a ocorrência (Cláusula 41). Paralelamente, a Braskem assumiu o dever de adoção do Programa de Gestão Ambiental com envio de Relatórios e Planos de *compliance* socioambiental, além de acompanhamento por consultoria independente que possa oferecer a continuidade e o aperfeiçoamento da atividade empresarial e econômica na prevenção e mitigação de riscos e danos socioambientais, enfatizando-se a necessidade de uma postura organizacional de proatividade (Cláusula 45).

No que toca à reparação e à compensação sociourbanística, ungidas pelos princípios da reparação integral, da cooperação entre poder público, iniciativa privadas e demais setores, do desenvolvimento da função social da cidade e da função social da propriedade, além do direito à cidade sustentável e demais princípios já exaltados, os projetos devem voltar-se à ordem urbanística *lato sensu*, conciliando a mobilidade urbana com proteção do patrimônio histórico, cultural, artístico, paisagístico e arqueológico, abrangendo ainda a memória dos bairros, a proteção às comunidades atingidas e os vazios urbanos decorrentes das desocupações e demolições (Cláusula 51). As intervenções sociourbanísticas dirigidas às áreas desocupadas abrangem desde a demolição de imóveis e a gestão de resíduos sólidos, com obras de descomissionamento de redes de serviços públicos e drenagem da superfície, à implementação de cobertura vegetal adequada após estudos técnicos especializados, respondendo ainda pela gestão e preservação dos bens de interesse cultural.

Diante dos múltiplos interesses e direitos transindividuais afetados, da integridade física e psíquica, do direito à liberdade de locomoção, de propriedade, de moradia e de sossego, do direito à cidade, à identidade cultural, à informação e aos valores históricos, o dano moral coletivo foi reconhecido pela Braskem, com a indenização devida para esse fim no montante de R$ 150.000.000,00 (cento e cinquenta milhões de reais), aplicados de forma vinculada aos bens jurídicos afetados pelo Comitê Gestor de Danos Extrapatrimoniais, com representação do poder público e da sociedade civil (Cláusulas 69 e 70).

Em seus termos finais, o acordo dispõe sobre a integração do diagnóstico ambiental, sociourbanístico e geológico, sobre a resolução com exame do mérito da Ação Civil Pública e incidentes processuais respectivos, reconhecendo-se expressamente que não haverá produção de efeitos diante de demais ações propostas ou que venham a ser propostas (Cláusula 81), discorrendo sobre garantias à execução do acordado e mecanismos de fiscalização do cumprimento das obrigações contraídas.

Importante ressaltar que sucederam outros eventos e acordos na tutela socioambiental do caso Braskem, a exemplo de acordo de cooperação firmado pelo Ministério Público Federal e o Escritório das Nações Unidas de Serviços para Projetos (UNOPS) com o fito de desenvolver projetos para reparação de danos morais coletivos, como homologação em dezembro de 2023[15], como também visto no acordo realizado pelo município de Maceió e a Braskem S.A. para fins de compensação, indenização e/ou ressarcimento de danos no montante de R$ 1.700.000.000,00 (um bilhão e setecentos milhões de reais) como parte do "P.A.S" – Plano de Ações Sociourbanísticas – com sentença de homologação judicial proferida em julho de 2023[16].

3. DA NATUREZA DOS ACORDOS SOCIOAMBIENTAIS NO CASO BRASKEM PARA UMA MELHOR COMPREENSÃO DA AUTOCOMPOSIÇÃO NA TUTELA AMBIENTAL

A análise dos acordos socioambientais no Caso Braskem oferece uma perspectiva valiosa na compreensão dos desafios postos pela tutela jurídica do meio ambiente. O caso evidencia que os desastres ambientais não são apenas fenômenos naturais, pois frequentemente suas causas estão associadas à ação humana, como

---

15 Disponível em: https://downloads.jfal.jus.br/cpibrasken/0806577-74.2019.4.05.8000.pdf. Acesso em: maio 2024.

16 Disponível em: https://downloads.jfal.jus.br/cpibrasken/0808806-65.2023.4.05.8000.pdf. Acesso em: maio 2024.

negligência, falhas de regulação ou outros problemas estruturais. Em segundo lugar, destaca a extensão do impacto desses desastres, com repercussões ambientais, sociais e econômicas significativas sobre as comunidades afetadas. Por fim, aponta para a autocomposição como o método mais adequado para buscar soluções abrangentes, que não se limitem a mitigar os danos, buscando também implementar mudanças sistêmicas e duradouras para prevenir a ocorrência de novos desastres no futuro.

A importância de levar em consideração as ações humanas na ocorrência de desastres é destacada por Daniel Faber, ao discorrer sobre o "ciclo do direito dos desastres". Segundo Faber, o Direito dos Desastres é um conjunto de estratégias interconectadas que envolve a gestão de risco de desastres por meio de um cuidadoso design institucional, compreendendo as seguintes fases: prevenção e mitigação de riscos, resposta emergencial, compensação e reconstrução[17]. No Brasil, o estudo sistemático desse tema foi inaugurado por Délton Winter de Carvalho, que denomina o Direito dos Desastres como um ramo jurídico interdisciplinar que se relaciona com o Direito Ambiental, Urbanístico, Administrativo, Penal, Civil, dos Seguros e dos Contratos, buscando gerir todas as etapas de um evento catastrófico[18]. Segundo defende, a autonomia do Direito dos Desastres é consolidada por um ciclo de gestão de risco que vai da prevenção à reconstrução, regido pelas Leis n. 12.340/2010 e n. 12.60/2012 e pelo Decreto n. 11.219/2022[19].

Referindo-se à fase de mitigação de riscos, Faber afirma que os desastres não devem ser vistos apenas como acidentes, mas como falhas do sistema jurídico em gerenciar os riscos de forma eficaz, de maneira que o Direito dos Desastres está ligado ao direito regulatório, especialmente em relação ao planejamento do uso da terra e controle de riscos ambientais. Assim, os fatores físicos decorrentes de eventos naturais ou projetos de engenharia complexos são componentes essenciais a serem considerados, porém, servem apenas como pontos de partida na

---

17 FABER, Daniel. Disaster law and emerging issues in Brazil. *Revista de Estudos Constitucionais, Hermenêutica e Teoria do Direito (RECHTD)*, 4(1) 2-15, jan./jun. 2012. Disponível em: https://research.fit.edu/media/site-specific/researchfitedu/coast-climate-adaptation-library/latin-america-and-caribbean/brazil/Farber.–2012.–Disaster-Law–Emerging-Issues-in-Brazil..pdf. Acesso em: 30 maio 2024.
18 CARVALHO, Délton Winter. *Desastres ambientais e sua regulação jurídica*: deveres de prevenção, resposta e compensação ambiental. 2. ed., rev., atual. e ampl. São Paulo: RT, 2020, p. 51.
19 A Lei n. 12.340/2010 regula a transferência de recursos financeiros da União para ações de prevenção, resposta e recuperação em áreas de risco de desastres, conforme regulamentado no Decreto n. 11.219/2022. As transferências podem ser feitas via depósito em conta específica ou por meio do Fundo Nacional para Calamidades Públicas (FUNCAP). Por sua veza, a Lei n. 12.608/2012 estabelece a Política Nacional de Proteção e Defesa Civil (PNPDEC), regulamenta o Sistema Nacional de Proteção e Defesa Civil (SINPDEC) e o Conselho Nacional de Proteção e Defesa Civil (CONPDEC) e tem por finalidade promover uma cultura de prevenção de desastres e garantir uma resposta eficaz em situações de emergência, envolvendo a participação coordenada dos diferentes níveis de governo e da sociedade civil.

preocupação com a segurança[20]. Por conseguinte, as demandas que visam a tutela do meio ambiente devem levar em conta o fato de que os desastres ambientais muitas vezes resultam de problemas estruturais gerados pelas deficiências do sistema jurídico na prevenção de sua ocorrência, sobretudo falhas regulatórias.

O Caso Braskem exemplifica essa realidade, pois uma conjunção de fatores contribuiu para o desastre, dentre os quais a ineficiência das autoridades responsáveis por fiscalizar a atividade minerária, bem daquelas responsáveis pela fiscalização ambiental, além de falhas nas políticas de *compliance* ambiental da empresa. A propósito disso, vale destacar que a ação civil pública ambiental ajuizada pelo Ministério Público Federal apontou falhas na fiscalização da Agência Nacional de Mineração – ANM e do Instituto do Meio Ambiente de Alagoas – IMA/AL, cada um nos limites de suas competências, buscando a responsabilização de ambos com fundamento na regra do art. 3.º, IV, da Lei n. 6.938/1981. Um cenário semelhante foi observado nos desastres de Mariana e Brumadinho, nos quais também se verificou a ausência de fiscalização adequada e transgressões das regras de segurança pelas empresas.

A próxima fase do ciclo é a resposta emergencial, na qual cabe ao sistema jurídico estabelecer estratégias para lidar com situações de emergência, o que pode exigir planejamento e treinamento adequados. Em seguida, avança-se para a fase de compensação, em que são empregados métodos para oferecer reparação às vítimas do desastre. Isso pode incluir a oferta de seguro privado, a busca por indenização por meio de ações judiciais responsabilizando os potenciais causadores do dano, ou a compensação por parte do governo. No Caso Braskem, a resposta emergencial e a busca por reparação foram amplamente influenciadas pelas instituições do sistema de justiça, com participação intensa do Ministério Público e da Defensoria Pública, tanto extrajudicialmente quanto judicialmente, por meio da propositura de ações coletivas. O caso também foi supervisionado pelos órgãos de cúpula do Judiciário, especialmente o CNJ e o CNMP. Após a fase de compensação, o ciclo se encerra com a fase de reconstrução e restauração, que envolve a reconstrução de edifícios danificados ou destruídos e a restauração do meio ambiente afetado.

Dada a frequente correlação entre problemas estruturais e desastres ambientais, o processo estrutural muitas vezes será o meio processual adequado para lidar com esses casos, dada sua característica de proporcionar uma tutela jurisdicional capaz de corrigir falhas ou deficiências nas estruturas sociais, institucionais

---

20 FABER, Daniel. Disaster law and emerging issues in Brazil. *Revista de Estudos Constitucionais, Hermenêutica e Teoria do Direito (RECHTD)*, 4(1) 2-15, jan./jun. 2012. Disponível em: https://research.fit.edu/media/site-specific/researchfitedu/coast-climate-adaptation-library/latin-america-and-caribbean/brazil/Farber.–2012.–Disaster-Law–Emerging-Issues-in-Brazil..pdf. Acesso em: 30 maio 2024, p. 7.

ou regulatórias que contribuíram para a ocorrência do litígio. A adequação do processo estrutural ao Direito dos Desastres se justifica não só por que muitos desses eventos são desencadeados por problemas estruturais, mas também pela necessidade de implementar medidas estruturais para encontrar soluções adequadas. De fato, a adoção de providências destinadas a reparar e mitigar os danos socioambientais após a ocorrência do desastre não é suficiente para garantir a proteção efetiva do meio ambiente. Se os problemas estruturais subjacentes não forem abordados, permanece o risco de novas ocorrências.

Nessa ordem de ideias, Gianfranco Faggin Mastro Andréa propõe duas espécies de processo estrutural dos desastres, um processo estrutural de perfil preventivo-inibitório, a incidir na fase de prevenção e mitigação de riscos, para tratar do litígio estrutural decorrente da ausência ou atuação deficitária das instituições, para evitar ou mitigar os riscos e vulnerabilidades sociais que geram desastres, e um processo estrutural emergencial-reconstrutivo, para a fase de resposta e reconstrução, focado no estabelecimento das áreas atingidas, sem caráter indenizatório[21].

Segundo Edilson Vitorelli, embora o desastre ambiental em si não constitua necessariamente um litígio estrutural, tanto as condições que proporcionam sua ocorrência quanto as medidas necessárias para sua reparação podem ser estruturais, o que justifica sua abordagem em processos dessa natureza[22]. Essa proposição se ajusta bem ao Caso Braskem que, como visto, tem sua origem vinculada a uma conjunção de fatores estruturais. Trata-se, ademais, de uma macrolide, ou macrolitígio, cuja complexidade se manifesta tanto em sua dimensão subjetiva, pois os problemas causados pela exploração de sal-gema em Maceió

---

21 ANDRÉA, Gianfranco Faggin Mastro. *Processo estrutural dos desastres*: dever estatal de prevenção a partir do paradigma das calamidades hidrológicas. São Paulo: Thoth, 2024, p. 260. Cumpre esclarecer que, para o autor, o processo estrutural seria cabível somente em desastres que demonstrem sazonalidade ou repetição de danos, os quais estão associados a uma previsibilidade com baixo grau de incerteza, conforme preconizado pelo princípio da prevenção. Para os demais casos, que possam ser prevenidos com base no princípio da precaução, carecendo de evidências científicas claras sobre sua ocorrência, seria aplicável o direito processual dos desastres, mas não envolveria necessariamente o processo estrutural (*op. cit.*, p. 265). O direito processual dos desastres resultaria de uma abordagem diferenciada dos litígios, a partir da organização dos instrumentos processuais de acordo com o tipo de tutela jurisdicional adequada para cada fase do ciclo de gestão de riscos do direito dos desastres: tutela inibitória para a fase preventiva e de mitigação de desastres, tutela de urgência para a fase de resposta emergencial, tutela ressarcitória para a fase de compensação e tutela ressarcitória específica para a fase de reconstrução pós desastre (*op. cit.*, p. 239).

22 Cf. VITORELLI, Edilson. *Processo civil estrutural*: teoria e prática. 4. ed. rev., atual. e ampl. São Paulo: JusPodivm, 2023, p. 513-516. Vitorelli conceitua o conflito estrutural como um conflito coletivo no qual a violação sistemática de direito decorre do funcionamento de uma estrutura burocrática pública ou privada, por isso, sustenta que desastres como os rompimentos das barragens em Mariana e Brumadinho não seriam propriamente conflitos estruturais.

atingiram milhares de pessoas e a própria comunidade como um todo, quanto em sua dimensão objetiva, por repercutir em múltiplas relações de natureza civil, trabalhista, administrativa e ambiental[23], demandando a adoção de medidas estruturais abrangentes.

Nesse contexto, é inegável que o acordo socioambiental envolveu a adoção de providências estruturais, dentre as quais podem-se destacar o estabelecimento de processos de gestão de risco ambiental, contendo ações voltadas à estabilização e ao monitoramento do fenômeno da subsidência, a realização de diagnóstico ambiental, com medidas de reparação, mitigação ou compensação dos danos ambientais, sujeito a atualização no prazo de cinco anos, e a implementação de plano de melhorias de *compliance* socioambiental pela empresa, para planejar ações, prevenir e gerenciar riscos.

Considerando a abrangência dessas medidas, releva notar que o encaminhamento para uma resolução consensual do litígio ocorreu em prazo relativamente curto. A ação civil pública visando à reparação de danos socioambientais foi ajuizada em agosto de 2019 e extinta em janeiro de 2021, com a homologação do acordo, tendo a empresa se obrigado a adotar medidas para estabilizar e monitorar o fenômeno da subsidência, bem como medidas de reparação, mitigação ou compensação dos impactos ambientais, urbanísticos e culturais, além de implementar ações de mobilidade urbana, compensação social e indenização por danos coletivos[24].

Sabe-se que os acordos visando à indenização das vítimas do Caso Braskem têm sido alvo de críticas, entrementes, o foco desse estudo está no exame dos acordos socioambientais. Nessa seara, a principal controvérsia envolve a possibilidade jurídica da conciliação, haja vista que a lei civil somente permite a transação quanto a direitos patrimoniais de caráter privado[25] enquanto o direito ao meio ambiente se inclui na categoria dos direitos difusos, de natureza indivisível e de interesse de toda coletividade, sendo insuscetível de individualização e sendo indisponíveis, portanto, inegociáveis.

A possibilidade jurídica de celebrar acordos envolvendo direitos coletivos extrai-se expressamente da Lei da Ação Civil Pública, que autoriza os órgãos públicos legitimados a propor a demanda coletiva a tomarem dos interessados

---

23 A expressão "macrolide" foi utilizada pelo Superior Tribunal de Justiça no julgamento do recurso especial repetitivo que trata da determinação de suspensão de processos individuais, enquanto pendente o julgamento de ação coletiva, embora assegurado o direito ao ajuizamento individual (REsp 1.110.549/RS, Segunda Seção, Rel. Min. Sidnei Beneti, j. 28.10.2009, *DJe* 14.12.2009).

24 Os termos de acordo do Caso Pinheiro podem ser obtidos no sítio do Ministério Público Federal, estão disponíveis em: http://www.mpf.mp.br/grandes-casos/caso-pinheiro/termo-de-acordo.

25 Refere-se aqui à regra do art. 841 do Código Civil: "Só quanto a direitos patrimoniais de caráter privado se permite a transação".

compromisso de ajustamento de conduta (TAC), negócio jurídico extrajudicial, com força de título executivo[26]. De modo geral, a doutrina processualista tem justificado a conciliação em ações coletivas como mecanismo de efetivação desses direitos, argumentando-se que a transação pelos substitutos processuais não importa concessão que prejudique a integral satisfação do direito, apenas regulando a forma de sua proteção[27]. Essa ideia é bem expressa no § 1.º do art. 1.º da Resolução n. 179/2017, do Conselho Nacional do Ministério Público:

> Não sendo o titular dos direitos concretizados no compromisso de ajustamento de conduta, não pode o órgão do Ministério Público fazer concessões que impliquem renúncia aos direitos ou interesses difusos, coletivos e individuais homogêneos, cingindo-se a negociação à interpretação do direito para o caso concreto, à especificação das obrigações adequadas e necessárias, em especial o modo, tempo e lugar de cumprimento, bem como à mitigação, à compensação e à indenização dos danos que não possam ser recuperados.

Admitida a possibilidade de conciliação extrajudicial envolvendo direitos coletivos, com maior razão há de se permitir a conciliação judicial, caso em que se está diante de negócio jurídico processual[28].

A adoção de uma solução negociada para a tutela do meio ambiente pode trazer muitos benefícios, sobretudo em processos estruturais, dotados de alta complexidade, que envolvem a necessidade de medidas abrangentes e de difícil implementação[29]. No Caso Braskem, a resolução do litígio socioambiental por meio de acordos teve o mérito de viabilizar a adoção de medidas de reparação ambiental de modo tempestivo, o que nem sempre pode ser obtido por meio do

---

[26] Cf. art. 5.º, § 6.º, da Lei n. 7.347/1985: "Os órgãos públicos legitimados poderão tomar dos interessados compromisso de ajustamento de sua conduta às exigências legais, mediante cominações, que terá eficácia de título executivo extrajudicial".

[27] DONIZETTI, Elpídio. *Curso de processo coletivo*. São Paulo: Malheiros, 2010, p. 313. Note-se que o autor critica essa posição, defendendo que muitas vezes a conciliação mediante concessões recíprocas acerca do direito coletivo pode ser a melhor solução, principalmente quando houver risco de sucumbência no processo coletivo.

[28] Geisa de Assis Rodrigues distingue o ajustamento de conduta judicial e o extrajudicial apontando que a legitimidade para o ajuste judicial é mais ampla, o ajuste judicial possui implicações processuais estranhas ao extrajudicial, por exemplo a formação de coisa julgada material, e pelo fato de que o acordo judicial forma título executivo judicial, enquanto o termo de ajuste de conduta é título extrajudicial. *Apud* DIDIER JR., Fredie; ZANETI JR., Hermes. *Curso de direito processual coletivo*. 4. ed. Salvador: JusPodivm, 2009. v. 4, p. 314.

[29] Edilson Vitorelli aponta os seguintes benefícios do acordo estrutural: (i) oferecer a oportunidade de uma mudança institucional difícil, trazendo para o cenário um agente público externo, com outra visão do problema e capaz de alterar os impasses existente; (ii) impacto positivo em termos de *compliance*, cultura institucional e visibilidade externa; (iii) possibilidade de adiar providências que poderiam ser determinadas em tutela provisória, em processos individuais ou coletivos; (iv) a oportunidade de evitar uma solução judicial, impositiva para a controvérsia (*Processo civil estrutural*: teoria e prática. 4. ed. rev., atual. e ampl. São Paulo: JusPodivm, 2023, p. 187-191).

modelo tradicional de resolução dos litígios. É importante observar que o direito de acesso à justiça não se restringe ao acesso à via jurisdicional, nem se deve limitar o papel do Judiciário ao exercício típico da jurisdição. Partindo da premissa de que a função do sistema de justiça é solucionar os conflitos, a utilização de meios de autocomposição para lides ambientais se afigura uma alternativa valiosa para a obtenção de uma tutela jurídica efetiva do meio ambiente, o que pode ser ilustrado pelo caso em estudo.

4. CONSIDERAÇÕES FINAIS: LIÇÕES DOS ACORDOS NO CASO BRASKEM PARA EFETIVIDADE DA PROTEÇÃO AMBIENTAL

O afundamento gradual da superfície de bairros na cidade de Maceió-AL, vinculado à atividade econômica de exploração da mineração e extração da sal-gema pelo grupo Braskem S.A. é um fenômeno de múltipla complexidade que afetou diretamente a vida de mais de 60.000 (sessenta mil) pessoas, mediatamente todo o conjunto urbano e metropolitano da capital alagoana e que segue em desenvolvimento contínuo, não sendo possível precisar a duração e a extensão de seus impactos humanos e ambientais. Logo, não se pode querer reduzir a compreensão do tema em poucas páginas, quanto mais, em análises cirúrgicas de seus desdobramentos jurídicos.

Feita a ressalva, sustenta-se que o Caso Braskem deve servir de exemplo para a construção de modelos viáveis e eficientes para gestão preventiva na tutela ambiental, assim como à instrumentalização de ações concretas para efetividade dos comandos constitucionais de desenvolvimento sustentável e do equilíbrio entre livre iniciativa e desenvolvimento econômico com observância de fato das diretrizes que resguardam o meio ambiente para as presentes e futuras gerações.

Isso porque, frente às balizas do Estado de Direito trazido pela Carta de 1988, sejam elas ditadas pelo art. 225 e/ou pelo diálogo com demais valores na unidade constitucional, a proteção ao meio ao meio ambiente vincula poder público, sociedade, indivíduos e instituições privadas impondo deveres de ação e de abstenção a seus atores e atividades[30]. A função social preconizada pelo texto normativo como farol para adequação de direitos e liberdades individuais a um fim de efeitos transcendentais para benefício da coletividade em sentido amplo

---

30 DANTAS, Juliana Jota. Ao Estado de direito ambiental: caminhos para superação da crise de efetividade no direito constitucional do meio ambiente brasileiro. *Veredas do Direito*, Belo Horizonte, v. 20, e202515, 2023. Disponível em: http://www.domhelder.edu.br/revista/index.php/veredas/article/view/2515. Acesso em: maio 2024.

é elastecida para conformar também a atividade econômica e empresarial à satisfação de um bem comum, à propagação de ganhos que deve extrapolar a figura do empresário para favorecer trabalhadores, coletividades e a sociedade como um todo. Especialmente quando a atividade desenvolvida explora e afeta recursos ambientais, o atendimento à função socioambiental da produção econômica não é facultado aos agentes públicos ou privados: trata-se de um comando imperativo que exige mais do que observância formal nos termos do direito positivado, vindicando concretização de ações materiais dirigidas ao ideal do desenvolvimento sustentável e que promovam o bem comum[31].

Isto posto, o estudo *a posteriori* do Caso Braskem oferece luzes para identificar caminhos para efetividade de comandos mormente vagos de satisfação da proteção ambiental conciliada à exploração sustentável de recursos naturais como também, para cumprimento do ideal da função socioambiental e que devem ser tomadas como parâmetros mínimos para a atividade econômica com potencial lesivo ao meio ambiente, de forma a prevenir – de fato – a exploração predatória de recursos naturais e que possa, direta ou indiretamente, ameaçar ou comprometer o equilíbrio, a segurança ou a qualidade de vida dos destinatários do meio ambiente natural ou artificial.

Primeiramente, deve ser destacado o emprego de métodos adequados na solução de conflitos que permitiu a celeridade no trâmite processual, notadamente na fase do processo de conhecimento que poderia acentuar o risco da demora – quiçá irreversível – para intervenções imprescindíveis no resguardo e na segurança da população diretamente afetada pela subsidência do solo, permitindo a remoção a tempo dos moradores dos bairros atingidos, sem registros de perdas humanas em virtude de desabamentos ou acidentes relativos ao afundamento[32]. A autocomposição dos interesses no Caso Braskem denota uma mudança de percurso no tratamento de desastres que acarretam macroprocessos ambientais – como antes visto com Mariana e Brumadinho em Minas Gerais – e pela própria complexidade que carregam, a metodologia do processo estrutural incide como vetor para melhor compreensão de suas dimensões e especificidades, razão pela qual é tratada em tópico destacado.

Como fruto da composição e da consensualidade, o acordo firmado na Ação Civil Pública Socioambiental evidenciou o reconhecimento de deveres que

---

31 OLIVEIRA, Filipe Nicholas Moreira Cavalcante; DANTAS, Juliana de Oliveira Jota. Novas perspectivas da empresa no século XXI: do desenvolvimento sustentável à função socioambiental. *Revista Direito e Sustentabilidade*, v. 8, n. 1, p. 44-64, jan./jul. 2022.

32 DANTAS, Juliana de Oliveira Jota. Reflexões sobre o Caso Pinheiro à luz do Estado de direito socioambiental brasileiro. In: CARVALHO, Fábio Lins de Lessa; GOMES, Filipe Lôbo; EHRHARDT JR., Marcos (org.). *O Caso do Pinheiro* – diálogos jurídicos, sociais e econômicos. Maceió: Edufal, 2023, p. 99-120, p. 112.

recaem sobre quem desenvolve atividade econômica potencialmente lesiva ao meio ambiente natural e/ou humano para além daqueles exigidos pela legislação ambiental aplicável, denotando instrumentos para concretização da função socioambiental, que precisam ser empregadas sob o prisma dos princípios da prevenção e da precaução – inibindo a ocorrência do dano, com suas intervenções reparatórias e ressarcitórias – senão vejamos: (a) a proatividade da iniciativa privada como via primária, prescindindo da intervenção estatal para conformação e cumprimento das normas de proteção ambiental em qualquer esfera; (b) a satisfação material da função socioambiental com planejamento estratégico e atualizado periodicamente para gestão ambiental; (c) estudos especializados que antecedem e acompanham a atividade exploratória de recursos naturais para mitigação de riscos e danos às reservas e aos impactos humanos da atividade econômica; (d) o emprego das melhores técnicas disponíveis para minimizar impactos ambientais com incentivos à ecoinovação e incremento contínuo da qualidade ambiental; (e) observância dos deveres de transparência, informação e abertura para participação popular na gestão dos recursos e impactos ambientais, incluindo a constituição de órgãos com representação de entidades do poder público, da iniciativa privada e da sociedade para acompanhamento e fiscalização da gestão ambiental empreendida pela atividade econômica potencialmente lesiva; (f) deveres de lealdade, cooperação e informação que informam o princípio da boa-fé objetiva no diálogo constante do setor privado com o poder público.

Os vetores podem ser observados no caso concreto com o exame da adoção de medidas específicas de prevenção, acompanhamento, manejo e de reparação das áreas afetadas pelas atividades da Braskem S.A, como os exemplos extraídos dos acordos firmados: (a) contratação de estudos especializados como o levantamento aerogravimétrico da Lagoa Mundaú que circunda parte da área afetada; (b) monitoramento e manutenção de cabeças de minas ou poços de explotação de água; (c) instalação de equipamentos para monitoramento da subsidência do solo; (d) contratação de empresa especializada para diagnóstico, gestão e reparação diante da formação de *skinholes,* como o sucedido com a Mina 18 ao fim do ano de 2023; (e) formulação de planos estratégicos para ação de prevenção e/ou reparação de impactos ambientais, como o P.A.S. (Plano de Ações Sociourbanísticas) e planos de comunicação da gestão de impactos; (f) medidas de *compliance* ambiental, com a gestão empresarial proativa para prevenção de danos ambientais e humanos; (g) constituição de comitê gestor, com representação da sociedade civil, de representantes do poder público de diferentes esferas e dos espaços de decisão empresarial; (h) desocupação, demolição e proibição de edificação na área pela Braskem S.A.; (i) previsão de atualização dos diagnósticos ambientais a cada 5 (cinco) anos; (j) reparação de danos socioambientais com inclusão do patrimônio ambiental artificial, abrangendo-se os danos vinculados a fatos supervenientes se configurado o nexo causal, vislumbrando-se a necessidade de interpretação da tutela em conformidade com a natureza do bem jurídico difuso.

Com a experiência – ainda em curso – extraída do Caso Braskem, o direito ambiental brasileiro denota a ruptura das divisas formais entre o espaço público e o interesse privado – intrínseca à constitucionalização dos direitos – e a vinculação da atuação econômica às diretrizes do Estado de Direito alicerçado na proteção ao meio ambiente, consolidando o diálogo dos mais diversos ramos do direito em sua efetivação e o advento de novas vias de abordagem, como o emergente Direito dos Desastres, os métodos autocompositivos para solução célere e efetiva de conflitos e a visão estrutural do processo para a tutela de problemáticas socioambientais.

REFERÊNCIAS

ANDRÉA, Gianfranco Faggin Mastro. *Processo estrutural dos desastres*: dever estatal de prevenção a partir do paradigma das calamidades hidrológicas. São Paulo: Thoth, 2024.

BRASIL. *Lei n. 7.347, de 24 de Julho de 1985* – Lei da Ação Civil Pública. Disponível em: https://www.planalto.gov.br/ccivil_03/Leis/L7347orig.htm#:~:text=LEI%20No%207.347%2C%20DE%2024%20DE%20JULHO%20DE%201985.&text=Disciplina%20a%20a%C3%A7%C3%A3o%20civil%20p%C3%BAblica VETADO)%20e%20d%C3%A1%20outras%20provid%C3%AAncias. Acesso em: maio 2024.

BRASIL. *Lei n. 12.340, de 1.º de dezembro de 2010*. Disponível em: http://www.planalto.gov.br/ccivil_03/_ato2007-2010/2010/lei/l12340.htm. Acesso em: maio 2024.

BRASIL. *Lei n. 12.608, de 10 de abril de 2012*. Disponível em: http://www.planalto.gov.br/ccivil_03/_ato2011-2014/2012/lei/l12608.htm. Acesso em: maio 2024.

BRASIL. Conselho Nacional de Justiça (CNJ). *O Caso Pinheiro* – a maior tragédia que o Brasil já evitou. Disponível em: https://www.cnj.jus.br/caso-pinheiro-a-maior-tragedia-que-o-brasil-ja-evitou/. Acesso em: maio 2024.

BRASIL. Conselho Nacional de Justiça (CNJ). *Ação Civil Pública* – Processo n. 0803836-61.2019.4.05.8000. Disponível em: https://www.cnj.jus.br/wp-content/uploads/2021/02/Pinheiro-Acordo-BRASKEM-3836.pdf. Acesso em: maio 2024.

BRASIL. Defensoria Pública da União (DPU). *Informe Defensorial* – o Caso Pinheiro/Braskem. Disponível em: https://direitoshumanos.dpu.def.br/wp-content/uploads/2023/08/caso_pinheiro_braskem.pdf. Acesso em: maio 2024.

BRASIL. Ministério Público Federal (MPF). *Caso Pinheiro/Braskem*. Disponível em: https://www.mpf.mp.br/grandes-casos/caso-pinheiro/linha-do-tempo. Acesso em: maio 2024.

BRASIL. Ministério Público Federal (MPF). *Ação Civil Pública* – Processo n. 0806577-74.2019.4.05.8000. Disponível em: https://pje.jfal.jus.br/pjeconsulta/ConsultaPublica/DetalheProcessoConsultaPublica/listView.seam?signedIdProcessoTrf=638e054146dfc0185557815fa6cf1d01. Acesso em: maio 2024.

BRASIL. Ministério Público Federal (MPF). *Termo de Acordo*. Disponível em: https://www.mpf.mp.br/al/sala-de-imprensa/docs/2020/termo-de-acordo-celebrado-com-braskem. Acesso em: maio 2024.

BRASIL. Tribunal Regional Federal da 5.ª Região (TRF5). *Notícias*. Disponível em: https://www.trf5.jus.br/index.php/noticias/leitura-de-noticias?/id=322851. Acesso em: maio 2024.

BRASIL. Tribunal Regional Federal da 5.ª Região (TRF 5). *Processo n. 0808806-65.2023.4.05.8000*. Disponível em: https://downloads.jfal.jus.br/cpibrasken/0808806-65.2023.4.05.8000.pdf. Acesso em: maio 2024.

BRASIL. Tribunal Regional Federal da 5.ª Região (TRF 5). *Processo n. 0806577-74.2019.4.05.8000*. Disponível em: https://downloads.jfal.jus.br/cpibrasken/0806577-74.2019.4.05.8000.pdf. Acesso em: maio 2024.

BRASIL. Tribunal Regional do Trabalho da 19.ª Região (TRT19). *Ação Civil Pública* – Processo n. 0000648-42.2019.5.19.0007. Disponível em: https://pje.trt19.jus.br/consultaprocessual/detalhe-processo/0000648-42.2019.5.19.0007/1#092a9f4. Acesso em: maio 2024.

CARVALHO, Délton Winter. *Desastres ambientais e sua regulação jurídica*: deveres de prevenção, resposta e compensação ambiental. 2. ed., rev., atual. e ampl. São Paulo: RT, 2020.

CARVALHO, Fábio Lins de Lessa; GOMES, Filipe Lôbo; EHRHARDT JR., Marcos (org.). *O Caso do Pinheiro* – diálogos jurídicos, sociais e econômicos. Maceió: Edufal, 2023.

DANTAS, Frederico Wildson da Silva. O Caso Pinheiro: exemplo do uso adequado de métodos de resolução de conflitos em macrolitígios. *Revista da Seção Judiciária de Pernambuco*, n. 15, p. 187-287, 2023. Disponível em: https://revista.jfpe.jus.br/index.php/RJSJPE/article/view/283. Acesso em: maio 2024.

DANTAS, Juliana Jota. Ao Estado de Direito Ambiental: caminhos para superação da crise de efetividade no direito constitucional do meio ambiente brasileiro. *Veredas do Direito*, Belo Horizonte, v. 20, e202515, 2023. Disponível em: http://www.domhelder.edu.br/revista/index.php/veredas/article/view/2515. Acesso em: maio 2024.

DIDIER JR., Fredie; ZANETI JR., Hermes. *Curso de direito processual coletivo*. 4. ed. Salvador: JusPodivm, 2009. v. 4.

DONIZETTI, Elpídio. *Curso de processo coletivo*. São Paulo: Malheiros, 2010.

FABER, Daniel. Disaster law and emerging issues in Brazil. *Revista de Estudos Constitucionais, Hermenêutica e Teoria do Direito (RECHTD)*, 4(1) 2-15 jan./jun. 2012. Disponível em: https://research.fit.edu/media/site-specific/researchfitedu/coast-climate-adaptation-library/latin-america-and-caribbean/brazil/Farber.–2012.–Disaster-Law–Emerging-Issues-in-Brazil..pdf. Acesso em: 30 maio 2024.

MACEIÓ. Secretaria de Comunicação (SECOM). Prefeitura de Maceió atualiza mapa de risco e Justiça Federal inclui Bom Parto em realocação. Disponível em: https://maceio.al.gov.br/noticias/defesacivil/prefeitura-de-maceio-atualiza-mapa-de-risco-e-justica-federal-inclui-bom-parto-em-realocacao. Acesso em: maio 2024.

OLIVEIRA, Filipe Nicholas Moreira Cavalcante; DANTAS, Juliana de Oliveira Jota. Novas perspectivas da empresa no século XXI: do desenvolvimento sustentável à função socioambiental. *Revista Direito e Sustentabilidade*, v. 8, n. 1, p. 44-64. jan./jul. 2022.

SEIXAS, Josué. Mina da Braskem em Maceió se rompe: o que acontece agora? *BBC News Brasil*. Disponível em: https://www.bbc.com/portuguese/articles/c2e2e0yz04eo. Acesso em: maio 2024.

VITORELLI, Edilson. *Processo civil estrutural*: teoria e prática. 4. ed. rev., atual. e ampl. São Paulo: JusPodivm, 2023.

ADPF 760: STF ORDENA MEDIDAS ESTRUTURAIS PARA COMBATER O DESMATAMENTO NA AMAZÔNIA, MAS NÃO RECONHECE O ECI AMBIENTAL

Andreas J. Krell[1]

1. INTRODUÇÃO

Em março do corrente ano, o Pleno do Supremo Tribunal Federal (STF) julgou a ADPF 760, que teve por objeto de análise as ações e omissões do governo federal referentes ao desmatamento na região da Amazônia. A ação, proposta em 2020 por partidos de oposição ao Governo Bolsonaro, teve o voto da relatora Ministra Cármen Lúcia pronunciado em abril de 2022, no qual ela declarou o Estado de Coisas Inconstitucional (ECI) na área ambiental, ordenando várias medidas estruturais para fazer cessar as violações aos direitos fundamentais causadas pela precária gestão administrativa de defesa do meio ambiente amazônico.

Em 14 de março de 2024, o julgamento terminou com decisão (8 x 3) em favor da inconstitucionalidade dos atos e omissões governamentais; todavia, a maioria dos ministros recusou a declaração do ECI ambiental. Mesmo assim, o Tribunal determinou diversas medidas a serem tomadas pelos Poderes Executivo e Legislativo, com base da exigência de um "compromisso significativo" dos entes públicos envolvidos.

O texto analisa criticamente a negação do ECI ambiental, traçando linhas comparativas com o precedente criado pelo próprio STF na decisão da ADPF 347, de 2015, na qual foi declarado o ECI no sistema penitenciário brasileiro. Questiona-se, sobretudo, a coerência argumentativa do Tribunal, que assumiu um papel fortemente interventivo, mas não assumiu o cumprimento formal da condição dogmática (o ECI) para lançar mão das referidas medidas estruturantes.

---

1 *Doctor Juris* pela *Freie Universität Berlin* (Alemanha). Professor Titular de Direito Ambiental e Constitucional da Faculdade de Direito da Universidade Federal de Alagoas (FDA/Ufal). Professor colaborador do PPGD da UFPE, Recife. Pesquisador bolsista do CNPq (PQ-1A). Consultor da Capes.

2. ORIGEM DA DOUTRINA DO ESTADO DE COISAS INCONSTITUCIONAL (ECI): OS LITÍGIOS ESTRUTURAIS NA ÁREA DO CONTROLE JUDICIAL DA CONSTITUCIONALIDADE DOS ATOS E OMISSÕES DOS ÓRGÃOS ESTATAIS

O Estado de Coisas Inconstitucional (ECI) é um novo tipo de ativismo judicial que surge como uma das consequências do neoconstitucionalismo; este trouxe consigo, além da força normativa da Constituição, a nova interpretação constitucional, a constitucionalização dos direitos, a expansão da jurisdição constitucional e a judicialização da política como elementos de concretização formal e material dos preceitos fundamentais da Lei Maior[2]. Como esta é dotada de hierarquia normativa superior e estabelece fins prioritários a serem cumpridos pelos órgãos do Estado, não seria razoável que a definição e a execução de políticas públicas ficassem isentas do controle judicial.

Em geral, pode-se observar em diversos países do mundo o avanço do "ativismo judicial" na área dos direitos econômicos, sociais e culturais, já que o Judiciário passou a analisar políticas públicas concretas, identificando problemas estruturais que impedem a efetivação dos direitos garantidos na Constituição do respectivo país e nos tratados internacionais[3].

A doutrina do ECI tem sua origem formal nas sentenças da Corte Constitucional da Colômbia e, em seguida, foi adotado por outros tribunais constitucionais na América Latina (Peru, Argentina). As bases conceituais do ECI remontam à teoria germânica da "dimensão objetiva" dos direitos fundamentais e aos "recursos estruturais" (*structural remedies*) do Direito anglo-saxão, cujos exemplos mais significativos foram as decisões da Suprema Corte dos EUA, na década de 1950, contra a discriminação racial que existia naquele país[4].

Desde a década de 1980, os tribunais constitucionais de alguns países têm adotado um protagonismo institucional cada vez mais acentuado, revelando uma tendência de reconhecimento do papel dessas cortes como agentes de mudança

---

2 ÁVILA, Humberto. "Neoconstitucionalismo": entre a "ciência do direito" e o "direito da ciência". *Revista Eletrônica de Direito do Estado*, n. 17, p. 187, jan. 2009.
3 CELY, Angelica M. Rodriguez. Indicadores de constitucionalidad de las políticas públicas: enfoque de gestión de derechos. *Revista VIeI* (Univ. S. Tomás), Bogotá, v. 9, n. 2, p. 135-175, jul./dez. 2014, p. 141. Disponível em: http://revistas.usantotomas.edu.co/index.php/viei/article/view/2438. Acesso em: 15 maio 2024.
4 PÁEZ, Nicolas A. Romero. La doctrina del estado de cosas inconstitucional em Colombia: novidades del neoconstitucionalismo y "lá inconstitucionalidade de la realidad". *Derecho Público Iberoamericano*, Bogotá, n. 1, p. 243-264, out. 2012, p. 245 ss. Disponível em: https://revistas.udd.cl/index.php/RDPI/article/view/19. Acesso em: 8 maio 2024.

social. Nesta linha, foram introduzidas novas práticas judiciais voltadas à tutela e à efetivação dos direitos fundamentais, violadas abertamente em situações graves e generalizadas de falta de moradia digna e saúde (África do Sul), fome e analfabetismo (Índia), e deslocamento forçado de partes da população (Colômbia)[5]. Em geral, observou-se que há muitas violações de direitos que são originadas e agravadas por falhas estruturais nos ciclos de formação e execução de políticas públicas, isto é, nos procedimentos de seu desenho, sua implementação, sua avaliação e seu financiamento[6].

Na sua decisão paradigmática T-025[7], de 2004, a Corte da Colômbia definiu como pressupostos para a declaração do ECI a grave violação dos direitos fundamentais de elevado número de pessoas, a omissão das autoridades no cumprimento de seus deveres para garantir esses direitos e a ausência de medidas legislativas, administrativas e orçamentarias necessárias para evitar a violação. Além disso, a solução do problema social deve depender da intervenção de várias entidades e da adoção de um conjunto complexo e coordenado de ações. Os mecanismos de supervisão empregados foram a remessa periódica de informações por parte dos órgãos públicos e novos pronunciamentos judiciais, pelos quais a Corte analisou as informações prestadas sobre o cumprimento das medidas ordenadas ("autos de seguimento"), além das audiências públicas para prestação de contas dos entes responsáveis sobre sua gestão, com participação de representantes da sociedade civil e de organismos internacionais.

Apesar da previsão dessas medidas bastante interventivas, o modelo colombiano reconhece que o juiz constitucional, ao pronunciar o ECI na área de uma política pública, não deverá emitir ordens específicas sobre medidas concretas a serem adotadas, mas terá de se ater a ordens gerais, assumindo a função de coordenador no diálogo interinstitucional entre as entidades públicas envolvidas e os setores sociais atingidos pela política, como uma forma de reestruturar o sistema para a consagração empírica das garantias constitucionais[8]. Por isso, as *ordens estruturais* devem deixar margens de criação legislativa e de execução a serem

---

5   PEÑA, Gabriel Bustamante. *Estado de cosas inconstitucional y políticas* públicas. Dissertação (Mestrado em Estudos Políticos) – Facultad de Ciencias Politicas y Relaciones Internacionales, Pont. Univ. Javeriana, Bogotá, 2011, p. 90 ss. Disponível em: https://repository.javeriana.edu.co/handle/10554/1617. Acesso em: 15 maio 2024.
6   CAMPOS, Carlos A. de Azevedo. *Estado de coisas inconstitucional*. 2. ed. Salvador: Juspodivm, 2019, p. 97.
7   COLÔMBIA – Corte constitucional. *Sentencia de Tutela* –T-025, Rel. Min. Manuel J. Cepeda Espinosa. Disponível em: http://www.corteconstitucional.gov.co/relatoria/2003/t-1030-03.htm. Acesso em: 11 maio 2024. Essa sentença sobre o ECI encontra a sua base teórica na *Sentencia de Unificación* (SU) 559, de 1997, na *Sentencia de Tutela* (T) 153, de 1998, e na SU 090, de 2000.
8   ALVARENGA, Guilherme E. Lanzillotti. *Da possibilidade de declaração de Estado de Coisas Inconstitucional na saúde pública brasileira*. Dissertação – Mestrado em Direito, Universidade Federal de Alagoas – UFAL, Maceió, 2018.

preenchidas pelos outros poderes mediante um diálogo estrutural de cooperação, justamente para superar os "bloqueios institucionais" existentes.

Já as medidas concretas ordenadas devem ser acompanhadas por um monitoramento permanente de sua execução, marcando um compromisso político de esforço conjunto de várias entidades estatais e estabelecendo um diálogo com a sociedade civil sobre as melhores formas de fazer cessar a violação dos direitos afetados. Assim, a declaração do ECI obriga os órgãos estatais a formularem, financiarem, implementarem e avaliarem as políticas públicas necessárias para fazer cessar a violação maciça de direitos[9].

Ao mesmo tempo, deve ser mencionado que há várias críticas à figura doutrinária do ECI, ressaltando-se a flagrante superação dos limites funcionais do Poder Judiciário, capaz de prejudicar o sistema democrático, já que somente o Executivo seria legitimado e tecnicamente preparado para elaborar e implementar políticas públicas. Isto porque não caberia ao Judiciário escolher, mas apenas analisar a constitucionalidade de normas, e não de "estados de coisas", isto é, a realidade empírica na qual elas incidem[10]. Não é, contudo, objeto deste trabalho aprofundar a discussão sobre a coerência destas críticas.

3. AS AÇÕES JUDICIAIS PROPOSTAS PARA CONTROLE DA CONSTITUCIONALIDADE DOS ATOS E OMISSÕES DA GESTÃO AMBIENTAL FEDERAL NA AMAZÔNIA

A ADPF n. 760 e a Ação de Inconstitucionalidade por Omissão (ADO) n. 54, que tiveram como relatora a Ministra Cármen Lúcia, foram propostas, em 2020, por partidos políticos de oposição ao Governo Bolsonaro (PSOL, PSB, REDE, PDT, PV, PT e PCdoB), impugnando práticas específicas e omissões na gestão ambiental federal na Amazônia Legal. Elas repetem pontos já questionados em outras ações de controle abstrato em trâmite no STF ("pauta verde")[11], que cobram,

---

9 GARAVITO, Cesar R.; FRANCO, Diana R. *Cortes y cambio social*: cómo la Corte Constitucional transformo el desplazamiento forzado em Colombia. Bogotá: Col. de Justicia, 2010, p. 25. Disponível em: https://www.dejusticia.org/wp-content/uploads/2017/04/fi_name_recurso_185.pdf. Acesso em: 16 maio 2024.

10 STRECK, Lenio. Estado de Coisas Inconstitucional é uma nova forma de ativismo. *Consultor Jurídico*, São Paulo, 15 out. 2015. Disponível em: http://www.conjur.com.br/2015-out-15/carlos-campos-de-vemos-temer-estado-coisas-inconstitucional. Acesso em: 10 maio 2024. Sobre as principais críticas da doutrina nacional à importação do instituto do ECI para o sistema jurídico brasileiro, ver CAMPOS, Carlos A. de A. Ob. cit., p. 163 s.

11 ADPF 708 (omissão da União que impediu o funcionamento do Fundo do Clima); ADPF 735 (questiona o Decreto n. 10.341/2020, que autoriza o emprego das Forças Armadas contra delitos ambientais e focos de incêndio); ADPF 743 (impugna a gestão ambiental brasileira nos biomas Pantanal e Ama-

entre outros itens, a elaboração de plano governamental para a preservação dos biomas Amazônia e Pantanal e medidas de combate a incêndios nessas regiões.

Os arguentes alegaram que o Brasil estaria, desde 2019, em "estado de coisas inconstitucional" (ECI) na gestão ambiental, devido ao abandono do Plano de Ação para Prevenção e Controle do Desmatamento na Amazônia Legal (PPCDAm) pelo governo federal e à ausência de medidas para assegurar a continuidade do combate ao desmatamento. Como consequência, a taxa de desmatamento e de queimadas na Amazônia Legal subiu drasticamente entre 2018 e 2020, com repercussão sobre unidades de conservação e terras indígenas, causando danos ambientais na conservação da Floresta Amazônica, com prejuízos para a saúde de todos.

A alegada deficiência na gestão ambiental federal foi documentada com os seguintes pontos[12]: (a) redução da fiscalização e controle, prejudicando a efetividade das autuações e dos processos sancionatórios ambientais; (b) redução e inexecução orçamentária no MMA; (c) redução de servidores no IBAMA, no ICMBio e na Funai; (d) paralisação do Fundo Amazônia; (e) inefetividade das operações de garantia da lei e da ordem ("Operação Verde 2"); (f) transferência inconstitucional da coordenação dos órgãos ambientais para comandos militares; (g) desregulamentação ambiental abusiva (conciliação no processo sancionador ambiental; liberação do cultivo de cana-de-açúcar na Amazônia; fim da fiscalização *in loco* da madeira de exportação); (h) falta de transparência sobre o cumprimento do PPCDAm, impedindo o controle social e institucional; (i) "extinção branca" do PPCDAm pela desestruturação administrativa dos órgãos de combate ao desmatamento e proteção do clima; (j) aumento na taxa de desmatamento (dados de Prodes, Deter e Inpe), apontando descontrole em unidades de conservação e terras indígenas; (k) inexecução de deveres internacionais de redução de desmatamento e de medidas de proteção climática assumidos na Conferência Mundial do Clima (exemplo: reduzir, até 2020, os índices anuais de desmatamento da Amazônia a 3.925 km²)[13].

---

zônia); ADPF 746 (omissão quanto aos deveres de proteção dos biomas Pantanal e Amazônia); ADPF 747 (inconstitucionalidade da Resolução Conama n. 500/2020); ADPF 755 (questiona o Decreto n. 9.760/2019, que criou a conciliação no processo sancionador ambiental, paralisando os procedimentos administrativos); ADPF 54 (omissão do Presidente da República e do Ministro do Meio Ambiente no combate ao desmatamento na Amazônia); ADO 59 (omissão da União que levou à paralisação do Fundo Amazônia); ADPFs 747, 748, 749 (inconstitucionalidade da revogação das Res. Conama n. 284/2001, n. 302/2002 e n. 303/2002).

12 STF, ADO n. 54, Tribunal Pleno, Rel. Min. Cármen Lúcia, de 31 abril de 2022. Disponível em: https://portal.stf.jus.br/processos/detalhe.asp?incidente=5757017. Acesso em: 13 maio 2024.

13 Este valor corresponde às previsões da Lei n. 12.187/2009 (art. 12) e do Decreto n. 9.578/2018 (art. 19, § 1.º, I), que internalizaram a meta assumida pelo Brasil perante a comunidade internacional de redução do desmatamento em 80%, até o ano de 2020, em relação à média verificada entre 1996 e 2005.

4. O VOTO DA RELATORA (2022) E O JULGAMENTO DA ADPF 760, EM MARÇO DE 2024

A relatora, Ministra Cármen Lúcia, pronunciando o seu voto em abril de 2022, julgou procedente a ação e reconheceu, expressamente, o ECI quanto ao desmatamento ilegal da Floresta Amazônica. Em seguida, determinou que a União apresentasse ao Tribunal um Plano de Execução do PPCDAm que especificasse "as medidas adotadas para a retomada de efetivas providências de fiscalização, controle das atividades para a proteção ambiental da Floresta Amazônica, do resguardo dos direitos dos indígenas e de outros povos habitantes das áreas protegidas" e para o combate de crimes praticados no ecossistema[14].

Logo após a enunciação do voto da relatora, o Ministro André Mendonça pediu vistas no processo, o que levou à suspensão do julgamento. Neste interstício, findou o mandato do Presidente Bolsonaro, cuja gestão governamental e administrativa na área da proteção ambiental foi amplamente criticada e representou, sem dúvida, um significativo retrocesso em relação aos governos anteriores.

O novo governo federal, a partir de janeiro de 2023, mudou os rumos da política ambiental brasileira, inclusive no que diz respeito ao desmatamento na Amazônia. Após a devolução do processo, em março 2024, o referido ministro – cujo voto prevaleceu para a decisão final[15] – não reconheceu o ECI ambiental, mas acompanhou a relatora na declaração da inconstitucionalidade das ações e omissões do governo federal no combate do desmatamento na Amazônia, cobrando um "compromisso significativo" dos atuais governos federal, estaduais e municipais, além do Legislativo e do próprio Judiciário.

O Ministro Flávio Dino também não reconheceu o ECI ambiental e entendeu não ser necessária a declaração de violação massiva de direitos fundamentais, já que se trataria de uma medida extrema a ser utilizada apenas em último caso[16]. Ao mesmo tempo, a relatora Ministra Cármen Lúcia reajustou o seu voto, reafirmando a existência de um ECI em matéria ambiental ("afronta massiva, generalizada e sistemática ao meio ambiente"), mas reconheceu que "alguns esforços

---

14 Disponível em: https://portal.stf.jus.br/processos/downloadTexto.asp?id=5530044&ext=RTF. Acesso em: 12 jun. 2024.
15 No resumo do julgamento das duas ações consta, erroneamente, "ADO 64" (em vez de "ADO 54"). Disponível em: www.stf.jus.br/arquivo/cms/noticiaNoticiaStf/anexo/Informac807a771oa768sociedadeADPF760Final.pdf. Acesso em: 14 maio 2024.
16 Disponível em: https://portal.stf.jus.br/processos/downloadTexto.asp?id=5530044&ext=RTF. Acesso em: 14 maio 2024.

estão sendo realizados pela gestão atual do governo federal", o que seria sinal de um "processo de reconstitucionalização"[17].

Em decisão de 14 de março de 2024, o Tribunal Pleno, por maioria de oito a três votos, não declarou o ECI – vencidos, nesse ponto, os ministros Cármen Lúcia, Edson Fachin e Luiz Fux –, mas reconheceu a "existência de falhas estruturais na política de proteção à Amazônia Legal", com a exigência de que o governo federal assuma um "compromisso significativo" em relação ao desmatamento ilegal da Floresta Amazônica[18].

Na parte do Exame do Mérito (números 7 e 11 da Ementa)[19], o Tribunal constatou que o problema do desmatamento na Floresta Amazônica vem causando uma "significativa violação de direitos fundamentais individuais e coletivos de índole ambiental, com duração superior a meio século, a demandar esforços vultosos e coordenados da União, dos Estados e dos Municípios, assim como de todos os poderes republicanos e órgãos autônomos".

Além disso, declara-se que

> as políticas públicas ambientais atualmente adotadas revelam-se insuficientes e ineficazes para atender ao comando constitucional de preservação do meio ambiente e do direito ao meio ambiente ecologicamente equilibrado, caracterizando um quadro estrutural de violação massiva, generalizada e sistemática dos direitos fundamentais ao meio ambiente ecologicamente equilibrado, direito à saúde e direito à vida.

Segue, no n. 12 da Ementa, uma curta justificativa da não declaração do ECI ambiental[20]:

> A complexidade do problema, associada a razões de interesse social, segurança jurídica, repercussão internacional e outras externalidades negativas orientam, contudo, para o não reconhecimento de um estado de coisas inconstitucional em relação à política pública de proteção ambiental atualmente adotada pelos poderes públicos, nos diversos níveis federativos e instâncias governamentais nacionais.

Na sequência, o Pleno julgou[21], por unanimidade, parcialmente procedentes os pedidos formulados na ADPF 760 e na ADO 54, determinando que o governo federal apresente ao STF, no prazo de 60 dias, um "plano de execução efetiva e satisfatória do PPCDAm", com especificação das medidas a serem adotadas para retomar as atividades (fiscalização, controle e coibição de crimes) visando à

---

17 A sequência dos atos processuais referentes à ADPF 760 está registrada no *site* do STF: https://portal.stf.jus.br/processos/detalhe.asp?incidente=6049993.
18 STF, ADPF 760, Tribunal Pleno, Rel. Min. Cármen Lúcia, Red. do Acórdão Min. André Mendonça, j. 14.3.2024, publicado em 26.6.2024. Disponível em: https://portal.stf.jus.br/processos/download Peca.asp?id= 15368120159&ext=.pdf. Acesso em: 2 jul. 2024.
19 *Ibidem*, p. 4-6.
20 *Ibidem*, p. 6.
21 *Ibidem*, p. 7-11.

proteção do meio ambiente e dos povos indígenas na Floresta Amazônica. Este plano deve especificar as formas de execução dos programas nele constantes, os recursos destinados para alcançar os objetivos, bem como deve seguir vários "parâmetros objetivos" que são estabelecidos em seguida, a partir daqueles já formulados no voto inicial da relatora da ação. Tais parâmetros são, na verdade, metas e ordenações concretas que devem orientar o governo federal e seus órgãos em seu desempenho administrativo e político durante os próximos meses e anos.

São eles (de forma abreviada): (a.1) redução efetiva, até 2027, do desmatamento na Amazônia Legal, conforme os dados do Inpe/Prodes, para cumprir a meta anual de 3.925 km^2; (a.2) redução dos níveis de desmatamento em Terras Indígenas e Unidades de Conservação federais na Amazônia, conforme os dados do Inpe/Prodes, respeitados os direitos dos povos indígenas; (a.3) desempenho efetivo dos órgãos federais mediante a adoção de instrumentos específicos de atuação para fiscalizar e investigar as infrações ambientais (desmatamento, tráfico de madeira e animais) previstas no PPCDAm; (a.4) apresentação de cronograma de execução, para dar continuidade e consistência à fase atual do PCDAM, retomado pelo atual governo; (b) apresentação ao STF, em 60 dias, de plano de fortalecimento institucional do IBAMA, do ICMBio e da Funai, com cronograma e garantia de dotação orçamentária, de liberação dos valores do Fundo Amazônia e aumento dos quadros de pessoal, demonstrando-se o cumprimento efetivo das tarefas de combate ao desmatamento, com transparência das informações e instrumentos de participação social; (c) apresentação, em sítio eletrônico de acesso público, com atualização mensal, de relatórios transparentes, claros e de linguagem fácil, sobre as ações e os resultados das medidas adotadas para cumprir os comandos do STF; e (d) submissão ao Observatório do Meio Ambiente e das Mudanças Climáticas do Poder Judiciário de relatórios mensais sobre as medidas adotadas para cumprir as determinações, contendo os resultados obtidos no combate ao desmatamento da Amazônia.

Por fim, o Tribunal determinou a abertura de créditos extraordinários, com vedação de contingenciamento orçamentário, bem como a expedição de notificação ao Congresso Nacional acerca do contido na presente decisão.

5. O RECONHECIMENTO DA FIGURA DO ECI PELO STF: REVISITANDO AS MEDIDAS ORDENADAS NA DECISÃO DA ADPF 347, EM 2015

O ECI foi introduzido na jurisprudência do STF em 2015, no julgamento da Medida Cautelar (MC) da ADPF n. 347, em que o sistema penitenciário nacional foi caraterizado como "estado de coisas inconstitucional" devido à presença de um "quadro de violação massiva e persistente de direitos fundamentais, decorrente de falhas estruturais e falência de políticas públicas, cuja modificação depende de medidas abrangentes de natureza normativa, administrativa e orçamentária"[22].

Nesta decisão, o Tribunal enfatizou que não tinha a pretensão de substituir os outros poderes na consecução de tarefas próprias, mas visava "superar bloqueios políticos e institucionais sem afastar esses Poderes dos processos de formulação e implementação das soluções necessárias". Por meio de um "diálogo com os outros Poderes e a sociedade", eram objetivos do STF "catalisar ações e políticas públicas" e "monitorar a eficiência das soluções", não lhe cabendo "definir o conteúdo próprio dessas políticas", mas apenas "coordenar as capacidades institucionais dos outros Poderes", a fim de "afastar o estado de inércia e deficiência estatal permanente"[23].

A Ementa da decisão sobre a MC da ADPF 347 ainda preconiza que a ação é cabível "ante a situação precária das penitenciárias, o interesse público direciona à liberação das verbas do Fundo Penitenciário Nacional". Além disso, foram obrigados os juízes e tribunais do país a realizar, em até 90 dias, "audiências de custódia, viabilizando o comparecimento do preso perante a autoridade judiciária no prazo máximo de 24 horas, contado do momento da prisão"[24].

O julgamento final da ADPF 347 ocorreu em outubro de 2023, mais de oito anos após a decisão acautelatória (MC), com o Ministro Roberto Barroso como redator do acórdão. No início da Ementa, consta que há "necessidade de reformulação de políticas públicas penais e prisionais", seguida pela concretização dos mandamentos. Assim, reza o item III.-4 que os processos estruturais "comportam solução bifásica, dialógica e flexível, envolvendo: uma primeira etapa, de reconhecimento do estado de desconformidade constitucional e dos fins a serem buscados; e uma segunda etapa, de detalhamento das medidas, homologação e monitoramento da execução da decisão".

Já no item V.-7 da Ementa, adere-se ao voto do relator originário [Ministro Marco Aurélio] quanto à declaração do ECI do sistema carcerário brasileiro e à determinação de que: "(i) juízes e tribunais motivem a não aplicação de medidas

---

22 MC na ADPF 347/DF, Rel. Min. Marco Aurélio, j. 9.9.2015, publicado em 19.2.2016. Disponível em: https://jurisprudencia.stf.jus.br/pages/search?base=acordaos&pesquisa_inteiro_teor=false&sinonimo=true&plural=true&radicais=false&buscaExata=true&ministro_facet=MARCO%20AUR%C3%89LIO&page=1&pageSize=10&queryString=adpf%20347&sort=_score&sortBy=desc. Acesso em: 5 jun. 2024. Ver também, BASTOS, Douglas de A.; KRELL, Andreas J. O Estado de Coisas Inconstitucional como ativismo dialógico-estrutural para concretização de direitos fundamentais: limites para o controle judicial de políticas penitenciárias. *Revista Jurídica Direito & Paz*, n. 37, São Paulo, p. 293-308, 2017.
23 STF, MC na ADPF 347. *Ibidem*.
24 *Ibidem*.

cautelares alternativas à privação da liberdade quando determinada ou mantida a prisão provisória; (ii) juízes fixem, quando possível, penas alternativas à prisão (...); (iii) juízes e tribunais levem em conta o quadro do sistema penitenciário brasileiro no momento de concessão de cautelares penais (...); (iv) sejam realizadas audiências de custódia no prazo de 24 horas, contadas do momento da prisão; (v) a União libere as verbas do Funpen".

Além disso, ordena-se (item 8) que o governo federal elabore, no prazo de seis meses, um plano nacional para a superação, em no máximo três anos, do ECI, e para que Estados e Distrito Federal elaborem e implementem planos próprios. Na parte seguinte da *Tese* da decisão, há a concretização deste último ponto, prescrevendo-se que "União, Estados e DF, em conjunto com o Departamento de Monitoramento e Fiscalização do Conselho Nacional de Justiça (DMF/CNJ), deverão elaborar planos a serem submetidos à homologação do STF, nos prazos e observadas as diretrizes e finalidades expostas no presente voto, especialmente voltados para o controle da superlotação carcerária, da má qualidade das vagas existentes e da entrada e saída dos presos" (n. 2).

Em nível do Executivo, o Tribunal condenou a União a liberar as verbas do Fundo Penitenciário e a implementar um plano nacional para a superação do ECI, em no máximo três anos; já os Estados devem criar e executar planos próprios. Todos estes planos são de homologação obrigatória do STF, com o CNJ como órgão articulador.

Após análise da natureza das medidas ordenadas na sentença da ADPF 347 – em que o STF adotou, pela primeira vez, o instituto do ECI[25] – e das formas de sua implementação, observa-se que o nível de detalhamento e a intensidade da intervenção em relação à liberdade de decisão dos órgãos do Executivo e do Legislativo são inferiores aos ordenados na ADPF 760 sobre o desmatamento na Amazônia, ainda que esta não haja reconhecido o ECI ambiental.

6. O ECI E O "COMPROMISSO SIGNIFICATIVO": DIFERENÇAS FORMAIS E MATERIAIS

Logo após a introdução da figura do ECI na jurisprudência do STF, na decisão da MC da ADPF 347, em 2015, surgiram autores que rejeitaram este instituto por desequilibrar indevidamente o sistema da separação dos poderes, defendendo

---

25 Há autores que entendem ser questionável toda configuração dogmática do ECI, efetuada pelo STF em 2015 (ADPF 347), o que tornaria muito difícil a aplicação deste instrumento a outras situações; cf. MAGALHÃES, Breno Baía. A incrível doutrina de um caso só: análise do Estado de Coisas Inconstitucional na ADPF 347. *Revista Eletrônica do Curso de Direito da Universidade Federal de Santa Maria*, v. 14, n. 3, 2019.

que o Tribunal exija, nos casos de flagrante violação de direitos fundamentais em decorrência de falhas estruturais, que o Poder Executivo assuma um "compromisso significativo"[26].

Este conceito (*meaningful engagement*) tem sua origem numa decisão da Corte Constitucional da África do Sul e foi recomendado, inclusive, em publicação do Senado Federal, de 2015, como alternativa menos invasiva ao ECI[27]. Na decisão da ADPF 760, o STF adotou a referida técnica processual, negando o ECI, mas exigindo um "compromisso significativo" do governo federal para que este tornasse mais efetivas suas políticas públicas de proteção ambiental na Amazônia.

Entretanto, há autores que não entendem a exigência de um "compromisso significativo" como alternativa material ao ECI. Para Kozicki e Broocke, ela "representa uma nova classe de ativismo judicial", aplicável onde se identifica "um quadro de violação generalizada de direitos fundamentais de um determinado grupo social, decorrente da ação ou omissão sistêmica e persistente do Estado na concretização de políticas públicas, e da falta de coordenação dos entes envolvidos, que exija a adoção de medidas estruturais para a sua superação"[28]. Seriam, portanto, as mesmas condições de declaração do ECI.

Campos, por sua vez, não vê diferença material alguma entre essas duas técnicas de decisão estrutural, já que ambas permitem ordens judiciais flexíveis que apenas dão início à formulação e ao monitoramento das devidas políticas públicas pelos órgãos competentes. A exigência de um compromisso significativo por parte do STF não seria menos invasiva que a declaração do ECI. Ao mesmo tempo, o ECI teria a vantagem de que a sua declaração poderia ampliar os canais de mobilização social reivindicatória, "aumentando a participação política dos cidadãos em torno dos momentos decisórios sobre a matéria"[29].

É de lembrar também que há diferença entre o potencial de uma implementação efetiva de políticas públicas na área dos direitos sociais e dos direitos difusos. Os direitos sociais (saúde, educação, moradia etc.) possuem indivíduos e grupos de pessoas que podem ser claramente definidos, os quais, muitas vezes, usam

---

26 SILVA, Iúri Daniel Andrade. Estado de Coisas Inconstitucional, litígios estruturais e compromisso significativo: uma análise à luz do modelo processual colaborativo. *Revista Diálogos Interdisciplinares*, v. 8, n. 3, 2019 (sem paginação). Disponível em: https://revistas.brazcubas.br/index.php/dialogos/article/view/627. Acesso em: 10 jun. 2024.

27 VIEIRA JUNIOR, Ronaldo J. Araujo. Separação de poderes, Estado de Coisas Inconstitucional e compromisso significativo: novas balizas à atuação do Supremo Tribunal Federal. *Textos para Discussão*, n. 186. Brasília: Núcleo de Estudos e Pesquisas da Consultoria Legislativa do Senado Federal,. dez. 2015.

28 KOZICKI, Katya; BROOCKE, Bianca M. Schneider van der. O "compromisso significativo" (*meaningful engagement*) e a promoção do pluralismo democrático na concretização judicial dos direitos fundamentais sociais na África do Sul. *Joaçaba*, v. 20, n. 2, p. 267-290, jul./dez. 2019, p. 282 ss.

29 CAMPOS, Carlos A. de Azevedo. Ob. cit., p. 329s.

os canais políticos e jurídicos para melhorar a sua situação, caracterizada por omissões estatais na prestação dos respectivos serviços (faltas de vagas e de equipamentos nas escolas, falta de remédios e atendimento demorado no SUS etc.).

Nesses casos, o Tribunal pode estabelecer um diálogo organizado entre os órgãos estatais responsáveis e as pessoas diretamente atingidas pela violação de seus direitos ou das entidades que as representam, fazendo mais sentido a formulação de um "compromisso significativo", para que o Poder Público faça cessar a sua omissão[30]. No caso da ADPF 347, a declaração do ECI era justificada porque os presidiários representam um grupo extremamente vulnerável, que não possui influência política ou representação forte na sociedade civil.

Na área da proteção do meio ambiente lidamos com a violação de direitos difusos, isto é, direitos cujos titulares não são indivíduos ou grupos, mas a sociedade como um todo, o que diminui bastante a disposição de indivíduos ou grupos para a sua defesa. A principal característica dos interesses difusos é a sua elevada *conflituosidade*, o que torna sua organização e defesa *sempre subotimal*, fazendo-se necessária uma atuação judicial diferenciada[31], que foi configurada na Lei da Ação Civil Pública (n. 7.347/1985) e deve ser estendida à área do controle de políticas públicas pelo Judiciário, mediante a figura do ECI. De forma diferente, a figura do "compromisso significativo" como base teórica da ordenação de medidas estruturais corretivas parece ser mais adequada ao âmbito dos direitos sociais.

Campos observa uma "certa paralisia" do STF em relação à implementação efetiva das medidas ordenadas para reestruturar o sistema penitenciário do país; com isso, diminuem as notórias violações contra os direitos fundamentais dos detentos. Para ele, foi decepcionante a fase após o julgamento da ADPF n. 347, já que o Tribunal não teria buscado "novas estruturas de apoio ou mecanismos para auxiliar suas ações", ao contrário da situação em outros países em que foram alcançados resultados positivos[32].

Todavia, os precários efeitos práticos da declaração do ECI na área penitenciária não falam contra o instituto por si, mas em favor de um acompanhamento mais efetivo das medidas ordenadas por parte do STF. Esta necessária disposição para monitorar o desempenho administrativo e político de forma mais intensa não deve aumentar apenas com o pronunciamento de que os órgãos públicos assumam o "compromisso significativo" de cumprir com os seus deveres legais

---

30 Cf. SERAFIM, Matheus G.; LIMA, George Marmelstein. Compromisso significativo: contribuições sul-africanas para os processos estruturais no Brasil. *Revista de Investigações Constitucionais*, Curitiba, v. 8, n. 3, p. 771-806, set./dez. 2021. Disponível em: https://revistas.ufpr.br/rinc/article/view/74743. Acesso em: 10 jun. 2024.
31 KRELL, Andreas J. *Discricionariedade administrativa e conceitos legais indeterminados*: limites do controle judicial no âmbito dos interesses difusos. 2. ed. Porto Alegre: Livraria do Advogado, 2013, p. 136 ss.
32 Ob. cit., p. 340.

para combater o desmatamento; o sinal correto, na linha da jurisprudência estabelecida, seria justamente a declaração do ECI, a ser seguida pelo acompanhamento das medidas adotadas pelos órgãos condenados.

7. O ECI COMO INSTITUTO DOGMÁTICO ADEQUADO PARA A ORDENAÇÃO DE MEDIDAS ESTRUTURAIS NA ÁREA DA PROTEÇÃO AMBIENTAL; CRÍTICAS À COERÊNCIA ARGUMENTATIVA DO STF NA ADPF 760

Na sentença da ADPF 760, o STF entendeu que houve violação de direitos socioambientais, promovida por uma série de atos omissivos e comissivos, sublinhando que a tarefa da proteção ambiental possui natureza de dever constitucional, não de mera opção política. As políticas públicas referentes ao combate ao desmatamento na Amazônia foram qualificadas pelo Tribunal como políticas *de Estado*, que devem ser implementadas efetivamente pelos governos, havendo uma vedação de retrocessos, inclusive em relação à dotação orçamentária[33]. No entanto, o nítido avanço teórico em relação aos deveres constitucionais do Poder Público de proteger ativamente o meio ambiente não foi acompanhado por uma configuração conceitual do ECI na área ambiental.

Já na decisão da ADO 59, de novembro de 2022, a relatora Ministra Rosa Weber fez referências expressas ao ECI ambiental, mas acabou não o reconhecendo, declarando apenas a inconstitucionalidade da omissão do governo federal em relação às atividades e operações ligadas ao Fundo Amazônia e ordenando a tomada de providências para reativá-lo. Enquanto o início da Ementa se refere a um "estado normativo desestruturante e desestruturado em matéria ambiental na região", o item n. 6 reza que "o quadro normativo e fático da Amazônia Legal traduz a realidade de um autêntico estado de coisas inconstitucional (...)"[34].

Entendemos, com Sarlet e Fensterseifer[35], que o ECI ambiental é, hoje, o meio dogmático-processual adequado para enquadrar situações que revelam "a profunda e sistemática incapacidade institucional do Estado – em especial, do

---

[33] Cf. LAGO, Laone. Estado de coisas inconstitucional ambiental brasileiro é realidade que ainda persiste. *Consultor Jurídico*, São Paulo, 16.3.2024. Disponível em: https://www.conjur.com.br/2024-mar-16/o-estado-de-coisas-inconstitucional-ambiental-brasileiro-como-realidade-que-persiste/. Acesso em: 15 maio 2024.

[34] STF, ADO 59, Pleno, Rel. Min. Rosa Weber, de 3 novembro de 2022. Texto do Acórdão, p. 1 ss. Disponível em: https://portal.stf.jus.br/processos/downloadPeca.asp?id=15360101699&ext=.pdf. Acesso em: 16 maio 2024.

[35] SARLET, Ingo W.; FENSTERSEIFER, Tiago. *Direito constitucional ecológico*: Constituição, direitos fundamentais e proteção da natureza. 7. ed. São Paulo: RT, 2021, p. 105 s.

Poder Executivo – de gerenciar as políticas públicas ambientais de modo minimamente eficiente e suficiente", demandando do Poder Judiciário "medidas corretivas de grande amplitude nas políticas públicas". A ordenação dessas medidas estruturais ou estruturantes, de acordo com os referidos autores, exige a caracterização de uma situação como ECI, devido à sua excepcionalidade e à gravidade, provocada por ações e omissões sistemáticas e reiteradas de diversos órgãos da estrutura estatal[36].

Por isso, parece ser juridicamente equivocado que o STF ordene amplas medidas estruturantes a serem cumpridas por diversos órgãos pertencentes aos Poderes Executivo e Legislativo, sem que seja formalmente declarado o ECI. Agindo assim, a declaração do ECI foi reduzida a ter função meramente simbólica, como se fosse apenas um *plus* argumentativo, de cunho preponderantemente retórico, endereçado às respectivas entidades estatais para sublinhar a seriedade da situação e para melhor justificar as medidas ordenadas. A decisão mais coerente teria sido o reconhecimento formal do ECI, a exemplo da relatora Ministra Cármen Lúcia, que reconheceu expressamente os avanços do governo federal atual na gestão ambiental, mas manteve, mesmo assim, a declaração do ECI.

As medidas a serem tomadas pelo STF após a declaração do ECI em determinada área podem ser caracterizadas como *ordens catalisadoras* da atuação dos três poderes, com o fim de superar os bloqueios políticos e institucionais que causam as violações de direitos fundamentais, o que inclui a afirmação da urgência da tomada de decisões orçamentárias endereçada ao Congresso Nacional, com fixação de prazos[37]. Foi justamente o que o Tribunal fez no caso na sentença da ADPF 760, porém, sem declaração do ECI, na base de um mero "compromisso significativo".

Entretanto, é justamente a gravidade excepcional do quadro de um ECI que legitima a interferência do Judiciário na formulação e implementação de políticas públicas e em alocações de recursos orçamentários, bem como a coordenação de medidas concretas necessárias para a superação do estado de inconstitucionalidade[38]. Ao contrário, nos casos em que não é declarado o ECI, esta legitimação de interferência evanesce, como na decisão sobre a ADPF 760.

O desmatamento em vários Estados da Amazônia brasileira tem ultrapassado de longe, nos últimos anos, o nível de uma mera situação de "institucionalização incompleta", marcada apenas por falhas de fiscalização de atividades particulares, as quais, por si sós, não autorizariam a afirmação do ECI. Não é somente resultado de uma má gestão administrativa pública, mas sinal "da existência de

---

36 Ob. cit., p. 107.
37 CAMPOS, Carlos A. de Azevedo. *Estado de Coisas Inconstitucional*. 2. ed. Salvador: Juspodivm, 2019, p. 313. A obra representa a publicação mais aprofundada sobre o tema em nível nacional.
38 CAMPOS, Carlos A. de A. Ob. cit., p. 227 ss.

falhas estruturais permanentes e da mais absoluta inércia estatal na confecção e implementação de políticas públicas na área"[39].

A responsabilidade por esta má gestão e pelas falhas estruturais não pode ser identificada apenas na seara do governo federal, mas se estende aos órgãos políticos e administrativos dos Estados federados da região. O uso da ferramenta dogmática do ECI, neste contexto, serve justamente para reforçar o comprometimento dos governos estaduais e municipais na prossecução de suas funções[40]. Por isso, o adequado, na linha da jurisprudência estabelecida pelo próprio STF, seria a declaração do ECI, a fim de abrir o caminho para a ordenação de medidas estruturais.

Como já frisado, o STF justificou, no item 12 da Ementa da ADPF 760, o não reconhecimento do ECI em relação às políticas públicas de defesa ambiental adotadas pelos governos dos diferentes níveis federativos, indicando como razões desta negação a "complexidade do problema", "razões de interesse social", a "segurança jurídica" e a "repercussão internacional", além de "outras externalidades negativas". Infelizmente, não há especificação destes argumentos na sentença, o que diminui bastante o seu poder de convencimento.

8. CONCLUSÃO

Nas suas sentenças até agora prolatadas sobre os temas da "pauta verde" (incluindo a ADPF 760), o STF adotou diversas medidas de monitoramento e controle a fim de tornar mais efetivas as políticas públicas em defesa do meio ambiente da Amazônia brasileira. O Tribunal não declarou o ECI ambiental, mas ordenou um leque de medidas interventivas estruturantes, como se o "estado inconstitucional" realmente existisse. Entretanto, o STF poderia, sob o fundamento do ECI, contribuir bastante para a correção e a harmonização do desempenho administrativo e político dos diferentes órgãos públicos contra as onipresentes violações do Direito Ambiental, mormente no âmbito da Amazônia Legal[41].

Como o ECI constitui uma nova categoria dogmática constitucional, que se encontra em estado avançado de configuração conceitual, entendemos que apenas a confirmação da sua existência em determinada área setorial de políticas

---

39 CAMPOS, Carlos A. de Azevedo. Ob. cit., p. 309.
40 CAÚLA, Bleine Q.; RODRIGUES, Francisco L. O Estado de Coisas Inconstitucional ambiental. *Revista de Direito Público Contemporânea*, v. 1, n. 2, p. 137-151, jul./dez. 2018.
41 No mesmo sentido, para o meio ambiente urbano: BORGES, Luiz Fernando R.; ZIESEMER, Henrique da R. O Estado de Coisas Inconstitucional e as áreas urbanas consolidadas: entre a descaracterização do meio ambiente e a restauração. *Revista da Faculdade de Direito da UERJ*, Rio de Janeiro, n. 33, p. 151-169, jun. 2018.

públicas justifica a tomada de providências estruturantes fortes por parte do STF. No caso da ADPF 760, a intensidade interventiva das medidas ordenadas – apesar da negação do ECI ambiental – ainda ultrapassa a das medidas determinadas no âmbito da ADPF 347, que declarou o ECI no âmbito do sistema penitenciário.

Alguns ministros negaram a declaração do ECI ambiental na Amazônia Legal em consideração aos inegáveis esforços do atual governo federal para a "reconstitucionalização" da situação. O elevado valor simbólico desta declaração, porém, teria sido justificado em virtude da inércia política de vários Estados federados da região. Resta constatar que o STF, com a sua recusa de declarar o ECI ambiental e a escolha do caminho do "compromisso significativo", enfraqueceu o novel instituto do ECI, reduzindo-o a um papel político-retórico e expondo-o a objeções ainda mais fortes por parte da doutrina crítica que rechaça o controle judicial de políticas públicas.

EVOLUÇÃO DA PRESERVAÇÃO AMBIENTAL EM PROPRIEDADES RURAIS NO BRASIL E NOS ESTADOS UNIDOS

Leonardo Munhoz[1]

1. INTRODUÇÃO

As áreas legalmente protegidas são obrigações criadas por lei, limitando o direito de propriedade, com o propósito de preservação ambiental – limitar o uso do imóvel para manutenção e preservação das matas nativas e florestas.

No Brasil, as áreas legalmente protegidas em propriedades privadas estão majoritariamente previstas no Código Florestal (Lei Federal n. 12.651/2012), tendo caráter de servidão administrativa, ou seja, uma limitação ao direito de propriedade imposto por lei. Já nos Estado Unidos, a preservação ambiental em fazendas e a limitação ao direito de propriedade não ocorrem por meio de obrigação legal, mas devido ao pagamento por serviços ambientais.

Brasil e Estados Unidos aplicam formas distintas de preservação ambiental. O ordenamento ambiental brasileiro se pauta majoritariamente pelo comando e controle, enquanto o americano tem como base mecanismos de mercado. Essas formas diversas de tutela têm origem na própria ordem constitucional de cada país e na raiz do direito de propriedade.

Este artigo pretende analisar de forma comparada como cada país e seus respectivos ordenamentos, tanto da ordem constitucional como infraconstitucional, possibilitaram formas tão distintas de preservação ambiental em propriedades rurais.

2. PRESERVAÇÃO AMBIENTAL EM IMÓVEIS RURAIS

2.1. Brasil – Código Florestal e Unidades de Conservação

Inicialmente, o Código Florestal de 1934 exigia manutenção de 20% das "mattas" para que o produtor tivesse madeira para sua atividade agropecuária. Já o Código

---

[1] Doutor e Mestre em Direito Ambiental Pace Law School e Mestre em Direito dos Negócios FGV Direito. Pesquisador FGV Agro e FGV OCBio.

Florestal de 1965 (Lei Federal n. 4.771) estabeleceu os institutos de Área de Preservação Permanente (APP) e de Reserva Legal (RL), como hoje são conhecidos. Posteriormente, a alteração do Código Florestal de 1965, por meio da Lei Federal n. 7.803/1989 e da Medida Provisória n. 2.166/2001, criou as porcentagens de biomas de RL hoje utilizadas, ou seja, 80%, 35% e 20%. Por fim, a Lei Federal n. 12.651/2012 e seus Decretos n. 7.830/2012 e n. 8.235/2014, conhecidos como o Novo Código Florestal, reviram todos os antigos critérios de conservação das chamadas APP e das áreas RL, equalizando esse longo histórico das leis florestais desde 1934, com todas as alterações normativas de 1965, 1989, 2000, 2001 e 2012.

Também há preservação de florestas em propriedades privadas por meio do Sistema de Unidades de Conservação (SNUC), com a Lei Federal n. 9.985/2000. Esta lei estabelece as modalidades de unidades de conservação no Brasil, podendo ser de Proteção Integral ou de Uso Sustentável. De forma breve, nas UCs de proteção integral não é permitido qualquer tipo de atividade econômica ou uso. Já nas UCs de uso sustentável há a possibilidade de algum tipo de aproveitamento econômico. Mas, em ambas as UCs de proteção integral e uso sustentável, uma vez criadas por ato do poder público, há a desapropriação imóvel mediante compensação – ocorre extinção da propriedade privada, se tornando pública. As únicas exceções a essa regra são as UCs de uso sustentável de Área de Proteção Ambiental (APA) e Reserva Particular do Patrimônio Natural (RPPN). Nesses dois casos, a limitação ao uso da propriedade não é total, havendo a manutenção do imóvel.

Nesse sentido, de acordo com os últimos dados do Serviço Florestal Brasileiro, com base nas informações do Cadastro Ambiental Rural (CAR), atualmente o Brasil possui 102.024.137 hectares de RL e 18.538.737 hectares de APP, totalizando aproximadamente 120 milhões de hectares de matas exclusivamente em propriedades privadas. Este número supera os 113 milhões de hectares de todas as Unidades de Conservação (UCs) do país, ou seja, os produtores rurais detêm mais florestas que todas as UCs do país.

2.2. Estados Unidos – Farm Bill e pagamentos por serviços ambientais

Os Estados Unidos (EUA) não possuem a mesma estrutura jurídica que o Brasil para preservação de matas em fazendas, como o Código Florestal. Entretanto, uma norma que chega a regular o uso e a gestão de propriedades rurais nos EUA é o *Farm Bill*. O *Farm Bill* foi criado em 1933 com o objetivo de elaborar instrumentos de segurança financeira para a produção agropecuária e para evitar desgaste da propriedade rural, de forma mitigar os efeitos da grade depressão de 1929 no setor agropecuário americano, bem como as tempestades de areia do Meio Oeste na mesma década. O *Farm Bill* se trata de uma norma que deve ser renovada pelo congresso americano a cada cinco anos, algo que ocorre desde 1933.

Assim, no *Farm Bill* de 1985 foi adicionado um conjunto de dispositivos endereçando a preservação ambiental – o *Conservation Title*. Essa parte da norma lista três programas principais de preservação dos recursos naturais em propriedades rurais:

- *Working Lands Conservation Programs*;
- *Land Retirement Programs*;
- *Easements Programs*.

O *Land Retirement Programs* consiste em um conjunto de programas públicos e voluntários de compensação financeira ao produtor rural que temporariamente deixar de utilizar partes do seu imóvel da produção agropecuária.

O tipo mais relevante de *Land Retirement Programs* é o *Conservation Reserve Program* (CRP)[4]. Neste programa, o produtor se compromete a "aposentar" partes do seu imóvel das atividades econômicas pelo período de 10-15 anos, de forma que haja melhoria ambiental do solo, da fauna e da flora. A despeito da sua finalidade de melhoria de qualidade ambiental, o escopo de área a ser beneficiada pelo programa é definido no próprio *Farm Bill* e essa área pode variar com cada renovação da norma. Por exemplo, a área protegida no *Farm Bill* de 2008 foi de 13 milhões de hectares, já em 2014 essa área diminuiu para 9 milhões de hectares e, posteriormente, aumentou para 10 milhões de hectares na renovação de 2028.

Essa alteração da área a ser protegida a cada renovação do *Farm Bill* ocorre uma vez que, por ser um programa baseado em mecanismo de mercado, sua área de proteção está diretamente ligada à verba disponibilizada pelo Governo americano, a qual também é definida a cada renovação do *Farm Bill*.

Outro programa importante dentro do escopo do *Conservation Title* é o Easements Programs. O Easements Programs é muito semelhante ao CRP, ou seja, também ocorre a inutilização de parcela do imóvel rural, com o intuito de recuperação da fauna e da flora, mas neste caso a duração do programa é maior – 30 anos. Atualmente, os *Easements Programs* ocorrem principalmente na forma de *Agricultural Conservation Easement Program* (ACEP), com foco em matas ciliares e mangues (i.e., *wetlands*).

Por fim, dentro do *Conservation Title* também existe o *Working Land Programs*. O *Working Land Programs* não necessita de restrição ao uso do imóvel, ele tem como base a melhoria do meio ambiente por meio de boas práticas agrícolas.

As duas modalidades de *Working Land Programs* são o *Conservation Stewardship Program* (CSP) e o *Environmental Quality Incentives Program* (EQIP). Ambos proporcionam assistência técnica e financeira para que os produtores interessados adotem boas práticas para a sua respectiva produção agropecuária e cultura. Assim, este programa é centrado nas atividades sustentáveis da produção ao invés de limitar o seu uso.

De acordo com o Orçamento do Congresso Americano – *Congressional Budget Office Report of 2014*, os programas do *Conservation Title* tiveram a seguinte distribuição no período de 2002, 2008 e 2014:

| 2002 Farm Bill | 2008 Farm Bill | 2014 Farm Bill |

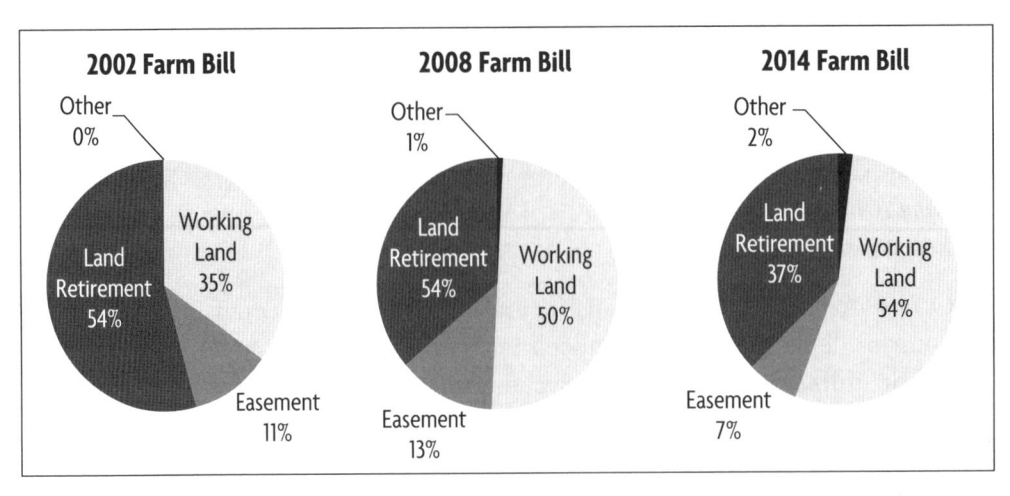

Other 0% · Land Retirement 54% · Working Land 35% · Easement 11%

Other 1% · Land Retirement 54% · Working Land 50% · Easement 13%

Other 2% · Land Retirement 37% · Working Land 54% · Easement 7%

Imagem 2: Farm Bill Conservation Programs by Type (2002, 2008, and 2014 farm bills).

Fonte: Congressional Research Service, Conservation Provisions in the 2014 Farm Bill (P.L. 113-79), Megan Stubbs Specialist in Agricultural Conservation and Natural Resources Policy, April 24, 2014. Available at: http://www.nationalaglawcenter.org/wp-content/uploads/assets/crs/R43504.pdf.

Conforme observado, houve uma mudança de preferência por parte dos produtores americanos dos programas de pagamentos de limitação ao uso de propriedade para os de boas práticas agropecuárias e de produção.

Em suma, nos EUA, a forma de preservação florestal dentro de imóveis rurais se dá majoritariamente por meio de programas de pagamento por serviços ambientais de financiamento público. Dessa forma, de acordo com a análise das normas dos dois países, a seguinte comparação de forma de tutela ambiental em propriedades rurais fica evidente:

Tabela 1: Comparação de normas florestais em propriedades rurais Brasil e EUA.

Brasil APP e RL	Estados Unidos Land Retirement e Easeament Programs
Obrigatório	Voluntário
Permanente	Temporário (15 ou 30 anos)
Sem compensação financeira (ônus da propriedade)	Compensação financeira
Comando e controle	Pagamento por serviços ambientais de financiamento público

Fonte: elaborado pelo autor.

3. PRESERVAÇÃO AMBIENTAL E LIMITES AO DIREITO DE PROPRIEDADE – ESVAZIAMENTO ECONÔMICO DO IMÓVEL

3.1. Brasil – Caso Parque Nacional de Jericoacoara

É importante ressaltar que tanto essas duas modalidades de unidades de conservação de uso sustentável (i.e., APA e RPPN), como ambas as APPs e RLs, possuem natureza jurídica de limitação administrativa. A limitação administrativa é uma medida unilateral e gratuita, em que o Estado condiciona a atividade de pessoas em detrimento da supremacia do interesse público. Neste caso, há uma limitação ao direto de propriedade visando proteção ambiental – o proprietário e/ou produtor rural deve-se abster de utilizar a totalidade do seu imóvel. Entretanto, nessas formas de limitação das APP e RL, não há proibição total do uso do imóvel, ou seja, o seu total esvaziamento econômico, devendo o proprietário arcar com o ônus da proteção ambiental, sem direito a indenização e desapropriação indireta.

Esse entendimento é pacificado na jurisprudência nacional, como por exemplo em decisão do Superior Tribunal de Justiça (STJ):

> ADMINISTRATIVO. DESAPROPRIAÇÃO. UTILIDADE PÚBLICA. AUSÊNCIA DE OFENSA AO ART. 1.022 DO CPC. LAUDO PERICIAL. PERITO. AUSÊNCIA DE NULIDADE. IMPOSSIBILIDADE DE INDENIZAÇÃO DA COBERTURA VEGETAL LOCALIZADA EM ÁREA DE PRESERVAÇÃO PERMANENTE. PRECEDENTES. [...] 4. No que concerne ao combate à concessão de indenização da cobertura vegetal componente de área de preservação permanente, socorre razão à recorrente, haja vista o seu não cabimento. Ora, não se pode indenizar, em separado, a área de preservação permanente onde não é possível haver exploração econômica do manancial vegetal pelo expropriado. Portanto, a indenização deve ser limitada à terra nua, não se estendendo à cobertura vegetal (REsp 1.090.607/SC, Rel. Min. Sérgio Kukina, Primeira Turma, *DJe* 11.2.2015; REsp 167.070/SP, Rel. p acórdão Min. Eliana Calmon, Segunda Turma, *DJ* 22.8.2005, REsp 1.574.816/SC, Rel. Min. Og Fernandes, Segunda Turma, *DJe* 9.3.2018, e REsp 848.577/AC, Rel. Ministro Mauro Campbell Marques, Segunda Turma, julgado em 10.8.2010, *DJe* 10.9.2010). 5. Recurso Especial parcialmente conhecido e, nesse quadrante, provido em parte. (STJ – REsp 1.732.757 RO 2018/0009937-9, Rel. Min. Herman Benjamin, j. 5.6.2018, T2 – Segunda Turma, *DJe* 23.11.2018)

Portanto, no Brasil é pacificado que APP e RL são obrigações inerentes ao direito de propriedade, assim, havendo uma limitação parcial a esse direito, sem compensação financeira e/ou desapropriação indireta. A compensação financeira somente ocorre com o total esvaziamento econômico da propriedade, levando à sua desapropriação de fato.

O esvaziamento total econômico da propriedade no Brasil ocorre com a total proibição do uso do imóvel, como no caso de instituição de unidades de conservação de proteção integral, como parques – inutilidade total do imóvel devido à limitação administrativa. Esse entendimento fica evidente na jurisprudência nacional. No Recurso Especial 1.340.335/CE, o STJ decidiu que a criação do Parque Nacional de Jericoacoara no Ceará inviabilizava qualquer tipo de propriedade privada dentro do seu perímetro e que, portanto, os proprietários lesados deveriam ter direito à desapropriação indireta com a devida compensação financeira pelo imóvel inutilizado.

Ou seja, no Brasil, a desapropriação indireta/compensação financeira por limitação ao direito de propriedade ocasionada por preservação ambiental ocorre somente com o total esvaziamento econômico do imóvel, não basta limitação do ônus parcial, como no caso de APPs e RLs do Código Florestal.

3.2. Estado Unidos – Caso Lucas v. Carolina do Sul

Nos EUA, a preservação e manutenção de florestas e vegetação em propriedade rurais, na maioria das vezes, se dá dentro dos programas de conservação do *Farm Bill*, portanto, havendo sua devida compensação financeira no formato de um pagamento por serviço ambiental.

Dentro desses programas, o que se observa é a elegibilidade dos produtores interessados em participar dos programas e sua capacidade de preservação das florestas, em troca do benefício financeiro. Neste ponto, o Judiciário americano possui julgados no sentido de que caso o produtor não consiga comprovar a manutenção das matas, perde a compensação financeira do programa.

Com relação ao esvaziamento econômico da propriedade por limitações administrativas, nos EUA isso pode ocorrer por meio de outras normativas – não proteção de florestas em propriedades privadas. Essas normas têm como objetivo evitar que imóveis causem danos ou riscos para a população (i.e., interesse público). Nesse quesito há o precedente emblemático Lucas v. South Carolina Coastal Council.

Neste caso, em 1992, a Suprema Corte Americana teve que decidir se uma norma estadual da Carolina do Sul – Beachfront Management Act – ao limitar o direito de propriedade de imóveis costeiros (proibição de construção na parcela de praias para evitar erosão), ensejava esvaziamento econômico dos terrenos de David Lucas. Até aquele momento, o direito à desapropriação indireta nos EUA ocorria somente por uma tomada física do imóvel por parte do Estado (i.e., *taking – physical invasion*) e não por normas ou obrigação legal. Essa necessidade de compensar limitações ao direito de propriedade está na Quinta Emenda da Constituição Americana (*Taking Clause*).

Adicionalmente, para a época, era excepcional haver normas limitando o direito de propriedade por motivos de interesse público. Entretanto, com esse caso, a Suprema Corte atualizou seu entendimento no sentido de que qualquer forma de limitação ao direito de propriedade (i.e., tomada do imóvel com desapropriação ou limitações administrativas) causa esvaziamento econômico da propriedade e, portanto, deve haver compensação financeira. Este caso veio a balizar critérios de análise sobre uma desapropriação estabelecida na *Taking Clause* da Constituição, como normas de uso de solo e limitações parciais ao direito de propriedade.

Dessa forma, pode-se perceber que no Brasil entende-se esvaziamento econômico da propriedade como uma total limitação/inutilização do imóvel. Por outro lado, nos EUA, o esvaziamento econômico não corresponde à limitação total do direito de propriedade, basta ser caracterizada como um "ônus".

4. ORIGENS CONSTITUCIONAIS DAS FORMAS DE PRESERVAÇÃO AMBIENTAL E LIMITAÇÃO AO DIREITO DE PROPRIEDADE

Como observado, Brasil e EUA possuem formas completamente distintas de preservar florestas em imóveis rurais. No Brasil, a proteção se dá majoritariamente por instrumentos de comando e controle, na forma de limitação administrativa em compensação financeira. Já nos EUA, se estimula a proteção de matas por meio de programas de pagamentos por serviços ambientais de financiamento público, principalmente com verbas federais.

A diferença das formas de tutela ambiental dos dois países pode ser explicada pela própria Constituição tanto do Brasil como do EUA. As formas de preservação ambiental e ordenamento jurídico ambiental têm origens constitucionais.

4.1. Brasil – meio ambiente como direito difuso e função social da propriedade

O Brasil foi o primeiro país do mundo a colocar o direito ao meio ambiente devidamente equilibrado em nível constitucional, com o art. 225 da Constituição de 1988. Este artigo da Constituição, por si só, permitiu com que o ordenamento ambiental brasileiro ganhasse amplitude e complexidade. Mas, a despeito deste importante artigo, a forma de preservação ambiental brasileira, como ênfase em poder de polícia e limitação ao direito de propriedade, ocorre em conjunto com outros dispositivos e princípios.

Incialmente, com o conceito de direitos difusos. O próprio art. 225 estabelece que o meio ambiente é um direito de todos, ou seja, sem detentor específico – pertence à coletividade e é um direito transindividual. O meio ambiente como um direito difuso vem reforçado e detalhado na Lei Federal n.8.078/1990, art. 81, ao definir direito difuso como: "interesses ou direitos difusos, assim entendidos, para efeitos deste código, os transindividuais, de natureza indivisível, de que sejam titulares pessoas indeterminadas e ligadas por circunstâncias de fato".

Entretanto, o fator que mais contribui para a forma de tutela ambiental brasileira com base na limitação ao direito de propriedade é certamente a função social da propriedade. A função social da propriedade também está prevista na Constituição Federal, no art. 5.º, XXIII, ou seja, uma cláusula pétrea, não cabendo alteração por emenda. Adicionalmente, a função social da propriedade também está prevista como parte da ordem econômica do país, no art. 170 da Constituição.

Esses dispositivos da função social da propriedade vêm da própria história do Brasil, da sua colonização e de um ordenamento jurídico criado com base no Direito português, com grande influência dos Direitos francês, alemão e italiano, todos países de Direito Civil (*Civil Law*).

Ou seja, no Brasil, devido a motivos históricos, a Constituição Federal como um todo e analisada de forma sistemática, cria uma noção legal de propriedade privada passível de limitação por meio de interesse público e viés social. Por consequência, isso permite no Brasil não só normas limitando o direto de propriedade na forma de servidão administrativa, mas também que APP e RL sejam uma obrigação *propter rem* – inerente ao imóvel rural. Isso está presente de forma vasta no histórico de precedentes dos tribunais brasileiros, inclusive no STJ.

4.2. Estados Unidos – *Commerce Clause* e Décima Emenda

Diferentemente do Brasil, os EUA não possuem a preservação ambiental como parte da sua Constituição. A preservação dos recursos naturais se dá com a interpretação conjunta de alguns dispositivos presentes na Constituição Americana.

Incialmente, deve-se observar a Décima Emenda da Constituição. Essa emenda estabelece que os estados têm o poder originário de legislar e, de forma delegada, cabe à União: "EMENDA X Os poderes não delegados aos Estados Unidos pela Constituição, nem por ela negados aos Estados, são reservados aos

Estados ou ao povo." Por consequência, a autoridade da União em legislar e, assim, criar normas federais de preservação ambiental ficaria muito limitada.

Nesse sentido, há a análise conjunta da *Commerce Clause*. O inciso VIII do art. 1.º da Constituição Americana é de suma importância, já que sua finalidade original é regular o comércio em nível nacional, de forma que seja uniformizado, caso contrário, cada estado poderia criar normas comerciais, tributos e moedas distintas, impossibilitando as transações comerciais nos EUA. Por meio desse dispositivo, o Governo Federal teve autoridade para aprovar diversas normas federais, sem sofrer restrições do poder originário dos estados da federação, sempre com a justificativa do foco comercial para a nação.

Esse fenômeno pôde ser observado em julgados mais antigos da Suprema Corte, como Hodel v. Virginia Surface Mining and Reclamation Association Inc. e Hodel v. Indiana, em que julgou a favor de todas as normas federais sendo aprovadas pelo Congresso Americano, com base na *Commerce Clause*, em detrimento da Décima Emenda.

Entretanto, em 1995 a Corte alterou sua jurisprudência com o caso United States v. Lopez[25]. Neste caso, a Suprema Corte americana teve que decidir se a *Commerce Clause* autorizava o Congresso americano a legislar sobre posse de armas perto de escolas, ou seja, poder federal de restringir o direito de posse de armas dentro dos estados. Nesse julgado, a Corte reviu seus posicionamentos anteriores, garantido as prerrogativas federais na justificativa da *Commerce Clause*, e resolveu em favor da Décima Emenda e pelo poder originário dos estados em legislar. Com o caso Lopez, a jurisprudência americana foi alterada, de modo a garantir de forma mais clara o poder de legislar dos estados.

Adicionalmente, dentro do escopo constitucional para legislar sobre a preservação ambiental nos EUA, deve-se levar em consideração a Quinta Emenda (i.e., *Taking Clause*):

> EMENDA V Ninguém será detido para responder por crime capital, ou outro crime infamante, salvo por denúncia ou acusação perante um Grande Júri, exceto em se tratando de casos que, em tempo de guerra ou de perigo público, ocorram nas forças de terra ou mar, ou na milícia, durante serviço ativo; ninguém poderá pelo mesmo crime ser duas vezes ameaçado em sua vida ou saúde; nem ser obrigado em qualquer processo criminal a servir de testemunha contra si mesmo; nem ser privado da vida, liberdade, ou bens, sem processo legal; nem a propriedade privada poderá ser expropriada para uso público, sem justa indenização.

Como já demonstrado, com o caso Lucas v. South Carolina, nos EUA não pode haver limitação do direito de propriedade sem a devida compensação financeira ou desapropriação. Isso vem diretamente da Quinta Emenda da Constituição, já que garante esse caráter mais absoluto do direito da propriedade – não há uma compreensão de função social tão ampla como no Brasil.

5. CONCLUSÕES

Com isso, fica claro que a competência legislativa da União americana em criar normas ambientais de comando e controle não é possível como no ocorre no Brasil.

No Brasil, o histórico do próprio ordenamento jurídico e sua compreensão mais relativa do direito de propriedade, influenciando a constituinte de 1988, levaram o país a ter em seu texto constitucional dispositivos que possibilitassem a limitação da propriedade, por uma função social do imóvel – direito de propriedade no Brasil não é absoluto.

No Brasil não somente existe a função social da propriedade, mas também, e, principalmente, o art. 225 da Constituição elencando o meio ambiente como um direito de todos, da presente e das futuras gerações, assim, um direito difuso.

Por outro lado, nos EUA, a Constituição americana não contém dispositivos específicos para preservação do meio ambiente, ou dizendo que esse seja um direito difuso. A preservação do meio ambiente e a competência legislativa da União ocorrem por uma interpretação conjunta da *Commerce Clause* (art. 1.º, VIII), da Décima Emenda e da Quinta Emenda. Dessa forma, há uma discussão sobre o equilíbrio entre a autoridade da União com poder originário dos estados e a diferença entre uma desapropriação de uma gestão do uso da terra (limitação da propriedade e compensação).

Neste ponto, no Brasil fica clara a regulação de imóveis rurais por meio de limitação administrativa, sem direito a compensação ou desapropriação indireta. A preservação de florestas dentro de propriedades rurais é uma obrigação inerente do imóvel de característica *propter rem* (a obrigação é da propriedade e do seu atual proprietário).

Essas estruturas constitucionais e de direito de propriedade e difusos justificam como ambos os países montaram suas respectivas formas de tutela ambiental – essas estruturas explicam por que no Brasil, o Código Florestal conseguiu constituir os instrumentos de APP e RL, enquanto nos EUA o *Farm Bill* e seus programas de preservação somente contemplam programas de pagamento por serviços ambientais de financiamento público.

REGULARIZAÇÃO FUNDIÁRIA URBANA: PROPOSIÇÕES PARA UMA (RE)ADEQUAÇÃO CONCEITUAL-NORMATIVA

Anderson Henrique Vieira[1]
Talden Farias[2]

1. INTRODUÇÃO

A insegurança jurídica e a irregularidade fundiária urbana são marcantes no Brasil e na América Latina. Dados colhidos no início dos anos 2000 em 15 países sul-americanos davam conta de que pelo menos 25% (vinte e cinco por cento) da população viviam em núcleos urbanos informais[3]. Como forma de gerir a questão, diversas foram as soluções implementadas pelos países, tais como promoção de programas de habitação popular, incentivo ao crédito imobiliário por meio da redução da taxa de juros, positivação de novos direitos reais a partir da verificação da práxis social e a regularização fundiária urbana (REURB).

A regularização fundiária urbana é uma política pública de integração de núcleos urbanos alternativos/resistentes[4] (comumente denominado de informais) à cidade, considerando uma multiplicidade de elementos. Conforme as

---

[1] Advogado. Doutorando em Direito pela UFPB com período de cotutela junto ao Programa de Pós-graduação em Estudos Urbanos e Territoriais da Universidade Nacional da Colômbia (Sede Medelín) e mestre em Planejamento e Dinâmicas Territoriais no Semiárido pela UERN. Autor de publicações na área de Direito Urbanístico.

[2] Advogado e professor de Direito Ambiental da UFPB e da UFPE. Pós-doutor e doutor em Direito pela UERJ. Membro da Comissão de Direito Ambiental do CF/OAB e do IAB. Autor de publicações nas áreas de Direito Ambiental e Urbanístico.

[3] MACDONALD, Joan. *Pobreza y precariedad del habitat en ciudades de América Latina y el Caribe*. Santiago: UN-CEPAL, 2004. Disponível em: https://repositorio.cepal.org/bitstream/handle/11362/5602/1/S0410827es.pdf.

[4] Apesar de a Lei n. 13.465/2017 utilizar a expressão "núcleos urbanos informais", neste artigo, por uma opção teórico-metodológica sustentada em Gonçalves & Santos (2019), Bethânia Alfonsin (2023) e Edésio Fernandes (2022), utilizar-se-á a expressão "núcleos urbanos alternativos/resistentes". Isso porque compreende-se que o termo "informal" não se adequa ao planejamento e à execução de procedimentos de REURB que visem estabelecer uma ponte entre o panorama normativo/legal e a dinâmica das ocupações, os costumes e as práticas que produzem à cidade e que contribuem para o acesso e permanência das pessoas em suas localidades, isto significa "abandonar a compreensão da informalidade como um elemento a ser combatido. De forma distinta, as políticas podem melhorar as condições de vida dos moradores, dialogando com as práticas ali existentes. Os esforços de regularização devem,

determinações jurídico-sociais de cada ordenamento, a REURB toma contornos particulares, por vezes mais legalista-liberal com foco em seus aspectos dominiais para inserção dos imóveis do mercado formal de terras, como ocorreu no Peru; e em outros casos adota uma abordagem mais jurídico-pluralista centrada no desenvolvimento pleno das áreas a serem regularizadas considerando seus aspectos ambientais, jurídicos, sociais e urbanísticos[5]. Essa segunda perspectiva de regularização ficou conhecida como a "fórmula brasileira".

Justamente pela sua complexidade conceitual, a REURB é objeto de toda sorte de abordagens teóricas, filosóficas, econômicas, jurídicas, culturais e políticas[6], de forma que pode se caracterizar como um conceito em disputa. No Brasil, o mais novo marco da REURB (Lei n. 13.465/2017) trouxe inovações e desafios que por vezes causam dúvidas aos agentes públicos e privados que tratam da questão e impõe o debate e a reflexão sobre esse procedimento. Ao mesmo tempo, a lei também significou o (re)surgimento de um nicho de mercado que entende a REURB como negócio e, por vezes, acaba por sobrepor direitos individuais aos coletivos. Dessa forma, vale o questionamento, considerando os aspectos sociais, ambientais, jurídicos e urbanísticos, quando se fala em REURB, está a se falar exatamente de quê?

Para ventilar possíveis respostas ao questionamento proposto, o artigo tem como objetivo analisar os aspectos gerais da REURB na Lei n. 13.465/2017, com vistas a problematizar a (in)adequação do conceito legal à lógica de regularização fundiária plena. Para tanto, foi realizada pesquisa bibliográfica de abordagem qualitativa e pesquisa documental, tendo como principais marcos a Lei n. 13.465/2017 e seu decreto *regulamentador (Decreto n. 9.310/2018), a Constituição Federal de 1988 e o Estatuto da Cidade).*

O artigo foi estruturado em dois tópicos, além da introdução e das considerações finais. Conjuntamente, os tópicos abordam desde uma perspectiva doutrinária (tópico 2) e normativa (tópico 3) a complexidade conceitual da Regularização Fundiária Urbana (REURB) e suas diferentes abordagens, destacando duas principais: a jurídica, focada na

---

portanto, levar em conta a complexidade social das práticas informais" (GONÇALVES; SANTOS, 2019, p. 17).

5 ALFONSIN, Betânia de Moraes *et al.* Da função social à função econômica da terra: impactos da Lei n. 13.465/17 sobre as políticas de regularização fundiária e o direito à cidade no Brasil. *Revista de Direito da Cidade*, [S. l.], v. 11, n. 2, p. 168-193, fev. 2020. ISSN 2317-7721. Disponível em: https://www.e-publicacoes.uerj.br/index.php/rdc/article/view/37245/32466. Acesso em: 22 mar. 2023. doi: https://doi.org/10.12957/rdc.2019.37245.

6 FERNANDES, Edésio. Desafios da regularização fundiária urbana no contexto da Lei 13.465/17. *Revista Consultor Jurídico*, 8 de setembro de 2022. Disponível em: https://www.conjur.com.br/2022-set-08/edesio-fernandes-desafios-regularizacao-fundiaria-urbana-contexto-lei-1346517#:~:text=A%20aprova%C3%A7%C3%A3o%20da%20Lei%20Federal,e%20ignorando%20as%20li%C3%A7%C3%B5es%20da.

titulação dos beneficiários, e a holística, que integra aspectos urbanísticos, sociais e ambientais. Discute a evolução normativa e doutrinária da REURB no Brasil, comparando as Leis n. 11.977/2009 e n. 13.465/2017, e propõe sugestões para um conceito mais inclusivo e sustentável. Por fim, enfatiza-se a necessidade de uma abordagem participativa e integrada, conforme princípios constitucionais e diretrizes internacionais de desenvolvimento urbano sustentável.

2. REGULARIZAÇÃO FUNDIÁRIA URBANA (REURB): MATRIZ CONCEITUAL DOUTRINÁRIA

A complexidade conceitual que envolve a regularização fundiária urbana impõe toda sorte de abordagens, de forma que pode se caracterizar como um conceito em disputa. Nesse quadro, Fernandes[7] observa que quando se trata de REURB "(...) tudo está aberto a interpretações, da noção de informalidade à natureza dos programas de regularização. São incontáveis os debates conceituais, filosóficos, políticos, ideológicos, econômicos, urbanísticos e jurídicos". Afinal, estamos falando exatamente de quê? Justamente por isso, Nascimento[8] observa que não há um conceito estanque acerca do tema, o que significa que essa construção teórico-conceitual ainda está em evolução/transformação de acordo com as experiências, os aprimoramentos e as aplicações empíricas dos instrumentos de regularização fundiária.

Para responder aos questionamentos propostos pelos autores acima citados, a doutrina elucida o que está posto na legislação e indica que há pelo menos duas acepções principais sobre regularização fundiária urbana[9], a primeira delas diz respeito a uma ótica meramente jurídico-dominial expressa pela titulação dos beneficiários. Assim, sob essa perspectiva, aspectos de urbanização, melhorias na qualidade de vida e a cidadania urbana seriam resultados acessórios da política

---

7 *Ibidem.*
8 NASCIMENTO, Mariana Chiesa Gouveia. *Regularização fundiária urbana de interesse social no direito brasileiro.* 2013. 189 f. Dissertação (Mestrado) – Curso de Direito, Departamento de Direito do Estado, Universidade de São Paulo, São Paulo, 2013. Disponível em: https://edisciplinas.usp.br/pluginfile.php/4108502/mod_resource/content/1/Dissertacao_Final_Mariana_Chiesa_Gouveia_Nascimento%20%283%29.pdf. Acesso em: 17 jan. 2023.
9 Existem também outras acepções sobre REURB como verificado em Silva (2018, p. 131) "Por regularização fundiária entende-se um processo que envolve medidas ambientais, urbanísticas, sociais, que visa garantir o direito fundamental à moradia digna, dando a titulação aos ocupantes de assentamentos informais e clandestinos de áreas ocupadas em descompasso com a legislação existente à época da ocupação. Tais assentamentos podem ser invasões e ocupações de áreas públicas e privadas, favelas, e também condomínios de luxo". Note-se que a perspectiva trazida por Silva (2018) desconsidera a dimensão jurídica da REURB.

de REURB, isto é, mero reflexo do objetivo principal de regularizar os elementos dominiais da área de intervenção, como demonstra Alfonsin:

> [...] regularização fundiária é um processo conduzido em parceria pelo Poder público e população beneficiária, envolvendo as dimensões jurídica, urbanística e social de uma intervenção que, prioritariamente, objetiva legalizar a permanência de moradores de áreas urbanas ocupadas irregularmente para fins de moradia e, acessoriamente, promove melhorias no ambiente urbano e na qualidade de vida do assentamento, bem como incentiva o pleno exercício da cidadania pela comunidade sujeito do processo[10].

A segunda acepção conceitual da REURB adota uma perspectiva holística e integrativa, portanto, mais complexa do ponto de vista técnico, mais onerosa do ponto de vista orçamentário e mais favorável do ponto de vista urbanístico e do direito à moradia[11]. Seria a regularização fundiária plena ou sustentável[12]. Para Arruda e Lubambo, a regularização fundiária é:

> Intervenção regularizacional da propriedade que busca o reconhecimento de comunidades consolidadas no espaço urbano, de modo a integrar e legalizar definitivamente a população à cidade formal, no intuito de transformar gradativamente a realidade desigual de nossas cidades em um espaço urbano democrático, garantindo o direito social à moradia e o pleno desenvolvimento das funções sociais da propriedade urbana, através da titulação da terra[13].

Em uma perspectiva mais funcional e integrativa, Correia e Farias conceituam regularização fundiária plena como o processo por meio do qual, após a devida urbanização da área, mediante obras de infraestrutura urbana, se contempla quatro dimensões principais:

> (a) a registral, que visa à garantia da posse ou à tutela da propriedade; (b) a urbanística, que permite a integração plena da moradia à cidade, seus equipamentos coletivos, serviços públicos e direitos fundamentais; (c) a ambiental, que proporcione a seus

---

10 ALFONSIN, Betânia de Moraes. O significado do Estatuto da Cidade para os processos de regularização fundiária no Brasil. In: ROLNIK, Raquel *et. al*. *Regularização fundiária sustentável*. Brasília: Ministério das Cidades, 2007, p. 78.

11 CORREIA, Arícia Fernandes. Direito da regularização fundiária urbana e autonomia municipal: a conversão da Medida Provisória 759/2016 na Lei 13.465/2017 e as titulações da prefeitura da cidade do Rio de Janeiro no primeiro quadrimestre de 2017. In: MOTA, Maurício Jorge Pereira; TORRES, Marcos Alcino de Azevedo; MOURA, Emerson Affonso da Costa (coord.). *Direito à moradia e regularização fundiária*. Rio de Janeiro: Lumen Juris, 2018, p. 240. ISBN 978-8551910184.

12 Para Carvalho "A Regularização Fundiária é uma ação ou programa que tem como finalidades garantir o direito à moradia, à qualidade e sustentabilidade urbana e ambiental, reduzindo as precariedades das cidades, no que se convencionou chamar de regularização fundiária sustentável, ainda que não receba essa nomenclatura na legislação vigente." (CARVALHO, 2021, p. 41).

13 ARRUDA, Sande de Oliveira; LUBAMBO, Cátia Wanderley. Entre a cidade informal e a cidade formal: a regularização fundiária como instrumento de inclusão dos invisíveis sociais na Comunidade de Roda de Fogo no Município do Recife. *Ciência & Trópico*, [S. l.], v. 43, n. especial, 2019. DOI: 10.33148/CeTropico_v.43n.esp(2019)p.154-176. Disponível em: https://periodicos.fundaj.gov.br/CIC/article/view/1840. Acesso em: 28 jul. 2022, p. 167.

moradores e suas próximas gerações uma vida saudável e (d) a social, que garante oportunidades a seus habitantes para que no presente, desfrutem de uma vida digna, e, no futuro, até possam permanecer em suas comunidades de origem, mas não por necessidade e, sim, por opção[14].

O delineamento conceitual apresentado contempla os objetivos para os quais foi pensada a REURB (de acordo com o art. 10 da Lei n. 13.465/2017 e o art. 2.º do *Decreto n. 9.310/2018)*, porquanto destaca suas principais dimensões sem hierarquias. Dessa forma, merece destaque o fato de os autores inserirem a obrigação de conferir a devida urbanização da área a ser regularizada, mediante obras de infraestrutura, enquanto condição anterior à própria regularização, se desenvolvendo a partir disso aspectos que vão desde enquadrar os imóveis em padrões urbanísticos que garantam a regularidade urbana, à titulação que assegure a posse e/ou propriedade e a promoção do diálogo urbano contínuo exteriorizado por meio da participação popular efetiva.

Por outro lado, note-se que o conceito apresentado pelos autores parece estar mais conectado com a Lei n. 11.977/2009 (já revogada) na medida em que reconhecem, acertadamente, a importância de promover a urbanização prévia das áreas a serem regularizadas. Sob este aspecto é importante salientar que muito embora o Capítulo III da Lei n. 11.977/2009 não disponha expressamente sobre a condição de urbanização prévia das áreas objeto de intervenção na REURB, essa interpretação foi sedimentada por meio de orientações oficiais do governo federal da época, por meio do Ministério das Cidades, que editou documentos como a cartilha intitulada "Regularização Fundiária Urbana: como aplicar a Lei 11.977/2009"[15] em que é possível visualizar uma clara orientação nesse sentido e também na doutrina, conforme Costa e Romeiro[16].

A referida interpretação foi alterada com o advento da Lei n. 13.465/2017, o novo marco da REURB no Brasil. Desse modo, eventual ausência de infraestrutura nas áreas a serem regularizadas não obsta o prosseguimento da REURB, bastando tão somente a assinatura de um termo de compromisso e apresentação de um cronograma físico de serviços e implantação de obras de infraestrutura

---

14 CORREIA, Arícia Fernandes; FARIAS, Talden. Regularização fundiária sustentável, licenciamento urbanístico-ambiental e energia solar. *Revista de Direito da Cidade*, [S. l.], v. 7, n. 2, p. 863-901, jul. 2015. ISSN 2317-7721. Disponível em: https://www.e-publicacoes.uerj.br/index.php/rdc/article/view/16955/12781. Acesso em: 11 dez. 2022. doi: https://doi.org/10.12957/rdc.2015.16955, p. 867.
15 Ver: https://urbanismo.mppr.mp.br/arquivos/File/Regularizacao_Fundiaria/cartilha_11977.pdf.
16 COSTA, Fernanda Carolina Vieira da; ROMEIRO, Paulo Somlanyi. Marcos regulatórios da regularização fundiária urbana. *Núcleos urbanos informais*: abordagens territoriais da irregularidade fundiária e da precariedade habitacional. Brasília: IPEA, 2022, Cap. 9. Disponível em: https://repositorio.ipea.gov.br/bitstream/11058/11549/13/218229_LV_Nucleos-Urbanos_Cap09.pdf.

essencial, por parte do ente municipal, que poderão ser realizadas antes, durante ou após a conclusão da REURB (art. 36, § 3.º, da Lei n. 13.465/2017).

A responsabilidade municipal pelo firmamento dos referidos instrumentos compromissários que garantam a devida urbanização da área de intervenção da REURB decorre de mandamento constitucional do art. 182, ao prevê que a política de desenvolvimento urbano deve ser executada pelo Poder Público Municipal, de forma que este torna-se o principal ente promotor de REURB no Brasil. Acontece que na prática a Lei n. 13.465/2017 não prevê nenhuma responsabilidade aos municípios pelo descumprimento do cronograma de obras e do termo de compromisso, o que mina a efetividade dos instrumentos. Nesse sentido, eventual questionamento no que se refere ao cumprimento das obrigações assumidas no cronograma de obras e no termo de compromisso deverá ser feito judicialmente, uma vez que se trata de títulos executivos extrajudiciais e de mais a mais estaria totalmente dependente das possibilidades financeiras do município e de argumentos como a reserva do possível, na esteira do entendimento de Costa e Romeiro já citado[17].

Dessa forma, muito embora se reconheça a importância de desburocratizar o máximo possível os procedimentos inerentes à REURB, na prática, essa flexibilização pode se configurar como uma burla às diretrizes contidas no Estatuto da Cidade (art. 2.º), bem como a necessidade de promover uma regularização sustentável que contemple as dimensões urbanísticas, jurídicas, sociais e ambientais. A simplificação do procedimento requer limites e o limite é a qualificação urbanística adequada.

Desse modo, após o debate acerca do delineamento conceitual-doutrinário da REURB, dada sua complexidade epistemológica, cabe ainda notas sobre seu conceito legal, de forma a verificar a necessidade de adequação segundo os pressupostos da regularização fundiária urbana plena. É o que será abordado a seguir.

3. REGULARIZAÇÃO FUNDIÁRIA URBANA (REURB) E SUA MATRIZ CONCEITUAL NORMATIVA

A Constituição Federal de 1988 se caracterizou como um marco fundamental quando se trata de política urbana sob uma ótica democrática e popular, por mais que antes de sua promulgação já houvesse políticas e diplomas normativos que tratavam de maneira esparsa de instrumentos jurídicos de regularização e política urbana, tal como a Lei n. 6.766/1979 (Lei de Parcelamento de Uso do

---

17 *Ibidem*.

Solo Urbano) e a Política Nacional de Desenvolvimento Urbano, que data de 1973, elaborada ainda sob a égide do regime militar, com caráter fortemente autoritário, centralizador e conservador[18]. Esse quadro contribuiu para a concepção da REURB enquanto direito subjetivo[19] dos potenciais beneficiários, desde que haja viabilidade ambiental, urbanística e legal, ou seja, o planejamento e a execução da regularização fundiária urbana seriam um direito dos beneficiários devidamente resguardado pelo ordenamento jurídico e, portanto, passível da tutela judicial para sua proteção, se for o caso.

Outro contributo constitucional significativo foi o reconhecimento do Direito Urbanístico como ramo autônomo do Direito. Desse modo, a inserção constitucional de princípios estruturantes como a função social da propriedade (pública e privada); do direito à regularização com a introdução da Usucapião Especial Urbana e da Concessão de Direito Real de Uso (CDRU) e da justa distribuição dos bônus e ônus urbanísticos, como forma de "(...) ordenar o pleno desenvolvimento das funções sociais da cidade e garantir o bem-estar de seus habitantes" (art. 182 da CF/1988) se configurou como uma inflexão nos rumos dos movimentos de luta pela reforma urbana e "elevou a matéria ao *status* fundamental, a partir do qual se pode e deve interpretar toda a legislação infraconstitucional"[20].

O alegado se expressa, principalmente, nos arts. 182 e 183 da CF/1988, que tratam da política urbana e preveem importantes instrumentos jurídico-urbanísticos e de planejamento das cidades, tais como o Plano Diretor; a possibilidade de parcelamento ou edificação compulsórios; a instituição de imposto sobre a propriedade predial e territorial urbana progressivo no tempo; a desapropriação para os casos de imóveis não edificados, subutilizados ou não utilizados e, portanto, que não estão atendendo à sua função social (art. 182); e a usucapião para fins de garantia do direito à moradia (art. 183).

Esse foi o contexto que fomentou, em nível infraconstitucional, a regulamentação dos arts. 182 e 183 da CF/1988 por meio da Lei n. 10.257/2001, o Estatuto da Cidade. A referida lei representa a consolidação de um novo paradigma

---

18 VIEIRA, Anderson Henrique; ALVES, Larissa da Silva Ferreira. Direitos reais secundários e planejamento urbano: uma alternativa às estratégias clássicas de pensar o território. *Urbe. Revista Brasileira de Gestão Urbana* [on-line], 2021, v. 13, e20200005. Disponível em: https://doi.org/10.1590/2175-3369.012.e20200005. Acesso em: 6 jan. 2023.

19 Para Mukai (2008, p. 93) "o dever de regularizar nasce claramente do direito à moradia previsto no *caput* do art. 6.º do texto constitucional, que estabelece quais são os direitos sociais reconhecidos pela Constituição".

20 CORREIA, Arícia Fernandes. Direito da regularização fundiária urbana e autonomia municipal: a conversão da Medida Provisória 759/2016 na Lei 13.465/2017 e as titulações da prefeitura da cidade do Rio de Janeiro no primeiro quadrimestre de 2017. In: MOTA, Maurício Jorge Pereira; TORRES, Marcos Alcino de Azevedo; MOURA, Emerson Affonso da Costa (coord.). *Direito à moradia e regularização fundiária*. Rio de Janeiro: Lumen Juris, 2018, p. 240. ISBN 978-8551910184, p. 53.

jurídico e social: o da função social da propriedade e da cidade[21]. Ao tratar da regularização fundiária, o Estatuto da Cidade a caracteriza como um instituto jurídico-político (art. 4.º, V, *q*) e insere a questão como uma diretriz do pleno desenvolvimento das funções sociais da cidade e da propriedade urbana (art. 2.º, XIV), por meio da:

> [...] urbanização de áreas ocupadas por população de baixa renda mediante o estabelecimento de normas especiais de urbanização, uso e ocupação do solo e edificação, consideradas a situação socioeconômica da população e as normas ambientais.

O tratamento do Estatuto da Cidade, no que se refere à regularização fundiária, não se limita ao reconhecimento da centralidade da problemática para o desenvolvimento das cidades e contempla em seu art. 4.º (de forma exemplificativa) a previsão de instrumentos urbanísticos específicos, tais como Concessão de Direito Real de Uso; Concessão de Uso Especial para Fins de Moradia (CUEM); Usucapião Especial de imóvel urbano; direito de superfície; legitimação de posse, entre outros; bem como flexibiliza a atuação do Poder Público quando do planejamento e execução de planos/projetos de regularização, por meio, por exemplo, da previsão do direito de preempção exercido pelo poder público para aquisição de imóvel urbano objeto de alienação onerosa entre particulares para execução de projetos de regularização fundiária.

No período que se seguiu após o surgimento do Estatuto da Cidade, houve também a edição de diversas leis que tiveram como objetivo contribuir na regularização de núcleos urbanos alternativos, como a Lei n. 10.9931/2004 – gratuidade do registro da regularização; Lei n. 11.124/2005 – criação do FNHIS (Fundo Nacional da Habitação de Interesse Social); Lei n. 11.481/2007 – transferência de terrenos pela União para que municípios regularizem ocupação; Lei n. 11.888/2008 – direito de assistência técnica gratuita; Lei n. 11.952/2009 – regularização fundiária na Amazônia Legal; muito embora não tenha sido até então editado um marco legal consolidado que regulamentasse as normas da regularização fundiária urbana, o que só ocorreu em 2009. Foi somente com a edição da Lei n. 11.977/2009, que dispunha sobre o "Programa Minha Casa, Minha Vida – PMCMV e a regularização fundiária de assentamentos localizados em áreas urbanas", em seu Capítulo III, que o conceito de regularização fundiária urbana (REURB) ganhou contornos legais[22], nos seguintes termos:

---

21 FERNANDES, Edésio. Estatuto da Cidade, mais de 10 anos depois: razão de descrença, ou razão de otimismo? *Revista da Universidade Federal de Minas Gerais*, Belo Horizonte, v. 20, n. 1, p. 212-233, 2016. DOI: 10.35699/2316-770X.2013.2681. Disponível em: https://periodicos.ufmg.br/index.php/revistaufmg/article/view/2681. Acesso em: 6 jan. 2023.

22 Note-se que muito embora até o advento da Lei n. 11.977/2009 não houvesse um marco legal autônomo que dispusesse sobre a REURB, foram implementados programas nacionais que visavam à regularização de áreas urbanas, tal como o Programa Papel Passado do ano de 2003.

A regularização fundiária consiste no conjunto de medidas jurídicas, urbanísticas, ambientais e sociais que visam à regularização de assentamentos irregulares e à titulação de seus ocupantes, de modo a garantir o direito social à moradia, o pleno desenvolvimento das funções sociais da propriedade urbana e o direito ao meio ambiente ecologicamente equilibrado.

Para Mota e Moura[23] (2015, p. 15) a referida lei se configurou como uma eficiente ferramenta "(...) para auxiliar no problema social da moradia e a questão da ocupação irregular da terra urbana". Entre outros aspectos, o diploma normativo buscou minimizar os processos especulativos que dificultam o acesso e a permanência de estratos de menor renda da sociedade à moradia, além de dar início a um importante processo de desburocratização e flexibilização do procedimento de regularização fundiária urbana que foi potencializado com a edição da Medida Provisória n. 759, de 2016, que mais tarde foi convertida na Lei n. 13.465/2017, atual marco legal sobre REURB no Brasil. Salienta-se que ao longo do processo legislativo de conversão da referida medida provisória em lei somaram-se 695 (seiscentas e noventa e cinco) emendas ao texto que buscaram suprir lacunas na redação original no que diz respeito, por exemplo, à possibilidade de promover regularização fundiária em áreas que estivessem sob demanda judicial. No texto original, essa possibilidade era expressamente proibida[24], segundo o art. 62, o que foi modificado por meio da Emenda[25] n. 256/2017, de proposição da Deputada Federal Luiza Erundina (PSOL/SP), que consubstanciou o atual art. 74 da Lei n. 13.465/2017[26].

Assim sendo, o novo marco legal da REURB revogou as disposições da Lei n. 11.977/2009 e alterou muitos outros diplomas normativos, tais como a Lei de Registros Públicos (Lei n. **6.015/1973**) e a Lei de Licitações e Contratos

---

23 MOTA, Maurício Jorge Pereira da; MOURA, Emerson Affonso da Costa. O direito à moradia digna na regularização fundiária da Lei 11.977/2009: o caso do auto de demarcação da comunidade da Rocinha. *Revista de Direito da Cidade*, [S. l.], v. 7, n. 3, p. 1.292-1.310, nov. 2015. ISSN 2317-7721. Disponível em: https://www.e-publicacoes.uerj.br/index.php/rdc/article/view/18848/14066. Acesso em: 19 dez. 2022. doi: https://doi.org/10.12957/rdc.2015.18848, p. 15.

24 "Art. 62. Não serão regularizadas as ocupações que incidam sobre áreas objeto de demanda judicial que versem sobre direitos reais de garantia ou constrições judiciais, bloqueios e indisponibilidades, até o trânsito em julgado da decisão, ressalvadas a hipótese de o objeto da demanda não impedir a análise da regularização da ocupação pela administração pública e a hipótese de acordo judicial".

25 Ver: https://www.camara.leg.br/proposicoesWeb/fichadetramitacao?idProposicao=2134642.

26 "Art. 74. Serão regularizadas, na forma desta Lei, as ocupações que incidam sobre áreas objeto de demanda judicial que versem sobre direitos reais de garantia ou constrições judiciais, bloqueios e indisponibilidades, ressalvada a hipótese de decisão judicial específica que impeça a análise, aprovação e registro do projeto de regularização fundiária urbana."

(Lei n. **8.666/1993**)[27]. No que se refere ao conceito de regularização fundiária urbana, a nova lei preleciona em seu art. 9.º que:

> Ficam instituídas no território nacional normas gerais e procedimentos aplicáveis à Regularização Fundiária Urbana (REURB), a qual abrange medidas jurídicas, urbanísticas, ambientais e sociais destinadas à incorporação dos núcleos urbanos informais ao ordenamento territorial urbano e à titulação de seus ocupantes.

Em uma rápida leitura, o conceito adotado na nova lei pouco se diferencia do panorama já adotado na lei revogada, entretanto, há sutis diferenças que configuram um avanço, sobretudo, no tratamento da questão da informalidade/irregularidade urbana, dentre outros aspectos que merecem ponderações. Para analisar as diferenças, os avanços e os retrocessos entre os conceitos adotados na antiga e na nova lei, repete-se abaixo de maneira analítica e comparada a abordagem de cada um dos diplomas. Note-se que a lei antiga tinha como principal foco a regularização de assentamentos irregulares como forma de garantir o direito à moradia, enquanto o diploma legislativo atual é centrado na incorporação dos núcleos urbanos informais à cidade. A seguir, será discutido o que de fato significa e impacta essa mudança de perspectiva.

Quadro 1: Matriz normativa de comparação

Lei n. 13.465/2017 (atual marco legal da REURB no Brasil)	Lei n. 11.977/2009 (antigo marco legal da REURB no Brasil)
Art. 9.º Ficam instituídas no território nacional normas gerais e procedimentos aplicáveis à Regularização Fundiária Urbana (REURB), a qual abrange medidas jurídicas, urbanísticas, ambientais e sociais destinadas à incorporação dos núcleos urbanos informais ao ordenamento territorial urbano e à titulação de seus ocupantes.	Art. 46. A regularização fundiária consiste no conjunto de medidas jurídicas, urbanísticas, ambientais e sociais que visam à regularização de assentamentos irregulares e à titulação de seus ocupantes, de modo a garantir o direito social à moradia, o pleno desenvolvimento das funções sociais da propriedade urbana e o direito ao meio ambiente ecologicamente equilibrado.

Fonte: Lei n. 13.465/2017 e Lei n. 11.977/2009. Elaboração: autores (2024).

Primeiramente, note-se que ambas as leis compreendem a REURB como um procedimento complexo e multifacetado que contempla pelo menos 4 (quatro) áreas ou dimensões principais: (a) jurídica: entre outros aspectos se caracteriza sobretudo pela dimensão responsável pelo desenvolvimento de estratégias com vistas a viabilizar a escolha do melhor instrumento de regularização do ponto de vista jurídico-dominial considerando as peculiaridades da população beneficiária

---

[27] Essa lei foi revogada em 2021 pela Lei n. 14.133, que ficou conhecida como a Nova Lei de Licitações e Contratos Administrativos.

e da área de intervenção; (b) urbanística: atua na elaboração das pranchas contendo a poligonal da área de intervenção, o levantamento planialtimétrico, o cadastro físico de cada lote existente dentro da poligonal, compreendendo a identificação, a codificação e a delimitação dos lotes existentes na área, confinantes, a caracterização do uso (residencial, misto, comercial, institucional, de prestação de serviços, entre outros), bem como a proposta de intervenção para urbanização da área (caso seja necessário); (c) ambiental: dimensão responsável pelo diagnóstico ambiental consistente no levantamento dos dados físicos da área de intervenção (clima, solo, pluviometria, vegetação etc.) e na identificação de arranjos ambientais específicos (área de risco, área de preservação permanente, área de preservação ambiental etc.), bem como pela proposição de compensações ambientais (quando for o caso) e verificação da infraestrutura urbana da localidade; e (d) social: área que possibilita a efetiva participação popular no processo de REURB por meio da mobilização social da comunidade, cadastro socioeconômico, coleta e organização do banco de dados, ações formativas e reuniões comunitárias que permitem apropriação por parte dos beneficiários do instrumento jurídico pelo qual a regularização será feita. Maiores detalhes sobre cada um dos aspectos aqui brevemente discutidos serão dados no tópico 4, quando tratar-se-á dos procedimentos jurídicos e técnicos da REURB.

Desse modo, as quatro principais dimensões da REURB precisam ser planejadas e executadas de forma sistêmica, integrativa e horizontalizada como contributo essencial à efetivação de uma regularização fundiária urbana plena. Nesse sentido, qualquer desarmonia pode significar o privilégio de uma área (em geral a jurídico-dominial) em detrimento das outras, o que ao revés de fomentar o direito à moradia, acaba por perpetuar processos de mercantilização do solo urbano e especulação imobiliária.

Ainda sobre o conceito legal de REURB, observa-se que enquanto a lei antiga previa que as medidas jurídicas, urbanísticas, sociais e ambientais visavam "(...) à regularização de assentamentos irregulares e à titulação de seus ocupantes", o novo marco legal avança no tratamento da dicotomia formal/informal, regular/irregular ao indicar que a REURB se destina "(...) à incorporação dos núcleos urbanos informais ao ordenamento territorial urbano". A alteração de redação pode indicar uma mudança paradigmática na perspectiva da gestão da informalidade urbana por parte dos poderes públicos, na medida em que essa informalidade não é vista mais como algo a ser superada, mas sim incorporada ao ordenamento territorial, já que esse contexto de ocupações resistentes e/ou alternativas, muitas vezes, é pressuposto de garantia ou segurança na posse em cenários vulnerabilizados do ponto de vista social e econômico. Até mesmo porque, no Brasil, a informalidade parece mesmo ser a regra e não a exceção, de forma que vale o questionamento: "por que chamar de informal o que na realidade em muitos contextos é a prática dominante?"[28]

Essa relação aparentemente contraditória entre informalidade e garantia ou segurança na posse, pode ser visualizada nos cenários de ocupações em áreas de preservação permanente (APP[29]) e outros espaços territoriais especialmente protegidos. Essas localidades são excluídas do mercado imobiliário formal, o que necessariamente representa uma diminuição dos custos de aquisição e manutenção e, por conseguinte, torna o imóvel mais acessível às populações vulnerabilizadas economicamente[30]. Ressalta-se que não se cuida de uma anistia ambiental[31], mas da tentativa de se compatibilizar a proteção do meio ambiente com o direito à moradia, de forma a viabilizar uma série de melhorias no lugar, inclusive do ponto de vista ecológico.

Não foi por outra razão que o Conselho Nacional de Meio Ambiente – CONAMA baixou a Resolução n. 369/2006, que dispôs sobre os casos excepcionais, de utilidade pública, interesse social ou baixo impacto ambiental, que possibilitam a intervenção ou supressão de vegetação em APP. Essa norma, ainda que pudesse ser questionada em razão da sua infralegalidade, criou uma espécie de programa de regularização fundiária sustentável de área urbana voltada às ocupações de baixa renda e certamente serviu de inspiração para a edição da Lei n. 13.465/2017.

Dessa forma, para Gonçalves e Santos[32] a informalidade deve ser considerada na dinâmica da área de intervenção ao planejar e executar um projeto de

---

28 FERNANDES, Edésio. Desafios da regularização fundiária urbana no contexto da Lei 13.465/17. *Revista Consultor Jurídico*, 8 de setembro de 2022. Disponível em: https://www.conjur.com.br/2022-set-08/edesio-fernandes-desafios-regularizacao-fundiaria-urbana-contexto-lei-1346517#:~:text=A%20aprova%C3%A7%C3%A3o%20da%20Lei%20Federal,e%20ignorando%20as%20li%C3%A7%C3%B5es%20da, p. 1.

29 Segundo a leitura do art. 3.º, II, da *Lei n. 12.651/2012 (Novo Código Florestal) entende-se por* Área de Preservação Permanente – APP: área protegida, coberta ou não por vegetação nativa, com a função ambiental de preservar os recursos hídricos, a paisagem, a estabilidade geológica e a biodiversidade, facilitar o fluxo gênico de fauna e flora, proteger o solo e assegurar o bem-estar das populações humanas.

30 TIERNO, Rosane de Almeida. REURB em Área de Preservação Permanente: análise da compatibilidade das normas no ordenamento jurídico diante das disposições trazidas pela Lei 13.465/17. *Revista Brasileira de Direito Urbanístico – RBDU*, Belo Horizonte: Fórum, v. 4, n. 6, p. 177-194, 2018. DOI: 10.55663/rbdu.v4i6.586. Disponível em: https://biblioteca.ibdu.org.br/index.php/direitourbanistico/article/view/586. Acesso em: 6 jan. 2023.

31 DANTAS, Marcelo Buzaglo; CRIPPA, Fernanda de Oliveira. A Regularização Fundiária Urbana – REURB em áreas de preservação permanente como instrumento para a busca do desenvolvimento sustentável. In: GUERRA, Sidney; FARIAS, Talden; AVZARADEL, Pedro. *Política Nacional do Meio Ambiente*: 40 anos da Lei 6.938/1981. Curitiba: Instituto Memória, 2021.

32 GONÇALVES, Rafael Soares; SANTOS, Caroline Rocha dos. Gestão da informalidade urbana e tolerância precária: uma reflexão crítica em torno dos sentidos implicados em projetos de regularização fundiária. *Revista Brasileira de Estudos Urbanos e Regionais*, v. 23, 2021. Disponível em: https://rbeur.anpur.org.br/rbeur/article/view/6357.

regularização fundiária, como forma de estabelecer uma ponte entre o panorama normativo/legal e a dinâmica local, os costumes e as práticas que produzem à cidade e que contribuíram para o acesso e a permanência dos potenciais beneficiários em suas localidades.

Uma terceira observação que se faz necessária sobre os conceitos de REURB tratados na Lei n. 11.977/2009 (revogada) e no atual marco legal da regularização fundiária urbana (Lei n. 13.465/2017), em análise comparativa, é no que diz respeito à reafirmação, no diploma revogado, de que a REURB implementará todas as medidas previstas de "(...) modo a garantir o direito social à moradia, o pleno desenvolvimento das funções sociais da propriedade urbana e o direito ao meio ambiente ecologicamente equilibrado". Muito embora não seja razoável pensar a REURB, sobretudo em contexto de interesse social, fora do escopo da garantia do direito à moradia e da observância das funções sociais da propriedade e da cidade, a supressão dessas expressões no conceito trazido pela nova lei de regularização se caracteriza como um retrocesso do ponto de vista dogmático-conceitual.

Nesse sentido, se mostra fundamental o desenvolvimento de alternativas teóricas que contribuam no debate da ampliação conceitual tratada no art. 9.º da Lei n. 13.465/2017, como forma de (re)adequar o máximo possível aquela disposição ao conceito de regularização fundiária urbana sustentável, como tratado por Correia e Farias, sob uma ótica participativa, integrada, horizontalizada, plural e sustentável. Considerando esses elementos, no quadro abaixo, propõe-se uma alternativa de redação ao dispositivo legal tratado, destacando-se as diferenças em relação ao texto atual.

Quadro 2: Matriz normativa de comparação e ampliação conceitual

Lei n. 13.465/2017 (atual marco legal da REURB no Brasil)	Sugestão de redação do art. 9.º da Lei n. 13.465/2017 sob uma ótica participativa, integrada, plural e sustentável
Art. 9.º Ficam instituídas no território nacional normas gerais e procedimentos aplicáveis à Regularização Fundiária Urbana (REURB), a qual abrange medidas jurídicas, urbanísticas, ambientais e sociais destinadas à incorporação dos núcleos urbanos informais ao ordenamento territorial urbano e à titulação de seus ocupantes.	Ficam instituídas no território nacional normas gerais e procedimentos aplicáveis à Regularização Fundiária Urbana (REURB), a qual abrange medidas jurídicas, urbanísticas, ambientais e sociais destinadas à incorporação dos núcleos urbanos alternativos ao ordenamento territorial urbano e à titulação de seus ocupantes, de modo a garantir o direito social à moradia, o pleno desenvolvimento das funções sociais da propriedade urbana, da posse e da cidade, bem como o direito ao meio ambiente ecologicamente equilibrado e à efetiva participação popular.

Fonte: Lei n. 13.465/2017 e Lei n. 11.977/2009. Elaboração: autores (2024).

Assim, a partir da reformulação do conceito tratado no art. 9.º da Lei n. 13.465/2017, restaria contemplado o tratamento da informalidade enquanto potencialidade a ser considerada na dinâmica local e na produção do espaço urbano, por meio da substituição do termo "irregular" por "alternativo" ao tratar dos núcleos urbanos; o destaque à função social da posse enquanto instituto hábil a garantir o direito à moradia fora da lógica patrimonialista e mercantilista que enxerga a propriedade como forma única de acesso à terra; bem como estaria textualmente reafirmada a necessidade de observância do direito ao meio ambiente ecologicamente equilibrado e à participação popular, que se mostram como dois grandes desafios no planejamento e na execução dos procedimentos de REURB.

Em tempo, destaca-se que essa ampliação conceitual guarda compatibilidade com a Constituição Federal de 1988, Estatuto da Cidade, e com os objetivos da REURB elencados no art. 10 da Lei n. 13.465/2017, bem como no art. 2.º do *Decreto n. 9.310/2018 que regulamentou a lei mencionada, tais como:* franquear a participação dos interessados nas etapas do processo de regularização fundiária; promover a integração social e a geração de emprego e renda e garantir o direito social à moradia digna e às condições de vida adequadas.

Nesse mesmo sentido, também há harmonia com a Nova Agenda Urbana adotada na Conferência das Nações Unidas sobre Habitação e Desenvolvimento Urbano Sustentável (Habitat III[33]) e com os Objetivos de Desenvolvimento Sustentável (ODS[34]) que compõem a "Agenda 2030" da Organização das Nações Unidas (ONU), especificamente no que se refere ao ODS 11 (subitens 11.1 e 11.3), que prevê o desenvolvimento de cidades e comunidades sustentáveis e assentamentos humanos inclusivos, seguros e resilientes, de modo a garantir o amplo acesso à habitação adequada e a preços acessíveis, bem como à urbanização inclusiva.

4. CONSIDERAÇÕES FINAIS

O contexto de evolução normativa, especialmente com a transição da Lei n. 11.977/2009 para a Lei n. 13.465/2017, reflete avanços significativos, mas também desafios persistentes na incorporação dos núcleos urbanos informais ao ordenamento territorial. Esse quadro evoca a urgência da discussão empreendida ao longo do artigo para situar a política de REURB em termos mais funcionais.

---

33 A ONU Habitat III é Conferência da ONU sobre habitação e desenvolvimento sustentável urbano, o espaço se caracteriza pela troca de experiências para elaboração de estratégias para resolução de problemáticas complexas envolvendo o desenvolvimento das cidades.

34 ODS significa "Objetivos de Desenvolvimento Sustentável". Trata-se de um pacto global assinado durante a Cúpula das Nações Unidas em 2015, pelos 193 países-membros, para promover o crescimento sustentável.

Assim, embora uma alteração normativa não seja suficiente para mudar a realidade social, como visto, parece ser fundamental o desenvolvimento de alternativas teóricas que contribuam no debate da ampliação conceitual tratada no art. 9.º da Lei n. 13.465/2017, como forma de (re)adequar aquela disposição ao conceito de regularização fundiária urbana plena, sob uma ótica participativa, integrada, horizontalizada, plural e sustentável.

Desse modo, a referida ampliação conceitual se expressaria por meio da substituição do termo "irregular" por "alternativo" ao tratar dos núcleos urbanos; a menção expressa as funções sociais da propriedade urbana, da posse e da cidade; bem como o destaque à necessidade da efetiva participação popular no processo e da manutenção do meio ambiente equilibrado. Essa alteração, ainda que tímida, contribuiria no tratamento da informalidade enquanto potencialidade a ser considerada na dinâmica local e na produção do espaço urbano; destacar a função social da posse enquanto instituto hábil a garantir o direito à moradia fora da lógica patrimonialista e mercantilista que enxerga a propriedade como forma única de acesso à terra e a reafirmar a necessidade de observância do direito ao meio ambiente e à participação popular que se mostram como dois grandes desafios ao planejamento e à execução dos procedimentos de REURB no Brasil, que tem um histórico centralizador e elitista na implementação de políticas urbanas.

Para tanto, é necessária a manutenção de uma agenda permanente de debate sobre as necessárias alterações e readequações nos instrumentos e procedimentos previstos na legislação, mas também e sobretudo aportar contribuições teóricas em relação à problemática que reflitam questões como: o direito se ocupa/preocupa com as territorialidades? A política de regularização fundiária estruturada a partir da dicotomia regularidade/irregularidade conseguira contemplar as múltiplas formas de regulação efetivadas pelos sujeitos em dada localidade? Como pensar a regularização fundiária considerando a teoria do espaço como produzido socialmente?

Esses questionamentos como agenda de pesquisa na área jurídica, que de algum modo guiarão as nossas próximas reflexões, poderiam contribuir no debate de como e onde o Direito se situa na produção do espaço e quais são os pressupostos teóricos e metodológicos em termos sociojurídicos em que a noção de espaço produzido encontra sustentáculo, como forma de potencializar o reconhecimento e a consideração da prática de regulação que os sujeitos empreendem em seus territórios para além de uma política de REURB centralista e hierarquizada, como tratado ao longo do texto.

REFERÊNCIAS

ALFONSIN, Betânia de Moraes *et al*. Da função social à função econômica da terra: impactos da Lei n. 13.465/17 sobre as políticas de regularização fundiária e o direito à cidade no Brasil. *Revista de Direito da Cidade*, [S. l.], v. 11, n. 2, p. 168-193, fev. 2020. ISSN 2317-7721. Disponível em: https://www.e-publicacoes.uerj.br/index.php/rdc/article/view/37245/32466. Acesso em: 22 mar. 2023. doi: https://doi.org/10.12957/rdc.2019.37245.

ALFONSIN, Betânia de Moraes. O significado do Estatuto da Cidade para os processos de regularização fundiária no Brasil. In: ROLNIK, Raquel *et. al*. *Regularização fundiária sustentável*. Brasília: Ministério das Cidades, 2007.

BRASIL. Constituição Federal de 1988. Disponível em: https://www.planalto.gov.br/ccivil_03/constituicao/constituicao.htm.

BRASIL. Decreto n. 9.310, de 15 de março de 2018. Disponível em: https://www2.camara.leg.br/legin/fed/decret/2018/decreto-9310-15-marco-2018-786319-publicacaooriginal-155038-pe.html.

BRASIL. Lei n. 10.257/2001 (Estatuto da Cidade). Disponível em: https://www.planalto.gov.br/ccivil_03/leis/leis_2001/l10257.htm.

BRASIL. *Lei n. 13.465, de 11 de julho de 2017*. Disponível em: http://www.planalto.gov.br/ccivil_03/_ato2015-2018/2017/Lei/L13465.htm.

BRASIL. *Lei n. 6.015, de 31 de dezembro de 1973. Disponível em:* https://www.planalto.gov.br/ccivil_03/leis/l6015compilada.htm.

CARVALHO, Patrick de A. Custeio da regularização fundiária: retomando conceitos. *In*:CAPPELLI, Sílvia; DICKSTEIN, André; LOCATELLI, Paulo; GAIO, Alexandre (org.). *REURB: Regularização Fundiária Urbana*: aspectos teóricos e práticos. Rio de Janeiro: MPRJ, IERBB, ABRAMPA, MPSC, 2021.

CORREIA, Arícia Fernandes. Direito da regularização fundiária urbana e autonomia municipal: a conversão da Medida Provisória 759/2016 na Lei 13.465/2017 e as titulações da prefeitura da cidade do Rio de Janeiro no primeiro quadrimestre de 2017. In: MOTA, Maurício Jorge Pereira; TORRES, Marcos Alcino de Azevedo; MOURA, Emerson Affonso da Costa (coord.). *Direito à moradia e regularização fundiária*. Rio de Janeiro: Lumen Juris, 2018, p. 240. ISBN 978-8551910184.

COSTA, Fernanda Carolina Vieira da; ROMEIRO, Paulo Somlanyi. Marcos regulatórios da regularização fundiária urbana. *Núcleos urbanos informais*: abordagens territoriais da irregularidade fundiária e da precariedade habitacional. Brasília: IPEA, 2022. Cap. 9. Disponível em: https://repositorio.ipea.gov.br/bitstream/11058/11549/13/218229_LV_Nucleos-Urbanos_Cap09.pdf.

FERNANDES, Edésio. Desafios da regularização fundiária urbana no contexto da Lei 13.465/17. *Revista Consultor Jurídico*, 8 de setembro de 2022. Disponível em: https://www.conjur.com.br/2022-set-08/edesio-fernandes-desafios-regularizacao-fundiaria-urbana-contexto-lei-1346517#:~:text=A%20aprova%C3%A7%C3%A3o%20da%20Lei%20Federal,e%20ignorando%20as%20li%C3%A7%C3%B5es%20da.

FERNANDES, Edésio. Estatuto da Cidade, mais de 10 anos depois: razão de descrença, ou razão de otimismo? *Revista da Universidade Federal de Minas Gerais*, Belo Horizonte, v. 20, n. 1, p. 212-233, 2016. DOI: 10.35699/2316-770X.2013.2681. Disponível em: https://periodicos.ufmg.br/index.php/revistadaufmg/article/view/2681. Acesso em: 6 jan. 2023.

GONÇALVES, Rafael Soares; SANTOS, Caroline Rocha dos. Gestão da informalidade urbana e tolerância precária: uma reflexão crítica em torno dos sentidos implicados em projetos de regularização fundiária. *Revista Brasileira de Estudos Urbanos e Regionais*, v. 23, 2019. Disponível em: https://rbeur.anpur.org.br/rbeur/article/view/6357.

MACDONALD, Joan. Pobreza y precariedad del habitat en ciudades de América Latina y el Caribe. Santiago de Chile: UN-CEPAL. 2004. Disponível em: https://repositorio.cepal.org/bitstream/handle/11362/5602/1/S0410827_es.pdf.

MOTA, Maurício Jorge Pereira da; MOURA, Emerson Affonso da Costa. O direito à moradia digna na regularização fundiária da Lei 11.977/2009: o caso do auto de demarcação da comunidade da Rocinha. *Revista de Direito da Cidade*, [S. l.], v. 7, n. 3, p. 1.292-1.310, nov. 2015. ISSN 2317-7721. Disponível em: https://www.e-publicacoes.uerj.br/index.php/rdc/article/view/18848/14066. Acesso em: 19 dez. 2022. DOI: https://doi.org/10.12957/rdc.2015.18848, p. 15.

NASCIMENTO, Mariana Chiesa Gouveia. *Regularização fundiária urbana de interesse social no direito brasileiro*. 2013. 189 f. Dissertação (Mestrado) – Curso de Direito, Departamento de Direito do Estado, Universidade de São Paulo, São Paulo, 2013. Disponível em: https://edisciplinas.usp.br/pluginfile.php/4108502/mod_resource/content/1/Dissertacao_Final_Mariana_Chiesa_Gouveia_Nascimento%20%283%29.pdf. Acesso em: 17 jan. 2023.

SILVA, Renan Luiz dos Santos. Regularização fundiária urbana e a Lei 13.465/2017: aspectos gerais e inovações. *Revista Cadernos do Desenvolvimento Fluminense*, v. 13.

TIERNO, Rosane de Almeida. REURB em Área de Preservação Permanente: análise da compatibilidade das normas no ordenamento jurídico diante das disposições trazidas pela Lei 13.465/17. *Revista Brasileira de Direito Urbanístico | RBDU*, Belo Horizonte: Fórum, v. 4, n. 6, p. 177-194, 2018. DOI: 10.55663/rbdu.v4i6.586. Disponível em: https://biblioteca.ibdu.org.br/index.php/direitourbanistico/article/view/586. Acesso em: 6 jan. 2023.

VIEIRA, Anderson Henrique; ALVES, Larissa da Silva Ferreira. Direitos reais secundários e planejamento urbano: uma alternativa às estratégias clássicas de pensar o território. *Urbe. Revista Brasileira de Gestão Urbana* [on-line], v. 13, 2021, e20200005. Disponível em: https://doi.org/10.1590/2175-3369.012.e20200005. Acesso em: 6 jan. 2023.

O CONCEITO DE POVOS TRIBAIS PARA FINS DA CONVENÇÃO OIT N. 169 E A SUA DIFERENCIAÇÃO DAS COMUNIDADES TRADICIONAIS

Eduardo Fortunato Bim[1]
Thiago Carrion[2]

1. INTRODUÇÃO

Solicitações de consideração feitas por diferentes comunidades tradicionais nacionais, além dos remanescentes das comunidades dos quilombos, enquanto destinatários do conceito de povos tribais da Convenção OIT n. 169, têm sido recorrentes, exigindo uma detalhada análise envolvendo conceitos relativos a essas solicitações.

O marco de comunidades/populações tradicionais é o previsto nos Decretos n. 6.040/2007 e n. 8.750/2016, bem como nas Leis n. 11.516/2007 e n. 11.284/2006, enquanto a dos povos tribais reside na Convenção OIT n. 169.

Existiria coincidência entre os conceitos de povos tribais e comunidades ou populações tradicionais? O objetivo do presente trabalho é responder a tal questionamento, evitando a excessiva amplitude na aplicação do conceito de povos tribais e o consequente enfraquecimento das garantias previstas na Convenção OIT n. 169 pela diluição de seus destinatários[3].

---

[1] Doutor em Direito do Estado pela USP. Procurador Federal, com passagem na Procuradoria Federal Especializada do IBAMA. Ex-Presidente do Comitê Interfederativo para o Desastre de Mariana (CIF). Ex-Presidente do IBAMA.

[2] Procurador Federal. Ex-Procurador-chefe Nacional da PFE-IBAMA e ex-Vice-Presidente do Comitê Interfederativo para o Desastre de Mariana (CIF). Mestre em Ciências Criminais (Direito) pela PUC/RS.

[3] Da mesma forma que há risco de banalização do significado de população tradicional, quando populações rurais visam, sem que haja fundamento, a tal reconhecimento, o que acaba enfraquecendo o sistema especial de proteção das populações tradicionais: "Lado outro, os critérios distintivos são ameaçados por um risco sempre presente de banalização do significado de população tradicional, quando, por exemplo, determinados produtores rurais pretendem, em função de seu interesse econômico comum, atribuir-se o caráter de população tradicional para lograr uma tela de proteção desnaturada em sua razão de ser. A banalização enfraquece e inflaciona a percepção do significado das populações tradicionais, resultando em perda de proteção global daqueles que realmente se manifestem em uma dimensão interna e externa de vínculos próprios em relação ao entorno social" (KOKKE, Marcelo;

2. DA APLICAÇÃO DA CONVENÇÃO OIT N. 169: HISTÓRICO DE EDIÇÃO E CONCEITOS ELEMENTARES DE APLICAÇÃO

A preocupação da comunidade internacional com a vulnerabilidade de indígenas e populações tribais pelo mundo resultou, em 1957, na Convenção OIT n. 107 que, à época, constituiu-se em um marco no tema, vindo a ser ratificada pelo Brasil por meio do Decreto n. 58.824, de 14 de julho de 1966.

A convenção classificava as populações que pretendia disciplinar em dois grupos, quais sejam, (a) indígenas tribais e semitribais e (b) outras populações tribais e semitribais. A Convenção OIT n. 107 adotou para as populações semitribais uma linguagem pejorativa ao pretenso grau de desenvolvimento[4].

Além disso, o paradigma da Convenção era de assimilação desses povos pelas populações nacionais, o que recebeu correto repúdio pela doutrina estrangeira:

> No entanto, a Convenção n. 107 contém uma falha fundamental que se tornou aparente desde 1957. Ela assume uma atitude paternalista em relação a esses grupos populacionais – por exemplo, referindo-se a eles como "menos avançados" – e promove a integração eventual como forma de resolver os problemas causados aos Estados por sua existência continuada. Presume que eles desaparecerão como grupos separados, uma vez que tenham a oportunidade de participar plenamente na sociedade nacional, e tenta facilitar o período de transição[5].

> Para não deixar de lado esses povos indígenas, a Organização Internacional do Trabalho começou a trabalhar em um documento de apoio à integração desses povos na cultura dominante. Concluída em 1957 e adotada dois anos depois, a Convenção n. 107 da Organização Internacional do Trabalho (OIT) foi o único documento

---

CUREAU, Sandra. Populações tradicionais: marco legal aplicado. *Cadernos Eletrônicos Direito Internacional sem Fronteiras*, v. 2, n. 2, jul./dez. 2020, p. 10).

[4] Veja-se o texto em questão: "Artigo 1.º 1. A presente convenção se aplica: a) aos membros das populações tribais ou semitribais em países independentes, cujas condições sociais e econômicas correspondam a um estágio menos adiantado que o atingido pelos outros setores da comunidade nacional e que sejam regidas, total ou parcialmente, por costumes e tradições que lhe sejam peculiares ou por uma legislação especial; b) aos membros das populações tribais ou semitribais de países independentes, que sejam consideradas como indígenas pelo fato de descenderem das populações que habitavam o país, ou uma região geográfica a que pertença tal país, na época da conquista ou da colonização e que, qualquer que seja seu estatuto jurídico, levem uma vida mais conforme às instituições sociais, econômicas e culturais daquela época do que às instituições peculiares à nação a que pertencem. 2. Para os fins da presente convenção, o termo 'semitribal' abrange os grupos e as pessoas que, embora prestes a perderem suas características tribais, não se acham ainda integrados na comunidade nacional. 3. As populações indígenas e outras populações tribais ou semitribais mencionadas nos parágrafos 1 e 2 do presente artigo são designadas, nos artigos que se seguem, pela expressão 'populações interessadas'."

[5] SWEPSTON, Lee. A new step in the international law on indigenous and tribal peoples: ILO Convention No. 169 of 1989. 15 *Okla. City U. L. Rev.* 677 (1990), p. 682.

internacionalmente aceito que tratava diretamente dos direitos dos povos indígenas. Para muitos, isso parece um passo na direção certa. No entanto, a abordagem assimilacionista do documento para incluir essas pessoas na nova sociedade ganhou muitas críticas, pois o conceito de integração foi desacreditado[6].

A nova Convenção da OIT sobre Povos Indígenas e Tribais representa um afastamento marcante na política da comunidade mundial da filosofia subjacente ao único instrumento internacional anteriormente existente que abordava expressamente o tema: Convenção da OIT n. 107 de 1957. Adotada em um momento em que os elementos políticos dominantes na círculos domésticos e internacionais davam pouco ou nenhum valor às culturas indígenas, a Convenção n. 107 presumia uma norma de assimilação[7].

A evolução dessas discussões no âmbito do Conselho de Administração do Escritório Internacional do Trabalho da OIT motivou, em novembro de 1986 (234.ª Sessão), a inclusão em pauta da revisão parcial da Convenção de 1957 de Populações Indígenas e Tribais (107) na 75.ª Sessão da Conferência Internacional do Trabalho, que tomaria lugar em 1988. Os debates foram sintetizados em quatro relatórios, quais sejam:

I. Relatório IV (1), relatório preliminar contendo diagnóstico da reunião de *experts* realizada em setembro de 1986 pela necessidade de revisão parcial da Convenção OIT n. 107 contendo questionamentos aos governos a serem enviados anteriormente à 75.ª Sessão da Conferência Internacional do Trabalho[8];

II. Relatório IV (2) da 75.ª Sessão (1988) da Conferência Internacional do Trabalho, o qual foi elaborado com base nas respostas recebidas, cuja substância foi reproduzida juntamente com breves comentários e as conclusões propostas[9];

III. Relatório IV (2 A) da 76.ª Sessão (1989) da Conferência Internacional do Trabalho, que foi elaborado com base em respostas de governos e de organizações patronais e de trabalhadores (assim como de organizações indígenas e tribais em alguns casos), contém os pontos essenciais de suas observações. Está dividido em duas seções: a primeira compreende as observações de caráter geral feitas pelos governos, enquanto a segunda contém as observações mais específicas sobre a proposta de Convenção, com comentários do Escritório sobre essas observações[10];

---

6 COLBORN, James W. International Labour Organisation Convention Number 169: celebrate the differences, 2 *WILLAMETTE BULL. INT'l L. & POL'y* 1 (1994), p. 2.

7 ANAYA, S. James. Indigenous rights norms in contemporary international law. 8 *ARIZ. J. INT'l & COMP. L.* 1 (1991), p. 6.

8 Disponível em: https://labordoc.ilo.org/discovery/fulldisplay?docid=alma992532493402676&context=L&vid=41ILO_INST:41ILO_V1&lang=en&adaptor=Local%20Search%20Engine. Acesso em: 27 maio 2024.

9 Disponível em: https://labordoc.ilo.org/discovery/fulldisplay?vid=41ILO_INST:41ILO_V2&docid=alma992586143402676&lang=en&context=L&adaptor=Local%20Search%20Engine. Acesso em: 27 maio 2024.

10 Disponível em: https://labordoc.ilo.org/discovery/fulldisplay?vid=41ILO_INST:41ILO_V2&doci=alma992661183402676&lang=en&context=L&adaptor=Local%20Search%20Engine. Acesso em: 27 maio 2024.

IV. Relatório IV (2 B) da 76.ª Sessão (1989) da Conferência Internacional do Trabalho, contendo o texto proposto para a Convenção acerca dos povos indígenas e tribais em países independentes[11].

A própria Organização Internacional do Trabalho (OIT), em seu guia para juízes e operadores do direito, descreve o fluxo que levou à aprovação da Convenção OIT n. 169 na Conferência de 1989[12].

Como se demonstrará, as discussões relatadas nos referidos documentos são cristalinas em esclarecer os destinatários da nova Convenção, fornecendo parâmetros interpretativos fundamentais para solucionar o conceito de povo tribal.

3. DA ELEMENTAR "POVO" PARA FINS DA APLICAÇÃO DA CONVENÇÃO OIT N. 169

O primeiro ponto essencial é que a Convenção OIT n. 169 não foi editada para tratar de "comunidades" praticantes de atividades tradicionais ou outras categorias que se encontram abrangidas na representação da sociedade civil presente

---

[11] Disponível em: https://labordoc.ilo.org/discovery/fulldisplay?vid=41ILO_INST:41ILO_V2&docid=alma992661183402676&lang=en&context=L&adaptor=Local%20Search%20Engine. Acesso em: 27 maio 2024.

[12] "Foram realizadas discussões no Conselho de Administração da OIT sobre a estratégia sobre os direitos dos povos indígenas para o desenvolvimento inclusivo e sustentável. Essas discussões se concentraram na necessidade de estabelecer uma base institucional sólida para promover a participação dos povos indígenas e enfatizaram a importância de obter o apoio de organizações de empregadores e trabalhadores para alcançar a implementação efetiva da Convenção n. 169. O processo de preparação e discussão da Convenção n. 169 começou com uma Reunião de Peritos convocada pelo Conselho de Administração em 1986, com os participantes incluindo representantes dos constituintes tripartidos e dois representantes de organizações não governamentais de defesa dos direitos dos povos indígenas. O objetivo da Reunião foi fazer recomendações sobre os princípios sobre os quais a revisão da Convenção n. 107 deveria se basear e que serviriam de base para a Convenção n. 169. Levando em conta as conclusões da Reunião, e a lei e prática nos Estados-membros da OIT, a Repartição Internacional do Trabalho (o Escritório) preparou um questionário sobre o conteúdo de uma Convenção revisada sobre povos indígenas, ao qual responderam governos, organizações de empregadores e organizações de trabalhadores. Em alguns casos, juntamente com suas respostas, os governos comunicaram as posições das organizações indígenas. Com base nas respostas recebidas, o Escritório preparou e apresentou projetos de conclusões à Conferência Internacional do Trabalho em 1988 com vistas à adoção de uma Convenção. Tomando como referência as conclusões adotadas naquela Conferência, o Escritório preparou um primeiro projeto de Convenção, que foi submetido à consideração de governos, organizações de trabalhadores e organizações de empregadores para comentários. Com base nos comentários recebidos, o Escritório preparou uma minuta final da Convenção n. 169, que foi submetida à consideração da Conferência Internacional do Trabalho em 1989. Durante as discussões da Convenção na Conferência, várias organizações indígenas participaram como observadores com o direito de falar. Deve-se notar também que algumas organizações de trabalhadores e empregadores incluíram representantes indígenas em suas delegações" (*Understanding the ILO Indigenous and Tribal Peoples Convention, 1989 (No. 169)*: a tool for judges and legal practitioners, p. 21. Disponível em: https://www.ilo.org/wcmsp5/groups/public/---dgreports/---gender/documents/publication/wcms_774745.pdf. Acesso em: 27 maio 2024).

do Decreto n. 8.750/2016, mas para reconhecer *povos*, forma de organização próxima à autodeterminação para fins de direito internacional, indígenas e tribais, tendo sido tal *discussão central durante todo o período de elaboração do documento*.

Em reunião, *experts* sugeriram a alteração da denominação "populações" (Convenção OIT n. 107) para "povos", visando enfatizar a força com a qual esses grupos se visualizam, não inteiramente representada no termo anterior. Em tradução livre:

Terminologia

30. Houve uma longa discussão sobre a terminologia que deveria ser usada na Convenção revisada para designar aqueles abrangidos por ela. Vários dos especialistas, apoiados por todos os representantes indígenas e tribais presentes, acharam que o termo "populações" usado na Convenção n. 107 deveria ser substituído por "povos". *O último termo indicava que esses grupos tinham uma identidade própria e um direito à autodeterminação. Refletia melhor a visão que esses grupos tinham de si mesmos e não era degradante como era o termo "populações" que implicava apenas um agrupamento*. Notou-se que vários países já utilizavam o termo na legislação interna, e que seu uso passou a ser aceito em discussões nas Nações Unidas e outros fóruns internacionais.

31. Outros acharam que foi precisamente por causa das implicações do termo que seu uso em uma Convenção revisada levantou questões difíceis. Respeitaram a vontade dos representantes indígenas e tribais de serem chamados de povos, mas acharam que incorporar tal termo em uma Convenção da OIT poderia implicar um grau de reconhecimento a esses grupos que ultrapassava a competência da OIT e estava em conflito com a práticas em grande número de países que, de outra forma, poderiam ratificar a Convenção. Por outro lado, concordaram que era um ponto legítimo que deveria ser cuidadosamente considerado pela Conferência na revisão do instrumento.

32. Em vários lugares deste relatório, o termo "sociedade dominante" é usado. Pretende-se referir-se ao segmento da sociedade nacional que efetivamente controla o processo decisório em nível nacional. Os peritos nomeados pelo grupo de empregadores do Conselho de Administração manifestaram as suas reservas quanto à utilização deste termo[13].

Prova disso foi a formulação de questionamento específico aos países-membros quanto à alteração de populações para povos. A alteração foi aprovada porque os países e a OIT entenderam que representaria melhor o grau de identidade política e a autonomia com a qual se encontram dotados os destinatários da norma[14].

---

13 Relatório IV (1) da 75.ª Sessão (1988) da Conferência Internacional do Trabalho – Appendix I: extracts from the report of the Meeting of Experts on the Revision of the Indigenous and Tribal Populations Convention, 1957 (n. 107) (Geneva, 1-10 September 1986), p. 104-105.

14 Abaixo as principais manifestações constantes do Relatório IV (2):
"Qu. 6 Considera que a Convenção revista deveria substituir o termo 'populações' pelo termo 'povos' para refletir a terminologia utilizada em outras organizações internacionais e pelos próprios grupos?

Após as discussões iniciais e afastado o reconhecimento pela OIT do direito de secessão desses povos, a terminologia foi alterada por melhor compatibilizar-se com o direito, internacional e nacional, dos signatários, e com a situação dos grupos que a Convenção objetivava resguardar. Veja-se o seguinte trecho do Relatório IV (2A):

> Comentário do escritório [...]
>
> Embora tenha sido dado o devido peso aos argumentos contra seu uso, o termo "povos" foi usado no texto proposto. Isso reflete a posição expressa na maioria das respostas de que o termo pode ser usado com a condição de que uma cláusula de qualificação adequada seja adotada, cujo efeito seria garantir que o termo não implicasse em direitos além do escopo da Convenção revisada. Ao propor a frase de qualificação, nenhuma referência específica foi feita à autodeterminação, porque isso pode representar um obstáculo para uma maior evolução do conceito em relação a esses povos. Isso envolveria, em particular, a OIT na atribuição de um significado a um termo que todos os envolvidos concordam que não deve ser determinado pela OIT. O Escritório considera que as preocupações expressas podem ser cobertas pela disposição inequívoca de que o uso do termo "povos" não implica outros direitos além dos previstos na Convenção revisada e que não afeta o significado de outros instrumentos internacionais.
>
> ---
>
> Número total de respostas: 32.
> Afirmativa: 26. Argélia, Argentina, Benin, Bulgária, Colômbia, Cuba, Dinamarca, Egito, Finlândia, Gabão, Honduras, Madagascar, México, Nova Zelândia, Nicarágua, Nigéria, Noruega, Peru, Portugal, Serra Leoa, Suriname, Uganda, SSR ucraniano, URSS, Estados Unidos, Zâmbia.
> Negativo: 2. Canadá, Equador.
> Outros: 4. Austrália, Bolívia, Arábia Saudita, Suécia.
> [...] Suíça. SGB: Sim, já que o termo 'povos' reflete melhor o fato de que essas pessoas são grupos organizados com direito a uma identidade política coletiva e um certo grau de autonomia, conforme usado na Carta das Nações Unidas e em outros instrumentos internacionais.
> Estados Unidos. sim. O termo 'povos' deve refletir com precisão os governos tribais reconhecidos pelo governo federal dos Estados Unidos. [...]
> A grande maioria das respostas foi afirmativa. As poucas respostas negativas expressaram preocupação de que a palavra 'povos' tenha uma conotação política que não pertence a uma Convenção da OIT e levanta a questão da autodeterminação política. Também foi afirmado que o termo 'povos' não tem um significado claro no direito internacional. Não obstante essas importantes considerações, parece haver consenso geral de que o termo 'povos' reflete melhor a identidade distinta que uma Convenção revisada deveria procurar reconhecer para esses grupos populacionais; além disso, assinalou-se que o termo 'povos' às vezes é usado na legislação nacional que trata desses grupos.
> É feita referência à resposta do Governo da Austrália. É pelas razões indicadas nessa resposta que o Escritório sugeriu, no Relatório VI (1), que a discussão da Conferência deveria deixar claro que as implicações do termo no contexto nacional dos Estados ratificantes devem ser determinadas em nível nacional.
> O Escritório não propõe que a Convenção revisada forneça uma definição completa do termo 'povos', mas seria aconselhável esclarecer que o uso do termo nesta Convenção não deve ser entendido como implicando o direito à autodeterminação política, uma vez que esta questão está claramente fora da competência da OIT. Isso está refletido nas Conclusões Propostas, na forma de um novo parágrafo de um artigo 1.º revisado da Convenção" (Relatório IV (2) da 75.ª Sessão (1988) da Conferência Internacional do Trabalho, p. 12-14).

A proposta de usar "nações" não foi mantida[15].

O peso e o significado do termo povos encontram-se detalhados por Colborn:

> A última grande distinção entre a Convenção n. 107 e a Convenção n. 169 é uma mudança na terminologia usada para descrever os grupos indígenas. A Convenção n. 107 descreve esses grupos como "populações", a Convenção n. 169 refere-se a eles como "povos". Embora isso possa parecer um ponto menor, essa mudança na verdade representa uma vitória muito almejada pelos grupos indígenas e tem o potencial de gerar muitos benefícios. Os governos inicialmente não favoreceram essa mudança, pois reconhecer esses grupos como "povos" significava reconhecer seu direito à autodeterminação, e talvez à secessão, sob a definição legal internacionalmente aceita. No entanto, os grupos indígenas não buscavam a independência, mas apenas o reconhecimento como povos distintos sob o domínio de um estado não indígena. Com esta interpretação em mente, a nova Convenção adotou o termo "povos" com o entendimento de que seu alcance é limitado e o termo "não deve ser interpretado como tendo qualquer implicação no que diz respeito aos direitos que podem ser atribuídos ao termo no direito internacional". Convenção não tentou criar quaisquer outros direitos sob o direito internacional[16].

Em outras palavras, é *pressuposto fundamental reconhecer que a Convenção OIT n. 169 aplica-se a grupos que se consideram e que possuem as características de povos*[17], com pretensão de autonomia e com forte identidade política, com clara distinção do restante da sociedade dos países em que se localizam.

O texto da Convenção OIT n. 169[18] incluiu, em todos os casos, como elementar a palavra povos[19].

Consequentemente, a pretensão de equiparar os povos indígenas e tribais, que a Convenção OIT n. 169 buscou disciplinar, com comunidades tradicionais é equivocada, por igualar grupos em situações distintas. Não é possível considerar, por isso, "povos" como agrupamentos por atividades tradicionais, os quais podem e devem possuir legislação específica e políticas públicas próprias, como

---

15 Relatório IV (2 A), p. 12.
16 COLBORN, James W. International Labour Organisation Convention Number 169: celebrate the differences. 2 *WILLAMETTE BULL. INT'l L. & POL'y* 1 (1994), p. 8.
17 Ainda que despidos da autodeterminação suficiente à pretensão de secessão, a qual, diga-se, é inconstitucional no Brasil.
18 Promulgada inicialmente no Decreto n. 5.051/2004; hoje consolidada no Decreto n. 10.088/2019.
19 "Artigo 1.º 1. A presente convenção aplica-se: a) aos povos tribais em países independentes, cujas condições sociais, culturais e econômicas os distingam de outros setores da coletividade nacional, e que estejam regidos, total ou parcialmente, por seus próprios costumes ou tradições ou por legislação especial; b) aos povos em países independentes, considerados indígenas pelo fato de descenderem de populações que habitavam o país ou uma região geográfica pertencente ao país na época da conquista ou da colonização ou do estabelecimento das atuais fronteiras estatais e que, seja qual for sua situação jurídica, conservam todas as suas próprias instituições sociais, econômicas, culturais e políticas, ou parte delas. 2. A consciência de sua identidade indígena ou tribal deverá ser considerada como critério fundamental para determinar os grupos aos que se aplicam as disposições da presente Convenção. 3. A utilização do termo 'povos' na presente Convenção não deverá ser interpretada no sentido de ter implicação alguma no que se refere aos direitos que possam ser conferidos a esse termo no direito internacional."

disciplinado em parte nos Decretos n. 6.040/2007 e n. 8.750/2016, sem, contudo, subsumi-los à Convenção OIT n. 169. Esses decretos apresentam classificação mais ampla à atribuída aos povos tribais e, consequentemente, incluindo-os, sem que o contrário seja verificado.

A única categoria presente nos regulamentos, que claramente configura-se como povo tribal, são os remanescentes das comunidades dos quilombos, como já considerados pela Advocacia-Geral da União (AGU), mediante o Despacho n. 34/2017/PGF/AGU, e pela OIT, conforme Observação do Comitê de Experts sobre a Aplicação de Convenções e Recomendações (*Committee of Experts on the Application of Conventions and Recommendations*) e guia da Convenção OIT n. 169:

> Observação (CEACR) – adotada em 2008, publicada 98.ª sessão da Conferência Internacional do Trabalho (2009)
>
> Convenção sobre Povos Indígenas e Tribais, 1989 (n. 169) – Brasil (Ratificação: 2002)
>
> [...]
>
> O Comitê se refere aos pontos levantados no segundo parágrafo desta observação, segundo os quais as comunidades em questão parecem preencher os requisitos para serem cobertas pela Convenção e se identificam como povos tribais na acepção do artigo 1(1)(a) da Convenção. O Comité salienta que, na medida em que estas comunidades parecem estar abrangidas pela Convenção, o Governo é obrigado a aplicar os artigos 6.º, 7.º e 15.º sobre consulta e recursos naturais e os artigos 13.º a 19.º sobre a terra[20].
>
> Dada a diversidade dos povos que visa proteger, a Convenção usa a terminologia inclusiva de povos "indígenas" e tribais e atribui o mesmo conjunto de direitos a ambos os grupos. 1 Na América Latina, por exemplo, o termo "tribal" tem sido aplicado a certas comunidades afrodescendentes[21].

Embora a matéria sobre quais grupos sociais seriam os povos tribais seja ponto a ser aprofundado na sequência, desde já *resta claro que comunidades tradicionais em geral*, como previstas nos Decretos n. 6.040/2007 e n. 8.750/2016, *e as populações tradicionais*, conforme previstas na Leis n. 11.516/2007 ou n. 11.284/2006, *não se demonstram* per si *enquanto "povo" para fins da Convenção OIT n. 169*, embora os povos indígenas e tribais sejam também considerados populações tradicionais, por esta se tratar de categoria jurídica mais abrangente.

---

20 Disponível em: https://www.ilo.org/dyn/normlex/en/f?p=NORMLEXPUB:13100:0::NO::P13100_COMMENT_ID:2296479. Acesso em: 27 maio 2024.

21 Understanding the Indigenous and Tribal Peoples Convention, 1989 (No. 169) HANDBOOK For ILO Tripartite Constituents. p. 2. Disponível em: https://www.ilo.org/wcmsp5/groups/public/---ed_norm/---normes/documents/publication/wcms_205225.pdf. Acesso em: 27 maio 2024.

4. CARACTERÍSTICA TRIBAL PARA FINS DA CONVENÇÃO OIT N. 169

Considerando as duas tipologias de povos tratadas no âmbito da Convenção OIT n. 169, seja pela linguagem adotada, seja pela característica do próprio conceito, os povos indígenas (originários, autóctones ou aborígenes) são de identificação mais simples em comparação aos povos tribais.

Nesse âmbito argumentativo, não raro, aduz-se que a autoidentificação bastaria *per si* para a aplicação da norma em questão. Todavia, tal argumentação, que nem mesmo a própria OIT defende, é afastada pela mera leitura do processo de edição da Convenção.

A própria OIT aponta que a autoidentificação faz parte do critério subjetivo, que deve ser complementado por critério objetivo:

Não há uma definição universal de povos indígenas e tribais, mas a Convenção da OIT n. 169 apresenta uma abordagem prática da questão e fornece critérios objetivos e subjetivos para identificar os povos envolvidos (ver Artigo 1 da Convenção). Esses critérios podem ser resumidos como:

	Critério Subjetivo	Critério Objetivo
Povos Indígenas	Autoidentificação como pertencente a um povo indígena	Descendentes de populações que habitavam o país ou região geográfica no momento da conquista, colonização ou estabelecimento das atuais fronteiras do estado. Eles mantêm algumas ou todas as suas próprias instituições sociais, econômicas, culturais e políticas, independentemente de sua situação jurídica.
Povos Tribais	Autoidentificação como pertencente a um povo tribal	Suas condições sociais, culturais e econômicas os distinguem de outros setores da comunidade nacional. Seu *status* é regulado total ou parcialmente por seus próprios costumes ou tradições ou por leis ou regulamentos especiais.

Povos indígenas e tribais são frequentemente conhecidos por termos nacionais, como povos nativos, povos aborígenes, primeiras nações, adivasi, janajati, caçadores-coletores ou tribos das colinas. Dada a diversidade de povos que visa proteger, a Convenção usa a terminologia inclusiva de "povos indígenas e tribais" e atribui o mesmo conjunto de direitos a ambos os grupos. Na América Latina, por exemplo, o termo "tribal" tem sido aplicado a certas comunidades afrodescendentes[22].

---

22 Disponível em: https://www.ilo.org/global/topics/indigenous-tribal/WCMS_503321/lang--en/index.htm. Acesso em: 6 mar. 2022.

Nesse sentido, o artigo 1.º da Convenção estabelece critérios objetivos e subjetivos para a identificação dos povos indígenas e tribais. Os critérios objetivos para os povos tribais incluem condições sociais, culturais e econômicas que os distinguem de outras seções da comunidade nacional e um *status* que é regulado total ou parcialmente por seus próprios costumes ou tradições, ou por leis ou regulamentos especiais. No caso dos povos indígenas, devem ser descendentes das populações que habitavam o país, ou região geográfica a que o país pertença, antes da conquista ou colonização ou do estabelecimento das atuais fronteiras estaduais, bem como reter alguns ou todas as suas próprias instituições sociais, econômicas, culturais e políticas. Esses critérios *objetivos* são complementados pelo *critério subjetivo de consciência da identidade indígena ou tribal*, que é considerado fundamental pela Convenção[23].

Dessa maneira, a autoidentificação (requisito subjetivo) deve ser complementada necessariamente por um critério objetivo, sendo admitido o emprego de procedimentos para tais fins.

A Convenção OIT n. 169, em seu art. 1.º, *a*, considera povos tribais aqueles "em países independentes, cujas condições sociais, culturais e econômicas os distingam de outros setores da coletividade nacional, e que estejam regidos, total ou parcialmente, por seus próprios costumes ou tradições ou por legislação especial".

Recorre-se ao processo de edição da OIT n. 169 para compreender o alcance desses conceitos para fins de caracterização tribal de determinado povo.

Nesse contexto, a inclusão dos povos tribais e semitribais na Convenção OIT n. 107 deveu-se ao estudo, apresentado no ano de 1956 na 39.ª Sessão da Conferência Internacional do Trabalho, denominado *Living and working conditions of indigenous populations in independent countries*[24]. Esse estudo considerou essenciais, para caracterização de povos com estrutura tribal ou semitribal, as condições sociais econômicas semelhantes àquelas dos indígenas que constariam do futuro tratado. Consta do Relatório IV (1) na parte "Convenção n. 107 e Recomendação n. 104":

> O relatório sobre leis e práticas, *Condições de vida e trabalho das populações indígenas em países independentes*, apresentado à 39.ª Sessão da Conferência Internacional do Trabalho em 1956, foi elaborado em estreita cooperação com as Nações Unidas, a FAO, a UNESCO e a OMS. Examina detalhadamente os programas pertinentes das organizações internacionais que então prestavam assistência direta ou indireta aos povos indígenas; o relatório também menciona o Programa Índio Andino, um projeto de assistência técnica multidisciplinar para ajudar os povos indígenas do Planalto Andino (serra), realizado em conjunto pelas Nações Unidas, OIT, FAO, UNESCO, UNICEF e OMS sob a coordenação geral da OIT-ordenação (veja abaixo).

---

23 Understanding the ILO Indigenous and Tribal Peoples Convention, 1989 (No. 169): a tool for judges and legal practitioners, p. 16. Disponível em: https://www.ilo.org/wcmsp5/groups/public/---dgreports/---gender/documents/publication/wcms_774745.pdf. Acesso em: 27 maio 2024.

24 Disponível em: https://ilo.primo.exlibrisgroup.com/discovery/fulldisplay/alma994956586302676/41ILO_INST:41ILO_V2.

Uma diferença notável entre o relatório de lei e prática de 1956 e o livro Povos indígenas publicado três anos antes é a inclusão de informações detalhadas sobre grupos populacionais *"tribais e semitribais"*. *O relatório sugeria a fórmula, cuja essência foi posteriormente adotada, de "povos com estrutura tribal ou semitribal cujas condições sociais e econômicas são semelhantes às dos povos [indígenas]". O efeito prático foi um aumento considerável nos tipos e números de grupos considerados potencialmente no âmbito de um instrumento internacional. O relatório listou um grande número de populações tribais no Oriente Próximo e Médio, incluindo grupos como os curdos, bakhtiari e baluchi, que tradicionalmente tendiam a cruzar as fronteiras nacionais. Grupos tribais africanos também foram incluídos, com menção específica de populações tribais em países como Etiópia, Somália, Libéria, Líbia e África do Sul.*

Ocorre que o texto adotado à época da Convenção OIT n. 107 acabou por empregar linguagem pejorativa apontando tais povos como "menos desenvolvidos", situação que também é objeto de emprego em direito comparado, como o indiano, no qual o fenômeno tribal é bastante comum. Confira-se os critérios adotados nessa jurisdição conforme publicação da própria OIT:

> Na Índia, por exemplo, a Constituição reconhece "tribos registradas". Os artigos 342 e 366 as definem como "tribos ou comunidades tribais ou partes ou grupos dessas tribos ou comunidades tribais" especificadas, por notificação pública, pelo Presidente a serem considerados tribos registradas para os fins da Constituição. A Constituição confere a eles um *status* legal especial, incluindo a reserva de assentos nas assembleias legislativas dos estados e municípios, juntamente com arranjos especiais para a administração de seus territórios de acordo com as disposições do Quinto e Sexto Anexos da Constituição.

> Embora não tenham sido desenvolvidos critérios oficiais para identificação de tribos classificadas, na prática a identificação ocorre com base nas seguintes características: "(i) traços primitivos; (ii) cultura diferenciada; (iii) isolamento geográfico; (iv) timidez de contato com a comunidade em geral; e (v) atraso" (OIT, AIPP 2010, p. 14)[25].

O objetivo central das discussões no processo de revisão da Convenção OIT n. 107 foi englobar adequadamente os povos tribais, os quais deveriam possuir todas as características dos povos indígenas, embora sem o componente antropológico ou o requisito de ocupação de áreas no momento de conquista ou colonização, bem como sem a linguagem pejorativa, então presente, que deixasse de reconhecer a complexidade e o valor das instituições desses povos[26].

---

25 ERRICO, Stefania. *The rights of indigenous peoples in Asia*: a human rights-based overview of national legal and policy frameworks against the backdrop of country strategies for development and poverty reduction. International Labour Office, Gender, Equality and Diversity Branch. Geneva: ILO, 2017, p. 14

26 Observe-se a clareza do presente trecho do Relatório IV (1): "Coloca-se então a questão de como reformular esta disposição. Três ideias básicas precisam ser incluídas no parágrafo 1.º do artigo 1.º. A primeira é que os grupos abrangidos podem ser indígenas no sentido antropológico do termo – ou seja, que seus ancestrais ocuparam a área 'no momento da conquista ou colonização', como o Artigo 1 (b)

Ao debater o tema, a reunião de *experts* tinha o nítido objetivo de englobar povos tribais na construção do texto, como aqueles da Ásia, povos do deserto, populações nômades e povos da África Subsaariana, *todos com grau de isolamento e em situações sociais e econômicas muito semelhantes àquelas dos povos indígenas*:

> Cobertura da Convenção n. 107 e do instrumento revisado 33. A Reunião observa que o documento de trabalho anterior deixou claro que a Convenção n. 107 se destina a ser aplicada a uma ampla variedade de povos indígenas e tribais em todas as partes do mundo, e que já foi aplicada no passado. Por exemplo, aplica-se aos índios nas Américas, qualquer que seja seu grau de integração nas culturas nacionais, em diferentes graus, dependendo de suas necessidades e circunstâncias. Também se aplica a povos tribais na Ásia, como Bangladesh, Índia e Paquistão, que ratificaram a Convenção, e vários outros países que não o fizeram. Foi considerado aplicável também a populações nômades no deserto e outras regiões. Todos esses grupos compartilham certas características, como serem relativamente isolados e menos desenvolvidos economicamente do que o resto da comunidade nacional. Esse amplo grau de cobertura não deve ser modificado, embora dificulte a adoção de uma linguagem suficientemente flexível para abranger todas essas situações.
>
> 34. Problemas especialmente difíceis foram observados no que diz respeito à África Subsaariana, onde toda a população tinha ligações tribais e todos eram indígenas. Os peritos de África partilharam a opinião de que a Convenção é aplicável em África, referindo as dificuldades particulares de aplicação que surgem. É claro que a presente Convenção se aplica a grupos relativamente isolados neste continente como os San ou Bosquímanos, os Pigmeus e os Beduínos e outras populações nômades. Outros grupos compartilham muitas das características desses povos e também seriam contemplados. Esses especialistas citaram os princípios básicos de consentimento, consulta e participação aplicados em seus países para atividades que afetam toda a população nacional e não apenas esses grupos. A Reunião foi informada de um comentário recente do Comitê de Peritos sobre um país africano, no qual afirmou que o fato de a legislação nacional não fazer distinção entre diferentes grupos populacionais não era, por si só, uma razão suficiente para decidir que a Convenção não é aplicável a um país, mas que também era necessário examinar se os diferentes grupos étnicos pareciam estar isolados da comunidade nacional ou em uma posição relativamente menos favorecida.
>
> 35. No que diz respeito às populações nómadas em particular, o representante da FAO referiu-se aos problemas especiais de estabelecer os direitos e garantias que lhes devem ser reconhecidos, sobretudo porque muitas vezes partilham o uso dos territórios com

---

da Convenção n. 107 dispõe. *A segunda é que podem ser tribais, ou seja, podem compartilhar todas as características dos povos indígenas, exceto a descendência de grupos que habitavam a área antes da conquista ou colonização. O terceiro conceito é que esses grupos mantêm suas próprias instituições sociais, econômicas, culturais e políticas tradicionais, sem, no entanto, caracterizar essas instituições como menos desenvolvidas ou primitivas*" (Report IV (1), p. 33).

outros grupos populacionais. Este problema é tratado mais detalhadamente na seção deste relatório sobre direitos à terra[27].

Após a elaboração do Relatório IV (1), a resposta aos seus quesitos, a formulação do Relatório IV (2) e o intenso debate realizados a partir de então, o escritório da OIT sintetizou os comentários relativos à definição sugerida aos povos tribais, apontando que o texto proposto buscava resolver *o problema de linguagem da Convenção OIT n. 107 sem alterar seus destinatários*:

> Comentário do escritório
>
> A proposta feita pelo Governo da Noruega relativa ao parágrafo 1 (b) foi mantida; também abrange o uso de "contato" sugerido pelo Canadá (IPWG). *A autoidentificação não parece ser o único critério aplicado à cobertura da Convenção, como sugerido pelo Governo da Suécia*. No que diz respeito à observação do Governo do Japão, a questão de tentar adoptar uma definição detalhada foi considerada nas fases anteriores da discussão e *foi decidido não o fazer tendo em conta a natureza flexível deste instrumento, as dificuldades de a adoção de tal definição e o fato de que poucos problemas a esse respeito surgiram na supervisão da aplicação de uma disposição semelhante na Convenção n. 107*. A proposta do Governo da Colômbia eliminaria qualquer referência a povos indígenas, estreitando assim o escopo da Convenção e impedindo sua aplicação a vários países que ratificaram a Convenção n. 107. Uma proposta nesse sentido na primeira discussão não foi aceita[28].

Em reforço à visão de necessária similaridade dos povos tribais aos povos indígenas, cita-se a Corte Interamericana de Direitos Humanos, no caso *Saramaka People v. Suriname*. Ao classificar o povo Saramaka, que seria comparável aos nossos quilombolas, como tribal, estabeleceu que para o reconhecimento como tribal deve haver compartilhamento de "características similares com os povos indígenas":

> 79. Em primeiro lugar, a Corte observa que o povo Saramaka não é indígena da região em que habita; em vez disso, eles foram levados para o que hoje é conhecido como Suriname durante o período de colonização (infra, par. 80). Assim, eles estão fazendo valer seus direitos como supostos povos tribais, ou seja, não indígenas da região, mas que compartilham características semelhantes aos povos indígenas, como ter tradições sociais, culturais e econômicas diferentes de outros segmentos da comunidade nacional, identificando-se com seus territórios ancestrais, e regulando-se, ao menos parcialmente, por suas próprias normas, costumes e tradições. [...]
>
> 80. De acordo com as evidências apresentadas pelas partes, o povo Saramaka é um dos seis distintos grupos marrons do Suriname, cujos ancestrais foram escravos africanos levados à força ao Suriname durante a colonização europeia no século XVII.

---

27 Report IV (1) – Appendix I: Extracts from the report of the Meeting of Experts on the Revision of the Indigenous and Tribal Populations Convention, 1957 (No. 107) (Geneva, 1-10 September 1986), p. 105.
28 Relatório IV (2 A), p. 13.

> Seus ancestrais escaparam para as regiões do interior do país onde estabeleceram comunidades autônomas. [...]
>
> 81. Sua estrutura social é diferente à de outros setores da sociedade, pois o povo Saramaka está organizado em clãs de linhagem materna (lös) e se regem, ao menos de forma parcial, por seus próprios costumes e tradições[29].

Esse compartilhamento do povo tribal com as características similares aos povos indígenas, exceção à sua ancestralidade, não ocorre com as comunidades tradicionais em geral, impedindo-as de serem reconhecidas como povos tribais.

A despeito da linguagem flexível adotada pela Convenção OIT n. 169 ao definir povos tribais, seu texto deve ser entendido no contexto histórico em que se encontrava, sem cometer o erro de adjetivar negativamente as instituições e as crenças. Ele engloba uma multiplicidade de povos, especialmente, asiáticos e africanos, como Curdos, Bakhtiari, Baluchi, San ou Bosquímanos, os Pigmeus e os Beduínos e outros povos nômades, *que possuem uma forte estrutura tribal e semelhanças marcantes com as populações indígenas*.

Em momento algum pretendeu-se que distinções de menor intensidade ou mesmo a concessão de alguma proteção deferida a determinado grupo fosse o suficiente para o colocar sob a normatividade da Convenção OIT n. 169, até porque categorias minoritárias com distinções étnicas ou culturais em países são resguardadas em seus direitos por instrumentos normativos próprios, como o Pacto Internacional sobre Direitos Civis e Políticos e a Convenção Internacional sobre a Eliminação de todas as Formas de Discriminação Racial[30].

Abstraídos os remanescentes de quilombos, indiscutivelmente possuidores de características tribais, conforme já assentado nos foros nacionais e internacionais, o fenômeno tribal é de difícil verificação para além desses exemplos; ele não se caracteriza pelo mero exercício de atividades tradicionais ou pela existência de diferenças culturais que não representam situação específica similar a dos indígenas, como a dos povos tribais acima exemplificados, não havendo como se

---

29 Disponível em: https://www.corteidh.or.cr/docs/casos/articulos/seriec_172_por.pdf. Acesso em: 27 maio 2024.

30 "ARTIGO 27. Nos Estados em que haja minorias étnicas, religiosas ou linguísticas, as pessoas pertencentes a essas minorias não poderão ser privadas do direito de ter, conjuntamente com outros membros de seu grupo, sua própria vida cultural, de professar e praticar sua própria religião e usar sua própria língua" (Pacto Internacional sobre Direitos Civis e Políticos, promulgado pelo Decreto n. 592/1992). "Artigo I. 1. Nesta Convenção, a expressão 'discriminação racial' significará qualquer distinção, exclusão restrição ou preferência baseadas em raça, cor, descendência ou origem nacional ou étnica que tem por objetivo ou efeito anular ou restringir o reconhecimento, gozo ou exercício num mesmo plano (em igualdade de condição), de direitos humanos e liberdades fundamentais no domínio político econômico, social, cultural ou em qualquer outro domínio de vida pública" (Convenção Internacional sobre a Eliminação de todas as Formas de Discriminação Racial, promulgada pelo Decreto n. 65.810/1969).

pretender que todas as populações tradicionais sejam equiparadas a povos tribais para fins da Convenção OIT n. 169.

A inaplicabilidade do conceito de povos tribais àqueles grupos constantes da representação da sociedade civil no colegiado de comunidades tradicionais previstas no art. 4.º, § 2.º, do Decreto n. 8.750/2016 foi também alvo de crítica, com base em fundamentos semelhantes, por Cobucci e Kokke:

> O art. 4.º, § 2.º, do Decreto n. 8.750, de 9 de maio de 2016 traz uma série de grupos em que não é evidente o segundo critério, isto é, a regência, ainda que parcial, pelos seus próprios costumes e tradições. Várias comunidades possuem costumes e tradições, mas isso não necessariamente implica que estes costumes e tradições sejam preponderantes na organização do modo de vida social. O inciso V, por exemplo, enquadra os pescadores artesanais. A atividade de pesca artesanal não necessariamente implica na reconfiguração ou regência das normas de vida do grupo social[31].

Dessa maneira, a grande maioria dos grupos constantes da listagem presente do Decreto n. 8.750/2016 não se qualifica como "povos" e, também, não possuem a característica "tribal" conforme requerida na Convenção OIT n. 169. Essa dissociação não retira desses grupos a pretensão de terem em prol de si políticas públicas específicas ou mesmo o reconhecimento de direitos, como ocorre nas Leis n. 11.516/2007 e n. 11.284/2006; apenas significa que não lhes é aplicável, por duplo fundamento, o regime próprio da Convenção OIT n. 169.

Essas características do povo tribal previstas na Convenção OIT n. 169 impedem que ribeirinhos, pescadores artesanais, rendeiras sejam classificados como povos tribais[32].

No âmbito do Poder Judiciário, por exemplo, o Exmo. Juiz Federal da 2.ª Vara Federal de Rio Grande, na sentença da Ação Civil Pública 5007290-39.2018.4.04.7101/RS bem apontou a distinção entre povos tribais e comunidades tradicionais regida pelo Decreto n. 5.040/2007:

> Nesse aspecto, é importante que se tenha em mente o âmbito de aplicação da Convenção 169 da OIT, invocada na inicial, aplicável aos "povos tribais e indígenas", cujas definições no artigo 1.º da referida convenção deixam clara sua distinção em relação às "comunidades tradicionais" regidas pelo Decreto n. 5.040/2007.
>
> Assim, ainda que se entendesse que os pescadores artesanais ou os cebolicultores de São José do Norte configuram "comunidades tradicionais" (o que, como demonstrado acima, não é o caso), a eles não seriam aplicáveis os termos da Convenção 169 da

---

31 COBUCCI, Vinicius; KOKKE, Marcelo. Povos tribais no direito brasileiro: uma proposição de critérios científicos para identificação e classificação. *International Journal of Development Research*, 12, (02), 53869-53875, p. 53.873.

32 COBUCCI, Vinicius; KOKKE, Marcelo. Povos tribais no direito brasileiro: uma proposição de critérios científicos para identificação e classificação. *International Journal of Development Research*, 12, (02), 53869-53875, p. 53.872-53.874.

OIT, reservada às comunidades tribais e indígenas, cujos requisitos de identificação são manifestamente diversos.

O fato de os povos indígenas e quilombolas serem referenciados no art. 3.º, II, do Decreto n. 5.040/2007 e no Decreto n. 8.750/2016, não equipara todos os grupos mencionados nesses regulamentos no que diz respeito aos direitos previstos no âmbito da Convenção OIT n. 169, visto que essa é regime mais estrito do que o previsto nesses decretos.

Salvo expressa previsão legal, não é competência do órgão ambiental realizar qualquer procedimento estatal que venha a reconhecer determinado grupo como povo tribal, por se tratar de reconhecimento com consequências para muito além do direito ambiental.

5. CONCLUSÃO

Abordar e ampliar o conhecimento público acerca do processo de edição da Convenção OIT n. 169 tiveram o objetivo de oferecer subsídios interpretativos ao referido instrumento de direito internacional. Tal digressão discerne o conteúdo linguístico e normativo dos termos "povos" e "tribais" contidos na Convenção OIT n. 169, enquanto dotados de normatividade própria, configurando-se verdadeiras "elementares".

Muitas das incompreensões nascem, ainda que não conscientemente, da percepção de que um povo pode ser tribal sem antes ser povo. Povo é elementar que opera maior restrição à aplicação da Convenção OIT n. 169 a certos grupamentos sociais.

A interpretação do conceito de povos tribais é fundamental para desmistificar a percepção de que um grupamento depende da aplicação da Convenção OIT n. 169 na sua luta por direitos. Deve-se superar o pensamento de que a pessoa vai ser tribal (ou indígena) e, por isso, terá todos os direitos do mundo, ou não vai ser, consequentemente, não terá direito algum. Outros direitos, inclusive mais adequados e desenhados para as comunidades ou populações tradicionais, podem e devem existir, visando resguardar seus pleitos de maneira mais específica e adequada em relação ao que consta da Convenção OIT n. 169, que foi escrita para povos que já se encontravam identificados pela comunidade internacional naquele momento. É fundamental apontar mais uma vez que a inaplicabilidade da Convenção OIT n. 169 a todas as comunidades e populações tradicionais não lhes retira a proteção legal e constitucional já existente, em especial os arts. 215 e 216 da Carta Magna.

NOTAS SOBRE O IMPOSTO SELETIVO E AS EXTERNALIDADES AMBIENTAIS

André Elali[1]
Manoel Cipriano Bisneto[2]

1. INTRODUÇÃO

Tem sido crescente, no Brasil, o reconhecimento da importância da tributação seletiva como instrumento de política econômica e ambiental. A tributação seletiva refere-se à prática de aplicar alíquotas diferenciadas com base em características específicas dos produtos ou serviços, visando não apenas à arrecadação de receitas, mas também à promoção de objetivos sociais e ambientais.

Neste contexto, destaca-se o papel dos impostos seletivos na correção de falhas de mercado e na internalização dos custos associados à produção e ao consumo de determinados bens e serviços. Em particular, a tributação seletiva sobre produtos prejudiciais à saúde ou ao meio ambiente tem sido cada vez mais utilizada como meio de desencorajar comportamentos nocivos e promover padrões sustentáveis de produção e consumo.

Este artigo tem como objetivo analisar a evolução dos incentivos fiscais, desde sua utilização como instrumento de desenvolvimento econômico até sua aplicação atual como meio de correção de falhas de mercado e redução de impactos ambientais negativos. Serão discutidos conceitos fundamentais, como externalidades, impostos *pigouvianos* e tributação seletiva, bem como os desafios e as oportunidades associados à implementação dessas políticas tributárias. Ao final, serão apresentadas considerações sobre a eficácia e os possíveis desdobramentos da tributação seletiva como ferramenta de política econômica e ambiental.

2. PANORAMA GERAL DOS INCENTIVOS FISCAIS

O Estado Social intervencionista, especialmente nas décadas de ouro do século XX, se utilizava dos incentivos fiscais como fator de desenvolvimento econômico, pautando a ideia de desenvolvimento às custas dos recursos públicos, conforme consigna a doutrina nacional.

---

1 Professor Associado do Departamento de Direito Público da UFRN com Estágios de Pesquisa na Queen Mary University of London e no Max-Planck-Institüt für Steuerrecht. Advogado.
2 Graduado e Mestrando em Direito na UFRN. Advogado e Procurador em São Paulo.

Destaca-se, nesse cenário, o contexto histórico dessa realidade de correção de distorções por meio de mecanismos tributários e financeiros. A década de 1970 colheu os frutos da política fiscal pautada nos incentivos. A concessão imprudente e desmedida, aliada à ausência de controle e de critérios técnicos na alocação dos recursos, fez com que o Estado enfrentasse uma crise financeira, desnudando privilégios na alocação de recursos e a ausência de isonomia. André Elali (ELALI, 2007), sobre o tema, já anunciava essa realidade:

> Naquela época, os Estados passaram a oferecer aos agentes econômicos uma série de vantagens de cunhos financeiros e fiscais, que, em verdade, constituíam o modo de fomentar as atividades econômicas. Todavia, não se ponderou com os critérios necessários o que deveria limitar a concessão de tais vantagens, levando os Estados a uma situação de grandes dificuldades em termos de déficits orçamentários. Em consequência, deflagrou-se uma grande crise do Estado Fiscal já nos anos 70, impondo-se uma mudança no modo de planejamento do desenvolvimento econômico e da outorga de vantagens financeiras e fiscais.

A alocação inadequada de recursos em razão da concessão de incentivos fiscais sem a adoção de técnicas adequadas teve como consequência a sua má fama. O juízo sobre os incentivos era, em geral, negativo, pois afetavam diretamente a concorrência, especialmente distorcendo as decisões normais de investimento, em decorrência da distribuição ineficiente de recursos, o que reduzia o bem-estar geral.

Com a chegada da década de 1980, novos paradigmas políticos foram inaugurados. O *consenso de Washington*[3] serviu como baliza dos novos rumos em matéria de política econômica, monetária, cambial, fiscal e comercial. Nesse contexto, os incentivos fiscais ganham novo significado, envolto a temáticas como transparência, responsabilidade e legitimidade.

Nessa linha, políticas reguladoras diretas, no Brasil ou no exterior, são substituídas por políticas de indução, notadamente na seara tributária, por meio do que, como apontou Luís Eduardo Schoueri, no trabalho clássico que se tornou a maior referência no país do tema, criam-se estímulos ou desestímulos para os comportamentos socialmente e economicamente desejáveis[4]. Nas palavras do autor, referin-

---

3   O Consenso de Washington foi uma recomendação internacional elaborada em 1989, que visava propalar a conduta econômica neoliberal com a intenção de combater as crises e misérias dos países subdesenvolvidos, sobretudo os da América Latina.

4   "Um imposto pode influenciar de vários modos a eficiência econômica, nomeadamente quanto à oferta e procura de trabalho, à poupança e sua utilização produtiva, à afectação de recursos em geral. É que o imposto é algo que se impõe aos agentes econômicos e pode, por isso, modificar os preços relativos das variáveis econômicas directa ou indirectamente relacionadas com a sua incidência. Dessa modificação de preços relativos pode resultar ineficiência econômica, que os economistas costumam analisar através da chamada 'carga excedentária'. O objectivo é, assim, minimizar esta, ou seja, assegurar que os impostos sejam o menos distorcionários possível. O que, dito de outro modo, implica a neutralidade do imposto. Importa a este propósito ter em conta que os efeitos do imposto são de dois

do-se ao agente econômico, recebe ele estímulos e desestímulos que, atuando no campo de sua formação de vontade, levam-no a se decidir pelo caminho proposto pelo legislador, assegurando-se ao agente a "possibilidade de adotar comportamento diverso, sem que por isso recaia no ilícito" (SCHOUERI, 2005).

Dessa forma, fala-se em extrafiscalidade, uma das facetas da tributação, vinculada à regulação do sistema por parte do Estado, e que pode ser concretizada pelas chamadas normas tributárias indutoras, por meio de incentivos ou agravamentos tributários, os primeiros por intermédio de medidas como isenções e reduções tributárias, atribuição de créditos tributários, de regimes especiais e/ou preferenciais, dentre outras (CAMPOS, 2001). Pode-se, também, empregar subvenções diretas, correntemente denominadas de subsídios (ELALI, 2010).

Sabe-se que a incidência tributária afeta a alocação de recursos dos agentes econômicos. Portanto, a regulação econômica por meio de tributos e mecanismos financeiros deve induzir os comportamentos desejáveis, desde que respeite a natureza do regime tributário brasileiro.

É sobre essa nova perspectiva que o presente trabalho buscará traçar definições gerais sobre o instituto.

3. CONCEITOS GERAIS E DEFINIÇÕES

O conteúdo dos incentivos fiscais ainda traz muitas dúvidas. Contudo, a sua natureza jurídica parece ser flexível, podendo ser conceituado como instrumento de intervenção, regulação e desenvolvimento socioeconômico que, por meio da desoneração ou oneração fiscal, pode isentar (excluir), imunizar (limitar o poder de tributar), reduzir alíquotas (benefício fiscal amplo) ou onerar (seletividade) determinada atividade, a fim de induzir determinado comportamento.

Numa abordagem mais ampla, a doutrina conceitua incentivos fiscais como medidas que estimulam a realização de determinada conduta, sem necessariamente refletir um benefício ao contribuinte. Nesse contexto, os incentivos surgem

---

tipos: efeito rendimento (*income effect*) e efeito substituição (*substitution effect*). O efeito rendimento resulta do facto de a criação de um imposto ou a sua subida diminuir o rendimento disponível, o poder de compra do contribuinte, na pessoa que o suporta. Em si mesmo um efeito rendimento não produz ineficiência econômica. Mas a alteração fiscal acima mencionada pode levar o contribuinte a substituir uma actividade por outra, o consumo de um bem por outro e até, em última análise, se o imposto em causa onerar o rendimento que se obtém do trabalho, levar o trabalhador a preferir o ócio. É o efeito substituição. Deste pode resultar ineficiência econômica se desta interferência nas escolhas individuais resultar uma perda de bem estar para o contribuinte que não se traduza em aumento de recursos para o Estado ou para o outro ente público destinatário da receita do imposto." Cf. PEREIRA, Manuel Henrique de Freitas. Fiscalidade. 2. ed. Coimbra: Almedina, 2007, p. 69-70.

como instrumento de intervenção no domínio econômico que busca realizar objetivos do estado (ASSUNÇÃO, 2011).

De outro lado, de modo mais restritivo, a doutrina entende que os incentivos seriam todas as normas jurídicas cujas finalidades extrafiscais de promoção do desenvolvimento econômico e social se pautem na exclusão total ou parcial do crédito tributário, constituindo-se uma técnica de atribuição de sanção premial.

Nesse contexto, conceitua-se o incentivo como sendo instrumento regulatório de indução econômica por meio de benefícios ou desestímulos (ELALI, 2007). Aliomar Baleeiro, de forma bastante racional, conceituou incentivos ou estímulos fiscais nos seguintes termos: "Através de medidas fiscais que excluem total ou parcialmente o crédito tributário, o Governo Central procura provocar a expansão econômica de uma determinada região ou de determinados setores de atividades." (BALEEIRO, 1971)

O Supremo Tribunal Federal parece ter adotado a conceituação mais restrita, pois, ao decidir os recursos extraordinários de números 577.348 e 561.485, conceituou o instituto como sendo "todas as normas jurídicas ditadas com finalidades extrafiscais de promoção do desenvolvimento econômico e social que excluem total ou parcialmente o crédito tributário".

A concessão de benefícios tributários, financeiros e creditícios importa perda de receita e elevação de despesas do Estado. Segundo o TCU, estima-se que esses benefícios atingiram R$ 581,5 bilhões em 2022, sendo R$ 461,1 bilhões de benefícios tributários e R$ 120,4 bilhões de financeiros e creditícios.

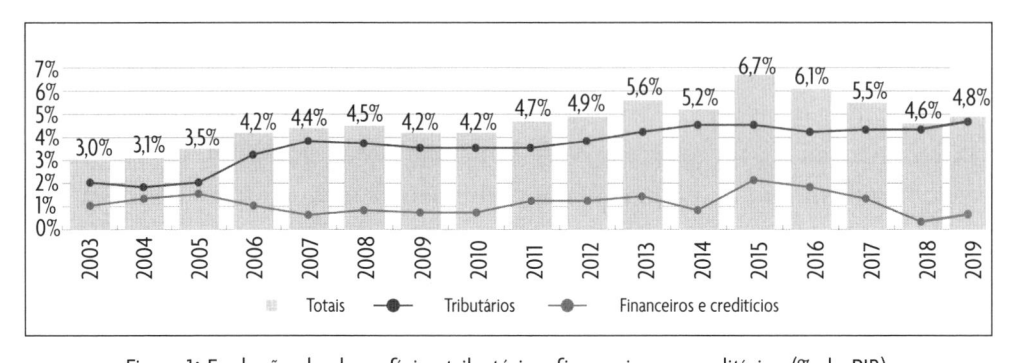

Figura 1: Evolução dos benefícios tributários, financeiros e creditícios (% do PIB)

Fontes: Secretaria de Avaliação, Planejamento, Energia e Loteria (SECAP), do Ministério da Economia, Receita Federal do Brasil (RFB) e Tribunal de Contas da União (TCU).

O TCU alerta que "os benefícios fiscais, em geral, representam distorções ao livre mercado e resultam, de forma indireta, em sobrecarga fiscal maior para os setores não beneficiados".

Além do defeito de alocação setorial, os dados demonstram a ausência de regionalização dos incentivos, especialmente no caso dos benefícios tributários, em que o Nordeste está muito aquém da média nacional, dirigindo-se, ainda, os maiores benefícios financeiros e creditícios às Regiões Centro-Oeste, Norte e Sul:

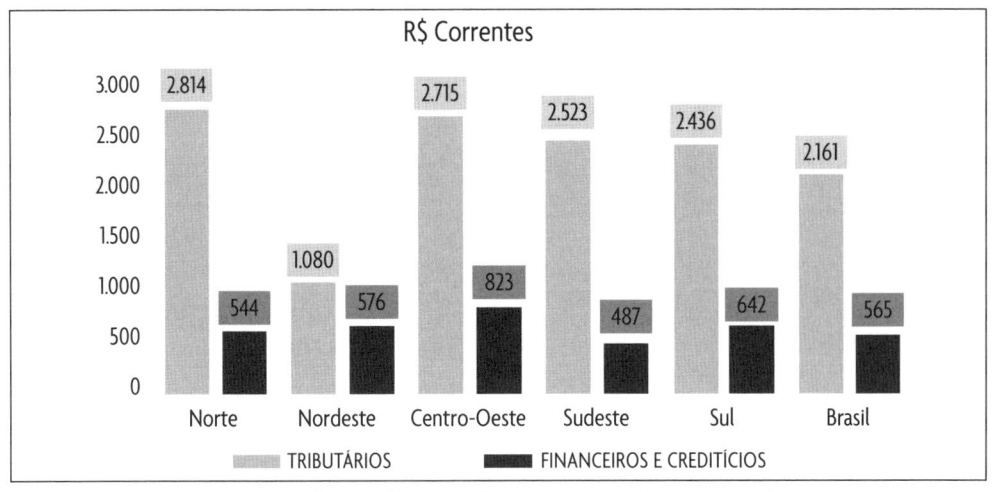

Figura 2: Benefícios tributários, financeiros e creditícios em valores *per capita* – regionalização – 2022 (R$ correntes)

Fontes: SECAP, RFB e Instituto Brasileiro de Geografia e Estatística (IBGE).

Os benefícios tributários são gastos indiretos. A ausência de arrecadação implica a necessidade de aumento de arrecadação e pressão fiscal em setores da economia não agraciados com o benefício. Dessa forma, os benefícios tributários estão diretamente atrelados à atividade de arrecadação. Ao não arrecadar, o Estado estará indiretamente gastando. Segundo dados do TCU, entre os maiores benefícios tributários, destaca-se o Simples Nacional, que alcançou mais de 24% do total estimado para 2019 e 22% em 2022.

Posição	Gasto Tributário	Valor	%	% acum.
1	Simples Nacional	103.992	22,56%	22,56%
2	Agricultura e agroindústria	50.915	11,04%	33,60%
3	Rendimentos isentos e não tributáveis – IRPF	43.872	9,52%	43,11%
4	Entidades Sem Fins Lucrativos – Imunes/Isentas	34.989	7,59%	50,70%
5	Zona Franca de Manaus e áreas de livre comércio	31.367	6,80%	57,51%
6	Combustíveis	29.881	6,48%	63,99%
7	Deduções do rendimento tributável – IRPF	26.895	5,83%	69,82%
8	Demais	139.139	30,18%	100,00%
TOTAL		**461.051**		

Figura 3: *Ranking* de gastos tributários – 2022 (R$ bilhões)

Fonte: RFB.

Por outro lado, os benefícios financeiros e creditícios representam gastos diretos, estando atrelados diretamente à despesa pública. Os benefícios financeiros e creditícios decorrem de operações de crédito, realizadas por instituições financeiras, com recursos próprios ou do Tesouro, com taxas e prazos mais favoráveis do que os praticados pelo mercado, direcionadas para setores específicos, com o intuito de incentivar seu desenvolvimento, que podem se dar na forma de subvenções, subsídios e criação de fundos especiais. Veja-se, nesse sentido, as informações oficiais a respeito do tema:

Posição	Benefícios	% s/total	% acum.	Segmento
FIES	41.383.989	34,4%	34,4%	Social
FNE, FNO e FCO	19.157.360	15,9%	50,3%	Produtivo
FAT	11.964.881	9,9%	60,2%	Produtivo
FMM	9.967.150	8,3%	68,5%	Produtivo
FCVS	8.197.403	6,8%	75,3%	Social
PRONAF – equalização	5.246.168	4,4%	79,6%	Produtivo
Subvenção a consumidores de EE da subclasse baixa renda	4.661.239	3,9%	83,5%	Social
Operações de investimento rural e agroindustrial	4.270.614	3,5%	87,1%	Agropecuário
Esmpréstimos da união ao BNDES	3.511.931	2,9%	90,0%	Social
Demais	12.073.633	10,0%	100%	Agropecuário
TOTAL	**120.434.369**			

Figura 4: Principais fundos e programas beneficiados em 2022 (R$ milhões)

Fonte: SECAP.

Em que pese guardem diferenças entre si, tanto o benefício fiscal quanto o benefício financeiro/creditício resultam em despesas para o ente público, sendo mais importantes a sua expressão pecuniária e a sua eficiência do que a forma que adquirem, tendo em vista que resultam o mesmo efeito para as contas públicas: necessidade de aumento de arrecadação para cobrir os gastos do benefício. O drama se acentua ao analisarmos que, ao final de 2022, o montante de créditos ainda não recuperados pela União alcançou R$ 4,5 trilhões, compreendendo: R$ 234 bilhões em créditos parcelados não inscritos em dívida ativa; R$ 2,3 trilhões em créditos inscritos em dívida ativa; R$ 2,0 trilhões de créditos com exigibilidade suspensa. O total de créditos a recuperar equivale a 45% do PIB de 2022:

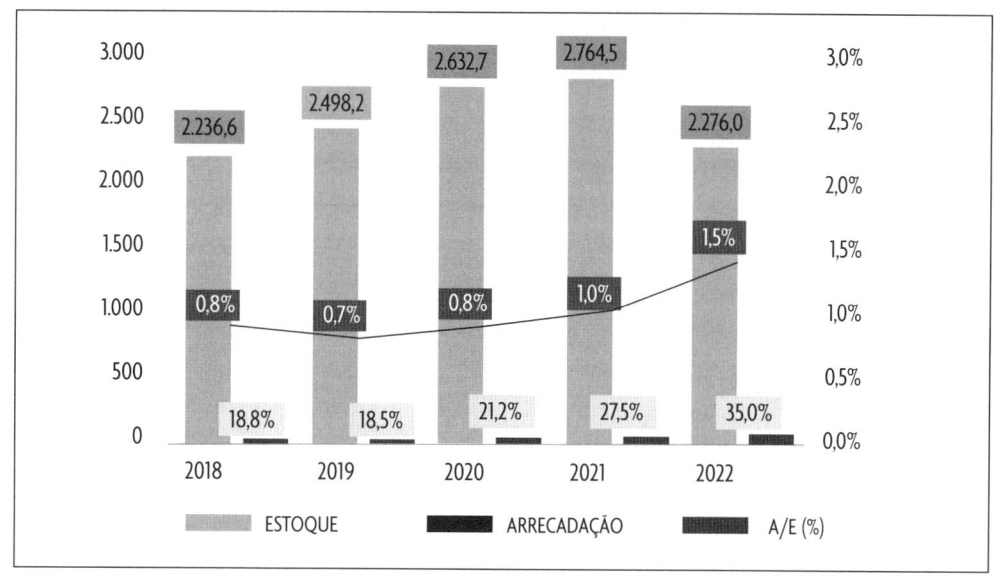

Figura 5: Evolução do estoque e da arrecadação da dívida ativa da União de 2018 a 2022

A reduzida recuperabilidade do crédito tributário advém de diversos fatores estruturais, como a natureza do crédito, a repetição de padrões de cobrança administrativa no âmbito judicial, medidas demoradas e burocráticas para a localização de bens, planejamentos tributários abusivos e sofisticados que mascaram a ocorrência do fato gerador e blindam o patrimônio dos contribuintes, e outros fatores, não menos relevantes, que afetam diretamente a atividade de arrecadação do Estado.

O fato é que, atrelada à baixa recuperabilidade, a concessão desmedida de benefícios fiscais poderá representar uma perda de autonomia do ente, que se verá obrigado a compensar a ausência de recursos para cobrir os défices, podendo representar uma indevida invasão no patrimônio de atores econômicos não diretamente beneficiados pela norma indutora.

A natureza jurídica flexível dos incentivos fiscais, como instrumento de intervenção, regulação e desenvolvimento socioeconômico, permite a atuação por meio da desoneração ou oneração fiscal, isentando (excluir), imunizando (limitar o poder de tributar), reduzindo alíquotas (benefício fiscal amplo) ou onerando (seletividade) determinadas atividade e setores, tudo isso com a finalidade de induzir determinado comportamento.

Contudo, embora a norma imunizadora guarde diferença dos demais incentivos fiscais por ser veiculada em norma constitucional, também representa um fator de atribuição de pressão fiscal nos setores/segmentos não agraciados pela norma imunizante. No entanto, ao que parece, não se atribui o mesmo cuidado com relação à concessão, ao reconhecimento e à manutenção das imunidades.

Conforme consta da Lei de Diretrizes Orçamentárias (LDO) 2024, somente após a judicialização e o reconhecimento do contingente antes controvertido que a concessão da imunidade passa a integrar a estimativa de riscos fiscais, que são capazes de afetar as contas públicas.

A perspectiva adotada pelo presente trabalho se fundamenta na conceituação ampla de incentivos fiscais. Dessa maneira, não só medidas de desonerações poderão ser consideradas incentivos fiscais, como também medidas que oneram a atividade ou a renda dos contribuintes.

A instituição de novos impostos, assim como previsto após a Reforma Tributária, sempre representará novos desafios e complexidades. Contudo, chama especial atenção a atribuição da competência para a União instituir imposto sobre "produção, extração, comercialização ou importação de bens e serviços prejudiciais à saúde ou ao meio ambiente", prevista no art. 153, VIII, da CF.

Dessa maneira, entender as nuances do instituto e as possibilidades de modificação é um desafio inafastável.

4. INDUÇÃO POR MECANISMOS FINANCEIROS E TRIBUTÁRIOS E O PRINCÍPIO DA NEUTRALIDADE

Colocando-se o tema da utilização de tributos para regular o mercado, inclusive dentro da temática das externalidades ambientais e a implementação dos objetivos de saúde pública – motivação do novo imposto previsto na reforma, há de se tecer ponderações sobre a neutralidade tributária: afinal, como é possível conceber a neutralidade da tributação se por definição a fiscalidade é uma forma de intervenção do Estado e, especialmente, em matéria de indução, pretende-se mesmo é alterar a realidade? Aliás, nas economias de mercado, a fiscalidade é uma condição de existência do próprio Estado, já que se trata de algo imanente ao seu funcionamento (SANTOS, 2004).

Nota-se, no estudo da questão, que existem dois sentidos para a neutralidade da tributação: (i) o primeiro, influenciado pela ciência das finanças, que sustenta que os tributos não devem prejudicar ou favorecer grupos específicos dentro da economia – os tributos, por isso mesmo, devem ser neutros quanto a produtos de natureza similar, processos de produção, formas de empresas, evitando influenciar de forma negativa na concorrência (DOURADO, 1996); (ii) o segundo, alicerçado na ideia inversa: a tributação deve "intervir para suprimir ou atenuar as imperfeições", falando-se em "neutralidade activa" (SANTOS, 2004).

Assim sendo, existe a corrente dos que criticam a doutrina da neutralidade fiscal ou tributária, já que seria verdadeira falácia. Klaus Vogel, sobre o assunto, adverte que a neutralidade significa falta de todas (ou quase todas) as influências externas, consistindo num princípio que, em direito internacional, representaria uma proteção para os sistemas tributários dos países mais fortes (VOGEL, 1994). Em matéria de tributação internacional, por exemplo, a neutralidade tem sido vinculada a dois métodos utilizados para evitar a dupla tributação da renda ou para compensá-la, por meio de isenções e de créditos tributários, visando a uma menor distorção da tributação sobre as decisões dos agentes econômicos.

Teses recentes[5], no Brasil, demonstram a complexidade da neutralidade da tributação, seja em matéria de tributação internacional e seus acordos bilaterais ou multilaterais, seja com relação a regimes tributários e/ou tributos específicos, como o imposto sobre a renda, especialmente das pessoas jurídicas, e, agora, o imposto seletivo.

O fato é que se, por natureza, os incentivos fiscais visam promover mudanças no *status quo* dos sistemas econômicos, com elas não combina a tese da neutralidade[6]. De fato, a ideia da neutralidade é mais uma ilusão do que uma realidade[7]. Ou seja, a neutralidade da tributação se apresenta de forma evidentemente restrita, pois ainda não se constatou, mesmo hipoteticamente, um tributo (e em especial um imposto) completamente neutro, uma vez que toda e qualquer

---

5   Cf., especialmente, CHARNESKI, Heron. *Função simplificadora das regras tributárias e o lucro como base de cálculo do Imposto de Renda das Pessoas Jurídicas*. São Paulo: IBDT, 2024; LUZ, Victor Lyra Guimarães. *O ajuste a valor justo no Imposto de Renda*: natureza jurídica e impactos fiscais. São Paulo: IBDT, 2024; BEZ-BATTI, Gabriel. *A regra de não discriminação em função da residência dos titulares do capital nos acordos para evitar a bitributação*. São Paulo: IBDT, 2024.
6   "Neutrality of taxation – as in non-interference with normal company policy and competitive behavior – can not be easily combined with the concept of tax incentives. By definition, trade related tax expenditure is not neutral. Such incentives try to stimulate certain behaviour that would not occur under normal market conditions. In my opinion, it is impossible to bring behavioural elements of a tax system within the logic of its primary, classical purpose namely (neutral) revenue collection. Whenever the tax system is used to influence certain behavior of taxpayers, there will be tension between the instrument used and the nature of the system. One cannot neglect that the concept of neutrality has been consistently infringed during the last decades by using the tax system as an instrument to achieve other policy goals than revenue collection." Cf. LUJA, Raymond H. C. *Assessment and recovery of tax incentives in the EC and the WTO*: a view on state aids, trade subsidies and direct taxation, p. 12.
7   "Our paper has highlighted that the idea of income tax neutrality is more often an illusion than reality. It has produced results which carry a frustrating message for tax economists not to mention policy-makers. This papers has shown that a number of well-known neutral systems of taxing income from existing corporations with little expansion prospects typically distorts the economic decisions both at the start-up and at the liquidation stage. In our view, the trouble with previous tax analyses has been that they have been based on overly simplified models focusing on long-term equilibrium. Enterprises, however, typically have a life-cycle. No enterprise can be created as a mature company. Each enterprise has a beginning and may have a death. Furthermore, given the high heterogeneity of entry and exit costs among countries, we can say that the implementation of a given tax system may have an impact that dramatically differs from one country to another. It is not of secondary importance to understand in what way is the life of cycle of enterprises affected by business and labor taxation." Cf. KANNIAINEN, Vesa; PANTEGHINI, Paolo M. *Tax neutrality*: illusion or reality? The case of entrepreneurship. Center for Economic Studies & Ifo Institute for Economic Research: CESinfo, 2008, p. 17.

obrigação de cunho tributário, como lembra Santos, atinge e modifica a ordem preestabelecida das coisas, exercendo efeitos sobre a produção e o consumo, a circulação e sobre o rendimento e a propriedade, resultando até mesmo em reações psicológicas.

Em outros termos, um imposto integralmente neutro não existe. Depois da sua incidência, "só por milagre a situação tributada poderia permanecer a mesma" (SANTOS, 2004). Daí por que a neutralidade é sempre relativa, pois pode influenciar mais num contexto do que em outro de escolha.

Mais ainda se observa quando se encara um incentivo tributário, que, por definição, serve de mecanismo regulatório, induzindo, evidentemente, os agentes econômicos a determinados comportamentos desejáveis do ponto de vista da coletividade. Pondere-se que a neutralidade deve ser concebida com racionalidade do sistema tributário analisado, ao mesmo tempo em que se considera a racionalidade das atividades econômicas. Deve-se levar em conta, então, todas as funções das atividades econômicas e o orçamento público na sua integralidade (SANTOS, 2004).

Nem sempre será a neutralidade da tributação benéfica à sociedade e ao sistema econômico. Deve, antes, ser analisada para dar margem à ideia inversa em alguns momentos: a "não neutralidade". Logo, há dois tipos de "não neutralidade" no campo da tributação: a positiva e a negativa, a primeira representando a facilitação da consecução dos objetivos econômicos, e a segunda, o inverso. Um efeito da neutralidade, portanto, pode ser justamente inverso aos objetivos da ordem econômica. O tributo, em muitos momentos, deve corrigir as distorções, tratando de forma desigual algumas atividades ou determinados grupos de agentes econômicos.

No caso brasileiro, pode-se dizer que a neutralidade representa a regra geral: a tributação deve tratar todos igualmente, admitindo a circulação de capital e o desenvolvimento econômico de forma imparcial, ou seja, sem beneficiar agentes econômicos especificamente. Constitui-se, então, em corolário da igualdade, do princípio da isonomia (ÁVILA, 2007). Nesse sentido, observa-se a lição de Sven-Erik Johansson, para quem um sistema de tributação neutra, em verdade, diz respeito à não discriminação, ou seja, à aplicação da igualdade da tributação (Johansson, 2001).

Destarte, várias são as significações para a neutralidade da tributação, dentre as quais: (i) proibição de se influir de qualquer modo no exercício das atividades econômicas do contribuinte; (ii) proibição de se influir de modo injustificado ou arbitrário no exercício das atividades econômicas do contribuinte; (iii) proibição da influência excessiva no exercício das atividades econômicas do contribuinte (ÁVILA, 2007). Enfatiza Ávila que a neutralidade da tributação diz respeito ao não exercício de "influência *imotivada*" na atividade dos contribuintes, já sendo os limites desse sentido normativo fornecidos pela própria igualdade da tributação no seu aspecto geral.

Desse modo, a neutralidade da tributação diz respeito a uma manifestação estipulada da própria igualdade na sua conexão com o princípio da liberdade de concorrência, notadamente no aspecto negativo da atuação estatal, consistindo o dever de neutralidade um elemento em favor da concorrência, que acaba garantindo a igualdade de oportunidades no mercado (ÁVILA, 2007).

Comparadas as teorias da neutralidade e da não discriminação em matéria tributária, evidencia-se que se trata, ambas, de corolários da isonomia, que obriga o Estado a tratar igualmente agentes econômicos em situação símile. São, pois, diferentes manifestações da igualdade, que podem, caso a caso, se confundir. Neutralidade diz respeito à noção de não intervir; não discriminação equivale a tratar igualmente, sem privilégios desproporcionais. Visam proteger um mercado marcado por liberdades. No campo da tributação, a neutralidade serve para evitar uma interferência desmotivada no sistema econômico, mas nunca ocorrerá em sua forma plena, porquanto a tributação (em suas facetas fiscal e extrafiscal) é, *per se*, uma forma de intervenção. No âmbito da extrafiscalidade em especial, afasta-se a ideia da neutralidade, uma vez que se propõe a uma mudança do sistema, do *status quo*, com a concessão de incentivos ou agravamentos. O que não se permite, em uma aplicação pragmática, é a discriminação arbitrária, que acabará tornando incoerente a função estatal com a ordem econômica teorizada na Constituição, consistindo em possível desvio de finalidade.

Em matéria de imposto seletivo, deve-se considerar o aspecto de intervenção que se pretende implementar, afastando-se da neutralidade sempre que se buscar corrigir imperfeições do ambiente do mercado. Entretanto, não se pode admitir, dentro de um regime adequado constitucionalmente, discriminações arbitrárias e desvios de finalidade, que é a grande preocupação com a retórica panfletária de certos discursos.

5. "TRIBUTAÇÃO SOBRE O PECADO" (*SIN TAXES*) E REDUÇÃO DE EXTERNALIDADES NEGATIVAS AMBIENTAIS

A EC n. 132/2023 atribuiu à União a competência para instituir imposto sobre "produção, extração, comercialização ou importação de bens e serviços prejudiciais à saúde ou ao meio ambiente", possibilitando a criação, por meio de Lei Complementar, de um imposto essencialmente seletivo, que visa à mudança de comportamento dos contribuintes.

A utilização de instrumentos jurídicos com fins marcantemente extrafiscais não é novidade, encontrando aplicações no direito ambiental na Lei da Política Nacional do Meio Ambiente[8] e no Estatuto da Cidade[9], que têm como um dos seus objetivos ordenação e controle do uso do solo, de forma a evitar a poluição e a degradação ambiental.

Algumas fontes apontam a origem da tributação seletiva como sendo na Grécia Antiga, no século VII a.C., em que se encontravam referências à proibição de gastos "exagerados" com vestimentas e joias[10]. Outras apontam as leis suntuárias (*sumptuariae leges*) da Roma Antiga como a origem da tributação seletiva. Tais leis proibiam gastos exagerados em banquetes, vestimentas e estatuíam uma disciplina acerca das vestimentas, proibindo o uso de seda e detalhes nas roupas, delegando ao governo o papel de verificar a extravagância dos gastos privados das pessoas, o que era feito pelos censores romanos.

Na modernidade, a tributação sobre externalidades negativas surgiu na década de 1964, com a política de tributação do tabaco, e teve seu batismo por volta de 1970 como tributação sobre o pecado[11]. As imperfeições do mercado são objeto de estudos há várias décadas. Contudo, a legitimidade para corrigi-las ainda é um debate que não terminou. Para alguns autores, o mercado é capaz de corrigir suas externalidades sozinho, em um movimento de autocontrole. Contudo, para a ampla maioria, o Estado tem de atuar para corrigir as falhas de mercado.

Adota-se, aqui, a lição de Rafael Oliveria, que nos apresenta três sentidos do que se entende por regulação. Em sentido amplo seria entendida como toda forma de intervenção estatal, correspondendo ao conceito genérico de intervenção estatal na economia, o que engloba tanto a atuação direta do Estado como o estabelecimento de condições para o exercício de atividades econômicas. Já no seu sentido intermediário, a regulação estatal equivaleria ao condicionamento, à coordenação e à disciplina da atividade privada, excluindo, dessa forma, a atuação direta do Estado na economia. Por fim, o sentido restrito compreenderia a regulação utilizada somente para o condicionamento da atividade econômica por lei ou ato normativo (OLIVEIRA, 2020).

O Estado Regulador como um todo, hoje, poderá ser enxergado por todas as perspectivas acima mencionadas, mormente por existir, ainda que excepcionalmente, a possibilidade de atuação direta do Estado na economia. No entanto,

---

8   Art. 9.º, XIII, da Lei n. 6.938/1981.
9   Art. 4.º, IV, da Lei n. 10.257/2001.
10 As citações dos *Ensaios* de Montaigne são feitas a partir da tradução de Sérgio Milliet (coleção Os Pensadores, 2. ed. São Paulo: Abril Cultural, 1980). MONTAIGNE, Michel de. *Ensaios*. Trad. Sergio Milliet. São Paulo: Abril Cultural, 1980.
11 HOFFER, Adam J.; SHUGART II, William F.; THOMAS, Michael David. Sin taxes and industry revenue, paternalism, and political interest. *Independet Review*, Oakland, p. 47-64, June 2014, p. 5.

parte da doutrina retira a intervenção direta da classificação de regulação, deixando apenas essa nomenclatura para as hipóteses em que há o condicionamento de atividades por meio de leis e atos normativos.

O tributo exerce, dentro dessa perspectiva, função importante. Por muito tempo o tributo foi pensando apenas sob a ótica da fiscalidade, ou seja, como meio que o Estado detém de financiar suas atividades, abastecendo os cofres públicos por meio da arrecadação de receitas derivadas. No entanto, como demonstrado no capítulo anterior, a necessidade de prestigiar outros valores constitucionais e corrigir falhas de mercado impôs que os tributos, para além de suas funções clássicas, fossem utilizados com função de induzir comportamento e como instrumento de concretização de direitos fundamentais, ou seja, o tributo assume caráter extrafiscal a fim de regular a ordem econômica.

A obra de Luís Eduardo Schoueri, de longe a mais profunda sobre o tema, adverte que a extrafiscalidade pode ser entendida ora como gênero ora como espécie: como gênero, seria entendida como todos os casos não ligados à necessidade de distribuição equacionada da carga tributária ou à necessidade de simplificação do sistema tributário. Como espécie, por seu turno, seria entendida como todas as normas que buscam induzir comportamento sociais em matérias econômica, social e política. O gênero da "extrafiscalidade" incluiria, nesse passo, todos os casos não vinculados nem à distribuição equitativa da carga tributária, nem à simplificação do sistema tributário (SCHOUERI, 2005).

É no sentido estreito do termo, no entanto, que a doutrina geralmente emprega a expressão "extrafiscalidade", sem distinguir do gênero. Ali se incluem as leis relativas à entrada derivada, ou seja, receitas derivadas de uma atuação estatal impositiva, que lhes confere características de consciente estímulo ao comportamento das pessoas, isto é, normas indutoras, mas não de ter por fundamento precípuo arrecadar recursos pecuniários a ente público. Há, portanto, o emprego dos instrumentos tributários, tributos, isenções, imunidades etc., por quem os tem à disposição e pode deles usar com objetivos não fiscais diretamente, mas ordinatórios, embora haja, ainda que indiretamente, o efeito fiscal (SCHOUERI, 2005; CORREA, 1964; ATALIBA, 1968).

A função extrafiscal do tributo, nesse passo, fica evidente quando há o emprego deliberado de instrumentos tributários para finalidades eminentemente regulatórias de comportamentos sociais, em matéria econômica, social e política. Visa precipuamente modificar o comportamento dos cidadãos, sem considerar seu rendimento fiscal, ou seja, sem aferir capacidade contributiva. Revela, dessa maneira, o caráter instrumental da norma jurídica cujo objetivo primário é o de direcionar o comportamento dos cidadãos a fins constitucionais ressalvados. Hely Lopes Meirelles, ainda, refere-se à utilização do tributo como meio de fomento ou desestímulo a atividades reputadas convenientes ou inconvenientes à comunidade (SCHOUERI, 2005; ATALIBA, 1968;).

Vários exemplos da utilização da tributação com finalidade ordinatória podem ser retirados da Constituição, que ressalta que, de fato, há uma diferença entre utilizar o tributo como intervenção na economia e utilizá-lo como política social. Exemplos que podemos citar são o art. 182 da CRFB[12] e o novo imposto seletivo do art. 153, VIII, da CRFB, que visa diminuir ou neutralizar externalidades ambientais.

Externalidades ambientais são os efeitos transversais de bens ou serviços sobre outras pessoas que não estão diretamente evolvidas com a atividade. Referem-se ao impacto de uma decisão sobre aqueles que não participam dessa decisão (MANKIW[13], 2007), podendo gerar efeitos positivos ou negativos para a sociedade (MOURA[14], 2003).

O novo regramento constitucional, amparado pelo novo princípio tributário da defesa do meio ambiente (art. 145, § 3.º, da CF), busca eliminar ou diminuir essas externalidades, por meio da tributação de bens e serviços que prejudiquem o meio ambiente (art. 153, VIII, da CF).

Ademais, esse novo regramento prevê que o imposto seletivo não incidirá sobre exportações, nem sobre operações com energia elétrica e telecomunicações. Terá a tributação apenas uma vez sobre o bem ou serviço, não integrará sua própria base de cálculo (tributação por fora), no entanto, integrará a base de cálculo do ICMS, do ISS, do IBS e da Contribuição Social sobre Bens e Serviços. O imposto poderá ter o mesmo fato gerador e base de cálculo de outros tributos,

---

12 "Art. 182. A política de desenvolvimento urbano, executada pelo Poder Público municipal, conforme diretrizes gerais fixadas em lei, tem por objetivo ordenar o pleno desenvolvimento das funções sociais da cidade e garantir o bem-estar de seus habitantes. (Regulamento) (Vide Lei n. 13.311, de 11 de julho de 2016) § 1.º O plano diretor, aprovado pela Câmara Municipal, obrigatório para cidades com mais de vinte mil habitantes, é o instrumento básico da política de desenvolvimento e de expansão urbana. § 2.º A propriedade urbana cumpre sua função social quando atende às exigências fundamentais de ordenação da cidade expressas no plano diretor. § 3.º As desapropriações de imóveis urbanos serão feitas com prévia e justa indenização em dinheiro. § 4.º É facultado ao Poder Público municipal, mediante lei específica para área incluída no plano diretor, exigir, nos termos da lei federal, do proprietário do solo urbano não edificado, subutilizado ou não utilizado, que promova seu adequado aproveitamento, sob pena, sucessivamente, de: I – parcelamento ou edificação compulsórios; II – imposto sobre a propriedade predial e territorial urbana progressivo no tempo; III – desapropriação com pagamento mediante títulos da dívida pública de emissão previamente aprovada pelo Senado Federal, com prazo de resgate de até dez anos, em parcelas anuais, iguais e sucessivas, assegurados o valor real da indenização e os juros legais." (BRASIL, 1988)
13 MANKIW, Gregory N. *Introdução à economia*. 1. ed. 3. reimpr. São Paulo: Thomson Learning, 2007.
14 MOURA, Luiz Antônio Abdalla. *Economia ambiental*: gestão de custos e sustentabilidade. São Paulo: Juarez de Oliveira. 2006, p. 142.

podendo ser suas alíquotas específicas, por unidade de medida adotada, ou *ad valorem* (art. 153, § 6.º, da CF).

A função regulatória do imposto recentemente introduzido no cenário do direito positivo, em que pese seja a mais proeminente, não é a única. O Estado, portanto, arrecadará com a tributação em discussão, podendo utilizar os recursos para políticas sociais mais amplas, aliando o desestímulo do consumo de produtos mais caros em razão da tributação elevada.

Porém, o legislador optou por destinar a arrecadação do imposto seletivo para manter a competitividade dos produtos fabricados na Zona Franca de Manaus, retirando a tributação sobre o produto industrializado na Zona Franca e compensando os valores não tributados com a arrecadação do imposto seletivo, especialmente para fazer frente ao repasse ao FPM (Fundo de Participação dos Municípios) e ao PFE (Fundo de Participação dos Estados), nos termos do art. 159 da CF, numa tentativa de manter o equilíbrio federativo.

O regramento constitucional, no entanto, enfatiza a função extrafiscal do tributo, que retira a capacidade contributiva do eixo central da tributação e atribui à finalidade do imposto uma especial relevância, destinando-o aos serviços e bens prejudiciais à saúde e ao meio ambiente.

A análise da proporcionalidade da tributação, dessa sorte, ficará relegada à ponderação entre os fins constitucionais da defesa do meio ambiente e os demais direitos e garantias dos contribuintes, como a propriedade e a liberdade, retirando a antiga análise entre patrimônio e capacidade contributiva ou, no caso do direito ambiental, à efetiva poluição/degradação.

Isso, no entanto, não retira do legislador a necessidade de ponderar os efeitos concretos da instituição do tributo, ponderando-a entre o bem maior coletivo que busca resguardar, quais sejam a saúde e o meio ambiente.

O PLC n. 68/2024, que visa regulamentar e instituir o novo tributo, por sua vez, num primeiro momento cria um regramento parecido com a Lei do ISS, que estabelece uma lista anexa de serviços a serem tributados. No caso do imposto seletivo, além de serviços, há diversos bens que podem vir a ser tributados e onerados pelo imposto. Aparentemente, a PEC usará a mesma sistemática da taxatividade, mas que admite interpretação extensiva, pois estabelece um rol de códigos da NCM/SH listados no Anexo XVII do PL, referentes a veículos; embarcações e aeronaves; produtos fumígenos; bebidas alcoólicas; bebidas açucaradas e bens minerais extraídos.

De todo modo, a criação de um imposto exclusivamente seletivo, a par da seletividade já existente do IPI e do ICMS, representa uma oneração ainda mais elevada a determinados setores, que não necessariamente refletirá num aumento de receitas, já que o projeto de lei complementar busca dar aos valores arrecadados com o imposto seletivo uma destinação arrecadatória importante, que tem influência direta no federalismo fiscal.

Arthur Laffer, em 1974, resumiu em uma figura as explicações sobre a relação entre as alíquotas de um tributo e a sua arrecadação. O estudo buscava demonstrar qual nível de tributação satisfaria a necessidade do Estado de gerar o maior crescimento econômico sem elevar as alíquotas médias dos tributos. Isso porque, quanto mais alta fosse a alíquota média dos tributos, maior seria o efeito negativo sobre o estímulo ao cidadão trabalhar, ensejando uma substituição gradual do trabalho pelo lazer, na medida em que a recompensa pelo esforço do trabalho estaria eliminada, por um critério utilitarista. O economista parte de uma representação figurativa formada por uma meia elipse ou "U" invertido, tendo como relações opostas as alíquotas tributárias e as receitas advindas delas, calculadas ambas em função de um intervalo de 0% a 100%. A receita tributária aumentaria de acordo com o aumento da alíquota média, até atingir o nível ótimo (que corresponderia ao ponto mais alto da meia elipse ou "U" invertido). A partir desse marco o aumento da alíquota média não geraria o correspondente aumento das receitas, posto que os cidadãos passariam a substituir o trabalho pelo lazer, em face da evidente falta de estímulo em aumentar o esforço empregado no trabalho, reduzindo da mesma forma, o nível da atividade econômica, o que traria reflexos negativos para a arrecadação[15].

Exemplos recentes demonstram a possível queda da arrecadação quando há o aumento da pressão fiscal em determinados setores, como o caso da tributação das pequenas compras eletrônicas com o início do Programa Remessa Conforme. Dados da Receita Federal demonstram queda tanto nas vendas quanto na receita dessas transações desde o início do programa. Em novembro, as compras abaixo de US$ 50 somaram R$ 1,2 bilhão; já em janeiro, o número caiu para R$ 943,7 milhões (cf. relatório bimestral do Programa Remessa Conforme).

A gestão ambiental no Brasil tem se baseado exclusivamente em instrumentos de regulação mais amplos, como padrões ambientais de qualidade e de emissão, controle do uso do solo, licenciamento e penalidades. A utilização de instrumentos econômicos visa afetar o custo-benefício dos agentes econômicos, tanto pela transferência de ônus fiscais quanto pela criação de mercados artificiais.

Tudo isso tem o objetivo de internalizar os custos para aqueles que comercializam ou produzem bens e serviços prejudiciais ao meio ambiente, diminuindo o custo ambiental da atividade, corrigindo distorções existentes do ponto de vista do bem-estar coletivo, à luz do princípio do poluidor-pagador.

---

15 LAFFER, A. B. The Ellipse: an explication of the Laffer Curve in a two-factor model. In: CANTON, V. A.; KADLEC, C. W.; LAFFER, A. B. *The Financial Analyst's Guide to Fiscal Policy*. New York: Greenwood Press, 1986, p. 1-35.

A instituição do IS possibilita o aumento de receita tributária, contudo retirou a possibilidade de o gestor alocá-lo de forma mais eficaz na finalidade sob a qual o imposto foi criado, já que servirá, em boa parte, como substituto da tributação do IPI dos produtos produzidos na Zona Franca de Manaus. Além disso, efeitos inesperados da instituição de qualquer imposto deverão ser também investigados a fundo, como a possível erosão da base tributável e o aumento da evasão fiscal, o que compromete a soberania fiscal do país.

Enfim, em que pese a instituição do imposto seletivo seja uma medida efetiva para a modificação do comportamento dos contribuintes, com potencial para atingir os objetivos constitucionais elencados, há possíveis efeitos indesejáveis que podem vir a ser realizados, o que ocasionará um enfraquecimento do federalismo e da soberania fiscal do país.

6. CONSIDERAÇÕES FINAIS

O presente artigo buscou explorar brevemente o contexto dos incentivos fiscais e sua relação com as externalidades ambientais, focando especialmente na implementação do imposto seletivo como uma ferramenta de regulação econômica e ambiental.

Ao longo das décadas, os incentivos fiscais foram utilizados como instrumentos de promoção do desenvolvimento econômico, porém, sua concessão imprudente e desmedida resultou em crises financeiras e distorções na alocação de recursos. A partir do Consenso de Washington e da adoção de novos paradigmas políticos, os incentivos fiscais ganharam nova abordagem, centrada na transparência e na responsabilidade.

A análise dos benefícios fiscais e tributários revelou distorções no sistema, com impactos negativos sobre a concorrência e a eficiência econômica. A falta de regionalização dos incentivos e a reduzida recuperabilidade do crédito tributário são questões que demandam atenção e reformulação das políticas públicas.

A tributação seletiva, por sua vez, emerge como uma estratégia para corrigir externalidades negativas ambientais, oferecendo uma abordagem extrafiscal para induzir comportamentos que beneficiem o meio ambiente. A EC n. 132/2023 e o PLC n. 68/2024 representam marcos legislativos nesse sentido, ao conferir à União a competência para instituir impostos sobre bens e serviços prejudiciais à saúde e ao meio ambiente.

A instituição do imposto seletivo como instrumento para redução de externalidades negativas ambientais representa um avanço significativo, mas não está isenta de desafios. A implementação eficaz dessas medidas requer uma análise criteriosa dos impactos econômicos e sociais. A destinação dos recursos arrecadados pelo imposto seletivo, especialmente para a Zona Franca de Manaus, levanta questões sobre a efetividade na redução das externalidades ambientais e a manutenção do equilíbrio federativo. A destinação dos recursos arrecadados e os efeitos indesejáveis, como a erosão da base tributável e o aumento da evasão fiscal, devem ser cuidadosamente considerados. A busca por um sistema tributário justo, eficiente e alinhado com os objetivos constitucionais de desenvolvimento socioeconômico e proteção ambiental requer uma abordagem integrada, que combine incentivos fiscais, tributação seletiva e políticas regulatórias. A análise técnica da figura tributária não é adequada se não estiver em consonância com as finanças públicas e com a ordem econômica.

Finalmente, tratando-se de uma figura tributária que visa regular o mercado, deve atender à sua função e respeitar o regime de igualdade e não arbitrariedade. Ao se afastar da neutralidade tributária, o tributo não pode se qualificar como um elemento contrário ao sistema tributário, isto é, deve obediência à igualdade e à não discriminação, que será aplicada a partir de um regime de proporcionalidade. Não se pode permitir o desvio de finalidade e o arbítrio em decisões que afetem atividades que não geram impacto negativo sobre a saúde e o ambiente.

REFERÊNCIAS

ASSUNÇÃO, Matheus Carneiro. Incentivos fiscais em tempos de crise: impactos econômicos e reflexos financeiros. *Revista da PGFN*, v. 1, n. 1, p. 99-123, jan. 2011.

ATALIBA, Geraldo. *Impostos sobre serviços*. Tributação de anúncios e destaques em listas ou guias telefônicos. Inadmissibilidade em face de vedação constitucional. *RDTributário*, São Paulo: RT, n. 39/106.

ÁVILA, Humberto. *Teoria da igualdade tributária*. São Paulo: Malheiros, 2007.

BALEEIRO, Aliomar. *Direito financeiro*. J. Bushatsky, 1971, p. 155.

BARRETO, Aires; ATALIBA, Geraldo. Impostos sobre serviços. Tributação de anúncios e destaques em listas ou guias telefônicos. Inadmissibilidade em face de vedação constitucional. *RDTributário*, São Paulo: RT, n. 39/106, 1987.

CABRAL DE MONCADA, Luís S. *Direito econômico*. 4. ed. Coimbra: Coimbra Editora, 2003.

CAMPOS, Diogo Leite de; CAMPOS, Mônica Horta Neves. *Direito tributário*. Belo Horizonte: Del Rey, 2001.

CORREA, Walter Barbosa. *Contribuição ao Estudo da Extrafiscalidade*. Tese (Livre--docência) – Universidade de São Paulo, São Paulo, 1964.

DOURADO, Ana Paula. *A tributação dos rendimentos de capitais: a harmonização na Comunidade Europeia*. Lisboa: DGCI/CEF, 1996.

DOURADO, Ana Paula. *Governação fiscal global*. Lisboa: Almedina, 2017.

ELALI, André de Souza Dantas. *Incentivos fiscais internacionais*: concorrência fiscal, mobilidade financeira e crise do Estado. São Paulo: Quartier Latin, 2010.ELALI, André de Souza Dantas. *Tributação e regulação econômica*. São Paulo: MP, 2007.

HOFFER, Adam J.; SHUGART II, William F.; THOMAS, Michael David. Sin taxes and industry revenue, paternalism, and political interest. *Independet Review*, Oakland, June 2014.

JOHANSSON, Sven-Erik. *The utopia of neutral taxation. International studies in taxation: law and economics*. Edited by: Gustaf Lindencrona, Sven-Olof Lodin, Bertil Wiman. London: Kluwer Law International, 1999.

MANKIW, Gregory N. *Introdução à economia*. 1. ed. São Paulo: Thomson Learning, 2007.

MONTAIGNE, Michel de. *Ensaios*. Trad. Sergio Milliet. São Paulo: Abril Cultural, 1980.

MOURA, Luiz Antônio Abdalla. *Economia ambiental*: gestão de custos e sustentabilidade. São Paulo: Juarez de Oliveira, 2006.OLIVEIRA, Rafael Carvalho Rezende. *Curso de Direito Administrativo*. 8.ª ed. São Paulo: Método, 2020.

SANTOS, Antonio Carlos (2004): *Auxílios de Estado e Fiscalidade*. Coimbra: Almedina.

SCHOUERI, Luís Eduardo. *Normas tributárias indutoras e intervenção econômica*. Rio de Janeiro: Forense, 2005.

TORRES, Ricardo Lobo. *Tratado de direito constitucional financeiro e tributário*. 3. ed. revista e atualizada. Rio de Janeiro: Renovar, 2008. V. V: o orçamento na Constituição.

VOGEL, Klaus. *Taxation of cross-border income, harmonization, and tax neutrality under European Community law*. The Netherlands: Kluwer Academic Publishers, 1994.

O SISTEMA ESTADUAL DO MEIO AMBIENTE E AS POSSÍVEIS SOLUÇÕES PARA O PROCESSO ADMINISTRATIVO DE AUTO DE INFRAÇÃO DE MULTA AMBIENTAL NO ESTADO DA BAHIA

Eduardo Mendonça Sodré Martins[1]
Regina Lúcia Avelar Uchôa Silva[2]
Maurício Carneiro Paim[3]

1. INTRODUÇÃO

A solução consensual de processos administrativos relativos a multas ambientais desponta atualmente como alternativa viável, célere e eficaz, na direção de tornar efetivo o direito ao meio ambiente ecologicamente equilibrado, consagrado na Constituição Federal de 1988.

Inspirado em experiências da União e de outros estados, como o de São Paulo e, atento aos benefícios e potencialidades do processo de conversão de multas decorrentes de infrações ambientais em serviços de preservação, melhoria e recuperação da qualidade do meio ambiente, o Estado da Bahia, visando promover o seu aprimoramento, realizou, recentemente, importantes e significativas alterações na legislação atinente à matéria.

A nova conformação da Administração Pública, reflexo direto do Estado Democrático de Direito, inaugurado com o advento da Carta Magna, exige maior participação da sociedade civil nas decisões políticas, especialmente naquelas que afetem direitos fundamentais.

Sob a égide da legislação pátria atual, a utilização de meios consensuais de resolução de conflitos, no âmbito administrativo, não se trata de uma mera

---

[1] Secretário do Meio Ambiente do Estado da Bahia. Advogado Especialista em Direito e Legislação Ambiental pela Universidade Federal da Bahia – UFBA. Ex-Professor titular da disciplina Direito Ambiental e Urbanístico da Universidade Católica do Salvador.
[2] Advogada Especialista em Direito Ambiental e Minerário pela PUC-Minas. Especialista em Direito Público pela Universidade Anhanguera-Uniderp. Assessora Especial da Secretaria do Meio Ambiente do Estado da Bahia.
[3] Advogado Mestre em Ecologia e Conservação da Biodiversidade e Desenvolvimento Sustentável pela ESCAS – Escola Superior de Conservação Ambiental e Sustentabilidade. Especialista em Meio Ambiente e Recursos Hídricos na Secretaria do Meio Ambiente do Estado da Bahia.

faculdade, mas de obrigação imposta aos órgãos e entidades públicas no exercício de suas funções, inclusive, regulatórias.

O novel diploma processual civil expressamente prevê, em seu art. 3.º, § 2.º, que o Estado promoverá, sempre que possível, a solução consensual dos conflitos. Além disso, em seu art. 174, determina aos entes federados a criação de câmaras de mediação e conciliação, com atribuições relacionadas à solução consensual de conflitos no âmbito administrativo. Vejamos:

> Art. 174. A União, os Estados, o Distrito Federal e os Municípios criarão câmaras de mediação e conciliação, com atribuições relacionadas à solução consensual de conflitos no âmbito administrativo, tais como:
>
> I – dirimir conflitos envolvendo órgãos e entidades da administração pública;
>
> II – avaliar a admissibilidade dos pedidos de resolução de conflitos, por meio de conciliação, no âmbito da administração pública;
>
> III – promover, quando couber, a celebração de termo de ajustamento de conduta.

Ademais, a adoção de meios consensuais para a resolução de conflitos na esfera administrativa encontra também fundamento no princípio constitucional da eficiência. Para Gustavo Vettorato (2003), o princípio da eficiência administrativa "deve ser interpretado de forma a abalizar a melhor utilização dos *inputs* administrativos (recursos, meios e esforços), bem como os seus *outputs* (resultados)".

Ainda que no primeiro instante a inclusão pela Emenda Constitucional n. 19/1998 da eficiência no rol dos princípios da Administração Pública pareça "um simples adorno agregado ao art. 37 ou o extravasamento de uma aspiração dos que burilam no texto" (MELLO, 2004, p. 112), a sua previsão expressa alcança relevância fundamental. Representa, nessa perspectiva, importante base jurídica para a construção de modelos de gestão pública modernos, participativos e democráticos, o que necessariamente exige a incorporação de meios consensuais de resolução de conflitos na práxis administrativa.

Desse modo, para cumprimento do referido princípio constitucional, impõe-se ao poder público não só racionalizar meios e recursos para melhor satisfação das necessidades públicas, mas também tornar as suas ações administrativas capazes de efetiva e adequadamente solucionar os variados conflitos inerentes à sociedade de risco.

Conforme lições de saudoso jurista brasileiro:

> As consensualidades tornaram-se decisivas para as democracias contemporâneas, pois contribuem para aprimorar a governabilidade (eficiência); propiciam mais freios contra o abuso (legalidade); garantem a atenção a todos os interesses (justiça); proporcionam decisão mais sábia e prudente (legitimidade); desenvolvem a responsabilidade das pessoas (civismo); e tornam os comandos estatais mais aceitáveis e facilmente obedecidos (ordem) (MOREIRA NETO, 2007).

O presente artigo tem por escopo discutir a importância, os objetivos e os benefícios da solução consensual de processos administrativos relativos a multas ambientais no Estado da Bahia, mediante a sua conversão em serviços de preservação, melhoria e recuperação da qualidade do meio ambiente com a celebração de Termo de Compromisso, analisando especialmente as inovações trazidas pelo Decreto Estadual n. 22.086, de 6 de junho de 2023.

2. A EFICIÊNCIA NA ADMINISTRAÇÃO PÚBLICA AMBIENTAL

Na área ambiental, a eficiência administrativa está atrelada à efetiva materialização dos princípios da prevenção e da reparação, por meio da promoção de ações concretas capazes de evitar, minimizar, reduzir e/ou compensar os impactos ambientais negativos, bem como, em último caso, de reparar integralmente os danos causados ao meio ambiente.

Por outro lado, a eficiência guarda também estreita relação com outros princípios estruturantes do Direito Ambiental, destacando-se especialmente para os fins do presente estudo, os princípios da informação e da participação.

Nesse particular, importante trazer à baila ponderações do constitucionalista português Jorge Miranda (2000, p. 533) quanto ao distanciamento entre a realidade fática e a ordem constitucional no tocante à proteção ambiental:

> Hoje, a relevância do ambiente tornou-se quase obrigatória ou recorrente em quase todos os novos textos constitucionais, entendida à luz das suas coordenadas próprias. Mas essa universalização não significa, só por si, que a efectividade das normas – sejam programáticas ou preceptivas – se mostre muito forte ou idêntica por toda a parte e muito poucos os Estados que poderão arrogar-se (como bem se desejaria) a qualidade de Estados ambientais.

No caso brasileiro, observa-se que os sistemas de controle ambiental são periféricos em relação aos sistemas de poder e têm aparatos pouco eficientes (VIOLA, 2006). Predomina ainda "um tipo de política e gestão ambiental centralizada, regulamentadora e fiscalizadora – baseado no princípio de comando e controle, que estabelece padrões e metas de poluição a serem cumpridas" (PHILIPPI JR. *et al.*, 2005, p. 799). Modelo que, segundo esses autores, "tem mostrado grande eficiência no controle de poluição pontual (predominantemente efluentes industriais), mas apresenta dificuldades para o controle da poluição difusa" (PHILIPPI JR. *et al.*, 2005, p. 799).

Comentando os rumos que a Política Nacional do Meio Ambiente vem tomando, o professor Edis Milaré (2013, p. 678) salienta:

Diga-se, a bem da verdade, que é irreal o planejamento ambiental isolado do planejamento econômico e social. O meio ambiente é um bem essencialmente difuso e engloba todos os recursos naturais: as águas doces, salobras e salinas, superficiais ou subterrâneas; a atmosfera, o solo, o subsolo e as riquezas que encerram, assim como a fauna e a flora e suas relações entre si e com o ser humano. Compreende ainda outros bens, como os culturais. Por isso mesmo o planejamento da utilização de tais recursos deve considerar todos os aspectos envolvidos: os econômicos, os sociais e os ambientais. Não é possível planejar o uso de qualquer desses recursos apenas sob o prisma econômico-social ou somente sob o aspecto da proteção ambiental. Ora o planejamento integrado das políticas públicas ainda não existe no Brasil, mercê da excessiva setorização e verticalização dos diferentes Ministérios. A isso acresce a inexistência de efetivas definições políticas por parte dos partidos políticos e dos governos, em geral.

De fato, para o êxito da política ambiental, faz-se necessário, entre outros fatores, a união de esforços dos governos federal, distrital, estaduais e municipais, do setor empresarial e da sociedade civil, a articulação e a integração entre as diversas políticas setoriais que compõem os governos, investimento em novas tecnologias, bem como a instituição de modernas formas de gestão capazes de potencializar os resultados das intervenções estatais.

São grandes os desafios impostos à Administração Pública para o enfrentamento de questões ambientais urgentes, como a crise climática, a perda da biodiversidade, o desmatamento, a poluição atmosférica, do solo e dos corpos hídricos, entre outras, que exigem mudanças inclusive no paradigma atual de atuação dos órgãos ambientais competentes "A administração dos riscos consolida-se nas sociedades contemporâneas como a principal função de governos de todas as democracias contemporâneas" (AYALA; LEITE, 2004, p. 28).

Deve o poder público envidar esforços no sentido de ampliar a participação da coletividade na execução da política ambiental, por meio do uso de mecanismos que favoreçam, contribuam e impulsionem o efetivo cumprimento do dever constitucional de, junto ao primeiro, defender e proteger o meio ambiente para as presentes e futuras gerações.

Tais obrigações vão ao encontro da definição legal dos objetivos da Política Nacional do Meio Ambiente do art. 2.º da Lei n. 6.938/1981, qual seja, "a preservação, melhoria e recuperação da qualidade ambiental propícia à vida, visando assegurar, no País, condições ao desenvolvimento socioeconômico, aos interesses da segurança nacional e à proteção da dignidade da vida humana".

Por sua vez, são responsáveis pela proteção e melhoria da qualidade ambiental, nos termos do art. 6.º, *caput*, da Lei n. 6.938/1981, os "órgãos e entidades da União, dos Estados, do Distrito Federal, dos Territórios e dos Municípios, bem como fundações instituídas pelo Poder Público", que constituem o Sistema Nacional de Meio Ambiente.

Assim, a Administração Pública, personificada nos membros que compõem o SISNAMA, atuará para a implementação da Política Nacional do Meio Ambiente por meio do exercício do poder de polícia administrativo, nas suas modalidades preventiva e repressiva, uma vez que, conforme asseverou Marcelo Dawalibi (1999, p. 97), "os atos de polícia em matéria ambiental são instrumentos da Política Nacional do Meio Ambiente".

Acrescenta-se que uma atuação de polícia ambiental repressiva se faz com o emprego de sanções e penalidades administrativas, que terão, consoante o conteúdo normativo do art. 68 da Lei n. 9.784/1999, ou natureza pecuniária ou consistirão em obrigação de fazer ou não fazer.

Tomando por base a Lei n. 10.431/2006, que atualmente dispõe sobre a Política de Meio Ambiente e de Proteção à Biodiversidade do Estado da Bahia, pode-se dizer que são sanções administrativas aplicadas em decorrência do exercício do Poder de Polícia em matéria ambiental: advertência; multa; interdição temporária ou definitiva; embargo temporário ou definitivo; demolição; apreensão dos animais, produtos e subprodutos da fauna e flora, instrumentos, petrechos, equipamentos ou veículos de qualquer natureza utilizados na infração; suspensão parcial ou total de atividades; suspensão de venda e fabricação do produto; destruição ou inutilização do produto; e a perda ou restrição de direitos (rol de penalidades do art. 180 da Lei n. 10.431/2006).

No caso específico da multa, a sua conversão em serviços de preservação, melhoria e recuperação da qualidade do meio ambiente propicia, indubitavelmente, um alcance muito mais efetivo dos próprios objetivos da sanção administrativa.

Afinal, "o poder de polícia também se traduz na implementação de providências materiais destinadas a evitar a consumação da irregularidade ou a continuidade de situação antijurídica" (JUSTEN FILHO, 2006, p. 405).

3. O PROCESSO ADMINISTRATIVO DE AUTO DE INFRAÇÃO DE MULTA NO ESTADO DA BAHIA E AS FORMAS DE EXTINÇÃO PROCESSUAL VIGENTES

Consoante previsão legislativa estadual (art. 179 da Lei Estadual n. 10.431, de 20 de dezembro de 2006), as infrações administrativas são apuradas em processo administrativo próprio, garantido o exercício da ampla defesa e do contraditório.

A supracitada lei igualmente estabeleceu (art. 192) que o processo administrativo para apuração da infração ambiental deve observar prazos máximos. Vinte dias para o infrator apresentar defesa ou impugnação contra o auto de infração, contados da data da ciência da autuação; 20 (vinte) dias para o infrator interpor recurso administrativo ao CEPRAM, contados do recebimento da notificação da decisão referente à defesa apresentada; 60 (sessenta) dias para a autoridade competente julgar o auto de infração, contados da data do recebimento da defesa ou recurso, conforme o caso; 30 (trinta) dias para o pagamento de multa, contados da data do recebimento da notificação.

Ocorre que, conforme a melhor doutrina de Paulo Affonso Leme Machado (2023, p. 346), que analisa as disposições da Lei n. 9.605/1998 e da Lei n. 9.784/1999, o rito processual administrativo dos autos de infração de natureza ambiental merece crítica.

> Elogiável o estabelecimento de prazos para a tramitação do processo administrativo ambiental. Até o momento esses processos têm sido demasiadamente lentos. Como não há um Ministério Público administrativo, a própria Administração é a encarregada de fazê-lo caminhar, inclusive de ofício, isto é, sem requerimento do acusado.

Note-se que, muito embora estabelecidos prazos legais máximos no âmbito do processo administrativo estadual, o legislador condicionou todos os prazos a conceitos abertos, dotados de abstração, quais sejam, "contados *da data da ciência da autuação*", "*contados do recebimento da notificação da decisão referente à defesa apresentada*"; "*conforme o caso*". Desse modo, na mesma norma, fica admitida a descaracterização dos mesmos para prazos impróprios, "*aqueles fixados apenas como parâmetro, sendo que seu descumprimento não acarreta nenhuma consequência jurídica*".

Assim, não raramente, esses conceitos abertos subsidiam distorções nos procedimentos administrativos de apuração de infrações ambientais decorrentes do deficitário aparato estatal, evidenciando uma realidade de difícil e/ou morosa procedibilidade dos autos de infração.

No caso dos processos ambientais de multa, a lenta tramitação processual acarreta efeitos jurídicos ainda mais onerosos para o autuado, haja vista a periódica correção do valor da multa pelo Poder Executivo, conforme previsão de lei (art. 184 da Lei n. 10.431/2006), bem como a incidência de juros sobre o valor da multa, a partir da data da efetiva notificação do administrado, nos termos do art. 274, § 2.º, do Regulamento da Lei Estadual n. 10.431/2006, aprovado pelo Decreto Estadual n. 14.024/2012.

Diante do difícil cenário descrito de processamento do auto de infração de multa ambiental, a extinção processual dos mesmos passou a ser, nos últimos anos, uma conquista cada vez mais esperada por todo e qualquer autuado.

A própria legislação estadual estabelece múltiplas soluções terminativas do procedimento administrativo de auto de infração de multa. Dentre as soluções mais tradicionais, tem-se inicialmente o regular processamento administrativo, fundamentado em diretrizes de lei alicerçadas na Constituição Federal, haja vista o disposto no seu art. 5.º, LV: "aos litigantes, em processo judicial ou administrativo, e aos acusados em geral são assegurados o contraditório e a ampla defesa, com os meios e recursos a ela inerentes".

Acontece que o regular trâmite processual administrativo não consiste num caminho linear a ser percorrido pelo administrado, tendo em vista que, conforme já mencionado, são muitos os fatores que afetam a gestão pública processual eficiente e certamente desafiam o deslinde prático e em tempo razoável do referido processo de auto de infração de multa.

Em seguida, dentre o rol normativo de soluções que visam ao deslinde do processo administrativo de auto de infração de multa ambiental, também está o instrumento de confissão de dívida firmado com o órgão público fiscalizador ambiental.

Nesta hipótese, a extinção processual se dará mediante pagamento da multa, parcelado em até 12 (doze) meses, como admitido pela regra do art. 193 da Lei n. 10.431/2006 c/c o art. 274, § 1.º, do regulamento desta Lei, aprovado pelo Decreto Estadual n. 14.024/2012. Assim, o instrumento de confissão de dívida formaliza a existência do débito entre as partes, bem como disciplina a sua forma de adimplemento.

No entanto, muito embora pactuado um acordo para quitação da dívida, persistirá sobre o devedor a mácula de poluidor/degradador ambiental, tendo em vista que a multa simples é obrigação acessória em relação à reparação do dano ambiental potencial ou efetivamente causado, aplicada, por exemplo, segundo se pode depreender da doutrina de Paulo Affonso Leme Machado (2023, p. 347), para fazer cessar um comportamento irregular ou que oponha embaraço à fiscalização dos órgãos do SISNAMA, ou para inibir a prática reiterada de irregularidades.

Nesse sentido, o instrumento de confissão de multa ambiental, por si só, não obriga o infrator à reparação do dano, ou seja, a realizar medidas para fazer cessar, tampouco corrigir a degradação do meio ambiente.

Então, voltando-se, mais uma vez, o olhar sobre a legislação estadual ambiental (precisamente, art. 182 da Lei n. 10.431/2006), observa-se também a possibilidade da conversão das multas simples na prestação de serviços de preservação, melhoria e recuperação da qualidade do meio ambiente, a ser formalizada mediante Termo de Compromisso firmado com o órgão ambiental competente.

4. O TERMO DE COMPROMISSO PARA CONVERSÃO DE MULTAS EM SERVIÇOS AMBIENTAIS E AS RECENTES INOVAÇÕES NA LEGISLAÇÃO BAIANA

O Termo de Compromisso para conversão de multas simples revela-se atualmente, dentre os instrumentos da Política de Meio Ambiente e de Proteção da Biodiversidade do Estado da Bahia, como um mecanismo de inequívoca vantajosidade para a proteção do meio ambiente, na medida em que tem proporcionado maior eficiência e sustentabilidade na gestão pública dos ativos ambientais.

É que o Estado da Bahia promoveu recentes alterações no Regulamento da Lei de Política Estadual do Meio Ambiente, aprovado pelo Decreto Estadual n. 14.024, de 6 de junho de 2012, por meio da edição do Decreto Estadual n. 22.086, de 6 de junho de 2023.

À Secretaria do Meio Ambiente (SEMA), órgão gestor da Política de Meio Ambiente e de Proteção à Biodiversidade do Estado da Bahia, foi transferida a responsabilidade de tomar dos interessados compromisso, visando à conversão de multas administrativas em serviços ambientais, passando o Instituto do Meio Ambiente e Recursos Hídricos (INEMA) a figurar na qualidade de interveniente, nos termos de compromisso firmados.

Apesar de independentes as instâncias administrativa, civil e penal, diferentemente do modelo federal que excluiu a possibilidade da conversão da multa na execução de obras ou atividades de recuperação de danos decorrentes da própria infração, decidiu o legislador estadual pela sua manutenção no rol de serviços de preservação, conservação da natureza, melhoria e recuperação da qualidade do meio ambiente por considerar um importante estímulo administrativo para a devida reparação dos danos ambientais causados pelo autuado.

As novidades ficaram também a cargo dos meios que operacionalizam o instrumento para conversão do dever de pagar multas simples ambientais em prestação de serviços de preservação, melhoria e recuperação da qualidade do meio ambiente.

Por meio da regulamentação de parâmetros objetivos, bem como outros dotados de certa discricionariedade dos gestores públicos para processamento dos pedidos de conversão, tal instrumento vem se mostrando uma boa prática de governança na gestão pública estadual baiana, que se coaduna aos mais modernos princípios norteadores das relações jurídicas pós-modernas, tais como consensualismo, bem como aos ideais do sistema processual "multiportas".

5. O PROCEDIMENTO ADMINISTRATIVO PARA CONVERSÃO DAS MULTAS SIMPLES EM SERVIÇOS DE PRESERVAÇÃO, MELHORIA E RECUPERAÇÃO DO MEIO AMBIENTE

Pelo advento do Decreto Estadual n. 22.086, de 6 de junho de 2023, o procedimento administrativo para conversão das multas simples na prestação de serviços de preservação, melhoria e recuperação da qualidade do meio ambiente passou a ser regulamentado na forma disposta no Capítulo VIII do Título V do Decreto n. 14.024/2012, que trata das infrações e sanções administrativas ambientais.

O procedimento regulamentado pelo referido Capítulo VIII inicia-se com requerimento do autuado, direcionado à Secretaria do Meio Ambiente do Estado da Bahia – SEMA e feito a qualquer tempo (art. 295-A), visando à conversão da(s) multa(s) em ganhos ambientais, conforme rol expressamente previsto em regulamento (art. 293).

O pleito da conversão da(s) multa(s) deverá ser formalizado com a escolha de modalidade para sua execução, direta ou indireta, nos termos do art. 295-B. Ao optar pela modalidade direta, o autuado escolhe, por seus meios, implementar os serviços de preservação, de melhoria e de recuperação ambiental (art. 295-B, I), enquanto na modalidade indireta o requerente escolhe depositar em conta bancária específica, indicada pela SEMA, valor equivalente ao custeio de programas e projetos socioambientais que contemplem os mencionados serviços ao meio ambiente (art. 295-B, II).

Desse modo, inaugurado o processo administrativo para tramitação do requerimento, o mesmo exigirá manifestação do Instituto do Meio Ambiente e Recursos Hídricos – INEMA acerca dos antecedentes do autuado, as peculiaridades do caso concreto e o efeito dissuasório da sanção.

Além da caracterização da infração de multa, o pedido da conversão deverá ser instruído com documentação suficiente para fundamentação da modalidade de execução escolhida (direta ou indireta). Somente depois a Secretaria do Meio Ambiente decidirá motivadamente sobre a possibilidade de conversão da multa (art. 292, § 1.º, c/c o art. 297).

A eventualidade de conversão da multa enseja para o autuado a possibilidade de aplicação de desconto de até 90% (noventa por cento) sobre o valor consolidado, observados critérios normativos variáveis, quais sejam, o momento do requerimento, bem como a natureza/gravidade da penalidade administrativa pecuniária aplicada (art. 295-A e incisos).

O acolhimento do pedido de conversão de multa implicará na notificação do autuado para assinatura do termo de compromisso correspondente no prazo de 30 (trinta) dias, período este que ensejará a suspensão dos prazos processuais administrativos do auto de infração de multa para oferecimento de defesa e interposição de recurso administrativo (art. 297, § 2.º).

O termo de compromisso para conversão de multa(s) na prestação de serviços de preservação, melhoria e recuperação da qualidade do meio ambiente será celebrado entre o autuado e o Estado da Bahia, por intermédio da Secretaria do Meio Ambiente, com interveniência do INEMA (art. 292, *caput*).

6. CONSIDERAÇÕES FINAIS

Os clássicos instrumentos do princípio do comando e controle têm se revelado insuficientes para o adequando enfretamento da atual crise ambiental, devendo a Administração Pública buscar uma aproximação maior da sociedade na condução e na execução das políticas ambientais.

O termo de compromisso para conversão de multa(s) na prestação de serviços de preservação, melhoria e recuperação da qualidade do meio ambiente realiza o princípio ambiental do usuário-pagador. Isso porque, ele se presta a avençar a suspensão, ou futura extinção da exigibilidade da multa simples aplicada, fazendo com que o próprio autuado, utilizador de recursos ambientais, suporte os custos da sua utilização dos recursos naturais que, como muito bem asseverado por Paulo Affonso Leme Machado (2023, p. 98), não devem ser suportados nem pelo Poder Público, nem por terceiros.

Acrescente-se, ainda na melhor doutrina de Paulo Affonso Leme Machado (2023, p. 98-99):

> o princípio do usuário-pagador não é uma punição, pois mesmo não existindo qualquer ilicitude no comportamento do pagador ele pode ser implementado. Assim, para tornar obrigatório o pagamento pelo uso do recurso ou pela sua poluição não há necessidade de ser provado que o usuário e o poluidor estão cometendo faltas ou infrações. O órgão que pretenda receber o pagamento deve provar o efetivo uso do recurso ambiental ou da sua poluição. A existência de autorização administrativa para poluir, segundo as normas de emissão regularmente fixadas, não isenta o poluidor de pagar pela poluição por ele efetuada.

Assim, não é demasiado afirmar que o termo de compromisso para conversão de multas em serviços de preservação, melhoria e recuperação da qualidade do meio ambiente não consiste em instrumento de confissão de culpa e/ou cometimento de infração ambiental.

Dessa certeza é que o referido termo desponta como um legítimo mecanismo de proteção ambiental efetivo, em razão do qual a lide processual administrativa ambiental fica preterida.

As discussões quanto à culpa e/ou confissão de prática de ilícitos ambientais ficam sobrepostas por um ajuste de vontades que visa à obtenção de soluções práticas para ganhos ambientais coletivos, e delineadas numa esfera de absoluta conciliação.

A experiência prática na Bahia tem demonstrado que a mediação da SEMA enquanto órgão de planejamento e organização das políticas públicas ambientais estaduais facilita a solução consensual dos processos administrativos relativos a multa e também envolvendo outras penalidade impostas pelo órgão gestor da

Política de Meio Ambiente e de Proteção à Biodiversidade do Estado da Bahia (INEMA).

É sabido que dificilmente as multas decorrentes de infrações ambientais são efetivamente pagas e recolhidas ao Fundo Estadual de Recursos para o Meio Ambiente (FERFA) ao final do respectivo processo administrativo.

Por outro lado, a judicialização, seja para a cobrança de valores relativos a multas ambientais pela Administração Pública, ou para a desconstituição dos autos de infração de multa pelos interessados, conduz a um longo e dispendioso caminho a ser evitado, sempre que possível.

Diante do exposto, a conversão de multas em serviços de preservação, melhoria e recuperação da qualidade do meio ambiente, especialmente, por meio da modalidade indireta, tem o condão de viabilizar a execução de grandes projetos socioambientais e, em última análise, contribuir para assegurar o direito intergeracional ao meio ambiente ecologicamente equilibrado.

REFERÊNCIAS

BAHIA. Lei n. 10.431, de 20 de dezembro de 2006. Disponível em: https://www.legislabahia.ba.gov.br/documentos/lei-no-10431-de-20-de-dezembro-de-2006. Acesso em: 28 maio 2024.

BAHIA. Decreto n. 14.024, de 6 de junho de 2012. Disponível em: https://www.legislabahia.ba.gov.br/documentos/decreto-no-14024-de-06-de-junho-de-2012. Acesso em: 28 maio 2024.

BRASIL. Lei n. 13.105, de 16 de março de 2015. Código de Processo Civil. Disponível em: https://www.planalto.gov.br/ccivil_03/_ato2015-2018/2015/lei/l13105.htm. Acesso em: 31 maio 2024.

BRASIL. Superior Tribunal de Justiça, REsp 1.352.137/PR, Voto do Ministro Herman Benjamin, citando Nelson Nery Jr. sobre a conceituação dos prazos próprio e impróprio. Disponível em: https://www.stj.jus.br/websecstj/cgi/revista/REJ.cgi/ATC?seq=28134664&tipo=51&nreg=201202320525&SeqCgrmaSessao=&CodOrgaoJgdr=&dt=20130523&formato=HTML&salvar=false#:~:text=Prazo%20pr%C3%B3prio%20%C3%A9%20aquele%20que,dos%20prazos%20pr%C3%B3prio%20e%20impr%C3%B3prios). Acesso em: 28 maio 2024.

DAWALIBI, Marcelo. O poder de polícia em matéria ambiental. *Revista de Direito Ambiental*, n 14, ano 4, abril/junho 1999.

JUSTEN FILHO, M. *Curso de direito administrativo*. São Paulo: Saraiva, 2006.

LEITE, J; AYALA, P. *Direito ambiental na sociedade de risco*. 2. ed. Rio de Janeiro: Forense Universitária, 2004.

MACHADO, Paulo Affonso Leme. *Direito ambiental brasileiro*. 29. ed., rev., ampl. e atual. São Paulo: Juspodivm, 2023.

MELLO, C. A. B. de. *Curso de direito administrativo*. 17. ed. São Paulo: Malheiros, 2004. 960 p., 1.119 p.

MILARÉ, E. *Direito do ambiente*: doutrina, jurisprudência, glossário. 8. ed. São Paulo: RT, 2013.

MIRANDA, J. *Manual de direito constitucional*. T. IV: direitos fundamentais. 3. ed. Coimbra: Coimbra, 2000.

MOREIRA NETO, Diogo de Figueiredo. *Mutações do direito administrativo*. 3.
ed. Rio de Janeiro: Renovar, 2007, p. 41.

PHILIPPI JR., A.; BRUNA, G. C.; SILVEIRA, V. F. Políticas públicas e desenvolvimento sustentável. In: PHILIPPI JR., A.; ALVES, A. C. *Curso interdisciplinar de direito ambiental*. Barueri, SP: Manole, 2005, p. 789-810.

SILVA, José Afonso da. *Curso de direito constitucional positivo*. 44. ed., rev. e atual. São Paulo: Malheiros, 2022.

VETTORATO, G. O conceito jurídico do princípio da eficiência da Administração Pública. Diferenças com os princípios do bom administrador, razoabilidade e moralidade. *Jus Navigandi*, ano 8, n. 176, dez. 2003. Disponível em: https://jus.com.br/artigos/4369/o-conceito-juridico-do-principio-da-eficiencia-da-administracao-publica. Acesso em: 31 maio 2024.

VIOLA, E. A globalização da política ambiental no Brasil, 1990-1998. Disponível em: https://bibliotecavirtual.clacso.org.ar/ar/libros/lasa98/Viola.pdf. Acesso em: 31 maio 2024.

GOVERNANÇA SUSTENTÁVEL E VERIFICADOR INDEPENDENTE: PROPOSTAS DE REDIMENSIONAMENTO FUNCIONAL

Filipe Lôbo Gomes[1]
Marcos Antônio Rios da Nóbrega[2]

1. PRELIMINARMENTE: O PORQUÊ DO VERIFICADOR INDEPENDENTE. SERÁ QUE O MELHOR NOME SERIA AGENTE DE GOVERNANÇA?

O verificador independente é uma metodologia que muda o desenho do acompanhamento de contratos de longa duração. Tem como norte estruturas de governança, de maneira que se torna necessário compreender o que é governança, seus princípios e seus fundamentos.

Desse modo, torna-se necessário apresentar os elementos que separam a metodologia clássica da *new public management* da governança. Nesse passo, listam-se os ensinamentos de Pieranti *et al.* no quadro a seguir[3-4].

---

[1] Doutor em Direito pela UFPE. Professor no mestrado e na graduação em Direito da UFAL e do CESMAC. Professor da Escola Superior da Magistratura de Alagoas. Pesquisador líder do grupo de pesquisa Núcleo de Estudos da Regulação e da Nova Gestão Pública. Sócio fundador do Instituto de Direito Administrativo do Estado de Alagoas – IDAA. Vice-Diretor da FDA-UFAL. Procurador-Geral do TJ-AL.

[2] Conselheiro substituto do Tribunal de Contas de Pernambuco (TCE-PE). Professor da Universidade Federal de Pernambuco (UFPE). Pós-doutor pela Harvard Law School e Kennedy School of Government – Harvard University. Pós-doutor pela Universidade de Direito de Lisboa (FDUL). Bacharel, mestre e doutor em Direito pela UFPE, bacharel em Economia pela UFPE, bacharel em Administração pela Universidade Católica de Pernambuco (Unicap). *Visiting scholar* na Harvard Law School. *Senior fellow* na Harvard Kennedy School of Government. Professor visitante na Universidade de Lisboa. *Visiting scholar* na Singapore Management University e conferencista.

[3] PETERS, Guy; PIERRE, John. Governance without government? Rethinking public administration. *Journal of Public Administration Research and Theory*. 8. (2), 1998.

[4] PRATS I CATALÁ, Joan. Veinte años de modernización administrativa en los países de la OCDE. Lecciones aprendidas. In: ARGENTINA. Projeto de Modernización del Estado. Seminario Internacional sobre Modernización del Estado. Buenos Aires, 2006. Apud PIERANTI, Octavio Penna; RODRIGUES, Silvia; PECI, Alketa. *Governança e* new public management: convergências e contradições no contexto brasileiro. XXXI encontro da ANPAD. Rio de Janeiro, 22 a 26 de setembro de 2007. Disponível em: www.anpad.org.br/admin/pdf/APS-B392.pdf. Acesso em: 25 fev. 2015, p. 2 e 3.

Quadro 1: *New public management* vs. **governança**

Características	New public management	Governança
Desenvolvimento de novos instrumentos para controle e *accountability*.	Ignora ou reduz o papel dos políticos eleitos, recomendando a independência dos burocratas; *accountability* é uma questão pouco resolvida; o foco está na introdução dos mecanismos de mercado.	Enfatiza a capacidade de liderança dos políticos eleitos, responsáveis pelo desenvolvimento e pela gestão de redes público-privadas; *accountability* continua uma questão pouco resolvida; o foco está na participação de *stakeholders*, especialmente no cliente-cidadão.
Redução da dicotomia público-privado.	A dicotomia é considerada obsoleta, por causa da ineficiência do Estado. Solução proposta: importação de técnicas gerenciais do setor privado.	A dicotomia é considerada obsoleta, por causa da maior participação de outros atores. Solução proposta: o setor público deve assumir papel de liderança na mobilização de redes público-privadas.
Ênfase crescente na competição.	A competição é a estratégia central para o aumento da eficiência da gestão pública e para responder melhor ao cliente.	A competição não é vista como estratégia central; o foco está na mistura de recursos públicos e privados, com maior competição, quando for o caso.
Ênfase no controle dos resultados em vez de no controle dos insumos.	Foco nos resultados e crítica ao controle dos insumos; mecanismos como contratos de gestão e acordos de resultados são incentivados.	Existe dificuldade em especificar os objetivos e, consequentemente, resultados das políticas públicas; mecanismos como contratos de gestão ou acordos de resultados são incentivados.
Ênfase no papel articulador do Estado.	O Estado deve ser capaz de cortar gastos, ao mesmo tempo que responde às expectativas crescentes e diversificadas da clientela.	O Estado deve ser capaz de aumentar as coalizões com outros atores, definindo prioridades e objetivos; a comunicação entre os diversos atores é estimulada pela ação do Estado.
Desenho das estruturas Organizacionais.	Estruturas governamentais mínimas; diferença entre formulação e execução de políticas, a partir da lógica *agent-principal*.	Estruturas interorganizacionais, acompanhadas por modificações na estrutura de pessoas, procedimentos, instrumentos de gestão, planejamento e orçamento e transparência.
Compostura ideológica e política.	Neoliberal com o foco de transformar organizações públicas em similares das privadas, reconhecendo a diferença do produto entregue; foco em práticas organizacionais privadas; menos flexibilidade com relação ao contexto.	Democrático; voltado para parcerias com o setor privado e o terceiro setor por impulso da sociedade; foco interorganizacional, em que o setor público faz o controle político e desenvolve estratégias para sustentar as ações governamentais por meio das redes; é maleável, adapta-se aos contextos ideológicos e culturais; é multifacetada, plural, busca a eficiência adaptativa e exige flexibilidade, experimentação e aprendizagem via prova e erro.

Apresentado o painel distintivo desses dois importantes modelos, volvemos o estudo à conformação do termo governança.

Inicialmente, deve-se assestar que sua origem está associada ao trespasse da administração das organizações dos proprietários para terceiros, os quais receberam poderes para administrar os recursos daqueles. Nesse relacionamento, muitas vezes, surgem divergências de interesses em virtude da orientação de cada um dos polos para maximizar os próprios benefícios[5].

Desse modo, quer seja no setor público ou privado, a governança apresenta a mesma base que se solidifica na gestão das políticas governamentais, a devida participação dos *stakeholders*, o exercício do poder e o controle na sua aplicação, a ampla visão dos multiparticipantes, sejam internos ou externos, em que se busca conciliar interesses, *accountability*, *compliance*, transparência e acesso à informação e segurança. Daí que colocar um terceiro independente para acompanhar contratos de longa duração se mostra, nesse sentido, medida essencial para alocar melhor os recursos, focando a atividade estatal na produção, na mensuração, no controle e na revisão dos resultados apresentados.

Esse posicionamento atual, de se referir aos primeiros estudos sobre governança, coube a Coase[6]. Anos depois, houve aperfeiçoamento por Williamson[7].

A governança, conforme as análises de Coase e Williamson, representaria os dispositivos operacionalizados pela firma para conduzir coordenações eficazes voltadas a dois registros: (i) os protocolos internos, quando a firma desenvolve suas redes e questiona as hierarquias internas; e (ii) os contratos e as aplicações de normas, quando ela se abre à terceirização. Esse movimento se orienta pela substituição de firmas hierarquizadas, integradas verticalmente, por organizações globais e em rede[8]. Daí que a abertura a um agente externo e neutro é elemento que amplifica, desde que devidamente desenhado, o potencial de ganho coletivo.

São evidenciados na literatura desses autores sobre a governança: a legitimidade do espaço público em constituição; a repartição do poder entre governantes e governados; os processos de negociação entre os atores sociais (os procedimentos e as práticas, a gestão das interações e das interdependências que desembocam ou não em sistemas alternativos de regulação, o estabelecimento de redes e os mecanismos de coordenação); e a descentralização da autoridade e

---

5 Cf. BRASIL. Tribunal de Contas da União. Secretaria de Planejamento, Governança e Gestão. *Governança pública*: referencial básico de governança aplicável a órgãos e entidades da administração pública e ações indutoras de melhoria. Brasília: Tribunal de Contas da União, 2014, p. 13.
6 COASE, Ronald H. The nature of the firm. *New Series*, v. 4, n. 16, p. 386-405, nov. 1937.
7 WILLIAMSON, Oliver E. *Markets and hierarchies*: analysis and antitrust implications. New York: Free Press, 1975.
8 Cf. MATIAS-PEREIRA, José. A governança corporativa aplicada no setor público brasileiro. *APGS*, Viçosa, v. 2, n. 1, p. 113, jan./mar. 2010.

das funções ligadas ao ato de governar[9]. Nesse passo, delegar a um terceiro neutro a base de equilíbrio contratual se mostra como uma tecnologia compatível, para além dos mecanismos assemelhados como a matriz de risco. Abre-se, desse modo, espaço negocial e consensualizador, permitindo a construção e o debate democrático das propostas que afetam sobremaneira a execução indireta de atividades, mormente das estatais que envolvem a prestação de serviços públicos.

Pouco tempo depois, a International Federation of Accountants (IFAC) apresentou o conceito de governança no setor público: compreende os arranjos políticos, econômicos, sociais, ambientais, administrativos e legais postos em prática para garantir que os resultados pretendidos pelas partes interessadas sejam definidos e alcançados[10].

De sua parte, para o Instituto Brasileiro de Governança Corporativa (IBGC), a governança pública é tida como:

> […] sistema de gestão e monitoramento das instituições públicas pelas boas práticas de governança, orientadas para a ampliação do valor social agregado para a sociedade. Envolve o comprometido ético com a sustentabilidade democrática do Estado de Direito, obedecendo aos princípios de transparência, equidade, prestação de contas e responsabilidade social[11-12].

Mais recente, tem-se o conceito de governança no setor público exposto pelo Banco Mundial:

> Governança pode ser amplamente definida como o conjunto de tradições e instituições pelas quais a autoridade de um país é exercida. Isso inclui (1) o processo pelo qual os governos são selecionados, monitorados e substituídos, (2) a capacidade do governo para formular e implementar políticas sólidas de forma eficaz e (3) o respeito dos cidadãos e do Estado às instituições que governam as interações econômicas e sociais entre eles[13].

---

9   MATIAS-PEREIRA. *Op. cit.*, p. 115.
10 IFAC (International Federation of Accountants). *Governance in the public sector*: a governing body perspective. Jan. 2001, p. 47. Disponível em: https://portal.tcu.gov.br/en_us/biblioteca-digital/governance-in-the-public-sector-a-governing-body-perspective.htm. Acesso em: 6 jul. 2023.
11 Disponível em: www.ibgc.org.br/Download.aspx?Ref=Eventos&CodArquivo. Acesso em: 28 jul. 2010.
12 O IBGC entende que a Governança Corporativa, em um conceito amplo e mais relacionado ao escopo privado, é o sistema pelo qual as organizações são dirigidas, monitoradas e incentivadas, envolvendo os relacionamentos entre proprietários, Conselho de Administração, Diretoria e órgãos de controle. As boas práticas de Governança Corporativa convertem princípios em recomendações objetivas, alinhando interesses com a finalidade de preservar e otimizar o valor da organização, facilitando seu acesso a recursos e contribuindo para sua longevidade (IBGC. *Código das melhores práticas de governança corporativa*. 4. ed. São Paulo: IBGC, 2009, p. 19).
13 WORLD BANK. The International Bank for Reconstruction and Development. *Worldwide Governance Indicators (WGI)*, 2013. Disponível em: http://info.worldbank.org/governance/wgi/index.aspx#faq-1. Acesso em: 6 jul. 2023.

Essa governança pública, voltada a bem administrar os recursos em prol do desenvolvimento, está centrada essencialmente nos mecanismos de liderança, estratégia e controle para avaliar, direcionar e monitorar a atuação da gestão, sempre orientada pela condução de políticas públicas e da prestação de serviços de interesse da sociedade[14-15].

Refletindo então valores como qualidade, eficiência, transparência e valorização do cliente, importa-se a prática corporativa do ESG (*Environmental, Social and Governance*), aplicando práticas de governança corporativa pautadas em novos métodos de administração e gerenciamento capazes de gerar melhores resultados econômicos, dotados de um espectro social e ambiental consolidado.

Por isso, podemos observar hoje a aplicação de ESG tanto no setor público como no privado como um imperativo, uma exigência para manter-se às expectativas da sociedade atual, bem como geradora de maior competitividade e padrões, menores custos e uma melhor resiliência e segurança.

Para isso, é necessário promover uma série de modificações na estrutura e na cultura da Administração com o fim de atuar, segundo a ética e a moral, dentro de expectativas muito bem delimitadas que serão capazes de impactar de forma profunda e significativa nos resultados, uma vez que eles precisam ser sustentáveis, ter impactos sociais positivos e refletir verdadeiras transformações na governança política.

Assim, são necessárias mudanças na forma de prestar serviços públicos, por exemplo, mas, mais do que isso, é preciso uma mudança da cultura organizacional na estrutura interna dos prestadores de tal demanda aplicando o ESG e fazendo-o por meio de aparatos tecnológicos que compreendam bem o intuito e os valores consolidados por trás dessa perspectiva.

Vejamos, então, o que Andrade e Rossetti[16] trazem como os quatro valores-base que vão tecer sustentação à governança, seja ela pública ou privada: (i) *fairness*, ou

---

14 Cf. BRASIL. *Op. cit.*, 2014, p. 40.
15 Segundo a ISO/IEC 38500:2008, a governança pública envolve três funções básicas: (i) de avaliação – de maneira a compreender o ambiente, os cenários, o desempenho e os resultados atuais e futuros; (ii) de direcionamento – de forma a orientar a preparação, a articulação e a coordenação de políticas e planos, alinhando as funções organizacionais às necessidades dos interessados (usuários dos serviços, cidadãos e sociedade em geral), e assegurar o alcance dos objetivos estabelecidos; e (iii) de monitoramento – de maneira a aferir os resultados, o desempenho e o cumprimento de políticas e planos, confrontando-os com as metas estabelecidas e as expectativas das partes interessadas (ABNT. *NBR ISO/IEC 38500*: governança corporativa de tecnologia da informação. Rio de Janeiro, 2009. Disponível em: www.abntcatalogo.com.br/norma.aspx?ID=40015. Acesso em: 6 jul. 2023). Essas, não por menos, são as principais atividades do verificador independente, que poderíamos nominar de agente de governança.
16 ANDRADE, Adriana; ROSSETTI, José Paschoal. *Governança corporativa*: fundamentos, desenvolvimento e tendências. São Paulo: Atlas, 2004.

seja, o senso de justiça e equidade no tratamento dos acionistas em comunhão com o respeito com os minoritários; (ii) *disclosure*, que se refere à transparência nas operações e informações; (iii) *accountability*, que se sintetiza na correta prestação de contas; (iv) *compliance*, observando e cumprindo as normas reguladoras, os estatutos sociais e os regimentos internos, bem como a legislação local. Essas seriam pautas preliminares a traçar um painel de conformidade aos agentes privados que exercem parcelas do poder estatal, tal qual os verificadores independentes.

Consolidamos, então, o ponto de vista de que a própria ideia da governança se molda muito mais ao que necessita a Administração Pública para compreender valores como os princípios da eficiência, da transparência, da participação popular, da legalidade, da modernidade dos serviços públicos, da igualdade e da segurança.

Por lógico, a conformação do verificador independente deve partir dos seguintes pressupostos:

> i) O Estado precisa tratar todos os cidadãos como iguais, sem distinções, e entender os interesses não só da sociedade civil, mas também do mercado, compreendendo, neste contexto, o interesse público ou, melhor dizendo, o interesse geral. Nessa linha que o verificador independente deve atuar como ponto de convergência de interesses;
>
> ii) A transparência é um pilar da atividade administrativa, que precisa ser democrática e demonstrar viabilidade para o cidadão participar do dia a dia do poder;
>
> iii) A transparência muito se relaciona à prestação de contas, marcada pelo *accountability*, que levanta pilares concretos como um sistema anticorrupção e fraudes, facilitando as transações e registrando as movimentações financeiras da Administração;
>
> iv) O Estado regulador cada vez mais assume papel protagonista diante das multifacetas que a sociedade e o mercado exigem frente à complexidade das relações existentes, e a Administração precisa, em toda a sua atuação – reguladora ou não – ajustar-se especialmente ao princípio da legalidade; sua grande diferença com o setor privado concretiza-se inclusive nessa característica de limitação maior à legislação de forma especial.

Nessa conjuntura, voltando à dimensão social da ESG, tem-se a importância do respeito aos Direitos Sociais por parte das empresas. Isso pode se dar por meio de uma auditoria contínua (*due diligence*), cuja finalidade é identificar, prevenir e abordar os impactos, resultado da elaboração de mecanismos acessíveis e eficientes de acompanhamento e reparação das violações cometidas[17].

---

17 ALEIXO, Letícia Soares Peixoto; GONÇALVES E SILVA, Thalita Verônica. O que é o "S" de ESG? In: YOSHIDA, Consuelo Yatsuda Moromizato; VIANNA, Marcelo Drügg Barreto; KISHI, Sandra Akemi Shimada (coord.). *Finanças sustentáveis*: ESG, *compliance*, gestão de riscos e ODS. Belo Horizonte: ABRAMPA, 2021, p. 316.

O verificador independente se presta a essas finalidades de acompanhamento concomitante e constante.

Pode-se, então, concluir que a responsabilidade social, dentro dessa conjunção, refere-se a uma prática capaz de legitimar a atuação do Estado e da gestão. Assim, é justamente por meio das preocupações sociais que o Estado é capaz de manifestar, por meio do ESG, seu intuito de concretizar sua atividade para além dos mecanismos democráticos que já existem e fica sujeito a maior adesão e assertividade popular.

Ao contrário do que pode ocorrer no ambiente corporativo, entretanto, quando tratamos do Estado, não podemos nos satisfazer com a mera não violação dos Direitos Sociais, mas trabalhamos sobre um âmbito de proteção e incentivo a uma formação de circunstâncias capazes de gerar ainda mais acesso aos direitos e à cidadania.

Por conseguinte, a dimensão cidadã, capaz de ser estimulada a partir de vetores baseados na transparência, tem alta relação com a ética. Cohen[18] traz a própria transparência como sinônimo de ética, uma vez que esboça em seu conceito a transparência nas relações (entre todos os envolvidos) e uma genuína preocupação com o impacto na sociedade.

Essa transparência precisa atingir o ambiente corporativo e o setor público de forma especial, pois ela é capaz de atribuir efetividade à responsabilidade social a partir do controle externo. Kishi[19] trata de responsabilidades corporativas em diversas dimensões, destacando que:

> O amplo acesso à informação ambiental e a garantia à participação integral e facilitada da população em geral são os vetores indutores da transparência e impulsionam o exercício da precaução e do controle social. E a participação social, a um só tempo, confere maior legitimidade e eficiência na transparência como premissa para outras medidas e indicadores de *compliance* pelos gestores públicos e privados, implementando a melhoria da gestão de riscos pelas governanças corporativas e o necessário controle de riscos ambientais, constitucionalmente exigido.

A participação social facilitada aumenta a legitimidade e a transparência, melhorando os indicadores e mitigando riscos. O verificador independente, então, seria o elo que manteria o equilíbrio de interesses durante a execução de contratos de longo prazo.

---

18 COHEN, David. Os dilemas da ética. *Exame*, São Paulo, 2003.
19 KISHI, Sandra Akemi Shimada. ESG e os desafios jurídicos para a governança corporativa. In: YOSHIDA, Consuelo Yatsuda Moromizato; VIANNA, Marcelo Drügg Barreto; KISHI, Sandra Akemi Shimada. *Finanças sustentáveis*: ESG, *compliance*, gestão de riscos e ODS. Belo Horizonte: ABRAMPA, 2021.

2. PRINCIPIOLOGIA DA GOVERNANÇA PÚBLICA COMO PAUTA DE CONDUTA DO VERIFICADOR INDEPENDENTE

A principiologia da governança pública é fundamental para orientar e traçar pautas de conduta para quem representa interesses transversais da coletividade, do estado e do mercado em sinergia.

É de se citar nesse ponto o estudo IFAC, denominado *Governance in the public sector: a governing body perspective* (2001). Por meio dele são listados três princípios fundamentais de governança no setor público: (i) *Openness* (Transparência): serve para assegurar às partes interessadas (sociedade) a confiança no processo de tomada de decisão e nas ações das entidades do setor público, na sua gestão e nas pessoas que nela trabalham; (ii) *Integrity* (Integridade): trata de procedimentos honestos e perfeitos. É baseada na honestidade, na objetividade, nas normas de propriedade, na probidade na administração dos recursos públicos e na gestão da instituição; (iii) *Accountability* (Dever de prestar contas): as entidades do setor público e seus agentes devem responder por suas atividades e explicar e justificar suas decisões e ações, de maneira a possibilitar que os usuários e os grupos de pressão entendam e deem retorno com relação a essas atividades, particularmente com relação às finanças públicas[20].

Avançando e aprofundando os princípios carreados acima, trazemos à liça os ensinamentos de Marques (2007). Para a autora, os princípios norteadores da governança pública seriam[21]: (i) liderança – com uma clara identificação e articulação da responsabilidade, que compreenda a real relação com os *stakeholders*, que gerencie os recursos e os resultados pretendidos e que se mova por uma transparente comunicação e definição das prioridades do governo; (ii) compromisso – diz respeito ao comprometimento dos envolvidos, mediante uma boa orientação das pessoas, que envolve comunicação, ênfase nos valores da entidade, conduta ética, gestão de risco, amplo relacionamento com cidadãos e os clientes e a prestação de serviços com qualidade; (iii) integridade – relacionada com a honestidade, a objetividade e os altos valores sobre a propriedade e probidade na gestão dos negócios. Ela depende da eficácia dos controles adotados, dos padrões pessoais e do profissionalismo dos componentes da organização. É refletida nas práticas e nos processos de tomada de decisão e na qualidade e credibilidade do relatório de resultados;

---

20 IFAC. *Governance in the public sector*: a governing body perspective. 2001. Disponível em: www.ifac.org. Acesso em: 6 jul. 2023.

21 MARQUES, Maria da Conceição da Costa. Aplicação dos princípios de governança corporativa no setor público. *Rev. Adm. Contemp.*, Curitiba, v. 11, n. 2, p. 19-20, abr./jun. 2007. Disponível em: www.scielo.br/scielo.php?script=sci_arttext&pid=S1415-65552007000200002. Acesso em: 6 jul. 2023.

(iv) responsabilidade (*accountability*) – está relacionada à identificação das tarefas de todos os interlocutores na organização e suas responsabilidades com o reconhecimento da relação entre os *stakeholders* e aqueles a quem confiam a gestão dos recursos e de resultados; (v) transparência – garantir aos *stakeholders* a confiança na tomada de decisão e nas ações de gestão das entidades públicas, por meio da abertura e do conhecimento das informações. A informação é um recurso público e não pode ser detida por ninguém, lógico, desde que respeitada a Lei Geral de Proteção de Dados (LGPD); (vi) integração – garantir que os vários elementos de uma governança corporativa estão integrados, dentro de uma gestão sistêmica, integrada e bem compreendida e aplicada por todo corpo da organização.

Todo esse cabedal principiológico, e nisso se concorda com o IFAC, permite: (i) garantir a entrega de benefícios econômicos, sociais e ambientais para os cidadãos; (ii) garantir que a organização seja e pareça responsável para com os cidadãos; (iii) ter clareza acerca de quais são os produtos e serviços efetivamente prestados para cidadãos e usuários, e manter o foco nesse propósito; (iv) ser transparente, mantendo a sociedade informada acerca das decisões tomadas e dos riscos envolvidos; (v) possuir e utilizar informações de qualidade e mecanismos robustos de apoio às tomadas de decisão. Nesse caso, a análise técnica multidisciplinar do verificador independente dá um salto de qualidade ao processo decisório; (vi) dialogar com a sociedade e prestar contas a ela; (vii) promover o engajamento das partes interessadas; (viii) garantir a qualidade e a efetividade dos serviços prestados aos cidadãos; (ix) promover o desenvolvimento contínuo da liderança e dos colaboradores; (x) definir claramente processos, papéis, responsabilidades e limites de poder e de autoridade; (xi) institucionalizar estruturas adequadas de governança; (xii) selecionar a liderança tendo por base aspectos como conhecimento, habilidades e atitudes (competências individuais); (xiii) avaliar o desempenho e a conformidade da organização e da liderança, mantendo um balanceamento adequado entre eles; (xiv) garantir a existência de um sistema efetivo de gestão de riscos; (xv) utilizar-se de controles internos para manter os riscos em níveis adequados e aceitáveis; (xvi) controlar as finanças de forma atenta, robusta e responsável; (xvii) fornecer aos cidadãos dados e informações de qualidade (confiáveis, tempestivas, relevantes e compreensíveis); (xviii) fortalecer o compromisso com a integridade, com os valores éticos e com o Estado de Direito; e (xix) determinar as intervenções necessárias para otimizar a realização dos resultados pretendidos[22-23].

---

22 Cf. BRASIL. *Op. cit.*, 2014. p. 16.
23 Cf. IFAC. *Good governance in the public sector*: consultation draft for an international framework, 2013. Disponível em: www.ifac.org/publications-resources/good-governance-public-sector.s. Acesso em: 6 jul. 2023.

Portanto, a governança na Administração Pública deve possuir como elementos retores: a transparência, como salvaguardadora da tutela da confiança; a integridade, auferida por procedimentos honestos e de qualidade; o dever de prestar contas, inerente à responsabilização do agente por seus atos, ao dever de explicar e justificar suas escolhas e à compreensão das suas funções e missão na instituição; a liderança, conquistada pela adequada compreensão dos grupos de interesse e de uma comunicação clara; o compromisso, decorrente da ênfase nos valores, na ética, na gestão de risco e na qualidade dos serviços; e a integração, ou seja, a garantia da interconexão de todos os elementos da organização. Enfim, ela se orienta pelo fato de deixar claro o papel de cada ator, definindo suas competências, suas responsabilidades e seus procedimentos, sempre voltados a uma máxima interlocução e transparência no atuar administrativo, com vistas a se possibilitar a entrega dos benefícios esperados com qualidade e efetividade[24].

Esses assuntos, em nosso entender, seriam os elementos mínimos a pautar a conduta do verificador independente.

3. QUADRO NORMATIVO E PRINCIPIOLOGIA TANGÍVEL DO VERIFICADOR INDEPENDENTE

As mudanças regulatórias dos últimos anos têm servido para ajustar os contratos de longa duração e garantir mecanismos de diminuição de assimetrias e melhor repartição de riscos. A modelagem desses contratos com a adequada alocação de riscos, aclaramento do equilíbrio econômico-financeiro e indicadores de desempenho imprescinde da existência de um agente que busque compatibilizar os interesses do Estado, do Mercado e dos Cidadãos.

A regulação estatal, por meio das agências reguladoras, pode dar respostas às dificuldades de pessoal, materiais e de métodos e mecanismos para o trato de questões complexas. Por meio de seu poder normativo técnico, podem, isto sim, estabelecer mecanismos de fiscalização que acompanhem o cumprimento de metas de investimento e indicadores de níveis de serviço.

Todavia, deixar todo esse complexo de atividades sob a análise de um gestor é demasiado complexo, pois se torna essencial a avaliação multidisciplinar. Até pela oferta e quadro de profissões existentes, a nova lei de licitações traz a

---

24 Para Ivanega, a governança seria: *"un modelo de gobierno, cuyos fines y relaciones políticas, sociales y económicas, se articulan con la sociedad y el mercado. (…) De esta forma, se configuran redes intergubernamentales e interadministrativas que intervienen en la elaboración y ejecución de las políticas públicas y que colaboran con las organizaciones gubernamentales y otros agentes sociales"* (IVANEGA, Miriam Mabel. Reflexiones acerca de los contratos administrativos en el siglo XXI. In: MOLINA B., Carlos Mario; RODRÍGUEZ R., Libardo. *El derecho público en Iberoamerica*: evolución y expectativas. Bogotá: Editorial Temis, 2010, p. 105. Tomo II).

segmentação de funções e o planejamento como métricas modernas que podem e devem ser aplicadas no âmbito dos contratos de longa duração. Não por demais, isso poderia ser delegado, como o é, em situações de terceirização em que se contrata uma empresa para fiscalizá-la, nominalmente chamada de quarterizada.

O grande problema, contudo, quando do alongamento contratual, é estabelecer mecanismos que se aproximem do equilíbrio ou do máximo valor total. A dinâmica do tempo deve ser compatibilizada com a cambiante conjuntura[25], pois os contratos de longo prazo são, por natureza, incompletos.

Surge então a metodologia do verificador independente. Mencionado mecanismo encontrou guarida na legislação de Parcerias Público-Privadas e na legislação de Concessões, primacialmente:

Lei das Concessões – Lei n. 8.987, de 13 de fevereiro de 1995

Art. 23-A. O contrato de concessão poderá prever o emprego de *mecanismos privados para resolução de disputas decorrentes ou relacionadas ao contrato, inclusive a arbitragem*, a ser realizada no Brasil e em língua portuguesa, nos termos da Lei n. 9.307, de 23 de setembro de 1996.

Lei de Parcerias Público-Privadas – Lei n. 11.079, de 30 de dezembro de 2004

Art. 5.º As cláusulas dos contratos de parceria público-privada atenderão ao disposto no art. 23 da Lei n. 8.987, de 13 de fevereiro de 1995, no que couber, devendo também prever:

[...]

VII – os critérios objetivos de avaliação do desempenho do parceiro privado;

[...]

Art. 6.º A contraprestação da Administração Pública nos contratos de parceria público-privada poderá ser feita por:

[...]

§ 1.º O contrato poderá prever o pagamento ao parceiro privado de remuneração variável vinculada ao seu desempenho, conforme metas e padrões de qualidade e disponibilidade definidos no contrato. (Incluído pela Lei n. 12.766, de 2012)

[...]

Art. 11. O instrumento convocatório conterá minuta do contrato, indicará expressamente a submissão da licitação às normas desta Lei e observará, no que couber, os §§ 3.º e 4.º do art. 15, os arts. 18, 19 e 21 da Lei n. 8.987, de 13 de fevereiro de 1995, podendo ainda prever:

[...]

---

25 MARQUES NETO, Floriano de Azevedo. *A concessão como instituto do direito administrativo*. Tese apresentada ao concurso para provimento de cargo de Professor Titular do Departamento de Direito do Estado da Faculdade de Direito da Universidade de São Paulo, 2013, p. 219.

III – o emprego dos mecanismos privados de resolução de disputas, inclusive a arbitragem, a ser realizada no Brasil e em língua portuguesa, nos termos da Lei n. 9.307, de 23 de setembro de 1996, para dirimir conflitos decorrentes ou relacionados ao contrato.

Como visto, começou-se a desenvolver um sistema de ADR (*Alternative Dispute Resolution*) e NDR (*Negotiated Dispute Resolution*), pois os mecanismos privados para resolução de disputas decorrentes ou relacionadas ao contrato e as métricas de remuneração variável e por desempenho carecem de agentes especializados e capacitados em uma área de transversalidade entre os interesses do Estado, dos indivíduos e do mercado.

Não parando por aí, a internalização, para além da legislação administrativista, deu-se no Código de Processo Civil e em vários outros instrumentos que lhe sucederam.

Código de Processo Civil – Lei n. 13.105, de 16 de março de 2015

Art. 3.º Não se excluirá da apreciação jurisdicional ameaça ou lesão a direito.

§ 1.º É permitida a arbitragem, na forma da lei.

§ 2.º O Estado promoverá, sempre que possível, a solução consensual dos conflitos.

§ 3.º A conciliação, a mediação e outros métodos de solução consensual de conflitos deverão ser estimulados por juízes, advogados, defensores públicos e membros do Ministério Público, inclusive no curso do processo judicial.

Lei de Licitações e Contratos Administrativos – Lei n. 14.133, de 1.º de abril de 2021

Art. 138. A extinção do contrato poderá ser:

[...]

II – consensual, por acordo entre as partes, por conciliação, por mediação ou por comitê de resolução de disputas, desde que haja interesse da Administração;[...]§ 1.º A extinção determinada por ato unilateral da Administração e a extinção consensual deverão ser precedidas de autorização escrita e fundamentada da autoridade competente e reduzidas a termo no respectivo processo.

[...]

CAPÍTULO XII

DOS MEIOS ALTERNATIVOS DE RESOLUÇÃO DE CONTROVÉRSIAS

Art. 151. Nas contratações regidas por esta Lei, poderão ser utilizados meios alternativos de prevenção e resolução de controvérsias, notadamente a conciliação, a mediação, o comitê de resolução de disputas e a arbitragem.

Parágrafo único. Será aplicado o disposto no *caput* deste artigo às controvérsias relacionadas a direitos patrimoniais disponíveis, como as questões relacionadas ao restabelecimento do equilíbrio econômico-financeiro do contrato, ao inadimplemento de obrigações contratuais por quaisquer das partes e ao cálculo de indenizações.

Art. 152. A arbitragem será sempre de direito e observará o princípio da publicidade.

Art. 153. Os contratos poderão ser aditados para permitir a adoção dos meios alternativos de resolução de controvérsias.

Art. 154. O processo de escolha dos árbitros, dos colegiados arbitrais e dos comitês de resolução de disputas observará critérios isonômicos, técnicos e transparentes.

Como visto, dentro do sistema de soluções alternativas, temos a conciliação, a mediação, os comitês de solução de disputas e outros métodos de solução consensual de conflitos.

Para além, as disposições da nova lei de licitações internalizam a possibilidade, a seu turno, da solução de conflitos em direitos patrimoniais disponíveis, onde exsurge a delimitação do que seriam. De antemão, especifica que o equilíbrio econômico-financeiro do contrato, o debate sobre o inadimplemento de obrigações por quaisquer das partes e indenizações representariam mencionadas situações. Como se vê, já há um parâmetro mínimo na nova lei de licitações, que avança numa arbitragem publicizada e na possibilidade de atualização dos contratos vigentes a uma nova realidade consensualizada. Os árbitros, colegiados arbitrais e comitês de resolução de disputas devem observar critérios isonômicos, técnicos e transparentes. Ou seja, já há um quadro normativo a implicar condicionamentos e possibilidades ao avaliador independente, onde se perquire que ele deverá utilizar técnicas de resolução de disputas concomitantes, com máxima publicidade, com técnicas que reduzam as assimetrias informacionais e que observem a isonomia que pensamos ser material e juridicizada, para além de informada por critérios técnicos e transparentes. Em nosso ver, seria a figura de um agente de equilíbrio contratual, ou agente de governança, dotado de neutralidade quanto às partes, mas não quanto ao objetivo finalístico, qual seja aumentar os padrões de eficiência de execuções complexas e de longo prazo em prol da maximização total do valor social da atividade pública.

Não passando ao largo desse microssistema de consensualização, os enunciados do Conselho da Justiça Federal apresentam contornos e princípios tangíveis que são fundamentais para delimitar e aclarar a pretensa ausência de detalhamento regulatório dos novos métodos de composição e resolução de demandas. Por sinal, de se asseverar que serviram de fundamentos às leis mais recentes.

Da primeira Jornada de Direito Administrativo[26] se pode extrair os seguintes preceitos:

ENUNCIADO 10. Em contratos administrativos decorrentes de licitações regidas pela Lei n. 8.666/1993, é facultado à Administração Pública propor aditivo para alterar a cláusula de resolução de conflitos entre as partes, incluindo métodos alternativos ao Poder Judiciário como Mediação, Arbitragem e *Dispute Board*.

---

26 I Jornada de Direito Administrativo: enunciados aprovados. Brasília: Conselho da Justiça Federal, Centro de Estudos Judiciários, 2020, 22 p.

[...]

ENUNCIADO 12. A decisão administrativa robótica deve ser suficientemente motivada, sendo a sua opacidade motivo de invalidação.

[...]

ENUNCIADO 15. A Administração Pública promoverá a publicidade das arbitragens da qual seja parte, nos termos da Lei n. 12.527/2011 (Lei de Acesso à Informação).

[...]

ENUNCIADO 18. A ausência de previsão editalícia não afasta a possibilidade de celebração de compromisso arbitral em conflitos oriundos de contratos administrativos.

ENUNCIADO 19. As controvérsias acerca de equilíbrio econômico-financeiro dos contratos administrativos integram a categoria das relativas a direitos patrimoniais disponíveis, para cuja solução se admitem meios extrajudiciais adequados de prevenção e resolução de controvérsias, notadamente a conciliação, a mediação, o comitê de resolução de disputas (*Dispute Board*) e a arbitragem.

[...]

ENUNCIADO 39. A indicação e a aceitação de árbitros pela Administração Pública não dependem de seleção pública formal, como concurso ou licitação, mas devem ser objeto de fundamentação prévia e por escrito, considerando os elementos relevantes.

Os enunciados contêm previsão que possibilitava já na legislação anterior, Lei n. 8.666/1993, propor aditivo para alterar a cláusula de resolução de conflitos entre as partes, incluindo métodos alternativos ao Poder Judiciário como Conciliação, Mediação, Arbitragem e *Dispute Board*, desde que respeitada a publicidade. Quanto aos objetos pactuados, tem-se que não poderão envolver direitos patrimoniais indisponíveis e a escolha dos agentes de equilíbrio, em nosso ver e para este caso, dos agentes verificadores, deve ser promovida com fundamentação por escrito. Nesse passo, inclusive, decisões robóticas seriam possíveis desde que a decisão fosse informada e motivada, sem traços de opacidade.

Nesse sequenciamento, de se citar ainda os enunciados pertinentes da I Jornada de Prevenção e Solução Extrajudicial de Litígios[27]:

2 Ainda que não haja cláusula compromissória, a Administração Pública poderá celebrar compromisso arbitral.

[...]

4 Na arbitragem, cabe à Administração Pública promover a publicidade prevista no art. 2.º, § 3.º, da Lei n. 9.307/1996, observado o disposto na Lei n. 12.527/2011, podendo ser mitigada nos casos de sigilo previstos em lei, a juízo do árbitro.

[...]

---

27 I Jornada de prevenção e solução extrajudicial. Brasília: Conselho da Justiça Federal, Centro de Estudos Judiciários, 2016.

11 Nas arbitragens envolvendo a Administração Pública, é permitida a adoção das regras internacionais de comércio e/ou usos e costumes aplicáveis às respectivas áreas técnicas.

[...]

13 Podem ser objeto de arbitragem relacionada à Administração Pública, dentre outros, litígios relativos: I – ao inadimplemento de obrigações contratuais por qualquer das partes; II – à recomposição do equilíbrio econômico-financeiro dos contratos, cláusulas financeiras e econômicas.

[...]

17 Nos processos administrativo e judicial, é dever do Estado e dos operadores do Direito propagar e estimular a mediação como solução pacífica dos conflitos.

[...]

49 Os Comitês de Resolução de Disputas (*Dispute Boards*) são método de solução consensual de conflito, na forma prevista no § 3.º do art. 3.º do Código de Processo Civil Brasileiro.

[...]

60 As vias adequadas de solução de conflitos previstas em lei, como a conciliação, a arbitragem e a mediação, são plenamente aplicáveis à Administração Pública e não se incompatibilizam com a indisponibilidade do interesse público, diante do Novo Código de Processo Civil e das autorizações legislativas pertinentes aos entes públicos.

[...]

70 Quando questionada a juridicidade das decisões tomadas por meio de novas tecnologias de resolução de controvérsias, deve-se atuar com parcimônia e postura receptiva, buscando valorizar e aceitar os acordos oriundos dos meios digitais.

[...]

76 As decisões proferidas por um Comitê de Resolução de Disputas (*Dispute Board*), quando os contratantes tiverem acordado pela sua adoção obrigatória, vinculam as partes ao seu cumprimento até que o Poder Judiciário ou o juízo arbitral competente emitam nova decisão ou a confirmem, caso venham a ser provocados pela parte inconformada.

[...]

80 A utilização dos Comitês de Resolução de Disputas (*Dispute Boards*), com a inserção da respectiva cláusula contratual, é recomendável para os contratos de construção ou de obras de infraestrutura, como mecanismo voltado para a prevenção de litígios e redução dos custos correlatos, permitindo a imediata resolução de conflitos surgidos no curso da execução dos contratos.

[...]

83 O terceiro imparcial, escolhido pelas partes para funcionar na resolução extrajudicial de conflitos, não precisa estar inscrito na Ordem dos Advogados do Brasil e nem integrar qualquer tipo de conselho, entidade de classe ou associação, ou nele inscrever-se.

Os enunciados da I Jornada de Prevenção e Solução Extrajudicial de Litígios singram na linha de permitir a arbitralidade, mesmo não prevista em cláusula, por parte da Administração Pública, Enunciado 2. Fortalecem o uso da mediação por parte do Estado e dos juristas, Enunciado 17, dos Comitês de Resolução de Disputas, Enunciado 49, da conciliação e da arbitragem, Enunciado 60, todos métodos importantes da solução consensual de conflitos e compatíveis com o princípio da indisponibilidade do interesse público. Para além, dão importância à publicidade, ressalvadas situações de sigilo, Enunciado 4, destacando o uso das melhores práticas internacionais e técnicas, *benchmarking*, Enunciado 11. Para além, carreiam pela primeira vez o que seriam direitos disponíveis, amiúde, o inadimplemento de obrigações contratuais por qualquer das partes, a recomposição do equilíbrio econômico-financeiro dos contratos, as suas cláusulas financeiras e econômicas, Enunciado 13.

Quanto aos *dispute boards*, pontuam a possibilidade de seu caráter vinculante, ao menos até que o Poder Judiciário ou o juízo arbitral competente emitam nova decisão, ou a confirmem, caso venham a ser provocados pela parte inconformada, na forma do Enunciado 76. Inclusive, quanto a esse ponto, recomendam mencionados mecanismos nos contratos de construção ou de obras de infraestrutura, com vistas a prevenir litígios e reduzir custos, Enunciado 80. O agente de equilíbrio, terceiro imparcial, segundo o Enunciado 83, não precisa integrar qualquer tipo de conselho, entidade de classe ou associação, ou nele inscrever-se.

Já quanto aos enunciados da II Jornada de Prevenção e Solução Extrajudicial de Litígios do CJF[28], verifica-se o aprofundamento dos temas e maior tecnicidade das propostas. Deles, podemos depreender princípios tangíveis a informar as atividades da Administração Pública:

> ENUNCIADO 88. Na hipótese de financiamento de arbitragem com recursos de terceiros, a parte financiada deverá informar a identidade do financiador, sem prejuízo de que outras informações sejam solicitadas pelo tribunal arbitral e/ou pela instituição arbitral.
>
> [...]
>
> ENUNCIADO 89. Nas arbitragens envolvendo a Administração Pública, cabe à parte interessada apontar as informações ou documentos que entende sigilosos, indicando o respectivo fundamento legal que restringe sua publicidade.
>
> [...]

---

28 II Jornada Prevenção e solução extrajudicial de litígios: enunciados aprovados. Brasília: Conselho da Justiça Federal, Centro de Estudos Judiciários, 2021.

ENUNCIADO 91. Eventual proposição de ação civil pública sobre o contrato administrativo não é, por si só, impeditivo para que as partes signatárias ingressem ou continuem com a arbitragem para discussão de direitos patrimoniais disponíveis, definidos na forma do parágrafo único do art. 151 da Lei n. 14.133/2021.

[...]

ENUNCIADO 92. Cabe às partes colaborar com o dever de revelação, solicitando ao árbitro informações precisas sobre fatos que eventualmente possam comprometer sua imparcialidade e independência. O árbitro não está obrigado a revelar informações públicas.

[...]

ENUNCIADO 97. O conceito de dúvida justificada na análise da independência e imparcialidade do árbitro deve observar critério objetivo e ser efetuado na visão de um terceiro que, com razoabilidade, analisaria a questão levando em consideração os fatos e as circunstâncias específicas.

[...]

ENUNCIADO 100. O Superior Tribunal de Justiça é o órgão jurisdicional competente para julgar o conflito de competência existente entre árbitro e juiz estatal.

[...]

ENUNCIADO 106. É admissível na arbitragem valer-se das ferramentas tecnológicas de inteligência artificial para subsidiar as partes e o árbitro no curso do procedimento.

[...]

ENUNCIADO 107. A definição de direito patrimonial disponível, consoante o art. 1.º, § 1.º, da Lei n. 9.307/1996, para fins de submissão de questões que envolvam a Administração Pública ao procedimento arbitral, deve observar o critério de negociabilidade da matéria objeto de discussão.

[...]

ENUNCIADO 109. O dever de revelação do árbitro é de caráter contínuo, razão pela qual o surgimento de fatos que denotem dúvida justificada quanto à sua imparcialidade e independência deve ser informado no curso de todo o procedimento arbitral.

[...]

ENUNCIADO 131. As decisões promovidas por Comitês de Resolução de Disputa (*Dispute Boards*) que sejam vinculantes têm natureza contratual e refletem a vontade das partes que optaram por essa forma de resolução de conflitos, pelo que devem ser cumpridas obrigatória e imediatamente, sem prejuízo de eventual questionamento fundamentado em ação judicial ou procedimento arbitral.

[...]

ENUNCIADO 132. Os princípios da boa-fé e da cooperação incidem sobre todo o sistema multiportas de acesso à Justiça, inclusive no foro extrajudicial.

[...]

ENUNCIADO 137. Na utilização do comitê de resolução de disputas (*Dispute Board*) como meio alternativo de prevenção e resolução de controvérsias relativas aos contratos administrativos (art. 151 da Lei n. 14.133, de 1.º de abril de 2021), deverá ser utilizada, preferencialmente, a modalidade combinada, na qual o comitê pode emitir recomendações e decisões.

[...]

ENUNCIADO 146. Os setores público e privado devem combater todas as formas de discriminação, opressão ou exclusão digital decorrentes da incorporação de novas tecnologias para o efetivo acesso à justiça.

[...]

ENUNCIADO 162. Contribui para a função social a empresa que conta em sua estrutura organizacional com uma área dedicada a prevenir e solucionar conflitos.

[...]

ENUNCIADO 163. A convenção processual que prevê a produção antecipada de prova, seguida de mediação ou negociação entre as partes, na forma de cláusulas escalonadas, contribui para a eficiência processual e segurança jurídica, aumentando as chances de êxito dos métodos autocompositivos.

[...]

ENUNCIADO 171. É recomendada aos advogados a adoção de práticas colaborativas que consistam no processo de negociação estruturado, com enfoque não adversarial e interdisciplinar na gestão de conflitos, por meio do qual as partes e os profissionais assinam um termo de participação, comprometendo-se com a transparência no procedimento e a não litigância.

[...]

ENUNCIADO 203. O processo de escolha, pela Administração Pública, daqueles que atuarão como terceiros facilitadores em métodos extrajudiciais de resolução de conflitos em que o Poder Público figurará como parte, prescinde de prévio procedimento licitatório, devendo a decisão ser motivada e ser observadas as disposições do art. 154 da Lei n. 14.133/2021.

[...]

ENUNCIADO 208. A apresentação de uma proposta de acordo, antes ou durante o litígio, por si só, não pode ser interpretada como reconhecimento do direito da parte contrária nem como indício de plausibilidade do direito por ela alegado.

[...]

ENUNCIADO 210. No sentido de viabilizar a mediação de conflitos entre particulares e a Administração Pública, entre outras maneiras de prestação desse serviço, é possível o credenciamento de mediadores e câmaras de mediação privados, convênios com Tribunais e entidades de classe, observados os requisitos adequados de contratação e de remuneração.

[...]

ENUNCIADO 213. A mediação constitui importante instrumento de desenvolvimento econômico e social, sendo recomendada a sua utilização nessa perspectiva.

[…]

ENUNCIADO 215. É permitido às partes mediadas nomear um ou mais advogados ou técnicos sobre a matéria discutida para prestar-lhes consultoria conjunta durante sessões de mediação.

[...]

ENUNCIADO 219. O princípio da boa-fé objetiva, decorrente da eticidade, aplica-se à mediação.

[...]

ENUNCIADO 226. Deve ser incentivado nos órgãos do Poder Executivo, em suas diferentes esferas (federal, estadual e municipal), o apoio à implantação da mediação, conciliação e negociação.

Do vasto rol de enunciados, fica mais clara ainda a intenção de trazer um quadro regulatório a essas atividades. No Enunciado 88, vê-se que o financiamento das atividades alternativas de solução de conflitos deve deixar clara a identidade do financiador, sem prejuízo de diligências para aferir eventual conflito de interesses. Várias instituições arbitrais, tais como a Corte Internacional de Arbitragem da Câmara de Comércio Internacional (CCI) e a Câmara de Arbitragem e Mediação da Câmara de Comércio Brasil-Canadá (CAM-CCBC) já possuem regra nesse sentido. Essa medida é fundamental, para obstar qualquer ingerência que mitigue a imparcialidade e a neutralidade do agente de equilíbrio ou agente de governança, sendo até fundamental, a nosso ver, que o pagamento se dê pelo poder concedente, ou por meio dele, após o repasse de recurso pelo contratado para esse fim. De todo o modo, o TCU debateu este assunto e pontuou em primeiro momento que não seria possível e, em segundo momento, que deveria se dar pela avaliação da proposta pelo contratado de três indicados, que seriam avaliados pela Administração Pública, o que verificaremos com maior acuidade no próximo tópico.

De mais a mais, muito embora essa possibilidade, vimos nos atuais regramentos a possibilidade de a própria Administração Pública escolher e remunerar tais agentes, como sói ocorrer em editais da ANTT[29] e do Governo de Minas Gerais[30].

Ainda discorrendo sobre os enunciados, a restrição à publicidade deve ser fundamentada, tal qual o Enunciado 89, pois a regra geral é a publicidade ampla. Isso se justifica pelo fato de termos interesses da sociedade em jogo, sendo sigilosas as informações, ou seja, documentos específicos, quando imprescindíveis à segurança da sociedade ou do Estado, bem como as informações pessoais relativas à intimidade, à honra e à imagem, todos esses previstos em lei.

O Enunciado 91 permite a continuidade da arbitragem e a discussão de direitos patrimoniais disponíveis mesmo no curso de uma ação civil pública, pois dá primazia à consensualidade e ao cabedal principiológico do direito administrativo sancionador. Todavia, como consignado nos fundamentos do enunciado, isso não impede que seja editada decisão em benefício da tutela coletiva sobre direitos patrimoniais indisponíveis do Estado, objeto diverso do que o enunciado preconiza, e que seja prévia e prejudicial a uma decisão que venha a ser tomada no juízo arbitral, consoante já reconhecido pelo Superior Tribunal de Justiça (STJ, REsp 1.855.013/SP, Min. Rel. Mauro Campbell Marques, *DJe* 19.5.2021).

Os Enunciados 92 e 132 carreiam os efeitos da boa-fé objetiva – a lealdade, a honestidade e a probidade – trazidos no Código Civil em seus arts. 11, 187 e 422, e nos arts. 4.º, 5.º e 373 Código de Processo Civil, para estabelecer os postulados da colaboração processual e do ônus dinâmico da prova em todos os quadrantes do sistema multiportas, ou seja, um sistema negocial, autocomposicional e de desjudicialização de acesso à justiça. A busca por uma ordem jurídica justa e pela pacificação social, então, deve ser um imperativo de todos aqueles que transitam no sistema de justiça, espraiando-se ainda na mediação, conforme Enunciado 219, de maneira a se evitar condutas compatíveis com a autonomia da vontade, mas violadoras de direitos fundamentais por serem dirigidas em medidas não éticas.

A produção probatória, inclusive, pode ser facilitada por convenção processual de produção antecipada de provas, Enunciado 163, e em cláusulas que escalonem etapas para facilitar a solução da lide, adiantando a análise técnica para depois compor a lide e/ou submetê-la ao Judiciário com ganhos de eficiência.

---

29 Art. 202 da Resolução n. 6.000/2022: "a concessionária deverá contratar empresa especializada para atuar como verificador acreditado como organismo de avaliação da conformidade, na forma de ato do Inmetro, ou posterior regulamento aplicável, para aferir o cumprimento das obrigações contratuais."

30 MINAS GERAIS. *Termo de Referência* – descrição dos serviços que deverão ser prestados pela empresa a ser contratada como verificador independente. Disponível em: chrome-extension://efaidnbmnnnibp cajpcglclefindmkaj/https://www.seguranca.mg.gov.br/images/seds_docs/editalpppnovo/anexo%20 1%20-%20termo%20de%20referencia.pdf. Acesso em: 6 fev. 2024.

Seria uma forma de contrato inteligente que inverteria a fase clássica do litígio para provar, trocando-a pela eventual litigância, antecipando os eventos e aclarando as partes antes de ingressarem no orbe decisório.

Em sede probatória, e daí vem o conteúdo fluido decorrente da incompletude contratual, a proposta de acordo não quer significar o reconhecimento de direito e nem a sua plausabilidade. Assim, deixa clara a postura e constância não adversarial e consensualizada desses pactos. Nesse passo, na justificativa do Enunciado 208 fica explícita a experiência internacional nesse sentido, quando trata:

> da "Federal Rules of Evidence" dos Estados Unidos, que estipulam normas de caráter probatório para os Tribunais Federais do país, preveem expressamente que propostas de acordo são inadmissíveis como prova da validade ou do valor de uma pretensão ("Rule" n. 408). Na falta de norma expressa nesse sentido na legislação brasileira, seria interessante que, ao menos, a orientação jurisprudencial caminhasse no mesmo sentido[31].

No campo probatório, ainda, o Enunciado 215, ao admitir a nomeação de mais de um advogado ou técnico, fortalece o diálogo interdisciplinar necessário a uma mais efetiva solução do litígio. Eles atuariam como consultores desinteressados que tão somente buscam trazer mais alternativas e segurança à negociação.

Conforme o Enunciado 97, a dúvida justificada na análise da independência e imparcialidade deve ser conduzida por critérios objetivos, razoáveis e verificáveis por terceiro diante das circunstâncias fáticas. Qualquer fato que macule a imparcialidade, ou a independência, ou que possa levar a esse ponto, deve ser revelado em caráter contínuo e a qualquer momento, sob pena de nulidade da sentença arbitral, conforme Enunciado 109.

O conflito de competência entre árbitros e juiz em uma demanda deve ser solvido pelo STJ, consoante CC 111.230/DF (Rel. Min. Nancy Andrighi, Segunda Seção, j. 8.5.2013, *DJe* 3.4.2014). Nesse caso, a precedência temporal será relevante, mas em situações de manifesta nulidade ela poderá ser desconsiderada.

Como visto, tal qual os enunciados da Jornada de Direito Administrativo, é reiterada a possibilidade de uso da inteligência artificial para apresentar subsídios no procedimento de arbitragem, conforme Enunciado 106. O dimensionamento dos conflitos e a solução algorítmica são fundamentais, mas devem obedecer aos direitos consagrados do contraditório e da ampla defesa, na forma do art. 5.º, LIV e LV, da Constituição Federal e arts. 5.º a 11 do CPC. Essa mesma inteligência deve ser pautada pela não discriminação, não opressão e não exclusão digital, consoante o Enunciado 146. Ela deve bloquear vieses com tratamento abusivo de dados, falta de transparência, analfabetismo digital e buscar uma

---

31 II Jornada Prevenção e solução extrajudicial de litígios: enunciados aprovados. Brasília: Conselho da Justiça Federal, Centro de Estudos Judiciários, 2021, p. 47.

maior representatividade das bases de dados, diversidade de equipes, participação pública na tomada de decisões, transparência e auditabilidade, esta última que pode revelar indícios de opacidade algorítmica.

Tema muito importante, a delimitação do que seja direito patrimonial disponível, Enunciado 107, ganha enfoque na jornada, para estabelecer como parâmetro o enquadramento quando identificada a negociabilidade da matéria objeto da discussão. Esse elemento pode se somar ao predisposto na Lei de Licitações e Contratos para delimitar melhor os contornos da negociabilidade contratual, tal qual adiantado no parágrafo único do art. 151. Com efeito, o art. 26 da LINDB, cláusula geral de acordos administrativos, e a ampliação do rol de direitos passíveis de transação pela Administração Pública conduzem a uma ênfase maior à patrimonialidade dos direitos, em detrimento de sua disponibilidade, para determinar a arbitrabilidade objetiva de um litígio[32]. Portanto, a aferição dessa patrimonialidade e negocialidade é essencial.

No que fundamental a este estudo, pelo Enunciado 131, as decisões dos Comitês de Resolução de Disputa, quando vinculantes pela natureza contratual, devem ser cumpridas obrigatória e imediatamente, sem prejuízo de ação judicial ou procedimento arbitral. Esses mecanismos estabelecerão que um painel constituído por *experts* poderá ser formado para tentar resolver um impasse, e, caso não consiga, produzir uma decisão, que pode ter natureza vinculante e/ou apenas de recomendação.

No caso dos contratos, há recomendação para a modalidade combinada, em que o Comitê pode emitir recomendações e decisões. Nesse passo, uma das partes deve provocar e não ter objeção da outra. Em caso de objeção por uma das partes, o Comitê de Resolução de Disputa poderá emitir a decisão, levando em consideração as peculiaridades do caso, notadamente, da manutenção do contrato e da prevenção de perdas.

Aos Comitês, a orientação do Enunciado 171 sinaliza para a criação de ambientes negociais estruturados, não adversariais e interdisciplinares, com compromisso das partes em serem transparentes e por optarem pela não litigância. Deve-se superar, assim, demandas conflitivas e partir para formas extrajudiciais, por meio de sessões de conciliação, mediação, do procedimento de advocacia colaborativa e até mesmo utilizando-se de mecanismos disponíveis em serventias extrajudiciais.

Quanto aos membros das equipes de facilitadores de métodos extrajudiciais, o Enunciado 203 vai muito além da orientação do TCU[33] sobre verificadores in-

---

32 II Jornada Prevenção e solução extrajudicial de litígios: enunciados aprovados. Brasília: Conselho da Justiça Federal, Centro de Estudos Judiciários, 2021, p. 53.
33 Veremos em pormenores adiante.

dependentes e exige que se faça o procedimento licitatório, por meio de decisão motivada, fundada em critérios isonômicos, técnicos e transparentes, conforme o art. 154 da Lei n. 14.133/2021. Contudo, nos comentários de mencionado enunciado, assesta-se que o enunciado complementa o de n. 39 da I Jornada de Direito Administrativo, pois, em tese, a contratação de árbitros, de conciliadores, de negociadores e de membros dos *dispute boards*, trata-se, em princípio, de hipótese de inexigibilidade de licitação, na forma do art. 74, III, da Lei n. 14.133/2021.

O Enunciado 210, nesse mesmo espírito, vai mais além ao estabelecer a possibilidade de credenciamento para mediadores e câmaras de mediação, com critérios claros de contratação e remuneração.

Adensando o quadro de preceitos tangíveis, a transversalidade de interesses vem fortalecida no Enunciado 162, ao estabelecer que a função social da empresa será atendida pela criação de estruturação para a prevenção e solução de conflitos, internos ou externos, desjudicializando e pacificando a sociedade, fortalecendo as métricas de ESG, com mais governança, responsabilidade social, *compliance* e ética. Ele é complementado pelo Enunciado 226, que incentiva o Executivo à ampliação da mediação, da conciliação e da negociação, como imperativos constitucionais do art. 174 da Constituição Federal, notadamente diante do seu papel de agente normativo e regulador da atividade econômica, por meio das funções de fiscalização, incentivo e planejamento, que são determinantes para o setor público e indicativas para o setor privado.

Por fim, o Enunciado 213 deixa claro o papel da mediação e, por que não, dos mecanismos alternativos para a resolução de demandas no desenvolvimento econômico e social. Eles, focados na redução de custos transacionais, podem gerar mais valor para a sociedade, evitando o percurso de negociações, externalidades e da cultura de conflito. Isso poderia alocar de maneira mais rápida e pacificadora os recursos, permitindo a melhor e mais eficiente utilização dos direitos de propriedade, reduzindo os desgastes inerentes ao atrito.

Como exposto, o sistema pode ser alinhado dentro das seguintes diretrizes: negocialidade dos interesses; levantamento de dúvida justificada quanto à imparcialidade dos árbitros; dever de revelação de qualquer conflito que obste a parcialidade; revelação do financiador do árbitro ou agente imparcial; uso de *dispute board* pelo Estado; possibilidade da negociabilidade de direitos patrimoniais disponíveis; figura do árbitro e dos *dispute boards* como redutor de custos; uso dos Comitês de Disputas dentro da modalidade combinada, recomendando e decidindo; manifesta transversalidade dos interesses nos mecanismos alternativos de solução de disputas e da função social das empresas dentro do seu papel na sociedade; uso de mecanismos flexíveis como cláusulas escalonadas e negociações escalonadas; e incentivo à composição pelo caráter não vinculante das propostas.

4. ENTÃO. QUEM SERÁ O VERIFICADOR INDEPENDENTE?

Mas quem aplicará essas técnicas? Bom, nesse momento, direcionamos o foco metodológico do estudo à figura do verificador independente, a quem chamamos linhas atrás de agente de governança ou agente de equilíbrio. Esse verificador seria o técnico que aferirá o cumprimento das obrigações e dos indicadores, sendo o fiel da balança no momento de aquilatar a remuneração variável paga pelo poder concedente. A remuneração, nesse norte, seria adequada ao atingimento de metas e dos indicadores pactuados, influenciando diretamente a matriz de preço e de amortização dos investimentos do parceiro privado[34-35-36].

Necessário divisar que o momento de sua atuação é sobremaneira diverso do Certificador de Implantação[37], pois esse atua no acompanhamento da insta-

---

[34] "O Verificador Independente é uma entidade imparcial, não vinculada à Concessionária e nem ao Estado, que atua de forma neutra e com independência técnica, fiscalizando a execução do contrato e aferindo o desempenho da Concessionária com base no sistema de mensuração e desempenho (indicadores de qualidade) e no mecanismo de pagamento, constantes no edital." (Disponível em: http://www.parcerias.sp.gov.br/parcerias/docs/manual_de_parcerias_do_estado_de_sao_paulo.pdf. Acesso em: 30 abr. 2019)

[35] "Suas atribuições, estritamente definidas no contrato de concessão, lhe permitem desempenhar o papel de aferidor, mensurador e fiscal independente, responsável por calcular, com base em parâmetros técnicos e objetivos, e lançando mão das melhores práticas de mercado, a nota de desempenho da concessionária.
Havendo discordância de qualquer das partes quanto ao resultado da avaliação do verificador independente, essas deveriam se socorrer dos mecanismos de solução de conflitos previstas nos respectivos instrumentos contratuais, não podendo, qualquer delas descartar de forma unilateral a aferição feita e fazer prevalecer sua vontade." (SANTO, Bruno Vianna Espírito; BARBOSA, Bianca Rocha; IZAR, João Filipi. O futuro do verificador independente: as recentes decisões do TCU. *Consultor Jurídico*, jun. 2021. Disponível em: https://www.conjur.com.br/2021-jun-25/opiniao-futuro-verificador-independente/. Acesso em: 6 jan. 2024)

[36] "Muito mais que um simples certificador de que as obrigações contratuais estão sendo cumpridas, o verificador independente deve ser visto como agente essencial para o bom funcionamento da engrenagem das concessões. Sua atuação é fundamental para ajudar na composição de desafios na execução contratual, preenchimento de lacunas, integração entre concedente, concessionária e demais *stakeholders*." (COHEN, Isadora; SANTANA, Luísa Dubourcq. O verificador nas concessões rodoviárias e a exigência de creditação pelo Inmetro. *Jota*, jan. 2023. Disponível em: https://www.jota.info/opiniao-e-analise/colunas/infra/o-verificador-nas-concessoes-rodoviarias-e-a-exigencia-de-acreditacao-pelo-inmetro-27012023. Acesso em: 6 jan. 2024)

[37] No Manual de Parcerias do Estado de São Paulo, a Certificadora de Implantação é apresentada nos seguintes termos: "O Certificador de Implantação (CI) é responsável por aferir se as diretrizes, projetos de engenharia e as obras concebidas e desenvolvidas no âmbito do projeto estão em plena conformidade com os objetivos do contrato firmado entre a Concessionária e o Poder Concedente. Esta contratação é uma ferramenta útil tanto em projetos em que há aportes de recursos públicos, assim como em outros que apresentem uma necessidade de acompanhamento mais efetivo na fase de implantação do projeto. O CI analisa a adequação da concepção e a conformidade das obras realizadas, oferecendo assistência técnica sólida, externa e independente, podendo se estender a novas atividades que por ventura *(sic)*

lação do projeto, não na sua operacionalização no plano do serviço ou, melhor dizendo, na usabilidade do bem ou serviço produzido. Este é o momento em que ganha importância o verificador independente. Ele gerenciará a execução, enquanto aquele fará com que se perfectibilizem as condições de aceite[38].

Assim, o verificador independente seria um novo modelo de equilíbrio exógeno ao contrato com vistas a evitar as incertezas e o risco das falhas de governo, tipicamente representadas pelo risco moral, pela corrupção passiva, pela concussão, pela prevaricação, pelas falhas regulatórias, pela regulação insuficiente e/ou pela opção por escolhas trágicas[39]. Igualmente, serviria como ponto de

---

necessitem de avaliação, validação ou acompanhamento de uma entidade imparcial." (Disponível em: http://www.parcerias.sp.gov.br/parcerias/docs/manual_de_parcerias_do_estado_de_sao_paulo.pdf. Acesso em: 30 abr. 2019)

38 Há certa confusão entre a atuação da certificadora de implantação e o gerenciamento propriamente dito da obra. Em uma tentativa de diferenciar as competências, pode-se afirmar que a certificadora de implantação valida as práticas e os procedimentos utilizados pela concessionária, analisando a conformidade das obras civis aos requisitos e especificações previstos nos projetos, no contrato e nas normas técnicas incidentes. O gerenciamento, por sua vez, tem por escopo o acompanhamento do cronograma executivo e da evolução das obras civis previstas no projeto, podendo ser realizado diretamente pela concessionária ou por um terceiro por ela contratado. Na prática, contudo, é possível que haja efetiva sobreposição da atuação dessas duas figuras, gerando possíveis conflitos no tocante à verificação de cumprimento dos marcos contratuais e das especificações técnicas (VIANA, Camila Rocha Cunha; PRADO, Inês Maria dos Santos Coimbra de Almeida. Comentários sobre a contratação de certificadoras de implantação e verificadores independentes em parcerias público-privadas. *R. Proc. Geral Est. São Paulo*, São Paulo, n. 89:25-40, jan./jun. 2019, p. 28).

39 Da parte das falhas de governo, ganha em importância o risco de captura, ou seja, a contaminação dos agentes com base em interesses próprios, de grupos de interesses e/ou pela falta de investimento necessário à modernização das competências técnicas. Essas falhas decorrem de comportamentos rentistas que acabam por gerar um comércio regulatório paralelo. São exemplos típicos das falhas de governo: (a) decorrentes da modelagem concebida na lei que institui o regime regulatório: (a.i) a identificação da lei com interesses de grupos privados bem organizados (*stakeholders*); (a.ii) leis baseadas em diagnósticos equivocados, análise deficiente de políticas e má informação; (a.iii) insensibilidade das leis às dificuldades práticas; (a.iv) falhas do legislativo no entendimento de complexos e sistêmicos efeitos das intervenções regulatórias; (a.v) falhas de coordenação decorrentes da multiplicação de leis que regulam o mesmo objeto, por vezes, de forma incoerente; (a.vi) falhas legais em razão da mudança de circunstâncias e da obsolescência das disposições existentes; (a.vii) falhas legais decorrentes da substituição de razões tecnocráticas pelas políticas; (b) decorrentes dos erros de implementação dos comandos legais: (b.i) insucesso nas estratégias de implementação da regulação; (b.ii) pressão de grupos de interesse sobre as agências; (b.iii) inadequada informação e equívocos de análise técnica por parte dos funcionários das agências; (b.iv) insuficiente consciência dos membros das agências em relação aos efeitos sistêmicos da regulação; (b.v) falhas de coordenação na atuação das agências; (b.vi) obsolescência de instrumentos e estratégias regulatórias; (b.vii) inadequada execução da lei, ou inexecução em virtude da captura por grupos de interesse (*stakeholders*), em decorrência da preservação de interesses da burocracia e por lentidão, torpor ou omissão administrativa; (b.viii) controles excessivos ou insuficientes, distorcendo os legítimos fins da regulação legal; (b.ix) desvio nos objetivos de leis de regulação e de redistribuição, gerando efeitos oblíquos (beneficiando não exatamente os destinatários da lei) ou perversos (prejudicando, direta ou indiretamente, os próprios destinatários da lei, ou que gerem paradoxos regulatórios, efeitos opostos aos pretendidos pela regulação); (b.x) processos de decisão não democráticos, de pouca ou nenhuma transparência

equilíbrio exógeno para corrigir as falhas de mercado[40] e as externalidades delas decorrentes[41].

Essa modelagem, de todo, não se encontrou perfeita e acabada. Houve em alguns casos a transferência do ônus da contratação do verificador independente para as concessionárias, observando-se parâmetros técnicos, mantendo o poder concedente o poder de veto sobre a escolha do verificador, ou permitindo a sua contratação somente após homologação em listas[42].

Com efeito, o TCU tem se debruçado sobre a figura do verificador independente traçando caminhos para sua conformidade. O tribunal, ao tratar de concessões de vias federais, entendeu que: (a) a fiscalização do cumprimento das condições da concessão e das cláusulas contratuais pelas concessionárias cabe ao poder concedente, o que deve ser feito por ele ou por entes conveniados; (b) o

---

(GOMES, Filipe Lôbo. *Regulação estatal e o pré-sal*: por uma proposta de modelagem institucional voltada à promoção do direito fundamental ao desenvolvimento econômico mediante a otimização dos contratos de partilha de produção. Recife: O Autor, 2015, p. 183).

40 Falhas de mercado, decorrentes, em grande medida, de competências insuficientes, insuficiência de bens públicos, externalidades negativas e carências de informação, ou seja, assimetrias informacionais. Além disso, ela surge como instrumento de retificação das próprias falhas do Estado, dentre as quais se destaca o risco da captura (GOMES, Filipe Lôbo. *Regulação estatal e o pré-sal*: por uma proposta de modelagem institucional voltada à promoção do direito fundamental ao desenvolvimento econômico mediante a otimização dos contratos de partilha de produção. Recife: O Autor, 2015, p. 122). A assimetria de informação decorre dos custos necessários à sua obtenção, o que pode resultar no risco moral e na seleção adversa. O risco moral decorre da impossibilidade de se observar as ações das partes na formulação de um contrato, de maneira que elas não podem ser nele incorporados. É uma ação oculta. A seleção adversa ocorre quando um lado do mercado não pode observar a qualidade ou tipo dos bens no outro lado do mercado. O tipo é oculto. O exemplo disso é o mercado de seguros de saúde. A insuficiência de bens públicos também é uma falha de mercado e decorre da não rivalidade ínsita ao seu consumo, ou seja, todos dele podem se beneficiar. Além disso, eles são não exclusivos e universalizáveis. A assimetria de informação – que é uma falha de mercado – surge do fato que o regulador não tem todas as informações a respeito dos custos do regulado ou nível de esforço empreendido por ele. Dessa forma, a regulação eficiente, que deveria buscar a eficiência regulatória máxima – *first best* –, maximizando o equilíbrio entre consumidores e produtores, somente conseguiria atingir a solução *second best*, tendo em vista as restrições decorrentes da assimetria de informação entre regulador e regulado (CAMPOS, Humberto Alves de. Falhas de mercado e falhas de governo: uma revisão da literatura sobre regulação econômica. *Prismas*: Dir., Pol. Publ. e Mundial, Brasília, v. 5, n. 2, p. 341-370, jul./dez. 2008, p. 348 e ss).

41 As externalidades decorrem de ações que geram em contrapartida não apenas custos (benefícios) para as partes envolvidas, mas custos (benefícios) para terceiros, de forma a se configurarem, respectivamente, externalidades negativas (positivas). O surgimento das externalidades decorre da ineficiência da alocação de recursos, que não foi devidamente analisada pelos executores das ações. Há, a par dessas duas modalidades de externalidades, uma terceira, nominada de externalidade pecuniária. Ela tem origem em uma ação que gera externalidades positivas e negativas que mutuamente se anulam (SANDLER, Todd. Bens públicos intergeracionais: estratégias, eficiência e instituições. In: KAUL, Inge; GRUNBERG, Isabelle; STERN, Marc A. *Bens públicos globais*. Tradução de Zaida Maldonado. Rio de Janeiro: Record, 2012, p. 59-89, p. 59-60).

42 SANTO, Bruno Vianna Espírito; BARBOSA, Bianca Rocha; IZAR, João Filipi. O futuro do verificador independente: as recentes decisões do TCU. *Consultor Jurídico*, jun. 2021. Disponível em: https://www.conjur.com.br/2021-jun-25/opiniao-futuro-verificador-independente/. Acesso em: 6 jan. 2024.

estabelecimento da independência e da isenção do avaliador, quando contratado e remunerado diretamente pela concessionária, escapa da jurisdição do poder concedente e do TCU; (c) há risco na atuação efetiva e independente do verificador quando remunerado pela concessionária[43-44-45].

Nesse passo, muito embora não vincule os demais entes federados, tem a grande possibilidade de influenciar na modelagem dos futuros contratos, nos quais pode-se presumir como métrica de governança o estabelecimento de um código de conduta aos verificadores independentes dos concessionários e parceiros privados e o estabelecimento de formas que evitem o pagamento direto a esses agentes por parte do concessionário, competindo ao poder concedente mencionada predisposição. Tipicamente, indo por um caminho ou por outro, a relativa independência pela fonte de custeio resta densconstruída argumentativamente, pois sempre quem paga a conta teria uma ascendência sobre o contratado. O ideal é que se estabeleçam pautas de conduta transversais dentro de uma visão de que o interesse público, para nós, o interesse geral, não pertence a esta ou aquela pessoa, mas que é decorrente da aplicabilidade do princípio da boa-fé objetiva, ou seja, uma pauta ética imanente e inerente a qualquer relação contratual.

---

43 SANTO, Bruno Vianna Espírito; BARBOSA, Bianca Rocha; IZAR, João Filipi. O futuro do verificador independente: as recentes decisões do TCU. *Consultor Jurídico*, jun. 2021. Disponível em: https://www.conjur.com.br/2021-jun-25/opiniao-futuro-verificador-independente/. Acesso em: 6 jan. 2024.

44 Inicialmente, é necessário refletir sobre quem deveria ser a parte contratante do agente auxiliar, ou seja, se a contratação deve ser feita pelo Poder Concedente ou pela concessionária. No entanto, não quer isso dizer que o contrato não possa estabelecer modelos de compartilhamento de escolha desse agente, inclusive com a verificação conjunta de requisitos daqueles que se habilitem para a função (VIANA, Camila Rocha Cunha; PRADO, Inês Maria dos Santos Coimbra de Almeida. Comentários sobre a contratação de certificadoras de implantação e verificadores independentes em parcerias público-privadas. *R. Proc. Geral Est. São Paulo*, São Paulo, n. 89:25-40, jan./jun. 2019, p. 30).

45 Nesse passo, entendemos por acertadas as proposições de COHEN, Isadora; SANTANA, Luísa Dubourcq; SANCHEZ, Victoria Spera. A verificação independente e as consequências da falta de uniformidade. *Jota*, set. 2023. Disponível em: https://www.jota.info/opiniao-e-analise/colunas/infra/a-verificacao-independente-e-as-consequencias-da-falta-de-uniformidade-23092022. Acesso em: 6 jan. 2024: "Uma possibilidade que garanta a viabilidade da manutenção do verificador independente, sem 'amarrar' o modelo, seria previsão de pagamento do VI pela concessionária, deixando os critérios de escolha a cargo do poder concedente. A medida permitiria que a contratação não dependesse de licitação, o que desburocratiza o procedimento, além de reduzir os custos de transação com o processo, autorizando também uma duração mais alongada dos contratos. O acompanhamento de um mesmo VI por um tempo maior do que o permitido pela Lei de Licitações garante maior fluidez à concessão, dado que os profissionais envolvidos estão a par do histórico de acontecimentos e familiarizados com o contrato.
É importante assegurar também que a remuneração pelo serviço seja proporcional à sua complexidade, que envolve análise jurídica, técnica e econômico-financeira, ao mesmo tempo em que permita a adequação da escolha à realidade da concessão. É preciso que esses valores sejam aderentes às condições de mercado e possibilitem a conformação de uma equipe especializada, multidisciplinar, assegurando a qualidade dos serviços e, por conseguinte, os benefícios que a existência do VI traz para a concessão."
Pensamos que seria o melhor modelo para reduzir os custos transacionais.

Em se seguindo essa linha de pensamento, a configuração do verificador se descortina muito mais dentro de um padrão de ética elevado. A sua neutralidade, ou alta capacidade de equilibrar interesses transversais com imparcialidade, seria o ponto central de sua conduta. Tanto é assim, que, segundo Gustavo Justino, o verificador independente se apresentaria na figura do neutro. Para ele, com forte inspiração anglo-saxã, a figura é mais utilizada lá em adjudicação judicial, mas também tem a função de se apresentar como um *expert* privado escolhido de comum acordo por expressa previsão contratual. Ou seja, seria um profissional, ou quadro de profissionais, reconhecido pelo mercado e pelas partes para resolver por autocomposição controvérsias de natureza técnico-jurídica, nessa medida, e/ou contratual, mitigando e prevenindo conflitos típicos dos riscos e incertezas dos contratos de média e longa duração. Sua opinião técnico-jurídica serve para esclarecer e apresentar caminhos para resolver dúvidas, disputas e controvérsias com vistas à autocomposição por um tempo e dentro de temas previamente determinados. Suas opiniões podem ser vinculantes, ou não, e as partes podem aderir, quando os efeitos serão endoprocessuais, ou, em desacordo, podem encaminhar para mediação, conciliação, *dispute board*, arbitragem ou mesmo para o Judiciário. Esse parecer, do verificador independente, funcionaria como um *reality check* para as partes, pois antecipa possíveis posicionamentos de um juiz ou tribunal arbitral que venha a ser chamado a decidir sobre o tema mais à frente – geralmente é confidencial, opinativo e não pode servir de prova, indício ou evidência em um julgamento arbitral ou judicial[46-47].

Como exposto por Gustavo Justino, ele vê no verificador independente um caminho de equilíbrio endógeno quando da aquiescência das partes. Em ocorrendo o inverso, não aquiescência, deveriam ser utilizados os meios alternativos de resolução de disputas. Entrementes, não entendemos integralmente desse modo, pois, a nosso sentir, quando contratualizado, a decisão deveria ser aceita por delegação

---

[46] Cf. OLIVEIRA, Gustavo Justino. A figura do "neutro" nos contratos administrativos no Brasil. *Consultor Jurídico*, jan. 2024. Disponível em: https://www.conjur.com.br/2024-jan-07/a-figura-do-neutro-nos-contratos-administrativos-no-brasil/#:~:text=O%20artigo%20151%20da%20Lei,resolu%-C3%A7%C3%A3o%20de%20disputas%20e%20a. Acesso em: 6 jan. 2024.

[47] Em termos de *Dispute System Design – DSD*, a avaliação do "neutro" não se equipara a uma mediação, e de certo modo qualifica o ambiente de negociação entre as partes acerca de disputas que exsurjam da execução do contrato e, portanto, funciona bem como mecanismo de prevenção e/ou gestão de controvérsias contratuais, diminuindo a litigiosidade entre as partes e as chances de maior judicialização ou uso da arbitragem (OLIVEIRA, Gustavo Justino. A figura do "neutro" nos contratos administrativos no Brasil. *Consultor Jurídico*, jan. 2024. Disponível em: https://www.conjur.com.br/2024-jan-07/a-figura-do-neutro-nos-contratos-administrativos-no-brasil/#:~:text=O%20artigo%20151%20da%20Lei,resolu%C3%A7%C3%A3o%20de%20disputas%20e%20a. Acesso em: 6 jan. 2024). O autor cita que esse posicionamento é fundado em AMSLER, Lisa Blomgren *et al*. *Dispute System Design*: preventing, managing and resolving conflict. Stanford: Stanford University Press, 2020.

de poderes públicos ao agente privado. Não haveria possibilidade de ser endoprocessual ou extraprocessual. Caberia, assim, o mecanismo típico de controle da administração pública, mas o seu opinamento deveria ser acatado. Dessa forma, seria possível depreender que ele funcionaria tal qual um agente de *dispute board*, pacificando a questão. Não haveria outro meio de pensar. Se ele possui uma pauta ética e sua conduta é compatível, por que não validar, resolvendo eventual nulidade pelos sistemas recursais e de controle típicos? Seguir essa linha aumentaria os ganhos de eficiência, desde que devidamente processualizada a questão.

Com efeito, entender-se que esse instrumento é em muito aproximado à técnica dos *dispute boards*, mecanismos adequados a compor de maneira concomitante litígios envolvendo a execução de contratos, seria reduzir a importância do verificador independente. Se a ação dele for propositiva, reduzem-se etapas e se ganha no excedente total, desde que, como reafirmado, ele paute sua conduta numa regulação mais densa, ou informada por princípios tangíveis.

Não se pode deixar de ver que o instituto do verificador independente vem com o objetivo de melhorar a gestão dos contratos de concessão e amplificar e potencializar os resultados do projeto. Sua atividade de monitoramento é essencial para avaliar o cumprimento dos objetivos da avença. Elementos monitoráveis e objetivos bem desenhados obstam subjetivismos no momento de avaliação, podendo fazer-se para tanto o uso de meios mecânicos, presenciais ou eletrônicos[48].

Como visto, a disciplina regulatória fala em riscos contratuais previstos e presumíveis, com a previsão da matriz de alocação, ou seja, quem será responsável, avaliando a natureza, o beneficiário, e aquele que terá melhor capacidade de gerenciá-lo, volvendo ao contratado a assunção pelos riscos cobertos pelas seguradoras. Ao falar em riscos contratuais, ele o internaliza como custo, tanto que seus reflexos são estimados na contratação, de maneira que áleas extracontratuais serão resolvidas por outra metodologia. O detalhe regulatório é o de se criar novo ponto de equilíbrio econômico-financeiro, sendo a matriz de risco inserida na estrutura das condições iniciais da proposta. Com a figura do verificador independente, temos mais um mecanismo de equilíbrio, de certa maneira exógeno ou, como defendemos, sendo contratualizado, é endógeno. Ele faria o acompanhamento concomitante da execução, resolvendo de pronto e de maneira preventiva eventuais litígios em seu Estado inicial. Isso é muito importante em contratos de longa duração, pois o risco do porvir é multidimensional e não se resolveria por técnicas avançadas de cláusulas escalonadas, negociações estruturadas etc.

---

48 VIANA, Camila Rocha Cunha; PRADO, Inês Maria dos Santos Coimbra de Almeida. Comentários sobre a contratação de certificadoras de implantação e verificadores independentes em parcerias público-privadas. *R. Proc. Geral Est. São Paulo*, São Paulo, n. 89:25-40, jan./jun. 2019, p. 28.

No caso da matriz como elemento novo de direcionamento do equilíbrio, ela influenciará na renúncia das partes ao reequilíbrio do que foi assumido pela matriz de riscos, excepcionando as alterações unilaterais determinadas pela Administração e as hipóteses de aumento ou redução, por legislação superveniente, dos tributos diretamente pagos pelo contratado em decorrência do contrato, dentre diversos outros eventos que possam impactar na matriz de preço inicialmente ajustada.

É um ponto de equilíbrio que, somado à figura de um verificador independente, ou de um agente regulatório neutro, pode fomentar mais um mecanismo de composição e solução das controvérsias surgidas durante a execução contratual. A redução da assimetria informacional na especificação da matriz de risco, então, ganha no verificador independente um meio dinâmico, não estático de retroalimentação e aclaramento das incompletudes.

A cisão do equilíbrio em contratual e extracontratual é relevante na novel regulação. Nesse passo, então, a matriz revela a limitação da racionalidade e internaliza as externalidades negativas, tornando-a elementos inerentes ao contrato. Os demais eventos imprevistos serão resolvidos pela concepção clássica e usual do reequilíbrio econômico-financeiro dos contratos e/ou pela mediação concomitante do verificador independente casado com a possibilidade de oferta de soluções técnicas interdisciplinares, transparentes, dialogadas e informadas. Isso, contudo, não revela a sinonímia de que contratual e extracontratual são o mesmo que endógeno e exógeno. Sendo o fenômeno jurídico multifacetado, os fatos, as dificuldades e as consequências passam a ser considerados, desde que por motivação, como elementos endógenos de qualquer relação, tal qual os arts. 21 e 22 da LINDB.

5. COMO O VERIFICADOR INDEPENDENTE, COMO AUXILIAR DO DISPUTE BOARD, PODE AUMENTAR A EFICIÊNCIA DOS CONTRATOS RELACIONAIS E INCOMPLETOS

Conforme Garcia, os métodos alternativos de solução de litígios, ou *dispute boards*, que em muito se assemelham ao verificador independente dentro de sua equipe multidisciplinar, prestam-se em situações de contratos incompletos[49] e contra-

---

49 Os *regulatory contracts* qualificam-se como incompletos, categorização essa que decorre de relevante contribuição da *Economic Analysis of Law* para a teoria geral do contrato. São incompletos porque realisticamente impossibilitados de regular todos os aspectos da relação contratual, o que os torna naturalmente inacabados e com lacunas, que reclamarão uma tecnologia contratual capaz de resolver a infinidade de contingências que poderão surgir durante a sua execução (GARCIA, Flávio Amaral. *Dispute boards* e os

tos relacionais[50], mormente nas hipóteses de longa duração. Eles servem, justamente, para mitigar as seguintes possibilidades:

> Quatro razões podem ser apontadas: (i) o conflito já está instaurado, e a posição adversarial dos contratantes, bem definida; (ii) o custo elevado dos árbitros e da própria ação judicial; (iii) seja o árbitro ou o juiz, a resolução do conflito é exógena aos lindes contratuais e *ex post* à ocorrência do próprio litígio; (iv) o prejuízo para o atendimento do objeto e, consequentemente, do interesse público, porquanto o litígio, para além de acirrar a animosidade e a desconfiança entre as partes, pode atrasar a execução do empreendimento ou mesmo torná-lo de difícil implementação[51].

Como fica evidente, a motivação para os *dispute boards* é a pacificação social, desjudicializando por meio de mecanismos autocompositivos concomitantes. Tudo em prol da redução dos custos transacionais.

Discorrendo sobre o instituto, trata-o da seguinte forma:

> uma espécie de comitê de solução de controvérsia, formado por técnicos especializados (via de regra, dois engenheiros e um advogado), que acompanha a execução do contrato. [...] O comitê, desde o início da execução do contrato, estará familiarizado com as plantas, os orçamentos, o diário de obras, as fotografias, os relatórios, as correspondências entre as partes e tudo mais que se relaciona com a obra, além de acompanhar *in loco* o próprio avanço físico do empreendimento. [...] O monitoramento concomitante da execução da obra por profissionais altamente qualificados e imparciais é, portanto, o diferencial do *dispute board*, permitindo que o comitê atue em tempo real, evitando a ocorrência do litígio. Razoável classificar o *dispute board* como um mecanismo de gestão contratual preventivo e viabilizador de uma atuação *ex ante* do próprio conflito, dotado de uma racionalidade procedimental extremamente pragmática[52].

---

contratos de concessão. In: CUÉLLAR, Leila; BOCKMAN, Egon; GARCIA, Flávio Amaral; CRUZ, Elisa Schimidlin. *Direito administrativo e* alternative dispute resolution. 2. ed. Belo Horizonte: Fórum, 2022, p. 166, p. 171).

50 Nessa acepção, o contrato relacional é aquele que as partes não reduzem termos fulcrais do seu entendimento a obrigações precisamente estipuladas, porque não podem ou porque não querem, e se remetem a modos informais e evolutivos de resolução da infinidade de contingências que podem vir a interferir na interdependência dos seus interesses e no desenvolvimento das suas condutas, afastando-se da intervenção judicial irrestrita como solução para os conflitos endógenos para privilegiarem o recurso a formas alternativas de conciliação de interesses, seja as que vão emergindo da relação contratual, seja as que são oferecidas pelo quadro das normas sociais (ARAÚJO, Fernando. *Teoria econômica do contrato*. Coimbra: Almedina, 2007, p. 395).

51 GARCIA, Flávio Amaral. *Dispute boards* e os contratos de concessão. In: CUÉLLAR, Leila; BOCKMAN, Egon; GARCIA, Flávio Amaral; CRUZ, Elisa Schimidlin. *Direito administrativo e* alternative dispute resolution. 2. ed. Belo Horizonte: Fórum, 2022, p. 161.

52 GARCIA, Flávio Amaral. *Dispute boards* e os contratos de concessão. In: CUÉLLAR, Leila; BOCKMAN, Egon; GARCIA, Flávio Amaral; CRUZ, Elisa Schimidlin. *Direito administrativo e* alternative dispute resolution. 2. ed. Belo Horizonte: Fórum, 2022, p. 162.

Assim, em sua visão, podem ser uma importante ferramenta endógena e eficiente para a solução efetiva na gestão e na consecução dos objetivos contratuais[53].

Em nosso entender, conforme exposto linhas atrás, os apontamentos do verificador independente se contratualizados são endógenos, sendo internalizados a partir da concordância prévia quanto à aceitabilidade da negociabilidade perante interesses disponíveis.

Contudo, quando partimos para a classificação dos modais e da margem de negociação, encontramos o maior problema dos *dispute boards*: até onde se pode negociar ou vincular sem mitigar o interesse público, ou o interesse geral?

O grande complicador do instituto é a ausência de disciplina legal, o que viabiliza ampla margem de modelagem. Este trabalho foi apresentado justamente para mostrar um quadro de princípios tangíveis a adensar o instituto, sem se omitir das experiências promovidas nos documentos exarados pela Câmara de Comércio Internacional (www.iccwbo.org), pela Federação Internacional dos Engenheiros Consultores (www.fidic.org), pela Fundação dos *Dispute Resolution Boards* (http://www.drb.org), pela Associação dos Árbitros Americanos (www.adr.org) e pelo Instituto de Engenharia (www.ir.org.br).

Desse modo, propõe-se uma boa estruturação regulatória, com pautas elevadas de governança e com a superação da ótica clássica e adversarial do público *x* privado apta a criar um ambiente propício a um equilíbrio contratual dinâmico e concomitante, antevendo ou precavendo o surgimento de conflitos, com vistas e sempre tendo em mente que se evite o erro grosseiro.

Pensar no verificador independente como agente executor do *dispute board* consiste em deslocar o foco do conflito para a própria relação contratual, com acompanhamento permanente da sua execução por *experts* de confiança das partes. Subverte-se a lógica clássica e com isso poderemos ver cenários futuros e colaborativos em que Mercado, Estado e Indivíduos atuem impelidos por uma pauta de governança ética orientada pela maximização do excedente social.

Ver dessa forma, deixe-se claro, por mais que seja espantoso, não subverte os princípios constitucionais ou setoriais que informam a Administração Pública. Ao revés, trata-se de um instrumento bem alinhado com os paradigmas de um direito administrativo mais consensual, flexível, transparente, eficiente, cooperativo, dinâmico, pautado em cláusulas escalonadas, em negociação estruturada (não adversarial e interdisciplinar). Pautas que deem concretude à transversalidade da boa-fé pela eticidade dos atores sociais, vendo-se a função social do uso

---

[53] GARCIA, Flávio Amaral. *Dispute boards* e os contratos de concessão. In: CUÉLLAR, Leila; BOCKMAN, Egon; GARCIA, Flávio Amaral; CRUZ, Elisa Schimidlin. *Direito administrativo e* alternative dispute resolution. 2. ed. Belo Horizonte: Fórum, 2022, p. 166.

dos métodos alternativos de solução de disputas como motriz da simplificação e da redução de custos transacionais e do desenvolvimento da coletividade.

Obstar o conflito ou gerenciá-lo de forma eficiente e dinâmica é um modo de atender ao interesse público. Interessa para ambas as partes a verdade real na execução do contrato, a redução das assimetrias, e, para tanto, indispensável uma atuação concomitante, técnica e atenta para todas as intercorrências supervenientes que surjam em contratos complexos[54].

Tudo isso só pode ser alcançado se realmente se entender que o exercício de funções estatais não impede o exercício de poderes públicos por agentes privados, mas é justificado pela eticidade e pela transversalidade do que se vem a denominar de interesse geral.

6. CONSIDERAÇÃO FINAIS

O presente textou buscou traçar um caminho para densificar normativamente a figura do verificador independente.

Para tanto, percorreu-se a experiência da Governança como mecanismo de conformidade daqueles que atuam em nome e no interesse de outras pessoas. Nesse sentido, mecanismos como prestação de contas, transparência, sopesamento dos interesses dos grupos de pressão, liderança e conformação dos atos se apresentam como essenciais para ajustar o comportamento de um agente que exerce parcela de poder público.

Nesse sentido, foram trilhados os caminhos de conformação do verificador independente como um agente de eficiência e de governança contratual. Não tipicamente estatal, mas que desenvolve poderes estatais e deve possuir pautas de conduta para atuar.

Nesse intento, abeberando-se dos mecanismos da justiça multiportas, evoluímos a análise para traçar o verificador independente como um mecanismo dinâmico de solução de conflitos, mormente em contratos relacionais, incompletos e de longo prazo.

Ao lado da matriz de risco e com poderes devidamente contratualizados, a figura do verificador independente pode dar um salto de qualidade e tornar endógenas as consequências e dificuldades do gestor, dando valia jurídica aos seus atos.

As proposituras seguem compassadas com o ideário de que o interesse público, em nosso entender, o interesse geral, deve guiar o equilíbrio transversal de

---

54 Cf. GARCIA, Flávio Amaral. *Dispute boards* e os contratos de concessão. In: CUÉLLAR, Leila; BOCKMAN, Egon; GARCIA, Flávio Amaral; CRUZ, Elisa Schimidlin. *Direito administrativo e* alternative dispute resolution. 2. ed. Belo Horizonte: Fórum, 2022, p. 172-173.

interesses públicos, mercadológicos e dos cidadãos. Se se chegar nesse ponto, certamente serão eliminados custos transacionais, alcançado mais excedente para a sociedade, tudo pautado em padrões de eticidade vinculados à boa-fé objetiva.

REFERÊNCIAS

ABNT. NBR ISO/IEC 38500: Governança corporativa de tecnologia da informação. Rio de Janeiro, 2009. Disponível em: www.abntcatalogo.com.br/norma.aspx?ID=40015. Acesso em: 6 jul. 2023.ANDRADE, Adriana; ROSSETTI, José Paschoal. *Governança corporativa*: fundamentos, desenvolvimento e tendências. São Paulo: Atlas, 2004.

ALEIXO, Letícia Soares Peixoto; GONÇALVES E SILVA, Thalita Verônica. O que é o "S" de ESG? In: YOSHIDA, Consuelo Yatsuda Moromizato; VIANNA, Marcelo Drügg Barreto; KISHI, Sandra Akemi Shimada (coord.). *Finanças sustentáveis*: ESG, *compliance*, gestão de riscos e ODS. Belo Horizonte: ABRAMPA, 2021.

ARAÚJO, Fernando. *Teoria econômica do contrato*. Coimbra: Almedina, 2007.

BRASIL. Tribunal de Contas da União. Secretaria de Planejamento, Governança e Gestão. *Governança pública*: referencial básico de governança aplicável a órgãos e entidades da administração pública e ações indutoras de melhoria. Brasília: Tribunal de Contas da União, 2014.

CAMPOS, Humberto Alves de. Falhas de mercado e falhas de governo: uma revisão da literatura sobre regulação econômica. *Prismas*: Dir., Pol. Publ. e Mundial, Brasília, v. 5, n. 2, p. 341-370, jul./dez. 2008.

COASE, Ronald H. The nature of the firm. *New Series*, v. 4, n. 16, p. 386-405, nov. 1937.

COHEN, David. *Os dilemas da ética*. São Paulo: Exame, 2003.

COHEN, Isadora; SANTANA, Luísa Dubourcq. O verificador nas concessões rodoviárias e a exigência de creditação pelo Inmetro. *Jota*, jan. 2023. Disponível em: https://www.jota.info/opiniao-e-analise/colunas/infra/o-verificador-nas-concessoes-rodoviarias-e-a-exigencia-de-acreditacao-pelo-inmetro-27012023. Acesso em: 6 jan. 2024.

GARCIA, Flávio Amaral. *Dispute boards* e os contratos de concessão. In: CUÉLLAR, Leila; BOCKMAN, Egon; GARCIA, Flávio Amaral; CRUZ, Elisa Schimidlin. *Direito administrativo e* alternative dispute resolution. 2. ed. Belo Horizonte: Fórum, 2022.

GOMES, Filipe Lôbo. *Regulação estatal e o pré-sal*: por uma proposta de modelagem institucional voltada à promoção do direito fundamental ao desenvolvimento econômico mediante a otimização dos contratos de partilha de produção. Recife: O Autor, 2015, p. 183.

I Jornada de prevenção e solução extrajudicial. Brasília: Conselho da Justiça Federal, Centro de Estudos Judiciários, 2016.

I Jornada de Direito Administrativo: enunciados aprovados. Brasília: Conselho da Justiça Federal, Centro de Estudos Judiciários, 2020.

II Jornada Prevenção e solução extrajudicial de litígios: enunciados aprovados. Brasília: Conselho da Justiça Federal, Centro de Estudos Judiciários, 2021.

IBGC. *Código das melhores práticas de governança corporativa*. 4. ed. São Paulo: IBGC, 2009.

IFAC (International Federation of Accountants). Governance in the Public Sector: a governing body perspective. Jan. 2001, p. 47. Disponível em: https://portal.tcu.gov.br/en_us/biblioteca-digital/governance-in-the-public-sector-a-governing-body-perspective.htm. Acesso em: 6 jul. 2023.

IVANEGA, Miriam Mabel. Reflexiones acerca de los contratos administrativos en el siglo XXI. In: MOLINA B., Carlos Mario; RODRÍGUEZ R., Libardo. *El derecho público en Iberoamerica*: evolución y expectativas. Bogotá: Editorial Temis, 2010, p. 105. Tomo II.

KISHI, Sandra Akemi Shimada. ESG e os desafios jurídicos para a governança corporativa. In: YOSHIDA, Consuelo Yatsuda Moromizato; VIANNA, Marcelo Drügg Barreto; KISHI, Sandra Akemi Shimada. *Finanças sustentáveis*: ESG, compliance, gestão de riscos e ODS. Belo Horizonte: ABRAMPA, 2021.

MARQUES NETO, Floriano de Azevedo. *A concessão como instituto do Direito Administrativo*. Tese apresentada ao concurso para provimento de cargo de Professor Titular do Departamento de Direito do Estado da Faculdade de Direito da Universidade de São Paulo, 2013.

MARQUES, Maria da Conceição da Costa. Aplicação dos princípios de governança corporativa no setor público. *Rev. Adm. Contemp.*, Curitiba, v. 11, n. 2, p. 19-20, abr./jun. 2007. Disponível em: www.scielo.br/scielo.php?script=sci_arttext&pid=S1415-65552007000200002. Acesso em: 6 jul. 2023.

MATIAS-PEREIRA, José. A governança corporativa aplicada no setor público brasileiro. *APGS*, Viçosa, v. 2, n. 1, p. 113, jan./mar. 2010.

MINAS GERAIS. *Termo de referência* – descrição dos serviços que deverão ser prestados pela empresa a ser contratada como verificador independente. Disponível em: chrome-extension://efaidnbmnnnibpcajpcglclefindmkaj/https://www.seguranca.mg.gov.br/images/seds_docs/editalpppnovo/anexo%201%20-%20termo%20de%20referencia.pdf. Acesso em: 6 fev. 2024.

OLIVEIRA, Gustavo Justino. A figura do "neutro" nos contratos administrativos no Brasil. *Consultor Jurídico*, jan. 2024. Disponível em: https://www.

conjur.com.br/2024-jan-07/a-figura-do-neutro-nos-contratos-administrativos-no-brasil/#:~:text=O%20artigo%20151%20da%20Lei,resolu%C3%A7%C3%A3o%20de%20disputas%20e%20a. Acesso em: 6 jan. 2024.

PETERS, Guy; PIERRE, John. Governance without government? Rethinking public administration. *Journal of Public Administration Research and Theory* 8. (2). 1998.

PRATS I CATALÁ, Joan. Veinte años de modernización administrativa en los países de g la OCDE. Lecciones aprendidas. In: ARGENTINA. *Projeto de Modernización del Estado. Seminario Internacional sobre Modernización del Estado*. Buenos Aires, 2006. *apud* PIERANTI, Octavio Penna; RODRIGUES, Silvia; PECI, Alketa. Governança e *new public management*: convergências e contradições no contexto brasileiro. *XXXI encontro da ANPAD*. Rio de Janeiro, 22 a 26 de setembro de 2007. Disponível em: www.anpad.org.br/admin/pdf/APS-B392.pdf. Acesso em: 25 fev. 2015.

SANTO, Bruno Vianna Espírito; BARBOSA, Bianca Rocha; IZAR, João Filipi. O futuro do verificador independente: as recentes decisões do TCU. *Consultor Jurídico*, jun. 2021. Disponível em: https://www.conjur.com.br/2021-jun-25/opiniao-futuro-verificador-independente/. Acesso em: 6 jan. 2024.

SANDLER, Todd. Bens públicos intergeracionais: estratégias, eficiência e instituições. In: KAUL, Inge; GRUNBERG, Isabelle; STERN, Marc A. *Bens públicos globais*. Tradução de Zaida Maldonado. Rio de Janeiro: Record, 2012, p. 59-89.

VIANA, Camila Rocha Cunha; PRADO, Inês Maria dos Santos Coimbra de Almeida. Comentários sobre a contratação de certificadoras de implantação e verificadores independentes em parcerias público-privadas. *R. Proc. Geral Est.*, São Paulo, n. 89:25-40, jan./jun. 2019.

WILLIAMSON, Oliver E. *Markets and hierarchies*: analysis and antitrust implications. New York: Free Press, 1975.

WORLD BANK. The International Bank for Reconstruction and Development. Worldwide Governance Indicators (WGI), 2013. Disponível em: http://info.worldbank.org/governance/wgi/index.aspx#faq-1. Acesso em: 6 jul. 2023.

A POSSIBILIDADE DE REGULARIZAÇÃO DO DESMATAMENTO QUANDO REALIZADO SEM AUTORIZAÇÃO, EM ÁREA PASSÍVEL DE CONVERSÃO (USO ALTERNATIVO DO SOLO), E A POSSIBILIDADE DA CONSTRUÇÃO DO CONCEITO DE "DANO AMBIENTAL NÃO INDENIZÁVEL" NA RESPONSABILIDADE CIVIL AMBIENTAL

Tatiana Monteiro Costa e Silva[1]
Marcel Alexandre Lopes[2]

1. INTRODUÇÃO

O presente artigo traz para o debate assuntos pouco enfrentados no ordenamento pátrio: a possibilidade de regularização de desmatamentos realizados sem autorização, em área passível de supressão/conversão, e a necessidade de indenização (responsabilidade civil) do dano ambiental.

O desmatamento sem autorização é conduta antijurídica, que gera desdobramentos nas três esferas de responsabilização ambiental. A administrativa – via da imposição de multa ambiental; a civil – via da instauração de SIMP e Ação Civil Pública, visando à obtenção da reparação do dano ambiental (obrigação de fazer, não fazer e indenização pecuniária); e a criminal – via abertura de inquérito policial para apurar a prática de crime ambiental.

Contudo, na específica possibilidade de regularização do desmatamento irregular, como fica o viés civil da responsabilidade ambiental, principalmente considerando os recentes entendimentos que desmistificaram a obrigatoriedade de cumulação das obrigações de recuperar a área degradada e de pagar indenização?

---

1 Advogada. Professora universitária. Mestre em Direito Ambiental (UEA). Doutora em Direito Difuso e Coletivo (PUC/SP). Presidente da Comissão de Direito Ambiental da OAB/MT.
2 Advogado. Professor universitário. Especialista em Direito Agroambiental pela Fundação Escola do Ministério Público de MT. Mestre em Política Social (UFMT).

Estrutura-se, a partir da análise desses diferentes pontos, a possibilidade de existência de um "dano ambiental não indenizável", conceito desenvolvido na Recomendação Conjunta n. 03/2023, do Procurador-Geral de Justiça e do Corregedor-Geral do Ministério Público do Estado de Mato Grosso, como tentativa de disciplinar a atuação do órgão do *parquet* nos Mutirões de Conciliação Ambiental realizados em conjunto com o órgão ambiental estadual.

Acontece que, recentemente, essa recomendação conjunta foi revogada pelo Colégio de Procuradores do Estado, em razão de conflitos internos do próprio órgão do MPE[3].

De qualquer forma, trata-se de assunto relevante sobre o qual a doutrina ainda não se debruçou profundamente, e merece discussão, pois certamente vão existir conflitos decorrentes da interpretação das primeiras conciliações realizadas, momento em que o representante do MPE dispensou pagamento de valores financeiros quando constatada a prévia do desflorestamento realizado sem a devida autorização (o desmate que justificou a abertura do SIMP foi regularizado antes de sua conclusão).

2. A RESPONSABILIDADE EM MATÉRIA AMBIENTAL

Está assentado no ordenamento nacional que um mesmo fato jurídico, quando lesivo ao ambiente, será capaz de gerar sanções[4] em três diferentes esferas: penal, civil e administrativa.

---

3 "Após a realização das primeiras conciliações, visando dar efetividade e assegurar a devida transparência e segurança jurídica, o Procurador-Geral de Justiça instituiu a Recomendação Conjunta n. 03/2023 para os membros do MP/MT.
Mencionada Recomendação assertivamente definiu o que é 'dano ambiental não indenizável', para as situações em que os desmates foram realizados fora das áreas protegidas e em áreas passíveis de conversão, que ocorreram antes da emissão da referida licença, com a devida comprovação da regularização ambiental e validação do Cadastro Ambiental Rural e/ou quando necessário quando da adesão ao Plano de Recuperação Ambiental. Neste caso, o produtor deve comprovar que não há dano ambiental, exemplificado da seguinte forma: o produtor que teria o direito a desmatar determinada área, desde que com a devida licença ambiental expedida pela SEMA/MT. Frise-se que casos como esse não podem ser considerados como dano ambiental, e sim apenas ilícito, pois a modificação do meio ambiente ocorreria da mesma forma, apenas em momentos diferentes. Sendo assim não haveria a relativação da teoria da Proteção Integral. Infelizmente, rumores relacionados a descontentamento interno de alguns membros do Órgão Ministerial, começaram a surgir no sentido de insatisfação relacionada a atuação do membro nomeado para o feito, além de duras críticas sobre o conteúdo da Recomendação Conjunta n. 03/2024, gerando instabilidade geral e verdadeiro caos de opiniões internas de lados opostos, sejam ideológicos ou políticos" (ALEGRIA; BRESSANE, 2024).

4 "Para que o homem viva e conviva em sociedade é mister a existência de regras de conduta que estabeleçam comportamentos que permitam essa harmoniosa convivência. É exatamente por isso que existem normas jurídicas. Preveem elas, então, condutas desejadas pelo legislador. Todavia, nem sempre, pelas mais diversas razões, tais comportamentos queridos pelo legislador são espontaneamente obser-

É o que estabelece o art. 225, § 3.º, da Constituição da República de 1988:

> [...] as condutas e atividades consideradas lesivas ao meio ambiente sujeitarão os infratores, pessoas físicas ou jurídicas, a sanções penais e administrativas, independentemente da obrigação de reparar os danos causados.

Vem daí a "[...] denominada tríplice responsabilização em matéria ambiental" (THOMÉ, 2021, p. 637), fruto da Política Nacional do Meio Ambiente – PNMA, que em seu art. 14, § 1.º, introduziu premissas balizadoras das ações governamentais[5], texto recepcionado pela Constituição de 1988, que vincula o poluidor a "medidas de caráter reparatório e punitivo" (MILARÉ, 2018, p. 201).

Reforçando esse entendimento, trazemos a lição de Marcelo Abelha Rodrigues:

> Destarte, o que nos permite discernir e encontrar um campo próprio e diverso entre as sanções administrativas, penais e civis sobre uma mesma conduta, é, sem dúvida, o seu objeto precípuo de tutela.
>
> É exatamente por isso que uma mesma conduta pode ser sancionada nas três esferas sem que isso represente um *bis in idem* (RODRIGUES, 2013, p. 332).

Édis Milaré bem ressalva que a possibilidade de "aplicação cumulativa dessas esferas de responsabilização, dada finalidade própria de cada uma, não induz *bis in idem*" (MILARÉ, 2018, p. 201).

Em suma, na tríplice responsabilização ambiental, conforme premissas constitucionais, temos o viés preventivo, relacionado à responsabilidade administrativa; o viés reparatório, lincado à responsabilidade cível; e o viés repressivo, vinculado à seara criminal, como bem colocam Brauner e Silva (2016)[6].

Curt, Terence e Natascha Trennepohl (2021) também ensinam a respeito:

> [a] satisfação de uma das penalidades aplicadas não tem o condão de afastar a outra, isto é, o pagamento da multa administrativa não elide a responsabilidade na esfera criminal e eventual absolvição ou transação no processo penal não interfere no julgamento do processo administrativo.

---

vados. É por isso, então, que a ordem jurídica prevê sanções como resposta estatal às antijuridicidades. É, dessa forma, a antijuridicidade (comportamento contrário ao direito) o pressuposto de aplicação da sanção" (RODRIGUES, 2013, p. 331-332).

5 "Art. 14. Sem prejuízo das penalidades definidas pela legislação federal, estadual e municipal, o não cumprimento das medidas necessárias à preservação ou correção dos inconvenientes e danos causados pela degradação da qualidade ambiental sujeitará os transgressores:
§ 1.º Sem obstar a aplicação das penalidades previstas neste artigo, é o poluidor obrigado, independentemente da existência de culpa, a indenizar ou reparar os danos causados ao meio ambiente e a terceiros, afetados por sua atividade. O Ministério Público da União e dos Estados terá legitimidade para propor ação de responsabilidade civil e criminal, por danos causados ao meio ambiente".

6 BRAUNER, Maria Claudia Crespo; SILVA, Carina Goulart da. A tríplice responsabilidade ambiental e a responsabilidade penal da pessoa jurídica. Universidade Federal do Rio Grande do Norte. *Juris – Revista da Faculdade de Direito*, v. 26, p. 71-87, 2016. Disponível em: https://periodicos.furg.br/juris/article/viewFile/5882/4153. Acesso em: 15 jun. 2024.

Portanto, é visto que a responsabilidade ambiental tem por escopo, via um conjunto de normas cogentes, reprimir condutas e punir infratores do meio ambiente, com vistas a evitar a sua degradação e assegurar a premissa de que todos têm direito ao meio ambiente equilibrado.

3. REGRAMENTO PARA O USO DOS RECURSOS NATURAIS E A POSSIBILIDADE DE REGULARIZAÇÃO DE DESMATAMENTOS REALIZADOS SEM AUTORIZAÇÃO

Assim como a tríplice responsabilidade está pacificada em nosso ordenamento, também é cediço que o ser humano integra o planeta e sua sobrevivência depende do uso de recursos e insumos oferecidos pela Terra.

A preocupação moderna, portanto, centra-se em assegurar equilíbrio à relação entre os humanos e a natureza, mesmo quando o primeiro se apropria e transforma a segunda.

Legislações do mundo inteiro, e não apenas a nacional, preveem o uso dos recursos naturais, disciplinando o necessário para tanto, o que normalmente está relacionado a um processo ou procedimento de autorização.

No presente artigo interessa o que diz respeito ao desmatamento, ou seja, a remoção da vegetação para uso alternativo do solo.

Para o Dicionário On-line de Português[7], desmatamento significa "ação ou efeito de desmatar; ato que consiste na retirada do mato; ação de limpar as impurezas de um terreno através do mato que o recobre". Também tem como palavra sinônima o termo "desflorestamento".

Nosso sistema normativo sempre previu a possibilidade de remoção da vegetação nativa como forma de assegurar o uso alternativo do solo[8]. Em alguns momentos de nossa história, aliás, tal prática chegou a ter caráter compulsório[9].

---

7 Disponível em: https://www.dicio.com.br/desmatamento/. Acesso em: 15 jun. 2024.
8 Art. 3.º da Lei n. 12.651, de 2012 (Código Florestal):
"VI – uso alternativo do solo: substituição de vegetação nativa e formações sucessoras por outras coberturas do solo, como atividades agropecuárias, industriais, de geração e transmissão de energia, de mineração e de transporte, assentamentos urbanos ou outras formas de ocupação humana;"
9 "Este movimento, coordenado pelo Estado para atender às demandas produtivas do país, tinha a intencionalidade de desenvolver as potencialidades existentes na região Centro-Oeste, tornando-a apta para a reprodução do capital. Para materializar esta intencionalidade, alguns planos e programas orientaram o planejamento e as ações governamentais. Vale destacar o Programa de Ação Econômica do Governo (1964-1966); o Plano Decenal de Desenvolvimento Econômico e Social (1967-1976) e o Programa Estratégico de Desenvolvimento (1968-1970), todos eles de responsabilidade do Governo Federal".

O reconhecimento dessa realidade permitiu que fosse inserido, no vigente Código Florestal, o conceito de área rural consolidada[10], por exemplo.

Hoje, existe previsão para autorização de desmatamento para todos os diferentes biomas existentes no país, desde que ocorra a autorização pelo órgão ambiental competente, o que se dá em procedimento que, tradicionalmente, condiciona a atividade à manutenção de espaços em que a vegetação tida por nativa (ou natural) permaneça intacta.

Falando especificamente da realidade do Estado de Mato Grosso, autorizações de desmate são regularmente expedidas pelo órgão ambiental quando o proprietário demonstra que sua ação de transformação, no mínimo, não incidente em APP[11] ou ARL[12].

Estabelecer essas delimitações é tarefa complexa, sujeita a variáveis diversas, cujo tratamento não é conveniente ou essencial no momento, dadas as características do estudo realizado – um artigo –, bem como aquilo que é o verdadeiro objetivo proposto: *entender se um desmatamento pode ou não ser regularizado, mesmo quando realizado sem a autorização prévia do órgão ambiental competente, e se, a partir dessa regularização, é necessário indenizar o dano ambiental.*

Andrea Vulcanis (2022), com a propriedade que sempre lhe é peculiar, recentemente observou que desmatamentos realizados sem a prévia autorização podem ser regularizados, desde que realizados em área passível de conversão.

A festejada autora chega a sugerir e indicar um procedimento para que essa regularização ocorra, a "licença corretiva", já regulamentada nos Estados de Minas Gerais (Decreto n. 47.749/2019) e Goiás (Lei n. 21.231/2022). Vejamos:

> Silente a legislação nacional, as legislações estaduais passaram a regulamentar o tema. É o caso, para exemplificar, do artigo 12 do Decreto 47.749/19, do Estado de Minas Gerais, e dos arts. 13, 14 e 18 da Lei 21.231/22, do Estado de Goiás. Em ambos os casos, admite-se a emissão de autorizações corretivas, obedecidos critérios técnicos e legais estabelecidos na legislação de referência e, nas duas legislações em comento, há uma vinculação a apuração irrestrita da infração ambiental (VULCANIS, 2022).

---

10 Art. 3.º da Lei Federal n. 12.651, de 2012:
"IV – área rural consolidada: área de imóvel rural com ocupação antrópica preexistente a 22 de julho de 2008, com edificações, benfeitorias ou atividades agrossilvipastoris, admitida, neste último caso, a adoção do regime de pousio."

11 Art. 3.º da Lei Federal n. 12.651, de 2012:
"II – Área de Preservação Permanente – APP: área protegida, coberta ou não por vegetação nativa, com a função ambiental de preservar os recursos hídricos, a paisagem, a estabilidade geológica e a biodiversidade, facilitar o fluxo gênico de fauna e flora, proteger o solo e assegurar o bem-estar das populações humanas."

12 No mínimo, porque também existem situações em que órgão ambiental promove outras análises, que ultrapassam a verificação da integridade da vegetação na ARL e na APP, como o que ocorre em extrações seletivas (FREITAS; ARAÚJO SOBRINHO; MELLO, 2019, p. 65).

Ela também destaca a importância da iniciativa, inclusive sob o ponto de vista da economia, pois permite que milhares de hectares venham ser reincorporados ao processo produtivo:

> Os números de hectares dessas terras privadas, passíveis de autorização de desmatamento, porém efetivados sem licença, não são claros mas representam, sem qualquer sombra de dúvida, milhares de hectares, portanto, que deveriam, nos termos da lei, terem sido alvo de fiscalização, autuação e embargo. Uma parte dessas terras efetivamente se submeteu ao procedimento fiscalizatório, outras não. Algumas respeitaram embargos, outras não. Não há dados disponíveis totalizando esses números para o território nacional.
>
> Fato é que, do ponto de vista jurídico, a legislação que trata das infrações, notadamente o Decreto federal 6.514/08, que dá base a praticamente todas as legislações subnacionais sobre o tema das infrações administrativas ambientais, estabelece em seu artigo 15-B que: *"A cessação das penalidades de suspensão e embargo dependerá de decisão da autoridade ambiental após a apresentação, por parte do autuado, de documentação que regularize a obra ou atividade"*.
>
> A saber, se as obras ou atividades que deram causa ao uso alternativo do solo são passíveis de regularização. Aponte-se que, a par das questões ambientais envolvidas, são milhares de hectares de terra sobre os quais há fortes interesses econômicos envolvidos na regularização de seu uso (VULCANIS, 2022).

4. A REGULARIZAÇÃO AMBIENTAL E A POSSIBILIDADE DE CONSTRUÇÃO DO CONCEITO DE DANO AMBIENTAL NÃO INDENIZÁVEL

Como visto anteriormente, em matéria ambiental, o mesmo ilícito pode gerar diferentes tipos de responsabilização: nas esferas civil, penal e administrativa, sem que isso acarrete *bis in idem*.

Marcelo Caetano Vacchiano (2024) acrescenta:

> Um ilícito ambiental gera três tipos diferentes de responsabilização por parte de quem o pratica. São instâncias diferentes, e é reconhecido, pelos tribunais superiores, que a solução de uma não exclui a necessidade de equacionamento das outras. Poderia parecer, à primeira vista, o que chamamos de "bis in idem", isto é, responsabilizar uma pessoa pela prática da mesma conduta ilícita por mais de uma vez.

Com efeito, "certo é que como já delineado no presente estudo, não há óbice para que uma única pessoa sofra reprimendas em âmbitos jurídicos diversos, cada qual com suas características peculiares" (BRANDÃO, 2019).

O ilícito administrativo ambiental tem como fundamento as diretrizes consubstanciadas na Lei Federal n. 9.605, de 1998, que em seu Capítulo VI, no art. 70, dispõe sobre o conceito de "infração administrativa ambiental"[13].

As infrações administrativas foram, ainda, regulamentadas pelo Decreto Federal n. 6.514, de 2008, que prevê a aplicação das punições ali previstas sem prejuízos de outras legalmente instituídas no território nacional.

Essa responsabilização é sempre subjetiva, conforme decidido nos embargos de divergência que originaram o Enunciado Administrativo 02, do Superior Tribunal de Justiça, quando do julgamento do REREsp 1.318.051/RJ, de relatoria do Ministro Mauro Campbell Marques, da Primeira Seção, julgado em 8 de maio de 2019, publicado no *DJe* de 12 de junho de 2019:

> PROCESSUAL CIVIL. EMBARGOS DE DIVERGÊNCIA SUBMETIDOS AO ENUNCIADO ADMINISTRATIVO 2/STJ. EMBARGOS À EXECUÇÃO. AUTO DE INFRAÇÃO LAVRADO EM RAZÃO DE DANO AMBIENTAL. NECESSIDADE DE DEMONSTRAÇÃO DA RESPONSABILIDADE SUBJETIVA[14].

---

13 "Art. 70. Considera-se infração administrativa ambiental toda ação ou omissão que viole as regras jurídicas de uso, gozo, promoção, proteção e recuperação do meio ambiente.
§ 1.º São autoridades competentes para lavrar auto de infração ambiental e instaurar processo administrativo os funcionários de órgãos ambientais integrantes do Sistema Nacional de Meio Ambiente – SISNAMA, designados para as atividades de fiscalização, bem como os agentes das Capitanias dos Portos, do Ministério da Marinha.
§ 2.º Qualquer pessoa, constatando infração ambiental, poderá dirigir representação às autoridades relacionadas no parágrafo anterior, para efeito do exercício do seu poder de polícia.
§ 3.º A autoridade ambiental que tiver conhecimento de infração ambiental é obrigada a promover a sua apuração imediata, mediante processo administrativo próprio, sob pena de corresponsabilidade.
§ 4.º As infrações ambientais são apuradas em processo administrativo próprio, assegurado o direito de ampla defesa e o contraditório, observadas as disposições desta Lei."

14 "1. Na origem, foram opostos embargos à execução objetivando a anulação de auto de infração lavrado pelo Município de Guapimirim – ora embargado –, por danos ambientais decorrentes do derramamento de óleo diesel pertencente à ora embargante, após descarrilamento de composição férrea da Ferrovia Centro Atlântica (FCA). 2. A sentença de procedência dos embargos à execução foi reformada pelo Tribunal de Justiça do Estado do Rio de Janeiro pelo fundamento de que o risco da atividade desempenhada pela apelada ao causar danos ao meio ambiente consubstancia o nexo causal de sua responsabilidade, não havendo, por conseguinte, que se falar em ilegitimidade da embargante para figurar no polo passivo do auto de infração que lhe fora imposto, entendimento esse mantido no acórdão ora embargado sob o fundamento de que [a] responsabilidade administrativa ambiental é objetiva; 3. Ocorre que, conforme assentado pela Segunda Turma no julgamento do REsp 1.251.697/PR, de minha relatoria, *DJe* de 17.4.2012), a aplicação de penalidades administrativas não obedece à lógica da responsabilidade objetiva da esfera cível (para reparação dos danos causados), mas deve obedecer à sistemática da teoria da culpabilidade, ou seja, a conduta deve ser cometida pelo alegado transgressor, com demonstração de seu elemento subjetivo, e com demonstração do nexo causal entre a conduta e o dano; 4. No mesmo sentido, decidiu a Primeira Turma em caso análogo envolvendo as mesmas partes: A responsabilidade civil ambiental é objetiva; porém, tratando-se de responsabilidade administrativa ambiental, o terceiro, proprietário da carga, por não ser o efetivo causador do dano ambiental, responde subjetivamente pela degradação ambiental causada

Depois disso, se firmou entendimento de que "os tribunais superiores têm decidido, reiteradamente, que não se aplica a responsabilidade objetiva na imposição de sanções administrativas, sendo necessário a comprovação de culpa ou dolo" (TRENNEPOHL *et. al*, 2022, p. 92).

O art. 72 da Lei n. 9.605 delimita quais as espécies de sanções que decorrem das infrações administrativas, enumeração repetida pelo Decreto Federal n. 6.514/2008, em seu art. 3.º. Vejamos:

> Art. 72 – As infrações administrativas são punidas com as seguintes sanções, observado o disposto no art. 6.º:
>
> I – advertência;
>
> II – multa simples;
>
> III – multa diária;
>
> IV – apreensão dos animais, produtos e subprodutos da fauna e flora, instrumentos, petrechos, equipamentos ou veículos de qualquer natureza utilizados na infração;
>
> V – destruição ou inutilização do produto;
>
> VI – suspensão de venda e fabricação do produto;
>
> VII – embargo de obra ou atividade;
>
> VIII – demolição de obra;
>
> IX – suspensão parcial ou total de atividades; [...]
>
> XI – restritiva de direitos.

Falando especificamente do desmate, o Decreto Federal n. 6.514, de 2008, distingue as ações quando elas ocorrem "dentro" ou "fora" de espaços protegidos, a exemplo da Área de Reserva Legal – ARL[15].

Quando realizadas "fora" são tipificadas conforme o que está disposto no art. 52:

> Art. 52. Desmatar, a corte raso, florestas ou demais formações nativas, *fora da reserva legal, sem autorização da autoridade competente:*
>
> Multa de R$ 1.000,00 (mil reais) por hectare ou fração. (Redação dada pelo Decreto n. 6.686, de 2008).

---

pelo transportador; (AgRg no AREsp 62.584/RJ, Rel. p/ Acórdão Ministra Regina Helena Costa, *DJe* de 7.10.2015); 5. Embargos de divergência providos."

15 Art. 3.º da Lei Federal n. 12.651, de 2012.
"II – Reserva Legal: área localizada no interior de uma propriedade ou posse rural, delimitada nos termos do art. 12, com a função de assegurar o uso econômico de modo sustentável dos recursos naturais do imóvel rural, auxiliar a conservação e a reabilitação dos processos ecológicos e promover a conservação da biodiversidade, bem como o abrigo e a proteção de fauna silvestre e da flora nativa."

E quando realizadas "dentro" da propriedade, vale o disposto no art. 51:

> Art. 51. Destruir, desmatar, danificar ou explorar floresta ou qualquer tipo de vegetação nativa ou de espécies nativas plantadas, em área de reserva legal ou servidão florestal, de domínio público ou privado, sem autorização prévia do órgão ambiental competente ou em desacordo com a concedida: (Redação dada pelo Decreto n. 6.686, de 2008).
>
> Multa de R$ 5.000,00 (cinco mil reais) por hectare ou fração.

Nítida a intenção do legislador em estabelecer distinção que não toma por base a ação (que em ambos os casos é desmatar) ou o sujeito, mas, sim, o local de sua materialização ("dentro" ou "fora" de ARL), mesmo porque, em ambos os casos, para além da multa típica da infração administrativa ambiental, certamente também ocorrerá a medida cautelar de embargo.

Andrea Vulcanis (2022), como já mencionado antes, desenvolveu um profícuo trabalho esclarecendo a possibilidade de regularização de um desses desmatamentos – aquele que ocorre fora da ARL –, mesmo quando realizado sem autorização e, portanto, caracterizando infração administrativa.

Mas a pretensão aqui não se limita à possibilidade de regularização, e sim avançar algumas casas no estudo, para afirmar o posicionamento realizado por Marcelo Caetano (2023), de que haveria aí uma possibilidade, na esfera cível, de um dano ambiental não indenizável.

Ao contrário do que ocorre na esfera administrativa, na esfera cível, a responsabilidade se constata de modo objetivo, ou seja, sem a necessidade de comprovação de dolo ou culpa, entretanto, a proposta de discussão envolve entender se, e somente se, tendo sido o desmatamento regularizado, ainda que depois de imposta a sanção administrativa, o comportamento persistiria como passível de receber uma sanção civil, sujeito a indenização mediante pagamento.

Para Marcelo Caetano Vacchiano (2023) não, pois ainda que nosso sistema normativo tenha consolidado a hipótese da tripla responsabilização ambiental, a recuperação do dano civil deve ser *in sito* ou *ex sito*, conforme o momento do ilícito, só sendo autorizada a conversão em pecúnia quando verificadas situações de "intranquilidade social" ou "alterações relevantes à coletividade local", que, conforme pacífico entendimento nas Câmaras de Direito Público do Tribunal de Justiça do Estado de Mato Grosso, exigem prova por se tratarem de situação fática excepcional.

É justo e necessário esclarecer que Marcelo Caetano Vacchiano, ao defender referida tese, o fazia no contexto e propósito de trazer segurança jurídica à conciliação ambiental que está sendo desenvolvida em parceria com o órgão ambiental estadual – a SEMA/MT –, assim como também é importante esclarecer que essa iniciativa custou muito àquele promotor, pois em que pese os excelentes resultados alcançados, sofreu e está sofrendo duras represálias de seus próprios pares.

Concluído esse parêntese e voltando ao relevante para este artigo, resta claro que a tese sugerida por Marcelo Caetano Vacchiano faz total sentido, principalmente porque não só se alinha ao decidido recorrentemente pelas Câmaras de Direito Público do Tribunal de Justiça do Estado de Mato Grosso, mas também ao que pensa o STJ.

Vejamos as palavras do próprio promotor referenciado:

> O STJ tem enfrentado o tema da obrigação de reparação de danos na forma em pecúnia em casos similares, sendo que, nos casos concretos submetidos à sua apreciação, tem imposto dever de indenizar nos casos em que os desmatamentos tenham ocorrido em áreas protegidas, como Reservas Legais, Áreas de Preservação Permanente e Unidades de Conservação. Dentre as jurisprudências que analisei (REsp 1.989.778/MT, AgInt no REsp 1.701.573/PE, REsp 1.745.033/RS, REsp 1.940.030/SP, REsp 1.245.550, REsp 1.269.494/MG, REsp 1.198.727/MG, REsp 1.058.222/SP, EREsp 1.342.846/RS, REsp 1.267.002/SC, REsp 1.278.099/MG, RESP 1.668.701/PE, REsp 2.040.593/MT e Agravo em REsp 2.216.835/MT).

Ainda deve ser acrescentada a esses precedentes a recentíssima decisão tomada no REsp 2.078.222, pela qual se estabeleceu que, mesmo sendo possível cumular a obrigação de recuperar a área degradada com indenização, essa cumulação não é obrigatória, pois está relacionada à impossibilidade de fazer a recuperação total no local.

Esse entendimento arrefece as análises mais ideológicas da Súmula 629 do STJ[16], cujo enunciado reconheceu a possibilidade de "condenação do réu à obrigação de fazer ou à de não fazer cumulada com a de indenizar".

Gabriel Tedesco Wedy (2018) ajuda a entender o sentido do que pretendemos afirmar quando escreve que, mesmo sendo a responsabilidade civil ambiental aferida pelo prisma da objetividade, se sujeita a pressupostos específicos para a caracterização.

> Os pressupostos da responsabilidade civil por danos ambientais são, basicamente: a existência de atividade de risco para a saúde e ao meio ambiente; o dano ou risco de dano, efetivo ou potencial, o nexo de causalidade entre a atividade e o resultado lesivo.

Anderson Luiz Martins de Moura (2018, p. 56) vai além ao definir seus "requisitos legais da responsabilidade civil ambiental", de acordo com uma visão normativa:

> Assim, decorrem da Lei 6.938/81, à luz da Constituição Federal, os seguintes requisitos da responsabilidade civil ambiental:

---

16 Dano ambiental, é admitida a condenação do réu à obrigação de fazer ou à de não fazer cumulada com a de indenizar (Súmula 629, Primeira Seção, j. 12.12.2018, *DJe* 17.12.2018).

(i) Requisito 1 – Violação de um dever (art. 14, par. 1., da Lei 6.938/81): O sujeito da responsabilidade é aquele que viola seus deveres de defesa e preservação do meio ambiente.

(ii) Requisito 2 – Nexo causal (art. 14, par. 1., da Lei 6.938/81): O objeto da responsabilidade é a reparação dos danos que foram causados pela atividade.

(iii) Requisito 3 – Hipótese de incidência geral (art. 14, *caput*, da Lei 6.938/81): Transgressão de regra que imponha medidas necessárias à preservação ou correção dos inconvenientes danos.

(iv) Requisito 4 – Hipótese de incidência específica: Dar causa ao evento danoso.

Conforme o autor, a análise dos dispositivos define limites para a responsabilidade civil ambiental, na medida em que assenta a possibilidade de se rejeitar a responsabilização de alguém que não violou regra ou dever, ou cuja atividade não deu causa a evento e, por que não dizer, tenha de algum modo promovido a correção dos danos inconvenientes.

Para que não se perca o fio da meada, lembramos que esse artigo procura tratar do desmatamento que, mesmo realizado sem autorização e, por isso mesmo, ter caracterizado uma infração administrativa, se deu em área passível de conversão e, também por isso mesmo, pôde ser regularizado.

Nessas situações, o dano é representado pelo "desmate sem autorização", que foi corrigido quando da regularização.

Essa regularização, no Estado de Mato Grosso, ocorre na esfera administrativa quando da aprovação do Cadastro Ambiental Rural (CAR) e do pagamento da reposição florestal.

Vejamos as disposições da Lei Complementar Estadual n. 592/2017, que trata da regularização dos imóveis rurais:

> DA REGULARIZAÇÃO AMBIENTAL DOS IMÓVEIS RURAIS Art. 18. Formalizada a inscrição no Cadastro Ambiental Rural – CAR, o processo seguirá automaticamente para a fase de regularização ambiental da propriedade ou posse rural, composta das seguintes etapas:
>
> I – análise e validação das informações declaradas no CAR, identificação da cobertura vegetal, fixação do percentual, alocação, delimitação e registro das áreas de Reserva Legal, Preservação Permanente, Uso Restrito e eventual resolução de sobreposições de áreas;
>
> II – apresentação da proposta de regularização dos passivos ambientais de Áreas de Preservação Permanente, Reserva Legal ou Uso Restrito, pelo proprietário e/ou possuidor rural, com a consequente assinatura do correspondente Termo de Compromisso.

E do Decreto n. 1.313/2022, que trata do pagamento obrigatório de reposição nos casos de supressão ilegal de vegetação:

Art. 88. A reposição florestal obrigatória decorrente de supressão ilegal de vegetação nativa deverá ser cumprida no prazo de 120 (cento e vinte) dias, a contar da notificação administrativa exigindo o cumprimento da obrigação.

Parágrafo único. Quando a opção for o pagamento da taxa de reposição florestal, o seu parcelamento poderá ser informado no prazo da notificação, devendo ser comprovado mensalmente nos autos o pagamento das parcelas, até efetiva quitação da obrigação.

Por ocasião da Conciliação Ambiental[17] realizada no Estado de Mato Grosso, o Ministério Público acrescentou um novo requisito a esse propósito: o pagamento da multa fixada na esfera administrativa, como se pode ver do disposto no art. 3.º da Recomendação Conjunta n. 03/2024, do Procurador-Geral de Justiça e do Corregedor-Geral do Ministério Público de Mato Grosso:

Art. 3.º Considera-se dano ambiental não indenizável, para aplicação da presente recomendação conjunta, os desmatamentos que preencherem os seguintes requisitos concomitantemente:

I – realizados em área passível de conversão; e

II – realizados sem prévia autorização do órgão ambiental competente.

§ 1.º Verificado o preenchimento concomitante dos requisitos dispostos no *caput*, dispensa-se o pagamento em pecúnia ou equivalente apenas se for pactuada efetiva regularização ambiental, o pagamento da multa administrativa correspondente e o cumprimento da reposição florestal.

§ 2.º No caso do *caput*, poderá ser utilizado o Relatório de Valoração de Dano Ambiental ou outra forma de valoração para prefixação de penas e danos caso haja descumprimento total ou parcial do acordo celebrado.

Com isso, estabeleceu-se, ao que parece pela primeira vez, o conceito de "dano ambiental não indenizável".

Ocorre que, assim como surgiu, essa recomendação acabou revogada, o que não impede o reconhecimento da relevância do conceito, bem como da importância de seu debate, pois é inequívoco que com a regularização se permite manter a conversão realizada, sendo assim corrigido o dano ambiental praticado (um desmate sem autorização).

Corrigido o dano, dispensa-se a recuperação *in sito* ou *ex sito*, bem como não há falar-se em pagamento de pecúnia, pois essa só é admitida quando impossível a recomposição, o que não é o caso.

---

17 Mutirão da Conciliação Ambiental no âmbito do Programa de Conversão de Multas Ambientais, conforme Decreto Estadual n. 1.432, de 2022. O Ministério Público é parceiro da Secretaria de Estado de Meio Ambiente – SEMA, contando também com a participação da Polícia Judiciária Civil, a Procuradoria-Geral do Estado e Poder Judiciário do Estado de Mato Grosso, por meio do Núcleo Permanente de Métodos Consensuais de Solução de Conflitos (NUPEMEC).

5. CONCLUSÃO

A apropriação da natureza pelo homem é um fato, tanto é que a legislação ambiental brasileira, uma das mais restritivas do mundo, disciplina largamente os requisitos para sua ocorrência, visando resguardar o bem ambiental para as presentes e futuras gerações, conforme diretrizes encampadas no texto constitucional.

Com efeito, nem toda conduta ou ação que importa no consumo de recursos naturais deve ser considerada ilegal, capaz de justificar a imposição da tríplice responsabilidade ambiental: administrativa, civil e penal.

Neste artigo, procuramos demonstrar que determinadas condutas, mesmo caracterizando um ilícito que justifica responsabilização em uma das esferas da tríplice responsabilidade ambiental, podem não produzir a mesma consequência perante as demais. Em outras palavras, a responsabilização do sujeito na quadra administrativa, por exemplo, não torna obrigatório que também ocorra a responsabilização na quadra civil.

Os elementos caracterizadores de cada uma das responsabilidades precisam ser adequadamente satisfeitos para que ocorram cada uma das três diferentes responsabilizações, caso a caso.

Sendo assim, e, admitindo-se a possibilidade de correção de determinadas condutas, factível considerar que, mesmo diante da ocorrência de um fato, não se fale em responsabilização se a consequência ilegal produzida foi consertada ou regularizada perante o órgão ambiental.

Pensaríamos, então, em situações de dano ambiental não indenizável – a doutrina pode consolidar uma outra denominação para o fenômeno –, justamente porque antes de se falar em indenização ocorreu a correção da situação concreta, inclusive com a emissão de um "atestado" pelo órgão ambiental competente, daí não se falar em dano, no sentido de prejuízo ou lesão ao ambiente, em que pese ter ocorrido um ilícito.

Por certo que essa possibilidade não é para todas as situações, mas apenas para os casos em que a correção signifique a completa submissão do comportamento à regra.

Esse entendimento é necessário para dar celeridade e eficiência aos processos administrativos paralisados pela inércia estatal, na maioria das vezes, ao mesmo tempo que deve impulsionar e estimular o sujeito a regularizar imediatamente a sua conduta.

A governança das instâncias de responsabilidade requer atores preparados para os novos modelos de discussão, a exemplo das conciliações ambientais, fenômeno novo em que se exige a discussão sobre hipóteses de danos ambientais não indenizáveis, inclusive no propósito de se alcançar segurança jurídica.

REFERÊNCIAS

ALEGRIA, Pamela Cizerga; BRESSANE, Rodrigo. O futuro do mutirão da conciliação ambiental no estado de Mato Grosso. Disponível em: https://www.pontonacurva.com.br/opiniao/o-futuro-do-mutirao-da-conciliacao-ambiental-no estado-de-mato-grosso/22894. Acesso em: 15 jun. 2024.

BRANDÃO, Pedro Rodrigo Cavalcante. Responsabilidade ambiental: análise dos fundamentos e instrumentos jurídicos para coibir lesões ao meio ambiente. *Revista Acadêmica Superior do Ministério Público do Ceará*, 2019. Disponível em: chrome-extension://efaidnbmnnnibpcajpcglclefindmkaj/https://mpce.mp.br/wp-content/uploads/2019/12/ARTIGO-10.pdf. Acesso em: 9 jun. 2024.

BRAUNER, Maria Claudia Crespo; SILVA, Carina Goulart da. A tríplice responsabilidade ambiental e a responsabilidade penal da pessoa jurídica. Universidade Federal do Rio Grande do Norte. *Juris* – Revista da Faculdade de Direito, v. 26, p. 71-87, 2016. Disponível em: https://periodicos.furg.br/juris/article/viewFile/5882/4153. Acesso em: 15 jun. 2024.

CAVALCANTE, Márcio André Lopes. A responsabilidade administrativa ambiental é de natureza subjetiva. *Buscador Dizer o Direito*. Manaus. Disponível em: https://www.buscadordizerodireito.com.br/jurisprudencia/detalhes/90fd26a243f6d14c4b3df082cdc8da66. Acesso em: 9 jun. 2024.

FREITAS, Wagner Abadio; ARAÚJO SOBRINHO, Fernando Luiz; MELLO, Marcel. A influência de planos e programas do governo federal na região Centro-Oeste: ocupação e modernização do território entre as décadas de 1960 a 1970. *Revista Política e Planejamento Regional* – RPPR, Rio de Janeiro, v. 6, n. 1, jan./abr. 2019.. ISSN 2358-455666. Disponível em: chrome-extension://efaidnbmnnnibpcajpcglclefindmkaj/https://revistappr.com.br/artigos/publicados/A-influencia-de-planos-e-programas-do-Governo-Federal-na-regiao-Centro-Oeste-ocupacao-e-modernizacao-do-territorio-entre-as-decadas-de-1960-a-1970.pdf. Acesso em: 15 jun. 2024.

LEONHARDT, Roberta Danelon; STUMP, Daniela. Súmula 601 STJ: desafios contemporâneos da atuação do Ministério Público na área ambiental. In: JACCOUD, Cristiane; GIL, Luciana; MORAIS, Roberta Jardim (org.). *Súmulas do STJ em matéria ambiental comentadas*. Londrina: Editora Thoth, 2019.

MILARÉ, Édis. *Direito do ambiente*. 11. ed. rev., atual. e ampl. São Paulo: RT, 2018.

MOURA, Anderson Luiz de. Responsabilidade civil ambiental do poluidor indireto: reflexões e tendências. In: QUERUBINI, Albenir; BURMANN, Alexandre; BESSA, Paulo (org.). *Direito ambiental e os 30 anos da Constituição de 1988*. Londrina: Thoth, 2018.

RODRIGUES, Marcelo Abelha. *Direito ambiental esquematizado. De acordo com o novo Código Florestal (Lei n. 12.651/2012 e alterações da Lei n. 12.727/2012)*. São Paulo: Saraiva, 2013.

THOMÉ, Romeu. *Manual de direito ambiental*. 11. ed. Salvador: Juspodivm, 2021.

TRENNEPOHL, Curt; TRENNEPOHL, Terence. *Licenciamento ambiental*. 9. ed. rev., atual. e ampl. São Paulo: RT, 2022.

TRENNEPOHL, Curt; TRENNEPOHL, Terence; TRENNEPOHL, Natascha. *Infrações Ambientais: Comentários ao Decreto n. 6.514/08*. São Paulo: Editora Revista dos Tribunais, 2021.

VACCHIANO, Marcelo Caetano. *Conciliação ambiental, segurança jurídica e Recomendação 003/2024*. Mar. 2024. Disponível em: https://www.mpmt.mp.br/conteudo/58/137053/conciliacao-ambiental-seguranca-juridica-e-recomendacao-0032024. Acesso em: 9 jun. 2024.

VULCANIS, Andrea. Regularização de desmatamentos sem licença. *Conjur*, 2022. Disponível em: https://www.conjur.com.br/2022-mai-02/ambiente-juridico-regularizacao-desmatamentos-licenca/. Acesso em: 15 jun. 2024.

WEDY, Gabriel Tedesco. Breves considerações sobre a responsabilidade civil ambiental. Set. 2018. Disponível em: https://www.conjur.com.br/2018-set-01/ambiente-juridico-breves-consideracoes-responsabilidade-civil-ambiental/. Acesso em: 9 jun. 2024.

FUSÕES, INCORPORAÇÕES E A RESPONSABILIDADE DA PESSOA JURÍDICA POR CRIMES AMBIENTAIS

Marcelo Navarro Ribeiro Dantas[1]
Thiago de Lucena Motta[2]

"Cumpriu sua sentença. Encontrou-se com o único mal irremediável, aquilo que é a marca do nosso estranho destino sobre a terra, aquele fato sem explicação que iguala tudo o que é vivo num só rebanho de condenados, porque tudo o que é vivo, morre."
Ariano Suassuna (1927-2014)

1. INTRODUÇÃO

A responsabilidade criminal da pessoa jurídica é um tema que desafia a academia jurídica, de uma forma ou outra, pelo menos desde a Idade Média[3]. A natureza intangível da pessoa jurídica apresenta conhecidos obstáculos à persecução penal[4], ao mesmo tempo em que desafia noções iluministas sobre o direito penal – incluindo aquela que é talvez sua maior conquista, o princípio da culpabilidade (*Schuldprinzip*)[5]. Apesar disso, a maioria dos países ocidentais estabeleceu meios de responsabilização criminal da pessoa jurídica[6].

O Brasil segue a tendência global, mas com uma peculiar limitação: nos termos do art. 225, § 3.º, da Constituição da República de 1988 (CR/1988), a

---

1 Mestre e Doutor em Direito (PUC/SP). Professor de Cursos de Graduação (UnB) e Pós-graduação (Uninove) em Direito. Ministro do Superior Tribunal de Justiça.
2 Especialista em Direito Anticorrupção (Enfam). Bacharel (UFRN/Universidade do Porto) e mestrando em Direito (Uninove). Analista judiciário e assessor de Ministro do Superior Tribunal de Justiça.
3 DUBBER, Markus. The comparative history and theory of corporate criminal liability. *New Criminal Law Review*, Berkeley, v. 16, n. 2, p. 203-240, 2013.
4 BUELL, Samuel. A Restatement of Corporate Criminal Liability's Theory and Research Agenda. *Journal of Corporation Law*, Iowa City, v. 47, n. 4, p. 937-961, 2022; WAGNER, Robert. Corporate criminal prosecutions and double jeopardy. *Berkeley Business Law Journal*, Berkeley, v. 16, n. 1, p. 205-247, 2019; KHANNA, Vikramaditya. Corporate criminal liability: what purpose does it serve? *Harvard Law Review*, Cambridge, v. 109, n. 7, p. 1.477-1.534, 2019; COFFEE JR., John. No soul to damn: no body to kick: an unscandalized inquiry into the problem of corporate punishment. *Michigan Law Review*, Ann Arbor, v. 79, n. 3, p. 386-459, 1981.
5 HIRSCH, Hans Joachim. Das Schuldprinzip und seine Funktion im Strafrecht. *Zeitschrift fur die Gesamte Strafrechtswissenschaft*, Tübingen, v. 106, n. 4, p. 746-765, 1994.
6 BUELL, Samuel; ARLEN, Jennifer. The law of corporate investigations and the global expansion of corporate criminal enforcement. *Southern California Law Review*, Los Angeles, v. 93, n. 4, p. 697-761, 2020.

persecução penal da pessoa jurídica se restringe aos crimes ambientais. Existe, de fato, algum debate acadêmico sobre a possibilidade de se penalizar a pessoa jurídica também por crimes econômicos, a partir da interpretação do art. 173, § 5.º, da CR/1988[7], mas ainda sem uma intermediação legislativa clara. Para os delitos ambientais, a Lei n. 9.605/1998 já cuidou de concretizar o mandamento constitucional, com um vasto catálogo de tipos penais e reprimendas que vão de multas à dissolução compulsória da pessoa jurídica. Esse sistema diverge do adotado em outros países (como nos Estados Unidos da América, por exemplo), em que a pessoa jurídica pode ser responsabilizada por diversos tipos de crimes cometidos por seus agentes[8].

A legislação brasileira também é peculiar por uma omissão relevante, porque não especifica se a companhia resultante de uma fusão ou incorporação pode ser responsabilizada criminalmente por atos praticados pelas sociedades que lhe antecederam (seja aquela incorporada ou as que se uniram na fusão). Tais situações são especiais porque, diversamente do que acontece numa aquisição de controle acionário – ocasião em que apenas a propriedade das ações integrantes do bloco de controle é negociada –, fusões e incorporações efetivamente *extinguem* as companhias anteriores (arts. 227, § 3.º, e 228 da Lei n. 6.404/1976).

Nos Estados Unidos[9] e em países da Europa[10], leis locais ou nacionais estabeleceram as condições em que a responsabilidade criminal pode ser transmitida à companhia resultante de uma fusão ou incorporação, independentemente de a operação societária ter acontecido antes ou depois de uma investigação formal. Mesmo na França, em que não há uma legislação específica sobre o tema[11], a Corte de Cassação reverteu recentemente um precedente de décadas[12] para decidir que companhias listadas publicamente podem ser processadas por crimes cometidos por suas antecessoras[13].

Entre nós, a Terceira Seção do Superior Tribunal de Justiça (STJ) decidiu o oposto em 24 de agosto de 2022, no julgamento do Recurso Especial (REsp) 1.977.172/PR, relatado pelo Ministro Ribeiro Dantas, um dos autores deste

---

7 PRADO, Luiz Regis. *Direito penal econômico*. 9. ed. Rio de Janeiro: Forense, 2021, p. 72.
8 JIMENEZ, Gustavo. Corporate criminal liability: toward a compliance-orientated approach. *Indiana Journal of Global Legal Studies*, Bloomington, v. 26, n. 1, p. 353-380, 2019.
9 BABIN, Alexandra. Corporate criminal liability. *American Criminal Law Review*, Washington D.C., v. 58, n. 3, p. 671-710, 2021.
10 Na Itália, *v.g.*, o art. 29 do Decreto Legislativo n. 231/2001; na Espanha, o art. 130.2 do Código Criminal.
11 O art. 133-1 do Código de Criminal estabelece apenas que a dissolução da sociedade extingue a responsabilidade criminal, sem abordar especificamente as fusões e incorporações.
12 *Pourvoi* 99-86.742, julgado pela Câmara Criminal em 20 de junho de 2000.
13 *Pourvoi* 18-86.955, julgado pela Câmara Criminal em 25 de novembro de 2020. A nova *ratio decidendi* foi confirmada pela Corte em 13 de abril de 2022, no *Pourvoi* 21-80.653.

artigo: por 5 votos a 4, a Seção entendeu que, como regra geral, a companhia incorporadora não pode ser responsabilizada criminalmente por atos da incorporada[14]. O acórdão, naturalmente, gerou respostas acaloradas por parte da comunidade jurídica, com críticos e defensores[15] preocupados com suas consequências sobre a proteção do meio ambiente e a eficácia da jurisdição criminal.

Este breve artigo buscará, então, resgatar os fundamentos ponderados pela Terceira Seção do STJ e analisar seus possíveis impactos sobre os bens jurídicos tutelados pela Lei n. 9.605/1998. Para tanto, a parte 2 abordará os argumentos em debate naquele julgamento, enquanto a parte 3 responderá a possíveis questionamentos decorrentes da aplicação do precedente. A parte 4 encerrará com as considerações finais.

2. O JULGAMENTO DO RESP 1.977.172/PR

No caso concreto então julgado pelo STJ, o Ministério Público havia denunciado uma sociedade empresária, no ano de 2018, pela suposta conduta de descarte inadequado de derivados de milho e soja (art. 54, § 2.º, V, da Lei n. 9.605/1998), ocorrida em 2008. Nesses 10 anos que transcorreram entre os fatos e o ajuizamento da ação penal, a sociedade empresária passou por um processo de aquisição de controle, iniciado em 2014, e ultimado em 2018 com sua incorporação por outra pessoa jurídica. Nenhum dos sócios originais da sociedade incorporada permaneceu nos quadros da sociedade incorporadora, mesmo porque já haviam alienado suas participações societárias anos antes.

A incorporadora impetrou então, mandado de segurança junto ao Tribunal de Justiça do Estado do Paraná, que julgou procedente seu pedido para declarar extinta a punibilidade, em aplicação analógica do art. 107, I, do CP. Contra esse acórdão, o *Parquet* interpôs o recurso especial, suscitando ofensa aos arts. 4.º e 24 da Lei n. 9.605/1998, além do art. 107, I, do CP. A tese central do Ministério Público era a inaplicabilidade do princípio da intranscendência da pena às pessoas jurídicas, de modo que a sociedade incorporadora sucederia a incorporada

---

14 REsp 1.977.172/PR, Terceira Seção, Rel. Min. Ribeiro Dantas, j. 24.8.2022, *DJe* 20.9.2022.
15 FERREIRA, Humberto Tostes; SANTOS, Vanessa Borges. Análise jurisprudencial da extinção da punibilidade das pessoas jurídicas em razão de incorporação societária. *Revista Científica do CPJM*, Rio de Janeiro, v. 2, n. 8, p. 182-201, 2023; REINA, Eduardo. Extinção de pena para empresas incorporadas deve chegar ao Supremo. *Conjur*, 2022. Disponível em: https://www.conjur.com.br/2022-ago-25/extincao-pena-empresas-incorporadas-chegar-supremo. Acesso em: 5 jun. 2024; RIZZOTO, Adriana. Extinção da punibilidade após incorporar empresa denunciada por crime ambiental. *Conjur*, 2022. Disponível em: https://www.conjur.com.br/2022-set-15/adriana-rizzotto-incorporacao-empresa-denunciada-crime-ambiental. Acesso em: 5 jun. 2024.

inclusive na responsabilização criminal, sendo possível o prosseguimento da ação penal em seu desfavor.

Foi essa, em síntese, a situação fática enfrentada pela Terceira Seção do STJ: a pessoa jurídica que teria supostamente praticado os fatos descritos pela acusação (uma década antes do oferecimento da denúncia) passou, nos anos seguintes, por operações sucessivas de alienação de controle societário e, por fim, de incorporação. Tais operações foram regulares, como reconhecido pelas instâncias ordinárias, sem nenhum indício de fraude.

O voto do relator, o Ministro Ribeiro Dantas, propôs o desprovimento do recurso especial, mantendo-se o acórdão estadual, e foi seguido pela maioria do colegiado[16]. Seu voto iniciou com ponderações teóricas sobre as operações societárias realizadas no caso, destacando que a incorporação é uma operação típica, regida tanto no Código Civil (CC) como na Lei n. 6.404/1976, por meio da qual uma sociedade empresária incorporadora assimila integralmente uma ou mais sociedades incorporadas, absorvendo totalmente seus patrimônios. Ao final da operação, apenas a sociedade incorporadora continuará a existir, na qualidade de sucessora de todas as relações patrimoniais da incorporada, cuja personalidade jurídica é extinta com a incorporação (arts. 1.116 e 1.118 do CC, além do art. 227 da Lei n. 6.404/1976).

Do ponto de vista da incorporadora, a operação traduz um modo de concentração da atividade empresarial capaz de torná-la mais eficiente ou rentável, ao mesmo tempo em que acompanha a assunção de responsabilidade pelas obrigações da incorporada e atrai a observância de deveres na esfera concorrencial. Para os sócios da incorporada, seus títulos do capital social convertem-se em quotas ou ações da incorporadora, a quem agora estarão atrelados seu investimentos. Credores, contratantes e contratados da incorporada passam a ver na incorporadora sua nova contraparte negocial, e em seu patrimônio a garantia de eventuais obrigações ainda existentes. Todas essas relações, como se vê, são marcadas pela continuidade, havendo somente uma alteração subjetiva em algumas delas, com a sucessão da incorporada pela incorporadora.

Para a incorporada, diferentemente, a incorporação marca o fim de sua existência jurídica; fossem as pessoas jurídicas capazes de vida biológica, a incorporação seria uma das muitas formas de *morte* do ente coletivo – o "cumprimento de sua sentença" referido em nossa epígrafe. A operação não precisa, é claro, extirpar toda a estrutura econômica construída pela incorporada, sendo possível

---

[16] Votaram com o relator os Ministros Reynaldo Soares da Fonseca, Olindo Menezes, Jesuíno Rissato e Sebastião Reis Júnior. A corrente divergente, que provia o recurso especial para restabelecer a tramitação da ação penal, foi aberta pelo voto do Ministro Joel Ilan Paciornik acompanhado pelos Ministros Antonio Saldanha Palheiro, Rogerio Schietti Cruz e João Otávio de Noronha.

– e, na verdade, o mais comum – que a incorporadora aproveite em alguma medida o aparato criado pela outra sociedade. Já a personalidade jurídica da incorporada, ao revés, é finalizada com a incorporação[17].

Pode parecer intuitiva a ideia de que a incorporação abranja de modo ilimitado todos os atos jurídicos praticados pela incorporada, atribuindo-se à incorporadora a titularidade pelos ônus e bônus deles decorrentes. Contudo, há situações jurídicas que não admitem essa alteração subjetiva, sendo possível pensar em relações personalíssimas que, com a extinção da incorporada, perdem sua própria razão de existir[18].

É importante lembrar que, enquanto negócio jurídico típico, a incorporação é regida primeiramente pela Lei (admitindo-se, é claro, o amplo estabelecimento de condições pelas partes interessadas, no exercício de sua autonomia privada), e é de seus termos que vem a disciplina básica do tema. Como se extrai dos sobreditos arts. 1.116 do CC e 227 da Lei n. 6.404/1976, a sucessão da incorporada pela incorporadora se opera quanto a *direitos* e *obrigações*, e mesmo assim somente para aqueles compatíveis com a natureza da incorporação. Obrigação, não custa lembrar, é instituto com um sentido jurídico próprio, diferente de seu significado popular, "e aí se concebe a obrigação como um vínculo de direito que liga uma pessoa a outra, ou uma relação de caráter *patrimonial*, que permite exigir de alguém uma prestação"[19].

As consequências de uma série de atos ilícitos cabem em tese no conceito de obrigações, e por isso estão abarcadas pela sucessão. É o caso, por exemplo, da reparação *in natura* do dano ambiental na esfera cível ou administrativa, juntamente da responsabilidade civil por indenizar terceiros eventualmente afetados pela suposta poluição praticada pela sociedade incorporada. Em tais relações, de natureza indiscutivelmente patrimonial, é possível identificar todos os elementos que estruturam uma obrigação, a saber: (I) as partes ativa e passiva (elemento subjetivo), (II) o objeto, que consiste em prestações patrimoniais de dar ou fazer, e (III) o vínculo jurídico que os une (*ex lege*, nessa situação hipotética). Por conseguinte, possíveis obrigações *reparatórias* derivadas do ato ilícito descrito na denúncia poderiam ser redirecionadas (em tese) à sociedade incorporadora, nos exatos limites dos arts. 1.116 do CC e 227 da Lei n. 6.404/1976.

Já a pretensão punitiva estatal contra a incorporadora, para vê-la sancionada pela prática do crime tipificado no art. 54, § 2.º, V, da Lei n. 9.605/1998, não se enquadra em nenhum desses conceitos ora analisados.

---

17 MAMEDE, Gladston. *Direito societário*. 14. ed. Barueri: Atlas, 2022, p. 171.
18 BOTREL, Sérgio. *Fusões e aquisições*. 5. ed. São Paulo: Saraiva, 2017, p. 128.
19 RIZZARDO, Arnaldo. *Direito das obrigações*. 9. ed. Rio de Janeiro: Forense, 2018, p. 4.

Reconhece-se que as sanções passíveis de imposição à pessoa jurídica, previstas nos arts. 21 a 24 da Lei n. 9.605/1998, assemelham-se a obrigações de dar, fazer e não fazer, o que poderia justificar uma possível transmissão à sociedade incorporadora. Afinal, há similitude entre os efeitos práticos da obrigação civil de reparar o dano causado e, exemplificativamente, a imposição da pena de executar obras de recuperação do meio ambiente degradado, modalidade de repriménda restritiva de direitos (prestação de serviços à comunidade) tratada no art. 23, II, da Lei n. 9.605/1998. Entretanto, as sanções criminais não se equiparam a obrigações cíveis, porque o fundamento jurídico de sua incidência é distinto. Na relação entre o Ministério Público e o réu em uma ação penal, inexistem os três elementos obrigacionais há pouco referenciados, justamente porque a pretensão punitiva criminal não é uma obrigação, dela divergindo em suas fontes, estruturas e consequências.

Quanto às fontes, a obrigação tem sua origem na vontade ou na Lei[20]; já a pretensão sancionatória deriva da conduta que configure ofensa material e formalmente típica, ilícita e culpável a um bem jurídico protegido pela norma penal, desde que seja punível a conduta. Nota-se, até mesmo em expressão da natureza de *ultima ratio* do direito penal, que o surgimento jurídico do crime é condicionado à observância de pressupostos mais restritos e que simplesmente não encontram par na esfera obrigacional.

No aspecto estrutural, o vínculo das obrigações recai sobre o patrimônio do devedor (art. 798 do CPC), enquanto a pretensão punitiva sujeita não só os bens do acusado, mas também sua liberdade e, em casos extremos, sua própria vida (art. 5.º, XLVII, *a*, da CR/1988) à potestade estatal. Essa severidade adicional do braço sancionador do Estado motiva outra diferença nas estruturas da obrigação e da pretensão punitiva: enquanto a obrigação, sem atravessar a crise do inadimplemento, pode ser espontaneamente cumprida pelo devedor, a pretensão punitiva sequer é tecnicamente adimplível. O autor de um delito não pode, ele próprio, reconhecer a prática do crime e privar-se de sua liberdade com uma pena reclusiva, sendo imprescindível a intermediação do Poder Judiciário para a imposição de sanções criminais.

Por fim, as consequências jurídicas da obrigação e da pretensão punitiva são também distintas. Se de um lado a obrigação reclama adimplemento (espontâneo ou forçado) ou resolução em perdas e danos, a pretensão punitiva, de outro, gera a aplicação de pena quando julgada procedente pelo Poder Judiciário.

---

20 PEREIRA, Caio Mário da Silva. *Instituições de direito civil*: teoria geral das obrigações. 33. ed. Rio de Janeiro: Forense, 2022, p. 53.

Todas essas diferenças demonstram que não é possível enquadrar a pretensão punitiva na transmissibilidade regida pelos arts. 1.116 do CC e 227 da Lei n. 6.404/1976, o que leva a uma conclusão intermediária: não há, no regramento jurídico da incorporação, norma autorizadora da extensão da responsabilidade penal à incorporadora por ato praticado pela incorporada.

Pensando ainda no aspecto consequencial, a pena é disciplinada por um plexo normativo próprio, com matizes garantistas que delimitam sua extensão e não têm correspondência no campo das obrigações. Para a situação em análise, o mais relevante deles é o princípio da pessoalidade ou intranscendência, insculpido no art. 5.º, XLV, da CR/1988. Na ótica do Ministério Público recorrente naquele caso, o princípio não teria aplicação às pessoas jurídicas, destinando-se exclusivamente às pessoas naturais. Trata-se, respeitosamente, de leitura equivocada do art. 5.º, XLV, da CR/1988, que não apresenta nenhuma incompatibilidade em abstrato com a natureza das pessoas jurídicas. A compreensão sistemática da norma constitucional também aponta nessa direção: se o sistema criminal admite a punição de pessoas jurídicas, em que pesem as peculiaridades que derivam da ausência de um corpo físico, não pode o sistema valer-se dessas mesmas peculiaridades como fundamento para restringir garantias penais cujo exercício pela pessoa jurídica é, na prática, possível.

A extinção regular da pessoa jurídica se aproxima, então, da *morte* prevista como causa de extinção da punibilidade no art. 107, I, do CP[21]. Não são situações iguais, é verdade, inclusive porque a incorporação pode até ser anulada se padecer de algum vício, solução obviamente incompatível com a definitividade da morte humana. Todavia, na falta de um regramento legal que autorize (I) a sucessão de pretensões punitivas penais, no campo material, e (II) a sucessão da parte ré na ação penal, no campo processual, o art. 107, I, do CP é o texto normativo que mais se aproxima da situação.

Note-se que, no âmbito do processo civil, o CPC trata de hipóteses de sucessão de partes em seus arts. 108 a 110, em exceção à regra geral de estabilização subjetiva do processo após a citação (art. 329 do Código). Uma delas, facultativa, ocorre pela alienação do direito litigioso, em que o adquirente poderá ingressar nos autos como assistente ou mesmo suceder o alienante, desde que haja concordância da parte oposta; a outra, obrigatória, é a decorrente da morte. Mesmo na esfera cível, porém, a possibilidade de modificação subjetiva da demanda não é irrestrita; como exemplo, tem-se a Súmula 392/STJ, que veda a correção de CDA pela Fazenda Pública para alterar o sujeito passivo da execução fiscal.

---

21 ARGÔLO, Caroline; ARAÚJO, Fábio Roque; SILVA, Tagore Trajano Almeida. Responsabilidade penal da pessoa jurídica: temas controversos. *Revista Jurídica Luso-brasileira*, Lisboa, v. 5, n. 3, p. 343-359, 2019.

Conforme se destacou no voto do Ministro Reynaldo Soares da Fonseca, que acompanhou o relator, o CPP não tratou dessas situações, não prevendo nenhum instrumento similar capaz de permitir a troca do réu de uma ação penal. Nem é possível, no ponto, importar analogicamente as formas de sucessão do processo civil, pensadas para relações patrimoniais bastante diversas da pretensão punitiva estatal e não protegidas pelo princípio da intranscendência da pena (art. 5.º, XLV, da CR/1988).

A divergência quanto ao posicionamento do relator foi aberta pelo Ministro Joel Ilan Paciornik, em voto-vista, iniciando justamente pela diferença entre a morte humana e a extinção da pessoa jurídica pela incorporação: a primeira, inexorável e irreversível consequência de seu destino; a segunda, uma forma de reorganização societária para aproveitar parcial ou integralmente a estrutura empresarial, sob personalidade jurídica diversa. Para Sua Excelência, essa diferença fundamental impediria a aplicação do art. 107, I, do CP, ainda que por analogia.

O vistor pontua ainda outras distinções entre a morte humana e a extinção da pessoa jurídica quanto a sua voluntariedade e licitude (já que concorrer para a morte de outro ser humano é um crime, o que não acontece com o término da sociedade empresária). Na visão do voto divergente, a efetividade da justiça criminal exigiria a continuidade da ação penal (e eventual aplicação de penas, em caso de condenação) à sociedade incorporadora. A esta caberia o ônus de se acautelar, no processo de *due diligence* anterior à incorporação, averiguando todo o passivo processual da sociedade incorporada, inclusive de investigações ou ações penais.

Preocupou o vistor, igualmente, o fato de que o mesmo estabelecimento empresarial supostamente causador da poluição originária continuaria a existir, ainda que em uma nova estrutura societária. Isso geraria inclusive certa perplexidade na população local, que veria a mesma unidade industrial em funcionamento, mas agora protegida de efeitos penais dos fatos ocorridos na década anterior.

O voto do Ministro Joel Ilan Paciornik ponderou, também, a aplicação do art. 5.º, XLV, da CR/1988 às pessoas jurídicas, concluindo que a intranscendência da pena não seria de todo compatível com sua estrutura. Enquanto certas garantias processuais (como o contraditório, a ampla defesa, o devido processo legal etc.) teriam plena aplicabilidade aos entes coletivos, Sua Excelência argumentou que "pura e simplesmente, certos primados e garantias materiais não se amoldam às pessoas coletivas, como ocorre com a personalidade absoluta das penas"[22]. Essas considerações foram reforçadas pelo Ministro Rogerio Schietti

---

22 REsp 1.977.172/PR, Terceira Seção, Rel. Min. Ribeiro Dantas, j. 24.8.2022, *DJe* 20.9.2022. Voto-vista do Ministro Joel Ilan Paciornik, p. 11.

Cruz, com uma interessante análise histórica: partindo desde o julgamento de Tiradentes, seu voto explicou que a intranscendência da pena esteve mais ligada à impossibilidade de se punir os familiares do criminoso e seus descendentes, a corroborar sua incompatibilidade com a natureza ideal das pessoas jurídicas – que, evidentemente, não têm parentes biológicos.

O julgamento do REsp 1.977.172/PR, como se percebe, foi enriquecido por quatro votos escritos, diversas linhas argumentativas bem delineadas e extensos debates orais entre os Ministros integrantes do colegiado. A sessão de 24 de agosto de 2022, pela profundidade das discussões ali desenvolvidas, merece ser assistida em sua íntegra, e foi um bom exemplo do diálogo entre visões diferentes que deve permear qualquer julgamento colegiado.

Os autores acreditam, com o devido respeito aos bem expostos argumentos dos votos divergentes, que permanece o problema da ausência de lei sobre o tema no direito brasileiro. Se, realmente, há diferenças fundamentais entre a morte humana e a extinção da pessoa jurídica – o que não se nega –, isso não muda o fato de que falta a intervenção do legislador para estabelecer hipóteses de sucessão da responsabilidade penal e as formas de sua concretização no curso da ação penal, como já se fez no processo civil. Esse vácuo legislativo (que, como dito na introdução, não existe em outros países) é de difícil preenchimento pelo Poder Judiciário, que precisaria *criar* verdadeiras regras gerais e abstratas, em prejuízo do réu, sobre questões materiais e processuais importantíssimas. Tal função, cremos, mais se alinha à competência legislativa, a ser exercida pelos representantes do povo conforme lhes pareça mais adequado politicamente.

Foi essa, em suma, a situação que levou a Terceira Seção do STJ a negar provimento ao recurso especial do *Parquet*, mantendo a declaração de extinção da punibilidade feita pela Corte local. Ao tempo em que finalizada a redação deste trabalho (junho de 2024), o recurso extraordinário interposto pelo Ministério Público contra o acórdão da Terceira Seção do STJ aguardava o exame de sua admissibilidade no Supremo Tribunal Federal (STF), autuado como o Recurso Extraordinário (RE) 1.451.261/PR, sob a relatoria do Ministro André Mendonça. Será fundamental, pois, acompanhar o desenvolvimento do tema no STF, que certamente trará contribuições importantes ao tratamento jurídico da matéria.

3. E A PROTEÇÃO AO MEIO AMBIENTE?

Tanto no julgamento do REsp 1.977.172/PR como nas análises acadêmicas que o seguiram[23], houve uma preocupação primordial com o que o precedente signi-

---

23 FERREIRA; SANTOS, *op. cit.*; REINA, *op. cit.*; RIZZOTO, *op. cit.*

ficaria para a tutela do meio ambiente, direito fundamental constitucionalmente assegurado (art. 225 da CR/1988), e a própria efetividade da jurisdição penal. Tais pontos foram também ponderados no voto vencedor, que procurou deixar claras as peculiaridades do caso concreto e a impossibilidade de se aplicar a mesma solução para situações diferentes.

Primeiramente, como reconheceu o Tribunal de Justiça do Estado do Paraná, todas as operações societárias realizadas entre as sociedades incorporada e incorporadora foram regulares, sem nenhum indício de fraude ou tentativa de fugir à responsabilização penal. A própria cronologia dos fatos leva a essa conclusão: a suposta poluição teria sido praticada em 2008, com o oferecimento da denúncia somente em 2018. O processo de junção das duas sociedades, por sua vez, iniciou no ano de 2014, muito antes de qualquer movimentação estatal tendente a punir a sociedade incorporada.

A situação seria diferente se, *v.g.*, a incorporação fosse maculada por algum tipo de fraude, ou se já houvesse sentença definitiva impondo alguma pena à sociedade e esta, sentindo-se onerada pela reprimenda, aceitasse ser incorporada por outra, a fim de não arcar com os efeitos da sanção penal. Para esses dois casos (tanto a ocorrência de fraude como a incorporação realizada após sentença condenatória), pode-se pensar na desconsideração da incorporação, ou mesmo da personalidade jurídica da incorporadora, a fim de manter viva a sociedade incorporada até que a pena seja cumprida. Ou, no caso da pena mais gravosa do catálogo legal (a liquidação forçada, prevista no art. 24 da Lei n. 9.605/1998), é viável declarar a ineficácia da operação de incorporação em face do Poder Público, de modo a garantir que a parcela de patrimônio incorporada seja alcançada pela pena fatal.

Trata-se de soluções em tese possíveis para evitar o esvaziamento da pretensão punitiva estatal, a serem aprofundadas pelo Judiciário nas hipóteses sobreditas. Se configurada alguma dessas hipóteses, haverá distinção em relação ao precedente então firmado, com a necessária aplicação de consequência jurídica diversa.

Diferenciar operações regulares de fraudulentas para fins de responsabilização penal da incorporadora, aliás, é algo que o acórdão da Corte de Cassação francesa indicado na introdução deste trabalho[24] não fez, o que gerou crítica doutrinária por lá[25]. Na falta de uma previsão legal específica (tanto material como processual) sobre a sucessão de responsabilidade criminal, igualar operações regulares àquelas destinadas a fraudar o Judiciário é dar o mesmo tratamento

---

24 *Pourvoi* 18-86.955, julgado pela Câmara Criminal em 25 de novembro de 2020.
25 BARSAN, Iris. Le transfert de responsabilité pénale en matière de fusions – plaidoyer pour une intervention législative. *Revue Trimestrielle de Droit Financier*, Paris, v. 4, n. 1, p. 26-36, 2020.

a situações jurídicas díspares[26], violando o próprio direito fundamental à isonomia (art. 5.º, *caput*, da CR/1988).

A tutela do meio ambiente propriamente dito, por sua vez, em nada foi afetada pelo precedente. Afinal, na linha do que acontece com a responsabilidade civil em geral, as consequências extrapenais de uma condenação já proferida transmitem-se plenamente à pessoa jurídica incorporadora, tendo em vista sua natureza cível. É o caso, *v.g.*, da certeza quanto ao dever de indenizar (art. 91, I, do CP), do eventual perdimento de bens (art. 91, II, do CP) e da fixação de valor indenizatório mínimo (art. 20 da Lei n. 9.605/1998). Para esses efeitos extrapenais, vale a regra de ampla transmissibilidade instituída nos arts. 1.116 do CC e 227 da Lei n. 6.404/1976.

Igualmente, no campo do processo civil, se a incorporação ocorrer no curso ou após o término de ação reparatória movida por qualquer legitimado, a responsabilidade de reparar o dano ao meio ambiente se transmite como todas as obrigações patrimoniais em geral, com sucessão processual expressamente regulada nos arts. 108 a 110 do CPC. Mesmo que nenhuma ação cível tenha sido ajuizada durante a existência da sociedade incorporada, e que o Estado somente busque a reparação do dano ambiental após a incorporação, isso tampouco é obstáculo à atuação estatal.

Assim acontece porque a obrigação ambiental tem natureza *propter rem* (Súmula 623/STJ), solidária e objetiva (arts. 3.º, IV, 4.º, VII, e 14, § 1.º, da Lei n. 6.938/1981), sendo possível postular a condenação da sociedade incorporadora mesmo que ela não tenha praticado o dano. A reparação, por sua vez, pode ser concretizada por obrigações de fazer ou de não fazer, ou ainda pela indenização (Súmula 629/STJ), a depender do que se mostrar mais efetivo para a ampla recuperação do ambiente degradado[27]. Há inclusive hipóteses de presunção do dano ambiental, como acontece com a devastação de espaços protegidos por regimes jurídicos próprios (reserva legal, área de preservação permanente etc.)[28].

Nem o longo tempo decorrido desde o dano é causa de afastamento da responsabilidade ambiental, pela inaplicabilidade da teoria do fato consumado (Súmula 613/STJ) e pela imprescritibilidade da pretensão reparatória, segundo o entendimento do STF (tema 999 da repercussão geral)[29]. A comprovação do dano pode contar ainda com a facilidade da inversão do ônus da prova (Súmula

---

26 MARCHESAN, Ana Maria Moreira. A responsabilidade penal da pessoa jurídica: prescrição, processo e redesenhos empresariais. *Juris MPES*, Vitória, v. 3, n. 3, p. 62-93, 2022.
27 ANTUNES, Paulo de Bessa. *Direito ambiental*. 23. ed. Barueri: Atlas, 2023, p. 226.
28 SARLET, Ingo Wolfgang; FENSTERSEIFER, Tiago. *Curso de direito ambiental*. 4. ed. Rio de Janeiro: Forense, 2023, p. 723-724.
29 RE 654.833/AC, Tribunal Pleno, Rel. Min. Alexandre de Moraes, j. 17.4.2020, *DJe* 24.6.2020.

618/STJ), como expressão do princípio da precaução[30], o que seria pelo menos questionável no processo penal, em virtude do art. 156 do CPP.

Como se percebe, a pretensão reparatória do dano ambiental conta, no Brasil, com um regime jurídico bastante sólido e protetivo do meio ambiente, com amplas possibilidades de atuação e legitimidade ativa (art. 5.º da Lei n. 7.347/1985) para efetivá-la em juízo. Nada disso foi alterado no julgamento do REsp 1.977.172/PR, que se debruçou apenas sobre a específica situação da impossibilidade de sucessão de responsabilidade penal, na inexistência de legislação material e processual sobre o tema, em uma incorporação societária regular.

Parte do catálogo de penas previsto na Lei n. 9.605/1998, a propósito, pode ter iguais efeitos práticos, na esfera cível, pela aplicação das disposições da Lei n. 6.938/1981, somada à Súmula 629/STJ. É o que acontece com a suspensão ou interdição de atividades poluidoras, como obrigação de não fazer, e da prestação de serviços à comunidade, como obrigação de fazer (arts. 22 e 23 da Lei n. 9.605/1998).

Somente as penas de proibição de contratar com o Poder Público (ou receber subsídios) e liquidação forçada (art. 22, III, e 24 da Lei n. 9.605/1998) é que teriam alguma dificuldade em sua transposição para uma ação cível. É difícil imaginar, não obstante, a situação em que uma sociedade constituída fundamentalmente para o objetivo de praticar crimes ambientais (situação autorizadora de sua extinção forçada, nos termos do art. 24 da Lei n. 9.605/1998) seja regularmente incorporada por outra. Nenhuma dessas hipóteses se fazia presente no caso ora comentado, razão pela qual o STJ nem poderia decidi-las; aparecendo alguma delas em casos futuros, haverá possível distinção em relação ao precedente.

4. CONCLUSÃO

Assim colocados os argumentos das duas linhas de pensamento que nortearam o julgamento do REsp 1.977.172/PR, é possível concluir que a falta de previsão legal para a sucessão penal (material e processual) da sociedade incorporada pela sociedade incorporadora, aliada à extinção da personalidade jurídica da incorporada com a operação societária, guiou a sugestão do voto vencedor pelo desprovimento do recurso especial acusatório.

Se houvesse uma legislação específica a esse respeito (à semelhança do que existe em outros países, referenciados na introdução), ademais, seria importante aferir sua constitucionalidade tendo como paradigma o direito fundamental à

---

30 SARLET, Ingo Wolfgang; FENSTERSEIFER, Tiago. *Princípios do direito ambiental.* 2. ed. São Paulo: Saraiva, 2017, p. 76.

intranscendência da pena (art. 5.º, XLV, da CR/1988). Caso o STF reconheça repercussão geral nos autos do RE 1.451.261/PR, a aplicação desse princípio às pessoas jurídicas será provavelmente um ponto de atenção. Os detalhados argumentos apresentados pelos Ministros Joel Ilan Paciornik e Rogerio Schietti Cruz sobre o conteúdo da intranscendência certamente interessarão ao debate público do tema.

Enquanto se aguarda o pronunciamento definitivo do STF, demonstrou-se que o acórdão da Terceira Seção do STJ não deixa desguarnecido o meio ambiente, nem interfere no catálogo de opções que o Estado tem para buscar a reparação do dano ambiental. Essa prática, aliás, já faz parte do cotidiano da jurisdição cível, e encontraria talvez obstáculos práticos em sua efetivação por um juízo de execução penal. De todo modo, caberá aos legitimados ativos (principalmente o Ministério Público) postular as pretensões reparatórias que entenderem cabíveis diante da sociedade empresária incorporadora, no juízo cível competente, e isso não foi modificado pelo julgamento do REsp 1.977.172/PR.

Aproveita-se a oportunidade para fazer coro à sugestão doutrinária de que o Legislativo efetivamente trate do tema[31]. Operações societárias que extinguem uma ou mais sociedades (como fusões e incorporações) não são incomuns, e o progressivo desenvolvimento do mercado de capitais brasileiro pode torná-las ainda mais frequentes. Como fizeram os legisladores de outros países, seria certamente útil ter uma definição da matéria em Lei, até para que possa ser avaliada a constitucionalidade (à luz do art. 5.º, XLV, da CR/1988) de uma proposta concreta para lidar com a sucessão empresarial, formulada pelo Poder competente para tomar decisões políticas.

REFERÊNCIAS

ANTUNES, Paulo de Bessa. *Direito ambiental*. 23. ed. Barueri: Atlas, 2023.

ARGÔLO, Caroline; ARAÚJO, Fábio Roque; SILVA, Tagore Trajano Almeida. Responsabilidade penal da pessoa jurídica: temas controversos. *Revista Jurídica Luso-brasileira*, Lisboa, v. 5, n. 3, p. 343-359, 2019.

BABIN, Alexandra. Corporate criminal liability. *American Criminal Law Review*, Washington D.C., v. 58, n. 3, p. 671-710, 2021.

BARSAN, Iris. Le transfert de responsabilité pénale en matière de fusions – Plaidoyer pour une intervention législative. *Revue Trimestrielle de Droit Financier*, Paris, v. 4, n. 1, p. 26-36, 2020.

---

31 MARCHESAN, *op. cit.*

BOTREL, Sérgio. *Fusões e aquisições*. 5. ed. São Paulo: Saraiva, 2017.

BUELL, Samuel. A restatement of corporate criminal liability's theory and research agenda. *Journal of Corporation Law*, Iowa City, v. 47, n. 4, p. 937-961, 2022.

BUELL, Samuel; ARLEN, Jennifer. The law of corporate investigations and the global expansion of corporate criminal enforcement. *Southern California Law Review*, Los Angeles, v. 93, n. 4, p. 697-761, 2020.

COFFEE JR., John. No soul to damn: no body to kick: an unscandalized inquiry into the problem of corporate punishment. *Michigan Law Review*, Ann Arbor, v. 79, n. 3, p. 386-459, 1981.

DUBBER, Markus. The comparative history and theory of corporate criminal liability. *New Criminal Law Review*, Berkeley, v. 16, n. 2, p. 203-240, 2013.

FERREIRA, Humberto Tostes; SANTOS, Vanessa Borges. Análise jurisprudencial da extinção da punibilidade das pessoas jurídicas em razão de incorporação societária. *Revista Científica do CPJM*, Rio de Janeiro, v. 2, n. 8, p. 182-201, 2023.

HIRSCH, Hans Joachim. Das Schuldprinzip und seine Funktion im Strafrecht. *Zeitschrift fur die Gesamte Strafrechtswissenschaft*, Tübingen, v. 106, n. 4, p. 746-765, 1994.

JIMENEZ, Gustavo. Corporate criminal liability: toward a compliance-orientated approach. *Indiana Journal of Global Legal Studies*, Bloomington, v. 26, n. 1, p. 353-380, 2019.

KHANNA, Vikramaditya. Corporate criminal liability: what purpose does it serve? *Harvard Law Review*, Cambridge, v. 109, n. 7, p. 1.477-1.534, 2019.

MAMEDE, Gladston. *Direito societário*. 14. ed. Barueri: Atlas, 2022.

MARCHESAN, Ana Maria Moreira. A responsabilidade penal da pessoa jurídica: prescrição, processo e redesenhos empresariais. *Juris MPES*, Vitória, v. 3, n. 3, p. 62-93, 2022.

PEREIRA, Caio Mário da Silva. *Instituições de direito civil*: teoria geral das obrigações. 33. ed. Rio de Janeiro: Forense, 2022.

PRADO, Luiz Regis. *Direito penal econômico*. 9. ed. Rio de Janeiro: Forense, 2021.

REINA, Eduardo. Extinção de pena para empresas incorporadas deve chegar ao Supremo. *Conjur*, 2022. Disponível em: https://www.conjur.com.br/2022-ago-25/extincao-pena-empresas-incorporadas-chegar-supremo. Acesso em: 5 jun. 2024.

RIZZARDO, Arnaldo. *Direito das obrigações*. 9. ed. Rio de Janeiro: Forense, 2018.

RIZZOTO, Adriana. Extinção da punibilidade após incorporar empresa denunciada por crime ambiental. *Conjur*, 2022. Disponível em: https://www.conjur.com.br/2022-set-15/adriana-rizzotto-incorporacao-empresa-denunciada-crime-ambiental. Acesso em: 5 jun. 2024.

SARLET, Ingo Wolfgang; FENSTERSEIFER, Tiago. *Princípios do direito ambiental*. 2. ed. São Paulo: Saraiva, 2017.

SARLET, Ingo Wolfgang; FENSTERSEIFER, Tiago. *Curso de direito ambiental*. 4. ed. Rio de Janeiro: Forense, 2023.

WAGNER, Robert. Corporate criminal prosecutions and double jeopardy. *Berkeley Business Law Journal*, Berkeley, v. 16, n. 1, p. 205-247, 2019.

AÇÃO CIVIL PÚBLICA NA RESERVA EXTRATIVISTA DO BATOQUE E A PRESENÇA DE IMÓVEIS PARTICULARES ANTERIORES À CRIAÇÃO DA RESEX

Paulo Machado Cordeiro[1]

No caso trazido a lume e objeto do presente estudo discutiu-se em ação civil pública ajuizada pelo Ministério Público Federal, a presença de imóveis particulares em reserva extrativista fortemente antropizada, com o pedido para determinar:

a) ao ICMBio e à União Federal que concluíssem, em até dois anos após o trânsito em julgado, a regularização fundiária da RESEX do Batoque na forma da lei aplicável. Neste interregno deve o ICMBio e a União Federal (SPU) manter os marcos e as placas delimitadoras da Reserva do Batoque sempre em perfeito estado de conservação, substituindo-as quando sofrerem as ações de intempéries, do tempo e da maresia;

b) ao ICMBio que somente expeça licença na RESEX do Batoque mediante análise de compatibilidade com as normas de fls. 1.191/1.201, bem como apresentação de prévia EIA-RIMA pelo requerente, por se tratar de unidade de conservação em zona costeira;

c) ao ICMBio, ao IBAMA, à União e ao município de Aquiraz/CE que não concedam autorização de licença para obra ou qualquer outro tipo de intervenção em toda a área da RESEX do Batoque que configure área de preservação permanente, principalmente dunas fixas e dunas vegetadas, mangues e mangues de recursos hídricos. As pequenas obras de reforma para evitar desmoronamento ou pequenas ampliações nas residências do pessoal da comunidade da RESEX do Batoque, como construção de banheiros e reforços de paredes, poderão ser efetuadas mediante autorizações expressas e verificação de compatibilidade por parte do ICMBio, jamais contemplando qualquer tipo de benfeitoria, sejam benfeitorias desnecessárias ou voluptuárias, como construções ou ampliações de residências de veranistas e turistas, como piscinas, deck, etc. Nesses casos, o ICMBio poderá providenciar administrativamente as demolições de

---

[1] Desembargador Federal do TRF5. Professor da Faculdade de Direito da Universidade Federal de Alagoas – UFAL. Mestre em Direito.

obras construídas ou ampliadas de forma irregular, em obediência ao art. 19 do Decreto n. 6.514/2008, até que se conclua a regularização fundiária da reserva;

d) ao município de Aquiraz que não conceda mais nenhuma licença de construção ou reforma na área da RESEX do Batoque, sob pena de responsabilização pessoal da autoridade responsável na forma do art. 11, II, da Lei n. 8.429/1992, constituindo ato de improbidade administrativa, sem prejuízo de outras sanções civis e penais aplicáveis, salvo se autorizadas pelo ICMBio ou pela União, por meio do SPU, em conjunto com o ICMBio;

e) a condenação do Cartório Joaquim Pereira de Aquiraz à obrigação de não fazer, consistindo em se abster de realizar qualquer tipo de averbação ou registro imobiliário relacionado com os imóveis compreendidos na área da RESEX do Batoque, devendo comunicar e consultar sempre o ICMBio e o SPU quando houver pedidos desta natureza, compreendidos na área georreferenciada da RESEX do Batoque. A não observância do determinado implicará multa de R$ 10.000,00 (dez mil reais), sem prejuízo de demais sanções civis e penais, notadamente do art. 11, II, da Lei n. 8.429/1992, constituindo ato de improbidade administrativa do notário. Tal determinação deve perdurar até a completa regularização fundiária da RESEX do Batoque aqui prevista. Sem condenação em honorários sucumbenciais (art. 18 da Lei n. 7.347/1985).

O ICMBio afirmou ser insuficiente o prazo de dois anos para conclusão da regularização fundiária da RESEX do Batoque, devendo esse capítulo da sentença ser reformado, para: (i) ampliar o referido prazo, o qual só deve ser computado após a adoção das providências que cabem à União Federal (definição da Linha do Preamar); (ii) reconhecer que a autarquia não poderá ser responsabilizada, sancionada com multa ou outros meios coercitivos, caso a demora no cumprimento se deva à dificuldade na obtenção dos recursos orçamentários, à demora dos processos judiciais de desapropriação ou a qualquer outra providência que dependa de terceiros; (iii) conceder ao ICMBio oportunidade para, após concluído o procedimento da definição da Linha do Preamar, apresentar um cronograma factível para as diversas etapas do processo de regularização fundiária, sempre atentando para os limites da reserva do possível e para as situações excepcionais (percalços, contratempos, obstáculos imprevisíveis) que surjam ao longo da execução e prejudiquem o cronograma. Argumenta, ainda, que não possui competência para cumprir o item "b" da parte dispositiva da sentença, acima transcrito, cabendo ao IBAMA a expedição de licenças ambientais. Alega, por fim, que a sentença recorrida viola o princípio da separação de poderes, ao obrigar o ICMBio a concluir o processo de regularização fundiária em curto espaço de tempo, inexistindo ato ilegal a ensejar a responsabilidade civil da autarquia.

A Associação dos Preservadores do Batoque sustentou que: (a) deve ser admitida no feito como assistente simples; (b) deve ser permitida a realização de quaisquer reformas nas residências dos veranistas e moradores locais, com o propósito de evitar desmoronamento, por se tratar de proteção dos direitos constitucionais à vida e à propriedade, principalmente dos veranistas integrantes da Associação recorrente que já possuíam imóveis em data anterior à constituição da RESEX do Batoque (5 de junho de 2003), cabendo, caso contrário, indenização aos proprietários; (c) é incabível a pretensão do MPF de responsabilizar a recorrente pela inobservância do plano de manejo da RESEX do Batoque, sendo que o referido plano sequer existe; (d) deve ser autorizada a concessão de licenças para obras e intervenções nas situações excepcionais previstas no Código Florestal e na Resolução CONAMA n. 369/2006; (e) inexiste comprovação de dano ambiental, de modo que é incabível o pagamento de indenização a esse título.

A União Federal sustentou inexistir omissão injurídica que lhe possa ser imputada.

Pretendeu-se a defesa dos interesses difusos ao meio ambiente equilibrado e a defesa do patrimônio público; além da proteção às populações beneficiadas pela Reserva Extrativista do Batoque e a regularização fundiária da RESEX do Batoque, a demarcação física dos terrenos de marinha dentro da referida área.

A ação civil teve por base o Relatório Técnico n. 03/09/RESEX BATOQUE/ICMBIO/CE (fls. 168/193), que trata sobre a situação fundiária da Reserva Extrativista do Batoque/CE e edificações irregulares no território da referida Unidade de Conservação, encaminhado à Procuradoria da República mediante Ofício n. 034/2009/RESEX BATOQUE/ICMBIO/CE (fls. 166/167).

De acordo com o Relatório Técnico n. 03/09/RESEX BATOQUE/ICMBIO/CE, a Reserva Extrativista do Batoque/CE, Unidade de Conservação de Uso Sustentável, criada por Decreto Presidencial em 5 de junho de 2003 (fls. 44), vem enfrentando problemas de ordem fundiária, "em especial problemas relacionados à grilagem de terras públicas, ocupação de Áreas de Preservação Permanente (APP), construções irregulares, divergência entre a informação sobre os terrenos de marinha existentes na Unidade, contida em seu Decreto de criação e a real situação dominial da área atestada pela Gerência Regional do Patrimônio da União – GRPU". A Reserva Extrativista do Batoque fica localizada em uma área litorânea da região metropolitana de Fortaleza/CE e está sujeita à especulação imobiliária, que compromete a situação da população destinatária da referida Unidade de Conservação (UC), restringindo os espaços disponíveis para uso e ocupação pela população tradicional para quem foi criada a Reserva Extrativista do Batoque/CE.

A Reserva Extrativista do Batoque é uma Unidade de Conservação federal do Brasil categorizada como Reserva Extrativista, criada por Decreto Presidencial em 5 de junho de 2003 (fls. 44), sendo de domínio público da União, "com uso concedido às populações extrativistas tradicionais" (art. 18, § 1.º, da Lei n.

9.985/2000 (SNUC)), bem como com uso e posse regulados por contrato (art. 23 da Lei n. 9.985/2000).

A Reserva Extrativista é uma das categorias de Unidades de Conservação de Uso Sustentável, denominada pelo Sistema Nacional de Unidades de Conservação da Natureza (SNUC), "utilizada por populações extrativistas tradicionais, cuja subsistência baseia-se no extrativismo e, complementarmente, na agricultura de subsistência e na criação de animais de pequeno porte, e tem como objetivos básicos proteger os meios de vida e a cultura dessas populações, e assegurar o uso sustentável dos recursos naturais da unidade" (art. 18, *caput*, da Lei n. 9.985/2000).

A nova ordem constitucional de 1988 trouxe para o plano constitucional as principais regras contidas na Política Nacional do Meio Ambiente, recepcionando, mediante o art. 225 da CF/1988, a Lei n. 6.938/1981.

Dispõe o art. 225 da CF/1988:

Art. 225. Todos têm direito ao meio ambiente ecologicamente equilibrado, bem de uso comum do povo e essencial à sadia qualidade de vida, impondo-se ao Poder Público e à coletividade o dever de defendê-lo e preservá-lo para as presentes e futuras gerações.

Assim, o meio ambiente é bem de uso comum do povo, cabendo a sua defesa tanto ao Poder Público como à coletividade, com vistas à sua preservação para as presentes e futuras gerações.

A Política Nacional do Meio Ambiente no Brasil tem por objetivo o desenvolvimento socioeconômico com qualidade ambiental, ou seja, o desenvolvimento sustentável, em horizonte temporal (visando às presentes e futuras gerações) mediante a utilização de 13 (treze) instrumentos descritos no art. 9.º da Lei n. 6.938/1981 (dentre eles o licenciamento e a revisão de atividades efetiva ou potencialmente poluidoras – inciso IV) pelas chamadas "instituições nacionais competentes".

Dispõe o art. 9.º da Lei n. 6.938/1981:

Art. 9.º São instrumentos da Política Nacional do Meio Ambiente:

I – o estabelecimento de padrões de qualidade ambiental;

II – o zoneamento ambiental;

III – a avaliação de impactos ambientais;

IV – o licenciamento e a revisão de atividades efetiva ou potencialmente poluidoras;

V – os incentivos à produção e instalação de equipamentos e a criação ou absorção de tecnologia, voltados para a melhoria da qualidade ambiental;

VI – a criação de espaços territoriais especialmente protegidos pelo Poder Público federal, estadual e municipal, tais como áreas de proteção ambiental, de relevante interesse ecológico e reservas extrativistas;

VII – o sistema nacional de informações sobre o meio ambiente;

VIII – o Cadastro Técnico Federal de Atividades e Instrumentos de Defesa Ambiental;

IX – as penalidades disciplinares ou compensatórias ao não cumprimento das medidas necessárias à preservação ou correção da degradação ambiental;

X – a instituição do Relatório de Qualidade do Meio Ambiente, a ser divulgado anualmente pelo Instituto Brasileiro do Meio Ambiente e Recursos Naturais Renováveis – IBAMA;

XI – a garantia da prestação de informações relativas ao Meio Ambiente, obrigando-se o Poder Público a produzi-las, quando inexistentes;

XII – o Cadastro Técnico Federal de atividades potencialmente poluidoras e/ou utilizadoras dos recursos ambientais;

XIII – instrumentos econômicos, como concessão florestal, servidão ambiental, seguro ambiental e outros.

A Política Nacional do Meio Ambiente no Brasil, estabelecida pela Lei n. 6.938/1981, concebeu o conjunto de órgãos e entidades federais, estaduais, distritais e municipais, instituídos por leis, que possuem a capacidade para tornar efetivas as normas de proteção ambiental (instituições nacionais competentes) sob a forma de um sistema, o SISNAMA (Sistema Nacional do Meio Ambiente).

O SISNAMA é de competência comum da União, dos estados, do Distrito Federal e dos municípios, nos termos do art. 23, VI, da Constituição Federal, *verbis*:

Art. 23. É competência comum da União, dos Estados, do Distrito Federal e dos Municípios:

(...)

VI – proteger o meio ambiente e combater a poluição em qualquer de suas formas.

O Sistema Nacional do Meio Ambiente – SISNAMA possui em sua estrutura: órgão superior, que é o próprio Ministério do Meio Ambiente; órgão consultivo e deliberativo, o Conselho Nacional do Meio Ambiente (CONAMA); órgão central, que é o próprio Ministério do Meio Ambiente (MMA), já que a Secretaria do Meio Ambiente da Presidência da República – SEMA foi extinta; órgão executor, o Instituto Brasileiro do Meio Ambiente e dos Recursos Naturais Renováveis (IBAMA), e o ICMBio, responsável pela gestão das Unidades de Conservação (UCs) federais; órgãos seccionais, os órgãos ou entidades estaduais responsáveis pela execução de programas, projetos e pelo controle e fiscalização de atividades capazes de provocar a degradação ambiental; órgãos locais, os órgãos ou entidades municipais, responsáveis pelo controle e pela fiscalização dessas atividades, nas suas respectivas jurisdições.

Observa-se que o SISNAMA possui como órgão executor de política ambiental o Instituto Brasileiro do Meio Ambiente e dos Recursos Naturais Renováveis (IBAMA). Todavia, os estados federativos também possuem órgãos estaduais executores de Política Ambiental. No Estado do Ceará, temos a Superintendência Estadual do Meio Ambiente – SEMACE, criada por meio da Lei Estadual n. 11.411 (*DOE* 4.1.1988), de 28 de dezembro, alterada pela Lei n. 12.274 (*DOE* 8.4.1994), de 5 de abril de 1994. A SEMACE é uma instituição pública vinculada ao Conselho de Políticas e Gestão do Meio Ambiente (CONPAM), que tem a responsabilidade de executar a Política Ambiental do Estado do Ceará e integra, como órgão Seccional, o Sistema Nacional de Meio Ambiente (SISNAMA).

Também integra o Sistema Nacional do Meio Ambiente (SISNAMA) o Instituto Chico Mendes de Conservação da Biodiversidade (ICMBio), autarquia em regime especial, criada no dia 28 de agosto de 2007 pela Lei n. 11.516, com a finalidade de executar as ações do Sistema Nacional de Unidades de Conservação (UC), podendo propor, implantar, gerir, proteger, fiscalizar e monitorar as UCs instituídas pela União, bem como fomentar e executar programas de pesquisa, proteção, preservação e conservação da biodiversidade e, ainda, exercer o poder de polícia ambiental para a proteção das Unidades de Conservação federais.

Outro instrumento da Política Nacional do Meio Ambiente estabelecido no art. 9.º da Lei n. 6.938/1981 é "a criação de espaços territoriais especialmente protegidos pelo Poder Público federal, estadual e municipal, tais como áreas de proteção ambiental, de relevante interesse ecológico e reservas extrativistas" (inciso VI).

Os espaços territoriais especialmente protegidos não são definidos pelo ordenamento jurídico brasileiro, cabendo à doutrina fazê-lo. Na verdade, qualquer espaço territorial protegido por diploma legal (ato, portaria, decreto, lei, etc.) é considerado área protegida, nos termos do inciso VI do art. 9.º da Lei n. 6.938/1981. Os fatos geradores da proteção dos espaços são diversos: existência de ecossistemas raros; existência de vegetação remanescente de um bioma degradado; incidência de fragilidades ambientais, que deixa o meio ambiente susceptível de sofrer qualquer tipo de dano, inclusive poluição; necessidade de proteção de bens ambientais específicos; necessidade de manutenção da cobertura vegetal protetora de recursos hídricos e da estrutura do solo, como é o caso das Áreas de Preservação Permanente (APP), definidas no art. 2.º do Código Florestal; necessidade de manutenção da cobertura vegetal, nas propriedades privadas, com o objetivo de evitar o uso excessivo do solo e proteger a biodiversidade, como é o caso da Reserva Legal; necessidade de compatibilizar a existência de populações tradicionais e a proteção de áreas com riqueza em biodiversidade, como é o caso da Reserva Extrativista (GRANZIERA, Maria Luiza Machado. *Direito Ambiental*. 2. ed. revista e atualizada. São Paulo: Atlas, 2011).

Dentre as áreas protegidas pela Política Nacional do Meio Ambiente encontram-se as Unidades de Conservação (UCs), instituídas pela Lei n. 9.985, de 18 de julho de 2000, bem como as Áreas de Preservação Permanente (APPs) disciplinadas no Código Florestal (Lei n. 4.771, de 15 de setembro de 1965).

O Sistema Nacional de Unidades de Conservação da Natureza foi instituído pela Lei n. 9.985, de 18 de julho de 2000, a chamada Lei do SNUC (regulamentada pelo Decreto n. 4.340, de 22 de agosto de 2002). O Sistema Nacional de Unidades de Conservação da Natureza – SNUC é constituído pelo conjunto das unidades de conservação federais, estaduais e municipais (art. 3.º).

De acordo com o art. 6.º da Lei n. 9.985/2000, o SNUC é gerido pelos seguintes órgãos, com as respectivas atribuições:

> I – órgão consultivo e deliberativo: o Conselho Nacional do Meio Ambiente – Conama, com as atribuições de acompanhar a implementação do Sistema;
>
> II – órgão central: o Ministério do Meio Ambiente, com a finalidade de coordenar o Sistema; e
>
> III – órgãos executores: o Instituto Chico Mendes e o IBAMA, em caráter supletivo, os órgãos estaduais e municipais, com a função de implementar o SNUC, subsidiar as propostas de criação e administrar as unidades de conservação federais, estaduais e municipais, nas respectivas esferas de atuação.
>
> Parágrafo único. Podem integrar o SNUC, excepcionalmente e a critério do Conama, unidades de conservação estaduais e municipais que, concebidas para atender a peculiaridades regionais ou locais, possuam objetivos de manejo que não possam ser satisfatoriamente atendidos por nenhuma categoria prevista nesta Lei e cujas características permitam, em relação a estas, uma clara distinção.

As unidades de conservação integrantes do SNUC dividem-se em dois grupos, com características específicas, quais sejam: as Unidades de Proteção Integral e as Unidades de Uso Sustentável (art. 7.º da Lei n. 9.985/2000).

O art. 8.º da Lei n. 9.985/2000 enumera as categorias de unidade de conservação que fazem parte do grupo das Unidades de Proteção Integral. São elas: I – Estação Ecológica; II – Reserva Biológica; III – Parque Nacional; IV – Monumento Natural; V – Refúgio de Vida Silvestre. As categorias de unidade de conservação do grupo Uso Sustentável estão previstas no art. 14. São elas: I – Área de Proteção Ambiental; II – Área de Relevante Interesse Ecológico; III – Floresta Nacional; IV – Reserva Extrativista; V – Reserva de Fauna; VI – Reserva de Desenvolvimento Sustentável; e VII – Reserva Particular do Patrimônio Natural.

Observa-se que a Reserva Extrativista é uma das Unidades de Conservação de Uso Sustentável, devendo, pois, ser defendida e protegida pelo Poder Público e por toda a Sociedade.

Os arts. 18 e 23 da Lei n. 9.985/2000 dispõem sobre a Reserva Extrativista, *verbis*:

Art. 18. A Reserva Extrativista é uma área utilizada por populações extrativistas tradicionais, cuja subsistência baseia-se no extrativismo e, complementarmente, na agricultura de subsistência e na criação de animais de pequeno porte, e tem como objetivos básicos proteger os meios de vida e a cultura dessas populações, e assegurar o uso sustentável dos recursos naturais da unidade.

§ 1.º A Reserva Extrativista é de domínio público, com uso concedido às populações extrativistas tradicionais conforme o disposto no art. 23 desta Lei e em regulamentação específica, sendo que as áreas particulares incluídas em seus limites devem ser desapropriadas, de acordo com o que dispõe a lei.

(...)

Art. 23. A posse e o uso das áreas ocupadas pelas populações tradicionais nas Reservas Extrativistas e Reservas de Desenvolvimento Sustentável serão regulados por contrato, conforme se dispuser no regulamento desta Lei.

Extrai-se da legislação supramencionada que a Reserva Extrativista é uma Unidade de Conservação de Uso Sustentável, que tem por objetivo a preservação das comunidades tradicionais, inclusive nos aspectos culturais, assegurando-lhes o uso sustentável dos recursos naturais da unidade. Como a Reserva Extrativista é de domínio público, possui regime incompatível com a existência de áreas particulares, devendo estas serem desapropriadas, ou seja, deve-se proceder à regularização fundiária, para que toda a área particular existente dentro do polígono destinado à Reserva Extrativista seja arrecadada pela União. Todavia, as populações extrativistas tradicionais podem utilizar as áreas da UC para subsistência baseada no extrativismo, na agricultura e na criação de animais de pequeno porte.

A Reserva Extrativista do Batoque foi criada para assegurar o uso sustentável e a conservação dos recursos naturais renováveis, protegendo os meios de vida e a cultura da população extrativista local.

De acordo com o laudo do ICMBio, a Reserva Extrativista do Batoque vem apresentando graves problemas de descaso por parte da população e do poder público. A especulação imobiliária, principalmente por parte dos próprios moradores, é constante, visto que estão vendendo suas propriedades e terras para pessoas de outros locais, inclusive de Fortaleza. A população nativa, a quem compete o uso sustentável da referida área da RESEX, não resistindo à especulação imobiliária, vem promovendo a venda de suas casas para terceiros a quem não são destinadas as áreas da RESEX.

A compra e venda de terrenos por parte de pessoas que não são consideradas beneficiárias da Reserva é totalmente proibida, sendo proibido, portanto, qualquer registro imobiliário da referida transação comercial.

Dentro do espaço territorial destinado à Reserva Extrativista (UC) do Batoque, existem outras áreas de proteção ambiental, como por exemplo, as Áreas de Preservação Permanente (APPs).

A Área de Preservação Permanente (APP) é conceituada pelos arts. 2.º e 3.º da Lei n. 4.771, de 15 de setembro de 1965, o Código Florestal. As APP previstas no art. 2.º possuem proteção ambiental tão somente em função de sua localização, nos limites previstos no próprio Código Florestal. Logo, as APP podem incidir tanto sobre o patrimônio público como sobre o particular, de acordo com o domínio das áreas onde se localizam as APPs. A localização, os parâmetros, as definições e os limites das APP são estabelecidos tanto pelo art. 2.º da Lei n. 4.771/1965, quanto pela Resolução CONAMA n. 303, de 20 de março de 2002. Constitui APP a área situada em faixa marginal de cursos d'água, ao redor de nascente ou olho d'água, ao redor de lagos e lagoas naturais, em vereda e faixa marginal de espaço brejoso e encharcado, no topo de morros e montanhas, nas linhas de cumeada, em encosta, nas escarpas e nas bordas dos tabuleiros e chapadas, nas restingas, em manguezal, em duna, em altitude superior a 1.800 metros, nos locais de refúgio ou reprodução de aves migratórias, nos locais de refúgio ou reprodução de exemplares da fauna ameaçada de extinção, nas praias, em locais de nidificação e reprodução da fauna silvestre. Constitui, ainda, APP as áreas assim declaradas por ato do Poder Público em função das finalidades previstas no art. 3.º do Código Florestal. Diferentemente dos espaços objeto do art. 2.º, as APP previstas no art. 3.º devem ser declaradas por ato específico (GRANZIERA, Maria Luiza Machado. *Direito Ambiental*. 2. ed. revista e atualizada. São Paulo: Atlas, 2011).

Ressalte-se que, quando ocorre APP em propriedade privada, embora o proprietário permaneça na posse do espaço, não poderá fazer intervenções na área em desacordo com as normas legais (Resolução CONAMA n. 369, de 28 de março de 2006), sendo de uso limitado pelo Poder Público.

A Resolução CONAMA n. 369/2006 define os casos excepcionais em que o órgão ambiental competente pode autorizar a intervenção ou supressão de vegetação em Área de Preservação Permanente – APP para a implantação de obras, planos, atividades ou projetos de utilidade pública ou interesse social, ou para a realização de ações consideradas eventuais e de baixo impacto ambiental (art. 1.º).

A Reserva Extrativista do Batoque, Unidade de Conservação federal, possui em seu polígono Áreas de Preservação Permanente (APP), tais como: dunas móveis e vegetadas, lagoas, lagos e manguezais e, de acordo com o laudo do ICMBio, vem sofrendo intervenções em desacordo com a lei e o uso previsto para a proteção da área.

Decerto, os empreendimentos imobiliários localizados nas zonas costeiras, com ocupações voltadas para o turismo ou para segunda residência, promovem a produção de esgotos que terminam por contaminar a praia e o mar, causando poluição e degradação de todo o meio ambiente praieiro. Com a degradação das dunas, compromete-se o ciclo de vida de várias espécies da fauna e flora, da mesma forma ocorre com os mangues e margens de lagos e lagoas naturais.

Ainda conforme o laudo do ICMBio, o município de Aquiraz tem expedido licenças para construção na RESEX do Batoque, sem a devida consulta prévia ao órgão gestor da unidade de conservação (UC), ou seja, do ICMBio, registrando que o licenciamento ambiental nestas áreas de preservação ambiental devia ser precedido do prévio estudo de impacto ambiental – EIA, e da apresentação do respectivo Relatório de Impacto Ambiental – RIMA, devidamente aprovado, nos termos da Lei n. 7.661/1988.

Diferentemente do que se possa imaginar, a localização do empreendimento/atividade – se situado em bem da União, do estado, do Distrito Federal, ou do município –, por si só, não é suficiente para fixar a competência para o licenciamento. Assim, o licenciamento ambiental dá-se em razão da abrangência do impacto no meio ambiente, e não em decorrência do bem atingindo, porquanto o direito ao meio ambiente sadio é um direito difuso que atinge a todos indistintamente, já que de acordo com o art. 225 da CF todos têm direito ao meio ambiente ecologicamente equilibrado, bem de uso comum do povo e essencial à sadia qualidade de vida.

Sobre o licenciamento ambiental, prevê a Lei Complementar n. 140, de 8 de dezembro de 2011, que fixa normas, nos termos dos incisos III, VI e VII do *caput* e do parágrafo único do art. 23 da Constituição Federal, para a cooperação entre a União, os estados, o Distrito Federal e os municípios nas ações administrativas decorrentes do exercício da competência comum relativas à proteção das paisagens naturais notáveis, à proteção do meio ambiente, ao combate à poluição em qualquer de suas formas e à preservação das florestas, da fauna e da flora; e altera a Lei n. 6.938, de 31 de agosto de 1981:

> Art. 7.º São ações administrativas da União:
>
> XIV – promover o licenciamento ambiental de empreendimentos e atividades:
>
> d) localizados ou desenvolvidos em unidades de conservação instituídas pela União, exceto em Áreas de Proteção Ambiental (APAs)

A Resolução CONAMA n. 237/1997 dispõe que a competência para licenciamento ambiental em Unidade de Conservação federal é do IBAMA. Confira-se:

> Art. 4.º Compete ao Instituto Brasileiro do Meio Ambiente e dos Recursos Naturais Renováveis – IBAMA, órgão executor do SISNAMA, o licenciamento ambiental, a que se refere o artigo 10 da Lei n. 6.938, de 31 de agosto de 1981, de empreendimentos e atividades com significativo impacto ambiental de âmbito nacional ou regional, a saber:

I – localizadas ou desenvolvidas conjuntamente no Brasil e em país limítrofe; no mar territorial; na plataforma continental; na zona econômica exclusiva; em terras indígenas ou em unidades de conservação do domínio da União.

A Resolução CONAMA n. 428, de 17 de dezembro de 2010, dispõe, no âmbito do licenciamento ambiental, sobre a autorização do órgão responsável pela administração da Unidade de Conservação (UC), de que trata o § 3.º do art. 36 da Lei n. 9.985, de 18 de julho de 2000, bem como sobre a ciência do órgão responsável pela administração da UC no caso de licenciamento ambiental de empreendimentos não sujeitos a EIA-RIMA e dá outras providências. Confira-se:

> Art. 1.º O licenciamento de empreendimentos de significativo impacto ambiental que possam afetar Unidade de Conservação (UC) específica ou sua Zona de Amortecimento (ZA), assim considerados pelo órgão ambiental licenciador, com fundamento em Estudo de Impacto Ambiental e respectivo Relatório de Impacto Ambiental (EIA/RIMA), só poderá ser concedido após autorização do órgão responsável pela administração da UC ou, no caso das Reservas Particulares de Patrimônio Natural (RPPN), pelo órgão responsável pela sua criação.
>
> § 1.º Para efeitos desta Resolução, entende-se por órgão responsável pela administração da UC, os órgãos executores do Sistema Nacional de Unidade de Conservação (SNUC), conforme definido no inciso III, art. 6.º da Lei n. 9.985 de 18 de julho de 2000.
>
> (...)
>
> Art. 2.º A autorização de que trata esta Resolução deverá ser solicitada pelo órgão ambiental licenciador, antes da emissão da primeira licença prevista, ao órgão responsável pela administração da UC que se manifestará conclusivamente após avaliação dos estudos ambientais exigidos dentro do procedimento de licenciamento ambiental, no prazo de até 60 dias, a partir do recebimento da solicitação.
>
> § 1.º A autorização deverá ser solicitada pelo órgão ambiental licenciador, no prazo máximo de 15 dias, contados a partir do aceite do EIA/RIMA.
>
> § 2.º O órgão ambiental licenciador deverá, antes de emitir os termos de referência do EIA/RIMA, consultar formalmente o órgão responsável pela administração da UC quanto à necessidade e ao conteúdo exigido de estudos específicos relativos a impactos do empreendimento na UC e na respectiva ZA, o qual se manifestará no prazo máximo de 15 dias úteis, contados do recebimento da consulta.
>
> § 3.º Os estudos específicos a serem solicitados deverão ser restritos à avaliação dos impactos do empreendimento na UC ou sua ZA e aos objetivos de sua criação.
>
> § 4.º O órgão responsável pela administração da UC facilitará o acesso às informações pelo interessado.
>
> § 5.º Na existência de Plano de Manejo da UC, devidamente publicado, este deverá ser observado para orientar a avaliação dos impactos na UC específica ou sua ZA.
>
> § 6.º Na hipótese de inobservância do prazo previsto no *caput*, o órgão responsável pela administração da UC deverá encaminhar, ao órgão licenciador e ao órgão central do SNUC, a justificativa para o descumprimento.

> Art. 3.º O órgão responsável pela administração da UC decidirá, de forma motivada:
>
> I – pela emissão da autorização;
>
> II – pela exigência de estudos complementares, desde que previstos no termo de referência;
>
> III – pela incompatibilidade da alternativa apresentada para o empreendimento com a UC;
>
> IV – pelo indeferimento da solicitação.
>
> § 1.º A autorização integra o processo de licenciamento ambiental e especificará, caso necessário, as condições técnicas que deverão ser consideradas nas licenças.
>
> (...)

Deduz-se, pois, que o órgão competente para expedir licença ambiental para fins de intervenção na Reserva Extrativista do Batoque é o IBAMA, tendo em vista que a RESEX é uma Unidade de Conservação federal, bem como que o licenciamento de empreendimentos de significativo impacto ambiental que possam afetar Unidade de Conservação (UC) específica ou sua Zona de Amortecimento (ZA) dependerá da autorização do órgão responsável pela administração da UC.

O Instituto Chico Mendes de Conservação da Biodiversidade (ICMBio) foi criado para fazer a gestão das Unidades de Conservação, competindo, pois, ao ICMBio a autorização para o licenciamento ambiental.

Dispõe a Lei n. 11.516, de 28 de agosto de 2007, que criou o Instituto Chico Mendes de Conservação da Biodiversidade (ICMBio):

> Art. 1.º Fica criado o Instituto Chico Mendes de Conservação da Biodiversidade – Instituto Chico Mendes, autarquia federal dotada de personalidade jurídica de direito público, autonomia administrativa e financeira, vinculada ao Ministério do Meio Ambiente, com a finalidade de:
>
> I – executar ações da política nacional de unidades de conservação da natureza, referentes às atribuições federais relativas à proposição, implantação, gestão, proteção, fiscalização e monitoramento das unidades de conservação instituídas pela União;
>
> II – executar as políticas relativas ao uso sustentável dos recursos naturais renováveis e ao apoio ao extrativismo e às populações tradicionais nas unidades de conservação de uso sustentável instituídas pela União;
>
> III – fomentar e executar programas de pesquisa, proteção, preservação e conservação da biodiversidade e de educação ambiental;
>
> IV – exercer o poder de polícia ambiental para a proteção das unidades de conservação instituídas pela União; e
>
> V – promover e executar, em articulação com os demais órgãos e entidades envolvidos, programas recreacionais, de uso público e de ecoturismo nas unidades de conservação, onde estas atividades sejam permitidas.

Parágrafo único. O disposto no inciso IV do *caput* deste artigo não exclui o exercício supletivo do poder de polícia ambiental pelo Instituto Brasileiro do Meio Ambiente e dos Recursos Naturais Renováveis – IBAMA.

Desta feita, o ICMBio tem competência para outorga de Licenças Ambientais, que deverá ser expedida por ele e também, de forma "supletiva", pelo IBAMA, nos casos de intervenções em Unidades de Conservação federal, como é o caso da Reserva Extrativista do Batoque.

Não há dúvida de que a gestão e o disciplinamento do poder de polícia ambiental nessas reservas cabem ao ICMBio, neste sentido:

(...)

Portanto, pelo mesmo fundamento acima elencado, o MUNICÍPIO DE AQUIRAZ não está autorizado a expedir licenciamento ambiental para intervenções na Reserva Extrativista do Batoque.

De mais a mais, de acordo com o laudo do ICMBio, a RESEX do Batoque vem enfrentando o problema de grilagem (modo fraudulento de formar títulos de propriedade sobre terras) de terras de domínio da União, localizados na Zona Costeira, que estão sendo cercados e vendidos para veranistas e terceiros que não são entendidos como destinatários da referida RESEX.

Como visto anteriormente, a legislação pertinente (Lei n. 9.985/2000), que trata também das Reservas Extrativistas, dispõe que estas são de domínio público, bem como que "a posse e o uso das áreas ocupadas pelas populações tradicionais nas Reservas Extrativistas e Reservas de Desenvolvimento Sustentável serão regulados por contrato, conforme se dispuser no regulamento desta Lei" (art. 23). Logo, deve a União arrecadar as áreas compreendidas nos limites traçados no ato da criação da RESEX e, caso haja propriedade privada na referida área (que não esteja estabelecida de forma irregular, como por exemplo, em Áreas de Preservação Permanente), deve a União promover as devidas desapropriações, ultimando o processo de arrecadação dos imóveis da RESEX e provendo a sua regularização fundiária. Atente-se para o fato de que, dentro da área delimitada para criação da RESEX existem bens cuja titularidade já é da União, como é o caso das praias e dos terrenos de marinha. Ultimadas as providências, a área da Reserva Extrativista é entregue à população nativa para uso e utilização sustentável do solo.

Por fim, consta no laudo do ICMBio às fls.168/190, que, de acordo com o Decreto de criação, a Reserva Extrativista do Batoque, que perfaz uma área de 601,05 hectares, está integralmente inserida em terrenos de marinha. Todavia, em tendo sido instada a GRPU para se manifestar sobre a dominialidade dos terrenos existentes na área, os técnicos da GRPU realizaram vistoria no local, em que foi atestado que apenas 327,25 hectares da RESEX estão inseridos em terrenos de marinha e acrescidos, sendo o restante constituído por terrenos alodiais.

Registre-se que os terrenos de marinha e seus acrescidos pertencem à União, a teor do art. 20, VII, da CF/1988, e do art. 1.º do Decreto-Lei n. 9.760/1946.

O conceito de terrenos de marinha e seus acrescidos pode ser extraído dos arts. 2.º e 3.º do mencionado Decreto-Lei:

> Art. 2.º São terrenos de marinha, em uma profundidade de 33 (trinta e três) metros, medidos horizontalmente, para a parte da terra, da posição da linha do preamar médio de 1831:
>
> a) os situados no continente, na costa marítima e nas margens dos rios e lagoas, até onde se faça sentir a influência das marés;
>
> b) os que contornam as ilhas situadas em zona onde se faça sentir a influência das marés.
>
> Parágrafo único. Para os efeitos deste artigo a influência das marés é caracterizada pela oscilação periódica de 5 (cinco) centímetros pelo menos, do nível das águas, que ocorra em qualquer época do ano.
>
> Art. 3.º São terrenos acrescidos de marinha os que se tiverem formado, natural ou artificialmente, para o lado do mar ou dos rios e lagoas, em seguimento aos terrenos de marinha.

Nos arts. 9.º a 12 Decreto-Lei n. 9.760/1946, depreende-se que o procedimento para a demarcação dos terrenos de marinha, por meio da determinação da posição das linhas da preamar médio de 1831 e da média das enchentes ordinárias é de competência do Serviço de Patrimônio da União – SPU.

A controvérsia cinge-se à demarcação dos terrenos de marinha e seus acrescidos que se encontram na Reserva Extrativista do Batoque, visto que não obstante a demarcação tenha sido determinada por norma legal datada de 1946 (art. 9.º do Decreto-Lei n. 9.760, de 5 de setembro de 1946), ainda não foi realizada, em sua totalidade, no território nacional, pela União.

Saliente-se, ainda, a importância da delimitação da faixa de praia existente na Reserva do Batoque, que é bem de uso comum do povo, como forma de evitar novos expedientes de ocupação indevida de espaços públicos. Com a especificação da faixa praial, poder-se-á identificar a existência de edificações nestas áreas, o que demandará suas respectivas demolições. Nesse sentido:

(...)

Logo, deve a União delimitar o seu domínio na área da RESEX, através da delimitação dos terrenos de marinha e promover, após isso, a regularização fundiária dos imóveis particulares restantes que podem ser indenizados.

Porém questão que está gerando mais dificuldade nesta ação é a regularização fundiária, a delimitação precisa da área da reserva a partir da definição precisa da linha da preamar média na área em questão, de responsabilidade do Serviço de Patrimônio da União.

Em várias ocasiões desde 2012 e também o TRF da 5.ª Região, em dois agravos, o 124192/CE e 130883/CE também tentou tal definição, mas em vão.

A AGU, respondendo pelo SPU, alega que a dificuldade se encontra na falta de pessoal e recursos para concluir a tarefa.

O ICMBio cumpriu integralmente o item "b" da liminar do processo mencionado, bem como comprovação que a demarcação da área da Reserva Extrativista do Batoque, bem como a sinalização dos seus limites territoriais já foi procedida pelo Instituto Chico Mendes de Conservação da Biodiversidade, não obstante a necessidade de se realizar a recolocação de alguns marcos e da sinalização do mesmo, devido a ação das intempéries e da depredação realizada por indivíduos ainda não identificados, bem como a definição de dominialidade dos bens da União inseridos dentro dos limites da Unidade de Conservação Federal, ação de competência da Secretaria do Patrimônio da União – SPU, conforme estabelecido na liminar. Encaminhamos ainda documentação comprobatória que o Plano de Manejo Participativo da Unidade, se encontra em fase de elaboração, tendo inclusive o seu Zoneamento Ambiental já finalizado, definindo as diferentes feições da paisagem local, inclusive sua Zona de Praia. Informamos que tal estudo foi realizado por consultores contratados pelo ICMBio, conforme documentação em anexo.

O pouco que ainda resta para o cumprimento da liminar e dos objetivos desta ação proposta pelo MPF que estavam a cargo do ICMBio já foram cumpridas. O que resta e que é responsabilidade da União, através da SPU deve ficar a fase de cumprimento de sentença.

Cabe ao ICMBio a responsabilidade integral da gestão da reserva em todos os seus aspectos, conforme disciplina a lei 11.516/2007, acima citada, para isso mantenho integralmente as decisões de fls. 437/455 (tutela liminar de urgência), decisão posterior de complementação e esclarecimentos (fls. 1171/1174) e embargos de declaração desta mesma decisão (fls. 1308/1309).

Após a regularização fundiária e conclusão final da reserva extrativista só poderão permanecer as pessoas da comunidade, excluídos os veranistas e turistas, atendendo assim aos objetivos da formação da reserva, devendo a União proceder à desapropriação, demolição e restauração das áreas e imóveis considerados impróprios para a reserva. Tudo isso após o trânsito em julgado e na fase de cumprimento de sentença. O ICMBio também poderá, nos termos do que foi aqui decidido estabelecer outros controles e limitações administrativas, bem como demolições de obras construídas ou ampliadas de forma irregular, em obediência ao Decreto 6.514/2008, art. 19 (fl. 1103, vol. 5).

A Segunda Turma do TRF5 já se posicionou em sentido contrário, em situações análogas à presente (em ações civis públicas ajuizadas pelo MPF contra particulares), sob o fundamento de que as construções particulares na Reserva do Batoque são bastante antigas, anteriores ao decreto presidencial que a instituiu, além de se tratar de área fortemente antropizada.

O julgado foi unânime em assentir com os fundamentos externados pelo Des. Federal Paulo Roberto de Oliveira Lima, nos seguintes termos: "A meu sentir a questão é de fácil desate. Trata-se de ação proposta pelo IBAMA com o objetivo de fazer cessar a posse que aduz ser irregular do recorrente, em área da reserva extrativista do Batoque, com a demolição de imóvel lá edificado, bem assim com a restauração da vegetação e das dunas nativas. O juiz julgou procedente a ação, condenando o réu a satisfazer os pedidos constantes da inicial, bem assim a pagar multa. Independentemente da forte prova produzida pelo réu, máxime através de fotografias, no sentido de ser a área amplamente antropizada, contendo inúmeras edificações, é fato inconteste que o recorrente adquiriu o terreno onde construiu uma casa, em 1998. Também não há dúvida de que a edificação se fez em 2002. Por último, também não há dúvida de que a Reserva Extrativista do Batoque somente foi instituída através de decreto presidencial datado de 5 de junho de 2003. É verdade que o IBAMA alude a que o réu, mesmo depois de notificado, teria implementado alterações no imóvel, em data posterior à instituição da reserva. Contudo, se alterações foram introduzidas, elas não alteraram a área da construção e, por isso mesmo, não implicaram novas agressões ao meio ambiente. Assim, quando a reserva foi instituída, já lá se encontrava o imóvel com as dimensões que hoje têm edificadas regularmente em terreno próprio do construtor. A sentença, contudo, fundou-se no argumento de que não há direito adquirido contra a conservação do meio ambiente. Não é bem assim, data vênia. Não é possível condenar o proprietário a demolir o imóvel que edificou regularmente, em área própria para tal, em face de instituição posterior de reserva ambiental. Para tanto, seria de rigor a desapropriação do imóvel com a prévia indenização do proprietário. Demais disso, no caso dos autos, como já destacado, cuida-se de área fortemente antropizada. Penso, portanto, com as vênias devidas a quem pense de modo diverso, que o recorrente não cometeu qualquer transgressão às normas de Direito Ambiental, daí que não pode ser indevidamente punido" (TRF5, 2.ª Turma, PJE 0014536-09.2008.4.05.8100, Rel. Des. Federal Paulo Machado Cordeiro, j. 28.9.2021).

Por outro lado, deve ser rejeitada integralmente a pretensão do MPF também porque a sentença, se confirmada, levará a que o Judiciário imponha obrigação à Administração sem considerar as limitações de ordem orçamentária e técnica, e as escolhas ou decisões político-administrativas que estão legitimamente contidas nos espaços constitucional e legal de atuação do Executivo.

Não baste isso, há de ser verificado que a forma pela qual o Estado/Administração deve garantir o direito ao meio ambiente está condicionada às políticas sociais e econômicas, o que implica entender que toda atuação nesse sentido deve observar os parâmetros sociais, econômicos e orçamentários, como, por exemplo, estatuem os arts. 165 e 167 da Constituição Federal de 1988.

Restou certificado que no caso é indevida a intromissão do Judiciário no mérito da atuação do Executivo, sem observar o nível dos recursos para a atuação administrativa.

As apelações e a remessa necessária foram providas, para julgar improcedente a demanda.

A EXIGÊNCIA DE REPARAÇÃO DO DANO AMBIENTAL NA ESFERA ADMINISTRATIVA: ADMISSIBILIDADE DE COMPENSAÇÃO AMBIENTAL INDIRETA COMO ALTERNATIVA À REPARAÇÃO/RECUPERAÇÃO *IN SITU*

Pedro de Menezes Niebuhr[1]
Pedro Duarte Rodrigues Guimarães[2]
Raquel Iung Santos[3]

1. INTRODUÇÃO

A responsabilização administrativa ambiental é estratégica em qualquer uma política pública de proteção ambiental. Por meio da fiscalização administrativa, o Poder Público conhece em detalhes as minúcias de uma conduta potencialmente ilícita, investiga e compreende suas repercussões. Os elementos e conclusões produzidos em um processo administrativo de fiscalização ambiental são frequentemente utilizados, em outras esferas, para instruir diferentes expedientes e novas frentes de responsabilização (civil e criminal, por exemplo). Ao final, acaso confirmada a prática do ato ilícito, a Administração Pública aplica sanções administrativas que têm como final objetivo, especialmente, dissuadir a ocorrência de desconformidade similar no futuro. Tudo isso pautado, em um cenário ideal, por uma abordagem presumidamente multidisciplinar (como é próprio da estrutura dos órgãos ambientais), com alta *expertise* técnica e, em tese, célere.

---

[1] Professor dos Programas de Graduação e Pós-graduação em Direito da UFSC, onde leciona, pesquisa e orienta nas áreas de Direito Administrativo, Direito Ambiental e Direito Urbanístico. Doutor em Direito pela PUC/RS, com doutorado sanduíche (CAPES) na Universidade de Lisboa. Mestre e graduado em Direito pela UFSC. Coordenador do Grupo de Estudos em Direito Público (GEDIP) da UFSC. Membro fundador e Vice-Presidente do Instituto de Direito Administrativo de Santa Catarina (IDASC). Autor dos livros *Processo administrativo ambiental* (4. ed.), *Manual das Áreas de Preservação Permanente* (2. ed.), entre outros. Ex-Conselheiro do Conselho Estadual de Meio Ambiente de Santa Catarina e ex-Presidente da Comissão de Direito Urbanístico da OAB/SC. Advogado.
[2] Pós-graduando em Direito Administrativo (PUC/PR, 2024). Advogado.
[3] Mestranda em Direito pela Universidade Federal de Santa Catarina. Pós-graduanda em Direito Ambiental e Urbanístico (CESUSC, 2024). Advogada.

Um ponto de discussão extremamente interessante diz respeito à possibilidade de a Administração Pública exigir, ainda na esfera administrativa, a reparação do dano ambiental provocado pela conduta confirmada como ilícito. A discussão, reconhecemos, é complexa.

De um lado, uma corrente interpretativa defende que a finalidade do processo administrativo sancionador não é reparatória; para isso existe a tutela judicial civil. Em acréscimo, até recentemente não havia, pelo menos no modelo regulatório federal, fundamento normativo para uma exigência cogente ou coercitiva da reparação de dano ambiental na esfera administrativa, após a confirmação final e definitiva da ocorrência de um ato ilícito. Nem a Lei n. 9.605/1998 nem o Decreto Federal n. 6.514/2008 previam a reparação do dano ambiental como uma espécie de sanção administrativa nem como consectário da aplicação de uma sanção administrativa correlata. A esse propósito, adianta-se que só muito recentemente, em 20 de setembro de 2024, foi incluída no Decreto Federal n. 6.514/2008 a tipificação de uma infração administrativa específica, para responsabilização daqueles que deixem de reparar ou compensar o dano ambiental na forma e no prazo exigido pela autoridade competente (art. 83-A).

De outro lado, uma possível interpretação se apoia na finalidade última da atuação estatal nesta matéria – que é a preservação do equilíbrio ambiental – para justificar a possibilidade de os órgãos ambientais exigirem a reparação do dano ambiental como decorrência de um processo de fiscalização que o tenha confirmado. Essa corrente entende que a possibilidade de se exigir a reparação do dano não é privilégio da jurisdição civil, e que isso já é feito, em algumas situações pontuais, em processos criminais e nos próprios processos administrativos (na conciliação ou em termo de compromisso para regularização de condutas ilícitas). Essa possibilidade foi institucionalizada pela mencionada inclusão do art. 83-B ao Decreto Federal n. 6.514/2008.

Antes do advento do art. 83-B ao Decreto Federal n. 6.514/2008, alguns órgãos ambientais reconheciam ser intrínseca, às suas atribuições, a possibilidade de eles pelo menos instarem, ainda na esfera administrativa, o particular a reparar um dano ambiental eventualmente constatado. Seria algo equivalente a uma provocação, ainda na esfera administrativa, à regularização da intervenção ilícita realizada, provocação esta que poderia ser aceita ou recusada pelo autuado. Se aceita, o problema se resolveria quase que imediatamente, sem a necessidade de uma morosa intervenção judicial para essa finalidade. Se recusada, a situação aí sim seria judicializada, para que a ordem de reparação do dano ambiental pudesse vir a ser exigida coercivamente do particular.

Aqui entra o objeto específico da presente análise.

Assim como o Judiciário o faria caso o assunto fosse judicializado, o órgão ambiental também deve considerar, no caso concreto, como possível modalidade de reparação do dano provocado não apenas a recuperação ou reparação ambiental *in situ*, mas também a compensação indireta como alternativa à recomposição da legalidade.

2. A REPARAÇÃO AMBIENTAL COMO DECORRÊNCIA LÓGICA DO PROCESSO ADMINISTRATIVO AMBIENTAL

Uma importante discussão preliminar a se enfrentar diz respeito à possibilidade de o órgão ambiental, depois de constatar uma situação de irregularidade, exigir que o particular adote condutas destinadas a reparar o dano causado ou se é indispensável acionar o Judiciário para esse fim.

A controvérsia, como antecipado na introdução, envolve uma discussão sobre legalidade.

A Constituição Federal, no art. 225, § 3.º, diz que "as condutas e atividades consideradas lesivas ao meio ambiente sujeitarão os infratores, pessoas físicas ou jurídicas, a sanções penais e administrativas, independentemente da obrigação de reparar os danos causados".

Uma interpretação comum do dispositivo deduz que as esferas penais e administrativas somente poderiam aplicar sanções. A determinação da obrigação de reparar o dano, por essa linha de interpretação, não seria atribuição das esferas sancionadoras, porque seriam delas independentes. Só restaria, por ilação lógica, incumbir o juízo civil da atribuição de impor obrigações reparatórias.

Uma leitura mais atenta, a nosso ver, revela algum desacerto nessa interpretação. A rigor, o § 3.º do art. 225 da Constituição Federal não diz que a responsabilização nas esferas penais e administrativas não pode perquirir ou determinar a reparação de danos. Se isso fosse verdade, a ordem de reparação de dano ambiental não poderia ser reputada como um consectário de uma pena aplicada pelo juiz criminal, como diuturnamente o é por força do art. 387, IV, do Código de Processo Penal[4]. Tampouco poderia ser cogitada na esfera administrativa, em conciliação ou em termo de compromisso para cessão de condutas desconformes.

O § 3.º do art. 225 da Constituição Federal prescreve, isso sim, que a reparação de danos pode ser exigida de forma independente, isto é, não está necessariamente atrelada à eventual aplicação de sanção penal ou administrativa. O ponto é que além de potencialmente aplicar uma sanção penal ou administrativa, tanto

---

4 "Art. 387. O juiz, ao proferir sentença condenatória:
IV – fixará valor mínimo para reparação dos danos causados pela infração, considerando os prejuízos sofridos pelo ofendido."

o juiz criminal quanto o órgão ambiental podem, também, determinar a reparação do dano ambiental.

A rigor, os órgãos ambientais deveriam fazê-lo, porque a finalidade última da atuação estatal nessa matéria, insistimos, é a proteção do ambiente e a garantia do equilíbrio ecológico. A ordem para correção de um dano ambiental é inerente ao propósito dos processos administrativos ambientais e, portanto, não precisaria, em nossa percepção, sequer ser descrita expressamente na legislação como um efeito possível de um processo de fiscalização ou penalidade decorrente da prática de dano ambiental. Seria de todo oportuna uma previsão legal nesse sentido, especialmente para eliminar incerteza e insegurança, mas ela não parece ser necessária.

A grande questão é essa. Efetivamente, a normatização federal não prevê a correção da lesão ambiental como consectário do processo administrativo de fiscalização ambiental, nem como espécies de sanção administrativa. Há a previsão, em alguns níveis federativos, da recuperação ambiental como condição para celebração de acordo na esfera administrativa (vide art. 87 do Código Ambiental de Santa Catarina[5]) e a possibilidade, prevista no art. 79-A do Decreto Federal n. 6.514/2008, de celebração de termo de compromisso destinado à correção das atividades lesivas[6]. Ambas as modalidades dependem, contudo, da vontade do autuado em celebrar acordo.

Mais recentemente, o Decreto Federal n. 12.189/2024 incluiu o art. 83-B no Decreto Federal n. 6.514/2008[7], para prever como infração administrativa a recusa em reparar ou compensar o dano ambiental, depois de provocado pelo

---

[5] "Art. 87. As multas previstas neste Código podem ter a sua exigibilidade suspensa, quando o infrator, por termo de compromisso aprovado pela autoridade competente, obrigar-se à adoção de medidas específicas, para fazer cessar ou corrigir a degradação ambiental.
§ 1.º A correção do dano de que trata este artigo será feita mediante a apresentação de projeto técnico de reparação do dano. [...]
§ 3.º Cumpridas integralmente as obrigações assumidas pelo infrator, a multa será reduzida em 90% (noventa por cento) do valor atualizado monetariamente."

[6] "Art. 79-A. Para o cumprimento do disposto nesta Lei, os órgãos ambientais integrantes do SISNAMA, [...] ficam autorizados a celebrar, com força de título executivo extrajudicial, termo de compromisso com pessoas físicas ou jurídicas responsáveis pela construção, instalação, ampliação e funcionamento de estabelecimentos e atividades utilizadores de recursos ambientais, considerados efetiva ou potencialmente poluidores. § 1.º O termo de compromisso a que se refere este artigo *destinar-se-á, exclusivamente, a permitir que as pessoas físicas e jurídicas mencionadas no* caput *possam promover as necessárias correções de suas atividades*, para o atendimento das exigências impostas pelas autoridades ambientais competentes, sendo obrigatório que o respectivo instrumento disponha sobre: [...]"

[7] "Art. 83-B. Deixar de reparar, compensar ou indenizar dano ambiental, na forma e no prazo exigidos pela autoridade competente, ou implementar prestação em desacordo com a definida:
Multa de R$ 10.000,00 (dez mil reais) a R$ 50.000.000,00 (cinquenta milhões de reais).
Parágrafo único. A pretensão relativa à reparação, à compensação ou à indenização de dano ambiental é imprescritível."

órgão competente. Ainda assim, a reparação do dano não está prevista nem como sanção nem como consectário do processo de fiscalização.

Diante disso reconhecemos que há alguma incerteza jurídica sobre a possibilidade de o órgão ambiental exigir a reparação ambiental como um inerente ou consectário imediato do exercício do seu poder de polícia, diante da ausência de lei específica que assim o autorize.

Essa omissão ou lacuna levou a Procuradoria Federal Especializada da Advocacia-Geral da União junto ao IBAMA (PFE/IBAMA), a editar a Orientação Jurídica Normativa n. 32/2012, na qual sedimentou o entendimento de que, em se tratando de obrigação de reparação de dano ambiental, incumbe ao órgão ambiental ajuizar ação judicial para impor a obrigação caso o responsável pela lesão ao meio ambiente, após provocação, não realize a composição ambiental de forma espontânea.

Os contornos da fundamentação da Procuradoria Federal Especializada da Advocacia-Geral da União junto ao IBAMA são relevantes. Ela diz que a obrigação de reparar o dano não pode ser executada diretamente pela Administração, em virtude da ausência de lei que assim determine. Nesse caso, o órgão ambiental poderia apenas provocar o responsável para fazê-lo espontaneamente, mas, caso este não o faça, seria necessário recorrer ao Poder Judiciário para impor o cumprimento da medida, que não seria dotada de autoexecutoriedade[8].

Os argumentos da tese pela impossibilidade de exigência coercitiva da reparação de dano ambiental na via administrativa não são frágeis, como se observa. Ainda assim, nem a Procuradoria Federal Especializada da Advocacia-Geral da União nem o IBAMA descartavam a possibilidade de o órgão ambiental tentar fazê-lo mesmo antes do advento do art. 83-B do Decreto Federal n. 6.514/2008, ressalvando que a recusa do autuado deve ensejar a propositura de uma ação judicial específica.

O ponto comum, que defendemos, é que o órgão deve ao menos tentar provocar a reparação do dano na esfera administrativa. As chances de êxito podem ser promissoras, o que é totalmente desejável na era de descarbonização, preocupada com a restauração imediata e conservação dos ecossistemas. Postergar e transferir ao Judiciário uma solução que pode ser construída imediatamente na esfera administrativa seria ilógico, nesse cenário.

---

8   BRASIL. Advocacia-Geral da União (Procuradoria Federal Especializada junto ao IBAMA). *Orientação Jurídica Normativa n. 32/2012*, de 13 de fevereiro de 2012, p. 1-10. Disponível em: https://www.gov.br/ibama/pt-br/acesso-a-informacao/institucional/arquivos/ojn/ojn_32_2012.pdf. Acesso em: 10 jun. 2024.

3. A ALTERNATIVA DA COMPENSAÇÃO AMBIENTAL INDIRETA COMO MODALIDADE DE REPARAÇÃO DO DANO

Fixada a premissa de que a Administração, após o desfecho do processo fiscalizatório, deve pelo menos esgotar as chances de buscar, na via administrativa, a reparação do dano ambiental, cumpre analisar os contornos de como isso poderia ocorrer.

A doutrina costuma distinguir a reparação do dano ambiental em três formas principais, a restauração/recuperação *in natura*, a compensação por equivalente ecológico (ou indireta) e a compensação pecuniária.

Os fundamentos dessa classificação decorrem do § 1.º do art. 14 da Lei n. 6.938/1981[9] (Lei da Política Nacional do Meio Ambiente), que estabelece ao degradador a responsabilidade de restaurar e/ou indenizar os prejuízos ambientais, e da Lei n. 9.985/2000 (do Sistema Nacional de Unidades de Conservação), que nos incisos XIII e XIV distingue a recuperação da restauração. A restauração, por essa lei, seria o retorno da natureza à condição original, ao passo que a recuperação se refere ao retorno a uma condição não degradada, que pode ser diferente da original[10]. Ambas, então, seriam espécies de medidas de restauração *latu sensu*, ao lado da indenização pecuniária (compensação financeira).

A doutrina, no que parece ter sido seguida pela jurisprudência, recomenda que diante da constatação de um dano ambiental, primeiro se busque a restauração do bem ambiental para, apenas depois, cogitar-se a indenização[11]. A compensação pecuniária, ou indenização, deveria ser empregada como último recurso e aplicada com um viés pedagógico. Não obstante, dado o princípio da reparação *in integrum*, seria possível a cumulação da compensação pecuniária com outras modalidades de reparação do dano[12].

---

9 BRASIL. *Lei n. 6.938, de 31 de agosto de 1981*. Dispõe sobre a Política Nacional do Meio Ambiente, seus fins e mecanismos de formulação e aplicação, e dá outras providências. Brasília, DF: Presidência da República, 1981.

10 "XIII – recuperação: restituição de um ecossistema ou de uma população silvestre degradada a uma condição não degradada, que pode ser diferente de sua condição original; XIV – restauração: restituição de um ecossistema ou de uma população silvestre degradada o mais próximo possível da sua condição original;" (BRASIL. *Lei n. 9.985, de 18 de julho de 2000*. Regulamenta o art. 225, § 1.º, incisos I, II, III e VII da Constituição Federal, institui o Sistema Nacional de Unidades de Conservação da Natureza e dá outras providências. DF: Presidência da República, 2000).

11 MORATO LEITE, José Rubens; AYALA, Patryck de Araújo. *Dano ambiental*. 8. ed., 2020, *E-book*, p. 244.

12 MILARÉ, Édis. *Direito do ambiente*. 12. ed. São Paulo: Thomson Reuters Brasil, 2021, *E-book*, RB-9.20.

O ponto central é que circunstâncias fáticas podem revelar a inviabilidade ou desproporcionalidade excessiva de uma ordem de restauração. Nessas circunstâncias entra em cena a compensação indireta.

A compensação indireta consiste em uma forma de reparação do dano ambiental que envolve a restauração ou a recuperação ambiental, mas de área distinta da degradada. Seu objetivo não é a restauração dos bens naturais diretamente afetados pelo ato ilícito, mas a sua substituição por bens equivalentes, compensando a natureza com natureza, não com uma soma monetária[13].

Quando, portanto, não for recomendada ou viável a restauração/recuperação ambiental no próprio lugar do dano (*in situ*), deve-se cogitar a substituição do bem afetado por outro que lhe corresponda funcionalmente, diferente daquele (*ex situ*)[14].

Chama-se a isso compensação indireta, como elemento diferenciador da compensação pecuniária. Sua natureza jurídica é uma obrigação de fazer, não uma obrigação de dar/pagar, consistente na adoção de condutas que, mesmo que não sejam correlatas à mesma área degradada, sejam destinadas a recompor o meio ambiente em dimensão equivalente ao dano causado.

4. ALGUMAS REPERCUSSÕES PRÁTICAS E O ADVENTO DA INSTRUÇÃO NORMATIVA IBAMA N. 20/2024

A primeira questão que se apresenta está em entender a vantajosidade de se estipular ou negociar medidas de compensação indireta ainda na esfera administrativa.

Como as dificuldades técnicas multidisciplinares inerentes à proteção ambiental estão ligadas à atividade-fim dos órgãos e autarquias ambientais, é natural que estes detenham a especialidade necessária para não apenas oferecer respostas de forma mais célere e enérgica, mas mais cientificamente adequadas para a preservação do meio ambiente.

Em condições de normalidade, a Administração Pública teria, portanto, a especialidade necessária para fundamentar, com maior segurança e celeridade, a viabilidade técnica de se optar por medidas de compensação indiretas adequadas à reparação do meio ambiente, sempre tendo em vista o cumprimento do dever fundamental de proteção ambiental.

---

13 STEIGLEDER, Annelise Monteiro. *As dimensões do dano ambiental no direito brasileiro*. 2003. Dissertação (Mestrado em Direito) – Faculdade de Direito, Universidade Federal do Paraná, Curitiba, 2013, p. 296-315.
14 MILARÉ, Édis. *Direito do ambiente*. 12. ed. São Paulo: Thomson Reuters Brasil, 2021, E-book, RB-9.21.

A segunda questão que se apresenta é compreender quando a Administração deveria cogitar exigir (ou pelo menos negociar com os autuados) medidas de compensação indireta como alternativa de reparação do dano ambiental constatado.

A resposta, a nosso ver, não é diferente daquelas hipóteses em que o Poder Judiciário prefere a compensação indireta ante a reparação/recuperação *in situ*[15]. Ao se admitir que os órgãos ambientais podem tratar da reparação de dano ambiental em seus processos administrativos, a conclusão lógica que se deduz é que, em sendo a compensação indireta uma modalidade de reparação do dano ambiental, a Administração Pública também pode substituir a opção da reparação/recuperação *in situ* pela compensação indireta caso constate a suficiência e adequação da medida para o reequilíbrio ambiental.

Circunstâncias como a aparência de legalidade da intervenção realizada, a boa-fé dos envolvidos, os direitos de terceiros, a ausência de proveito ambiental relevante, a inserção da intervenção reputada como ilícita em um contexto amplo (como em regiões de urbanização consolidada) e uma série de outros fundamentos poderiam ser considerados pelo órgão ambiental para avaliar a possibilidade de substituição da reparação/recuperação *in situ* por medidas compensatórias indiretas, *ex situ*.

O cenário ideal, nessa ideia de coisas, seria parametrizar, por meio de lei e regulamentos correlatos, critérios que permitam ao órgão ambiental pautar e fundamentar a opção de compensação indireta como alternativa de reparação do dano ambiental, ainda na esfera administrativa.

Recentemente, em 27 de setembro de 2024, o IBAMA deu um importante passo nesse sentido, ao editar a Instrução Normativa n. 20/2024, que "estabelece procedimentos para a cobrança da reparação por danos ambientais pela via administrativa em decorrência de fatos apurados na aplicação de sanções administrativas pelo IBAMA".

O regulamento conceitua a compensação ecológica como "solução apresentada na forma de projeto ambiental voltado para a preservação ou restituição de atributo ambiental equivalente àquele que foi degradado, do ponto de vista socioecológico, para fins de reparação indireta pelo dano ambiental" e a reparação indireta como a "solução de reparação pelo dano ambiental caracterizada pela restituição plena ou parcial do atributo ambiental em outro local ou de forma

---

15 A exemplo, citam-se os acórdãos da Apelação Cível n. 5003428-60.2014.4.04.7211 e Apelação Cível n. 5008530-77.2011.4.04.7208, ambos do Tribunal Regional Federal da 4.ª Região, nos quais o Tribunal concluiu pela adequação de substituir a reparação *in natura* pela compensação em área diversa (BRASIL. Tribunal Regional Federal da 4.ª Região, *Apelação Cível n. 5003428-60.2014.4.04.7211*, Terceira Turma, Rel. Des. Rogerio Favreto, de 14 de julho de 2020; BRASIL. Tribunal Regional Federal da 4.ª Região, *Apelação Cível n. 5008530-77.2011.4.04.7208*, Quarta Turma, Rel. Des. Luís Alberto D'Azevedo Aurvalle, de 25 de outubro de 2017).

equivalente via compensação ecológica (*ex situ*) ou ainda por compensação econômica ou financeira".

O regulamento cria um rito para cobrança administrativa da reparação por danos ambientais, bem como os casos de elegibilidade da medida de reparação indireta, a saber: danos ambientais com baixo custo, danos cuja reparação direta se revelar tecnicamente inviável, tecnicamente ineficiente (em função da baixa magnitude ou relevância ambiental) e quando a compensação ecológica se mostrar a alternativa mais adequada em decorrência de previsões legais de uso alternativo do recurso natural.

O regulamento ainda prevê como modalidades de compensação ecológica, (i) a execução de projeto ambiental *ex situ*, de iniciativa do próprio administrado; (ii) a adesão a projeto ambiental pré-aprovado, disponível em banco de projetos no âmbito do IBAMA; e (iii) a adesão autorizada do administrado, parcial ou integral, a programa ou projeto ambiental conduzido por órgão ou entidade ambiental competente.

A compensação ambiental indireta ou ecológica na modalidade de reparação *ex situ*, constatada sua viabilidade, oferece importantes alternativas para evitar a procrastinação de ações que restaurem o equilíbrio ambiental, imprescindíveis em qualquer política pública de descarbonização.

5. CONSIDERAÇÕES FINAIS

A finalidade do processo administrativo ambiental é sobretudo uma: a preservação do meio ambiente. O próprio processo deve ser lido a partir do dever fundamental de preservação e, por isso, a sua consequência lógica é subsidiar a atuação administrativa dirigida ao cumprimento desse dever, o que inclui a adoção imediata de medidas reparatórias após a apuração da responsabilidade administrativa por lesões ambientais, sem necessidade de recorrer ao Poder Judiciário para tanto, uma vez que um elemento essencial dos atos administrativos de polícia é a autoexecutoriedade. Independentemente de lei autorizativa, essa deveria ser considerada uma prerrogativa da Administração Pública que encontra fundamento direto na Constituição.

Em todo o caso, a ausência de lei geral que delimite (ou crie margem regulamentar para tanto) o contorno dessa atuação administrativa constitui, reconhecemos, uma dificuldade para a consecução dessa prerrogativa. A atuação administrativa precisa ser ordenada, guiada e controlada, justamente para evitar soluções insuficientes ou excessivas. Por isso, é imprescindível que o Poder Público, para cumprir qualquer política pública de descarbonização, dote a

Administração Pública de ferramentas para viabilizar respostas céleres e técnicas, evitando a procrastinação de qualquer decisão que restaure o equilíbrio ambiental.

Nesse ponto entra a vantajosidade de reparação do dano ambiental por meio de estratégias não adversariais, que fomentem a cooperação entre os responsáveis por lesões ao meio ambiente e os órgãos ambientais, sem sacrificar a prerrogativa de adoção de estratégias coercitivas, caso se façam necessárias. Além da recuperação/restauração direta, a compensação ambiental indireta se insere como uma importante alternativa para alcançar os resultados pretendidos e a esfera administrativa, considerando suas incumbências institucionais, é justamente o melhor espaço para construir essas soluções.

REFERÊNCIAS

AGRELLI, Vanusa Murta. Reparação integral: cumulação da recomposição (restauração ou recuperação) do meio ambiente com a compensação referente à degradação remanescente. In: NIEBUHR, Pedro de Menezes; DANTAS, Marcelo Buzaglo (org.). Leading cases *ambientais analisados pela doutrina*. 1. ed. Florianópolis: Habitus, 2021, p. 101-160.

BRASIL. Advocacia-Geral da União (Procuradoria Federal Especializada junto ao IBAMA). *Orientação Jurídica Normativa n. 32/2012*, de 13 de fevereiro de 2012. Disponível em: https://www.gov.br/ibama/pt-br/acesso-a-informacao/institucional/arquivos/ojn/ojn_32_2012.pdf. Acesso em: 10 jun. 2024.

BRASIL. [Constituição (1998)]. *Constituição da República Federativa do Brasil de 1988*. Brasília, DF: Presidência da República, 1988.

BRASIL. *Decreto n. 6.514, de 22 de julho de 1998*. Dispõe sobre as infrações e sanções administrativas ao meio ambiente, estabelece o processo administrativo federal para apuração destas infrações, e dá outras providências. DF: Presidência da República, 2008.

BRASIL. *Lei n. 6.938, de 31 de agosto de 1981*. Dispõe sobre a Política Nacional do Meio Ambiente, seus fins e mecanismos de formulação e aplicação, e dá outras providências. Brasília, DF: Presidência da República, 1981.

BRASIL. *Lei n. 7.347, de 24 de julho de 1985*. Disciplina a ação civil pública de responsabilidade por danos causados ao meio ambiente, ao consumidor, a bens e direitos de valor artístico, estético, histórico, turístico e paisagístico (VETADO) e dá outras providências. Brasília, DF: Presidência da República, 1985.

BRASIL. *Lei n. 9.605, de 12 de fevereiro de 1998*. Dispõe sobre as sanções penais e administrativas derivadas de condutas e atividades lesivas ao meio ambiente, e dá outras providências. Brasília, DF: Presidência da República, 1998.

BRASIL. *Lei n. 9.985, de 18 de julho de 2000*. Regulamenta o art. 225, § 1.º, incisos I, II, III e VII da Constituição Federal, institui o Sistema Nacional de Unidades de Conservação da Natureza e dá outras providências. DF: Presidência da República, 2000.

BRASIL. Superior Tribunal de Justiça (Segunda Turma). *Recurso Especial n. 1.145.083/MG*. Rel. Min. Herman Benjamin, de 27 de setembro de 2011.

BRASIL. Superior Tribunal de Justiça. *Súmula 629*. Quanto ao dano ambiental, é admitida a condenação do réu à obrigação de fazer ou à de não fazer cumulada com a de indenizar. Brasília, DF: Superior Tribunal de Justiça, 2018.

BRASIL. Tribunal Regional Federal da 4.ª Região (Terceira Turma). *Apelação Cível n. 5017644-59.2014.404.7200*. Rel. Desa. Marga Inge Barth Tessler, 4 de julho de 2017.

BRASIL. Tribunal Regional Federal da 4.ª Região (Terceira Turma). *Apelação Cível n. 5003428-60.2014.4.04.7211*. Rel. Des. Rogerio Favreto, de 14 de julho de 2020.

BRASIL. Tribunal Regional Federal da 4.ª Região (Quarta Turma). *Apelação Cível n. 5008530-77.2011.4.04.7208*. Rel. Des. Luís Alberto D'Azevedo Aurvalle, de 25 de outubro de 2017.

BECHARA, Erika. *Uma contribuição ao aprimoramento do instituto da compensação ambiental previsto na Lei 9.985/2000*. 2007. Tese (Doutorado em direito) – Faculdade de Direito, Pontifícia Universidade Católica de São Paulo, 2007.

BINENBOJM, Gustavo. *Uma teoria do direito administrativo*: direitos fundamentais, democracia e constitucionalização. 2. ed. Rio de Janeiro: Renovar, 2006.

DI PIETRO, Maria Sylvia Zanella. *Direito administrativo*. 33. ed. Rio de Janeiro: Forense, 2020.

MELLO, Celso Antônio Bandeira de. *Curso de direito administrativo*. 35. ed. São Paulo: Malheiros, 2021.

MILARÉ, Édis. *Direito do ambiente*. 12. ed. São Paulo: Thomson Reuters Brasil, 2021, *E-book*.

MORATO LEITE, José Rubens; AYALA, Patryck de Araújo. *Dano ambiental*. 8. ed., 2020, *E-book*.

NIEBUHR, Pedro de Menezes. *Processo administrativo ambiental*. 4. ed. Belo Horizonte: Fórum, 2023.

SARLET, Ingo Wolfgang; FENSTERSEIFER, Tiago. Deveres fundamentais ambientais: a natureza de direito-dever da norma jusfundamental ambiental. *Revista de Direito Ambiental*, São Paulo, v. 17, n. 67, p. 11-69, jul./set. 2012.

SENDIM, José de Souza Cunhal. *Responsabilidade civil por danos ecológicos*: da reparação do dano através da restauração natural. Coimbra: Coimbra Ed., 1998. *apud* MORATO LEITE, José Rubens; AYALA, Patryck de Araújo. *Dano ambiental*. 8. ed., 2020, *E-book*.

STEIGLEDER, Annelise Monteiro. *As dimensões do dano ambiental no direito brasileiro*. 2003. Dissertação (Mestrado em Direito) – Faculdade de Direito, Universidade Federal do Paraná, Curitiba, 2013.

RENTABILIZAÇÃO DE ATIVOS AMBIENTAIS E BENEFÍCIOS CLIMÁTICOS CORRELATOS

Ricardo Carneiro[1]

1. INTRODUÇÃO

A temperatura da Terra é mantida graças à atmosfera que a envolve. Se nosso planeta não tivesse atmosfera, a temperatura média na superfície seria muito baixa (cerca de − 18 °C)[2], já que toda a energia recebida do Sol seria refletida de volta para o espaço.

Na atmosfera concentram-se naturalmente determinados gases – chamados de gases de efeito estufa (*greenhouse gases*) – que funcionam como uma espécie de cobertor (*blanket*), que retém parte do calor que chega à Terra. Os principais gases de efeito estufa são o dióxido de carbono (CO_2), o metano (CH_4), o óxido nitroso (N_2O), o vapor d'água[3], o hexafluoreto de enxofre (SF_6) e os clorofluorcarbonos (CFC)[4], os quais representam menos de 1/10 de 1% da atmosfera, que é composta principalmente de oxigênio (21%) e nitrogênio (78%).

Esses gases impedem que a energia solar que chega à superfície terrestre seja refletida diretamente para o espaço, fazendo com que a radiação infravermelha aqueça primeiramente a atmosfera antes de ser dissipada por processos interativos nas camadas atmosféricas superiores.

Ocorre, no entanto, segundo algumas proposições científicas, que a atividade econômica humana tem mudado substancialmente a forma pela qual a energia solar interage com a atmosfera e escapa de suas estruturas de retenção de calor.

---

1   Especialista e mestre em Direito Econômico pela UFMG. Professor de Direito Ambiental no Centro de Atualização em Direito – CAD. Membro da Associação Brasileira de Advogados Ambientalistas – ABAA, da Associação de Professores de Direito Ambiental do Brasil – APRODAB e da União Brasileira de Advogados Ambientalistas – UBAA. Integrante da Comissão de Direito Ambiental da OAB/MG. Advogado especializado em direito ambiental.
2   BASTOS; FREITAS. Agentes e processos de interferência, degradação e dano ambiental. In: CUNHA, Sandra Baptista da; GUERRA, Antonio José Teixeira (org.). *Avaliação e perícia ambiental*, 10.ª ed. Rio de Janeiro: Bertrand Brasil, 2010. p. 21.
3   É importante ressaltar que a geração de vapor d'água não está diretamente ligada a ações humanas.
4   Cf. TURNER; PEARCE; BATEMAN. *Environmental economics*: an elementary introduction, Baltimore: Johns Hopkins University Press, 1993. p. 267.

Quando os processos industriais queimam carvão, petróleo e gás natural são liberados enormes contingentes de dióxido de carbono no ar. Quando as florestas são queimadas, o carbono armazenado e aprisionado nas árvores escapa para a atmosfera. Algumas outras atividades básicas, como a criação de gado e o cultivo de arroz, emitem metano, óxido nitroso e outros gases de efeito estufa.

Aumentando a capacidade da atmosfera de reter o calor refletido na superfície, as emissões de gases de efeito estufa estariam perturbando a forma pela qual o clima mantém o equilíbrio entre a energia que entra e a energia que sai do planeta.

Nosso modelo industrial, baseado na utilização intensiva de combustíveis fósseis, e nossas necessidades alimentares crescentes estão, na verdade, engrossando o cobertor que recobre a Terra. Se antes o clima mudava o comportamento dos seres humanos, gerando fenômenos adaptativos ou migratórios, agora são os seres humanos que, em tese, estão alterando as condições climáticas.

Assim, caso os modelos projetados de produção e consumo sejam mantidos inalterados, as temperaturas médias da Terra poderão se elevar consideravelmente nos próximos anos.

O nível atual do aquecimento, sua taxa de expansão e sua distribuição pelo planeta são, no entanto, dados ainda considerados incertos, sobretudo porque o clima é controlado por dois sistemas interligados muito complexos, que são a atmosfera e os oceanos[5].

Seja como for, existem alguns consensos científicos mínimos que preveem um aumento da temperatura superficial da Terra nos próximos 100 anos se as emissões de gases de efeito estufa dobrarem no mesmo período[6].

Um aumento de temperatura na magnitude prevista poderia ser desastroso para a economia mundial. Em razão do derretimento das calotas polares e da propriedade físico-química de dilatação térmica da água, o nível dos oceanos subiria, inundando muitas regiões litorâneas e deslocando populações urbanas e rurais.

A mudança dos padrões de temperatura e precipitação pluvial produziria secas em alguns lugares, perda da produtividade agrícola em outros e destruição de florestas e animais selvagens[7].

Apesar desses efeitos potencialmente catastróficos, a comunidade internacional tem oferecido respostas lentas e pouco efetivas à ameaça do aquecimento global.

---

5   Cf. TURNER; PEARCE; BATEMAN. *Op. cit.*, p. 268.
6   Cf. TURNER; PEARCE; BATEMAN. *Op. cit.*, p. 269.
7   Cf. As Américas num mundo novo. *Relatório de 1990 do Diálogo Interamericano*, p. 34.

Na verdade, como as modificações climáticas previstas ainda não são totalmente perceptíveis e os danos mais concretos somente se tornarão verdadeiramente aparentes daqui a alguns anos, as sociedades atuais ainda não se sentiram suficientemente motivadas a adotar medidas concretas em relação ao problema, o que demandaria ajustes sociais e econômicos consideráveis.

O consumo mundial de combustíveis fósseis precisaria ser sensivelmente diminuído, alterando a matriz energética das economias modernas. Além disso, seria necessário modificar os sistemas de transporte e os processos de produção agrícola e industrial, além de diminuir o desmatamento e as queimadas. Em suma, os investimentos seriam certamente volumosos e teriam que começar a ser imediatamente implementados. Essa combinação de custos substanciais a curto ou médio prazo e resultados incertos a longo prazo é a receita clássica para a inércia política[8].

Efetivamente, desde a Conferência do Rio (ECO-92), quando foi assinada a United Nations Framework Convention on Climate Change – FCCC (Convenção-Quadro das Nações Unidas sobre Mudanças Climáticas)[9], muito pouco se fez no mundo para conter o processo de aquecimento global. Tal Convenção, no entanto, representa um marco importante, por reconhecer o princípio da responsabilidade comum, embora em níveis diferenciados entre os países que dela fazem parte[10].

De fato, são os países mais ricos que devem arcar com a maior parte dos custos para evitar os efeitos do aquecimento da atmosfera terrestre, uma vez que foram e ainda são eles os responsáveis pela maior parte das emissões de gases de efeito estufa, desde a Revolução Industrial.

Isso não significa, entretanto, que as nações menos desenvolvidas devam ficar isentas do engajamento no esforço mundial de controle e redução dos padrões de emissão. Todavia, esses países têm pleiteado mais prazo e recursos para diminuir o nível de suas emissões, ao argumento de que, por um lado, seriam responsáveis por pequena parte do lançamento de gases e substâncias causadoras do efeito estufa, e, por outro, se não receberem um tratamento diferenciado, poderão ser privados do nível de bem-estar econômico a que tiveram acesso os países desenvolvidos.

---

8 Cf. As Américas num mundo novo. *Relatório... Op. cit.*, p. 34.
9 No Brasil, a *Convenção-Quadro das Nações Unidas sobre Mudanças Climáticas* foi aprovada pelo Decreto Legislativo n. 1, de 3 de fevereiro de 1994, e promulgada pelo Decreto n. 2.652, de 1.º de julho de 1998.
10 Cf. ROVERE. A Convenção do Clima: instrumento para o desenvolvimento sustentável ou de dominação Norte-Sul? In: VIERA, Paulo Freire *et al.* (org.). *Desenvolvimento e meio ambiente no Brasil* – a contribuição de Ignacy Sachs, Florianópolis: Editora da UFSC, 1998. p. 307.

Tal diferenciação foi introduzida na FCCC por meio da criação de um Anexo I, composto por 36 Partes da Convenção, incluindo os países ricos da Organização para a Cooperação e Desenvolvimento Econômico (OCDE) e aqueles, à época, em processo de transição para a economia de mercado (países do Leste Europeu). No ano de 1990 esses países, em conjunto, foram responsáveis por 75% das emissões globais de dióxido de carbono. Os Estados Unidos, sozinhos, representaram 27% dos totais de emissão deste gás[11].

Durante a Conferência do Rio, a maioria dos países europeus defendeu, como forma de implementação da FCCC, que no ano 2000 os países do Anexo I deveriam estabilizar as emissões de gases de efeito estufa nos mesmos níveis registrados em 1990, o que sofreu forte oposição dos países árabes produtores de petróleo e dos EUA, que ameaçaram não assinar a Convenção[12]. O texto final da FCCC acabou por simplesmente mencionar tal estabilização como objetivo a ser alcançado, sem estabelecer, no entanto, qualquer compromisso ou meta formal[13].

Desde 1992 o tema vem sendo discutido nas chamadas Conferências das Partes, em que foram tentadas alternativas à fixação de metas e prazos para a redução de gases de efeito estufa, procurando implementar os chamados mecanismos de flexibilização, tais como o *joint implementation* (implementação conjunta) e o *emissions trading* (comércio de emissões), pelos quais um país integrante poderia, ao invés de cumprir integralmente suas metas de emissão, optar por parcerias e investimentos em projetos de outros países, no que se refere a atividades consideradas ambientalmente aptas a evitar as emissões relacionadas ao problema do aquecimento global (projetos ligados ao desenvolvimento de novas fontes energéticas renováveis, à conservação de energia, ao reflorestamento para sequestro de carbono da atmosfera[14], etc.). Tais investimentos gerariam certificados de crédito, que, devidamente contabilizados, seriam utilizados na composição das cotas de emissão e, quando excedentes, poderiam ser negociados internacionalmente.

Um terceiro mecanismo de flexibilização foi aperfeiçoado a partir de proposta brasileira apresentada em maio de 1997, que consistia na criação de um Fundo de Desenvolvimento Limpo, formado por contribuições dos países desenvolvidos que não conseguissem cumprir suas metas de redução, com recursos para serem empregados em projetos de países em desenvolvimento. Na Conferência de Quioto, a ideia do fundo foi adaptada, criando-se o *Clean Development Mechanism* (CDM) e introduzindo-se a concepção dos projetos geradores de certificados de

---

11 Cf. ROVERE. *Op. cit.*, p. 307.
12 Cf. ROVERE. *Op. cit.*, p. 309.
13 Cf. ROVERE. *Op. cit.*, p. 309.
14 Lembre-se de que o processo de fotossíntese absorve o dióxido de carbono da atmosfera.

redução de emissões, os quais poderão ser obtidos por meio de investimentos dos países ricos em países em desenvolvimento.

Por outro lado, é importante reconhecer que as medidas e providências adequadas ao controle e minimização dos efeitos do aquecimento da atmosfera terão, mais cedo ou mais tarde, impactos diretos significativos em relação aos processos industriais. Por mais que os países se comprometam em tratados e acordos internacionais a acolher metas de redução de emissões de poluentes, a implementação dessas medidas depende de leis e de políticas econômicas adotadas por cada país soberanamente.

E isso pode desencadear graves processos concorrenciais internacionais, na medida em que as empresas de um país tendem a perder competitividade em relação a seus rivais estrangeiros quando esses forem beneficiados por padrões mais tolerantes de emissão definidos pelos governos dos países nos quais se encontrarem instalados.

Ressalte-se que durante a 21.ª Conferência das Partes (COP 21), realizada em Paris, no ano de 2015, 195 países aprovaram o compromisso no sentido de manter o aumento da temperatura média global em bem menos de 2 ºC acima dos níveis pré-industriais e de envidar esforços para limitar o aumento da temperatura a 1,5 ºC acima dos níveis pré-industriais.

O Brasil, em sua Contribuição Nacionalmente Determinada (NDC, em inglês) se comprometeu a reduzir as emissões de gases de efeito estufa em 37% abaixo dos níveis de 2005, em 2025, com uma contribuição indicativa subsequente de reduzir as emissões de gases de efeito estufa em 43% abaixo dos níveis de 2005, em 2030.

Para isso, o país deverá a aumentar a participação de bioenergia sustentável na sua matriz energética para aproximadamente 18% até 2030, restaurar e reflorestar 12 milhões de hectares de florestas, bem como alcançar uma participação estimada de 45% de energias renováveis na composição da matriz energética em 2030.

A NDC do Brasil corresponde a uma redução estimada em 66% em termos de emissões de gases efeito de estufa por unidade do PIB (intensidade de emissões) em 2025 e em 75% em termos de intensidade de emissões em 2030, ambas em relação a 2005. O Brasil, portanto, reduzirá emissões de gases de efeito estufa no contexto de um aumento contínuo da população e do PIB, bem como da renda *per capita*, o que confere ambição a essas metas[15].

---

15 Disponível em: https://antigo.mma.gov.br/clima/convencao-das-nacoes-unidas/acordo-de-paris.html.

2. INSTRUMENTOS LEGAIS DE FLEXIBILIZAÇÃO: SERVIDÃO AMBIENTAL, COMPENSAÇÃO DE RESERVA LEGAL E COTAS DE RESERVA AMBIENTAL - CRA

Convergente com as metas climáticas adotadas pelo Brasil, cumpre reconhecer que a legislação nacional vem evoluindo, nos últimos anos, no sentido de acolher e densificar uma série de mecanismos de flexibilização, admitindo, em regra, que obrigações de natureza ambiental e florestal e débitos compensatórios diversos sejam implementados em terras de terceiros ou se concretizem por meio de instrumentos de perfil ou inspiração econômica.

Cabe reconhecer que todas as políticas públicas implementadas como expressão da ingerência governamental nas relações oriundas das diversas formas de utilização econômica dos recursos naturais têm necessariamente uma expressão normativa.

Em sentido amplo, a legislação de proteção ao meio ambiente reúne o arcabouço jurídico-institucional de regulamentação da política ambiental tendente a organizar a gestão pública no planejamento, administração, manejo e controle do uso dos recursos ambientais, bem como na modelagem de instrumentos de índole econômica que incentivem as ações produtivas ambientalmente adequadas e eficientes.

Quer seja, pois, disciplinando diretamente o comportamento dos agentes econômicos privados, por meio da possibilidade de imposição de uma penalidade, quer estimulando sua conduta, por meio de mecanismos econômicos indutores de determinadas escolhas de mercado, a legislação ambiental desempenha funcionalmente o papel de técnica social que objetiva promover a internalização e, por via de consequência, a correção das externalidades negativas de natureza ambiental decorrentes do desenvolvimento das atividades econômicas.

Nesse propósito, do ponto de vista econômico, a legislação ambiental pode atuar em duas vertentes fundamentais. A primeira delas é na implementação de regras que disciplinem adequadamente o acesso aos recursos ambientais, levando, por meio da simulação de um sistema de preços, os agentes que deles se utilizam a dimensionar seus custos sociais de oportunidade e a reconhecer sua real condição de escassez.

E a segunda refere-se à redução dos custos sociais de transação, na medida em que as normas de proteção ambiental permitem, de um lado, a definição dos titulares do direito ao meio ambiente ecologicamente equilibrado e à sadia qualidade de vida e, de outro, dos parâmetros quantitativos ou qualitativos à geração de externalidades, estipulando as devidas regras de responsabilidade jurídica na hipótese de sua transgressão.

Visando, assim, a regular os níveis de utilização do estoque de recursos naturais disponíveis e estabelecer os limites nos quais devem circunscrever-se os processos de transformação material e energética em termos de geração de resíduos, a legislação ambiental se impregna de propósitos econômicos e objetivos sociais no estabelecimento dinâmico dos contornos da relação entre o homem e a natureza.

Reflexo de nossa percepção antropocêntrica e instrumental da realidade, as normas de proteção ao meio ambiente devem, pois, ser compreendidas como um conjunto de regras voltado para as relações socioeconômicas, e não como uma estrutura de assistência aos ecossistemas naturais e a seus elementos constitutivos.

A partir dessa característica, a legislação ambiental fixa as normas que instrumentalizam e delimitam a extensão do debate social em torno das tensões dialéticas entre a conveniência econômica de apropriação dos recursos naturais e a necessidade de conservação dos processos ecológicos básicos.

É exatamente dentro desses parâmetros definidos pelo ordenamento jurídico que a sociedade expressa suas demandas em relação aos problemas ambientais, discutindo os critérios e as medidas destinadas à melhoria dos índices de qualidade de vida.

Em outras palavras, a legislação ambiental não objetiva questionar os pressupostos do desenvolvimento econômico e nem as bases do modelo de apropriação das reservas de capital natural do planeta, nela não se encontrando dispositivos que proscrevam toda e qualquer forma de poluição ou vedem integralmente a geração de efeitos modificadores dos atributos fundamentais do meio ambiente. Isso inviabilizaria a maior parte das atividades econômicas hoje existentes, limitando os padrões modernos de bem-estar e conforto material.

No direito brasileiro a orientação que deflui da matriz constitucional não consagra a regra da intocabilidade do meio ambiente, mas, ao contrário, a da utilização equilibrada e racional[16].

Nesse sentido, a necessidade de harmonização entre o desenvolvimento econômico e a proteção ambiental encontra-se consagrada no art. 170, VI, da Constituição da República, o qual estabelece, como princípio da ordem econômica, a defesa do meio ambiente.

Na legislação ambiental ordinária esse princípio da ordem econômica encontra uma adequada concretização no art. 4.º, I, da Lei n. 6.938, de 31 de agosto de 1981, que estabelece como o primeiro dos objetivos da Política Nacional do Meio Ambiente a compatibilização do desenvolvimento econômico-social com a preservação da qualidade do meio ambiente e do equilíbrio ecológico.

---

16 ANTUNES, Paulo de Bessa. *Direito ambiental*. 2. ed. Rio de Janeiro: Lumen Juris, 1998, p. 209.

Desse modo, de acordo com os discursos constitucional e infraconstitucional, a atividade econômica no Brasil deve conciliar-se com a necessidade de garantia de seu processo de continuidade, por intermédio da preservação dos recursos ambientais, havendo a clara indicação de que os padrões de desenvolvimento econômico juridicamente desejados são aqueles que satisfaçam aos critérios de preservação de nosso patrimônio ambiental natural.

Assim, os modelos insustentáveis, que não se adequam aos pressupostos da preservação do meio ambiente, não são considerados em nosso sistema como verdadeiros modelos de desenvolvimento.

Essa orientação constitucional tem por corolário a criação de um dever geral de preservação da qualidade ambiental, o qual se encontra explicitado no *caput* do art. 225 da Constituição da República.

Note-se, pois, que tanto o Poder Público, quanto a generalidade dos indivíduos possuem o dever de promover a proteção do meio ambiente, de forma a assegurar que as futuras gerações não venham a ter a capacidade de satisfação de suas necessidades irremediavelmente prejudicada.

Disso resulta que o Estado, enquanto expressão da organização política da sociedade, deve estabelecer um conjunto de políticas direcionadas a promover a proteção do meio ambiente.

Por outro lado, a generalidade das pessoas é também convocada a exercer nesse campo papel ativo, quer seja exigindo que o Poder Público atue no sentido de propiciar as bases práticas da sustentabilidade do desenvolvimento econômico, quer adequando suas respectivas condutas individuais à necessidade de conservação dos recursos ambientais.

Dessa forma, ao mesmo tempo em que a preservação ambiental é considerada como interesse de todos, conferindo ao conjunto de integrantes da sociedade o direito de exigir a manutenção do equilíbrio ecossistêmico indispensável à sadia qualidade de vida, esta mesma coletividade é convocada a defendê-lo e preservá-lo enquanto patrimônio das presentes e futuras gerações.

Em linhas gerais, a regulamentação da política ambiental brasileira segue uma orientação preponderante voltada para os instrumentos de comando e controle, baseados na regulação direta das atividades econômicas utilizadoras de recursos ambientais.

Mecanismos de natureza econômica ainda têm um emprego pouco significativo na gestão ambiental pública, embora venha ocorrendo um progressivo interesse por sua utilização, com a ampliação de instrumentos de fomento e incentivo.

De fato, ao enumerar os instrumentos da Política Nacional do Meio Ambiente, a Lei n. 6.938/1981 praticamente se limitou a estabelecer os instrumentos de controle de uso dos recursos ambientais, servindo como isolada exceção o inciso V, que menciona os incentivos à produção e à instalação de equipamentos, bem como à capacitação tecnológica para a melhoria da qualidade do meio ambiente.

Mais recentemente, a Lei n. 11.284, de 2 de março de 2006, agregou ao art. 9.º da Lei da PNMA o inciso XIII, alusivo aos instrumentos econômicos, fazendo referência à concessão florestal, à servidão ambiental e ao seguro de responsabilidade.

Tais instrumentos, grosso modo, convergem para duas formas de atuação do Poder Público na condução da Política Nacional do Meio Ambiente: a disciplina das atividades efetiva ou potencialmente poluidoras ou degradadoras e o planejamento e a implementação de ações públicas de proteção e conservação dos recursos naturais.

Nesse contexto, seis mecanismos se destacam como agentes de implementação de políticas públicas de proteção ambiental: o estabelecimento de padrões de qualidade ambiental; o zoneamento ambiental; a avaliação de impactos ambientais; o licenciamento ambiental; a responsabilidade por danos causados ao meio ambiente; e a definição de espaços territoriais especialmente protegidos. Pode-se dizer que os demais mecanismos, de certa forma, congregam-se aos seis instrumentos destacados, complementando-os ou integrando sua estrutura.

A Lei n. 12.651, de 25 de maio de 2012 também caminha na mesma vertente de contemplar diretrizes de flexibilização e de perfil econômico-promocional, criando, para tanto, o Programa de Incentivo à Preservação e Recuperação do Meio Ambiente, no qual estão indicadas diversas medidas que podem ser utilizadas pelo Poder Executivo para estimular a adoção de práticas ambientalmente desejáveis, além de estabelecer a disciplina jurídica da denominada Cota de Reserva Ambiental – CRA, mecanismo destinado a conferir valor (jurídico e econômico) às florestas e outras formas de vegetação remanescentes.

Inspirada em ideia semelhante inserida na dinâmica do Código Florestal anterior sob a alcunha "Cota de Reserva Florestal", a CRA configura, nos termos do art. 44 da Lei, o título representativo da área de vegetação nativa, existente ou em processo de recuperação, que esteja: (a) sob o regime de servidão ambiental; (b) correspondente à área de Reserva Legal instituída voluntariamente sobre a vegetação que exceder os percentuais exigidos no art. 12 da Lei n. 12.651/2012; (c) protegida na forma de Reserva Particular do Patrimônio Natural – RPPN; (d) existente em propriedade rural localizada no interior de unidade de conservação de domínio público que ainda não tenha sido desapropriada.

Ressalte-se que o art. 48 da Lei n. 12.651/2012 possibilita que a CRA seja transferida, onerosa ou gratuitamente, a pessoa física ou a pessoa jurídica de direito público ou privado, mediante termo assinado pelo titular da CRA e pelo adquirente.

O próprio Código Florestal, no entanto, estabelece limites ao uso da CRA como forma de compensação das obrigações relativas à RL, na medida em que exige que ambos os imóveis (beneficiário e cedente): (a) estejam localizados no mesmo bioma (art. 48, § 2.º); (b) a área a ser utilizada por meio da CRA seja equivalente em extensão à área da Reserva Legal a ser compensada; e (c) caso estejam situadas em Estados diferentes, o imóvel objeto da CRA esteja inserido em áreas identificadas como prioritárias pela União ou pelos estados (art. 48, § 3.º).

Lado outro, quanto à servidão ambiental, trata-se de denominação imprópria, considerando que, no direito administrativo, as serventias envolvem o direito real de gozo sobre imóvel de titularidade alheia, a bem de um serviço ou do aproveitamento de um bem afetado a uma utilidade pública.

A servidão ambiental, na verdade, envolve uma autolimitação de uso dos recursos ambientais existentes no imóvel, prevendo o art. 9.º-A da Lei n. 6.938/1981 que o proprietário ou possuidor de imóvel, pessoa natural ou jurídica, pode, por instrumento público ou particular ou por termo administrativo firmado perante órgão integrante do SISNAMA, limitar o uso de toda a sua propriedade ou de parte dela para preservar, conservar ou recuperar os recursos ambientais existentes.

A servidão ambiental pode ser onerosa ou gratuita, temporária ou perpétua, sendo o prazo mínimo para a serventia temporária o total equivalente a 15 (quinze) anos. A servidão perpétua, por sua vez, equivale, para fins creditícios, tributários e de acesso aos recursos de fundos públicos, à RPPN.

Além disso, o detentor da servidão ambiental pode aliená-la, cedê-la ou transferi-la, total ou parcialmente, por prazo determinado ou em caráter definitivo, em favor de outro proprietário ou de entidade pública ou privada que tenha a conservação ambiental como fim social.

Quanto à Reserva Legal, anote-se que, ao teor do que prescreve o art. 66 da Lei n. 12.651/2012, o proprietário ou possuidor de imóvel rural que detinha, em 22 de julho de 2008, área preservada em extensão inferior ao estabelecido no art. 12, poderá regularizar sua situação, independentemente da adesão ao Programa de Regularização Ambiental – PRA, adotando as seguintes opções, isolada ou conjuntamente: (a) recompor a Reserva Legal; (b) permitir a regeneração natural da vegetação na área de Reserva Legal; (c) compensar a Reserva Legal.

Especificamente quanto à compensação da RL, registre-se que o déficit num determinado imóvel pode ser suprido por meio da atribuição do regime de especial proteção em outra gleba, o que pode se dar por intermédio de quatro instrumentos: (a) aquisição de Cota de Reserva Ambiental gerada em situações em que um determinado imóvel apresente excedentes de floresta; (b) arrendamento de área localizada em outro imóvel, sob o regime de servidão ambiental; (c) por doação ao Poder Público de área localizada no interior de unidade de conservação de domínio público pendente de regularização fundiária; ou (d) cadastramento de outra área equivalente e excedente à Reserva Legal, em imóvel de mesma titularidade ou adquirida em imóvel de terceiro, com vegetação nativa estabelecida, em regeneração ou recomposição, desde que localizada no mesmo bioma.

3. CAPITALIZAÇÃO E RENTABILIZAÇÃO DE ATIVOS IMOBILIÁRIOS PRESERVADOS

Como visto mais acima, há inúmeros mecanismos pelos quais se poderia, a princípio, capitalizar e auferir rendimentos a partir de diversos ativos imobiliários preservados, inclusive permitindo que terceiros se valham dessas terras para cumprir encargos previstos nas legislações ambiental e florestal.

Em linhas gerais, é viável, em áreas desprovidas de afetação protetiva específica, criar Reserva Particular do Patrimônio Natural – RPPN, obtendo com isso, além dos benefícios gerais previstos nos arts. 27 e 28 do Decreto n. 5.746, de 5 de abril de 2006, gerar Cotas de Reserva Ambiental – CRAs, nos termos do art. 44, III, da Lei n. 12.651/2012 e do Decreto n. 9.640, de 27 de dezembro de 2018.

Para além dessa hipótese, levando em conta que o imóvel já não seja classificado como unidade de conservação, seria viável instituir servidão ambiental para além dos percentuais legais mínimos de Reserva Legal e das áreas de preservação permanente, alienando esta servidão, total ou parcialmente, ou ainda transferindo onerosamente as CRAs equivalentes em hectares preservados.

Por igual modo, poder-se-ia cogitar do arrendamento de área sob regime de servidão ambiental ou mesmo a Reserva Legal averbada ou inscrita no Cadastro Ambiental Rural – CAR, de modo a que terceiros possam regularizar suas obrigações relativas à RL deficitária em seus imóveis de origem.

Cabível a hipótese contemplada no art. 66, § 5.º, IV, do Código Florestal, podendo uma área protegida ser utilizada para compensação da RL inferior ao mínimo legal, desde que caracterizada como área equivalente e com vegetação nativa estabelecida, em regeneração ou, portanto, recomposição localizada no mesmo bioma, sendo alienada parcialmente para atendimento do déficit de terceiro.

Demais disso, nos termos do art. 66, § 5.º, III, da Lei n. 12.651/2012, seria cabível a doação de algum imóvel para regularização fundiária de UC de proteção integral e domínio público, desde que se trate de área equivalente à RL a ser compensada, que esteja localizada no mesmo bioma ou, se localizada fora do Estado, que seja inserida em áreas prioritárias para a conservação ambiental.

Por envolver doação de propriedade, esta opção legal pressupõe que apenas o titular – e não terceiros –, seja o proprietário do imóvel a ser transferido ao domínio público, o qual, por outro lado, deve estar inserido em unidade de conservação já criada anteriormente e que se encontre total ou parcialmente com pendências em termos de regularização fundiária.

Dessa forma, mediante doação, o titular somente poderia obter benefícios para si mesmo nos casos em que detinha, em 22 de julho de 2008, área de Reserva Legal em extensão inferior ao estabelecido no art. 12 da Lei n. 12.651/2012.

4. TIPOS DE NEGÓCIOS JURÍDICOS CELEBRADOS PARA FORMALIZAR A UTILIZAÇÃO DAS ÁREAS VERDES PRESERVADAS COMO OPÇÃO REGULARIZATÓRIA PARA TERCEIROS

Sempre ressalvando a possibilidade de venda da área a terceiros, ou o aproveitamento do imóvel para fins compensatórios pelo próprio titular, inclusive com a criação de RPPN, o modelo contratual mais inequívoco para a capitalização de ativos, e que deriva da sistemática do art. 66, § 5.º, da Lei n. 12.651/2012, é o arrendamento de gleba sob regime de servidão ambiental ou da própria Reserva Legal.

Questiona-se, no plano doutrinário, se se trata aqui, de fato, de um arrendamento típico, materializado num contrato pelo qual uma pessoa, titular de bem imóvel, assegura a outrem, mediante contribuição fixa ou reajustável a prazo certo, o uso e gozo dessa propriedade imobiliária.

Isso porque não faz qualquer sentido que, mediante arrendamento, o terceiro interessado assuma a posse da área, quando a essência do mecanismo é que ele – em défice de RL –, se valha apenas dos direitos relativos a esse excedente de cobertura florestal (e não da própria área ou do solo/superfície), em regime de serventia, o mesmo se aplicando à previsão contida no art. 66, § 5.º, II, no sentido de admitir o arrendamento da própria Reserva Legal.

Dessa forma, ou se se compreende que o termo "arrendamento" sofre aqui uma translação semântica, para abranger apenas os benefícios oriundos da servidão ambiental, projetando-se, de outro modo, ao que exceder à Reserva Legal existente, ou o instrumento se esvazia, até porque, sendo mais complexo do que outros, por exigir averbação junto à matrícula do imóvel, melhor seria que se privilegiassem as demais formas de compensação, como a aquisição de CRAs, a doação de gleba ao Poder Público ou o cadastramento, junto ao CAR, de outra área equivalente e excedente à RL deficitária.

Especificamente no que se refere à aquisição de CRAs, diga-se que o art. 17 do recente Decreto n. 9.640, de 27 de dezembro de 2018, estabeleceu os mecanismos operacionais para sua transferência, permitindo-a por termo particular assinado pelo requerente ou pelo titular da CRA e pelo adquirente.

O termo de transferência poderá contemplar mais de uma CRA e conterá, no mínimo, as seguintes informações: I – a identificação das partes; II – o número de identificação única de cada CRA, gerado por meio do módulo CRA do SICAR, integrado ao sistema de registro em bolsas de mercadorias de âmbito nacional ou ao sistema de registro e liquidação financeira de ativos autorizados pelo Banco Central do Brasil; III – as cláusulas relativas aos direitos e às obrigações das partes; IV – o prazo do termo de transferência da CRA; V – o valor e a forma de pagamento; e VI – a cláusula de reversão e as condições de reversão do título ao requerente, pactuadas entre as partes, quando necessário.

No primeiro termo de transferência, segundo o § 2.º do art. 17 do Decreto mencionado, deverá constar a declaração do requerente (proprietário interessado) de que manterá o lastro da CRA (em área física ou em circunstância concreta de preservação), hipótese em que subsistirá a obrigação pactuada pelo prazo por ele estabelecido.

A transferência da CRA só produzirá efeito uma vez, registrado o termo de transferência no sistema único de controle da CRA e após a inscrição no sistema de controle em bolsas de mercadorias de âmbito nacional ou no sistema de registro e liquidação financeira de ativos autorizados pelo Banco Central do Brasil, vinculado ao SICAR.

Encerrado o prazo estabelecido e atendidos os requisitos previstos no inciso VI do § 1.º do art. 17 do Decreto, a titularidade da CRA poderá ser revertida ao requerente, que, nesse caso, a seu critério, emitirá novo termo de transferência a terceiros ou solicitará o cancelamento da Cota.

Para fins de servidão ambiental, tanto o instrumento de sua instituição quanto os contratos de alienação, cessão ou transferência da serventia podem ser assinados por prazo temporário e determinado ou ainda permanente, com caráter definitivo, o mesmo se aplicando, apesar do silêncio do Código Florestal, ao arrendamento compensatório de área sob regime de RL, a que se refere o art. 66, § 5.º, II, da Lei n. 12.651/2012.

Quanto à Cota de Reserva Ambiental – CRA, trata-se, em linha de princípio, de título nominativo emitido sem prazo específico de validade, mantendo-se válida na constância das situações de preservação ambiental que lhe conferem lastro e fundamento.

O que se submete a prazo certo, na verdade, é o termo de transferência da CRA, sendo esse interstício temporal definido pelo próprio requerente/titular, o que limita as subsequentes transferências, nos termos do art. 18, § 1.º, do Decreto n. 9.640/2018.

Já no que se refere à hipótese contemplada no art. 66, § 5.º, IV, da Lei n. 12.651/2012, que habilita a compensação de Reserva Legal mediante cadastramento de outra área equivalente e excedente à RL, em imóvel de mesma titularidade ou adquirida em imóvel de terceiro, com vegetação nativa estabelecida, em regeneração ou recomposição, desde que localizada no mesmo bioma, trata-se de permissivo que faculta ao proprietário inscrever e cadastrar no CAR área de sua mesma titularidade e que exceda ao percentual mínimo estabelecido em lei, sendo que, sob o aspecto de temporalidade, o encargo apresenta caráter permanente e definitivo, mesmo à falta de indicação expressa no Código Florestal.

5. ENTRAVES À UTILIZAÇÃO DA COTA DE RESERVA AMBIENTAL COMO ALTERNATIVA DE REGULARIZAÇÃO AMBIENTAL

Mesmo com a regulamentação sobre a CRA em 2018, deve-se relembrar que o novo Código Florestal adotou o critério do bioma para fins de compensação da Reserva Legal. Ocorre que este parâmetro foi objeto de impugnação, por ação direta de inconstitucionalidade, perante o STF, em dois dispositivos: o § 2.º do art. 48 e o § 6.º do art. 66. O problema é que a decisão final do STF em relação a estes dois dispositivos foi incoerente.

Com relação ao § 2.º do art. 48, o qual dispõe que a CRA só pode ser utilizada para compensar Reserva Legal de imóvel rural situado no mesmo bioma, os ministros consideraram que o critério do bioma é muito abrangente e decidiram pela interpretação conforme a Constituição, de modo a permitir o uso da CRA para a compensação de Reserva Legal apenas entre áreas com *identidade ecológica*, sem especificar exatamente do que trata este conceito.

Entretanto, o § 6.º do art. 66, que também dispõe sobre o critério do bioma para fins de compensação de Reserva Legal, foi considerado constitucional pela maioria dos Ministros, fazendo referência a todas as modalidades descritas no § 5.º do mesmo artigo, entre as quais se inclui a aquisição de CRA.

O resultado deste julgamento para o futuro da CRA é ainda incerto. De um lado, pode-se considerar que o critério para a compensação de Reserva Legal por meio da aquisição de CRA está indefinido, pois em um dispositivo o STF adotou o critério da *identidade ecológica* e, em outro, validou o requisito do bioma.

Por outro lado, se a lei for interpretada de acordo com o parâmetro da especialidade (que prevê a aplicação da regra mais específica em caso de conflito de normas), será empregado o conceito de *identidade ecológica* apenas para a compensação de Reserva Legal por meio de CRA, permanecendo o critério menos restritivo do bioma para as demais formas de compensação, o que tanto mais complexo se torna, na medida em que se considera esta informação (bioma correspondente à área vinculada ao título) como obrigatoriamente constante da Cota emitida, nos termos do art. 13, VI, do Decreto n. 9.640/2018.

Qualquer uma destas opções traz um futuro de insegurança com relação ao mercado de CRA, causando muitas dúvidas em sua aplicação pelos produtores rurais, empreendedores em geral e órgãos ambientais.

Por outro lado, a adoção do critério da identidade ecológica poderá enfraquecer o mercado de CRA, já que as demais opções para compensar a Reserva Legal possuem uma forma de aplicação menos restrita.

Cabe ainda ressaltar que não existe um consenso sobre a definição do termo *identidade ecológica*, o que gera insegurança e discricionariedade dos órgãos ambientais estaduais para a interpretação deste conceito.

6. RISCOS EM HIPÓTESE DE EVENTUAL DANO QUE COMPROMETA A ÁREA OBJETO DE COMPENSAÇÃO

Caso o titular opte por instituir servidão ambiental em alguma de suas áreas, arrendando-a a terceiros para fins de compensação de Reserva Legal, poderá haver – dependendo do entendimento acerca desse contrato –, a transferência inequívoca da posse direta do imóvel, que ficará sob a responsabilidade do arrendatário, como detentor da servidão.

Neste caso, segundo disposto no art. 9.º-C, § 1.º, da Lei n. 6.938/1981, o contrato de alienação, cessão ou transferência da serventia deve conter, no mínimo, dentre outros, *a previsão legal para garantir seu cumprimento, inclusive medidas judiciais necessárias, em caso de ser descumprido*.

Além disso, nos termos do art. 9.º-C, § 2.º, da Lei da PNMA, são deveres do proprietário do imóvel serviente, entre outras obrigações estipuladas no contrato: I – manter a área sob servidão ambiental; II – prestar contas ao detentor da servidão ambiental sobre as condições dos recursos naturais ou artificiais; III – permitir a inspeção e a fiscalização da área pelo detentor da servidão ambiental; IV – *defender a posse da área serviente, por todos os meios em direito admitidos*.

Quanto ao detentor da servidão ambiental, constituem obrigações sob seu encargo aquelas listadas no art. 9.º-C, § 3.º, da Lei n. 6.938/1981, quais sejam: I – documentar as características ambientais da propriedade; II – monitorar periodicamente a propriedade para verificar se a servidão ambiental está sendo mantida; III – prestar informações necessárias a quaisquer interessados na aquisição ou aos sucessores da propriedade; IV – manter relatórios e arquivos atualizados com as atividades da área objeto da servidão; V – *defender judicialmente a servidão ambiental*.

Nada obstante a estruturação desse verdadeiro caderno de encargos legais e contratuais por parte do proprietário do imóvel objeto da servidão, bem como do detentor da área sob serventia, o certo é que danos ambientais de diferentes origens e intensidades podem ocorrer na propriedade, seja pela omissão e inércia de quem gerencie o encargo, seja por mau uso de seus recursos ambientais.

Apesar dos riscos de que se pretenda atribuir responsabilidade reparatória tanto ao titular do imóvel serviente quanto ao detentor da servidão, o certo é que conquanto independa do elemento subjetivo, a obrigação reparatória não dispensa a existência efetiva do dano, nem tampouco do *nexo de causalidade* que vincule o prejuízo à atividade exercida por aquele a quem se pretenda impor esse encargo.

Ora, o art. 3.º, IV, da Lei n. 6.938/1981 identifica o *poluidor* como *"a pessoa física ou jurídica, de direito público ou privado, responsável, direta ou indiretamente, por atividade causadora de degradação ambiental"*.

Percebe-se, da leitura do mencionado dispositivo legal, que, apesar do enorme elastério subjacente ao conceito de *poluidor*, abrangendo até mesmo o responsável indireto pelo empreendimento ou fato degradador, os vínculos causais abrangidos pela norma encontram limites objetivos claros, não se projetando para além da órbita da atividade à qual se possa atribuir especificamente a origem do dano.

É, pois, nesta vertente que a Lei da Política Nacional do Meio Ambiente se alinha à chamada *teoria da causalidade adequada*, pela qual, diante do plexo antecedente de causas possíveis, deve ser identificada, para fins de responsabilização do agente, aquela que foi suficiente para produzir o dano, desprezando-se todos os demais fatos e condições que seriam indiferentes à ocorrência do evento lesivo.

Verifica-se, portanto, que a legislação ambiental brasileira adota um critério de *necessariedade causativa intrínseca*, estabelecendo parâmetro de abrangência e vínculos causais diretos ou indiretos do agente exclusivamente em referência à atividade que causa a degradação.

Dessa forma, se o dano se verifica na constância da posse de terceiros, no exercício de prerrogativas que decorrem de um instrumento compensatório previsto e facultado em Lei, não se há de atribuir qualquer sorte de responsabilidade a quem, como a VALE, seja a propriedade do imóvel, sem gestão direta sobre a gleba arrendada.

Porém, como afirmarmos anteriormente, não faz qualquer sentido que, mediante arrendamento, o terceiro interessado assuma a posse da área, quando a essência do mecanismo é que ele – em défice de RL –, se valha apenas dos direitos relativos a esse excedente de cobertura florestal (e não da própria área ou do solo/superfície), em regime de serventia.

É de cogitar, portanto, da situação em que a área arrendada sob regime de servidão ambiental se mantenha na posse do arrendante/arrendador, hipótese em que ele terá que garantir ao arrendatário a adequada conservação dos recursos ambientais existentes na parcela cedida, sob pena de comprometer a utilidade da compensação de Reserva Legal prevista na Lei n. 12.651/2012.

Observa-se, dessa forma, para além da existência de meros riscos contratuais, a possibilidade de efeitos legais indiretos, na medida em que um inadequado gerenciamento e manejo ambiental do imóvel pode vir a neutralizar a função compensatória com base nele obtida.

Para as demais circunstâncias previstas na resposta ao 1.º Quesito, não há propriamente riscos relevantes envolvidos, certo que o cadastramento de área equivalente só é franqueável a quem tenha adquirido a área para esse fim, assumindo todas as responsabilidades imanentes à condição de proprietário.

Menos risco ainda se verifica no caso de doação de área ao Poder Público para regularização de unidade de conservação, hipótese em que o doador se desonera de tudo o quanto possa ocorrer com o imóvel em momento subsequente ao ato de transferência da gleba.

7. PAGAMENTO POR SERVIÇOS AMBIENTAIS E CÉDULAS DE PRODUTO RURAL – CPR VERDE

Para além desses mecanismos de flexibilização, a Lei n. 14.119, de 13 de janeiro de 2021, que institui a Política Nacional de Pagamento por Serviços Ambientais, permite compensarem-se as atividades individuais ou coletivas que favoreçam a manutenção, a recuperação ou a melhoria dos serviços ecossistêmicos, inclusive em unidades de conservação, aplicando-se nos seguintes casos:

I – áreas cobertas com vegetação nativa;

II – áreas sujeitas a restauração ecossistêmica, a recuperação da cobertura vegetal nativa ou a plantio agroflorestal;

III – unidades de conservação de proteção integral, reservas extrativistas e reservas de desenvolvimento sustentável, nos termos da Lei n. 9.985/2000;

IV – terras indígenas, territórios quilombolas e outras áreas legitimamente ocupadas por populações tradicionais, mediante consulta prévia, nos termos da Convenção 169 da Organização Internacional do Trabalho (OIT) sobre Povos Indígenas e Tribais;

V – paisagens de grande beleza cênica, prioritariamente em áreas especiais de interesse turístico;

VI – áreas de exclusão de pesca, assim consideradas aquelas interditadas ou de reservas, onde o exercício da atividade pesqueira seja proibido transitória, periódica ou permanentemente, por ato do poder público;

VII – áreas prioritárias para a conservação da biodiversidade, assim definidas por ato do poder público.

Considera-se pagamento por serviços ambientais a transação de natureza voluntária, mediante a qual um pagador de serviços ambientais transfere a um provedor desses serviços recursos financeiros ou outra forma de remuneração, nas condições acertadas, respeitadas as disposições legais e regulamentares pertinentes, apresentando as seguintes modalidades: I – pagamento direto, monetário ou não monetário; II – prestação de melhorias sociais a comunidades rurais e urbanas; III – compensação vinculada a certificado de redução de emissões por desmatamento e degradação; IV – títulos verdes (*green bonds*); V – comodato; VI – Cota de Reserva Ambiental (CRA).

Por outro lado, instituída pela Lei n. 8.929, de 22 de agosto de 1994, a Cédula de Produtor Rural (CPR) materializa um título representativo de promessa de entrega de produtos rurais emitida por produtores, suas associações e até mesmo cooperativas, tendo a Lei n. 14.421, de 20 de julho de 2022, estendido o conceito para abarcar aqueles relacionados à conservação, à recuperação e ao manejo sustentável de florestas nativas e dos respectivos biomas, à recuperação de áreas degradadas, à prestação de serviços ambientais na propriedade rural ou que vierem a ser definidas pelo Poder Executivo como ambientalmente sustentáveis.

A assim chamada CPR Verde, portanto, se concretiza mediante acordo para que os produtores rurais comercializem "serviços ambientais" resultantes de produtos associados à atividade de conservação ou formação de florestas nativas e seus biomas.

Esses serviços ambientais devem resultar em redução de emissões de gases de efeito estufa, manutenção ou aumento do estoque de carbono florestal, redução do desmatamento e da degradação de vegetação nativa, conservação da biodiversidade, conservação dos recursos hídricos, conservação do solo ou outros benefícios ecossistêmicos, sempre unindo empresas que queiram investir na proteção ao meio ambiente e produtores rurais que estejam dispostos a preservar florestas em pé ou formar novas florestas destinadas à conservação.

8. CONCLUSÃO

À vista de todo o exposto, torna-se necessário concluir, no tocante aos mecanismos de flexibilização contemplados, que a legislação não especifica, nem impõe que a gleba a ser preservada ou doada seja de domínio do empreendedor que deva arcar com os encargos compensatórios, sendo fundamental que tanto o devedor da medida compensatória quanto o proprietário do imóvel participem, ambos, conjuntamente, dos compromissos firmados perante os órgãos ambientais competentes, vinculando-se claramente, de resto, as anotações junto à matrícula do imóvel perante o registro imobiliário pertinente.

Demais disso, se por um lado o entendimento dos órgãos ambientais federais e estaduais faz incidir todas as compensações específicas previstas em lei, de maneira sobreposta e cumulativa em relação àquelas de perfil específico, vinculadas a um determinado impacto ambiental do empreendimento ou atividade, por outro as entidades de meio ambiente costumam objetar que um determinado encargo compensatório seja cumprido em área sobre a qual já incida alguma afetação protetiva.

A ideia subjacente, portanto, é a de que as exigências compensatórias, ao serem adimplidas pelo interessado, exerçam, uma única vez, sua função liberatória, evitando-se um duplo benefício a um mesmo obrigado e garantindo-se que novos encargos representem sempre um *ganho ambiental* em relação às incumbências já porventura cumpridas.

Por derradeiro, ressalte-se que há inúmeros mecanismos pelos quais o titular de imóvel poderia, a princípio, capitalizar e auferir rendimentos a partir de seus diversos ativos imobiliários preservados, inclusive permitindo que terceiros se valham dessas terras para cumprir encargos diversos previstos nas legislações ambiental e florestal, o que pode, sem dúvida, contribuir para que o país alcance mais rapidamente suas metas de redução de emissões acordadas.

Em linhas gerais, seria possível, em áreas desprovidas de afetação protetiva específica, criar Reserva Particular do Patrimônio Natural – RPPN, obtendo com isso, além dos benefícios gerais previstos nos arts. 27 e 28 do Decreto n. 5.746/2006, gerar Cotas de Reserva Ambiental – CRAs, nos termos do art. 44, III, da Lei n. 12.651/2012.

Para além dessa hipótese, levando em conta que o imóvel já não seja classificado como unidade de conservação, a empresa poderia instituir servidão ambiental para além dos percentuais legais de Reserva Legal e das áreas de preservação permanente, alienando a servidão total ou parcialmente ou transferindo onerosamente as CRAs equivalentes em hectares preservados.

Por igual modo, poderia a Consulente arrendar a área sob regime de servidão ambiental ou mesmo a Reserva Legal averbada ou inscrita no Cadastro Ambiental Rural – CAR, de modo a que terceiros possam regularizar suas obrigações relativas à RL deficitária em seus imóveis de origem.

Demais disso, caberia ao proprietário doar o imóvel para regularização fundiária de UC de proteção integral e domínio público, desde que se trate de área equivalente à RL a ser compensada, esteja localizada no mesmo bioma ou se localizada fora do estado, que seja inserida em áreas prioritárias para a conservação ambiental.

Para além disso, a Lei da Política Nacional de Pagamento por Serviços Ambientais permite compensarem-se as atividades individuais ou coletivas que favoreçam a manutenção, a recuperação ou a melhoria dos serviços ecossistêmicos, inclusive em unidades de conservação, havendo, ademais, como forma de financiamento das atividades produtivas rurais, o mecanismo da Cédula de Produto Rural – CPR Verde.

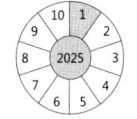